트라우마와 몸

TRAUMA AND THE BODY

감각운동 심리치료의 이론과 실제

Pat Ogden · Kekuni Minton · Clare Pain 공저

김명권 · 주혜명 · 신차선 · 유나래 · 이승화 공역

학지사

역자 서문

　명상과 요가를 수련하는 자아초월 상담자로서, 저는 몸과 마음, 영혼의 통합적 치료를 지향하며 그것을 구현할 수 있는 구체적인 방법을 찾아왔습니다. 저에게 감각운동 심리치료는 처음 만날 때부터 눈이 번쩍 뜨이고 가슴 두근거리게 하는 획기적인 치료 기법이었습니다. 네덜란드까지 먼 길을 오가며 1년여 동안 감각운동 심리치료 트레이닝 과정을 밟으면서는 이론의 체계화와 내용의 방대함에 더욱 놀랐습니다. 또한 치료에 적용하여, 이 방법이 아니었다면 접근하기 어려웠을 심각한 트라우마 내담자들의 문제를 다루면서 감각운동 심리치료에 대해 깊은 확신을 갖게 되었습니다.

　심리치료는 치료의 효과를 높이고 가능함의 범위를 넓히기 위해 지속적으로 노력해야 하는 분야입니다. 심리치료자로서 감각운동 심리치료를 만나게 된 행운에 깊이 감사합니다. 이 행운을 한국의 치료자들과 누리고자 『트라우마와 몸』의 번역을 결심하게 되었습니다.

　감각운동 심리치료는 몸 감각을 상담의 중심에 가져오면서 마음챙김을 적용하는 방식이 매우 구체적이고 실용적입니다. 또한 전통적인 심리치료 방식에 신체심리치료 접근을 결합하고 가장 최근의 신경과학과 애착 이론 등을 망라하여 현미경처럼 세밀하게 치료의 이론을 설명해 냅니다.

　이러한 감각운동 심리치료의 방대한 내용을 담고 있는 기본서가 바로 『트라우마와 몸』입니다. 1부 이론 편에서는 감각운동 심리치료의 이론을 자세히 기술하고 2부 치료의 실제 편에서는 방법론을 차근차근 설명하고 있어 트라우마 치료의 이론과 실제를 모두 다루고 있습니다.

　감각운동심리치료는 여러 분야를 아우르고 통합하면서, 다양한 분야의 전문가들에게 새로운 가능성을 열어 주고 있습니다. 지금까지 언어 중심의 상담을 해 온 심리치료자들은 기존 상담의 틀을 갖추고 있으면서, 몸을 치료에 포함시켜 인본주의 심리치료를 구현하는 새롭고도 매우 효과적인 치료의 모델을 발견할 것입니다. 신체 심리를 바탕으로 몸 감각과 움직임을 통해 작업을 하는 치료자라면 몸 중심 치료를 효과적으로 할 수 있는 방법을 만날 것입니다. 명상이나 요가 기반의 심신치유 전문가들은 현대 과학의 탄탄한 기반을 바탕으로 마음챙김을 적용하는 실용적 방법론을 얻을 것입니다. 정신의학자들은 신경과학이 그 발전의 끝에서 마음과 접점을 이루어 새롭게 확장되는 장에 가 닿을 것입니다. 최근 트라우마에 대한 관심이 높아지면서 트라우마를 다루는 다양한 방식이 논의되고 있는 가운데 트라우마 치료에 관심을 갖고 있는 모든 분에게 『트라우마와 몸』은 트라우마 치료를 깊이 이해하게 해 주고 구체적 방법론을 제시해 줄 것입니다.

『트라우마와 몸』은 전문적 지식을 깊이 있게 다루고 있습니다. 이 전문서적이 좀 더 쉽게 읽힐 수 있도록 하기 위해 여러 번 수정하고 애썼지만 여전히 어렵게 느껴지는 부분들이 있습니다. 하지만 독자들께서 오랜 시간 이 방대한 내용을 연구, 적용, 정리해 낸 저자들의 노력을 헤아려 음미하고 숙고하며 읽어 주셨으면 하는 것이 역자들의 바람입니다.

번역 과정에 여러분의 도움이 있었습니다. 좋은 책을 번역하는 뜻을 공감하고 지지하여 책의 번역과 교정에 많은 도움을 주신 요가심신테라피스트 왕인순 박사님, 통합심리상담자 신인수 선생님, 심신테라피스트 윤온감 선생님, 정신건강의학과 전문의 이승민 선생님께 깊은 감사를 드립니다.

역자를 대표하여 주혜명 두 손 모음

편집자 서문

다니엘 J. 시겔(Daniel J. Siegel)

대인관계 신경생물학Interpersonal neurobiology 관점은 광범위한 학문 분야를 통합해 전체적인 인간 경험과 웰빙에 대해 연구한다. 과학과 임상실제, 표현예술, 명상적 contemplative 예술 등 다양한 분야에서 얻은 유사한 결과물을 이용해 '인간임being human'을 이해하려는 통섭적인 이 접근법은 우리의 주관적인 경험을 넓은 관점으로 보려고 시도한다. 앎에 대한 서로 다른 방식들을 결합시키려는 이 접근의 목적은 마음을 바라보는 시야를 넓혀 개인과 부부, 가족, 지역 사회와 사회 전체의 웰빙을 증진하는 것이다.

트라우마는 사회와 개인 생활의 모든 측면에 큰 영향을 미친다. 그러나 교육 및 공공 정책과 정신건강을 증진시키기 위한 서비스들은 트라우마의 영향을 자주 간과한다. 어떻게 그렇게 자주 트라우마의 고통이 간과될 수 있을까? 책을 쓰거나 쟁점에 접근하는 도식을 만들어 낼 때, 눈앞의 주제에 관한 경험적 진실을 볼 수 없게 하는 개념과 말들이 넘쳐 난다. 우리는 언어 정보로 구조화된 추상적인 생각들을 만들어 내면서 말로 생각한다. 예를 들어, 지금 당신이 읽고 있는 이 글처럼 말이다. 이러한 언어 기반의 이론적 체계들은 직접적이며 순간적인 경험에서 빠져나올 때 매우 중요한 역할을 한다. 직접적인 감각이 허용하는 것보다 훨씬 더 큰 그림을 볼 수 있게 한다. 이것의 이점은 실재에 대한 폭넓은 관점을 가짐으로써 전체를 더 명확하게 볼 수 있다는 것이다. 그러나 언어로 기호화된 추상적인 생각들 때문에 우리는 '살아 있는' 세부적인 것들을 잘 지각하지 못하기도 한다. 그러한 경험적 앎은 직접적 감각을 통해서 가장 잘 창조된다. 이미지와 느낌과 감각이라는 비언어적 세계의 균형이 깨지면, 우리는 언어와 생각의 유혹 때문에 일상생활과 직장에서 직접적인 경험을 하지 못할 수 있다. 사회적 차원에서 보면, 그러한 불균형 때문에 우리는 늘 부정적인 상태에 있을 수 있다. 심리치료 현장에서 언어가 기반이 되는 생각과 말에 주로 집중하면 치료는 표층 차원에서 이뤄지고, 그 결과 트라우마는 치료되지 않은 채 지속될 수 있다. 논리적이고 언어적이고 선형적이고 문자적인 사고를 지나치게 강조하면 마음의 균형이 깨져 비언어적 신경 처리 모드인 감각운동적이고 전인적이며 자전적이고 스트레스를 낮추는, 이미지 기반의 자기조절 기능을 할 수 없게 될 것이다. 중요한 앎에 대한 방식들을 서로 연결하는 것은 우리의 삶과 트라우마처럼 복합적인 인간의 경험들을 이해하는 과정에서 근본적인 균형을 잡게 해 준다.

대인관계적 신경생물학의 중심 생각은 통합이 웰빙의 핵심이라는 것이다. 통합이란 다른 여러 요소를 하나로 꿰는 것을 말한다. 하나로 통합된 시스템을 가진 우리는 삶을 유연하고 적응적이며 일관되고 활기차게 그리고 안정적으로 살아갈 수 있다. 만약 그런 시스템이 없다면 우리 마음은 경직되거나 혼란스러운 상태가 될 것이다. 이런 면에서 트라우마는 개인이나 양자 관계 안에서 혹은 가족이나 지역 사회 내에서 근본적으로 통합을 파괴하는 것으로 보일 수 있다. 트라우마 후 상태를 보면, 경직되거나 혼란스러운 경험들로 가득 차 있기 때문이다. 그 경험들은 최초의 압도적인 사건이 지난 지 오래 뒤에도 트라우마의 파괴력을 지속시키고 있다. 우리는 알아차림이라는 수용적인 상태에서 경험의 다양한 영역을 통합함으로써 삶의 흐름을 더욱 연결되고 조화롭게 만들 수 있다. 그런 연결에는 암묵적 기억과 명시적 기억의 연결과 정보처리에서의 좌뇌와 우뇌의 연결, 주의 깊은 알아차림과 신체 감각의 연결이 포함된다. 우리 마음속에는 선천적으로 통합과 치유를 향한 움직임이 있다. 트라우마가 그 움직임을 멈추게 할 수도 있다. 그렇게 멈춰 버린 웰빙을 향한 움직임을 다시 가동시키는 것이 심리치료의 중요한 목적이다. 즉, 적응적인 자기조절을 할 수 있도록 통합된 상태를 만드는 것이다. 치료자는 신경의 통합과 일관된 마음과 공감 관계가 정신건강이라는 삼각형의 세 면이라는 사실을 활용할 수 있다. 그 세 가지 면이 심리치료 과정에서 치유되어야 할 핵심 요소라 할 수 있기 때문이다.

대인관계 신경생물학 치료 관점으로 마음을 면밀히 '조사하면서' 우리는 정신생활을 규정하는 에너지와 정보 흐름의 구성요소인 감각 및 이미지와 느낌 및 사고를 통합하는 것을 시도했다. 감각은 몸에서 만들어지는 비언어적인 촉감을 포함한다. 그 촉감은 팔다리 및 얼굴 근육과 내부 장기의 상태에서, 또 행위하고 싶은 충동과 실제로 일어난 움직임에서 생긴다. 마음을 열어 수용적으로, 사랑과 호기심으로 마음(변화의 핵심)을 들여다보면 우리는 치유가 일어나는 새로운 방식으로 다양한 마음의 구성요소를 통합할 수 있게 된다. 우리가 마음의 다양한 부분에 집중하면 신경통합이 진화하는데, 즉 뇌와 몸에 넓게 분포해 있는 신경의 생리적인 연결이 발달해 새로운 형태의 건강하고 적응적인 자기조절이 생겨나고, 정신치료에서의 공감적 소통을 통해 새롭고 일관된 상태가 발달하게 된다.

『트라우마와 몸』에서 팻 오그던Pat Ogden과 그녀의 동료들은 몸의 지혜로운 마음을 일깨울 수 있는 깊은 체험적 통찰에 대해 말하였다. 지금 이 순간 감각적 경험을 주의 깊게 알아차리면서 몸에 집중하면 통합의 길이 열리면서 치유가 일어날 수 있다. 이 수용적인 알아차림은 수용하기, 사랑하기, 비판단적인 주의를 수반하며, 이러한 태도는 마음이 혼란과 경직이라는 비통합적 상태에서 일관성 있게 기능하는 통합적 상태로 옮겨 갈 수 있게 한다. 몸을 주의 깊게 알아차리는 것은 한 개인이 극심하거나 장기간에 걸쳐서 트라우마를 입은 이후에 단절되었던 몸과 접촉하도록 한다. 트라우마는 몸을 정신적 삶에서 제외시킴으로써 만성적이고 심각한 어려움을 만들어 낸다.

이 책의 저자들은 최신 과학 연구에 근거해서 신경생물학의 적용 방식을 분명하게 설명하고 있으며, 전반부에서 섬세한 이론적 틀을 보여 준다. 그 이론적 틀은 임상가들이 비지성적이고 비언어적인 신경학적 처리와 대인관계적 처리 과정을 왜지적으로, 그리고 언어적으로 이해해야 하는지 그 이유를 강조하며, '숲 전체'를 보기 위한 토대를 마련한다. 마음은 몸의 감각적·운동신경적 상태를 알게 하고, 마침내 트라우마 후에 오랜 시간 동안 차단되어 있었던 통합을 이룰 수 있게 한다.

이 책 후반부에서는 중요한 치료적 상호작용의 실제적인 측면에 대한 '실용적인 안내'를 단계별로 제시하고 있다. 심리치료에 대한 감각운동적 접근법은 훌륭한 치료법임을 정당화하기 위해 몸을 또 다른 기준으로 활용하는 것 이상이다. 몸의 감각과 충동과 움직임에 초점을 맞추면, 심리치료자는 중요한 비언어적 세계의 문을 열게 된다. 다양한 심리치료법에 유용한 주의 깊은 알아차림을 통해 증상을 직접적으로 처리할 수 있게 된다.

정신적 웰빙을 얻기 위해 몸에 초점을 맞추는 접근법은 명상 전통에서 수천 년간 실천해 왔던 것이다. 그런데 힘들게 얻은 그 고대 전통의 지혜를 현대인들은 잊어버렸다. 현대의 신경과학은 감정과 의미가 만들어지는 데 몸이 중심적인 역할을 한다는 것을 정확히 간파했다. 신경과학 분야에서 어떤 해석은 '단일한 두개골의 뇌single skulled brain'를 모든 정신적 원천으로 보지만, 이 제한적인 관점은 대부분의 뇌가 몸 안에 있으며 다른 뇌들과 교류한다는 과학적으로 정립된 사실을 놓치고 있다. 뇌는 다른 사람들의 마음과 연결되도록 설계되어 있다. 감정적 공명을 일으켜 감정이입을 가능하게 해 주는 거울뉴런 시스템을 통해 타인의 의도와 정서 표현, 몸의 각성 상태의 이미지를 만들어 냄으로써 타인과 연결하도록 프로그래밍되어 있다. 이처럼 마음은 관계적일 뿐만 아니라 몸과 연결되어 있다. 이 책의 저자들은 트라우마의 영향을 파악하고 치유의 길을 설명할 때 마음이 몸과 연결되어 있다는 사실에 주의를 기울였다. 애착과 연관되어 있고 신체적이면서 감각중심적인 이 작업을 통해 치료자와 내담자/환자의 상호작용을 살펴보면, 심리적 성장과 발달에 대한 실질적인 접근법을 새롭게 이해할 수 있다. 이 시각은 광범위한 임상 실습을 기반으로 하고 있지만 그 이론적 틀은 과학적이다. 감각운동적인 면을 치료의 중심에 두는 것은 주관적 경험과 '객관적' 연구 결과 사이의 접점에 대한 이해를 더 확장시킨다. 이 책의 저자들은 언어가 없는 세계에 언어를 부여하는 매우 의미심장한 도전을 시작했다. 『대인관계 신경생물학에 관한 노튼 시리즈The Norton Series on Interpersonal Neurobiology』의 관계적이고 구체화된 마음을 이해하는 데 저자들이 기여한 바를 소개할 수 있어서 매우 기쁘다. 마음의 모든 차원을 탐색해 보고 당신의 경험을 나눠 주길 바란다.

베셀 A. 반데르 콜크 의학박사의 글

베셀 A. 반데르 콜크(Bessel A. van der Kolk, MD)

지난 십 년간 신경과학은 비약적으로 진보했고, 이는 뇌와 마음이 트라우마 경험을 어떻게 처리하는지에 대한 중요한 통찰로 이어졌다. 안토니오 다마시오Antonio Damasio를 비롯해 조셉 르두Joseph LeDoux와 자크 판크세프Jaak Pankesepp, 스티브 포지스Steve Porges, 로돌포 리나스Rodolfo Llinas, 리치 데이비슨Richie Davidson 같은 신경과학자들은 생물체들이 비교적 안정적인 행동 패턴을 통해 입력되는 정보에 자동적으로 반응한다는 연구를 발표했다. 다시 말해, 생물체는 유사한 정보가 입력될 시 자주 반복하는 예측 가능한 행동으로 반응한다는 것이다. 관찰하고, 알아내고, 예측하는 놀라운 능력을 가진 인간의 '마음'은 이러한 자동적인 반응들을 억제하고 조직하며 조정할 수 있다. 그 때문에 우리는 동반과 지지와 보호와 연결을 위해 절대적으로 의존하는 동료 인간들과의 관계를 유지·관리할 수 있다.

그러나 마음은 우리의 느낌과 충동을 다룰 수는 있지만 허용되지 않는 감정과 사고와 충동을 완전히 제거하도록 고안된 것 같지는 않다. 실제로, 마음은 문제 행동을 없애는 것보다 그 행동의 논리적 근거를 만들어 주는 방향으로 고안된 것으로 여겨진다(예: "그것은 네게 좋은 거야."라거나 "그것은 더 나은 세상을 만들어 낼 거야."). 결과적으로 사람들은 자신들의 '비이성적인' 갈망과 허용되지 않은 느낌인 두려움과 분노와 무기력과 욕망과 절망을 제압하지 못하고 이를 수용하는 것에 대해 비난받는 것 같다.

근본적으로 삶이란 세상 속에서 자신의 길을 개척하는 것이다. 그 개척 방식은 고정된 뇌 회로에 따라 사람들마다 각각 다르다. 그 고정된 뇌 회로는 다른 생물체들과 공유하는 진화의 유산에서 비롯되었고 인생 초기에 각인된 개인적인 경험들이 결합되기도 한다. 세상에 대한 지도와 세상을 살아가는 방식에 대한 우리의 기본적인 청사진은 뇌의 각성 시스템(파충류 뇌)과 해석 시스템(변연계)의 연결로 이루어진

9

다. 그 연결을 통해 인간을 포함한 모든 동물은 자극에 반응하게 된다. 무엇보다도 그 반응들은 움직임과 관련이 있다.

신경과학 연구는 어떤 사람에게는 기분 좋은 자극이, 다른 사람에게는 기분 나쁜 이유를 밝히는 데 기여했다. 감정 반응은 의식적인 선택이 아니라 기질disposition에 따라 일어난다. 즉, 편도체와 같은 변연계의 뇌 구조가 입력되는 감각 자극에 꼬리표를 붙여 그것의 감정적인 중요성을 결정한다. 이러한 뇌의 피질하부 구조의 해석은 대체로 이전 경험을 토대로 한다. 그 경험은 만나는 모든 것에 접근하거나 회피하려 하는 우리의 기질을 결정한다. 또한 더 분명한 것은 반응이란 우리가 어쩔 수 없이 취하게 되는 행동, 즉 어떤 자극을 받았을 때 우리가 신체적으로 움직이는 방식과 관련이 있다는 것이다. 다윈Darwin과 윌리엄 제임스William James 같은 과학자들은 일찍이 신체의 느낌이 의사결정의 질과 특정 딜레마를 해결하는 감정 상태를 형성한다는 것을 관찰했으며, 신경과학이 이를 다시 한 번 확인해 주고 있다. 결과적으로 신체적 느낌들은 인간 유기체로 하여금 특정한 행동을 취하게 한다. 1981년에 노벨 의학상을 수상한 로저 스페리Roger Sperry는 "뇌는 움직임의 기관, 움직임을 위한 기관이다. 다시 말해 근육을 움직이는 기관이다. 뇌는 다른 일도 많이 하지만 그일들은 모두 몸을 움직이는 것에 비하면 부차적인 일들이다."(1952, p. 298)라고 말했다. 스페리는 인식조차 움직임에 비하면 부차적인 일이라고 주장했다. "유기체는 주어진 대상을 인식할 때 그것에 대응할 준비가 되어 있다. ……적응적 반응, 즉 운동 패턴으로 에너지를 방출하는 가능성의 유무는 지각했느냐 하지 않았느냐로 결정된다"(1952, pp. 299-300).

신경과학자 로돌포 리나스는 뇌와 행동의 관계에 대해 다음처럼 말했다. 세상 속에서 자기 길을 개척하기 위해서 능동적으로 움직이는 생명체는 다가올 미래의 일을 예측할 수 있어야 하고, 가야 할 길을 찾을 수 있어야 한다. 예측이란 청각이나 시각, 촉각을 기반으로 감각운동적인 이미지가 형성됨으로써 가능하다. 그리고 그 이미지 형성은 외부 세계를 맥락화해 그것을 내면의 지도와 비교할 때 생기는 것이다. "그렇게 외부 세계와 내부 세계를 비교하는 것은 적응적인 행동으로 (이어진다) 다시 말해, 움직임이 일어난다"(Llinas, 2001, p. 38). 사람들은 감각들이 생겨나는 것을 경험하고, 또 신체적 활성화의 충동을 감정으로 경험한다.

찰스 다윈Charles Darwin(1872)과 이반 파블로프Ivan Pavlov(1928)는 감정이 일어나는

이유는 신체적인 움직임을 일으키는 것임을 알고 있었다. 즉, 부정적인 감정의 경우에는 유기체가 피해를 입지 않도록 돕는 것이 목적이고, 긍정적인 감정의 경우에는 자극이 일어나는 원천을 향해 유기체가 움직이도록 하는 것이 목적이다. 특히 다윈은 바로 그 지점에서 인간도 다른 동물과 다르지 않음을 지적했다. 감정은 유기체로 하여금 일정한 방식으로, 즉 자기를 방어하거나 투쟁할 준비를 하거나 누군가를 외면하거나 혹은 친밀감과 보호를 얻기 위해 누군가에게 접근하는 방식으로 반응하게 만든다. 다시 말하자면, 감정은 행동을 위한 지침이 된다.

니나 불Nina Bull과 자크 판크세프, 안토니오 다마시오, 그리고 다른 연구자들은 특정 감정 상태는 그것과 연결된 행위 경향성을 활성화시킨다는 것을 입증했다. 다시 말해, 특정한 감정 상태는 프로그램된 일련의 행동을 자동적으로 활성화시킨다는 것을 입증했다. 지각 정보들을 처리할 때 사람들은 새로운 정보를 이전의 경험과 비교해서 이해한다. 그렇게 비교하는 것을 토대로 유기체는 다양한 행동이 가져올 결과를 예측하고 들어오는 자극들에 신체적으로 반응한다. 다마시오가 말한 것처럼, "신체적 행위는 정신적 행위가 일어나기 위한 맥락을 만들어 낸다. 즉, 상향식 처리는 상위 처리 과정에 영향을 미친다. 그것이 바로 지금 일어나고 있는 일에 대한 느낌이다"(1999, p. 27). 다마시오(1999)는 다음과 같이 설명했다.

주의를 지배하는 뇌 구조들과 감정을 처리하는 구조들이 서로 근접해 있어야 한다는 것은 관리 면에서 적절하다. 그리고 그 구조들이 신체 상태를 조절하고 신호를 주는 구조들과도 근접해 있어야 한다는 것도 적절하다. 감정이 일어나는 것과 주의를 기울이는 것의 결과는 유기체 내부에서 일어나는 가장 근본적인 일인 생명 유지와 전적으로 관련되어 있으며, 다른 한편으로 생명을 유지하고 항상성을 균형 있게 관리하는 일은 유기체의 현재 신체 상태에 대한 정보가 없으면 불가능한 일이기 때문이다(p. 28).

동물계에서 인간이 특별한 이유는 유연성 때문이다. 유연성은 환경에 대처하는 방식을 선택할 수 있는 인간의 능력이다. 인간은 신피질을 통해 여러 가지 정보 조각을 통합할 수 있고, 들어오는 정보와 그 정보가 불러일으키는 신체적 충동들(경향성들)에 의미를 부여할 수 있으며, 논리적 사고를 활용해 특정한 행동의 장기적인 영향력을 계산할 수 있다. 이런 신피질이 있기 때문에 인간은 유연하게 행동할 수 있는 것이다. 그러므로 인간은 입력되는 정보들을 새로운 방식으로 다룰 수 있는 방법들을 지속적으로 탐험하고, 다른 동물들에게서 보이는 조건화보다 훨씬 더 복잡한 학습을 하고 그것을 토대로 더 나은 반응을 하게 된다.

그러나 유연하게 대처하는 능력은 인간의 성장 과정에서 서서히 발달하는데 쉽게 파괴되기도 한다. 어린 아이들은 버려졌다고 느낄 때 통제력을 상실하면서 울며 매달린다. 큰 기쁨을 느낄 때에는 흥이 나서 그것을 표현한다. 성인들도 강렬한 감정에 휩싸이면 자동 반응적인 행동을 하기 마련이다. 성인은 분노로 인한 대치와 억제를 비롯해 두려움으로 인한 신체 마비, 무력감으로 인한 신체적 붕괴, 사랑하는 사람에게 달려가 포옹하고 싶은 충동 같은 기쁨의 원천을 향해 움직이고 싶은 충동 등 특별한 감정과 연관이 있는 '행위 경향성'을 보일 가능성이 높다. 1889년(재닛Janet) 이래로 우리는 트라우마를 입은 사람들이 과거를 상기시키는 것에 촉발되어 반사적으로 행동한다는 것을 알게 됐다. 그런데 그러한 행동은 당시에는 적절했을지도 모르지만 현재에는 적절하지 않은 것들이다. 재닛은 "트라우마를 입은 환자들은 그때 했던 행동을 계속한다. 아니, 행동하려고 시도한다는 말이 적절할 것이다. 그것은 그 사건이 생겼을 때 시작됐던 행동이다. 계속 반복되는 그 행동 때문에 환자들은 완전히 소진된다."라고 말했다(1919/1925, p. 663).

감각 입력에 반응해 생기는 호르몬의 분비와 여러 감정적 상태와 신체적 반작용 같은 자율신경 활성화에 관한 현대 신경과학의 발견은 프로이트Sigmund Freud가 처음으로 강조했던 이론과 맥을 같이한다. 즉, 인간의 행동과 동기는 대부분 의식의 통제를 받지 않는 처리 과정에 기반을 둔다는 것이다. 이런 발견은 트라우마를 입은 사람들을 이해하고 치료하는 데, 특히 유의미하다. 그들에게 트라우마와 관련된 호르몬 분비가 자동적으로 활성화되는 경향이 있음을 앎으로써 우리는 특정한 촉발 요인들에 그들이 왜 비이성적으로 반응하는지, 즉 피질하부에서 시작되는 반응을 하는지 그 이유를 알게 된다. 다시 말해서, 현재의 상황에 적절치 않고 심지어 해롭기까지 한 반응을 하는 이유를 알 수 있다. 그들은 사소한 도발에 폭발하기도 하고, 욕구가 충족되지 않을 때에는 얼어붙기도 한다. 사소한 도전에 부딪힐 때마다 무기력해지기도 한다. 과거에 만들어진 신체적ㆍ운동신경학적 반응에 대한 개인사적 이해가 없다면 트라우마화된 사람들의 감정은 적절하지 않은 것처럼 보이고 그들의 행동은 기이해 보인다. 과거에서 시작되어 완료되지 못한 그 증상들은 그것을 경험하는 사람들에게 수치심과 당황스러움의 원천이 되곤 한다.

트라우마화된 사람들을 대상으로 실시한 신경영상 연구에서 발견된 것들 중 중요한 것은 미래를 계획하기, 행동의 결과를 예측하기, 부적절한 반응을 억제하기처럼 '실행 기능'을 하는 상위 뇌 영역들의 활동이 스트레스 상황하에서 줄어든다는 것이다(van der Kolk, in press). 낙담한 어린 아이들이 사회화를 포기하고 짜증을 내듯이, 트라우마화된 성인들도 어떤 자극이 위협적이라고 인식될 때 원시적인 자기보호 반응을 보인다. 과거의 트라우마를 건드리는 감각적 자극들 때문에 감정적인 뇌가 습관적으로 보호 장치들과 연결되면 교감신경과 부교감신경이 활성화되어 뇌의 상위 영역들이 효과적으로 기능하지 못하게 된다. 뇌의 상위 영역들은 행동을 제어하는 능력을 차츰 잃게 되고, 그 결과 행동은 '퇴행'하게 된다. 잘 기능하는 이성적인 뇌가 없다면 사람들은 견고한 '고정 행동 패턴들'로 되돌아가기 쉽다. 진화론적으로 물려받은 위협에 대처할 때 하는 자동적인 행동인 도피나 투쟁, 얼어붙기 반응과 압도적인 위협에 처했을 때 우리 몸이 시도했던 것들에 대한 개인적인 암묵 기억들로 되돌아가기 쉽다. 트라우마의 영향이란 이 신체적 패턴들(즉, 내분비적인 패턴과 운동신경의 패턴이)이 아주 사소한 자극에 의해 촉발되어 과거의 공포와 유기, 무력함에 대한 유기체의 신체적 반응을 다시 활성화시킬 수 있다는 것이다.

심리학과 정신의학 분야는 트라우마를 상기시키는 것들에 의해 촉발되는 행동 반응들(즉, 근육 반응, 장기 반응)에 거의 관심을 갖지 않았다. 그 대신에 그것들과 관련된 신경화학적 상태나 감정 상태에 초점을 맞췄다. 그래서 어쩌면 나무만 보고 숲은 보지 못했을 수 있다. 신경화학적 반응과 감정은 둘 다 보호하고 참여하고 방어하는 신체적 자세와 움직임을 불러일으키기 위해 활성화되기 때문이다. 약물요법의 극적인 발전은 트라우마 때문에 생긴 신경화학적인 이상들 중 일부를 제어하는데 매우 큰 도움을 주었지만 불균형을 회복시킬 수는 없었다.

트라우마를 상기시키는 촉발 요인이 트라우마가 발생했을 때 생긴 호르몬 및 운동신경 반응을 다시 일으킨다는 사실은 중요한 쟁점들을 부각시킨다. 즉, 외상 후 스트레스 장애(PTSD)에 대한 DSM-IV 정의는 트라우마를 상기시키는 것들에 반응해 일어나는 생리적인 과각성을 강조한다. 그러나 트라우마는 단순한 생리적 반응만이 아니다. 트라우마의 본질은 잠재적 보호자에게 버림받은 것과 결합된 극도의 무력감이다. 이 증상과 관련된 가장 좋은 동물 사례는 아마 '달아날 수 없을 정도의 충격'에 빠진 동물일 것이다. 이러한 상황 속에서 동물들은 현 상황의 결과에 영향을 미치기 위해 아무것도 할 수 없는 상태에서 고문을 받는다(van der Kolk, Greenberg, Boyd, & Krystal, 1985). 이러한 상황은 동물들을 붕괴시켜서 싸우거나 도망치려는 노력을 할 수 없게 한다. 인간의 경우, 트라우마화가 될 가능성이 가장 많은 상황은 더 이상 탈출구를 상상할 수 없는 현실인 것으로 보인다. 즉, 더 이상 싸우거나 도망가는 것을 선택할 수 없이 무언가에 압도당해 무력해진 때다. 다윈이 말했듯이, 두려움이나 혐오감, 분노, 우울함과 같은 감정은 타인과의 관계에서 물러서거나 자신을 보호하라는 소통의 신호다. 그러나 누군가 트라우마를 입은 상황에서 그 감정들은 의도했던 결과들을 만들어 내지 못한다. 공격자는 뒤로 물러나거나 멈추거나 보호하는 일을 하지 않고, 트라우마를 입은 사람이 취하는 모든 행동은 안전감을 회복하지 못하게 한다.

트라우마를 입은 아이들과 성인들은 감정들과 자동적인 행동 패턴으로 안전함과 통제력을 회복하지 못했던 경험을 한두 번 하고 난 뒤, 행동을 효율적으로 하기 위한 안내서로 감정을 활용하는 법을 잃어버린 것처럼 보인다. 감정이 활성화되기는 하지만 자신들이 느끼는 것을 인식하지 못한다. 이것은 감정표현 불능증alexithymia으로, 신체적 감각과 근육 활성화가 의미하는 바를 언어로 구체화하지 못하는 것을 말한다. 우리 안에서 일어나고 있는 일을 알지 못하는, 다시 말해 감각과 감정과 신체적 상태들을 정확히 알지 못하는 이런 경우에 개인은 자기 욕구를 파악하지 못해 그것에 적절히 대응하지 못한다. 게다가 주변 사람의 감정 상태와 욕구도 이해하지 못하게 된다. 자신의 내적인 상태를 파악하고 조절할 수 없기 때문에 위험이 닥쳤을 때 붕괴되거나 사소한 자극에도 휘청거리게 된다. 일상이 너무 무미건조해진다.

현대에 들어서 트라우마 연구자들이 트라우마화된 어린 아이들과 성인들의 주관적인 신체 감각적 경험과 고정 행동 패턴의 자동적인 활성화에 대해 재발견했지만 (프랑스의 정신과 의사 피에르 재닛이 백 년 전에 이 쟁점을 광범위하게 연구했으나 그의 공로는 오랫동안 인정받지 못하고 있었다.), 이것은 주류의 심리치료 분야에서는 낯선 아이디어였다. 트라우마화된 사람들에 대해 이해해야 할 것은 이들은 심리치료를 위해 필요한 감각을 억제하고 감정의 각성을 조절하며, 고정 행동 패턴들을 변화시킬 수 있는 이성적인 뇌의 능력이 매우 제한적이라는 것을 이해해야 한다. 다마시오

(1999)는 해결해야 할 문제를 다음과 같이 이야기했다.

> 우리는 사실을 알아내기 위해서가 아니라 감추기 위해서 마음을 이용한다. 가
> 장 잘 감추고 있는 것들 중 하나가 몸, 몸의 가장 내밀한 부분들이다. 마음의 안전
> 함을 위해 장막을 드리우듯, 의식은 마음에서 몸의 내적 상태를 치워 버린다. 그
> 것들이야말로 일상에서 삶을 흐름을 만들어 내는 것들이다. 감정과 느낌을 알기
> 가 어렵다는 것은 …… 어쩌면 몸이 표현하는 것을 덮어 버린다는 것, 그리고 많
> 은 정신적인 이미지가 몸이 말하는 진실을 은폐한다는 것을 의미하는 것일 수도
> 있다(p. 28).

이해와 통찰이 인지행동치료와 정신역동적 치료의 주 구성 요소이자 학교에서
가르치는 주요 치료법임을 감안하면, 신경과학 연구의 결과가 현대적인 치료법들
과 통합되기는 쉽지 않다. 인지행동치료와 정신역동적 치료는 이미 프로그램된 행
동 패턴과 신체 감각을 경험하고 해석하는 일에 그다지 주의를 기울이지 않는다. 조
셉 르두는 쥐를 대상으로 한 실험을 통해 "감정적 기억들은 영원하다."라는 것과 통
찰과 이해, 계획을 위한 중심인 배외측 전전두피질이 감정적 뇌의 작동에 영향을 주
는 통로와 거의 연결되지 않음을 알았다. 그것을 감안할 때, 가장 좋은 언어 치료방
법으로 제공할 수 있는 것은 사람의 감정이 촉발시키는 자동적인 신체 행동들을 억
제하도록 돕는 것이다. 즉, 언어 치료방법은 열까지 세거나 호흡을 깊게 하는 것과
같은 '분노 다스리기(즉, 머리끝까지 화가 나기 전에 스스로를 진정시키는 것)'로 사람들
을 도울 수 있다.

임상가들은 통찰과 이해로는 트라우마화된 사람들이 최초의 트라우마를 다시 겪
는 것처럼 느끼고 행동하는 것을 그만두게 하기 어렵다는 것을 깨달았다. 그래서 이
러한 자동적인 신체적 반응들을 다시 프로그램할 수 있는 기법들을 탐색하기 시작
했다. 거기에는 내부 감각과 신체적 행동 패턴들을 알아차릴 수 있는 방법들이 포
함되어 있었다. 물론, 세계의 여러 문화권에는 무술, 태극권, 요가 등 신체 움직임과
호흡을 활성화하는 치유 전통들이 있다. 그런데 서구에서는 감각과 움직임을 통해
작업하는 접근법들이 사라지고 단지 의학적이고 심리적인 가르침만이 남았다. 그
럼에도 불구하고 감각과 움직임에 관한 작업은 펠든크라이스Feldenkrais, 롤핑Rolfing,

알렉산더 테크닉F. M. Alexander Technique, 바디-마인드 센터링body-mind centering, 소매틱 경험somatic experiencing, 페소-보이든 심리 치료Pesso-Boyden psychotherapy, 루벤펠드 시너지Rubenfeld synergy, 오센틱 무브먼트authentic movement, 하코미 방법Hakomi method, 미덴도르프 호흡작업Middendorf breath work과 같은 기법을 통해서 광범위하게 연구되고 있다. 매우 정교한 접근법임에도 불구하고 이들 기법의 특성과 효과를 명료하게 설명하기란 쉽지 않은 일이다. 돈 핸론 존슨Don Hanlon Johnson이 언급했듯이, 이성을 활용하는 주류의 치료 분야에서 그 기법들의 의미를 이해하기는 어려운 일이다. 신체 작업과 주류 과학의 통합이 만들어 낸 가장 괄목할 만한 일은 1973년에 니콜라스 틴베르헌Nikolaas Tinbergen이 노벨상을 수상하면서 수상 소감에서 알렉산더 테크닉을 언급한 것이었다.

지난 수십 년간 신체 중심 치료법의 여러 전문가는 체성감각에 미치는 트라우마의 영향을 언급해 왔다. 이 책의 저자인 팻 오그던과 피터 레빈Peter Levine, 알 페소Al Pesso는 신체 중심 치료법의 뛰어난 임상가들로, 나를 비롯해 많은 동료 임상가에게 매우 큰 영향을 미쳤다. 롤핑과 하코미 등 다른 신체 중심 치료법들을 수년간 경험한 팻 오그던은 몸 작업을 통해 트라우마의 심리적ㆍ신경생물학적 영향을 통합했다. 또한 애착 이론과 신경과학, 전통적 심리치료법에 기반해 감각운동적 처리 과정을 통합하는 새로운 치료법을 만들었다.

감각운동 심리치료는 대부분의 트라우마가 대인관계 속에서 일어난다는 사실에 주의를 기울인다. 이 사실은 트라우마가 경계 침해 및 자율 행동의 상실, 자기조절 상실과 관련이 있음을 말해 준다. 학대받는 아이들, 가정폭력을 당하는 여성들, 구금당하는 남성들에게 흔하게 일어나는 것처럼 생명을 유지시켜 주는 보살핌과 지원이 부족할 경우 사람들은 기계적으로 순응하거나 굴복함으로써 학대와 위협에 대응하게 된다. 특히 그 잔혹한 공격이 반복적이고 지속적일 경우, 생리적 조절 이상을 겪을 가능성이 높다(즉, 극단적인 과각성과 저각성 상태). 그리고 이러한 반응은 습관화된다. 그 결과, 많은 희생자가 만성적 문제를 갖게 되어 자율적으로 '일을 잘 처리할' 수 있는 상황에서조차 독립적이고 효율적으로 행동하기 어려워한다.

트라우마를 입은 사람들은 대부분 해리와 구획화를 배운다. 즉, 일상에서 대부분의 시간은 잘 기능하지만 갑자기 미숙하고 유연하지 못한 상태로 무너질 수 있다. 과거를 상기시키는 상황이나 감각을 경험하면서 갑자기 무력해지고 꼼짝 못 하는 상태가 되는 것이다. 그들 중 어떤 사람들은 자신의 느낌, 주변의 상황, 벗어나고자 하는 방법, 스스로를 보호하고자 하는 충동을 인식할지도 모른다. 반면, 어떤 사람들은 멍해져서 내적 감각들뿐만 아니라 주변의 상황까지도 인식하지 못할 수 있다. 해리로 진단할 경우 대부분의 임상가들은 감정과 행동에 집중한다. 그런데 감각운동 심리치료에서는 신체적 감각, 움직임 장애, 조절되지 않는 생리적 각성, 신체 감각의 결핍, 트라우마를 체성감각적 파편으로 재경험하는 것과 관련된 해리 증상들을 특별히 다룬다.

전통적인 언어치료로 트라우마 경험을 설명할 경우, 트라우마의 비언어적 영향을 다룰 수 있는 자원이 제공되지 않은 상황에서 암묵적 기억이 활성화되어 트라우마 관련 신체 감각, 생리적 조절 이상, 의도하지 않은 움직임이 나타날 수 있다. 또한 무력감, 두려움, 수치심, 격분과 같은 감정 반응도 동반된다. 이렇게 되면 트라우마화된 사람들은 아직 트라우마를 다루기에는 안전하지 않다고 느끼고, 직접 대면하기보다 현재 자신을 지지해 줄 관계를 찾을 가능성이 높아진다. 그래서 치료자는 이들에게 비효율적이고 무가치하다고 여겨지는 삶으로부터의 도피처가 된다.

감각운동 심리치료는 자신 및 주변 환경을 인식하는 방식과 주변 상황과의 관계 속에서 자신을 위치시키는 방식에 과거의 트라우마가 지속적으로 영향을 준다는 것을 직접 다룬다. 내담자들이 자신의 경험에 부여하는 의미(과거에 대한 그들의 이야기)에 초점을 맞추기보다 신체적 경험과 자기 인식에 더 초점을 맞춘다. 신체 중심 치료법들은 과거의 경험이 현재의 생리적인 상태와 행위 경향성에 영향을 미친다는 개념에 근거하고 있다. 트라우마가 호흡, 자세, 감각적 지각, 움직임, 감정, 사고를 통해 재연된다는 것이다. 여기서 치료자의 역할은 트라우마를 알아차리고 해석하는 것이 아니라 내담자가 자기 인식과 자기조절을 잘 할 수 있도록 돕는 것이다. 감각운동 심리치료는 새로운 방식으로 정향하고 살아가는 법을 발견할 수 있도록 감각과 행위 경향성을 통해 작업한다.

트라우마화된 사람들과의 작업에는 몇 가지 주요 장애물을 극복하는 것이 필요하다. 그중 하나는 생리적인 자기조절에서 인간적 접촉과 조율이 꼭 필요하지만 대인관계에서 입은 트라우마는 친밀함에 대한 두려움을 낳는다는 점이다. 대부분의 경우, 트라우마화된 사람들은 친밀함과 조율을 기대하면서 동시에 상처와 배반과 버림받음에 대한 암묵적 기억을 자동적으로 떠올린다. 그래서 관심과 이해를 받게 되면 사람들은 대부분 차분해지고 통제감이 커지는 반면, 인간관계에서 트라우마를 입은 사람들은 트라우마를 재경험할 수도 있다. 그러므로 신뢰 관계가 형성되기 전에는 물리적인 경계선을 확실히 하는 작업을 하고, (호흡과 신체 움직임을 활용해서) 생리적 각성을 조절하는 법을 탐색하면서 자신을 보호하고 방어할 수 있다는 신체적 감각을 회복하는 데 집중함으로써 내담자가 신체적인 통제 감각을 갖도록 돕는 것이 중요하다. 이전에 안전감과 유능감을 느꼈던 경험을 탐색하는 것도 도움이 될 수 있다. 즐거움과 유쾌함과 집중과 힘, 효능감을 느꼈던 기억을 되살리는 것도 유용할 수 있다. 트라우마 치료에서 파괴된 것을 다루는 것만큼 그 사람이 어떻게 살아남았는지를 기억하는 것도 중요하다. 팻 오그던이 이 책에서 "트라우마를 겪었던 그 당시에는 효과가 없어서 포기해 버렸던 능동적인, 그리고 내게 힘을 줄 수 있는 방어들을 찾아야 한다."라고 강조했던 것과 같다.

또한 유념해야 할 것은 (변연계에 위치해서) 신경생물학적으로 감정적 상태에 영향을 미칠 수 있는 의식적인 뇌는 유일하게 자기 관찰(즉, 유기체의 내적 상태에 주의를 기울이기)과 관련이 있는 내측 전전두피질이라는 점이다. 이 책에서 언급되는 신경영상 연구 결과들에 따르면, 외상 후 스트레스 장애 환자들은 내측 전전두피질의 활동이 서서히 감소된다(Lanius, 2002; Clark & McFarlane, 2000). 다시 말해, 트라우마화된 사람들은 일반적으로 내부 감각과 지각에 주의를 기울이는 것에 심각한 문제가 있다. 그래서 이들은 내부 감각에 주의를 집중하도록 안내 받을 때, 종종 압도되거나 아무것도 느끼지 못한다고 말한다. 어찌어찌하여 내부의 감각을 느끼게 되면, 항상 트라우마와 관련된 인식과 감각과 감정이라는 지뢰밭을 만나게 된다(van der Kolk & Ducey, 1989). 그들은 자주 자신에게 혐오감을 느끼고 몸에 대해 매우 부정적인 이미지를 갖고 있다. 그렇지만 그 누구도 신체적 자아가 필요로 하는 것과 접촉하지 않고서는 자신을 돌볼 수 있는 방법을 배울 수 없다.

그래서 팻 오그던은 치료란 내부 느낌들이 들어오고 나가는 것을 관찰하는 주의 깊은 관찰자가 되는 법을 배우는 것이라고 말했다. 즉, 어떤 사고, 느낌, 감각, 충동이 나타나든 그것을 주의 깊게 관찰하는 법을 배우는 것이 필요하다. 트라우마화된 사람들은 가장 먼저 느낌과 감각을 느끼는 것이 안전하다는 것을 알아야 한다. 그 과정에서 신체적 느낌은 결코 고정되어 있지 않다는 것을 알게 되는 것은 대단히 중요하다. 시간이 지나도 모든 것이 얼어붙어 버렸던 것 같았던 그때와는 달리 신체적

베셀 A. 반데르 콜크 의학박사의 글

감각과 감정은 쉴 새 없이 변한다는 것을 아는 것이 중요하다.

트라우마화된 사람들이 과거를 다루려면 내측 전전두피질의 자기 관찰 능력을 활성화시켜야 한다. 그래서 치료는 호기심을 갖고 내부 경험을 관찰하도록 도와야 한다. 호기심은 신체적 감각을 감지하고 감정과 감각을 소통 가능한 언어로 변환시키는 법을 배울 때 매우 중요한 것이다. 내부 감각이 계속 변한다는 것과 생리적 상태에 대한 통제권이 자신에게 있다는 것, 그리고 과거를 기억한다고 해서 반드시 감정에 압도되지는 않는다는 것을 알게 되면, 그들은 자신의 내면세계를 조직하는 일에 영향을 줄 수 있는 방법들을 찾게 될 것이다. 내담자들은 신체적 경험을 감지하면서 그것을 견디는 법을 배울 때, 트라우마를 겪었던 당시에 포기했던 신체적 충동과 선택 사항들을 발견한다. 그 충동과 선택 사항들은 몸을 뒤집거나 비트는 것처럼, 또 뒤로 물러나는 것처럼 미세한 움직임으로 드러난다. 이런 신체적 충동들을 확대시키고, 또 그것들을 수정하는 법을 실험함으로써 환자들은 완료되지 않은 행위 경향성들을 완료하게 된다.

트라우마화된 사람들은 위협을 인지했을 때 투쟁이나 도피라는 효과적인 방어를 활용할 수 있다는 것을 자주 잊어버린다. 그 대신 얼어붙어 버린다. 감각운동 심리치료는 그들이 비트라우마성 자극에 주의를 기울이는 법을 배워서 현재에 정향하도록 돕는다. 이런 식으로 현재에 주의를 집중함으로써 그들은 눈이 열리고 새로운 경험을 하게 된다. 새로운 정보를 받아들여 과거를 되풀이해 사는 것을 그만두게 된다. 현재에 다시 정향하는 법을 배우기만 하면, 그들은 적극적으로 자신을 방어하고 보호하는 능력을 다시 발견함으로써 자신이 인지한 위협에 대응하는 실험을 할 수 있다.

감각운동 심리치료는 다음과 같은 전제에 기반을 두고 있다. 과거에 갇혀 사는 경향성을 극복하려면 트라우마화된 사람들은 (1) 낡은 자동적인 부적응적 행위 경향성을 알아차려야 하고, (2) 초기 충동을 억제하는 법을 배워야 하고, (3) 트라우마를 당했던 순간에는 쓸모없던 불완전하고 얼어붙은 행위 경향성을 완료할 수 있는 다양한 대체 행동을 실험해야 하고, (4) 효과적인 대안 행동들을 실행하는 방법을 실습해야 한다. 팻 오그던의 책은 몸 중심 치료와 신경과학과 애착이론에 관한 지식을 통합해서 탄생시킨 최초의 통합적 치료 방법이다. 이 훌륭한 통합 작업은 앞으로 트라우마화된 사람들을 위한 치료를 크게 발전시킬 것이다. 결코 이전과 같지 않을 것이다.

저자 서문

이제까지 '언어로 이루어지는 치료_{talking cure}'에서는 다양한 이유로 몸을 제외시켜 왔다. 정신역동 접근법이나 정신분석 접근법, 인지치료 접근법으로 훈련받은 심리치료자들은 내담자의 언어와 감정을 능숙하게 읽어 낸다. 그들은 내담자가 하는 연상과 환상, 그리고 정신적 갈등과 괴로움과 방어를 보여 주는 신호를 따라간다. 내담자가 하는 다양한 이야기의 가닥들을 놓치지 않으면서 그의 어린 시절의 이야기가 현재 어느 시점에 어떻게 반복되는지에 초점을 맞춘다. 그들은 치료적 동맹관계를 맺고 치료적 구조 안에서 작업하는 것에 능숙하다. 그리고 전이와 역전이의 단서 및 결과도 잘 인식한다. 필요시에는 정신약리학적 치료를 하면서 신체에 나타나는 증상을 다루기도 한다. 습관, 체중이나 옷 선택에서의 미묘한 변화들, 우울한 내담자의 굽은 자세, 불안한 내담자의 안절부절못하는 움직임처럼 내담자가 신체적으로 표현하는 것에 늘 관심을 집중한다. 그런데 치료자들 대부분은 내담자의 외모나 자세, 움직임이 어떤지 세세히 알아차리도록 훈련받기는 하지만 대체로 내담자의 체화된 경험을 직접 작업하는 것을 전통적인 치료적 공식 및 계획, 중재와 비교해서 지엽적인 것으로 간주한다.

감각운동 심리치료는 전통적인 심리치료에 기반을 두고 있지만 치료에서 몸에 대한 자각을 중시한다. 그리고 정신역동 심리치료에서는 중시하지 않는 몸에 대한 관찰, 상의 기술, 이와 관련된 이론, 중재를 포함하고 있다. 이 접근법에는 정신건강 전통은 물론이거니와 신체 심리치료 전통의 이론적 원리와 치료법이 결합되어 있다. 감각운동 심리치료는 론 커츠_{Ron Kurtz}(1990)가 개발한 몸 중심의 심리치료법인 하코미에서 기술적인 토대를 많이 가져왔고, 거기에 더해 정신역동 심리치료와 인지행동 치료, 신경과학, 애착 및 분리 이론이 포함되어 있다. 이 책의 전제는 전통적으로 훈련받은 치료자가 자신의 치료방식에 신체 중심의 중재를 추가해 임상 현장에서 작업의 깊이와 효능을 높일 수 있다는 것이다.

우리는 신체심리치료자들이 대부분 사용하고 있는 신체적 중재를 결합시키는 접근법을 보여 주기 위해 감각운동 심리치료라는 용어를 일반적으로 사용하고 있다. 그러나 감각운동 심리치료라는 용어는 신체적 중재를 활용하도록 안내하는 신체심리학을 개발한 학파에 속하기 때문에 그 학파 특유의 통합을 가리키기 위해 사용되기도 한다. 그 학파는 몸의 감각과 움직임을 통해 작업하는 것을 가르치지만 일반적으로 접촉을 사용하는 것을 포함하고 있지는 않다. 어떤 경우에는 조심스러운 접촉이 심리치료에서 도움이 되기도 하지만 문제의 소지가 있고, 또 이 치료 방법의 필수적인 요소는 아니기 때문이다(추가 설명은 9장에 있음).

우리는 트라우마가 몸과 신경계에 심각한 영향을 미치고, 트라우마화된 사람들의 증상 대부분이 몸과 관련된 것임을 알고 있다(Nijenhuis & Van der Hart, 1999; Van der Hart, Nijenhuis, Steele, & Brown, 2004; van der Kolk, 1994; van der Kolk, McFarlane, & Weisaeth, 1996). 해결되지 않은 트라우마 때문에 어려움을 겪는 내담자들은 통제할 수 없는 신체적 경험에 대해 보고한다. 트라우마를 상기시키는 것들 때문에 촉발된 감정과 신체 감각이 몸에서 늘 끊임없이 되살아나는 것이다. 이 만성적인 생리적 각성은 끊임없이 되살아나는 트라우마 후 증상의 뿌리이며, 내담자가 치료법을 찾아 해결하고 싶어 하는 바로 그것이다. 트라우마의 경험을 삶의 이야기로 소화할 수 있는 능력이 이들에게는 아직 없다. 트라우마의 기억이 자서전적인 기억으로 암호화되지 않았을 뿐더러 트라우마와 관련된 각성이 다시 살아나 위협적으로 느껴지는 신체 감각(예: 말문이 막히는 공포)이 지속적으로 나타나기 때문이다(van der Kolk, Van der Hart, & Marmar, 1996; Siegel, 1999 참조).

전통적인 치료 모델은 변화가 주로 '하향식top-down'의 서술적인 표현과 과정으로 진행된다는 생각에 기반을 두고 있다. 예컨대, 정신역동 치료 모델에서는 성공적으로 고통스러운 과거의 경험에 연결하는 것을 촉진하는 것과 그에 수반되는 인지 왜곡을 치료적 관계 안에서 다룸으로써 자기 자신을 긍정적으로 느끼고 고통을 경감시키고 행복감을 늘려 주는 것을 원칙으로 하고 있다. 그 작업의 전제는 내담자의 인식과 감정에서 일어나는 큰 변화가 내담자의 자기감이라는 신체적 혹은 체화된 경험의 변화에 영향을 줄 것이라는 것이다. 그러므로 치료적 개입의 가장 중요한 대상은 내담자의 언어language인 것이다. 다시 말해, 이야기가 치료의 과정에 진입하는 지점인 것이다. 내담자의 언어적 표현과 신념과 감정이 치료적 관계를 통해서 구현되고 탐구되고 재가공된다.

자아를 기능적으로 향상시키는 것과 의미를 명확히 하는 것, 이야기를 공식화하는 것, 감정적인 경험을 통해 작업하는 것은 내담자에게 실질적으로 도움이 되는 유용한 중재다. 이처럼 유익한 인지적 · 역동적 수련법과 기법에 더해 우리는 청하지도 않았는데 반복적으로 나타나는 신체 감각들과 억제된 움직임들, 해결되지 않은 트라우마가 갖는 특유의 체성 감각적 침습들을 다루는 '상향식bottom-up' 중재들을 추가할 것을 제안한다. 트라우마화된 내담자는 침습적인 이미지, 소리, 냄새, 신체 감각, 신체 통증, 수축, 마비, 조절되지 않는 각성처럼 트라우마와 관련된 감각운동적 반응들이 되살아나 고통스러워한다. 트라우마를 처리하는 주된 방향으로서 몸의 감각과 움직임을 포함시킴으로써 감각운동 심리치료는 그 증상들을 축소시키고 인식과 감정 신념체계와 연결 능력을 변화시키기 위해 몸 중심의 중재들을 사용하도록 치료자에게 가르친다.

감각운동 심리치료는 인지 치료 및 역동 치료의 이론과 기법에 몸에 대한 직접적인 알아차림과 신체적 움직임을 통한 중재를 결합시키도록 실습시킨다. 예를 들어, 내담자들은 자기 몸을 의식하고 신체 감각을 트래킹하면서 자기 권한과 능력을 높이는 활동을 한다. 이들은 신체 조직과 신념과 정서 사이의 관계를 관찰하도록 배운다. 즉, 치료 현장에서 내뱉는 "나는 나쁜 사람이야."와 같은 자기 표현이 자율신경계의 각성 및 몸의 움직임, 자세, 감각에 어떤 영향을 미치는지 관찰하도록 배운다. 또 몸의 감각과 자세와 움직임이 감정에 미치는 영향을 비롯해 치료 시간에 하는 이야기의 내용과 단어에 어떤 영향을 미치는지 알게 된다. 이런 중재는 치료 과정에 몸을 적극적으로 포함시킴으로써 마음과 몸을 잘 통합시키는 치료 기법을 세상에 탄생시켰다. 조화로운 치료적 관계를 맺은 임상가들은 과거 트라우마 때문에 생긴 반응들이 어떻게 현재 이 순간에 지속되는지에 환자들이 관심을 갖도록 하면서 동시에 더 적응적인 방향으로 반응할 수 있게 하는 방법이 무엇인지 관심과 호기심을 갖도록 도울 수 있다.

대부분의 심리치료법은 트라우마와 관련된 신체적 반응과 만성적으로 활성화되는 신체적 증상을 직접 다루지는 않는다. 주로 인지적 · 행동적 · 정신역동적 · 정신약리학적 중재에 집중한다. 이 중재들은 연구를 통해 입증됐음에도 불구하고 임상 현장에서 부딪히는 트라우마 관련 장애 치료에는 그다지 성공률이 높지 않다 (Bradley, Greene, Russ, Dutra, & Westen, 2005; Foa et al., 1999; Marks, Lovell, Noshirvani, Livanou, & Thrasher, 1998; Tarrier, Sommerfield, Pilgrim, & Humphreys, 1999; Ursano et al., 2004). 모든 분야의 치료자들은 내담자들의 트라우마 관련 증상들에 대한 기존 치료 방식의 한계를 경험할 때마다 당황스러워하고 좌절감을 느낀다.

이 책은 트라우마 치료에서 신체적 접근이 필요하다는 사실에 기반하는 책이다. 또한 심리치료자들이 사용하기에 적합한 자료가 부족한 상황을 개선하기 위해 쓰였다. 이 책의 주요 독자는 심리학자, 정신과 의사, 사회복지사, 심리치료자, 트라우마화된 사람들을 치료하는 가정의다. 추가적으로, 트라우마와 관련된 증상의 유지 및 해결에 몸이 어떻게 기여하는지를 현장 전문가들이 잘 이해할 수 있도록 지표를 제시하였다. 그 지표들은 정신과 간호사와 작업치료자, 재활요원, 위기관리 활동가, 피해자 변호사, 재난구호활동가, 신체 치료자, 정신건강과 트라우마 치료 분야의 대학원생 및 인턴에게 매우 유용한 정보를 제공할 것이다. 또한 고통의 원인과 치료법을 알고 싶은 트라우마화된 내담자들에게도 유익한 정보를 줄 수 있다.

이 책은 이론과 실천 부분으로 나뉜다. 『트라우마와 몸』 1부에서는 100년 전에 피에르 재닛Pierre Janet이 얻은 통찰뿐 아니라 트라우마 치료와 신경과학과 애착과 감정 조절과 해리와 몸과 관련된 분야의 전문가들의 작업을 근거로 해서 감각운동 심리치료 중재에 이론적 토대와 근거를 제공한다.

1장 '위계적 정보처리: 인지적 차원, 감정적 차원, 감각운동적 차원'에서는 트라우마 경험이 생리 조절과 감정 조절을 방해해 정보처리에 지대한 영향을 미치고 있음을 설명하면서 소매틱 치료 접근법에 근거를 제공한다. 그리고 트라우마 생존자들이 공통적으로 가진 부적응적인 '하향식' 패턴 및 '상향식' 패턴과 연관 지어 위계적 정보처리 모델을 설명한다. 또 몸과 마음의 정보처리 방법과 상향식 처리 기능에 관심을 갖는 것을 포함해 트라우마 경험을 효과적으로 치료하기 위해 무엇이 필요한지에 대해서도 논의한다.

2장 '인내의 창: 각성 조절 능력'에서는 각성에 대한 낮은 내성과 트라우마 관련 질환의 대표 증상인 감정조절장애에 대해 설명한다. 트라우마 증상을 지속시키고 치료를 복잡하게 만드는 자율신경계 조절장애에 초점을 맞춰 교감신경계와 부교감신경계의 생존 지향적 기능과 관련된 과각성과 저각성이라는 조절 패턴을 검토한다. 이러한 트라우마 후 조절 패턴은 최적의 각성 상태와 통합 능력을 방해해 정보처리를 어렵게 만든다. 즉, 너무 높거나 너무 낮은 각성 상태에서 트라우마 경험이 통합되기 어렵다. 이러한 조절의 한계선들은 감각운동 심리치료의 '조절 모델'에 관한 기본 전제를 제공한다.

3장 '애착: 양자적 조절에서의 몸의 역할'에서는 애착 경험의 조절 역할과 초기 트라우마 경험에 의한 애착의 파괴 및 그것이 신체에 미치는 영향을 설명한다. 이 장에서는 자기조절의 특별한 경향성과 아동기의 네 가지 애착 패턴으로 구현되는 자율 신경계의 우세를 설명하기 위해 애착 분야의 연구 문헌과 앨런 쇼어Allan Schore(1994)의 정서 조절에 관한 작업과 상호작용과 자율 조절의 차이를 활용한다. 신체와 자율 신경계 차원의 치료에서 애착의 실패가 낳은 조절 불능의 결과들을 해결하는 방법을 사례를 통해 설명한다.

4장 '정향 반응: 의식의 범위를 좁히기'에서는 내외적인 경험을 통해 생긴 무수히 많은 환경 가운데 감각적인 자극을 선택하는 정향 과정을 설명한다. 다양한 종류의 정향을 설명하고, 정향 반응의 단계들을 사례를 들어 자세히 설명한다. 트라우마화된 사람은 감각적인 자극들을 적절히 지향해 해석하고 통합하는 능력이 현저히 떨어지므로 효과적인 트라우마 치료에서는 이런 능력을 다루어야 한다.

5장 '하부 방어 체계: 동적 반응과 부동적 반응'에서는 궁극적으로 트라우마 후 증상의 원인이 되는 다양한 동물적 방어의 하부 체계와 그것들의 기원과 신체적인 요소에 대해 설명한다. 이전 장에서 소개된 사례를 가지고 방어 반응의 단계를 설명한다. 치료를 받으면 트라우마화된 사람들은, (1) 자신들의 증상을 악화시키는 생존과 관련된 방어 반응을 재구성하고, (2) 더 적응적이고 유연한 방어 패턴을 확보하도록 도움을 받는다.

6장 '적응: 행위 체계 및 경향성의 역할'에서는 생존 가능성을 최대로 높여 주는 적응적인 반응을 지원하기 위해 진화된 정신생리학적인 체계를 설명한다. 이 체계들은 세계를 탐험하고, 놀고, 사회적 관계에 참여하고, 에너지를 조절하고, 남녀 사이의 친밀한 관계를 형성하고, 타인을 보살피도록 하는 자극을 제공한다. 트라우마화된 사람들은 일반적으로 방어 하부 체계가 다른 체계들보다 만성적으로 우세하기 때문에 이 체계들을 효과적으로 활용하지 못한다. 이 장에서는 이러한 행위 체계들과 관련된 경향성에 대해 설명하고 그것들이 어떻게 관련되어 있는지를 검토한다. 그리고 내담자가 자신의 목적을 충분히 수행할 수 있도록 치료자가 어떻게 도울 수 있는지 그 방법을 생각해 본다. 뿐만 아니라, 유기체가 반사적인 수준에서부터 적응적인 수준에 이르기까지 특정 수준으로 행동하는 경향성의 이유를 설명한다. 트라우마와 생애 초기의 삶이 행위 체계와 신체적 행위 경향성에 미치는 영향에 대해서도 설명한다.

7장 '심리적 트라우마와 뇌: 신경생물학적 치료 모델'에서는 루스 라니어스Ruth Lanius와 울리히 라니어스Ulrich Lanius, 야니나 피셔Janina Fisher, 팻 오그던이 쓴 것으로, 이 장에서는 트라우마가 뇌의 구조와 기능에 어떤 영향을 주는지 밝힐 뿐만 아니라 신체 기반의 중재들을 사용하는 치료가 어떤 결과를 가져오는지를 탐구한다. 신경영상 기법 덕분에 트라우마가 뇌의 피질의 정보처리와 피질하부의 정보처리에 어떤 영향을 미치는지를 상세히 연구할 수 있게 됐다. 이 연구는 트라우마로 인한 증상을 치료하는 데 지대한 영향을 미친다. 치료 방법들이 트라우마와 관련된 뇌의 영역에 영향을 미칠 수 있음을 이해함으로써 심리 치료의 전문성과 효능성을 높일 수 있다. 또한 트라우마에 과각성으로 혹은 저각성으로 반응함으로써 뇌가 다르게 활성화된다는 것을 설명하고 있다.

『트라우마와 몸』2부에서는 감각운동 심리치료의 치료 철학과 기법들을 소개한다. 복합 트라우마를 가진 내담자들이 몸에 접근하는 치료를 경험할 때 조심스럽게 접근하지 않으면 자극을 받을 수 있기 때문에 속도와 한계선과 신체의 재연결을 촉진하는 안전하고도 점진적인 접근 및 기술에 관심을 가져야 한다. 2부의 임상 사례와 설명을 통해 감각운동 심리치료의 이론과 실제를 명확히 이해할 수 있을 것이다.

8장 '치료의 원리: 이론의 적용'에서는 앞에서 설명한 이론적인 내용을 실제로 적용한다. 감각운동 심리치료의 기본 원리를 소개하고 위계적인 정보처리 이론을 임상 현장에서 치료 방법들에 적용한다. 현재 이 순간에 하는 작업이 강조되는데, 특히 전이와 역전이의 개념은 내담자가 느끼는 신체적 경험과 관련이 있다. 재닛(1898)의 선구적 모델인 트라우마화된 사람들을 위한 단계적 치료는 감각운동 심리치료의 중재 및 치료 계획과 현대적 치료 관점을 통합한다.

9장 '경험의 조직화: 현재 순간에 몸과 작업하는 기술'에서는 주로 하코미 방법(Kurtz, 1990)에서 가져온 특별한 기법을 소개한다. 이 방법들은 내담자와 치료자가 현재의 경험을 관찰하고 명확하게 표현하고 탐색할 수 있는 안전한 기법이다. 이 장에서는 통찰보다 경험 작업에 중점을 두는데, 치료자가 각성의 조절을 촉진해 내담자가 현재의 경험을 조직하는 탐험을 할 수 있게 도와주는 마음챙김의 기법들에 대해 설명한다. 즉, 이 기술들이 감각운동 심리치료에 어떻게 통합되고 활용되는지 설명하고, 치료 과정에서 접촉을 활용하는 것의 이점과 위험성을 설명한다.

10장 '1단계 치료: 안정화를 위한 소매틱 자원 개발하기'에서는 트라우마 유발요인의 관리 및 각성의 조절, 자기 진정, 치료적 애착과 협업에 대한 내성, 일상적인 기능의 향상을 촉진하기 위한 신체 자원의 사용법에 대해 설명한다. 이 단계에서 치료자의 과제는 자율신경계의 조절 이상을 더 큰 의식적 통제하에 두어서 과각성과 저각성의 증상들이 심화되지 않도록 하는 것이다. 신체적인 중심부와 주변부라는 개념을 자기조절 및 상호조절과 관련해 소개한다. 이 장에서는 신체 자원이 자기조절 기술들의 점진적인 확대에 어떻게 기여하는지, 그리고 다음 단계의 치료에서 어떻게 트라우마의 기억들을 처리하는 과정을 위한 길을 열어 주는지 설명한다.

11장 '2단계 치료: 트라우마와 기억의 처리와 승리의 행동 되살리기'에서는 첫 번째 단계에서 통합 능력을 충분히 확보한 내담자가 트라우마의 기억과 관련된 강렬한 느낌과 신체 감각 및 충동을 극복해 승리의 감각을 개발하는 것에 대해 설명한다. 이 장에서는 트라우마 기억의 성격을 탐구하고 성공과 승리의 감각을 경험하기 위해서 내담자가 트라우마 기억을 신체적으로 처리하는 방법에 대해 설명한다. 기억을 안전하게 다시 불러오는 방법과 자원을 검색하는 방법, 자신의 역량을 강화하는 행동을 발견해 실천하는 방법에 대해 논의한다.

12장 '3단계 치료: 일상에서 경험하는 통합과 성공'에서는 어떻게 치료의 초점이 트라우마를 넘어서는 삶으로 바뀌는지 설명한다. 소매틱 중재들은 내담자가 쟁점을 해결하고 난 뒤 사회 속으로 다시 돌아가 사회성을 높이고 위험을 잘 감수하며 변화를 인내할 수 있도록 돕기 위해 활용된다. 이 단계에서 치료자와 내담자의 치료적인 관계는 새로운 행동(선택)이 자동적인 경향성이 될 때까지 시도해 보기 위한 실험실 또는 본보기로 사용될 수 있다. 내담자의 신체적인 중심부와 주변부 간의 역동적인 관계는 신체적 통합을 가능하게 하고, 현재 삶에 잘 적응할 수 있게 해 주는 원형이자 은유다. 이 장에서는 삶에 전적으로 뛰어들지 못하게 하는 인지적 왜곡의 변형을 다루고, 감정을 견디고 좋은 느낌을 수용하는 능력의 향상을 탐색한다.

전통적인 훈련을 받은 치료자들은 신체 작업이 익숙하지 않아 감각운동적 접근법을 치료에 통합하는 것을 주저할 수 있다. 상담 회기 중에 나타나는 신체적인 상태와 움직임을 활용하려면 새로운 언어와 관찰 방법을 배워야 한다. 심리치료자 대부분이 새로운 영역에 들어가는 것에 대한 염려가 있으며, 이러한 우려는 자연스러운 것이다. 그러나 우리는 1981년 이후부터 이 방법을 임상가들에게 가르치면서 신체적 신호에 주의를 기울이는 것은 내담자들을 치료하는 거의 모든 치료자의 치료 방법에 이미 포함되어 있다는 것을 발견했다. 의사소통은 거의 대부분 구두 언어를 통해서가 아니라 표정과 눈맞춤, 신체적 움직임, 행동, 자세, 자율신경의 각성, 몸짓, 근육 긴장 등의 신체 언어를 통해서 일어난다. 다른 말로 하자면, 우리가 다른 사람과 하는 대화의 의미와 해석은 그의 신체적인 움직임과 자세와 표정이 무슨 의미인지 관찰하고 추론하고 편집해 의미를 확정 짓는 일련의 과정을 기반으로 하고 있다. 그리고 우리가 반응하는 방식의 대부분은 상대방에 대한 신체적인 반응들을 통해서다.

사실, 이 시점에서 독자는 정반대의 질문을 할 수 있다. 이 책이 신체 언어를 해석하는 것과 그 언어를 통해 서로 익숙한 것을 상호 조절하는 선천적이고 고도로 정교한 기술에 대해 논의하고 있다면, 이 책에 설명된 방법들은 왜 우리에게 낯설까? 감각운동 심리치료의 미학과 과학은 무의식의 과정을 의식의 과정으로 만드는 것에 있다. 더불어 우리의 임상 실습을 포함해 타인과의 상호작용에 필수적인 비언어적인 의사소통에 언어를 제공하는 것에 있다. 과거에 우리는 이것을 주요한 연구 참여자로 보지 않았다. 감각운동 심리치료에서 신체적인 의사소통의 언어를 이해하고 해석하는 것은 매우 중요하다. 따라서 감각운동 심리치료를 배우는 과정은 타인의 신체 상태와 의사소통이 우리의 신체적 경험에 어떻게 공명해 영향을 미치는지를 주의 깊게 연구하는 것과 내담자에 대한 언어 및 비언어적인 반응들을 의식적으로 공식화하는 데 유용한 토대로 해석될 수 있는 방법을 포함하고 있다. 이 책은 이 상호작용의 과정을 지난 25년 동안 깊이 연구한 결과물이다.

감각운동 심리치료의 이론과 실습을 EMDR과 노출치료를 포함한 정신역동 치료법이나 인지행동 모델과 결합시키는 것은 트라우마 치료 과정에서 몸과 마음을 통합시킬 때 유용하다. 또한 이 기법들은 기존의 심리치료법에 보조적으로 사용하기에도 좋다. 이 책에 소개된 기법들이 트라우마 치료에만 적합한 것이 아니라는 점에 주목해야 한다. 감각운동 접근법은 내담자의 성격 및 상호작용 능력이 개발되고 형성되는 트라우마와는 상관없는 정상적인 아동기와 가족 역동에도 똑같이 적용될 수 있다. 신체적인 중재와 인지적인 중재를 결합하는 궁극적인 목적은 증상을 완화시켜 과거의 외상을 해결할 뿐만 아니라 내담자가 새롭고 개선된 자아 의식을 경험할 수 있도록 돕기 위한 것이다. 자기감은 신념, 은유, 정서적 반응이라는 맥락에서 개발될 뿐만 아니라 내담자의 신체 조직의 물리적인 구성이 변화함에 따라 유기적으로 진화한다. 어떤 트라우마화된 내담자들은 만성적으로 붕괴되거나 얼어붙거나 부동적인 상태가 되면서 자신을 무능력한 사람으로 느낀다. 또 다른 내담자들은 만성적인 과각성과 감정조절장애를 겪고, 자신을 '통제할 수 없다'는 느낌을 경험한다. 감각운동 심리치료는 이러한 내담자들이 자신의 신체적인 경험을 조절하고 더 적응력 있는 행동을 학습하게 한다. 그래서 그들은 안정감과 자신감을 느끼고, 현재에 정향하는 자기감을 갖게 된다. 몸의 각성 수준과 감각과 자세와 움직임이 적응적으로 변화함에 따라 이런 신체적인 변화가 긍정적인 힘을 불어넣어 주는 다른 자기감이 나타난다. 따라서 상향식 중재와 하향식 중재 모두를 활용함으로써 우리는 만성적으로 트라우마에 시달리는 내담자들이 삶의 의지와 의미를 발견할 뿐만 아니라 신체적으로 통합된 새로운 자기감을 개발할 수 있도록 돕기 위해 두 방식의 장점을 통합하고자 한다.

차례

01 위계적 정보처리: 인지적 차원, 감정적 차원, 감각운동적 차원 / 37

02 인내의 창: 각성 조절 능력 / 65

PART 2
치료의 실제

11 2단계 치료: 트라우마 기억의 처리와 승리의 행동 되살리기 / 311

12 3단계 치료: 일상에서 경험하는 통합과 성공 / 353

Trauma and the Body

PART I

이 론

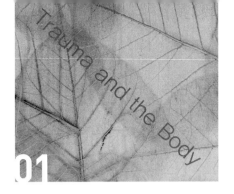

위계적 정보처리:
인지적 차원, 감정적 차원, 감각운동적 차원

트라우마화된traumatized 사람들의 경우, 몸과 마음이 함께 쇠약해지는 심신의 순환적 상호작용은 자기감sense of self에 혼란을 일으키고, 트라우마 관련 장애를 지속시켜 과거의 트라우마를 계속 '살아 있게' 한다. 많은 사람에게 트라우마 경험은 파편화된 기억과 쉽게 재활성화된 무수히 많은 신경생물학적 반응으로 남아 있고, 불쑥 튀어나오는 강렬한 비언어적 기억, 즉 인지적으로 알 수 없는 것을 몸은 알고 있다는 듯 말없이 '이야기해 주는' 감각 운동적 반응과 증상으로 계속 남아 있다. 트라우마화된 사람들은 침습적인 몸 감각과 이미지, 냄새, 몸의 통증 및 수축, 마비, 각성의 조절 불능 같은 반응이 실제로 트라우마의 잔재임을 알지 못한다. 어떤 일이 일어났는지, 그것을 어떻게 견뎠는지 이해하지 못하는 트라우마화된 사람들은 "난 절대 안전하지 않아." "난 낙인 찍힌 여자야." "난 사랑스럽지도 않고 쓸모도 없는 인간이야."라고 말하면서 재활성화된 감각운동적 반응을 자신의 정체성identity이나 자기다움selfhood을 알려 주는 정보로 자주 오해한다. 몸에 반영된 신념은 자세 및 호흡과 자유로운 움직임과 심장 박동 수에 영향을 미친다(Aposhyan, 2004; Caldwell, 1997; Heckler, 1993; Keleman, 1985;

Kepner, 1987, 1995; Krueger, 2002; Kurtz, 1990; Kurtz & Prestera, 1976; Lowen, 1975; Reich, 1945/1972; Rosenberg, Rand, & Asay, 1985). 역으로 몸이 트라우마에 적응하는 것은 트라우마화된 사람들이 환경에 반응하고 이후의 모든 경험에 대한 의미를 찾는 것에도 영향을 끼친다.

트라우마 사건을 언어로 설명하거나 관련 느낌을 분출시켜 해결하려는 시도는 증상을 해결하기보다 신체적 감각의 마비와 조절되지 않는 각성 상태dysregulated arousal와 비자발적인 움직임 형태의 '소매틱 상기somatic remembering'를 촉발할 수 있다. 강렬한 신체적 반응은 반대로 공포와 불안, 무기력, 절망감, 수치심, 격분처럼 트라우마와 관련된 감정을 자극할 수 있다. 그러므로 트라우마 사건에 대해 설명하려는 시도는 갑자기 과거를 현재로 불러오는 일이고, 그러면 현재 상황에 대한 정향orientation은 부분적으로 또는 잠시 방향을 잃을 수도 있다(Tarrier et al., 1999; Burnstein, Ellis, Teitge, Gross, & shier, 1986; McDonough-Coyle et al., 2000; Pitman et al., 1991; Scott & Stradling, 1997; Devilly & Foa, 2001; Tarrier, 2001). 트라우마에 대한 '기억'은 '그 일이 다시 일어나고 있어. 그러니 난 여전히 안전한 게 아니야.'로 경험된다. 위험을 느끼는 순간 생각하는 마음, 즉 전두피질은 제 기능을 못한다. 따라서 위협에 대한 신체적 경험에 기반을 둔 이후의 결정과 행동은 충동적이거나 위험한 것이거나 그렇지 않으면 현재의 사실에 적합하지 못한 경우가 많다. '내게 좋은 일이 일어날 리 없지.' 또는 '나는 안전을 누릴 가치가 없는 사람이야.'와 같이 그 트라우마와 관련된 신념, 즉 몸의 증상을 악화시키는 신념은 영향을 받아 또다시 확실하게 굳어진다.

심신에 영향을 미치는 증상의 복잡성과 다양성은 내담자와 치료자 모두를 당황스럽게 한다. 프랑스의 심리학자 피에르 재닛Pierre Janet(1889)은 트라우마 증상 중 특히 해리의 역할을 강조하면서 해결되지 않은 트라우마가 경험을 통합하는 능력을 현저히 저하한다고 역설했다. 감정과 사고, 정체성, 기억, 체성감각적somatosensory 요소처럼 정상적으로 통합되어야 할 과정이 분리된다(Spiegel & Cardena, 1991). 이 통합의 실패는 지나친 '경험의 구획 분할'compartmentalization로 이어진다. 즉, 트라우마의 요소들이 통일된 전체나 통합된 자기감으로 통합되지 못한다(van der Kolk, Van der Hart, & Marmar, 1996, p. 306). 구획 분할의 한 형태는 (1) 감정과 신체의 마비, 트라우마를 연상시키는 단서를 회피하는 증상, (2) 플래시백과 꿈, 사고, 소매틱 증상을 통해 트라우마를 침습적으로 경험하는 것 사이를 오락가락하는 트라우마화된 사람의 경향성에 그대로 드러난다(Chu, 1998; Meyers, 1940; Spiegel, 1990, 1997; van der Hart et al., 2004; van der Kolk & Van der Hart, 1989). 제임스 추James Chu에 따르면, "그 이중 패턴은 해리의 결과물이다. 트라우마 사건은 마비 국면에서 정상적이고 의식적인 깨어 있음에서 멀어져 해리되고, 침습적인 국면에서는 다시 돌아온다(1998, p. 33)."라고 했다.

해리적인 두 국면에서 제각기 현저히 다른 증상들이 생긴다. 침습적 국면에서 개인은 트라우마의 통합되지 않은 기억의 파편들이 불시에 찾아와 고통을 겪는다. 마비될 때에는 기억의 파편들이 찾아오지 않지만, 개인은 '의식의 표층에서' 살면서 멍하고 동떨어진 느낌이 든다(Appelfeld, 1994, p. 18). 그 양측의 해리적 증상들은 심리적, 심리형일 뿐만 아니라 감각운동적, 신체형이어서 더 복잡하다(Nijenhuis & Van der Hart, 1999; Van der Hart, Van Dijke, Van Son, & Steele, 2000). 심리형 증상들은 정신적 기능의 해리를 수반하고 압도적인 감정들과 집중력 장애, 기억 상실, 그밖에 기억과 관련된 문제, 뒤바뀐 신념 체계로 드러난다. 신체형 해리 증상들은 몸의 감각과 움직임, 오감과 관련이 있고, 감각적 왜곡과 생리적 각성의 조절 이상, 몸의 감각 결핍, 통증, 움직임 장애를 말하며, 또 트라우마를 체성감각적 파편으로 재경험하는 것도 포함한다. 판 데르 하트Van der Hart와 그의 동료들은 '심리형 증상과 신체형 증상이 동전의 양면'이라고 지적했는데, 그 이유는 그것들이 심신 불가분의 조합에 기인한 기저의 해리 과정을 드러내기 때문이다(2000, p. 35).' 신체형 및 심리형 증상의 이 복잡한 조합 때문에 트라우마가 심신에 끼치는 영향을 직접 다루는 치료법이 필요하다.

삼위일체의 뇌

자기 자각self-awareness과 해석, 추상적 사고, 느낌에 관한 인간의 능력은 몸의 본능적이고 무의식적인 반응과 위계적, 발달적으로 관계를 맺고 있다. 위계적으로 조직된 진화적인 반응은 본능적 각성과 신체적 방어에서 느낌과 감정적 경험, 또 사고와 자기 성찰, 신념, 의미 짓기에 이르기까지 다양하다.

윌버Wilber(1996)의 위계적 정보처리에 대한 설명에 의하면, 경험은 인지적 차원과 감정적 차원과 감각운동적 차원 이 세 차원에서 조직되는데, 이 차원들 사이에는 위계적이고 기능적인 질서가 있다. 맥클린MacLean도 신경심리학에서 그와 유사하게 위계에 관해 설명했다. 맥클린은 삼위일체의 뇌triune brain의 개념을 '뇌 안에서 뇌를 가진 뇌'로 표현했다(1985, p. 8). 진화론적 관점에서 보면 파충류의 뇌reptilian brain는 가장 먼저 발달한 뇌로, 유기체의 각성과 항상성, 번식의 충동을 관장하고, 감각과 움직임에 관한 학습된 충동을 포함한 감각운동적 차원의 정보처리에 관계한다. 감정적 과정에 관계하는 '원시 포유류의 뇌paleomammalian brain' 또는 '변연계의 뇌limbic brain'는 모든 포유류에서 발견되고 파충류의 뇌를 감싸고 있으며 감정과 기억, 약간의 사회적 행동, 학습을 조절한다(Cozolino, 2002). 신피질neocortex은 계통발생학적으로 가장 나중에 발달했고, 자기 자각과 의식적 사고와 같은 인지 정보를 처리할 수 있으며, 좌뇌와 우뇌를 연결하는 뇌량corpus callosum의 대부분을 포함하고 있다(Siegel, 1999). 그러므로 정보처리의 세 차원, 즉 인지적·감정적·감각운동적 차원은 세 층으로 구성된 뇌 구조와 관련이 있다고 말할 수 있다.

서로 다른 지식이 뇌의 세 층에서 생긴다. 파충류의 뇌는 '타고난 행동 지식, 즉 생존 문제와 관련된 기본적이고 본능적인 행위 경향성 및 습관을 생산한다(Panksepp, 1998, p. 43)'. 변연계의 뇌는 '정서적 지식, 즉 세상에서 일어나는 사건에 대한 주관적인 느낌과 감정적인 반응을 생산한다(Panksepp, 1998, p. 43)'. 신피질은 '설명적인 지식…… 세상에 관한 명제적 정보를 생산한다(Panksepp, 1998, p. 43)'. 또 판크세프Panksepp는 이 세 층의 '뇌'의 행위적이고 기능적인 접점에 대해 다음과 같이 명확하게 설명했다.

> 뇌의 가장 중심부에 있는 파충류의 뇌는 탐험과 수유, 공격적 과시 행위, 성행위처럼 원초적이고 감정적인 처리를 위한 본능적인 행동을 만들어 낸다. 구포유류의 뇌 혹은 변연계 체계는 모든 감정을 행위와 심리로 해석하고, 특히 분리 불안/사회적 관계, 재미, 모성 보호처럼 사회적 감정을 조절한다. 고도로 발달한 신피질은 상위의 인지 기능과 추리, 논리적 사고를 만들어 낸다(p. 43).

이처럼 뇌의 세 층은 나름대로 환경을 '이해하고' 적절히 반응한다. 어느 한 층이 내외적 조건에 따라 다른 층보다 우세해질 수도 있다. 그러면 그와 동시에 세 층은 상호 의존적이 되고 얽히게 된다(Damasio, 1999; LeDoux, 1996; Schore, 1994). 피셔Fisher와 머리Murray와 번디Bundy는 이렇게 말했다(1991).

> 두뇌는 통합된 전체로 기능하지만 위계적으로 조직된 구조다. '상위' 통합적 기능은 '하위' 구조들의 통합에서 진화되고 그것에 의존한다. 뇌의 상위(신피질) 구조들은 추상적 개념과 지각, 추리, 언어, 학습을 담당하는 것으로 보인다. 그에 비해 하위(피질 하부) 구조들에서는 주로 감각의 통합과 감각 간의 연합이 일어난다. 뇌의 하위 구조들은 상위 구조들보다 더 일찍 발달하고 성숙하는 것으로 보인다. 상위 구조들의 발달과 최적의 기능은 부분적으로 하위 구조들의 발달과 최적의 기능에 의존하는 것으로 보인다(p. 16).

감각운동적 정보처리는 다양한 방식으로 다른 형태의 정보처리를 뒷받침해 주고, 더 진화된 정보처리 과정보다 더 단순하고 원초적인 특징을 갖고 있다. 몸의 전 과정에 더 직접 관여하는 감각운동적 정보처리는 방어에서 보이는 고정 행동 패턴들, 호흡 방식과 근육 긴장도의 변화, 자율신경계의 활성화처럼 감각 입력에 반응하는 신체적 변화를 수반한다. 뇌의 하위에 있는 더 오래된 구조들을 가진 감각운동적 정보처리는 작업 방식 측면에서 보면 상대적으로 고정된 일련의 움직임이 많다. 놀람반사와 투쟁-도피 반응처럼 잘 알려진 반응들이 일련의 고정된 움직임(무릎 반사와 같은) 중 일부다. 무의식적인 반사 반응은 가장 단순한 연속 움직임으로 가장 단단하게 고정됐다. 더 복잡한 연속 움직임으로는 유아기에 배우는 걷기와 달리기 같은 운동 패턴이 있고, 이것들은 이후에 무의식적인 움직임으로 변한다. 고도로 진화된 인지 영역과 감정 영역에서는 고정된 과정이 더 적게 발견되고 반응의 복잡성과 다양성은 더 많이 발견된다. 판크세프(1998)는 이처럼 복잡한 것으로의 변화를 컴퓨터의 운영체계에 비교했다.

> 상위 기능은 보통 개방적인데 반해, 하위 기능은 반사적이고 고정적이며 폐쇄적이다. 예를 들어, 생명과 직결된 뇌 기능—호흡처럼 유기체의 신체 기능을 조절하는 기능—은 매우 낮은 층들에서 조직된다. 상위 기능은 하위 기능을 점차

유연하게 통제한다. ……컴퓨터와 비교해 보면…… 하위 기능은 컴퓨터를 논리 정연하게 작동시키는 데 필수적인 '운영 체계'인 읽기 전용 기억장치ROM와 비슷하다. 반면에 상위 기능은 점차 복잡해지는 계산을 가능하게 해 주는 보조 기억 장치RAM의 공간과 유사하다. 같은 운영 체계라도 보조 기억 장치의 공간이 넓을수록 더 많은 것을 수행할 수 있다. 복잡하고 정교한 작업을 수행하는 인간의 능력은 컴퓨터의 보조 기억 장치와 같은 공간이 상대적으로 넓어지는 것이라고 할 수 있다(p. 77).

반응의 유연성과 추상성은 인지적 차원의 처리에서 증가하고, 반응의 고정성과 구체성은 감각운동적 차원의 처리에서 더 증가한다. 그 둘 사이에 있는 감정적 처리는 인지적 처리만큼 유연하지 않고 감각운동적 처리만큼 고정적이지도 않다.

뇌의 세 층이 항상 같이 잘 작동하지는 않을 것이다(MacLean, 1985). 트라우마의 영향이 존재할 때 인지적 · 감정적 · 감각운동적 처리의 통합은 위태로워진다. 조절되지 않은 각성은 감정을 악화시키고 사고를 빠르게 회전시키며 현재 환경의 단서를 과거 트라우마 단서로 오해하게 하면서 트라우마화된 사람의 감정적 처리와 인지적 처리에 큰 영향을 미칠 수 있다(van der Kolk, 1996a). 예를 들어, 어떤 내담자는 (자신을 학대했던 삼촌과 비슷한) 큰 키에 거대한 중년 남자를 보면 심장 박동 수가 높아지고 달아나고 싶은 소매틱somatic 감각을 느끼는데, 그 내담자는 쉽게 그런 감각운동적 반응을 자신이 안전하지 않다는 의미로 해석한다. 그 후 그녀는 '이 남자는 위험한 사람이야.'라고 사고하는 자신을 발견할 수도 있다. 그 사고 때문에 '여기서 빠져나가야 해.'처럼 더 많은 사고가 일어나고 두려움과 불안처럼 트라우마 관련 감정이 일어나면서 심장 박동 수와 다리의 긴장은 증가하기 쉽다. 이 감정들과 감각운동적 반응들로 그녀는 현실을 더 정확히 파악하지 못하게 된다.

최근 '변연계'의 기능에 의문을 제기하는 여러 저자(Cozolino, 2002; LeDoux, 2002)는 사회와 감정과 애착과 트라우마에 관련된 경험을 초래하는 신경망이 뇌 전체에서 발견된다고 강조하지만, 그런데도 삼위일체의 뇌라는 개념은 "진화의 산물 및 현재의 신경 체계와 인간 의식의 조직 및 해체와 관련해 내재하는 어려움 사이에서 그것들을 연결하는 은유를 제공하는 중요한 역할을 하고 있다"(Cozolino, 2002, p. 9).라고 정의 내렸다. 우리는 그 은유를 이용해 정보처리의 세 차원이 어떻게 경험을 조직하는지, 또 해결되지 않은 트라우마가 어떻게 이 세 차원의 상호작용을 악화시키는지 설명할 것이다.

정보처리의 차원과 몸

인지적 처리와 감정적 처리는 몸에 강한 영향을 주고, 감각운동적 처리는 인지와 감정에 강한 영향을 미친다. 임상현장에서 정보의 세 가지 처리를 따로 검토할 뿐만 아니라 인지적 · 감정적 · 감각운동적 반응 간의 상호작용을 자세히 검토하는 것도 유용하다는 것을 발견했다. 치료자가 몸이 세 차원을 경험하고 정보를 처리하면서 어떻게 영향을 주고받는지를 관찰하는 것은 특히 중요하다. 그런 후에야 세 차원에서 적응적인 정보처리가 증가하도록 특정 소매틱 기법을 선택할 수 있고, 그것이 인지적 · 감정적 개입과 통합되도록 할 수 있기 때문이다.

인지적 처리

인지적 처리라는 용어는 개념화와 추론하기, 의미 만들기, 문제 해결하기, 의사 결정하기와 관련된 능력을 말한다. 인지적 처리는 경험을 관찰하고 추상화하는 능력과 행동 가능성의 범위를 가늠하는 능력, 목표를 달성하기 위해 계획을 세우는 능력, 행동의 결과를 평가하는 능력을 말한다. 성인으로서 우리의 행동은 감각운동적 반응과 감정적 반응에 대한 의지적인 인지적 처리의 위계적 관계를 반영한다. 배고 픔이 느껴져 타액이 분비되고 위 근육이 수축하는 생리적 반응이 계속 일어나더라도, 우리는 배고픔이라는 감각에 따른 행동을 하지 않고 그것을 무시하는 결정(인지적 기능)을 할 수 있다. 인지 이론에서는 이런 인지 기능의 우세를 '하향식 과정top-down processing'이라고 부르는데(LeDoux, 1996, p. 272), 이것은 상위의 인지적 처리가 감정적 · 감각운동적 처리를 정교화하거나 방해함으로써 하위 과정을 무시하거나 조정하거나 중단시킬 수 있고, 또 자주 그렇게 한다는 것을 의미한다.

성인의 활동은 대부분 하향식 처리를 기반으로 한다. 쇼어(Schore, 1994, p. 139)에 따르면, 성인기에 '상위의 대뇌 피질 영역'은 '통제 센터' 역할을 하고, 그중 하나인 안와피질orbital cortex은 피질 하부의 활동을 관장한다. 우리는 삶에서 하루에 완수해야 할 일이 무엇인지 생각해 계획을 짜고, 그 목표를 달성하기 위해서 시간을 조직한다. 그리고 계획을 실행하는 동안에는 (예: 좌절, 피로, 신체적 불편함과 같은) 감정과 감각을 무시하기도 한다. 즉, 소매틱 경험과 감정적 경험을 알면서도 그것을 행동의 결정적인 요인으로 만들지 않고 배제한 채 삶을 관리하는 것이다. 그러나 트라우마화된 사람들의 경우, 트라우마와 관련된 감정 및 감각운동적 반응의 강렬함 때문에 하향식 과정이 피질 하부의 활동을 통제하는 일이 어렵게 된다.

또한, 일반적으로 트라우마화된 사람들은 트라우마나 삶에서 겪는 다른 경험을 융통성 없이 부적절하게 해석하기 때문에 인지적 처리는 더욱 어려워진다. 그런 해석은 '난 나쁜 사람이야.' '그건 내 탓이야.' '모든 남자는 위험해.'처럼 부정적이고 잘못된 우연적이고 일반적인 사고의 형태를 띤다. 모든 사고는 행동(Maturana & Varela, 1987), 즉 정신적 행동(Janet, 1926; Van der Hart, Nijenhuis, & Steele, 2006)으로서의 부정적 인지와 그에 상응하는 감정뿐만 아니라 감각운동적 반응까지도 만들어 낸다. 그런 사고는 트라우마화된 사람들이 자신의 경험을 조직하는 것을 방해하는데, 이는 인지적 왜곡이라는 침습적 패턴의 형태를 띤다. 왜곡의 결과로 그들은 자존감이 낮아지고 계속 실패를 경험할 뿐만 아니라 안전하지 않다는 인지 습관을 갖게 된다.

인지적 처리는 우리의 몸과 불가분의 관계에 있다. 신체 느낌이나 '소매틱 표지somatic markers'는 인지적으로 의사를 결정하는 것에 영향을 미치고, 또 사고의 논리성과 속도와 맥락에 영향을 미친다(Damasio, 1994, 1999, p. 41). 인지적 처리가 진행되는 동안, 그 배후에서 일어나는 몸 감각은 의사 결정을 내리는 과정과 자기를 경험하는 과정에서 개인의 기능에 영향력을 미치는 편향된 토대를 형성한다. "이 이성적 구조는 몸의 체화에서 생긴다. 우리가 주변을 인식해 움직이도록 해 주는 신경 체계와 인식 체계는 같은 방식으로 개념 체계와 추론 방식을 창조한다"(Internet Encyclopedia of Philosophy, 2005). 정신적 행위를 할 때 사용되는 뇌 회로는 신체적 행위를 할 때 사용되는 뇌 회로와 같다(Ratey, 2002). 그래서 성장기의 아이가 몸을 움직이는 일은 기억, 언어와 학습의 발달에 꼭 필요한 일이다. 레이티(Ratey, 2002)는 운동 신경 세포가 자기를 자각하는 감각을 조절할 수도 있다고 말했다. 그러므로 우리가 생각하는 방식과 내용은 몸에 의해 형성되고, 우리의 몸은 사유 방식과 그 내용에 의해 형성된다. 레이코프~Lakoff~와 존슨~Johnson~(1999)은 다음과 같이 말했다.

> 감각운동적 체계를 통해 생긴 이성의 구체화는…… 우리의 개념이 세상에서 기능하는 우리의 방식과 잘 맞아떨어지는 개념을 설명해 주는 중요한 부분이다. 개념이 감각운동적 체계에서 진화했기 때문에 개념은 기능의 방식에 맞으며, 그러므로 우리는 물리적 환경 안에서 기능하도록 진화해 왔다. ……감각운동적 체계가 개념의 형성에 중요한 역할을 하므로 개념은 마음과 관계없는 객관적 외부 현실을 직접 반영할 수 없다(p. 4344).

트라우마를 입히는 것이든, 그렇지 않은 것이든 초기 어린 시절에 주 양육자와 맺는 관계의 모든 역동은 성장하는 아이의 인지와 신념 체계에 관한 청사진을 만들고, 그 신념 체계는 몸의 자세와 구조, 움직임에 영향을 미치며, 그 역으로도 영향을 미친다. 어떤 아이가 성공에 높은 가치를 두는 가정에서 성장하면서 매사에 '더 노력하라'라고 격려 받았다면, 아이의 자세와 몸짓과 움직임은 그 영향 아래서 형성될 것이다. 성공이라는 가치가 우선시되어, 그 일을 했기 때문이 아니라 너 자신으로 사랑 받는다는 것과 같은 다른 가치들이 희생된다면, 아이의 근육은 단단해지고 긴장하게 될 것이다. 아이의 몸은 '더 노력할' 준비를 하는 것이다. 반대로, 열심히 노력하는 것을 말리거나 적절하지 못한 것으로 간주하거나 또는 아이가 성취한 것을 모조리 평가절하하는 환경에서 자란 아이는 가슴이 푹 들어가고 팔이 처져 있으며 호흡이 얕을 것이다. 아이의 몸은 자신감과 확신이 부족해 '포기하는' 경험을 반영할 것이다. 그 아이에게는 어려운 임무를 완수하는 데 필요한 에너지와 자신감을 느끼는 것이 어려울 수도 있다. 만성적으로 굳어 버린 자세와 움직임은 특정 신념과 인지적 왜곡을 지속시키고, 신체적 패턴은 다시 그 특정 신념을 강화한다.

만약 몸이 이유와 신념의 형성에 중요한 역할을 한다면(그 역도 그렇다면), 통찰력과 자기를 성찰하는 능력('자기 자신의 마음을 아는' 능력)은 몸의 영향을 받아 상대적으로 제한될 것이다(Lakoff & Johnson, 1999). 그렇다면 우리는 어떻게 자신의 마음을 아는 것을 시작할 수 있을까? 움직임과 자세의 패턴이 이유에 영향을 미친다면, 인지적으로 지기를 성찰하는 것이 마음의 작용을 깨어 있는 의식 상태에 이르게 하는 유일하거나 최고의 방법이 아닐지도 모른다. 어쩌면 몸의 자세와 움직임을 반추하고 탐색해 바꾸는 것이 가치 있을 수도 있다. 예를 들어, 테리는 '잔뜩 겁을 먹은' 몸으로 치료를 받으러 왔다. 그의 양 어깨는 들려 있었고, 머리는 움츠러들어 있었으며, 가슴은 숨을 참는 것처럼 조여 있었고, 눈은 주변을 두리번거렸다. 그는 놀람 반사 반응을 지나치게 많이 보였다. 만성적인 몸 경험 때문에 그는 과거에 있었던 트라우마가 끝났고 이제 안전하다는 '합리적인' 신념을 갖지 못했다. 테리는 자신이 안전하다는 것은 알았지만 꼭 그렇지 않은 것처럼 느꼈다고 보고했다. 상담에서 테리의 몸 감각과 움직임이 신념에 미치는 영향을 드러냄을 확인하였고, 그의 몸과 신념을 변화시키기 위해 몸의 감각과 움직임을 다루었다. 이 상담 과정에서 테리는 몸과 마음의 접촉 지점을 알아차리게 되었다. 어깨를 이완하고 깊은 호흡을 하는 동안, 고정된 자세에서 두 다리를 느낌으로써 체화된 신념을 인지적, 신체적으로 변화시키는 작업을 했다. 그렇게 탐색을 해나가면서 그의 트라우마 기억이 모습을 드러냈고, 테리는 그것을 다뤄 해결했다. 몇 회기의 심리 치료를 더 받은 후, 테리는 몸과 신념에서 일어난 변화를 이렇게 묘사했다. "이제 제 몸이 저를 지탱해 주는 것이 느껴져요! 어깨가 이완되고 호흡이 깊어져 긴장감도 사라진 것 같아요. 또 안전함을 더 많이 느낄 수 있네요."

감정적 처리

감정은 인지적 처리 과정에 동기를 부여함으로써 우리가 특정 단서를 알아차리고 주의를 기울이도록 지시하는 신호를 준다. 감정 덕분에 우리는 주변의 중요한 사건과 자극에 주의를 돌려 그것에 맞게 적절하게 행동한다(Krystal, 1978; van der Kolk, McFarlane et al., 1996). "감정적 뇌는 우리가 추구하는 경험을 향해 나아갈 수 있게 하고, 인지적 뇌는 그 경험을 가장 영리하게 성취하게 한다"(Servan-Schreiber, 2003, p. 26). 리나스Llinas에 따르면, "우리가 움직일 때 근육 긴장이 기본 토대가 되듯, 감정은 우리의 행동을 밀어붙이거나 억제함으로써 행동을 위한 전 운동적 토대가 된다."(2001, p. 155)라고 했다.

트라우마화된 사람의 특징은 무슨 행동을 해야 할지 알려 주는 안내 표식으로 감정을 잘 활용하지 못한다는 것이다. 그들은 감정을 인지해 말로 표현하는 능력에 문제가 있는 감정표현 불능증alexithymia으로 어려움을 겪을 수도 있다(Sifneos 1973, 1996; Taylor, Bagby, & Parker, 1997). 무덤덤하게 감정 표현을 하거나, 삶에 대한 흥미, 동기, 행동할 힘이 없음을 불평하면서 자신의 감정과 멀어져 있을 수도 있다. 또는 자신의 감정을 당장 매우 급한 행동을 해야 하는 신호로 경험할 수도 있다. 다시 말해, 감정을 숙고해 보고 행동을 이끌 정보 중 하나로 그것을 허용하는 능력을 상실해서 폭발적이고 무절제하게 감정을 표현한다. 트라우마화된 사람들은 트라우마 사건을 상기시키는 것에 의해 촉발된 비언어적인 기억을 통해 강렬한 감정에 휘둘리면서 이전의 트라우마 경험에서 느꼈던 감정 상태로 돌아간다. 그 감정은 신체적·언어적 폭력과 같은 충동적이고 비효율적이고 모순되고 비이성적인 행동을 이끌거나, 무기력하고 얼어붙어서 마비되는 증상으로 이어질 수 있다. 그러므로 해결되지 않은 트라우마와 관련해서 생기는 개인의 감정적 각성은 현재의 (비트라우마적인) 환경이 아니라 이전의 트라우마에 적절한 반응일 가능성이 큰 행동을 유발한다.

감정적 처리라는 용어는 정서적 상태를 경험하고 묘사하고 표현해 통합하는 능력을 말한다(Brewin, Dalgleish, & Joseph, 1996). 감정은 대체로 초기와 중기와 말기라는 단계적 패턴을 따른다(Frijda, 1986). 그러나 많은 트라우마화된 사람은 결코 말기에 이르지 못한다. 트라우마처럼 매우 강렬한 자극에 대한 감정적 반응이 끝날 것처럼 보이지 않는다(Frijda, 1986). 이것은 르두LeDoux가 진행했던 동물 연구에서 입증됐던 현상으로, 르두는 감정적 기억이 영원히 지속될 수도 있다고 지적했다(LeDoux, 1996). 트라우마화된 사람들은 비탄이나 두려움, 공포, 분노처럼 트라우마와 관련된 감정에 자주 고착된다. 그렇게 고착되는 이유는 현재의 감정과 과거 트라우마 간의 연결을 부정하거나 인식하지 못하기 때문이기도 하고, 고통스러운 감정을 회피하려는 시도이기도 하고, '명료하게 사고하는' 능력이 없기 때문이기도 하고(Leitenberg, Greenwald, & Cado, 1992), 감정과 신체적 감각을 구분하는 능력이 없기 때문이기도 하다(Ogden & Minton, 2000). 게다가 그 감정이 과거의 하나의 사건이 아니라 여러 사건과 관련이 있을 수도 있다(Frijda, 1986). 이 모든 요소가 트라우마와 관련된 감정을 끊임없이 반복적으로 경험하게 하는 원인이다.

다마시오Damasio처럼 프리다Frijda도 감정이 몸과 불가분의 관계가 있다는 것을 강조했다. "감정은…… 몸의 문제다. 심장과 위장과 창자의 문제이고, 신체적 활동과 욕구의 문제다. 감정은 피부의 문제로 피부를 화끈거리게 한다. 또한 감정은 뇌와 혈관의 문제다"(1986, p. 5). 인지하든 못하든 이 내부 감각들이 감정의 원인이자 결과다. 뱃속의 울렁거림은 흥분의 표시이고, 가슴의 답답함은 비통함, 턱의 긴장은 분노, 전신이 따끔거리는 것은 두려움의 표시다.

다마시오는 감정의 특징에는 두 가지가 있다고 말했다. 하나는 내적 감각으로, '내부를 향하는 개인적인' 것이고, 다른 하나는 가시적 특징으로 '외부를 지향하는 외적인' 것이다(1999, p. 40). 그러므로 주관적인 내면의 감정 상태는 주관적인 신체 감각을 통해 경험할 수 있고, 우리가 느끼는 것을 타인에게 알려 주는 외적 신호에 반영된다. 분노는 꽉 다문 입과 불끈 쥔 주먹, 찌푸린 눈, 온몸의 긴장을 통해 가시화될 수 있다. 두려움은 구부정한 어깨와 멈춘 호흡으로 표현되거나, 혹은 간청하는 눈빛이나 무시무시한 어떤 것에서 버티거나 벗어날 때 보이는 애원하는 표정으로 전달될 수도 있다. 이런 신체 태도는 현재 상황이나 만성적으로 스며 있는 감정 상태에 대한 즉각적인 반응일 수도 있다.

우리는 치료에서 트라우마와 관련된 감정을 명료화하고 작업해서 해결하기 위해 외부로 향해 있는 신체적 표현을 활용할 수 있다. 어깨에 긴장이 많아 보이던 어떤 내담자는 그 긴장을 알아차리고 그것의 의미를 찾아보라는 말을 들었다. 그녀는 긴장과 분노를 참고 있음을 느꼈다고 보고했는데, 그것은 인지 작용이 아니라 몸의 알아차림을 통한 통찰이었다. 그러한 통찰이 있고 나서 그녀는 자신에게 폭력을 가했던 아버지에게 화낼 권리가 없다고 잘못 생각하고 있음을 알게 되었다. 그 긴장을 직접 이용해서 분노 작업을 하는 것(그 긴장이 '하고자' 했던 움직임을 서서히 실행하고, 관련된 기억과 신념과 감정을 처리하고, 긴장을 푸는 법을 배우는 것)은 내담자가 트라우마 사건과 관련된 감정을 더 온전히 자기표현을 해서 해결의 국면으로 나갈 수 있게 해 주었다.

앞의 사례에서 내담자의 감정과 인지적 요소를 동시에 작업하는 것은 효과가 있었다. 그러나 감정이 신체 및 인지와 불가분의 관계에 있음에도 불구하고, 트라우마와 관련된 공포와 같은 감정이 전율과 같은 몸 감각과 결부되면 우리는 내담자에게 몸의 감각과 움직임을 감정과 분리하라고 권유한다. 그럴 경우, 우리는 내담자가 감정적 처리를 감각운동적 처리와 분리하도록 돕는다. 일반적으로 감정적 처리는 감정을 경험하고 설명하고 통합하는 과정이지만, 감각운동적 처리는 신체적/감각적 지각과 몸의 감각, 생리적 각성, 운동적 기능을 경험하고 설명하고 통합하는 과정이다. 내담자들이 흥분하거나 움직일 때 느끼는 몸의 감각과 감정적 느낌을 자주 구분하지 못하고 그것이 그 둘을 단계적으로 강화할 수 있으므로 이 두 차원에서의 처리를 구분하는 것은 트라우마 치료에서 매우 중요하다. 내담자들이 그것을 구분하지 못하는 이유는 감각과 감정이 동시에 일어나기 때문이기도 하고, 또 그들의 특성상 정서 조절 이상과 여러 단계의 감정표현 불능증을 갖고 있기 때문이기도 하다. 내담자들은 압도적인 감정을 만들어 내고 지속시키는 데 몸이 관여한다는 것을 알지 못한 채 그 감정이 미치는 영향과 싸우고 있는 자신의 모습을 보곤 한다.

그러므로 트라우마와 관련된 감정과 생리적으로 각성한 몸 감각의 혼재는 트라우마 관련 감정을 처리하고 해결하는 내담자의 능력을 복잡하게 만들 수 있다. 몸의 감각(예: 떨림, 빠른 심장 박동)을 감정(예: 극심한 공포)으로 오해한다면, 감각운동적 차원과 감정적 차원의 경험은 서로 부풀리고 악화시킨다. 빠른 심장 박동과 공포를 한꺼번에 느낀다면, 그것은 더 심화한다. 거기에 '난 안전하지 않아'라는 인지적 요소가 추가되면, 신체적 감각과 감정은 더 커질 것이다. 이런 상황에서 생리적 각성은 개인이 견딜 수 없을 정도로 더 높아질 수 있고, 통합 능력은 제대로 기능하지 못할 것이다. 생리적 각성에서 비롯된 감각과 감정적 각성을 내담자가 구별하도록 작업하는 것을 통해 정보의 양과 종류는 줄어들고, 내담자는 그것을 더 잘 처리할 수 있게 된다. 생리적 각성은 각성의 신체적 감각에만 (의미나 감정을 부여하지 않은 채) 주의를 기울이는 것을 이용해 트라우마 관련 감정을 몸 감각에서 분리시켜서 조절될 수 있고, 종종 사라지기도 한다. 그런 후 생리적 각성이 견딜 수 있는 범위 내로 축소되면, 내담자는 트라우마의 경험에서 감정적 요소를 찾아 그 둘을 통합할 수 있다.

예를 들어, 베트남 참전용사인 마틴은 악몽과 상습적으로 감정적으로 압도되는 느낌에서 '벗어나려고' 치료를 받으러 왔다. 감각운동적 심리치료 과정에서 마틴은 생리적 각성이 몸에서 느껴질 때 그것을 감지하는 법을 배웠다. 그는 빠른 심장 박동과 떨림, 전율을 전투할 때 처음으로 느꼈고, 그 후 일상생활에서도 너무 자주 경험했는데, 그것들에 적극적으로 주의를 기울이는 법을 배웠다. 몇 차례의 상담을 받는 동안, 신체의 내부 감각을 묘사하는 법을 배웠다. 몸이 떨리고 심장 박동이 살짝 빨라지며 다리가 차츰 굳어지기 직전에 따끔거리는 자극이 팔에서 생긴다는 것을 알아차리면서 신체의 내부 감각을 설명하는 법을 배웠다. 몸의 주관적인 감각을 관찰하고 설명하는 능력이 발달함에 따라 마틴은 감각을 억제하지 않은 채 그것을 서서히 수용할 수 있었다. 치료자는 감각이 몸 전체로 진전되거나 '차례로 나타날' 때 그저 트래킹Tracking하라고 알려 줬다. 내담자가 내적 감각을 주의 깊게 알아차리면, 그 감각은 견디기가 좀 더 쉬운 감각으로 자연스럽게 종종 변형되었다(Levine, 1997). 마틴은 몸 전체로 퍼지는 감각이 저절로 가라앉을 때까지 그것을 주의 깊게 따라가는 법을 배웠다. 그는 몸의 떨림이 서서히 사라지고, 심장 박동이 원래대로 돌아오고, 다리의 긴장도 저절로 풀리는 것을 알아차렸다. 그런 방식으로 마틴이 홍분을 가라앉히는 법을 배우자 치료는 트라우마와 관련된 감정적 반응을 다루는 것으로 이어졌다.

감각운동적 처리

정상적인 성인의 일상은 하향식 처리로 조직되는데 반해, 영유아 (그리고 트라우마와 관련된 장애가 있는 많은 사람)의 활동은 감각운동적 체계(Piaget, 1962)와 감정적 체계(Schore, 1994)의 지배를 받는다. 즉, 상향식 처리의 지배를 받는다. 촉감과 운동 감각들은 초기 애착 행동을 이끌어 낼 뿐만 아니라 영아의 행동과 생리 조절을 돕는다(Schore, 2003a). 영유아는 이후 인지 발달의 토대인 신경망을 만들면서 그 체계를 통해 세계를 탐험한다(Hannaford, 1995; Piaget, 1962). 소매틱 상태와 감정적 상태의 통제를 받도록 구조화된 영유아는 감각운동적 단서와 정서적 단서에 자동 반응하고 인지나 대뇌피질의 통제를 받지 않는다((Schore, 1994). 영아는 "피질 하부의 생명체이고…… 대뇌피질의 통제가 발달해야만 가능해지는 행동 조절 수단이 부족하다"(Diamond, Balvin, & Diamond, 1963, p. 305). 이와 유사하게 트라우마화된 사람들은 감정은 물론 감각과 신체 반응과 감각 반응을 효과적으로 다룰 수 있는 능력을 상실해서 그것들 앞에서 속수무책으로 있는 경험을 자주 한다. 우리는 감각운동적 심리치료의 임상현장에서 감각운동적 과정의 일반적인 세 요소인 신체 내부 감각과 오감과 움직임을 확인한다.

신체 내부 감각

신체 내부 감각은 몸 안에서 일어나는 모든 움직임이 지속해서 생산하는 무수히 많은 신체 느낌을 말한다. 호르몬의 변화나 근육 경련과 같은 신체적 변화가 생길 때, 그 변화는 신체 내부 감각으로 느껴질 수도 있다. 창자의 수축이나 체액의 순환, 생화학적 변화, 호흡 운동, 근육이나 인대나 뼈의 움직임은 모두 신체 내부 감각을 일으킨다. 감각을 어느 정도 의식하는 능력을 '육감sixth sense'이라 하는데, 이 용어는 1800년대 초에 찰스 벨Charles Bell이 처음으로 사용했고, 그 후 윌리엄 제임스William James가 1889년에 다시 사용했다. 오늘날 육감은 신체 내부에서 생기는 자극을 감지해 그 감각을 전달하는 내부 감각수용기interocepter에 기인한 것으로 이해한다.

내부 감각 수용기는 다양한 종류로 존재한다. 몸이 움직일 때 느껴지는 운동감각은 대체로 관절과 근육과 힘줄에서 정지하는 감각신경인 자기수용기proprioceptor의 통제를 받는다. 자기수용기는 시각의 도움 없이 몸이 어느 위치에 있는지 알려 주는 몸의 위치에 대한 감각을 제공한다(Tortora & Anagnostakos, 1990). 자기수용기는 신체 부위의 위치와 움직임에 이용되는 힘의 정도, 움직임의 속도와 타이밍, 근육의 신전 정도와 속도를 알려 준다(Fisher et al., 1990). 내이inner ear에 있는 자기수용기인 전정계vestibular system는 몸과 중력의 관계에 대한 정보를 알려 주고, 또 우리의 균형 감각을 관장한다. 이 체계는 우리가 가만히 서 있을 때, 또 움직임이 갑작스럽거나 빠르게 변할 때 주로 머리의 균형을 잡아 준다.

내부 수용기라고도 말하는 내장 감각visceral sense은 심장의 빠른 박동이나 뱃속의 울렁거림, 메스꺼움, 허기, '직감'처럼 내부 장기들 안에서 일어나는 움직임을 우리에게 알려 준다. 또한 우리는 통각수용기nociceptors를 다양하게 가지고 있다. 통각수용기는 피부에 가장 많이 분포되어 있고, 힘줄과 관절 그리고 장기에는 적은 양으로 분포되어 있다. 그것은 다양한 종류의 신체적 통증을 우리에게 알려 준다. 온도 수용기thermoceptors는 온도에 대한 반응을 보인다. 우리는 내부 수용기를 통해 전달되는 정보를 잘 알아차리지 못하기는 하지만 의도적으로 그 정보에 주의를 기울이면 신체적 감각을 감지할 수 있다. 예를 들어, 대부분의 사람은 2~3분 동안 주의를 집중하면 심장 박동이나 내장 감각을 알아차릴 수 있다.

내부 감각수용기를 통해 다양한 신체 내부 감각은 행복이나 고통과 같은 내적 상태를 만드는 데 영향을 미치면서 지속해서 생산된다. 그런데 감각은 보통 지엽적으로 느껴지기보다 광범위하게 경험된다(Janet, 1907). 다마시오는 "기저에 깔려 있는 몸의 감각은 사람이 그것을 알아차리지 못하더라도 지속해서 존재한다. 그것이 몸 속의 특정 부위를 반영하기보다 오히려 모든 것의 전반적인 상태를 전달해 주기 때문이다."라고 말했다(1994, p. 152). 지속해서 존재하는 배경으로서의 몸 감각은 우리의 자기감과 관련해 중요하다. "'자기'라는 의식은 몸의 내장 기관과 기능을 포함하여 몸 자체에 대한 인식에 (하지만 모호하고, 정의하기 어렵고, 더 큰 의식의 한 부분으로 존재하는 것에) 의존적일 가능성이 높다"(Cameron, 2001).

대부분의 감각은 현저하게 뚜렷하지 않으면 의식에 도달하지 못하지만, 의식에 도달한 감각은 감정과 인지의 영향을 받는다. 치오피(Cioffi, 1991, Bakal 1999에서 인용)는 특별한 몸의 감각을 경험했을 때 그 경험은 실제로 존재하는 생리적 감각과 무관함에도 의미와 해석으로 확고해진다고 주장했다. 바칼(Bakal, 1999)과 치오피(1991)는 차가운 손의 감각을 실례로 들었는데, 차가운 손은 순환에 문제가 있거나 차가운 공기에 대한 정상적인 반응이거나 두려움에 대한 반응으로 해석했다. 그 해석들은 각각 특별한 감정적 반응을 불러일으켜 감각이 실제로 커지도록 한다. 예를 들어, 순환의 부족 때문이라고 해석하는 것은 건강에 문제가 있을 수 있다는 사고와 함께 걱정을 일으킨다. 거기에 더하여 걱정의 반응은 몸의 감각을 키워서 손이 더 차가울 수도 있다. 그러므로 감각에 대한 경험, 즉 감각의 진행, 증가나 감소에 대한 경험은 감각을 해석하는 것과 그것에 동반되는 감정적 반응 때문에 부분적으로 조직된다.

트라우마 관련 장애가 있는 사람은 '너무 강한 느낌'과 '너무 약한 느낌' 모두 때문에 고통스러워한다(van der Kolk, 1994). 그들은 종종 몸 안의 감각을 압도적이고 고통스러운 것으로 경험한다. 아드레날린의 '급격한 분출'이나 빠른 심장 박동과 신체 긴장에 대한 감각이 지금 위험하다는 신호로 해석될 때 더욱 당황스러운 것이 된다(Thakkar & McCanne, 2000). 트라우마화된 사람들은 그 감각을 더 크게 느낄 수도 있는데, 스트레스 상황에서 내부 감각수용기의 민감성이 더 커지기 때문이다(Cameron, 2001). 그와 반대로, 트라우마화된 사람들은 몸 감각을 느끼지 못하거나 감각을 언어로 표현하지 못하는 증상으로 알려진 실체감증alexisomia(역주: 심신증 환자에게서 볼 수 있는 특징으로서 스스로 신체 감각을 인식하는 능력이 부족한 것을 말한다.

심신증 환자는 사회생활에서 주위에 지나치게 적응하는 경향을 보이는데, 거기에 따라서 생기는 신체 피로에는 무관심하고 자신의 신체적인 상태를 감지하지 못해 더욱 무리한 생활을 계속함으로써 증상 발생, 상태를 악화에 이르는 것이다., 출처: 간호학대사전) 때문에 자주 고통받는다(Bakal, 1999; Ikemi & Ikemi, 1986). 몸의 감각 부재와 그에 동반되는 해석(예: '무언가 잘못됐어' '내 몸을 느낄 수 없어.' '나는 죽은 것 같아.')은 감각을 너무 강하게 느끼는 것과 마찬가지로 괴로운 일이다.

신체 감각을 쉽게 알아차리게 해 주는 치료적 개입은 트라우마 치료 분야에서 오랜 역사를 가지고 있으며, 많은 전문가는 내담자가 자신의 감각을 안전하고 편안하게 그리고 서서히 경험하도록 돕는 일이 증상을 해결하는 데 도움을 준다고 생각한다(Aposhyan, 2004; Bakal, 1999; Eckberg, 2000; Janet, 1925; Levine, 1997; Ogden & Minton, 2000; Rothschild, 2000; Sollier, 1897). 앞에서의 마틴의 사례에서 설명한 것처럼, 감각을 감지하고 설명하는 능력과 그것을 트라우마와 관련된 감정과 인지에서 분리시키는 능력은 내담자가 자신의 과거와 자기 자신을 새롭게 이해하고 의미를 찾기 위해 트라우마의 소매틱 경험을 재통합할 가능성을 높여 준다.

오감 지각

때때로 외수용으로 불리는 오감의 감각신경은 외부 환경의 자극에서 비롯된 정보를 전달한다. 오감을 통해 정보를 전달 받는 과정에는 두 가지 요소가 있다. 하나는 감각을 느끼는 신체적 행위이고, 다른 하나는 감각 입력을 감지하는 개인의 지각이다(Cohen, 1993). 감각적 지각은 트라우마화된 사람이 이성적으로 사고할 수 있는 능력에 좌우될 수도 있다. 그래서 트라우마 주변적peritraumatic(역주: 그 경험 중에 또는 직후에 일어나는) 감각 왜곡과 트라우마 후의 감각기억의 침습적 파편은 당연히 치료해야 할 요소다.

오감을 통한 감각 입력은 뇌가 구분하지 못하는 전기 충격으로 뇌에 입력된다(Carter, 1998). 매 순간 들어오는 엄청나게 많은 감각적 자극 속에서 우리의 주의를 관리하는 일은 매우 복잡한 문제다. 에이어스(Ayres, 1989)는 감각 정보의 통합을 다음과 같이 설명했다.

몸과 주변 환경에서 받는 (감각 입력 때문에 생기는) 감각을 조직하는 신경학적 과정은 주어진 환경에서 몸을 효과적으로 사용할 수 있게 한다. 각기 다른 감각적 양상들로부터 입력되는 내용은 공간적·시간적 측면에서 해석되어 서로 섞이고 하나가 된다. 감각의 통합은 정보처리 과정이다. ……뇌는 유연하게 그리고 변화무쌍하게 감각 정보를 선택하고, 강화하고, 억제하고, 비교하고, 연합시킨다(p. 11).

이러한 엄청나게 복잡한 과정을 통해 우리는 주의를 둘 것과 그렇지 않을 것을 결정하면서 정보를 선택하고 걸러 낸다. 모든 학습은 (1) 몸의 내부와 외부로부터 감각 정보를 받아들이는 능력, (2) 그 정보를 통합하는 능력, (3) 차후의 행동을 조직하는 능력에 따라 달라진다. 그 처리 과정은 우리가 느낀 것을 개인적으로 연상하는 과정에 영향을 미치기 때문에 다른 차원의 정보처리와 겹쳐서 일어난다. 리나스는 지각을 "내부적으로 생성된 감각운동적 이미지와 유기체의 현재 환경에서 비롯된 실시간 감각 정보를 기능적으로 비교한 것"이라고 설명했다(2001, p. 3). 이 피질 하부의 무의식적인 비교가 일어나자마자 움직임은 계획되고 실행된다.

그것은 감각 입력과 내적인 참조의 틀에 대한 비교를 기반으로 하므로 우리의 지각─그리고 그것에 의한 우리의 행동─은 자기 참조적이다(Damasio, 1994). 이전에 경험했던 유사한 자극에 대해 우리의 신념과 감정적으로 반응하는 방식은 현재의 자극과의 관계에 영향을 미친다. 지각적 점화perceptual priming(역주: 이미 알고 있는 지식을 통해 불완전한 지식을 완성하는 기억)에 영향을 미칠 만한 것이 없다면, 모든 감각적 경험은 새로울 것이고, 우리는 순식간에 압도 당할 것이다. 그렇지 않기 때문에 우리는 감각 입력을 학습했던 범주에 집어넣는다. 레이티는 "우리는 자신이 기대하는 감각과 세상을 연결하고, 그렇게 인식하고 있는 것을 견디면서 끊임없이 지각에 대비한다."(2002, p. 55)라고 지적했다. 트라우마화된 사람들은 그 지각적 점화 기능을 제대로 사용하지 못하는데, 지금 위험하지 않다고 암시해 주는 부수적인 감각 단서를 알아차리지 못하고 과거의 트라우마를 상기시키는 감각적 단서를 반복적으로 인식해서 받아들이기 때문이다. 주변 환경은 물론 몸에서 실시간으로 일어나는 트라우마 관련 단서들은 궁극적으로 현재의 비위협적인 상황이 아니라 위협적인 상황에 적합한 행동을 하도록 하면서 내적인 감각운동적 이미지와 신념, 감정과 비교된다(Brewin et al., 1996).

움직임

움직임은 너무도 명백한 소매틱 요소라서 정보처리의 감각운동적 차원에 속한다. 비록 운동 피질과 전 운동 피질이 전두엽의 영역에 있고, 전두엽이 많은 형태의 움직임을 관리하고 있지만 말이다. 이성적 사고를 하고, 또 우리가 문제를 해결할 수 있도록 해 주는 뇌의 영역은 움직임과도 관련이 있다. 그런 방식으로 움직임은 우리의 마음을 형성했고, 지금도 지속해서 형성하고 있다(Janet, 1925). 그리고 리나스가 '마음은…… 활동적으로 움직이는 생물체가 원시 상태에서 고도로 진화한 상태로 발달하는 동안 뇌에서 일어났던 진화적 과정의 산물이다.'(2001, p. ix, italics added)라고 말했던 것처럼 그 역도 사실이다. 움직임은 뇌의 모든 기능이 발달하는 데 필수적인 것이다. 한 장소에서 다른 장소로 이동하는 생명체만이 뇌가 필요하다. 다시 말해, 한 곳에 머물러 있는 생명체는 뇌가 필요하지 않는다(Ratey, 2002).

움직임은 자발적인 것에서 비자발적인 것까지, 그리고 의식적인 것에서 무의식적인 것까지 광범위하게 다양한 형태로 일어난다. 거기에는 호흡의 가빠짐과 약해짐, 내부 장기의 움직임, 혈류의 박동, 호르몬의 펌프 작용뿐만 아니라 전율이나 씰룩거림처럼 때로 감지하기 어려울 정도로 미세하게 떨리는 움직임도 포함된다. 운동 기술은 기어가기와 걷기와 달리기처럼 대근육군이 연관된 대근육 움직임부터 손으로 물건을 잡거나 발가락을 꾸물거리는 것처럼 더 작고 세밀한 행동의 소근육 움직임까지 매우 다양하다. 또한, 움직임은 표정이나 머리의 위치와 기울기의 변화, 손과 팔의 몸짓 표현처럼 대인관계에서의 비언어적 소통도 포함한다.

대부분의 명시적 움직임은 감각 지각에서 생기고, 또 반대로 감각 지각을 형성한다. 움직임이나 운동 기억은 "움직임을 배울 때 생기는 실수를 감지하는 정교한 피드백 체계를 통해 얻는다. 이 피드백 체계는 더 정확하고 새로운 일련의 명령을 생산하는 것을 기반으로 해 실수를 이용하고, 그 결과 성공적인 수행을 끌어낸다. 우리는 활동적이든, 비활동적이든 상관없이 깨어 있는 상태에서 매 순간 움직임을 통해 수정하고 학습한다"(Ratey, 2002). 움직임 기억은 신발 끈을 묶거나 악기를 연주하는 것과 같은 일에서 분명히 드러난다. 주변 환경 및 대인 관계의 단서에 맞도록 움직임을 더 세밀히 조정하는 일은 겉으로는 덜 드러나지만, 행위 경향성을 결정하는 중요한 요인이다. 예를 들어, 아이가 가슴을 내밀면서 열정적인 몸짓으로 게임에서 승리한 것을 설명할 때 부모가 그것을 못마땅해하는 것을 반복적으로 겪으면, 아이의 확장됐던 가슴은 쪼그라들 것이고 움직임이 제한될 것이다. 그렇게 부정적 평가가 반복적으로 지속하면, 그 제한된 움직임은 대인 관계에서 보이는 자동적인 상호작용 경향성이 되고 결과적으로 지각에 영향을 미칠 것이다.

토드(Todd, 1989)는 기능이 구조에 앞선다고 가르쳤다. 무한 반복되는 같은 움직임이 궁극적으로 몸을 만든다는 것이다. 예를 들어, 방어적 움직임에 대비해 근육이 자주 수축하면 그 수축은 몸의 구조에 영향을 주는 신체적 패턴으로 변하고, 그것은 다시 기능에 영향을 미친다. 만성적 긴장은 몸의 자연스러운 정렬과 움직임을 장기적으로 방해하고, 신체적 문제를 (가장 크게는 등과 목과 어깨의 통증을) 일으키며, 심지어 그에 상응하는 감정과 인지를 지속시킨다. 커츠Kurtz와 프리스테라Prestera에 따르면, "그런 신체적 패턴은 성장과 몸의 구조에 영향을 미쳐 그 시기만의 특징이 아니라 개인의 특징이 되면서 고정된다. 절망감으로 인해 무너진 자세는 단순히 현재의 좌절을 보여 주는 것이 아니라 끝없이 좌절하고 쓰디쓰게 패배한 일생을 보여 주는 것일 수 있다"(1976, p. 1).

그래서 반복적으로 취하는 자세와 움직임은 특정한 감정과 신체 행동만을 유발하는 자세를 만들어 내서 인지적 경향성과 감정적 경향성을 지속시키는 원인이 된다(Barlow, 1973). 우리는 트라우마화된 내담자들이 깜짝 놀라면서 반응할 때 취하는 자세를 자주 목격한다. '헤드라이트 때문에 놀란 사슴'처럼 올라간 어깨와 정지된 호흡, 어깨선 속으로 쑥 들어간 채 앞으로 내민 머리에 주목한다. 머리와 어깨의 정렬을 깨뜨리는 놀람 반응 행동은 일반적이고 일시적인 것이다. 그러나 갑작스러운 새로운 자극에 대한 그 정상적인 반응이 만성적으로 변하면 그 신체적 조직에서 두려움과 불신감이라는 감정과 임박한 위험에 처했을 때 드는 생각을 만성적으로 경험할 수도 있다.

극심한 트라우마 상황에서 신체적 행동은 인지적 반응보다, 그리고 심지어 감정적 반응보다 먼저 일어난다. 홉슨(Hobson, 1994)은 움직임에 대해 다음과 같이 말했다.

위급한 순간에 움직임이 먼저 일어나는데, 그것은 대뇌피질이 아니라 바로 뇌간에서 생기는 운동 패턴의 활성화가 생존에 유리할 때 그렇다. 갑자기 자신을 향해 달려오는 차를 봤을 때 우리는 즉시 핸들을 반대 방향으로 꺾는다. 반사적으로 반응하고 나서, (그 간격이 아주 짧더라도) 나중에서야 위험했음을 깨닫고 두려움을 느낀다(p. 139).

위험이 닥치면 사람은 무의식적이고 예측 가능한 일련의 운동 행동을 통해 반응한다(Cannon, 1953). 리나스에 따르면 그 고정된 행동 패턴들은 "여러 세트의 잘 정의된 운동 패턴으로, 도피 반응과 걷기, 삼키기, 사전 작업된 새의 지저귐과 같이 스위치가 켜지면 잘 정의되고 조직된 움직임을 만들어 내는 '운동 녹화 테이프'다."(2001, p. 133)라고 묘사했다. 고정 행동 패턴은 동시적이고 순차적인 다양한 움직임으로 구성된다. 다른 차가 우리 차의 헤드라이트 속으로 갑자기 뛰어들면 우리의 적응적인 고정 행동 패턴은 가능한 한 가장 빠르게 방어할 수 있는 다양한 움직임으로 구성된다. 예컨대, 우리는 호흡을 급히 들이쉬고, 눈을 확장하고, 운전대를 꽉 붙잡고, 브레이크를 밟고, 충돌을 피하는 방향으로 차를 꺾는다.

이러한 고정 행동 패턴의 진화론적 이점은 그 패턴이 자동으로 행해지며, 모든 정보처리 차원에서 더 복잡한 행동을 발달시킬 수 있다는 점이다. 아무 생각 없이 고정 행동 패턴을 수행할 수 있으므로 우리는 걷기처럼 무의식적으로, 또 도로에서 사슴을 피하는 것처럼 빠른 속도로 복잡한 임무를 수행할 수 있다. 행위 경향성은 다른 임무를 하기 위해 마음을 자유롭게 쓸 수 있어서 경제적이고 적응적이다(Frijda, 1986; Hobson, 1994; Llinas, 2001; Ratey, 2002; Van der Hart et al., 2006). 우리는 고속도로를 운전할 때 운전과 상관없는 많은 생각을 할 수도 있다. 그동안 우리의 신체적 움직임은 운전대를 돌리고 속도를 조절하고 브레이크를 밟고 다른 자동차나 운전자를 보는 등 복잡한 행동을 기계적으로 수행한다. 그러다 위험이 닥치면 우리의 몸은 아무 생각 없이 그 위협에 대응한다. 고정 행동 패턴의 속도와 기계적 성격은 생존에 중요한 요소다. 트라우마를 재경험하는 것의 원인은 바로 그 고정 행동 패턴의 요소들이 위험이 종료된 후에도 감각운동적 파편(예: 침해적인 감각, 움직임 충동)으로 다시 나타나기 때문이다.

위협에 대한 방어적 행동이 단계적으로 일어날 때, 적응적 반응에 속하는 일부 행동들은 효과가 없거나 중단되거나 완료되지 않을 수도 있다. 자동차 사고를 당한 사람은 운전대를 꺾고 싶은 충동을 느꼈지만 그런 행동을 하지 못하고 달려오는 차에 부딪혔다. 성적 학대를 겪은 생존자는 가해자에게 맞서 싸우고 싶었지만, 그렇게 하지 못하고 힘으로 제압당했다. 이 완료되지 못한 방어 행동은 나중에 만성적인 증상으로 드러날 것이다. 허먼Herman이 지적했던 것처럼 유용성을 상실한, "위험에 대한 정상적인 반응을 구성하는 각각의 요소는 위험이 종료되고 난 이후에도 오랫동안 변형되고 과장된 상태로 지속되는 경향이 있다"(1992, p. 34).

어떤 사람이 공격을 받아 맞서 싸우고 싶은 충동을 느끼지만 힘으로 제압 당할 때, 그가 취할 수 있는 일련의 방어 행동은 만성적인 근육 수축의 패턴이나 갑자기 촉발되어 공격하는 과장된 경향성, 특정 근육군의 근 긴장이나 감각의 만성적인 결핍과 같이 왜곡된 형태로 지속할 것이다. 재닛은 '강간 기억이나 원치 않는 성관계 기억 때문에 생기는 외전근(처녀성의 수호자)의 수축' 증상을 가진 내담자를 사례로 들었다(1925, p. 502). 트라우마에 대한 방어 반응의 요소들이 그렇게 바뀐 형태로 지속될 때, 사람들은 현재 인지한 위협이나 과거의 위협을 상기시키는 것에 부적절하게 대응한다. 그들은 (예: 아내가 힘들게 할 때 폭력적으로 변하는 내담자처럼) 너무 공격적이 되거나 (예: 어릴 때 학대를 받아서 성인이 되어서도 원치 않는 성적 접근을 막지 못하는 내담자처럼) 지나치게 수동적으로 될 것이다. 어느 쪽이든 일련의 방어적 행동을 적응적으로 실행하는 일은 방해받고 불완전하고 불만족스러운 것으로 남아 있게 된다. 치료하지 않으면, 그 경향성들은 현재의 적응적인 행동을 계속 방해할 것이다.

하향식 처리가 감정적 처리와 감각운동적 처리에 의존적이지만, 감각운동적 처리는 하향식 조절과는 별개로 기능할 수 있다. 플래시백을 경험하거나 과거 트라우마 상태를 다시 겪는 동안, 통합적인 인지적 처리는 중단되고 개인은 안전함을 인식하는 능력을 일시적으로 상실한다. 대신에 과 각성된 감각과 신체 행동의 충동을 위험 신호로 파악한다. 그 상향식 '공중납치hijacking(역주: 운송수단에 대한 불법적 납치 행위로, 여기서는 파충류 뇌의 과도한 활성화로 신피질이 기능 불능이 되는 상태를 의미함)(Goleman, 1995)'은 트라우마 생존자가 일상에서 겪는 문제와 자기 비난의 주된 원인이다. 그 생존자는 비판적 거리에서 사건을 반추할 능력을 상실하게 되고, 그러면 이것은 불안정과 통제력 상실, 심리적 무능, 일상을 살아갈 자신감 부족을 일으킨다. '난 이걸 극복해야 해.'와 '난 미친 인간임이 틀림없어.'의 이 두 가지의 공통된 불평은 트라우마화된 내담자들이 흔히 하는 것들이다. 이들은 자신이 위협에 대비해 만반의 준비가 된 감각 운동적 체계를 통해 기능하기 때문에 이러한 일이 일어나고 있음을 알지 못한 채, 자신들이 심리적으로 부적절한 사람이라고 믿게 된다(Allen, 2001).

인지적 · 감정적 · 감각운동적 행위 경향성

행위 경향성은 특별한 행동을 실행하거나 수행하는 경향을 말한다. 여러 행위 경향성이 인지적 · 감정적 · 감각운동적 차원에서 형성된다. 그 경향성들은 정보처리의 절차적 기억procedural memory(역주: 자전거 타기와 운전 등 행동의 수행에서 요구되는 일련의 지식이나 기능에 대한 기억을 의미함)과 기능에서 만들어진 반응과 조건화된 행동으로 드러난다(Schacter, 1996). 절차적 학습procedural learning은 움직임이나 지각, 인지적 · 감정적 처리 또는 이것들의 조합의 반복적인 상호작용을 수반한다(Grigsby & Stevens, 2000). 그 자동적이고 사적인 처리와 습관을 습득하게 해 준 원래의 사건은 보통 잊는다. 절차적으로 학습된 행동은 "실행을 하기 위해 의식적이거나 무의식적인 정신적 표현, 이미지, 동기, 생각이 필요하지 않다"(Grigsby & Stevens, 2000, p. 316). 정보처리의 세 차원에서의 절차적 학습은 무의식적으로 가동되며, 나중에 주요한 행동 조직체가 되는 자동적인 행위 경향성으로 바뀐다.

환경적 조건이 바뀌고 시간이 오래 지난 뒤에도 우리는 여전히 과거에 적합했던 (인지적인 그리고 감정적인) 정신적 행동과 감각 운동적 행동을 수행할 준비를 한다. 예를 들어, 자신이 고통스러울 때 어른에게 가까이 가는 것보다 물러나 있는 것이 안전하다는 것을 학습한 아이는 (시선을 회피하고 뒤돌아서서 땅을 보면서) 회피 지향적으로 자세를 취하는 행위 경향성과 뒤로 물러서고 싶은 움직임 충동, 두려움과 같은 감정적 반응, '위로를 바라는 것은 안전하지 못한 행동이야.'와 같은 인지적 신념 체계를 발달시킬 것이다. 이 행위 경향성들은 "욕구나 충동이라는 특성을 가지며, 그것들은 실행하라는 신호를 숨어서 기다린다. 또 무언가 그것을 막으려 해도 계속 존재하거나 실행되려는 경향이 있다. 그 경향성들은 실행 중인 다른 프로그램과 행동을 방해하고 정보처리 기능을 제압하는 경향이 있다"(Frijda, 1986, p. 78). 넓은 의미에서 행위 경향성은 특별한 행동을 할 준비가 되어 있다는 뜻이다. '준비되어 있음'은 개인 안에 행위 경향성이 잠재적 형태로 존재해 내적 혹은 외적 자극에 반응하면서 활성화된다는 것을 의미한다.

　과거에 의해 조건화된 부적응적인 행위 경향성은 과거를 상기시키는 내적·외적 자극제에 의해 촉발되어 다른 행위 경향성이 더 적응적임이 입증되더라도 우위를 확보한다. 절차가 기계적 경향성이 될 때, 우리는 더 이상 하향식 처리를 활용해 그 절차를 조절하지 않게 된다. 레이티(2002)는 그것이 뇌의 여러 층에서 어떻게 작동하는지 명확히 설명했다.

　　완전히 습득된 기본적 처리들은 뇌의 하위층인 뇌간과 기저핵, 소뇌에 저장되고 그곳에서 실행된다. 더 복잡하거나 완전히 새로운 행동과 인지는 뇌의 더 위쪽에서, 즉 전두피질에 더 가까운 쪽에서 관리한다. 그 결과, 뇌의 더 많은 부분이 시간을 갖고 조언을 제공하거나 숙고하는 데 활용될 수 있도록 한다(p. 158).

　효율적으로 일할 때, 우리는 자동적 움직임과 의도적 움직임 사이를, 그리고 의도적 인식과 기계적 인식 사이를 오간다(Ratey, 2002, p. 160). 트라우마화된 사람들은 그 능력이 최적화되어 있지 않은데, 이들은 자신의 강력한 행위 경향성을 버리고 의도적이고 사려 깊게 행동하는 데 어려움을 겪기 때문이다(Fonagy et al., 1995).

하향식 처리와 상향식 처리 간의 접점

　하향식 처리와 상향식 처리는 정보 이동 방향의 두 흐름을 보여 주는데, 그것들 간의 상호작용은 트라우마의 발생과 치료에 큰 영향을 미친다. 임상 현장에서 치료자는, (1) 관련은 있지만 확연히 다른 세 층의 경험들에서 제각기 보이는 내담자의 정보처리 경향성에 주목하고, (2) 치료의 특별한 순간에 어떤 층을 다루는 것이 트라우마의 경험을 통합하는 것에 가장 큰 도움이 되는지 알아내고, (3) 바로 어떤 특정 층에서 트라우마의 경험을 쉽게 처리하는 특정한 기법을 적용한다. 예를 들어, 어린 시절에 상실과 성적 학대를 겪은 생존자가 '안전하지 않다는 느낌'과 더불어 빠른 심장 박동과 전율을 동반하는 강한 상실감을 호소한다고 가정해 보자. 치료자는 내담자의 인지를 진입 지점으로 이용하는 것을 선택할 수 있다. 그때 그는 내담자가 지금 안전하다는 것을 논리적으로 인지할 수 있도록 돕는다. 그렇지 않으면 내담자가 해결되지 않은 상실감과 어린 시절의 안전의 부재를 경험하도록 치료적 개입을 하면서 상실감을 다룰 수도 있다. 세 번째로, 치료자는 소매틱 반응에 초점을 맞출 수도 있다. 인지와 감정을 잠시 미뤄놓은 채 신체적 떨림과 빠른 심장 박동과 관련된 움직임 충동이 해결될 때까지 그것에 집중할 수 있다.

그러므로 모든 차원의 정보처리와 관련된 행위 경향성은 치료적 개입에 유용한 대상이다. 그 모든 진입점은 잠재적으로 긍정적 치료 효과를 가질 것이다. 그러나 효과적인 개입은 직접 개입한 특정 층뿐만 아니라 다른 두 층에도 영향을 미친다는 점에 주목해야 한다. 인지적 경향성이나 신념의 변화는 감정과 몸의 경험을 편안하게 만들어 줄 수 있다. 또 슬픔에 초점을 맞추는 것은 몸을 진정시키고, 신념을 바뀌게 한다. 몸이 진정될 때까지 생리적 각성을 트래킹tracking하거나 내담자가 억제했던 신체적 행동을 탐색하게 하는 것과 같은 감각 운동적 경향성에 대한 개입은 감정적 흥분을 가라앉히고 신념을 바뀌게 할 수 있다.

전통적 심리치료는 감각 운동적인 경향성과 감정적 경향성을 의도적이고 의식적으로 순화시키는 방식으로 하향식 기법을 활용해 파괴적인 상향식 처리를 조절했다. 그렇게 각성을 하향식으로 다루는 방식은 심리학의 역사만큼 오래됐고, 효과적인 치료적 개입일 수 있다. 감각 운동적 경험이 충격적이거나 압도적일 때, 의식적으로 하향식 통제를 하는 것은 당사자로 하여금 각성의 정도와 체계의 혼란을 조절하면서 자기 리듬을 찾게 한다. 예를 들어, 어떤 트라우마화된 사람은 해가 없는 환경적 자극에 심하게 각성하곤 한다. 그는 자극이 해가 없음을 인지하고 자신을 설득시켜 흥분을 가라앉힐 수 있다. 또는 TV를 보면서 관심을 다른 곳으로 돌리거나 조깅으로 각성을 방출시킴으로써, 즉 다른 행동을 함으로써 흥분을 가라앉힐 수 있다. 이 두 경우 모두 하향식 처리를 보여 준다. 다시 말해, 압도적인 경험으로 고통받을 때 그 고통을 완화해 주는 활동을 수행할 것을 결정하는 인지적 결정을 보여 준다. 각성은 신체적 활동이나 방출 행위, 인지적 무시, 정신적 분산을 통해 의도적이고 의식적으로 순화된다.

하향식으로 분산시키거나 방출하는 기법은 과도한 각성을 효과적으로 조절해서 크게 경감시키지만 모든 문제를, 특히 소매틱 요소를 완벽하게 조절해 주는 것은 아닐 수도 있다(Allen, 2001). 마찬가지로 누군가의 해석을 변화시키는 일은 인지와 관련되어 있지만 감각 운동적 처리 과정을 무시할 수 있다. 하향식 처리만으로 감각 운동적 반응을 조절할 수도 있지만 그 반응을 전체적으로 통합시키지는 못할 것이다. 예를 들어, 한 내담자는 세상이 이제 안전한 곳임을 스스로에게 확신시켜 일시적으로 흥분을 가라앉히는 법을 배울 수 있었지만 압도적으로 각성하는 기본 경향성을 완벽하게 해결하지는 못했다. 트라우마 경험, 감각 운동적 층과 감정적 층에서 비롯된 각성은 하향식 조절을 통해 새로운 방향을 찾겠지만 트라우마에 대한 감각 운동적 반응의 처리와 통합은 일어나지 않을 수 있다.

감각 운동 심리치료Sensorymotor Psychotherapy에서는 감각 운동적 처리를 지원하는 동력으로 하향식 지시를 이용한다. 치료자는 내담자에게 일련의 신체적 감각과 충동(감각 운동적 과정)이 몸 전체로 퍼져나갈 때 그것들을 주의 깊게 트래킹하고(하향식 인지적 과정), 신체적 감각과 충동이 가라앉고 안정될 때까지 일어나는 생각과 감정을 일시적으로 무시하도록 한다. 해결되지 않은 큰 슬픔 때문에 치료를 받으러 온 내담자가 슬픔이 있다는 것을 확인하고 경험할 수 있는 것과 똑같이(감정적 처리) 풀리지 않는 감각 운동적 반응을 보이는 내담자는 그 반응을 신체적으로 확인하고 경험할 수 있다(상향식 감각 운동적 과정). 내담자는 트라우마를 입었을 당시에 활성화됐던 감각 운동적 반응을 관찰하고 트래킹하는 방법을 배운다. 그뿐만 아니라 부적응적인 경향성을 중단시키는 신체 행동을 주의 깊게 실행하는 방법도 배운다.

결론

뇌와 정보처리의 상위층은 하위층이 얼마나 잘 기능하는지에 따라 최적으로 기능할 수 있느냐 그렇지 않으냐의 여부가 달려 있다. 뇌의 모든 부위는 서로 연결되어 있고, 정보처리의 모든 차원도 그러하다. 레이티는 "우리는 미소 지을 때 더 행복해지고, 더 행복하다고 느낄 때 미소 짓는다. 두뇌의 여러 겹 혹은 층들 사이에서 일어나는 피드백은 쌍방향으로 일어난다. 만약 하위층을 활성화하면 상위층이 기능할 준비를 할 것이고, 상위층을 활성화하면 하위층이 기능할 준비를 할 것이다 (Ratey, 2002, p. 164)"라고 말했다. 내담자의 인식과 감각 운동적 반응 과정은 감정적 처리와 인지적 처리에 긍정적인 영향을 미치고, 그 역으로도 마찬가지다. 생각과 감정뿐만 아니라 움직임과 몸 감각도 트라우마 경험의 해결에 도움을 주는 유용한 개입 대상이다. 압도적으로 일어나는 감각 운동적 과정과 감정적 과정을 조절하기 위해 시도하는 하향식 접근법은 트라우마 치료에 필요한 부분이지만, 그 개입이 적응적인 몸의 과정을 과하게 조절하여 무시하거나 억압하게 되어 그것에 도움이 되지 않는다면 트라우마 반응은 해결되지 않을 것이다. 마찬가지로 압도되는 결과를 일으키거나, 인지적 처리와 감정적 처리를 포함하지 못하는 상향식 개입은 통합을 방해할 수 있고, 또 끊임없이 반복되는 플래시백이나 이차적 재트라우마화 혹은 만성적 트라우마화를 일으킬 것이다(Post, Weiss, Smith, Li, & McCann, 1997). 트라우마의 영향을 세 차원에서 다루기 위해서 통찰과 이해를 다루는 상향식 관리와 감각, 각성, 움직임, 감정을 다루는 상향식 처리가 조화를 이루어야 한다.

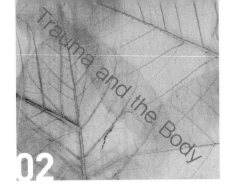

인내의 창:
각성 조절 능력

생존과 관련된 미해결된 행위 경향성은 방어를 위하여 습관적으로 취하는 자세 패턴과 움직임 패턴뿐만 아니라, 트라우마 관련 자극에 대한 반응으로 자율신경계가 빠르게 가동하는 것까지 포함한다. 트라우마 관련 장애를 가진 사람들의 특징은 과각성(즉, '너무 심하게' 활성화됨)이나 저각성(즉, '너무 약하게' 활성화됨)에 취약하거나 두 가지 모두에 취약해 그 양극단을 자주 오간다는 것이다(Post et al., 1997; Van der Hart, Nijenhuis, & Steele, 2006; Van der Kolk et al., 1996). 트라우마를 상기시키는 두 개의 자율신경계의 경향성autonomic tendency 때문에 내담자는 조절되지 않는 각성 상태dysregulated arousal 앞에서 속수무책이 된다. 과각성된 내담자들은 정보를 잘 처리하지 못할 정도로 심하게 흥분되어 침습적인 이미지들과 감정, 몸의 감각 때문에 괴로워한다. 그러나 저각성된 내담자들은 감정과 감각의 결핍으로 인한 감각 마비, 죽은 것 같은 느낌, 공허감, 수동적인 느낌, 기능 마비처럼 또 다른 종류의 고통을 겪는다(Bremner & Brett, 1997; Spiegel, 1997; Van der Hart et al., 2004). 또한 깊은 경험을 하지 못해서 정보를 효과적으로 처리하지 못할 수도 있다. 두 경우 모두 하향식 조절을 제대로 하지 못하고, 위험 신호가 인지되었을 때 편향적으로 의미를 부여한다. 극단적인 두 각성 상태는 트라우마를 입는 상황에서는 적절한 것이었지만 위협이 없는 상황에서도 지속된다면 부적응적이 될 것이다.

과거를 과거 속에 남겨 두려면, 내담자들은 '최적의 각성 영역'에서 트라우마의 경험을 처리해야 한다(Wilbarger & Wilbarger, 1997). 이 최적의 각성 영역은 과각성과 저각성 사이에 있고, '인내의 창window of tolerance'이라 불린다(Siegel, 1999). 이 창 안에서는 "체계의 기능을 손상시키지 않은 채 다양한 강도의 감정적·생리적 각성이 처리될 수 있다(Siegel, 1999, p. 253)" 내담자들이 인내의 창 안에서 작업할 때, 내외적 환경에서 입력된 모든 정보가 통합될 수 있다. 내담자들은 이전의 감각 입력을 소화하는 와중에도 현재의 감각 입력을 받아들여 통합할 수 있기 때문에 실시간으로 쏟아지는 감각 정보를 지속적으로 처리할 수 있다(Williamson & Anzalone, 2001). 그들은 치료를 받으면서 자신의 경험에 대해 생각하고 이야기하면서 동시에 적절한 감정적 분위기와 자기감을 느낄 수 있다. 최적의 각성 영역에서는 대뇌피질의 기능이 유지되는데, 이것은 인지적·감정적·감각운동적 차원에서 정보를 통합하기 위한 전제조건이다.

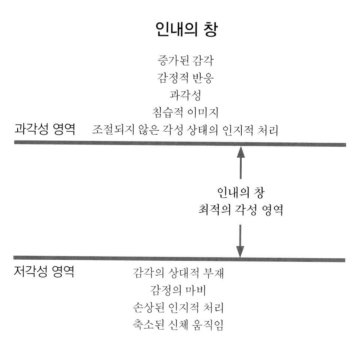

인내의 창

증가된 감각
감정적 반응
과각성
침습적 이미지

과각성 영역   조절되지 않은 각성 상태의 인지적 처리

인내의 창
최적의 각성 영역

저각성 영역   감각의 상대적 부재
감정의 마비
손상된 인지적 처리
축소된 신체 움직임

[그림 2-1] 각성의 세 영역: 자율신경계의 각성 조절을 이해하기 위한 모형

인내의 창의 다양한 형태

앞의 조절 모형에서처럼 각성은 일반적으로 최적 각성, 과각성, 저각성의 세 영역으로 설명할 수 있다. 최적의 영역 내에서 각성은 환경적 단서와 상황, 그리고 개인적인 내적 조건(에너지 수준, 피로나 배고픔 같은)에 반응해 자연스럽게 변화한다. 그러나 교감신경계와 부교감신경계가 관련된 행위는 늘 상대적으로 균형을 이루는데, 그 균형은 주어진 순간에 둘 중 하나가 미묘하게 우위를 점하는 방향으로 일어난다(Wenger & Cullen, 1958). 그러한 미세한 조정 덕분에 우리는 현재의 임무를 가장 적절하게 수행할 수 있도록 각성을 조절하게 된다. 예를 들어, 잠을 자려고 시도한다면 낮은 각성 상태를 유지하는 것이 이완과 졸음을 불러올 것이고, 반면에 중요하고 어려운 일에 대비하고 있다면 높은 각성 상태가 기민하고 정신적으로 충전된 상태를 유지해 줄 것이다.

사람마다 '너비'가 다른 인내의 창을 가지고 있는데, 그 창의 너비는 정보처리의 전반적인 능력에 영향을 미친다. 너른 창을 가진 사람들은 더 심한 각성을 견뎌 내고, 복잡하고 자극적인 정보도 효과적으로 처리할 수 있다. 좁은 창을 가진 사람들은 각성의 변동을 다루기 힘들어 하고, 그 변동을 조절되지 않는 각성 상태로 경험한다. 트라우마화된 내담자들은 대부분 인내의 창이 좁아서 각성의 정상적인 변동으로 생기는 조절되지 않는 각성 상태에 더 민감한 편이다(Taylor, Koch, & McNally, 1992).

인내의 창의 너비는 '반응 역치threshold of response'가 생기려면 얼마나 큰 자극이 필요한지와 직접적으로 관련이 있다. 역치가 낮을 경우, 신경계는 아주 작은 입력에도 흥분하고, 역치가 높을 경우에 신경계가 흥분하려면 더 많은 입력이 필요하다. 최적으로 기능하려면, 역치는 '환경에 내재된 복잡성과 자극성을 견딜 수 있을 정도로 충분히 높아야 하고, 다른 한편으로는 환경의 미묘한 변화와 다름을 인식할 수 있을 정도로 낮아야 한다(Williamson & Anzalone, 2001, p. 28)". 역치는 사람에 따라 다르고, 여러 요소의 영향을 받는다. 역치에 영향을 미치는 요소들은 (1) 감각적 자극의 종류(예: 어떤 사람들은 시각적 입력에 민감한 반면, 어떤 사람들은 청각적 입력에 더 민감하다.), (2) 자극의 영향이 지속되는 시간(즉, 회복의 속도), (3) 최초 각성 수준, (4) 이전의 경험(Williamson & Anzalone, 2001), (5) 기질(Siegel, 1999)이 있다. 다른 한편, 역치는 자극의 종류에 따라 다양하다. 어떤 사람들은 지적 논쟁과 같은 인지적 자극에 대해 높은 역치를 가지고 있는 반면에, 부부가 의견 충돌을 벌이는 상황과 같은 감정적 자극에 대해서는 낮은 역치를 가지고 있기도 하다.

트라우마화된 사람들은 대체로 비정상적으로 낮거나 높은 역치를 경험한다. 또는 그 두 가지를 모두 경험한다. 내담자들의 역치는 그들 특유의 민감성과 트라우마로 인한 왜곡, 효과적으로 정보를 처리할 수 있는 능력을 가늠하는 중요한 지표다. 치료자는 내담자가 자신의 역치를 인식하고, 최적의 영역을 벗어나 각성 시 생기는 소매틱 징후를 구별할 수 있도록 돕는다. 궁극적으로 그 소매틱 중재를 통해 내담자들이 내성의 창을 확장하는 것을 돕는다. 예를 들어, 짐은 늘 화를 내고 소리 지르는 부모 밑에서 성장했는데, '부정적 피드백'을 받는 것에 대해 자신의 역치가 지나치게 낮다는 것을 알게 되었다. 특히 다른 사람이 목소리를 높일 때 그랬는데, 이것은 일할 때 문제가 되었다. 짐의 상사는 짐이 한 일에 대해 평가할 때 늘 '커다란' 목소리로 말했다. 상사가 자신에게 부정적 피드백을 한다는 아주 사소한 조짐에도 짐은 과하게 각성되어 방어적으로 반응했다. 짐은 자신의 낮은 역치를 확인하는 법과 증가된 각성의 소매틱 징후들(어깨의 긴장과 호흡의 단축, 심장 박동의 증가)을 알아차리는 법과 인내의 창에 각성을 되돌리기 위해 신체 행동(호흡을 깊고 고르게 하기, 상사의 눈을 마주보기, 의자에 편하게 앉기)을 이용하는 법을 배웠다.

다미주신경의 위계

포지스(Porges, 1995, 2001a, 2001b, 2004, 2005)는 '다미주신경론polyvagal theory'을 통해 부교감신경계와 교감신경계의 복잡한 상호작용에 대해 이야기했는데, 그 이론은 각성의 모든 원인을 교감신경계의 개입 탓으로 돌렸던 이전의 각성 이론들과는 달리 자율신경계에 대해 더 정교하고 통합적인 의견을 제시하였다(Cannon, 1928; Grinker & Spiegel, 1945). 포지스는 그 이론에서 자율신경계 반응의 균형이라는 관점이 아니라 위계적 관점에서 신경계를 더 잘 설명할 수 있다고 말했다. 다미주신경론은 환경의 자극이 있을 때 그것에 대한 신경생물학적 반응을 관장하는 자율신경계의 위계적인 세 하부 체계, 즉 미주신경의 배쪽 부교감신경계 가지(사회적 연결)와 교감신경계(가동화mobilization), 미주신경의 등쪽 부교감신경계 가지(부동화immobilization) 에 대해 설명했다. 이 세 하부 체계는 각성의 조절 모형에 등장하는 세 영역과 관련이 있는데, 사회적 연결(배쪽 미주신경) 체계는 최적의 각성 영역과 관련이 있고, 교감신경계는 과각성 영역과 등쪽 미주신경은 저각성 영역과 관련이 있다.

이들 중 가장 최근에 진화한 복잡한 체계는 미주신경의 배쪽 가지(신경세포 간에 전달되는 전기화학 신호를 보호하는 수초가 있는 미주신경)를 포함하고 있는 배쪽 미주신경 복합체이고, 이것은 망상활성계reticular activating system(역주: 뇌에 있는 신경섬유계로 말단 감각기관에서 뇌의 중심으로 충격을 전달함)를 구성하는 분화된 뉴런 조각들 중하나인 뇌간의 의핵nucleus ambiguous에서 시작된다. 그 체계는 개인의 의식 수준이나 깨어 있는 수준을 결정한다. 배쪽 미주신경 복합체는 각성이 최적의 영역에 자리할 때 활성화된다. 포지스(2003b)는 배쪽 미주신경 복합체 덕분에 인간이 유연하게 소통하게 되고, 사회적·환경적 상호작용에서 작동하는 신체 부위를 조절할 수 있기에 그것을 '사회적 연결 체계social engagement system'라고 부른다.

> 사회적 연결 체계는 눈꺼풀 들기(예: 보기)와 안면근(예: 감정표현), 중이근(예: 주변의 소음에서 인간의 목소리를 추출해내기), 저작근(예: 흡수), 후두근과 인두근 (예: 운율), 머리를 기울이고 회전시키는 근육(예: 사회적 몸짓과 정향)을 조절하는 뇌간의 핵(즉, 하위 운동 뉴런)을 관장하는 대뇌피질(즉, 상위 운동 뉴런)의 통제 요소들을 가지고 있다(Porges, 2003b, p. 35).

종합적으로 보면, 사회적 연결 체계의 구성 요소들 때문에 우리는 교감신경계가 활성화되지 않은 상태에서 심장 박동을 조절함으로써 환경이나 사회적 관계에 빠르게 관여했다가 빠져나올 수 있다. 예를 들어, 대화를 하는 동안 상황에 따라 얼굴 근육과 소리를 내는 근육과 중이근을 적절히 조절할 수 있고, 이야기할 때에는 활기차고 빠르게 하다가 들을 때에는 조용히 있을 수 있다. 정교한 '제동' 기구인 사회적 연결 체계는 원초적인 방어 반응을 억제하면서 동시에 심장 박동을 빠르게 증감시킬 수 있고, 그 결과로 우리는 느려졌다가 다시 활성화된다(Porges, 2005). 그러므로 사회적 연결 체계는 고요한 상태와 유연하게 적응하는 상태를 만들어 내고(Porges,

2004, 2005), 그렇게 함으로써 각성을 인내의 창 안에 유지한다.

위협적이지 않은 상황에서 사회적 연결 체계는 교감신경계를 조절하고 환경과의 연결을 촉진하며 긍정적 애착과 사회적 유대를 형성하도록 도와준다. 설령 치료를 받고 매우 적응적인 사람은 위협적인 상황에서도 잠재적 가해자를 논리적으로 설득하려고 시도해 사회적 연결 체계를 활용할 수 있다. 그러나 그 접근법이 쓸모없을 경우, 사회적 연결 체계는 자동적으로 교감신경계의 투쟁/도피flight/fight라는 동적 반응response에 자리를 내어 줄 것이다. 교감신경계의 반응이 더 적합한 트라우마 상황에서 각성을 인내의 창 안에 유지시켜주는 사회적 연결 체계의 우세는 무시된다.

사회적 연결 체계보다 덜 진화적이고 덜 유연한 교감신경계가 활성화되면, 위험에 반응하는 각성의 수준이 전반적으로 높아지고 생존 기제(투쟁/도피 반응)도 가동된다. 교감신경계의 긴장도가 높아지면 각성은 인내의 창에서 가장 위쪽으로 올라간다. 뇌가 위험을 인식해 위험하다고 해석하면 마음-몸의 연쇄 반응이 시작된다. 편도체가 '경보를 울리고', 시상하부가 교감신경계의 '스위치를 켜서' 각성을 증가시키는 신경화학물질들을 단계적으로 방출하게 한다(McEwan, 1995; van der Kolk, McFarlane, & Van der Hart, 1996; Yehuda, 1997, 1998).

이 '비상 상황에서의 반응(Cannon, 1929)'은 위협에 직면해 격렬히 활동할 것에 대비해 에너지를 동원한다. 에너지를 동원하는 과정뿐만 아니라 에너지를 소비하는 과정도 포함된다. 좀 더 자세히 말하자면, 산소가 많이 필요할 것에 반응해 호흡은 가속화되어 깊어지고, 근육으로 가는 혈액은 증가한다(Frijda, 1986). 또 대뇌피질로 가는 혈액은 감소하고, 환경에 대한 경계는 심해지고, 방어에 필요하지 않은 모든 신체 체계는 억제된다. 과각성 상태는 우리가 투쟁/도피 반응을 활발히 해 생존 가능성을 최대치로 높일 수 있게 해 준다(Levine, 1997; Rothschild, 2000). 투쟁/도피 반응처럼 격렬한 신체적 반응이 성공하면 위협의 수준이 감소되는 것은 물론 위험과 관련해 쏟아지던 신경화학물질도 에너지 소비 행동을 통해 대사 작용을 한다. 그 모든 것이 각성을 인내의 창 안으로 돌아가게 하는 역할을 한다. 격렬한 행동이 없을 때, 즉 위협적 자극이 줄어들거나 사라졌을 때 과각성은 서서히 최적의 각성 영역으로 돌아갈 것이다.

사회적 연결 반응(부교감신경계의 가지들 중 하나인 배쪽 미주신경 복합체에 의해 조절됨)과 투쟁/도피 반응(교감신경계에 의해 조절됨)이 모두 안전을 담보하지 못하면, 부교감신경계의 다른 가지인 등쪽 미주신경 복합체가 전면에 등장한다. 등쪽 미주신경 가지는 수초가 없는 미주신경이고 똑같이 뇌간(미주신경 등쪽 운동핵)에서 시작되며 가장 원시적인 부분이다. 등쪽 미주신경 가지는 세포 조직의 산소 부족 현상인 저산소증이 생겼을 때 활동을 개시해 각성이 저각성의 영역으로 낮아지도록 한다. 등쪽 미주신경 가지는 죽은 척하기, 정지 행동, 기절과 같이 생존과 관련된 부동 반응을 야기한다.

에너지의 소비 과정이 교감신경계에 의해 조절되는 것에 비해, 에너지의 보존은 등쪽 미주신경의 긴장도가 증가하는 것과 관련이 있다. 몸의 여러 기능이 느려지기 시작하면서 "심장 박동과 호흡도 상대적으로 감소하는데, 거기에는 '마비' 감각과 '마음의 내부가 정지된' 느낌, 자기감과의 분리가 동반된다"(Siegel, 1999, p. 254). 등쪽 미주신경의 극적인 각성은 구토나 기절, 괄약근의 조절 불능을 일으키거나 행동을 할 수 없을 때 생길 수 있는 모든 것을 야기한다(Frijda, 1986). 이 부동화는 생존을 보장하지만, 그 결과 무호흡과 느린 맥박, 심장 부정맥이 생길 수 있으며 이러한 상태가 장기적으로 지속될 경우 포유류에게는 치명적일 수 있다([그림 2–2] 참조; Seligman, 1975).

자율신경계의 세 가지 하부 체계 간의 우세는 평상시에는 변동을 거듭하지만, 환경적인 도전에 직면했을 때에는 위계적으로 반응한다. 가장 최근에 발달했으며, 상대적으로 더 복잡하고 민감한 사회적 연결 체계(배쪽 미주신경의 긴장도의 증가)는 넓

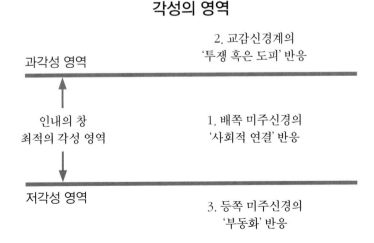

[그림 2–2] 각성의 세 영역과 미주신경계와의 상관관계

고 유연한 인내의 창을 가진 사람들이 첫 번째로 가동하는 방어선이 될 수 있다. 이런 종류의 반응 능력은 강간하려는 남자의 관심을 그의 여동생 이야기로 분산시켜 강간을 막아 낸 내담자의 사례에서 볼 수 있다. 그 사회적 연결 체계가 실패해 위협적 상황이 지속되면 그에 대비한 우리의 '보완' 체계는 투쟁/도피 반응을 동원하는 교감신경계의 증가된 각성이다. 그 사례로, 잠재적 강간범에게 공격을 받아 차에 갇힌 어떤 여자가 그를 말로 설득해 빠져나오려고 했던 적이 있다. 그것이 실패하자, 그녀는 남자를 공격해 성공적으로 차 밖으로 나왔다. 진화론적으로 '가장 마지막에 의존하는' 보완 체계는 가장 원시적인 반응(등쪽 미주신경 복합체의 증가된 긴장도)이다. 그것은 교감신경계가 조정하는 투쟁/도피 반응이 쓸모없거나 실패했을 때 가동된다. 어린 시절에 학대 받은 내담자들은 대부분 처음에는 투쟁을 시도해 보지만 그 시도는 자주 위험을 증가시켰다. 시간이 지나면서 그들은 수동적이고 멍한 상태가 되면서 학대에 굴복하게 된다.

트라우마 사건이 일어나는 동안에 신경의 위계질서는 생존과 관련해 이점을 제공한다. 신경계의 위계질서는 '구조화되어 있고' 본능적이며, 자체적인 대안을 가지고 있다. 또한 사회적 연결 체계가 교감신경계에 관련된 반응과 등쪽 미주신경 복합체를 모두 통제하고, 또 억제할 수 있기 때문에 그 정교한 '제동' 기제는 비위협적인 일상에서도 전반적인 각성을 용이하게 조절한다. 사회적 연결 체계가 지속적으로 안전을 보장해 주지 못할 경우(보통 어린 시절에 상습적으로 트라우마를 입을 경우)에, 그 체계는 습관적으로 작동을 멈춘다. 사회적 연결 체계라는 '제동' 장치의 통제를 받지 않는 교감신경계나 등쪽 미주신경계는 각성이 인내의 창을 벗어나도록 만들면서 과도하게 활성화된 상태에 머문다.

트라우마가 각성과 인내의 창에 미치는 영향

사회적 연결 체계가 만성적인 트라우마 상황에서 위험을 막아내는 것에 반복적으로 실패했을 경우, 그 체계를 이용하는 빈도는 점점 감소하고 관계를 맺는 개인의 능력도 취약해질 것이다. 사하르와 샬레브, 포지스(Sahar, Shalev, & Porges, 2001)는 다음과 같이 설명했다.

외상 후 스트레스 장애(PTSD)에서 관찰되는 심장 박동에 관한 미주신경의 조절 결함은 제대로 통합되지 않은 사회적 연결 체계를 의미할 수도 있다. 따라서 외상 후 스트레스 장애의 특징적인 행동은 (즉, 빈약한 사회적 행동과 긍정적인 감정의 표현력 부족) 얼굴 근육과 머리 근육의 신경성 조절의 어려움에 의존하는 반면, 자율적 상태 조절과 관련된 특징들은 심장과 기관지에 관한 미주신경의 조절의 어려움 때문일 수도 있다(P. 642).

환경적 단서를 안전한 것으로 인식할 경우, 우리는 환경에 쉽게 개입하지만, 위험한 것으로 오해할 경우에는 개입하지 않을 것이다. 바로 그 오해가 방어적 전략을 뒷받침해 주는 생리적 상태를 촉발한다(Porges, 2004). 트라우마 관련 장애에 시달리는 내담자들은 교감신경계나 등쪽 미주신경의 각성 없이 심장 박동과 내장기관을 조절하기 위해 필요한 환경과 사회와 긍정적인 상호작용을 가능하게 해 주는 미세 조정 능력을 기능적으로 상실했을 수도 있다.

트라우마에서는 생존했지만 사회적 연결 체계를 활용해 방어적 전략을 억제하고 각성을 인내의 창 안에 유지하는 능력을 상실하면 훗날 적응적인 반응을 하지 못할 수도 있다. 트라우마의 경험이 되풀이될 경우, 특정 상황에 가장 적합했던 생존 반응은 실제 위협의 결과로 촉발되거나 트라우마를 상기시키는 것에 의해 촉발된 채 예상할 수 있는 위협을 대비하는 차원에서 계속 활성화된다. 일반적으로 과거의 트라우마 사건 때문에 지나치게 예민해진 사람은 비교적 사소한 스트레스 요인에도 매우 낮은 역치를 가지게 되어 과각성이나 저각성 상태가 된다. 과거에 적절했던 극단적인 각성으로 반응하는데, 그 두 경우 모두 반복적인 트라우마 반응 탓에 인내의 창이 기능적으로 좁아져서 트라우마화된 사람은 트라우마의 촉발 요인에 더 취약해진다. 많은 트라우마화된 사람들은 조절되지 않은 각성으로 인해 과각성과 저각성이라는 양극단을 오르락내리락한다. 그 반복적인 '상향식의 하이제킹' 경험은 인내의 창이 갑작스럽게 파열됨으로써 생기고, 그 후로 개인은 최적의 각성 영역에 쉽게 혹은 빠르게 돌아갈 수 없게 된다(Siegel, 1999).

과각성 상태가 되풀이되는 것은 "악순환을 만들어 낸다. 트라우마와 관련된 자극에 의해 촉발되는 상태 의존적 기억(역주: 정보를 학습할 때 정서적·물리적 환경이 비슷한 경우, 이후 회상 시 그 정보를 보다 잘 기억할 수 있는 현상을 말한다. 출처: 두산백과 사전)의 복구는 트라우마의 기억과 트라우마의 무단 침습에 더 자주 접속하도록 하고, 그것은 역으로 더 큰 각성으로 연결된다"(Van der Kolk, Van der Hart, & Marmar, 1996, P. 305). 과각성은 지각적 경험이 감정적 요소나 감각적 요소로 또는 그 두 가지 모두로 파편화되는 것을 동반한다. 이 지각 기억의 파편들은 플래시백과 악몽의 형태로 반복되고, 빠른 심장 박동과 혈압 상승, 과각성과 관련된 피부의 전도 변화의 원인이 된다. 몸의 감각과 긴장도가 높아지고 비자발적이거나 조절 불가능한 움직임이 심해지는 것과 같은 신체형 증상에는 과각성이 동반될 수도 있다. 라니어스 등(Lanius et al., 2014)은 트라우마 기억을 떠올릴 때 두려움과 극심한 공포가 일어난다는 것을 보여 주었다. 트라우마화된 사람은 과거의 사건이 다시 일어나고 있는 것처럼 믿고 행동하면서 현재로부터 멀어지게 된다(Van der Kolk, Van der Hart, & Marmar, 1996).

만성적인 과각성의 영향은 광범위해서 적응적인 선택을 할 수 있는 전반적인 능력을 약화시킬 수 있다. 과각성된 사람들은 의미를 만드는 데 필요한 신호로 감정을 이용하는 것이 어려운데, 이는 과각성되어 있기 때문에 무해한 자극을 위험한 것으로 이해하기 때문이다. 감정 및 감각, 감각적 자극의 강렬함과 가속화된 속도는 이성을 마비시키고 사려 깊게 '사실을 검토할' 수 없게 한다. 과각성은 트라우마화된 사람으로 하여금 "적절한 조치를 취하는 데 필요한 정보를 주는…… 몸의 감각을 신뢰할 수 없게 한다"(Van der Kolk, Van der Hart, & McFarlane, 1996, p. 421). 그래서 과각성된 사람은 다시 위험한 상황에 빠지면 적절한 반응으로 대처하지 못하게 된다. 또한 그의 행동은 대체로 사려 깊거나 적응적이지 못하고 반사적이고 충동적이다.

과각성 증상은 보통 트라우마의 특징으로 간주되지만 트라우마화된 내담자들이 모두 과각성을 보고하지는 않는다. 라니어스 등(2002)은 트라우마를 활성화하기 위해 내담자의 트라우마 사건을 활용하는 '이야기로 유도된 심상화 작업script-driven imagery'을 했는데, 그 연구에서 연구 참여자의 1/3 정도가 과각성보다 저각성을 경험했다고 지적했다. 그 내담자들은 트라우마를 상기시키는 것에 과각성으로 반응하지 않고 저각성과 활동 정지로 반응했다.

과각성과 관련해 침습적 증상을 경험하는 경우와 달리, 저각성을 다시 경험하는 일은 트라우마를 겪는 동안 생겼던 손실과 비슷한 손실, 다시 말해 기억의 손실과 운동 기능이나 정서 기능의 손실, 감각운동적 자각의 손실을 야기한다(Van der

Hart et al., 2004). 만성적인 저각성은 운동 기능의 약화와 마비, 운동실조증$_{ataxia}$, 몸의 내부 감각의 마비와 같은 신체형 해리 증상뿐만 아니라 인지 기능의 이상$_{cognitive}$ $_{abnormalities}$, 기억 상실, 해리성 둔주$_{fugue states}$, 혼란 상태, 주의력 결핍처럼 심리형 해리 증상도 자주 동반된다(Nijenhuis & Van der Hart, 1999; Van der Hart et al., 2004a, 2004b). 내담자들은 자신이 몸에서 분리되는 감각을 보고하기도 하고, 몸의 일부분이나 몸 전체에서 감각이 느껴지지 않았다고 보고하기도 한다. 또 신체적 반응이 느리거나 약하다고 보고하기도 한다. 저각성은 감정을 감지하는 능력과 중요한 사건에 대한 감정적 반응을 느끼는 능력을 약화시킨다. 다시 말해, 효과적으로 감정을 처리할 수 있는 능력을 약화시킨다. 또한 인지적 처리도 약화시키는데, 저각성이 명료하게 사고할 수 있는 능력과 위험한 상황을 적절히 평가할 수 있는 능력을 훼손시키기 때문이다. 등쪽 미주신경의 긴장도가 증가하는 것은 소극성과 "근육 활동의 부재, 근육 활동을 준비하는 것에 대한 포기, 집중된 관심을 버리는 것"에 부합하는 것일 수도 있다(Frijda, 1986, p. 159). 저각성과 관련된 감각운동적 행위 경향성은 타인의 주의를 전혀 끌지 않는 수동적인 나태함이나 느린 움직임과 유사하다. 저각성 상태에 대해 치료자와 내담자는 모두 혼란을 느끼고, 이를 우울이나 저항, 수동-공격적 행동으로 자주 오해한다. 하지만 이 결손을 트라우마에 대한 저각성 반응으로 간주하는 것이 필요하다.

과각성과 저각성은 보통 감각적 자극의 역치의 가장자리에서 생긴다. 앞서 말했듯이, 트라우마 관련 장애를 가진 사람들은 대부분 좁은 인내의 창을 갖고 있어서 많은 자극을 견뎌 내지 못한다. 공포를 느끼게 하는 상황을 의도적으로 찾는 사람들은 극심한 자극을 찾지만 그에 동반되는 각성을 소화하는 데 어려움을 겪는다. 또 어떤 사람들은 저각성의 '완충$_{buffering}$' 효과 때문에 높은 역치를 가지고 있고, 그것이 환경에 반응하는 그들의 능력을 약화시킨다. 어떤 사람은 근처에서 나는 커다란 소음에 거의 반응하지 않는 반면에, 다른 누군가는 멀리서 나는 차 소리에도 두려워하고 압도 당할 수도 있다. 맥팔레인과 웨버, 클라크(McFarlane, Weber, & Clark, 1993)는 많은 트라우마화된 사람들이 일반적으로 사람들이 알아차려서 반응하는 자극에 반응하지 않는다는 것을 발견했다. 이 연구에서 제시된 자극의 강도가 높아지자 보통의 연구 참여자들은 그 강도에 따라 반응한 반면, 외상 후 스트레스 장애를 가진 참여자들은 일정 정도의 역치에 도달할 때까지 반응하지 않았고, 해롭지 않은 것으로 보이는 자극에 비정상적일 정도로 높은 각성으로 반응했다.

각성이 과각성이나 저각성의 영역에 머물면 행동은 덜 구조적이게 되고, 또 반사적인 방어 경향성은 무작위적이고 비조직적으로 드러난다. "마음이 인내의 창을 벗어난 상태에서는 반응의 유연성에 대한 전전두엽의 중재 능력은 일시적으로 정지된다. 통합적인 [인지적] 처리라는 '상위 모드'가 반사적 반응이라는 '하위 모드'로 대체됐기 때문이다"(Siegel, 1999, pp. 254-255). 과각성이나 저각성 영역에 있을 때, 트라우마 경험은 단일한 전체 혹은 통합된 자기감으로 통합되지 못한다. 시간이 흐르면서 정향상실disorientation(역주: 주위 환경에 대한 자신의 영향력을 유지하는 능력을 잃은 상태)에 대한 장기적 경험은 지각 및 행동, 자기상태와 관련된 분열을 증가시키는 결과를 낳는다. 다시 말해, 과각성 상태에서 반사적이고 방어적이 되다가 저각성 상태에서는 온순하고 순응적일 수도 있다. 이러한 통합된 자기감의 분열은 역으로 더 심각한 방향 상실과 해리와 각성 조절의 어려움을 낳을 것이다.

해리와 각성의 영역들

과각성이나 저각성 상태일 때, 사람들은 트라우마에 대한 사고, 감정, 기억, 그리고 감각운동적 반응을 통합할 수 없다. 트라우마의 영향 속에서 생존과 안전이 보장되면 각성은 인내의 창 안으로 서서히 돌아갈 것이고, 해리된 요소들은 점차적으로 재통합되거나 흡수될 것이다. 그러나 트라우마 관련 자극에 의해 쉽게 다시 활성화되어서 과각성이나 저각성의 영역에 머무는 내담자들은 과거의 트라우마 사건을 만성적으로 통합하지 못한 상태에 머물러 있을 수 있다. 어떤 요인에 의해 트라우마 사건이 촉발되고 파편들이 재활성화되지만 제대로 처리 및 통합되지 못한다. 일부 연구자들(Perry, Pollard, Blakely, Baker, & Vigilante, 1995)은 해리적 반응을 저각성과 관련된 분리감과 의식 저하의 측면으로 설명하지만, 재닛(1889, 1907)은 저각성뿐만 아니라 과각성까지 관련된 해리 반응에 대한 통합 능력의 실패로 설명했다(Allen, 2001; Krystal, Bremner, Southwick, & Charney, 1998; Van der Hart et al., 2004).

각성이 인내의 창 안에서 낮아지고 트라우마를 겪지 않은 경우, 일반적으로 해리 반응은 일어나지 않는다. 각성은 최적의 영역 내에서 오르락내리락하지만, 개인은 정보처리의 인지적·감정적·감각운동적 차원에서 경험의 요소들을 통합할 수 있다. 그러나 과각성이나 저각성 상태가 너무 극심하거나 오래 지속되거나 두 가지 모두일 경우, 트라우마를 겪는 도중이나 그 후에 자주 그렇듯이 정상적으로 통합되어야 할 반응과 처리는 각성이 인내의 창 내부에 유지될 때조차 개인이 트라우마 관련 정보를 처리하는 것을 막으면서 만성적으로 해리된 상태로 있을 수 있다

예를 들어, 어린 시절에 여러 명의 보호자로부터 무시와 학대를 받은 트라우마 경험을 갖고 있는 애니는 학대를 받는 동안 해리 경향성을 발달시켰다. 애니는 과각성 상태에서 나타나는 두렵고 공포스런 상태와 저각성 상태에서 나타나는 몽롱하고 '멍한' 상태를 번갈아 경험했다. 그리고 그 두 상태에서는 결혼과 일, 놀이, 자녀 양육과 관련된 일상 활동을 제대로 해낼 수 없었다. 애니가 그 두 극단적 각성 상태에 있지 않을 때, 그녀의 각성 상태는 인내의 창으로 되돌아갔다. 그녀는 최적의 영역 내에서 각성을 유지하고 일상적으로 해야 할 일을 해내기 위해 트라우마를 상기시키는 것들을 기를 쓰고 피했다. 그러나 그녀의 각성 수준이 인내의 창 안에서 유지될 때조차, 그녀의 통합되지 않은 트라우마 경험은 지속적으로 그녀의 의식에서 분할된 채 있거나 해리된 상태로 있었다. 어린 시절의 트라우마 이후 수십 년 동안, 애니는 (두려움과 공포, 도피하고 싶은 충동, 수치심과 자기혐오 상태, 멍한 상태와 운동 기능의 약화를 경험하면서) 트라우마를 다시 경험하는 시기와 '일상을 잘 보내려는' 시도로 트라우마에 무심한 척 그것을 회피하는 시기를 반복적으로 오락가락했다. 애니는 그 두 시기의 경험에 대해 자신이 '마치 다른 사람 같았다'라고 말했고, 트라우마를 다시 경험하는 것과 회피하는 것 사이의 연결이나 통합에 대해서는 거의 보고하지 않았다.

한 세기 전에 재닛이 지적했던 것처럼, 복합 트라우마 관련 장애를 가진 사람들은 "성격을 구성하는 생각 체계와 기능 체계의 해리 및 이탈 경향성"을 발달시킨다(1907, p. 332). 인내의 창 안에서 각성을 경험할 때조차 그렇게 구획분할을 심하게 하는 사람은 트라우마 기억의 요소들에서 해리된 채 있게 된다. 즉, 트라우마 정황과 그와 관련된 행위 경향성에서 해리된 채 있게 된다. 그 모든 기억의 요소는 각성이 과활성화되거나 저활성화되는 영역에 있을 때 표면화된다.

판 데르 하트 등(Van der Hart et al., 2006)은 해리에 대해 성격이 최소한 두 개의 해리적 측면으로 분할된다고 설명했다. 다시 말해, 트라우마 후 '그럭저럭 사는' 측면

은 트라우마의 기억과 그것을 상기시키는 것을 계속 회피한 채 일상적인 삶의 기능을 수행한다. 그리고 트라우마의 기억을 포함하는 다른 측면은 트라우마를 상기시키는 것과 각성의 양극단을 민감하게 경험하고 위협에 대해 방어적으로 행동한다.

때때로 애니는 결혼을 하고, 집을 마련하고, 두 자녀를 기르고, 대학원에 다니는 등 일상을 꾸려 가기 위해 트라우마 기억을 회피했다. 그런 상태에 동반되어 나타났던 증상이 만성우울증과 무미건조한 감정이었다고 설명할 수 있겠지만, 그 시기에 그녀의 각성은 인내의 창 안에 유지되고 있었다. 그 시기 외에는 트라우마를 상기시키는 것에 자극을 받아 과각성과 저각성 영역을 오르락내리락했다. 그럴 때마다 그녀는 일상적으로 기능하기가 너무 어려웠다.

그처럼, 트라우마 기억과 그것을 상기시키는 것을 회피하면서 동시에 각성 상태를 인내의 창 안에 유지시키더라도 트라우마화된 사람들은 트라우마가 다시 살고 있는 자신의 다른 부분과 여전히 해리되어 있다. 애니와 같이 그들은 트라우마와 관련된 각성과 정동, 방어 반응을 경험하는 측면에서 여전히 해리되고 분리되고 있다.

애니가 내면에서 경험했던 것들 중에는 '일상을 그럭저럭 살아내는' 부분과 압도당해 지내는 부분만 있었던 것은 아니다. 한편으로 그녀는 매우 다른 '의식이나 기억, 정체성, 환경에 대한 지각'(American Psychiatric Association, 2000)을 가진 자신의 또 다른 부분들을 보았고, 그것들과 함께 전혀 다른 신체형 및 심리형 해리 증상을 발견했다. 예를 들어, 애니의 순종적인 측면은 다른 이들이 만족할 때에만 비로소 환경을 안전한 것으로 간주했다. 방어적으로 도피 반응을 했던 그녀의 다른 측면은 과각성되어 탈출 방법을 찾으려고 환경을 탐색했다. 그러나 트라우마를 회피하고 있을 때 그녀의 각성은 최적의 영역 안에 있었고, 그녀는 비교적 적절히 역할을 수행할 수 있었다. 비록 그녀가 우울하고, '사는 시늉만 하고 있었다'고 나중에 보고했지만 말이다. 이 시기들을 거치면서 애니는 일상적 활동을 수행할 수 있는 자신의 기능을 갑자기 위협해서 빼앗아 가는 과각성과 저각성 상태를 자신이 거의 통제하지 못한다는 사실을 예측할 수 있었고, 그래서 트라우마와 관련된 단서를 회피하면서 자신의 각성을 인내의 창 안에 유지시키려고 최선을 다했다.

애니를 비롯해 트라우마 관련 장애를 가진 많은 사람은 자기의 각각 다른 부분을 형성하는 전혀 다른 의식과 기억과 정체성과 행위 경향성을 통합하는 것에 심각한 제약이 있다. 그들이 트라우마와 관련된 자극을 받았을 때, 과각성의 반응은 자기의

한 측면을 불러내고, 저각성의 반응은 자기의 다른 측면을 불러낸다. 또 최적의 각성 상태는 해리성 분리를 지속시키는 대가로 유지할 수 있다. 그러므로 트라우마가 심각할 때 통합 능력은 각성의 세 영역 모두에서 실패할 수 있다.

치료와 연관된 쟁점들

치료의 일차적 목적은 트라우마 경험의 해리성 요소를 소화할 수 있도록 내담자의 통합 능력을 키우는 것이다. 주요 초점은 사회적 연결 체계의 기능을 향상시키는 것이어야 하고, "감정적 [그리고 생리적] 각성에 기인한 특별한 에피소드의 혼란스러운 영향을 감소시키는 것이어야 한다"(Siegel, 1999, p. 260). 트라우마화된 내담자들이 과각성 상태에 있을 때 각성 상태를 낮추고, 저각성 상태에 있을 때 각성 상태를 높이면서 현재의 사실을 추론해 곰곰이 생각해 보는 능력과 트라우마를 상기시키는 것을 평가하는 능력을 다시 활용할 수 있게 해야 한다. 예를 들어, 최근에 심각한 교통사고를 당해 상담을 받으러 온 트레이시는 '마음이 조마조마해 자신을 진정시킬 수 없다'고 호소했다. 차 소리 때문에 심하게 놀람반응을 하는 그녀의 각성 상태는 거의 하루 종일 과각성 영역에 있었다. 일상적인 활동을 방해하는 요소가 전혀 없는데도 그녀는 과각성되어 위험하다는 평가를 했다. 감각운동 심리치료 첫 시간에 개입의 초점은 트레이시가 과각성일 때 느끼는 감각(심장의 빠른 박동, 얼얼함, 약한 떨림)과 그와 연관된 신체적 행위 경향성(등과 팔과 다리의 근육 긴장)을 알아차리도록 돕는 것이었다. 거기서부터 시작해 트레이시는 마음챙김 움직임 실습법(그라운딩과 센터링 실습법, 8장 참조)을 배웠고, 그 덕분에 각성 수치를 인내의 창 안에 유지시킬 수 있었으며, 환경적 단서를 더 정확히 평가하게 되었다. '초조함'을 느낄 때마다 혼자 해 볼 수 있는 방법을 배운 덕분에 그녀는 각성을 최적의 영역에 오래 유지할 수 있게 되었다.

한편, 어린 시절에 성적 학대를 받은 빅토리아는 사는 동안 '멍하게 있고' 몸이나 감정을 느낄 수 없는 위축된 패턴을 호소했다. 그녀는 이전 치료자가 그것을 우울증으로 진단해 항우울제를 처방해 줬다고 말했다. 빅토리아는 자신을 저각성 영역에 밀어 넣는 행위 경향성을 발달시켰던 것이다. 행동을 시작하는 데 어려움이 있는

'수동적인' 사람으로 자신을 묘사했고, 오랫동안 소파에 앉아 '멍한 상태로' 지냈다고 말했다. 빅토리아를 위한 감각운동 심리치료의 첫 번째 개입은 치료시간에 앉지 않고 서 있는 것이었고, 이따금 격렬한 움직임(예: 팔로 밀치기, 쿵쾅거리며 걷기, 상담실 주변을 빠르게 걷기)이 있었는데, 이런 것들이 그녀의 에너지와 각성 수준을 높여주었다. 처음에 빅토리아는 성적 학대를 당할 때 움직이면 상황이 악화됐던 기억 때문에 움직이는 것이 두렵다고 말했고, 심지어 공포까지 느낀다고 말했다. 그 기억이 처리되자, 빅토리아는 신체적 움직임이 야기하는 증가된 각성을 견딜 수 있었고 격려, 상담자의 지원, 모델링으로 일상에서도 더 많은 움직임을 연습할 수 있었다. 움직임과 행동 시작에 대한 내성이 증가하자 빅토리아는 점진적으로 각성 상태를 최적의 영역 내에 더 오래 유지할 수 있었다.

감각운동 심리치료는 치료자와 내담자 간의 협력과 참여를 독려하는 조화로운 치료적 배경에서 실시된다. 치료자의 태도와 개입이 적절하고 내담자의 장기적인 치료적 요구와 즉각적인 요구에 부합할 때, 내담자의 사회적 연결 체계는 다시 살아나 지속적으로 강화된다. 앞서 설명한 움직임 연습을 신체 운동으로 생각해서 기계적으로 실행한다면 치료적 효과는 최소화될 것이다. 그러나 협력적 관계라는 맥락에서는 내담자의 사회적 연결과 정보처리 능력이 향상되고, 트라우마와 관련된 자극에도 최적의 각성을 유지하는 능력이 커지는 것이 관찰된다.

결론

각성을 조절하려면 트라우마화된 내담자들은 여러 면에서 부족한 정신적·신체적 기능을 정교하게 해야 하는데, 특히 절차적 학습과 행위 경향성, 극단적인 각성을 야기하는 트라우마를 상기시키는 것을 만났을 때 그렇다. 트라우마화된 내담자들은 자신에게 내재된 인지적 행위 경향성이나 감정적 행위 경향성, 감각운동적 행위 경향성을 구성하는 다양한 요소를 구분하는 일이 어렵다고 생각한다. 그것들을 구분하는 대신 하나로 합쳐져서 압도적으로 밀려오는 감정과 생리적 각성에 휩쓸려 충동적으로 반응할 수도 있고, 이것은 다른 종류의 조절되지 않는 각성 상태를 초래할 수도 있다. 정반대로, 소극적이고 감정적으로 '무미건조'하며 위축적으로 보이는 다른 내담자들은 습관적으로 저각성 상태에 휘둘리는 반면에, 어떤 내담자들은 그 양극단 사이에서 극적으로 왔다갔다한다. 과거와 현재를 구분하지 못하는 많은 내담자는 내적인 반응과 신체적 행위 경향성이 현재 사실에 기반한 것인지, 아니면 트라우마와 관련된 극단적인 각성이나 예전의 방어 반응에 기반한 것인지 정확히 평가하지 못한다. 인내의 창 안에서 각성을 조절하고 대뇌피질의 기능을 유지하는 것을 지원하는 적절한 조절 전략이 없는 트라우마화된 사람들은 자신의 행동 반응과 감정 반응을 정확히 해석할 수 없으며, 그 결과 부적절하고 불균형적으로 반응한다.

인내의 창 안에서 각성을 조절하려면 대뇌피질이 매개하는 자기 관찰 기능의 손상 없이 정서와 자율신경계가 활성화되는 것을 견뎌 내는 능력이 있어야 한다. 그런 최적의 각성 상태에서 인지적 · 감정적 · 감각운동적 차원에 대한 접속은 하향식과 상향식 처리를 확실히 통합시키면서 유지된다. 통합 능력이 향상되면 인내의 창은 넓어지고, 인내의 창이 넓어지면 통합 능력도 향상된다. 그러므로 트라우마화된 내담자를 치료할 때 치료자의 중점 과제는 향상된 통합 능력이 더 발달할 수 있도록 촉진하는 것이다. 그것은 처음에 정상적인 삶과 현실을 견뎌 내는 내성을 증진시키는 데 기여하고, 이후 충분히 넓은 인내의 창이 확보되었을 때에는 트라우마로 얼룩진 과거를 통합하는 더 어려운 임무를 견뎌 낼 수 있게 돕는다. 재닛(1907)이 제안한 것처럼, 트라우마화가 곧 통합 능력의 실패라면 트라우마 치료에서 가장 우선적으로 해야 할 일은 내담자가 자신의 사고, 느낌, 신체 감각을 견뎌 내어 통합하는 능력을 회복하는 것이다. 그리고 자신의 경험을 담담히 말할 수 있는 능력과 중요한 인생의 사건(과거와 현재의 사건, 고통스러운 사건과 즐거운 사건, 평범한 사건과 충격적인 사건)을 인내의 창 안에서 처리할 수 있는 능력을 회복하는 것이다.

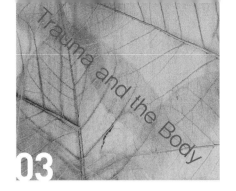

애착:
양자적 조절에서의 몸의 역할

유아부터 성인에 이르기까지 모든 인간은 애착 및 친분을 맺기 위해 필수적으로 사회적 연결 체계를 필요로 한다(Porges, 2004, 2005). 그리고 어린 시절에 경험한 애착은 사회적 연결 체계의 발달에 영향을 주고 내외적 상황을 조절하는 방법을 가르쳐 준다(Beebe & Lachmann, 1994; Bowlby, 1973, 1980; Fonagy, Gergely, Jurist, & Target, 2002; Hofer, 1984; Schore, 1994; Siegel, 1999). 유아는 자기조절 능력을 제한적으로 가지고 태어나기 때문에 일차적 애착 인물에 의해 중재되는 상호조절에 의존해 자신의 각성을 인내의 창 안에 유지한다. 지속적이든 아니든, 또 안심할 수 있든 없든 상관없이 애착 관계는 유아가 평생 동안 지니는 각성 및 정서 조절 경향성을 발달시킬 수 있는 환경을 제공하게 된다. 어린 시절의 애착관계의 단절은 지속해서 부정적 정서를 만들어 내면서 건강한 관계를 만들어 내는 능력과 압박감을 견뎌 내는 능력을 약화시킨다(Sable, 2000; Schore, 1994; Siegel, 1999).

어머니 뱃속에서 기간을 다 채우고 태어난 만기 신생아에게 허용된 사회적 연결 체계는 불편하다는 것을 알리려고 영아가 소리 지르거나 울거나 찡그릴 때 혹은 양육자와 상호작용하려고 미소 짓거나 응시하거나 옹알이할 때 뚜렷이 드러난다 (Porges, 2004, 2005). "사회적 단서의 중요한 요소들을 제공하는 [얼굴] 근육들의 신경 조절은 양육자와 사회적 상호작용을 하도록 해 주고, 통합된 사회적 연결 체계로 기능한다"(Porges, 2005, p. 36).이런 행동들은 유아와 양육자의 관계를 더욱 밀접하게 해 준다. 어머니 혹은 그 외의 주 양육자와 적응적인 상호작용을 반복함으로써 유아는 더욱 효과적으로 타인에게 신호를 보내고 호감을 주고 반응하게 된다 (Brazelton, 1989; Schore, 1994; Siegel, 1999; Stern, 1985). 결과적으로 이 반응들은 사회적 연결 체계를 형성한다. 이 사회적 연결 체계의 활성화는 안전에 대한 경험으로 이어지고, 교감신경계와 등쪽 미주신경의 활성화를 약화시켜 각성을 인내의 창 안에 유지하거나 되돌아가게 한다. 이 신경회로들을 잘 조절하는 사회적 연결 체계는 인내의 창을 더 크게 확장함으로써 유아에게 그리고 뒤에는 성인에게 힘든 경험들을 견뎌 내고 처리해 내는 능력을 제공하고 그것들을 성장을 위한 기회로 변형시키는 힘을 제공한다.

초기에 사회적 연결 체계는 유아가 자율신경계와 감정의 각성을 조절해 주는 애착 대상과 얼굴과 몸으로 상호작용하는 일련의 과정을 기반으로 발달한다. 다시 말해, 언어로 소통이 일어나기 전인 오랜 시간 동안 주 양육자가 유아의 신호에 운동 근육과 감각적 접촉으로 반응하는 적응적인 상호작용을 통해 더 발달한다. 이 양자적 상호조절은 각성을 스스로 조절할 수 있게 해 주는 뇌의 영역인 안와전전두엽피질의 발달을 촉진한다(Schore, 1994).

자기조절 능력은 기능적 자기감sense of self이 발달할 수 있는 토대다(Beebe & Lachmann, 1994; Schore, 1994; Stern, 1985). 그리고 자기감은 무엇보다도 언어가 아닌 몸 감각과 움직임을 통해서 경험할 수 있는 것이다(Damasio, 1994, 1999; Janet, 1929; Krueger, 2002; Laplanche & Pontalis, 1998; Mahler & Furer, 1968; Stern, 1985). 초기 어린 시절에 우리가 주로 사용하는 감각은 생리적 감각과 촉각이고, 접촉과 시간의 흐름을 통해서 생후 신생아와 부모의 소통 수단에 더 중요한 역할을 하는 것은 시각적 자극과 청각적 자극이다(Krueger, 2002). 감각적 입력 및 다른 신체적 욕구들(예: 음식, 온기, 음료)과 관련된 아이의 민감성(Gergely & Watson, 1996, 1999)과 취약성뿐만 아니라 감각, 접촉, 움직임, 생리적 각성과 관련된 신호에 양육자가 부드럽고 적절하게 대응해 주는 신체적 경험은 유아의 초기 자기감과 몸에 대한 감각을 확립시킨다(Gergely & Watson, 1996, 1999). 그러므로 "유아와의 모든 감각적 · 운동적 접촉에 세심하고 사려 깊게 조율하는 것은 유아의 확실하고 적응적인 몸 자기body self를 형성시킨다"(Krueger, 2002, p. 7). 그렇게 되었을 때, 사회적 연결 능력 및 안정적 애착 능력과 조절 능력이 적응적으로 발달할 수 있게 된다.

초기 대인관계의 트라우마는 신체적 · 심리적 통합을 방해할 뿐만 아니라 사회적 연결 체계의 이상을 초래한다. 게다가 주 양육자가 가해자라면 그것은 애착 관계가 파괴되었음을 의미하고, 유아가 회복하고 자신을 추스를 수 있는 위로 받거나 다시 안전해졌다고 느낄 수 있는 토대를 약화한다. 유아는 자기를 보호하고 안전을 확보해 주는 사회적 연결 체계를 효과적으로 이용할 기회를 잃어버린 것이다. 그래서 애착을 통해서 받을 수 있는 위안이나 보상 없이 압도적인 각성을 경험하게 된다. 안정적 애착 관계를 기반으로 사회적 연결 체계를 적절히 조율시키고 발달시키지 못한 채, "아이들은…… 과거와 현재와 미래를 연결하는 혹은 타인과의 관계에서 자기통합과 자기 지속성의 감각을 만들어 내지 못한다. 이 장애는 감정 불안과 사회적 기능장애와 압박감을 제대로 처리하지 못하는 것으로, 그리고 인지적 분열과 혼란으로 나타난다"(Siegel, 1999, pp. 119-120).

자기조절 능력이 초기 애착 관계에 형성된다는 사실을 이해하는 것은 치료자에 도움이 되는 일이고, 이것을 이해함으로써 치료자는 조절 장애를 가진 내담자들에게 적응적인 조절 능력을 키울 수 있는 환경이나 그와 비슷한 관계를 제공하게 된다(Beebe & Lachmann, 1994; Schore, 1994). 치료에서 내담자의 사회적 연결 능력과 조절 능력을 발달시키는 일은 최우선으로 고려되어야 할 일이다. 비언어적 단서들은 보통 내담자가 치료 관계와 환경 및 내적 단서에 대해 안전하다고 느끼는지 아니면 위험하다고 느끼는지 알 수 있는 첫 번째 지표다(Lanyado, 2001). 그리고 내담자의 사회적 연결 체계의 발달을 위해 이 비언어적 지표들에 치료자가 적절히 반응하는 것이 반드시 필요한 일이다. 예를 들어, 내담자가 두려운 표정을 지으며 몸을 긴장한 채 뒤로 물러설 때 능숙한 치료자라면 그 비언어적인 단서들에 대해 부드럽게 물어보면서 다시 안전함을 느끼도록 조처할 것이다. 내담자가 치료자와의 관계에서 안전하지 않다고 느낀다면 치료자는 내담자가 몸을 움직여 거리를 조절할 것이다. 이런 개입을 통해 사회적 연결 체계가 재구성되고 각성은 인내의 창으로 돌아간다.

애착과 자기조절과 상호작용

대부분의 경우 어머니인 주 양육자는 유아의 각성이 너무 높아지면 그것을 진정시키고, 너무 낮아지면 자극해 조절함으로써 유아가 최적의 상태에 있게 한다(Schore, 1994). 양육자는 유아가 느끼는 자극에 대한 요구뿐만 아니라 시선을 회피하면서 표현하는 분리에 대한 요구에도 적절히 대응하는데, 양육자의 이런 대응을 통해 유아는 과하게 각성하지 않은 채 인내의 창의 가장자리까지 경험할 수 있다. 한편, 유아가 능력을 넘어선 조절 이상을 경험할 때 능숙한 양육자는 상호작용을 통해 유아가 최적의 각성 영역으로 되돌아갈 수 있도록 조절한다(Beebe & Lachmann, 1994; Schore, 1994; Siegel, 1999; Stern, 1998; Tronick, 1998).

애착은 주로 몸에 기반한 욕구로 경험되고 표현되기 때문에 양육자가 감각 운동적인 상호작용을 통해 유아의 몸에 지속적이고 적절한 반응을 보임으로써 형성된다(Krueger, 2002). 양육자의 돌보기 및 감각적 접촉과 유아를 다루는 물리적 특징은 유아의 몸과 마음의 경험과 연결되고, 자기조절의 기초를 형성한다(Krueger, 2002). 좋은 양육자와 유아 사이에서는 이 상호작용이 계속해서 일어나는데(Schore, 1994; Siegel, 1999; Stern, 1985), 이것은 유아의 내면화된 안전감을 확장하고 결과적으로 환경을 조절하고 처리하고 예상하는 능력을 키워 준다.

비온(Bion, 1962)은 유아의 자기조절 능력을 키워 주는 심리적 환경을 주 양육자가 제공하는 것을 설명하기 위해 담아 주기containment라는 개념을 이용했다. 위니콧Winnicott은 그와 비슷한 '품어 주는 환경holding environment'이라는 개념을 통해서 '유아의 정신적 건강'을 키워 주는 일종의 신체적 돌보기와 환경에 관해 설명했다(1990, p. 49). 아이를 담아 주고 수용해 주는 환경을 제공해 줌으로써 어머니는 아이를 문자 그대로 안아 주기도 하고, 또 아이의 생리적·정서적 상태를 인지해 그것들을 효과적으로 처리할 수 있음을 표현하는 뜻으로 안아 주기도 한다. 어머니는 아이의 조절 불능의 상태들을 끝까지 참아 주고 아이 옆에 '머물기도' 한다(Schore, 2003a).

담아 주기는 신체 접촉과 목소리를 통해 어머니가 유아의 몸을 안아 주고 쓰다듬어 주는 것에 의해 이루어진다. 또 이러한 활동을 통해 유아의 신체 감각과 운동 활동에 변화가 생긴다(Brazelton, 1989). 성장하면서 유아는 직접 신체 돌봄을 받는 것

외에 다른 방식으로 안전과 위안을 느끼는 능력을 획득한다. 그 결과로 눈 마주침과 언어 사용은 어머니와의 '틈을 메워 주고', 아이는 어머니를 눈으로 볼 수 있고 위안과 진정을 제공해 주는 존재로 떠올리며 마음을 진정시키는 법을 배운다.

'충분히 좋은' 어머니/양육자(Winnicott, 1945)는 자녀를 정신화(mentalize, 역주: 자신이나 타인의 마음에 초점을 두어 살피는 것)(Fonagy et al., 2002) 시킬 수 있다. 아이가 자기만의 동기와 욕망과 욕구를 가진 분리된 인간으로 보는 양육자는 그 정신화의 능력을 발휘한다. 양육자가 가지고 있는 정신화 능력은 아이가 안전하게 자기감을 발달시키고, 자기 자신과 타인의 동기와 욕망과 욕구를 절충 할 수 있지만 분리된 것으로 이해하게 한다.

정신화를 가능하게 하는 기술 중의 하나는 어머니가 아이의 세계를 인지하여 그것과 동화하고 조율하면서 아이를 분리된 사람으로 인식하는 것이다. 동조하기alignment—한 사람의 상태가 다른 사람의 상태에 공감적으로 맞춰지는 것(Siegel, 1999)—는 언어의 운율, 목소리의 어조와 크기, 접촉, 표현, 속도, 자세 등을 통해 사회적 연결 체계를 증진하는 감각 운동적 사건이다. 어머니가 감각 운동적으로, 그리고 감정적으로 동조함으로써 "아이의 상태를 더 자세히 살핀 후 아이를 차분한 상태로 진정시켰을"(Siegel, 1999, pp. 280-281) 때, 어머니와 아이는 고요함과 이완을 함께 느낀다(Jaffe, Beebe, Feldstein, Crown, & Jasnow, 2001; Schore, 1994; Siegel, 1999; Stern, 1985). 심리치료에서 능숙한 치료자라면 목소리의 어조와 몸의 언어와 정서적 '공명resonance'(Siegel, 1999)과 담아 주기로 내담자에게 동조하기를 해야 한다. 내담자들이 각성을 인내의 창 내부에 유지하도록 도와주어야 한다. 한 내담자가 "내가 그곳에(학대의 기억들이 있는 곳으로) 가도록 당신이 내버려 두지 않으리라는 것을 나는 알아야 해요"라고 말했듯이 말이다.

변화하는 몸과 몸의 대화

신생아는 생후 1~2개월 동안 자신의 감각 운동적 능력들(예: 입으로 소리 내기, 움직임)을 이용해 환경과 소통한다. 하지만 사회적·감정적 능력이 빠르게 발달하면서 2개월이 되었을 때에는 얼굴을 마주 보고 강하면서도 오래 지속하는 눈 마주침을 함으로써 어머니와 상호작용을 할 수 있게 된다(Schore, 2003a). 상호작용적 놀이도 이때 시작되는데, 어머니가 아이의 리듬과 소리내기를 따라 하면서 정교하게 만들어주고 어머니와 유아는 높은 수준의 감정적 · 감각운동적 교감을 하게 된다(Schore, 2003a, p. 75; Trevarthen, 1979). 이 몸과 몸, 뇌와 뇌로 하는 대화, 즉 '정동 동시성'으로 불리는 대화는 '유아의 실제 통합 능력에 맞추어 자극의 양, 가변성, 시작되고 끝나는 시간 지점을 조정함으로써' 어머니가 신생아의 정보처리 과정을 촉진하는 상호작용적 소매틱 교류다(Schore, 2003a, p. 76). 유아의 정서적인 신체 '언어'에 능숙한 양육자가 즐거움을 배가하는 방식으로 반응할 때, 이 비언어적인 소통의 긍정적 경험은 유아의 자기감 및 유아의 미래 소통 수단으로서 소매틱 표현을 발달시킨다. "이러한 발달이 일어날 때 양육자는 아이의 지속적인 발달에 적응해야 한다. 신경체계가 성숙함에 따라 기술들이 늘어나고 아이가 통제 체계를 재조직화하기도 한다. 각각의 단계에서 부모는 새로운 더 적절한 방법을 찾아내야 한다"(Brazelton, 1989, p. 105). 아이의 변화하는 신체적, 감정적 필요를 양육자가 공감적으로 살펴 줄 때 안전한 환경과 아이의 발달 능력 안에서 아이를 자극하고 즐거움과 기술의 습득 모두를 제공하는 경험을 제공하기는 풍부한 환경 모두가 제공될 수 있다(Bradley, 2000; Emade, 1989).

긍정적 정동의 조절

어머니가 유아의 긍정적 · 부정적 정서 상태에 모두 민감하게 반응하는 것은 유아에게 넓은 각성의 변동 범위를 더 잘 조절할 수 있게 해 준다. 충분히 좋은 엄마(Winnicott, 1945)는 아이와 놀 때, 높은 각성 상태를 반복적으로 만들면서 그것을 대인관계의 관계성 및 즐거움과 결합함으로써 아이가 각성의 빠른 변화를 견뎌 낼 수 있는 법을 배우도록 돕는다. "놀이 에피소드를 통한 각인이 일어나는 동안, 어머니와 유아는 교감신경계의 두근거림을 느끼고, 상대방의 미소에 대한 반응으로 부교감신경계의 저각성을 경험하게 된다. 그래서 어머니와 유아의 언어는 이 두 당사자의 자율적이고 불수의적인 신경계가 만들어 내는 신호들로 구성된다"(Schore, 2003a, p. 277). 이 상호작용을 통해 유아는 즐거움과 흥분이라는 자극을 견디는 법을 배우고, '새로운 사회−정서적 그리고 물리적 환경을 알고자 하는 자기 탐험에 대한 긍정적 호기심"(Schore, 2003a, p. 78)을 갖게 된다. 그러므로 "정서 조절이란 단지 강렬한 정서를 축소하거나 부정적 감정을 약화시키는 것만을 의미하는 것은 아니다. 그것은 긍정적 감정을 확대, 강화하는 것이기도 하고, 더 복잡한 자기조직self−organization에 필요한 조건이기도 하다"(Schore, 2003a, p. 78). 인내의 창이 제한되어 있어서 정서를 효과적으로 조절할 수 없을 때, 유아는 기쁜 감각에도 불쾌한 감각에도 내성을 갖지 못할 것이다.

충분히 좋은 양육자들은 어쩔 수 없이 자녀의 요구를 들어 주지 못할 때 나중에 보상해 주는 상호작용을 통해 적절히 대응한다(Tronick, 1989). 예를 들어, 잠잘 시간이 되어 아이의 놀이를 중단시켜야 할 때, 양육자는 아이가 좌절을 감당할 수 있도록 지원해 준다. 넘어져 무릎에 멍이 들었을 때, 양육자는 훌륭한 상호작용을 통해 위로해 준 뒤 놀이에 다시 관심을 두도록 유도한다. 분리를 경험하고 나서 다시 양육자와 재회했을 때, 양육자는 유아가 양쪽 모두에게 '기쁨의 원천'(Bowlby, 1980, p. 40)이 되는 이 경험에 대해서 즉시 아이의 즐거움에 반응해 아이를 격려해 준다. 이와 같은 부정적인 정서와 긍정적인 정서 사이의 전환을 통해 유아는 회복 탄력성을 키우고, 후에 유연성과 적응력도 발달시키게 된다. 쇼어는 "부정적 경험을 한 뒤에 오는 긍정적 정서를 재경험하는 과정을 통해 아이는 부정성을 감당해 내고 극복할 수 있다는 것을 배울 것이다."라고 말했다(2003a, p. 143).

애착 패턴과 몸

아인워스, 벨하, 워터스, 월(Ainsworth, Belhar, waters, & wall, 1978)은 안정 애착secure attachment과 불안정 회피 애착insecure−avoidant attachment과 불안정 양가 애착insecure−ambivalent attachment이라는 아이들이 보이는 세 가지 애착 패턴의 원형을 찾아냈다. 1990년에 메인과 솔로몬(Main & Solomon, 1990)은 와해−혼돈애착disorganized−disoriented attachment이라는 네 번째 패턴을 발견했다. 그 뒤, 대상관계 이론 분야의 연구자들과 저자들은 이 네 가지 패턴이 인간관계를 맺는 상황에서 아이들이 보이는 습관적 조절 경향성에서 어떻게 나타나는지 더욱 정교화했다(Lyons-Ruth & Jacobvitz,

1999; Sroufe, 1997; Van Ijzendoorn, Schuengel, & Barkermans-Kranenburg, 1999). 유아기에 형성된 애착 패턴들은 유아가 아동기와 성인기를 거치는 동안에 비교적 안정적으로 유지되곤 한다(Brennan & Shaver, 1995; Cozolino, 2002; Hazan & Shaver, 1990). 아이의 일차적 애착 패턴은 보통 어머니와의 관계 속에서 형성되고, 그 후에 맺는 관계들로 일반화한다. 그러나 아이가 여러 명의 애착 인물과 서로 다른 애착 패턴을 형성한다면, 일차적 패턴이 아닌 다른 패턴들도 장래에 비슷한 상황이나 관계 속에서 자극을 받아 드러날 수 있다. 이 잠재된 열성의 애착 패턴이 절차적으로 촉발될 때 한 사람과 관련된 특별한 행위 경향성이 생기지만 그것이 모든 관계로 일반화되지는 않는다.

비록 애착을 '현실의 모형을 만들어 내기 위한 인식과 정서에 기반을 둔 정보의 정신적 처리 패턴'(Critenden, 1995, p. 401)으로 설명하기도 하지만, 애착 패턴들은 만성적인 신체 경향성에 의해 고착되기도 한다. 절차적 기억으로 암호화된 이 패턴들은 접근-추구Proximity-seeking와 사회적 연결 행동(미소 짓기, 앞으로 움직이기, 두 팔을 뻗기, 눈 마주침)와 방어 표현(신체적 위축, 긴장 패턴들, 과다 또는 과소 각성)으로 드러난다. 이 패턴들은 행동군을 설명하는 정형(定型)들이고, 이 패턴 속에는 각각 큰 폭의 변화가 있음을 기억하는 것이 중요하다(Bowlby, 1980; Fonagy, 1999b; Main, 1995; Sable, 2000; Slade, 1999).

감각 운동 접근은 특히 유아기에 관찰되는 각 패턴의 신체적 경향성 및 성인 내담자에게 드러나는 애착 패턴의 변형에 관심을 갖는다. 각각의 애착 패턴이 몸 차원에서 내담자들을 독특하게 변화시키며, 이 경향성을 정형화하려는 시도가 일반화에 불과하기는 하지만, 애착 패턴들과 짝을 이룰 수 있는 신체 경향성을 이해하는 일은 치료자가 애착 패턴들에 영향을 미쳐서 애착의 폐해를 개선할 수 있는 신체적 중재를 고안할 수 있게 도움을 준다.

안정 애착

볼비(Bowlby, 1982/1969)는 유아가 생의 첫 해에 기본적으로 해야할 일이 애착 형성이라고 강조했고, 쇼어는 "유아가 감정적 소통을 통해 주 양육자와 맺는 유대"라고 말했다. 이미 살펴보았듯이, 충분히 좋은 어머니는 상호적이고 적응적인 신체 및 언어 소통을 통해 유아와 안정적 애착이라는 임무를 완수한다. 유아는 부모 앞에서 탐험 행동을 하고, 분리 시 부모의 부재를 알아차리는 신호를 보이며, 다시 만났을 때 주저 없이 다가가고, 때때로 신체 접촉을 시도하기도 한다. 안정 애착을 가진 유아는 불편함을 달래 주면 바로 다시 쉽게 탐색 활동을 시작한다. 안정적 애착은 몸과 마음을 모두 조절해야 성취되는 것으로, "트라우마로 생기는 정신질환의 주 방어선을 제공한다(Schore, in press; Ainsworth et al., 1978 참조). 안정 애착을 가진 아이들은 인내의 창이 넓은 편이고, 정신화의 능력이 있고, 사회적 연결 체계를 잘 만들어 내며, 교감신경계와 부교감신경계가 적응적으로 기능한다. 이 특성들 덕분에 그들은 각성을 최적의 영역 내부에 유지할 수 있고, 각성이 최적의 영역을 잠시 벗어났을 때에도 그것을 재빨리 되돌려 놓을 수 있다. 성인이 되었을 때, 그들은 거의 또는 전혀 회피하지 않거나 분노로 저항하지 않으면서 타인에게 다가갈 수 있고, 인간관계에서 겪는 좌절감과 절망감을 견뎌 낼 수 있다(Cassidy & Shaver, 1999). 그들의 신체적 경향성은 앞을 향해 움직이거나 두 손을 뻗거나 접촉을 하려고 노력하는 등 상황에 적절히 통합되고 조절된 접근 움직임을 반영한다. 각성이 인내의 창 밖으로 벗어났을 때, 그들은 동요를 보이지 않은 채 위로 받고 진정되는 방법을 구하고 또 그것을 얻는다. 그리고 스스로 자기조절도 할 수 있다.

안정 애착을 경험한 유아들의 행동에는 움직임과 내적 상태의 일치가 있다. 유아들의 심리적 욕구와 신체적 목적 간의 일치는 조화로운 신체 움직임으로 드러난다. 예컨대, 애착 체계의 각성 시 아이들은 각성을 인내의 창 내부로 돌려놓기 위해 안정을 느낄 수 있는 부모와의 거리를 확보하려고 움직인다. 이런 조화로운 행동 속에서 인지적·감정적·감각 운동적 차원의 정보처리가 조율된다. 이 아이들을 관찰해 보면, 어머니에게 가까이 접근하고자 한다거나 어머니를 떠나 탐험한다거나 놀고 싶어서 하는 등 그들의 의도가 몸의 조화롭고 일치된 움직임 속에서 확연히 감지되고 드러난다. 이 적절한 행동들은 성인들에게서도 볼 수 있다. 안정 애착 패턴을 가진 아이들은 대체로 도움이나 지원을 편하게 구할 뿐 아니라 독립적으로 있는 것도 편하게 느끼는 성인으로 성장한다. 안정 애착을 경험했던 내담자들은 신뢰가 형성되기만 하면 치료자를 안전 기지로 활용할 수 있고, 그들의 외적 신체 움직임은 내적 상태와 조화를 이루면서 반영한다. 그들은 인지적·감정적·감각운동적 행동

차원에서 자신들의 의도와 기분과 욕망을, 심지어 동기까지 분명하고 적절하게 표현할 수 있다.

불안정 애착

두 가지 불안정 애착 패턴, 즉 불안정 회피 패턴과 불안정 양가 패턴에는 확실히 결함이 존재한다. 하지만 그것들은 안정적 애착 패턴과 마찬가지로 비교적 적응적이고 조직화한 패턴으로 여겨지며, 미래의 적응 능력을 예측할 수 있도록 해준다. (Ainsworth et al., 1978; Bowlby, 1920; Main, 1995; Siegel, 1999).

불안정 회피 애착

불안정 회피 유아의 어머니들은 뒤로 물러나거나 심지어 아이를 밀어내면서 유아의 접근 추구 행위를 적극적으로 저지한다(Ainsworth et al., 1978; Schore, 2003a). 이 어머니들은 자신이 원하는 방식이 아니면 대체로 신체 접촉을 싫어하는 것으로 보이고, 유아의 접근에 움찔하거나 몸이나 시선을 피할 수도 있다(Cassidy & Shaver, 1999; Schore, 2003a; Siegel, 1999). 유아는 접근 욕구를 거의 보이지 않음으로써 감정이 담긴 소매틱 소통을 하지 않는 상태에 적응하고, 접촉하려고 다가오는 어른들에게 거의 관심을 보이지 않는다. 회피 패턴의 아이는 접촉이 생겼을 때에도 어머니보다 장난감이나 다른 대상에 집중하면서 접촉을 지속하지 않는다. 여러 연구자(Fox & Card, 1999; Main, 1995)는 어머니에게 무관심한 듯 보일 때조차 유아들의 자율신경계가 각성했으나 이 아이들은 대개 어머니와의 눈 마주침을 회피하고 가시적으로는 분리의 고통을 거의 보이지 않음을 발견했다. 그러다 어머니가 아이를 안으면, 아이는 뒤로 물러나거나 상체를 젖히면서 어머니를 적극적으로 무시하거나 회피하기까지 한다(Main & Morgan, 1996). 대체로 그들은 양육자들에게 가까이 다가가는 접근을 추구하지 않고 감정을 드러내지도 않는다.

불안정 회피 애착 패턴을 가진 아이들은 성인기에도 애착의 중요성을 무시하는 태도를 견지하는 것으로 알려졌다. 그들은 자주 타인과 거리를 두고, 인간관계를 과

소평가하고, 자립적으로 살고, 감정을 냉소적으로 바라본다. 불안정 회피 애착 이력을 가진 내담자들은 스트레스를 받으면 다른 사람들과 어울리기를 멈추면서 감정적 지지를 구하는 일을 피하는 경향이 있다. 그들은 사회적 연결 체계가 제대로 기능하지 않고 내적 상태에 대한 인지도 제한적이기 때문에, 대개 애착 욕구를 최소한으로 줄인다. 상호작용보다 자기조절을 선호하는 이들은 의존을 무섭거나 불쾌한 것으로 알고 애착 욕구를 자극하는 상황을 회피할 수도 있다. 그들의 몸의 경향성은 다양하다. 이들은 근육의 긴장이나 경직을 통해 손을 뻗거나 앞으로 움직이는 것보다 방어 움직임을 더 편안하게 느낌을 보여 줄 수도 있다. 예컨대, 한 성인 내담자는 앞으로 팔을 뻗는 것이 낯설고 불편한 일임을 새롭게 인지하면서 어색하고 뻣뻣하게 그와 같은 동작을 했다. 그러면서 이전에 아무도 반응해 주지 않았기 때문에 접촉을 위해 손을 뻗는 것보다 밀치는 게 더 쉬웠다고 말했다. 이런 내담자들은 누군가 접근했을 때 뒤로 물러나면서 더 단단한 갑옷을 입을 수도 있다. 또 어떤 내담자들은 근육의 긴장도가 낮고 사람들에게 다가가려는 행동이 적다. 근육 긴장의 상태가 복합적인 경우도 많다. 어떤 영역에서는 강한데, 다른 영역에서는 약하다. 다리는 강하고 전체적으로 근육질인데, 팔은 약하고 근육이 거의 없는 것처럼 몸의 특정 부위들은 긴장도가 높은데 다른 부분들은 낮다. 이들은 눈을 거의 마주치지 않고 감정을 표현하지도 않으며 각성의 정도도 대체로 낮은 편이다(Cozolino, 2002, p. 209). 감각 운동 접근에서는 상호조절과 사회적 연결 체계(손 뻗기, 접근 추구, 눈 마주침)를 강화하는 소매틱 중재들을 효과적인 검사법으로 제안한다.

불안정 회피 애착의 이력을 가진 아이들은 양육자에게 접근하고자 하는 욕구와 불안을 참는 것 사이의 균형을 잡아야 하는 복잡한 패턴을 갖고 있다. 이 적응은 후에 내적 욕구들과 외적 행동 사이의 불일치 혹은 단절로 드러날 수도 있다. 이 불일치 패턴은 성인 내담자들에게서도 드러난다. 예컨대, 소파에 앉아 있는 여성 내담자는 불편해 보이는데도, "지금 기분이 어때요?"나 "지금 몸은 어때요?"라는 질문에 미소 지으며 "좋아요."라고 대답할 수도 있다. 그 내담자의 신체 혹은 감정의 불편함과 그녀가 이야기한 심리 상태와의 분리는 내적 심리 상태와 소매틱 상태 간의 불일치 혹은 부조화를 보여 주는데, 당사자는 이러한 자신의 상태를 알아차리지 못하는 경우가 많다. 이 내담자의 치료 과정에서는 내적 상태들을 알아차리고 그 상태에 맞는 신체 움직임들을 연습하는 것이 포함된다.

불안정 양가 애착

불안정 양가 애착 패턴을 발달시킨 유아의 어머니는 모순적이고 즉흥적으로 반응한다. 이런 어머니는 유아를 과하게 자극하거나 유아의 관심을 끌지 못할 것이다. 양육자의 상호작용이 유아의 감정적 욕구나 기분이 아니라 자신의 감정적 욕구에 기반을 두고 있기 때문에 아이가 시선을 피하면서 각성을 낮추고 있을 때조차 아이를 자극하여 각성을 높일 수도 있다. 이처럼 관계에 대한 어머니 자신의 감정적 욕구가 아이의 욕구보다 우선될 때, 어머니는 유아의 각성에 조절 이상 상태를 초래하면서 유아에게 해로운 영향을 미친다. 양육자가 지속해서 도움을 주지 않기 때문에, 즉 어떤 때에는 접근을 허용하고 그렇게 하도록 격려했다가 또 어떤 때에는 그러지 않기 때문에 아이는 소매틱 소통과 정서적 소통에 관한 양육자의 반응을 신뢰할 수 없게 된다(Belsky, Rosenberg, & Crnic, 1995; Carlson, Armstrong, Lowenstein, & Roth, 1998; Main, 1995). 이 불확실성 때문에 아이는 어머니와 분리되었다가 재회하는 과정 내내 조심스럽고, 혼란스럽고, 화나고, 고통스럽고, 걱정에 사로잡히는 것처럼 보이게 된다. 재회 시 아이는 대개 양육자의 존재나 위로에 안정을 되찾지 못하고(Main & Morgan, 1996), 계속 울곤 한다. 특히, 이 유아들은 짜증을 잘 내고, 긴장에서 회복되기 어렵고, 충동 조절을 잘 못 하고, 버림받는 것을 두려워하는 것처럼 보이고, 행동화를 한다(Allen, 2001). 이 유아들이 종잡을 수 없는 부모에게 보이는 모순의 한 예는 분리했다가 재회하는 과정에서 화내고 거부하는 행동과 접촉을 추구하는 행동 사이에서 오락가락하는 것이다. 불안정 양가 패턴을 보이는 아이들은 "강한 표현력과 부정적 기분의 반응과 변화에 대한 느린 적응력과 생물학적 기능 이상이라는 경향성을 내포하는 까다로운 성격을 지닌다"(Schore, 2003a, p. 29).

이렇게 불안정 양가 애착 이력을 보이는 아이들은 성인기에 애착을 집착적으로 추구하는 경향을 보이게 된다. 애착 욕구에 사로잡혀 타인에게 심하게 의존하고, 타인과 가까이 있는 것을 선호하며, 대인관계에 지나치게 매몰되는 경향을 가질 수 있다. 그들은 내면의 고통에 지나치게 열중하고 가끔 광적으로 위안을 추구하기도 한다(Cassidy & Shaver, 1999). 손상된 사회적 연결 체계를 가진 내담자들은 관계 속에서 안정성을 인식하지 못할 수도 있다. (치료자를 포함하여) 애착 대상의 이용가능성에 집착하는 그들은 분리를 예감했을 때 정서적·신체적으로 불안이 증가하고, 근육 긴장이 높아지거나 낮아지는 것을 자주 경험한다. 감각 운동적 접근은 적절한 상호조절 능력, 그라운딩, 경계, 내적 핵심 지원을 강화하는 방법으로 자기조절 능력을 촉진할 것이다(10장 참조).

불안정 양가 애착 형태를 보이는 아이들은 불안정 회피 형태를 보이는 아이들보다 자신의 내적인 상태에 더 적절한 신체 움직임을 하는 것처럼 보일 수도 있지만, 그들의 행동은 대개 조절되지 않는다. 그들은 목적을 달성하려는 것보다 각성한 흥분을 방출하는 것에 초점을 두고 행동할 수도 있다. 예컨대, 애착 체계가 자극되었을 때 양육자를 향해 목적과 방향을 가지고 달려가기보다는 팔과 다리를 마구 움직이면서 미친 듯이 울지도 모른다. 그 움직임은 특정 목적을 성취하기 위한 정돈된 목적 의식적 움직임으로 전환되지 못하는 불안정한 형태의 움직임이 된다. 불안정 양가 애착 이력을 가진 성인 내담자들의 감각운동적 접근에서 치료자는 내담자가 비정상적이고 무지향적으로 행동하기보다 감정적 · 생리적 흥분 상태를 견디면서 사려 깊고 목적의식적으로 행동하도록 도와야 한다.

와해 혼돈 애착

메인과 그녀의 동료들(Main, 1995; Main & Hesse, 1990; Main & Solomon, 1990)은 한 그룹의 어린이들이 어머니와 분리되었다가 재회했을 때 혼란스럽고 모순적으로 어머니에게 반응하는 것을 관찰했다. 그들의 어머니도 '겁 먹게 하는 행동(예: 기분 나쁜 행동. 갑작스러운 움직임, 갑작스러운 침해, 공격적 자세)'을 하거나, '겁 먹은 행동(예: 뒤로 물러남, 과장된 놀람 반응, 유아에 대한 철수 반응, 두려워하는 목소리나 얼굴 표정)'을 하는 것을 관찰했다(Main & Hesse, 1990). 또한, 이 어머니들은 역할 혼란(예: 아이에게서 안도감을 얻으려는)을 보여 줄 수도 있다. 또 혼미한 상태(예: 유아의 울음소리에 대한 반응으로 꿈속을 걷는 표정이나 막연히 헤매는 것과 같은)를 보이거나 침해적 행동(예: 아이의 손목을 잡아당기기, 놀리고 괴롭히기, 장난감을 뺏어 버리기와 같은)을 하거나 철수하기(예: 유아에게 반응하지 않기, 언어적으로 상호작용을 하지 않기, 시선을 회피하기와 같은)를 하기도 한다(Lyons-Ruth, 2001). 이 양육자들은 보상적인 상호작용을 제공하지 않은 채 갑자기 상태를 전환하는 일을 자주 한다. 이 아이들의 양육자들(대체로 어머니들)은 가끔 가학적이거나 태만하거나 혹은 두 가지 모습을 모두 보인다.

이와 같은 양육자는 장기적으로 부정적 영향을 주는 정신적 트라우마를 초래한다. 애착이 약하기 때문에 아이를 해칠 가능성이 있는 가해자로부터 아이를 보호하기 어렵다. ……이 양육자는 가까워질 수 없는 사람으로, 아이가 감정과 긴장을 표현해도 부적절하고 거부하는 반응을 보이고, 여러 형태의 각성 조절 과정에서 최소한으로 또는 예측불가능하게 관여하는 모습을 보인다. 이런 어머니는 자극과 각성을 조절하는 대신에 너무 심하게 학대하거나 아예 무시함으로써 자극과 각성의 극단을 초래한다. 또 보상적인 상호작용을 전혀 제공하지 않기 때문에 유아는 극심한 부정적 감정 상태를 오랜 시간 지속하게 된다(Schore, submitted).

이 미숙한 양육자는 관계의 결함을 알아차리거나 고치려 하지 않기 때문에 유아가 오랜 시간 동안 과각성 혹은 저각성 영역에 있게 된다.

메인과 솔로몬(1986, 1990)은 이런 양육에서 비롯된 애착 패턴을 와해/혼돈으로 불렀고, 이 패턴을 보이는 행위를 일곱 범주로 나눴다.

- 순차적 모순 행동. 예컨대, 접근을 추구한 후에 얼어붙거나 철수하거나 멍한 행동을 함
- 모순 행동을 동시에 함. 즉 접근 추구를 하면서 동시에 회피
- 불완전하거나 중간에 그만두는 행동, 혹은 방향이 없는 행동과 표현. 예컨대, 고통스러워하면서도 애착 인물에게서 멀어지는 것
- 시의적절하지 않거나 정형화되어 있거나 조화롭지 않은 움직임, 그리고 기이하고 변칙적인 행동. 예컨대, 어머니가 있고 비틀거릴 이유가 없는데 비틀거림
- 얼어붙고, 가만히 있고, '물 아래'에 있음을 암시하는 움직임들과 표현들
- 양육자의 불안을 암시하는 자세들. 예컨대 두려워하는 표정이나 구부정한 어깨
- 조직화나 정향의 문제를 보이는 행동. 예컨대, 목적 없이 주변을 배회하기, 불안정한 정동, 멍하고 혼란스런 표현

메인과 솔로몬은 이 유아들은 "동시에 활성화되는 회피 경향성 때문에 접근 움직

임이 지속해서 억제되고 제지당하고 있음을 발견했다. 하지만 대부분의 경우 신체적 거리를 더 좁히기 위해서 접근 추구가 회피보다 '우선시'했다. 그러므로 모순 패턴이 활성화되기는 했지만 상호 억제되지는 않았다"(1986, p. 117).

여러 형태의 부조화 행동이 트라우마화된 성인에게서 관찰되었는데, 특히 과거 관계에서의 트라우마나 치료자와의 관계를 포함한 이전의 혹은 현재의 애착관계를 이야기하는 과정에서 그러한 행동이 두드러졌다. 상담 장면에서 치료자들은 내담자가 접촉과 분명한 관계의 중단에 대해 모순적으로 반응하는 것으로 보일 때 혼란스러워한다. 예를 들어, 리사는 "저를 위해 주는 사람은 아무도 없어요."라고 호소하면서 치료자에게 더 잦은 접촉을 요구했다. 치료자에게 가까이 앉으라고 요구했고, 자신이 울 때 손을 잡아 주기를 바랐고, 주중에 전화를 걸어서 자신의 기분을 물어봐 주기를 원했다. 그런데 막상 치료시간에는 치료자를 외면한 채 마룻바닥과 소파를 바라보면서 계속 앉아 있었다. 또 치료자가 (리사의 요청에 따라) 의자를 움직여 가까이 가면 그녀의 몸은 뻣뻣하게 굳었다. 언어적 소통에서는 접근을 추구하는 모습이 보였지만 신체적 소통에서는 회피의 모습이 보였다. 치료자의 접근에 눈 맞춤도 회피하고 뒤로 물러났다.

이 유아들과 리사와 같은 내담자들에게서 관찰되는 불일치와 모순이 혼재하는 행동은 상반되는 두 가지 심리생리적 체계, 즉 애착과 방어가 동시에 혹은 교대로 자극받아서 생기는 결과로 이해할 수 있다(Liotti, 1999a; Lyons-Ruth & Jacobvitz, 1999; Main & Morgan, 1996; Ogawa, Sroufe, Weinfield, Carlson, & Egeland, 1997; Van der Hart et al., 2004). 유아가 긴장을 느끼면 예상대로 양육자에게 가까이 다가가지만, 양육자가 안락함과 안전을 제공하지 않고 더 고통을 주는 이해할 수 없는 모순적인 상황이 생긴다(Main & Solomon, 1986). 유아는 충분히 다가가지도 못하고, 달아나지도 못하고, 관심을 새로운 곳으로 돌리지도 못할 것이다. 애착 체계가 작동하면 접근-추구 행동들이 활성화된다. 이에 반해 방어 체계가 작동하면 도피나 투쟁, 얼어붙기, 저각성된/거짓 죽음반응들이 활성화된다. 와해혼돈 애착 패턴을 가진 유아는 이 두 상반되는 심리생리적 체계가 교대로 또는 동시에 작동하는 것을 경험하는 것이다.

스틸과 반데르 하트와 니젠휴스(2001)는 이 애착 패러다임이 실제로 '조직화되지 않았다'라는 견해에 의문을 제기했다(Jaffe et al., 2001 참조). 와해혼돈 애착은 겁 먹거나 겁 먹게 하는 양육의 상황에서 방어와 애착 체계가 공존하여 활성화되는 것에서 기인하는 안정되고 타당한 반응이라고 말했다. 사회적 연결 체계와 교감신경계, 미주신경계가 동시에 혹은 교대로 작동되는 것으로 여겨지기 때문이다. 와해혼돈 애착은 어린 시절에 트라우마와 방치 상태에 의해 전략적으로 생긴 당연한 결과물이다. 겁 먹게 하고 겁 먹은 양육의 지속적인 위협은 접근 추구와 방어라는 행위 경향성을 모두 촉발한다. 학대받았던 유아들 가운데 80%가 이 애착 행동을 보이며(Carlson et al., 1998), 이는 통계적으로 유의미한 해리장애(Carlson et al., 1998; Liotti, 1992)와 공격행동(Lyons-Ruth & Jacobvitz, 1999)의 예측변수들이다.

치료자는 이 애착 패턴이 성인에게서 나타나는 관계에서의 경향성의 신체 징후들(발현들)에 주목하고, 그것들을 가지고 직접 작업한다. 예컨대, 케시는 치료자에 대한 심한 불신을 보였다. 그녀는 치료자가 배신할 것이며, 심지어 자신을 공격할 수도 있다고까지 생각했다. 그녀의 몸은 뻣뻣했고, 눈은 치료자의 눈을 똑바로 바라보지 못했다. 그리고 그녀는 거의 움직이지 않았다. 치료자가 움직일 때마다 캐시의 각성은 높아졌다. 하지만 캐시는 치료적 도움을 요청했고, 스스로 원해서 자신의 이야기를 했으며, 상담 회기 중간에 치료자에게 전화하기도 했다. 그녀는 어린 시절에 주 애착 대상에게서 극심한 학대를 받았고, 그 일이 자연스럽게 애착의 교차적 혹은 동시적 작동을 불러일으켰고, 와해혼돈이라는 특징을 갖는 보호적이거나 방어적인 충동들을 불러일으켰다고 했다. 그녀가 겪은 사회적 연결(치료 받기, 자신의 이야기를 치료자에게 말하기, 회기 사이에 접촉하려고 치료자에게 전화하기)과 방어(두려움, 얼어붙은 몸, 저각성과 과각성) 간의 충돌은 어린 시절에 트라우마에서 기인한 초기 애착 장애를 드러낸다. 이 역동을 이해한 치료자는 무엇보다 먼저 상호작용을 더 잘 조절하도록 도움을 줌으로써 캐시의 사회적 연결 능력을 향상시켰다. 또 치료자가 움직일 때마다 캐시가 위협을 느꼈기 때문에 치료자는 캐시로 하여금 각성이 높아질 때를 스스로 알아차려서 치료자에게 움직이지 말 것을 요구하도록 격려했다. 다른 한편으로 치료자는 자신이 움직인다는 것을 미리 알려서 자신의 예기치 않은 움직임에 캐시가 놀라지 않도록 했다. 캐시의 조절 감각과 안전감이 높아지면서 그녀의 각성도 인내의 창 내부에 더 자주 있게 되었다. 그런 뒤 먼저 그 사실에 대해 캐시에게 이야기함으로써 그녀의 두 경향성(방어와 접근 추구)에 대해 직접적으로 작업했다. 캐시는 한 손을 방어 자세로 높이 올리고, 동시에 다른 손으로는 치료자를 향해 뻗었다. 이런 자세로 깊게 심호흡을 하면서 "이것이 바로 그거예요. 내가 관계에서 필요한 건 이 둘 다예요. 접촉도 필요하고, 방어도 필요해요."라고 말했다. 이 치료를 통해서 캐시와 치료자는 접근 추구와 사회 연결 경향성이 (접근 움직임을 해서) 두드러지게 드러날 때와 접근 회피 경향성이(방어 움직임을 해서) 두드러지게 드러날 때가 언제인지 트래킹하고, 상황에 적절한 통합된 행동 선택가능성을 탐구했다.

애착 패턴들과 자기조절

사회적 연결과 교감신경, 등쪽 미주신경의 부교감신경 간의 위계 관계는 초기 어린 시절에 형성되고, 장기적으로 유지되는 각성 경향성들과 스트레스 반응들, 심지어 정신 질환에 관한 취약성을 형성한다(Cozolino, 2002; Lyons-Ruth & Jacobvitz, 1999; Schore, 2001, p. 209; Sroufe, 1997; Van Ijzendoorn et al., 1999). 유아의 정서 조절 구조가 적절한 상호조절을 통해 개발됨에 따라 이 구조들은 외부 조절 의존에서 내부 조절로 옮겨 간다(Schore, 2001). 안정적 애착관계 속에 있는 유아의 경우, 양육자와의 상호작용은 "올바른 두뇌 발달을 촉진하고, 효율적인 정동 조절 능력을 키우며, 환경에 적응적인 정신건강을 증진한다"(Schore, 2001, p. 204). 아직 미성숙한 아이의 두뇌는 자기조절에 지대한 영향을 미치기 때문에 특히 중요한 구조인 안와전두피질의 신경세포들을 '가지 치는' 방식으로 지속해서 자극받는다. 우리는 안와전두피질의 감정적 각성과 자율적 각성을 조절하는 능력에 의존하고 있고(Schore, 1994; Siegel, 1999), 안와전두피질의 발달은 초기 어린 시절의 상호조절에 의존한다. 초기의 사회정서적 맥락은 '사회정서적 정보의 무의식적 처리와 신체 상태의 조절, 감정적 압박감을 이겨 내는 능력, 신체 및 감정 자아를 담당하는' 우뇌의 전두엽에 직접 영향을 미친다(Schore, 2003, pp. 271-272).

쇼어에 의하면, 자기조절은 자율적인 것과 상호적인 두 가지 전략으로 구성되는데 "한 사람의 심리를 통한 독자적인 배경 속에서의 자기조절"과 "두 사람의 심리를 통한 상호관계적인 배경 속에서의 사회관여 체계를 통한 상호조절"이 있다(2001, p. 204). 자기조절과 상호조절 능력을 모두 가진 사람은 스스로 감정적 · 감각 운동적 반응을 관찰하고 잘 설명하며 통합하는 능력이 있고, 또 이와 유사한 목적을 달성하기 위해 인간관계도 이용할 줄 안다. 그 능력들은 초기 애착 역동들에서 발견된다. "초기의 상호적인 경험들은 개인이 위기의 순간에 부딪혔을 때 대인관계 속에서 지지를 얻기 위해 타인에게 다가갈 수 있는지를 결정한다. 다시 말해, 자기조절의 기제가 일시적으로 기능하지 못할 때 친밀한 관계나 심리치료적 관계 속에서 상호조절을 활용할 수 있는지를 결정한다"(Schore, 2001, p. 245).

안정적 애착과 조절

이 네 가지 애착 패턴들은 자기조절 및 자율신경계의 특정한 경향성들을 드러낸다. 안정적 애착의 환경에 있는 아이는 발달 단계에 맞게 자기조절 능력을 정교하게 발달시킨다. 그와 동시에 조절을 위해 필요하다면 다른 사람을 찾을 수도 있고, 인내의 창 내부로 각성을 들어오게 하기 위해 상호조절을 이용하는 데 거의 혹은 전혀 저항을 느끼지 않는다. 안정적 애착 관계 속에서 아이는 안와전두피질 중 조절을 담당하는 부위의 발달을 통해 내면화된 자기조절과 상호조절의 균형을 잡는 법을 배운다. 안와전두피질의 이 조절 영역은 사회적 연결을 지원하고, 교감신경계의 각성과 부교감신경계의 각성 사이의 균형을 맞춘다(Schore, 1994). 이 아이는 안전과 위험, 생명에 위협이 되는 상황들을 적절히 평가할 수 있고, 각성의 세 영역 사이를 적응적으로 오갈 수 있다.

불안정 회피 애착과 조절

불안정 회피 애착 패턴을 가진 아이는 자기조절을 위해 자율 조절과 부교감신경계의 (미주신경의) 우세에 의존할 수 있는데(Cozolino, 2002; Schore, 2003a), 아마도 무기력이라는 극단적인 특성을 가진 낮은 수준의 활동(즉, 보호 및 철수와 같은)과 관련된 미주신경의 상승을 경험할 수 있다(Schore, 2003a). 감정 표현을 줄이는 경향성(Cassidy & Shaver, 1999)과 함께 이 '과잉조절'은 긍정적 정동이나 부정적 정동 모두를 경험하는 능력을 약화하고, 사회감정적 맥락에서 각성의 한계점을 낮추며, 불균형 조절에 어려움(즉, 낮은 각성에서 벗어나는 어려움과 높은 각성을 조절하는 어려움과 같이)을 겪게 한다(Schore, 2003a). 이 아이는 도움을 주는 양육자와의 관계 부재 속에서 사회 관여를 충족시킬 기회를 박탈당하고, 대개는 또 다른 존재에게 의존하지 않는 자율 조절의 경향성들을 더 선호하게 된다. 독서, 백일몽, 환상의 세계를 통해 내면으로 들어가면서 각성을 스스로 조절하는 법을 배울 수도 있다. 일반적으로 순응하는 아이이지만, 또래와의 관계 속에서 좌절감을 표현할 수도 있다. 회피적 애착 행동은 때로 적대성 및 공격성, 행동 문제와 연관된다(Allen, 2001; Crittenden, 1995; Sroufe, 1997; Weinfield, Stroufe, Egeland, & Carlson, 1999). 이와 같은 개인들에게서 대인관계에서 일어나는 갈등들을 해결하는 데 필요한 상호조절과 사회적 연결 능력은 충분히 개발되기 어렵다.

불안정 양가 애착과 조절

다른 한편, 불안정 양가 애착 패턴을 가진 아이들은 각성의 한계점이 낮으면서 동시에 인내의 창 안에 각성을 유지하는 어려움 때문에 교감신경계 우세 경향성을 가지고 있다(Cozolino, 2002; Schore, 2003a). 주 양육자가 일관성 없이 예민하게 반응하면 아이는 돌봄을 구하기 위해 고통을 더 크게 만들고, 관심을 끌기 위해 더 강한 신호를 보내게 된다(Allen, 2001). 이 아이들은 통제되지 않는 과각성 상태를 가지고 있으며, 감정적 반응이 높아져 있고, 스트레스를 조절하는 능력이 없기 때문에 조절되지 않은 혼란에 자신을 노출되게 한다(Schore, 2003a). 자율적인 조절 능력에 문제가 있는 이들은 성인이 되면 분리 상태를 힘들어 한다. 외로움을 견디는 것을 힘들어 하므로 상호 조절에 과도하게 의존하게 되지만 동시에 관계 속에서 쉽게 진정되고 위로 받는 것도 어려워하면서 관계적 접촉에 매달린다. 이들은 관계를 추구하지만, 이전에 주 애착 인물의 침해적 행동에서 기인한 과도한 경계심 때문에 과각성 상태를 지속하는 경향이 있다.

와해 혼돈 애착과 조절

저각성과 과각성은 유아를 두렵게 하거나 스스로 두려워하는 양육자에 대한 유아의 정신생물학적 반응과 관련이 있고, 이런 양육자의 사회적 연결 체계는 상당히 오랜 기간 제대로 기능하지 않는 상태다. 어린 아이들이 보이는 와해 혼돈 애착 패턴은 빠른 심장 박동과 강렬한 경고 반응, 높은 코르티솔의 수치, 짧은 최면상태로 들어가는 멈춤이나 무반응이나 정지와 같이 높아진 미주신경의 긴장을 보이는 행동과 관련이 있다(Schore, 2001). 위협의 초기단계에서 유아들은 놀람 반응을 비롯하여 심장 박동과 호흡 수 및 혈압의 증가와 울음이나 비명을 동반하는 교감신경계의 활성화를 보인다(Schore, submitted). 그러나 교감신경계의 각성이 조절되지 않을 때에는 바로 저각성으로의 전환이 일어날 수도 있다. 몸은 "교감신경계의 어마어마한 활성화를 진정시키는 전략이 실패했을 때 미주신경 복합체와 관련된 죽음을 모방하는, 그리고 신진대사적으로 보호하는 부동의 상태로 갑작스럽고 재빠른 전환"을 겪는다(Porges, 2001a, p. 136).

따라서 교감신경계에 의해 조절되는 반응들은 "상호조절 방식에서 장기적으로 지속하고 덜 복잡한 자기조절 방식"으로 재빠르게 변화한다(Schore, submitted). 신생아에게서 관찰된 저각성 상태들이 지속되는 동안(Bergman, Linley, & Fawcus, 2004; Spitz, 1946), 유아는 상호 조절에 반응을 보이지 않는다(Schore, submitted). 초기 관계적 트라우마는 유아에게 장기간 지속하는 부정적 정서와 심리 상태를 유발하고, 결과적으로 이것은 "미성숙하고 비효율적인 안와전두 체계를 형성시킴으로써 복잡한 형태의 정동 조절이 불가능해진다(Schore, submitted)". 이 부정적 상태들도 아이로 하여금 손상된 사회적 연결 체계를 갖게 한다.

아이들의 불안정/혼란 애착 행동을 유발하는 트라우마 환경들에는 대체적으로 방치와 학대를 모두 포함한다. 방임하는 환경 속에서 사는 아이들은 학대하거나 보호해 주지 않는 어른의 손에 맡겨져 있고, 가해 환경들은 대개 방임을 포함하고 있다. 일반적으로 신체적 또는 감정적, 성적 학대가 만성적으로 자율신경계에 과각성을 일으키거나 저각성과 과각성을 교대로 일으키는 반면에, 방임은 정동의 무미건조한 상태를 야기한다(Gaensbauer & Hiatt, 1984). 그리고 이것은 각성의 감소 및 미주신경의 긴장의 만성적 증가와 관련된 행동 때문에 학대만으로 받는 영향보다 더 큰 부정적 영향을 미친다(Cicchetti & Toth, 1995). 과잉 자극과 부적절한 보상이 트라우마의 불가피한 결과이지만, 부적절한 자극과 불충분한 미러링, 양육자의 불충분한 반응은 방임을 동반한다. 그런 부적절한 자극은 아이가 혼란스러운 상태가 되어 저각성되는 것에 의한 자율조절을 강요함으로써 유아의 생명을 위협할 수 있다(Carlson et al., 1998; Perry et al., 1995; Schore, 2001). 만성적이고 극단적인 저각성 상태에서 아이는 감정을 최소한으로 줄이고, 자세와 근육 긴장들을 상실한 채 또 주변 환경으로부터 분리된 채 지속적으로 보호와 철수 상태로 들어가 버릴 수도 있다. 어린 시절에 만성적으로 트라우마를 겪은 사람들은 손상된 자기조절 능력뿐만 아니라 손상된 사회적 연결 체계와 미발달되거나 비효율적인 상호조절 능력 때문에 어려움을 겪는다. 그들은 더 오랫동안 저각성이나 과각성 영역에 남아 있거나 이 둘 사이를 오르내린다.

감각 운동 치료

치료자에 대한 애착은 "두려움과 근심에 빠졌을 때 피난처를 제공하고, 곤란한 증상들 밑에 숨겨진 의미를 이해하는 정보의 근원을 제공하며, 내적 세계와 외적 환경을 탐색할 수 있는 기지로 기능한다"(Sable, 2000, p. 334). 각각의 애착 패턴들은 내담자와 치료자 모두에게 특별한 도전을 제기한다.

불안정 회피 애착의 치료

앞서 이야기했듯이, 불안정 회피 애착의 이력을 가진 사람들은 성인기에 오면 애착을 무시하는 태도를 보이고, 자기조절의 경향성뿐만 아니라 부교감신경(미주신경)이 우세한 자율신경계의 경향성을 가질 수 있다. 이들을 치료하는 과정에서의 목표는 평소보다 각성의 수준이 높아졌을 때 상호 조절을 장려하고 사회적 상호작용에 참여하는 능력을 키우는 것을 포함한다. 이 내담자들은 걱정에 빠졌을 때 사회적 상호작용을 자주 외면하는데, 대인관계에서의 상호작용으로 각성 상태가 높아졌을 때 그것을 다루는 연습을 함으로써 인내의 창을 넓힐 수 있다. 변화를 위해 너무 몰아붙이면 심리적·신체적 방어 반응을 일으키고, 내담자가 철수하여 치료와 변화의 문이 더 좁아질 가능성이 있기 때문에 이러한 목표에 접근할 때에는 조심스럽게 접근해야 한다. 따라서 내담자의 애착 이력에 대한 심리교육과 동시에 각 애착 패턴의 특징이 어떻게 움직임과 감각으로 경험되는지에 대해 협력적이며 탐색적인 분위기에서 천천히, 협력적으로 치료를 진행해야 한다.

샐리는 해결되지 않은 트라우마를 보이는 무시하는 애착 패턴들과 행동들을 드러냈다. 첫 번째 치료 회기에서 그녀는 파트너와의 '친밀성에 문제'가 있다고 말했다. 그녀는 파트너에게 사랑과 감사함을 느끼지만 관계에서는 늘 먼 느낌이 든다고 했다. 치료자는 샐리의 고민을 들으면서 바로 정서적 '무미건조함'에 주목했다. 그녀의 몸은 구부정했고, 즉흥적인 움직임은 거의 보이지 않았다. 치료자는 샐리에게 파트너를 대신할 쿠션을 하나 선택한 다음, 방 안에 파트너와 함께 있다고 상상하면서 몸의 변화를 관찰하도록 요구했다(불안정 회피 애착 이력을 가진 내담자들과 작업할 때에는 일반적으로 이렇게 시작한다.). 샐리는 아무 것도 느낄 수 없다고 말했다. 이런 사람들에게 흔하게 일어나는 일이다. 치료자는 쿠션을 그녀와 더 가까운 곳으로 옮기면 그녀의 내면에서 어떤 일이 진행되는지 느껴보고 그것을 관찰하라고 말했다. 샐리는 '밀실 공포증' 같은 느낌을 알아챘다. 치료자는 그 '밀실공포증'이 그녀의 몸에 어떻게 나타나는지 알아보라고 요구했다. 샐리는 몸 전체가 조이는 느낌이 든다고 대답했고, 치료자가 쿠션을 가까이 옮겼을 때 자신은 더 작아지고 멀어지는 느낌이 들었다고 말했다. 서너 차례의 상담이 진행되는 동안, 샐리는 몸이 자동으로 수축한다는 것과 파트너가 다가오면 감정이 사라진다는 것을 더 잘 알게 되었다. 샐리와 치료자는 이것을 치료적 관계에서도 탐색했다. 샐리는 치료자가 좀 더 가까이 다가가면 자신이 똑같은 반응을 한다는 것을 발견했다. 샐리는 이것을 '감정들의 마비'이자 신체적 접근이 있을 때 자신의 몸이 느끼지 못하는 것이라고 설명했다. 이 문제를 가지고 작업하면서 치료자는 샐리에게 신체적·감정적 느낌을 느꼈을 때 서로 터놓고 이야기하자고 격려했다. 사회적 연결 체계를 이용하고 인지적·감정적·감각 운동적 차원에서의 처리 과정들을 서로 연결했던 것이다.

또한 샐리는 치료 중에 느끼는 불편함에 주의를 집중하는 법과 치료자가 (몸을 앞으로 기울이면서) 신체적으로 다가오거나 (질문을 통해) 말로/감정적으로 다가올 때 그것을 멈추라고 요구하는 법을 배웠다. 또 내적인 경험을 관찰하고 말하기 위해 시간을 더 달라고 요구하는 법도 배웠다. 상담 회기가 거듭되는 동안, 샐리는 신체적으로 그리고 심리적으로 치료자에게 접근하는 것을 자신이 조절할 수 있다는 사실을 신뢰하게 되었고, 상담을 받는 중에 더 긴 시간 동안 '덜 몽롱한' 상태로 있음을 느끼게 되었다. 샐리는 자신의 몸과 감정을 감지할 수 있게 되었고, 처음으로 관계 속에 있는 것 같다고 말했다. 샐리는 감정적으로 관계를 맺으면서 치료자에게 결과적으로는 그녀의 파트너에게 심리적으로 다가가는 탐험을 하는 동안에 더 편하게 '자신의 몸속에 머물게' 되었다.

불안정 양가 애착의 치료

불안정 양가 애착의 이력을 가진 아이의 상처 또한 친밀해지는 능력과 상호조절을 방해하지만 여기서는 다른 소매틱 기제와 다른 이유가 작용한다. 이 애착 이력을 가진 사람은 양육자가 일관성 없이 호응하고 갑작스럽게 침해했기 때문에, 그리고 자율조절 능력이 발달하지 않아서 '양가적인' 면이 있다. 앞에서 언급했듯이, 이 아이들은 성인기에 애착에 집착하는 성향을 갖게 된다. 이 애착 패턴의 감정적 불안정성과 성급함은 (이것은 불안정 회피 애착 패턴에는 확실히 없는 측면인데) 강렬한 정동과 각성을 '방출'하려는 시도일 수 있는 비정상적인 행동들로 자주 드러난다.

톰은 애착 욕구에 집착하는 태도를 보였고, 아직 해결되지 않은 트라우마가 있음을 보이는 행동들도 하였다. 자신의 감정을 조절하지 못했고, 아내를 불신하는 모습도 보였다. 치료자는 그가 말을 하는 와중에 의자에 가만히 앉아 있지 못하면서 몸을 움직이고 다리를 신경질적으로 까딱거리는 것을 알아차렸다. 톰은 생각 없이 충동적으로 빠르게 말했고 감정적으로도 격앙되어 불안정했다. 여러 차례의 상담 회기를 진행하는 동안, 치료자는 다음과 같이 개입을 했다. 먼저, 톰이 신체적으로 좀 더 안정을 느끼고, 그 결과 감정적으로도 안정되게 도움을 주었고(10장 참조), 둘째, 깨어 있는 의식으로 감정적 · 생리적 활성화로 생긴 신체적 감각들과 압박감을 보게 하는 방식으로 직접 작업했고, 그 각성을 방출하는 것과 관련된 행동들을 그만두도록 격려했다. 셋째, 서서히 몸 전체로 퍼지는 각성의 감각들을 트래킹했다. 그것을 없애기 위해 공격적으로 폭발하거나 지나친 움직임을 동반한 행동을 하기보다는 각성의 감각들이 드러나고 커지고 자연스럽게 방출되는 것을 그대로 허용함으로써(떨기, 흔들림, 온도 변화 등을 통해) 결국에는 평온해지는 것을 경험하게 했다. 톰이 상담을 받으면서 신체적·감정적 불편함을 더 잘 알아차리게 되자 몸의 감각들을 알아차리고, 그라운딩을 하고, 또 감정적 경험을 수용해 진정하는 능력을 향상시키는 데 도움이 되는 신체적 행동들을 연습함으로써 불안을 견디는 방법을 배웠다. 시간이 흐르면서 그는 더 안정되어 생리적인 그리고 감정적인 각성에 관해서 편안하게 느끼면서 동시에 자기 자신과 자신이 맺고 있는 관계의 매우 사적인 부분에 대해서 이야기할 수 있는 자신을 발견했다. 이렇게 함으로써 그는 불편한 감정을 분출하지 않고 치료자와 (그리고 파트너와) 상호작용을 하게 되었다.

미해결된 와해 혼돈 애착 치료

트라우마를 치료하는 상황에서 미해결된 와해 혼돈 애착 패턴은 치료자와 내담자에게 가장 어려운 도전을 제기한다. 치료적 협력관계에서 치료자에 대한 애착이 일어나면 피할 수 없이 내담자의 방어 체계가 가동되며, 반면에 치료자나 내담자에 의한 거리두기가 일어나면 반드시 내담자의 애착 체계가 가동된다. 미해결된 트라우마는 "두 갈래의 마음 사이에서 흐르는 에너지와 정보를 차단하는 결과"를 낳는다(Siegel, 2001, p. 88). 어린 시절의 관계 트라우마로 고통스러워하는 내담자들은 사회적 연결 체계가 손상되어 있기 때문에 치료적 관계를 포함하여 상호조절을 위해 관계를 이용하는 데 큰 어려움을 겪게 된다. 허먼(Hermen,1992)에 따르면, 트라우마화된 사람들은 신뢰 관계를 형성하는 것이 절대적으로 필요하지만, 과거의 트라우마에서 학습한, 그래서 그것과 관련된 두려움과 의심에 포위 당하게 된다. 이 두려움들과 의심들은 내담자가 적절히 관계 지향적 행동들을 수행하는 것을 가로막는다. 치료자는 내담자에게 관계에서의 적절한 상호조절을 제공하고자 하지만 그만큼 대인관계에서의 트라우마의 경험은 내담자가 치료자를 안전하고 믿을 만한 사람으로 경험할 수 없도록 만든다. 헤지스에 따르면, "접촉은 궁극적으로 실행될 수 없는, 그리고 유아기의 돌연한 배신을 [내담자에게] 상기시키는 사랑과 안전, 위로에 대한 약속을 기대하도록 하기 때문에 그 자체로 두려운 요소다"(1997, p. 114). 치료에서의 주요 과제들 중 하나는 내담자들이 '치료자에게 애착하는 것에 대한 공포'를 극복하게 도움으로써 사회 연결 체계를 강화하는 것이다(Steele et al., 2005b, p. 26).

이 과제를 유념하면서 치료자는 유아에게 잘 조율하는 양육자와 같이, 상담 동안 내담자가 다루는 정보의 양을 통합 능력이 감당할 수 있는 만큼으로 제한함으로써 내담자를 인내의 창 안에 머물도록 돕는다. 심리생리학적 상호 조절을 통해 아이를 관찰하고 품어 주는 충분히 좋은 어머니처럼, 감각 운동적 심리치료의 치료자는 내담자의 말이나 감정이 내포하는 몸과 마음의 경험과 연결된 미묘한 움직임들과 소매틱 '표현들'을 관찰하거나 '트래킹'한다. 이러한 움직임과 표현들에는 내담자의 말과 감정이 동반되고 몸과 마음의 경험을 연결해서 내담자가 과각성을 조절하고 저각성의 멍한 느낌에 대처할 수 있도록 해 준다. 내담자를 규정하는 비언어적인 신체 단서들의 중요성을 이해하는 치료자는 말의 속도와 억양과 크기를 비롯하여 몸의 자세와 움직임, 내담자와의 거리에 변화를 주면서, 그리고 동시성이 끊기는 상태와 동시성이 회복된 상태를 세밀히 트래킹하면서 여러 실험을 한다. 치료자들은 내담자의 각성이 인내의 창 안에 있게 하기 위해 이 상태가 깨졌을 때 상호작용을 통해 복구하는 기법을 지속적으로 사용할 수 있어야 한다.

내담자들이 강력한 부정적 정서를 조절하려고 하면 긍정적 정서 상태들을 인식하고 경험하는 그들의 능력이 불가피하게 손상된다. 트라우마화된 내담자들은 대부분 생활 속에서 기쁨과 즐거움을 느낄 수 있는 능력이 부족하다. 이 내담자들은 부정적 정동에 압도되고 트라우마를 상기시키는 것에 자극을 받기 때문에 자신들이 즐거운 경험을 인식하는 능력에서조차 문제가 있다는 것을 발견한다. 게다가 긍정적 정서 상태도 어린 시절에 트라우마적 환경에서 느꼈던 위험과 연관하게 된다. 다시 말해, 성취에서 느끼는 자부심은 창피한 일이었고 웃음은 처벌의 대상이었으며 이완은 부당한 착취로 이어지는 기민함의 상실로 여겨졌을지도 모른다. 치료자는 호기심과 탐험, 유머, 자율권, 놀이를 쉽게 경험하도록 해 줌으로써 긍정적 정동을 느끼는 것에 대한 내담자의 공포증에 대해 부드럽게 도전적 과제들을 제시할 수 있다(12장 참조).

치료자가 제공하는 긍정적 정서와 부정적 정서에 관한 사려 깊은 상호작용적 조절의 도움을 받음으로써 내담자의 사회적 연결 체계는 가동되고 발달한다. 사회적 연결 체계와 애착 체계를 활용할 수 있게 되면 신경계가 과각성되거나 저각성되었을 때 적절하게 복구하는 능력이 촉진된다. 이렇게 되면 내담자들은 감정적 · 인지적 · 감각 운동적 반응들을 관찰해 트래킹할 수 있는 자율 조절 능력을 습득한다. 역설적이게도, 내담자의 조절 이상적인 각성을 상호작용을 통해 조절할 수 있는 치료자의 능력은 내담자가 관계적 상호작용 없이도 각성을 조절하는 자신의 능력에 접근할 수 있는 환경을 만들어 낸다. 쇼어(2003b)가 설명했듯이, "치료 과정에서 심리생물학적 조절자로서 그리고 '감정의 상호조절에 같이했던 사람(Sroufe, 1997)'으로서 치료자의 역할은 성찰하는 능력과 '노력을 통해 얻은 안전한' 애착이 생기도록 촉진할 수 있다"(p. 102). 특히, 치료 시간에 강렬한 정동이 일어났을 때와 투사적 동일시가 일어났을 때에는 특히 그러하다. 또한 치료자는 내담자의 애착과 방어 체계가 치료적 관계 안에서 자극받게 것임을 알고 있으며 이 두 체계를 시사하는 행동들을 트래킹한다.

결혼생활의 어려움으로 감각 운동 심리치료를 받으러 온 루이스와 프랭크는 어려움의 원인을 루이스가 다섯 살에서 여덟 살까지 받았던 성적 학대의 상처가 재발된 것이라고 말했다. 그들은 1년 간 성관계를 갖지 않았는데, 프랭크는 루이스의 행동을 "예측할 수 없다."라고 호소했다. 루이스가 가까이 다가오도록 청해 놓고 갑자기 그리고 예상치 못하게 몸을 빼내는 일이 너무 고통스럽다고 했다. 루이스의 행동들은 애착과 방어 체계의 순차적인 각성을 보이는 행동들이었다. 루이스는 대체로 순응적이고 각성 수준을 조절할 수 있는 것처럼 보이기는 했지만 성문제는 자율신경계의 각성과 감정 기복을 촉발했으며, 이에 대해서 루이스는 자기조절 능력이 거의 없었다. 와해 혼돈 애착을 나타내는 갈등적인 행위 경향성을 보이는 루이스는 남편과의 친밀감을 위해서 애착과 관련된 접근 추구 행동(부드럽게 개방된 초대하기가 분명한 얼굴 표정, 프랭크와 눈 마주침, 가벼운 미소, 프랭크를 향한 열린 태도와 움직임)을 했지만, 그리고 나서 갑자기 두 가지의 방어적 반응을 느꼈다. 심장 박동이 빨라졌고, 몸의 긴장도가 특히 다리에서 상승했다. 루이스는 이것에서 '도망가기'를 원했고, 뿐만 아니라 '멍한 상태로' 텅 빈 눈 마주침을 주고 받기에 흥미를 잃었다는 것을 의미하는 것이라고 설명했다.

남성 치료자는 루이스의 사회적 연결 체계를 일깨우면서 루이스가 자신의 애착과 방어의 신체적 경향성과 극단적인 자율신경계의 각성을 알아차리도록 했다. 그리고 각성이 높아졌을 때 그것이 인내의 창 안으로 들어올 때까지 잠시 멈춰 있으라고 했다. 그 신체적 경향성들에 호기심을 갖게 된 루이스는 자신의 방어 반응이 남편에게 가까이 가고 싶어 하는 욕구를 압도할 때 그것을 알아차리는 법을 배웠다. 치료자는 루이스가 치료시간과 집에서 프랭크와 함께 있을 때 모두 이용할 수 있는 몇 가지 전략을 생각해 보도록 도왔다. 초기 치료에서의 개입은 루이스가 통제하고 선택하는 경험을 할 수 있는 것에 집중되었다. 치료자는 루이스가 (성적 주제를 포함하여) 어떤 주제이든 방어 체계를 가동시키는 주제가 나오면 그것을 중단시키라고 말했다. 일단 자신에게 통제권이 있다는 사실을 깨닫자, 루이스는 더 이상 '철수'하거나 '도망' 갈 필요가 없다는 것을 느꼈다. 그리고 자율신경계의 각성이 안정화되기 시작하자 사회적 관계를 맺을 수 있음을 알게 되었다. 압도적이고 요동쳤던 몸의 감각들이 줄어들고, 마비의 느낌도 덜하다고 말했다. 그녀는 문자 그대로 자신의 두 발이 땅에 닿는 것을 느낄 수 있었다.

치료자는 그녀를 흥분시키는 다른 자극들을 알아차리도록 루이스를 독려했고, 그 자극들에 대한 신체적 반응들도 알아차리게 했다. 루이스는 두 명의 남자들, 즉 남편, 치료자와 같이 있을 때 자신이 겁을 먹는다고 말하면서 목이 뻣뻣하게 굳으면서 느껴지는 두려움과 몸 전체의 떨림과 다리의 긴장감이 서로 연관성이 있음을 보여 주었다. 그래서 루이스와 프랭크와 치료자는 루이스가 문 쪽으로 의자를 더 움직일 수 있게 했고 문도 살짝 열어놓을 수 있게 했다. 치료자는 루이스에게 감정이 더 자극받아 두려움이 훨씬 더 커지면 방을 떠날 수도 있음을 알려 주었다. 문 쪽에 가깝게 앉자, 루이스의 몸은 서서히 떨림을 멈췄고 뻣뻣했던 목도 풀어지기 시작했다.

첫 상담에서 루이스는 계속 약간의 불편함을 느꼈고 완전히 진정되지 못했다. 세 번째 회기에서 치료자의 개입은 효과를 보였다. 그때 루이스는 상반신과 성기를 가리기 위해 쿠션을 안고 있었는데, 그것 때문에 루이스는 더 이완할 수 있었다. 치료자는 자율신경계의 각성이나 방어 전략들이 느껴지면 쿠션을 이용하라고, 그렇게 하면 신체적 경험들을 더 쉽고 세밀히 알게 될 것이라고 루이스에게 말했다. 이 중재를 통해 루이스는 치료를 받는 것에 자신감을 더 갖게 되었고, 자기조절을 할 수 있게 되었다. 쿠션을 이용하면서 루이스는 신체적으로 다시 안정되는 느낌과 사회적 연결의 능력이 더 강해지는 것을 느꼈다.

루이스는 자신의 방어 경향성을 이해하고 생리적 각성을 진정시키는 소매틱 전략들을 배움으로써 치료자 및 그와의 치료 과정을 신뢰하게 되었다. 치료자와의 사회적 연결 및 상호조절을 통해 루이스가 그 전략들을 사용함으로써 상담을 받는 동안 루이스의 자기조절 능력은 향상되었다. 루이스는 내적인 경험들을 치료자에게 전달할 수 있는 적합한 단어들을 찾을 수 있으며, 치료자와의 작업을 좋아한다고 말했다. 첫 상담을 통해 그들은 치료적 협력 관계를 형성하게 되었다. 또한 치료자와 루이스는 집에서 할 숙제에 대해 의논했는데, 그 숙제는 자신의 요구 사항들을 말로 표현하거나 남편과 신체적으로 가까이 있을 때 쿠션을 안고 있는 것 등과 같이 루이스가 자신의 방어 경향성들을 알아채고 의식적으로 적절한 행동을 할 수 있도록 도움을 주는 것이었다. 이 방법을 통해 루이스는 신체적으로 각성하거나 방어하지 않고 남편과의 접촉을 늘릴 수 있었다.

치료 후반부에는 루이스와 프랭크가 신체적 접촉과 성적 접촉을 시도해 보는 것으로 진행되었다. 치료자는 그 부부에게 (성적 느낌이 없이) 신체 접촉을 시도하는 상상을 해 보도록 했다. 치료를 시작하기 전, 루이스는 프랭크가 허락 없이 자신을 만지는 것을 상상할 때마다 깜짝 놀라는 반응을 보였다. 잠자는 동안에 접촉해서는 안 되고, 집 주변에서의 가벼운 접촉만 가능했다. 이 쟁점을 가지고 천천히 작업이 시작되었다. 치료자는 부부에게 신체적이고 감각적이지만 성적이지 않은 접촉을 시도해 볼 만한 장소를 생각해 보라고 요청했다. 프랭크가 침실이라고 말하자, 루이스는 몸을 긴장시키면서 뒤로 뺐다. 루이스가 '얼어붙은' 다음에 '정지하는' 상태라고 불렀던 반응을 촉발한 것이다. 루이스의 반응을 보고 프랭크는 실망했지만 그래도 그들은 다른 가능성들을 찾아보았다. 프랭크가 긴 소파는 어떤지 물어보았다. 루이스는 몸이 본능적으로 다시 긴장하는 것을 알아챘다. 결국, 루이스가 공원처럼 공공 장소가 좋을 것 같다고 제안했다. 루이스는 공공 장소에서 둘이 있는 그림을 마음속으로 그렸을 때 '참 좋을' 것 같다고 느꼈고, 이내 다른 생각으로 이어졌다. "우리가 공원에서 다른 무언가를 보고 있는 건 어떨까요? 예를 들어, 게임이나 다른 거요. 그러다 손을 잡게 되고 서로 (성적 느낌 없이) 만지게 되고요." 눈을 감은 채 그 상호작용을 상상하던 루이스는 자신의 몸이 이완되는 것을 발견했다. 프랭크는 실망했지만, 그것을 시도해 보는 것에 동의했다.

그 다음 주에 루이스는 기분이 좋았다. 그녀는 방어 경향성들을 일깨우지 않는 방식으로 그 '감각적' 실습을 하게 되었고, 그 결과 인내의 창 안에서 각성 상태를 유지할 수 있었다고 보고했다. 루이스와 프랭크는 공원에 가 아이들이 놀고 있는 것을 구경하면서 손을 잡고 포옹하고 가끔 키스도 하면서 신체적으로 가까워졌다. 치료자는 루이스에게 실제로 즐거움을 느꼈는지 물었다. 첫 주에 루이스가 했던 대답은 "아니요."였기에 치료자는 루이스에게 접촉을 더 자주 해 보라고 권했다. 여러 주가 지나자, 루이스는 점점 더 신체적 접촉을 잘 조절하게 되었고 서서히 그것에서 즐거움을 느끼기 시작했다. 시간이 흐르면서 그리고 (프랭크와의 대화를 통해) 상호작용과 자율조절 능력이 향상되면서 루이스는 자율신경계의 각성을 인내의 창 안에 유지할 수 있었고, 프랭크와 가까이 있는 것에 대해 더 신뢰하게 되고 더 큰 즐거움을 느끼게 되었다. 전략과 경계의 구조는 루이스가 애착감을 발달시키고 각성을 조절하는 능력을 갖추는 데 꼭 필요한 요소들이었다.

결론

각성을 조절하고 건강하고 적응적인 관계를 발달시키는 능력이 초기 애착의 경험과 사회적 연결 경험에 의존하는 복잡한 정신적·신체적 능력을 요구하기 때문에 방임과 학대와 애착 실패의 경험을 가진 내담자들은 흔히 관계에서 어려움을 갖는다. 특히, 트라우마를 상기시키는 것을 갑자기 만났을 때 어려움을 겪는다. 관계 속에서 트라우마와 관련된 관계적 자극 요인에 의한 자율신경계의 조절 이상은 과민 반응이나 투쟁, 도망, 얼어붙음, 굴복 반응과 같이 초기 경험과 관련되어 강렬한 과각성 및 저각성의 반응과 고정된 행위 경향성을 불러일으킨다. 과거의 절차적 생존관련 학습이 현재의 자각을 빼앗을 때 이들 자신과 타인의 반응을 잘 못 해석하게 된다. 교감신경과 등쪽 미주신경 반응이 배쪽 미주신경 반응을 압도할 때 사회적 관계는 어려움을 겪게 된다. 치료 과정에서 감각 운동적 치료의 개입은 습관적으로 하는 행위 경향성들을 다루면서 필요한 능력을 발달시키도록 실습시킨다. 치료자가 내담자와 조화롭고 협력적인 '두 사람 사이의 관계 춤'을 추기 시작할 때, 상호작용적이고 심리생물학적인 조절의 경험을 통해 개인은 양극단을 오락가락하지 않은 채 각성을 조절하게 되고, 기쁨과 평온의 상태에 이르게 된다. 치료자와 적절한 사회적 연결을 하는 환경에서 새로운 행동들을 실습하는 것은 관계를 더 적절히 맺을 수 있는 능력과 상호관계를 조절하는 능력, 자기조절 능력을 발달시킨다. 루이스의 사례에서처럼 이전에 두렵거나 낯설던 행동을 성공적으로 실행함으로써 조절 능력을 갖추게 된다. 결론적으로 말하자면, 내담자가 애착 체계와 사회적 연결 체계에 더 쉽게 접근하게 되면 정향 체계와 방어 체계에서 변화가 일어나기 시작한다.

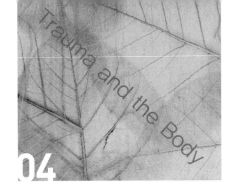

정향 반응:
의식의 범위를 좁히기

최초의 트라우마 사건이 종료되고 오랜 시간이 흐른 후, 많은 사람이 어찌할 수 없이 최초의 트라우마 경험이나 상황, 직간접적으로 유사한 자극들을 예상하고 정향하고 반응하는 자신을 발견한다. 이들은 무의식적이며 반사적으로 트라우마를 상기시키는 것에 의식의 범위를 제한시킴으로써 안전함을 보여 주는 단서를 알아보지 못하고 내면의 위협감을 유지한다. 그렇지 않으면, 즐겁거나 위험하다는 신호를 알려 주는 단서에 정향하는 선천적인 능력에 문제를 일으키는 저각성과 관련된 기능 저하에 익숙해질 수도 있다. 즉, 감정이나 몸의 감각을 감지하지 못하고 위협적인 자극들을 알아차리지 못하는 '정지 상태'를 경험할 수 있다(그리고 이것은 이들을 다시 희생자로 만들 가능성이 높다.). 정향Orienting이라는 행위가 '인간의 학습과 인지 기능에 필수적인 것'이기 때문에 트라우마와 관련된 부적응적 정향의 경향성들을 변화시키는 것은 성공적인 치료에 반드시 필요한 일이다(Kimmel, Van Olst, & Orlebeke, 1979, p. xi).

내·외적 자극에 대한 신체와 심리적 반응들은 정향 반응들을 근거로 추정된다. 관심을 돌리거나 정향을 하는 것은 신체 행위뿐 아니라 정신 행위까지도 결정한다.

우리는 깨어 있을 때나 잠자는 동안에도 늘 정향을 준비하고 있고(Sokolov, Spinks, Naatanen, & Heikki, 2002), 이 준비는 신체적이기도 하고 심리적이기도 하다. 정향의 구성 요소들은 정향 대상을 향해서 머리를 돌리는 것과 감각기관을 집중시키는 것을 포함한다. 거기다 "지각력의 상승과 운동의 준비, 적절한 감각 운동적 방향 전환"이 일어나고, "이 변화들의 특성은 미래의 준비 사건들이나 행위, 정보처리를 어떻게 예상하는지와 관련이 있다"(Sokolov et al., 2002, p. 239). 그러므로 정향의 지속적 준비와 행위는 정보처리의 기본이다. 정향은 우리의 행동을 이끌어 내는 감각적 · 감정적 · 인지적 정보처리 체계가 받아들이는 데이터의 특징과 종류, 질을 결정한다(Kimmel et al., 1979; Sokolov et al., 2002).

정향은 시기와 대상에 상관없이 주목하거나 가장 흥미로운 것에 관심을 돌리는 일을 수반한다. 어떤 외부 자극이 (예: 아름다운 그림이나 스릴 있는 소설처럼) 호감이 가거나 (예: 위협적인 자극처럼) 관심을 잡아끌 때, 우리는 그 자극에 정향을 하거나 감각적 '레이더'를 돌린다. 또 감정이나 신체 감각들처럼 관심을 강하게 끄는 내적인 사건을 향해서도 정향을 한다.

정향은 중요한 자극에 대한 정보를 수집하는 첫 번째 단계다. 소콜로프SoKolov 등에 따르면, 정향은 "정보처리 기능을 향상시켜서 환경적 [그리고 내적] 자극들을 효과적으로 분석할 수 있게 한다는 점에서 기능적으로 가치가 있다. ……특히, 그 효과적인 분석은 특이하거나 새로운 자극을…… 받았거나 중요한…… 자극을…… 받았던…… 유기체에게 정보를 전달할 가능성이 높은 순간에 일어난다"(2002, p. 218). 이렇게 정향을 통해 사람은 잠재적으로 생존과 관련된 내외적 단서를 알아차리고, 더 나아가 단서들을 중립적인 것이나 이익이 되는 것, 위험한 것으로 평가할 준비를 한다.

외현적 정향과 내현적 정향

정향은 외현적 수준과 내현적 수준에서 모두 일어난다. 외현적 정향은 환경 자극을 향해 감각 기관들을, 특히 눈을 돌리고, 어떤 경우에는 머리와 몸도 함께 돌리는 가시적인 신체 행동을 포함한다. 이런 식의 정향은 매우 자동적인 것으로, 의식적 각성없이 예상하지 못한 새로운 자극들을 향해 반사적으로 일어난다(Fisher et al., 1991; Levine, 2004; Sereno, 2005). 그러나 성장 과정에서 피질이 발달할 때, 적극적이고 전략 중심적인 과정에서 외현적 정향도 특정 대상들을 임의로 고르는 하향식 요소들로 구성된다. 이에 비해, 내현적 정향은 근육의 변화를 필요로 하지 않는다. 그 대신, 하나의 환경 자극에서 또 다른 자극을 향해 이동하는 '내적' 혹은 '정신적' 관심의 변화는 관찰자가 보지 못하는 내적 정향을 보여 준다(Posner, Walker, Friedrich, & Rafal, 1984).

이러한 두 가지의 정향 형태는 서로 밀접히 관련되어 있다. 환경의 갑작스런 변화는 일반적으로 외현적 정향(식별 가능한)과 내현적 정향(식별 불가능한) 모두를 동시에 유도할 것이다. 외형적 정향의 초기 반응은 내적 관심을 대상에 초점을 맞출 때 종종 내현적 정향의 가시적 행동 변화가 멈출지 모른다(Sereno, 2005). 한편, 외현적 정향과 내현적 정향은 독립적으로 가동되기도 한다. 예컨대, 우리는 내부의 무언가에 집중적으로 관심을 두면서 동시에 외부의 대상을 봄으로써 외현적으로 정향할 수 있다.

트라우마 관련 장애를 가진 사람들은 외현적 정향과 내현적 정향이 동시에 가동되기 때문에 자주 괴로움을 겪는다. 그들은 트라우마와 관련된 내적 자극들, 즉 빠른 심장 박동이나 침습적 이미지, 부적응과 실패에 대한 생각에 내현적 정향을 하면서 일상의 자극들에 대해 외현적으로 정향할 수도 있다. 예컨대, 자동차 사고를 당한 후 메리는 외부 대상을 향해 정향을 하는 것처럼 보였다. 하지만 내적으로는 사고의 기억들과 떨림이라는 내적 감각들을 향해 불가항력적으로 정향할 수밖에 없었다.

다른 정향 행동은 몸의 다른 반응들로 드러난다. 치료자는 내담자의 근육에서 드러나는 가시적 변화들을 통해, 특히 눈과 얼굴, 목의 움직임을 통해 외현적 정향을 트래킹할 수 있다(Levine, 1997). 외현적 정향 변화는 내담자가 머리나 눈을 치료자나 치료실 안에 있는 다른 대상을 향해 돌릴 때 감지된다. 외현적 정향은 미세하게 변하는 얼굴 표정이나 머리의 각도처럼 더 미세한 신체 변화들로 드러난다. 이러한 순간순간의 변화는 감각운동적 심리치료에서 매우 중요한데, 정향의 변화가 서로 다른 감각운동적 후유증과 내담자가 경험을 구조화하면서 수정했던 것을 자주 암시하기 때문이다. 트라우마화된 내담자들이 눈앞의 정보를 처리할 수 있는 내적인 능력의 변화가 너무 갑작스럽고 극적이어서 그 전조들―외현적 정향과 내현적 정향―을 관찰하는 일은 효과적인 개입을 실행하는 데 필수적이다.

예를 들어, 치료시간에 탈리아는 대인 관계에서의 갈등에 대해서 이야기하면서 치료자에게 계속 시선을 집중했지만, 대화를 이해하지 못하는 자신을 발견하고서 치료자의 질문에 바로 답하지 못했다. 외현적 정향에 변화가 없었지만, 탈리아는 과거의 트라우마와 관련된 생각들에 은밀히 정향하고 있었다. 치료자가 탈리아에게 내적으로 무엇에 정향했는지 물었을 때, 탈리아는 주요하게 세 가지를 말했다. 학대하던 아버지의 이미지와 목이 뻣뻣해서 움직이지 않는 것, 심장 박동 수가 증가하면서 위험이 임박하고 있다는 느낌이었다. 치료자는 탈리아에게 주변을 둘러보면서 다양한 대상을 향해 정향한 다음 다시 자신의 얼굴에 정향해 보라고 요구했다. 이 움직임의 변화는 단순한 것이기는 했지만 탈리아의 외현적 정향에 유연성을 줌으로써 고정되어 움직이지 않았던 목을 움직이게 했다. 그 뒤 탈리아는 아버지의 이미지와 더불어 치료자를 이제 '볼' 수 있게 되었으며, 그 결과 심장 박동이 느려지고 두려움도 사라졌다고 보고했다.

의식의 영역

현실의 실제 상황에 적응적인 방식으로 정향할 수 있는 능력은 정보처리 과정과 외부의 새로운 데이터를 통합하는 일에 결정적이다. 의식의 영역을 좁혀서 제한적 영역의 자극에 한정적으로 정향하는 것이 가장 적응적일 때도 있지만, 반면에 의식의 영역을 확장함으로써 더 넓은 영역의 자극들을 향해 정향하는 것이 가장 적응적일 때도 있다. 의식의 이 영역은 알아차림에 포함되거나 제외된, 내외적으로 지각되는 자극들의 양과 관련이 있다(Steele, Dorahy, Van der Hart, & Nijenhuis, in press; Van der Hart et al., 2004). 그 영역의 범위는 우리의 마음 상태에 따라 다양하므로 우리가 아무 때나 정향하는 것에는 제한이 있다(Janet, 1907). 우리는 한정된 자극에 정향함으로써 의식의 영역을 (좁혀) 자연스럽게 철수시킨다.

우리는 다 처리할 수 없을 정도로 엄청나게 많은 양의 정보에 늘 노출되어 있다. 우리와 무관하거나 중요하지 않은 정보를 걸러 낼 수 없다면, 우리는 순간순간 감각

기관 속으로 폭주하는 정보에 쉽게 압도되었을 것이다. 관련된 단서들을 선택해서 의식의 영역을 좁히는 일은 목적을 가진 정향적 행동을 조직할 때 기본적으로 해야 할 일이다. 효과적으로 관심을 기울이는 것을 선택하지 못한 채 하나의 자극에서 다른 자극으로 옮겨 다닐 수도 있다. 다른 한편, 너무 많은 정보를 걸러 내거나 특정한 자극에 강박적으로 집중하면 관련 있는 자극들을 걸러 내버려 중요한 정보에 반응하지 못할 수도 있다.

트라우마화된 사람들은 대체로 중요하지 않은 단서들과 중요한 정보들을 추려 내는 일을 어려워한다(McFarlane et al., 1993; Van der Kolk et al., 1996, p. 14). 관련된 단서들을 선택해 정향하는 능력을 저하시키는 저각성 상태와 그와 유사한 감각의 둔화 때문에 그들의 선택 과정은 편향될 수도 있다. 그렇지 않으면 위험에 대한 감각 느낌felt sense과 그에 동반하는 과각성 때문에 트라우마 관련 자극들에 과도하게 정향함으로써 주변에 대한 새로운 정보는 배경적 정보로 격하될지도 모른다. 트라우마화된 사람들은 가끔 현재 상황이 잠재적인 위협 상황임을 알려 주는 단서들에 제대로 정향하지 못한다. 어린 시절, 근친 성폭력이라는 학대를 겪었던 홀리는 자정에서 새벽 5시까지 잠을 거의 자지 못했다. 침대에 누운 채 위험 가능성이 있는 모든 소리에 정향하면서 깨어 있었다. 그렇게 잠들지 못하고 누워 있는 것에 진저리가 나는 밤에는 감끔 잠재적 위험에 대한 고려 없이 주변 대상에 외현적 정향을 거의 하지 않은 채 조깅을 하러 나가곤 했다.

트라우마화된 사람들이 의식의 영역을 부적응적인 방식으로 한정 짓는 경향성은 적절한 정보처리와 그 결과로 일어나는 행동을 심하게 저해한다(Levine, 1997). 결과적으로, 일상의 평범한 즐거움은 걸러져 버리고 트라우마 도식에 맞는 자극들만 눈에 띄게 될 것이다(Van der Kolk et al., 1996).

내담자들이 이전에 제외된 자극들을 포함시키기 위해 외현적 정향과 내현적 정향을 알아차리고 변화시키도록 돕는 일은 내담자들로 하여금 무관하거나 다시 트라우마를 주는 자극들을 걸러 내게 하고, 동시에 현재의 경험을 변화시키고 더 적응적인 결과가 나올 수 있도록 행동하게 한다. 우리는 내담자들이 토론이 아니라 감각운동적 수준에서 정향하는 과정으로 바꾸는 실습을 하도록 도와줌으로써 정향의 잠재적인 변화가 더 쉽게 개발될 수 있다고 생각한다. 예컨대, 탈리아는 트라우마를 상기시키는 것 때문에 어떤 충동이 일어났을 때 먼저 주변을 둘러본 다음에 주변의 다른 대상들을 향해 정향하는 방법을 배웠다. 이것은 탈리아로 하여금 지금 여기에 정향함으로써 그녀의 각성을 인내의 창 안으로 되돌리는 간단한 신체 실습이다.

정향 반사 반응

새롭거나 예상하지 못한 자극은 생존을 보장하는 외현적 정향 반응을 일으킨다. 다시 말해, 어떤 환경적 변화는 위험의 조짐이나 음식이 주어짐을 알려 주는 것일 수도 있다. 1910년에 파블로프Pavlov는 새롭거나 예상하지 못한 자극에 대한 자동 반응을 '정향 반사 반응'이라고 처음으로 설명하면서 그것을 "인간과 동물이 주변 세계의 미세한 변화에 보이는 즉각적인 반응"으로 정의했다(Pavlov, 1927; Van Olst, 1971, p. 5에서 인용). 갑자기 환경이 변화했을 때, 내면에서 일어나는 일련의 일들은 우리로 하여금 "변화를 가져오는 물질 자극의 지각적 질에 따라 적절한 수용체로 정향하게 되고, 자극을 철저히 조사하게 한다."(Pavlov, 1927; Van Olst, 1971, p. 5). 예를 들어, 그 수용 기관은 갑자기 낙하하는 물체에 고정된 눈일 수도 있고, 멀리서 들리는 천둥소리나 총소리에 쏠리는 전투병의 귀일 수도 있다. 또 자극이 매우 위협적일 경우에는 여러 개의 수용기관이 동시에 반응할 수도 있다. "첫 포탄이 휙 날아올라 허공을 가르며 터지는 순간, 우리의 혈관과 손, 눈은 긴장된 대기 상태와 고조된 경계 상태로 돌입하면서 감각들이 예민해졌다"(Remarque, 1929/1982, p. 54). 강하게 관심을 끄는 새로운 자극은 관련성을 결정짓기 위해 필요한 정보를 충분히 확보할 때까지 예전의 정향의 대상들을 대체한다. 앞의 사례에서 포탄 소리와 총소리는 전투병이 이전에 전향했던 전우와의 대화를 대체한다.

파블로프와 그의 동료들은 정향 반사 반응의 신체 움직임, 즉 자극을 향해 눈이 회전하고 귀가 쫑긋거리며(동물로서) 몸과 머리가 동시에 움직이는 것을 중요하게 생각했다(Sokolov et al., 2002). 또 심장 박동의 변화를 비롯해 호흡과 혈액의 흐름, 동공의 크기, 피부 저항에도 변화가 일어난다(Gottlieb, 2005).

정향 반사 반응은 자동적이고 반사적으로 일어나는 상향식 과정이기 때문에 인지 기능을 필요로 하는 반응보다 더 빠르게 일어난다(Hobson, 1994; LeDoux, 1994). 정향 반사 반응은 정보를 더 쉽게 수집하기 위해 수행하고 있던 행동을 순간적으로 멈추기 때문에 억제적이고 부동적인 반응이기는 하지만, 동시에 정보 수집을 지원하는 감각기관과 움직임을 활성화하기도 한다(Sokolov et al., 2002).

정향 반사 반응이 일반적으로 새로운 자극 때문에 유발되기는 하지만, 중요한 정보를 전달해 주는 것에도 자극을 받아 일어나기도 한다. 예를 들어, "자극이 변할 때, 단일한 감각 기관으로 인지하기에는 너무 복잡하게 자극들이 주어질 때, 중요하거나 유익한 사건들이 계속 될 것이라고 '알려 주는' 자극들이 있을 때 일어나기도 한다(Graham, 1979, p. 138). 또 정향 반사 반응은 '배경' 소음인 텔레비전 소리가 갑자기 사라질 때처럼, 익숙하거나 지속적인 자극들이 갑자기 중단될 때에도 일어난다. 마찬가지로, 어떤 상황에서는 정향 반사 반응을 일으키던 자극들이 다른 상황에서는 그렇지 않을 수도 있다. 산책 중에 집에 두고 온 개와 마주치면 정향 반사 반응이 일어나겠지만 그 개를 집에서 보면 정향 반사 반응은 일어나지 않을 수도 있다.

트라우마화된 사람들이 보이는 부적응적 정향 경향성은 다음과 같다. 첫째, 내외적인 작은 변화에도 과도하게 예민해진다. 둘째, 초기 트라우마와 관련된 자극들에 너무 과하게 정향하는 경향이 있다. 셋째, 다른 상황에서는 그렇지 않은데, 특별한 상황에서만 위험을 암시할 수 있는 단서들에 대해서 자극이 생긴 전후 맥락을 제대로 식별하고 평가하는 능력이 없다(McFarlane et al., 1993; Shalev & Rogel-Fuchs, 1993).

우리는 정향 반사 반응의 도움을 받아 주변 정보를 알려 주는 사건들을 향해 적절하고 지속적으로 열려 있으면서 반응한다(Sokolov et al., 2002). 하지만 익숙하고 평범한 자극들에는 더 이상 정향 반사 반응을 하지 않는다. 우리가 특정 자극에 정향하지 않을 때, 그것은 우리가 그 자극에 둔감해졌거나 길들여졌다는 것을 의미한다(Deese, 1958). 소콜로프(1960, 1963)는 사소한 자극들에 지속적으로 노출되는 것이 정향 반사 반응에 미치는 영향에 관한 연구에서 자극에 노출될 때마다 정향 반사반응이 점점 약해지고 어느 시점에서는 더 이상 일어나지 않는다는 것을 발견했다. 반응을 불러일으키는 한계선이 높아지면서 습관화가 일어난 것이다.

습관화를 극복할 수 있는 반대 능력—핵심적인 새로운 자극들에 다시 예민해지는 능력—은 익숙하지만 잠재적으로 중요한 자극들을 다른 맥락에서 감각적으로 구별해 냄으로써 생존 차원의 이득을 확보해 준다. 예컨대, 집에서 혼자 잠을 자고 있을 때 문이 열리는 소리에 잠에서 깨는 일은 우리가 위험 상황에 있는지 아닌지 결정하기 위해 즉각적으로 행동하게 하는 동기를 부여한다. 이와 같이 정향 반사 반응은 주어진 자극이 예측 상황과 맞지 않을 때 자주 발생한다. 그런데 많은 트라우마 생존자, 특히 저각성 때문에 자극에 부적응적인 한계선을 가진 사람들은 중요한 자극들을 향해 정향하지 못하거나 그 자극들에 '길들여진 상태에서 탈피'하지 못한다. 그리고 그 자극들은 무시된다.

습관화와 민감화는 매순간 주어지는 유용한 자극에 대처하면서 집중된 관심을 적절하게 지속하고 인내의 창 안에서 각성을 유지해야 할 경우에 반드시 필요하다. 트라우마화된 사람들은 대체로 너무 심하게 길들여져 있거나 민감해진 비정상적인 정향 경향성들을 발달시켜 왔다. 어떤 경우이든 이러한 경향성들은 자세와 움직임으로 드러난다. 베티나는 초기 어린 시절에 폭력 가정이라는 환경에서 정향 경향성을 발달시켰다. 주변 환경을 무시하는 경향성 덕분에 그녀는 각성을 조절 할 수 있었다. 예상한 대로 그녀는 외부가 아니라 내부를 향해 정향함으로써 위협적인 환경이라고 여겨지는 것에서 멀어졌다. 시선을 아래로 두는 습관적 자세 때문에 주변의 자극에 정향하고 평가하는 능력은 더 약화되었고, 그 결과 그녀는 괴로움을 주는 내적 감각과 사고와 감정에 집착하게 되었다.

하향식 정향

앞서 이야기했듯이, 정향 반사 반응은 자동적이고 비수의적involuntary 상향식 과정이기에 인지기능을 필요로 하는 반응보다 더 빠르게 일어난다(Hobson, 1994; LeDoux, 1994). 그러나 정향 행동의 모든 영역에는 정향 대상에 대한 의식적이고 인지적인 의사결정 과정뿐만 아니라 내적·외적 환경에 지속적으로 정향하는 일반적인 과정도 포함한다. 하향식 정향은 계획을 세우거나 목표를 설정하거나 다른 이성적이고 인지된 감정적 특징과 함께 의식적 과정들이 일어나는 것을 기반으로 해서 정향 대상들이 결정되고 선택될 때 일어난다. 이럴 때 지각된 감정도 잠잠해진다. 예를 들어, 어떤 사람은 치열한 토론을 하기 위해 배고프다는 단서를 잠시 무시하기로 결정할 수도 있다. 이 경우, 배고프다는 단서를 향한 정향은 의식의 영역을 제한하겠다는 '중앙의' 하향식 결정 때문에 의식적으로 묵살된다. 또 다른 사례로 우리는 이른 아침에 하루를 시작하면서 여러 활동 중에서 특정 활동을 선택함으로써 정향에 우선순위를 둘 수 있다. 일터에 정시에 도착하는 것과 해야 할 일의 목록을 작성하는 것에 먼저 정향하기도 한다. 이처럼 우리는 이미 선택된 관심사라는 자극들에 집중하려고 의식의 영역을 철회하는 것을 의식적으로 결정한다. 다시 말해, 우리는 이미 선택된 목표들을 달성하는 것을 지원하는 자극들에 정향한다.

정향은 외적 자극들이나 내적 단서들 때문에 방해 받거나 중단되는데, 그 결과로 정향이 새로운 방향으로 다시 시작된다(Sokolov et al., 2002). 피로나 배고픔, 통증, 병과 같은 신체적 필요들은 관심을 우선적으로 요구하면서 의식적 정향과 경쟁한다. 트라우마를 겪을 때 일어나는 생존 욕구들은 확실히 정향에 영향을 미친다. 예를 들어, 전쟁 포로들이 간수들에게 정향하려고 의식의 영역을 제한하는 것은 상향식 요소들뿐만 아니라 하향식 요소들이 갖고 있는 적응적인 전략이다.

홉슨은 정향의 더 많은 '이성적' 요소들이 정향 반사 반응과 밀접히 관련되어 있다고 주장했다(1994, p. 88). 일반적 정향이 '좀 더 서서히 일어나고, 적어도 약간의 자발적인 측면들이 있으며, 인지적인' 반면에, 정향 반사 반응은 '완전히 자동적이고 비수의적이며 전(前)인지적'이다. 비수의적이고 반사적인 정향과 인지적이고 자발적인 정향, 외현적 정향과 내현적 정향 사이에는 복잡하게 상호작용하는 관계가 존재한다. 이러한 정향은 순차적인 뿐만 아니라 평행적인 과정으로 서로 밀접히 관련되어 있다. 의식적 정향과 반사적 정향은 지속적으로 상호작용하고, 부분적으로는 서로 변화시키기도 한다. 정향 반사 반응이 유발되었을 때, 그것은 곧 정향에 대한 인지적 결정들을 포함하는 것으로 변화되었다가 또다시 반사적 정향으로 바뀐다. 트라우마 치료에서 주변 트라우마성 반응과 트라우마 후 행위 경향성을 하고 개입하는 작업은 반사적이고 선천적이며 상향적인 정향뿐만 아니라 더 인지적이고 이성적이며 하향적인 정향까지 모두 대상으로 삼아야 한다.

탐색적 정향

파블로프(1927)와 소콜로프(1969)는 정향과 탐색 관계를 생존을 위해 필요한 "정보를 수집하는 특별한 체계로 진화된" 생존 기전으로 설명했다(Sokolov et al., 2002,

p. 2). 정향은 유기체가 새로운 정보를 얻으려고 환경을 조사할 때 적극적으로 탐색하는 것을 용이하게 해 준다. 정향 반사 반응과 달리, 탐색적 정향은 더 의지적이고 민감하게 의식의 영역을 제한한다(Hunt & Kingstone, 2003). 탐색적 정향은 그 사람의 주된 욕구에 영향을 받는다. 배고픔이 우선적 욕구라면, 음식을 제공해 줄 수도 있는 자극을 향해 정향할 것이다. 당장 채워야 할 욕구가 없다면, 탐색적 정향은 덜 구체적이게 될 것이다. 예를 들어, 여름밤에 산책을 하고 있는데 주변에 특별한 일이 일어나지 않을 때 정향은 제한적이지 않을 것이다. 관심을 끌어당기는 일이 없는 안전한 상태에서 나무들을 살피고 이웃의 정원들도 보고 따뜻한 공기를 마시며 산책을 할 것이다. 어느 순간에는 어떤 대상에 감각적 주의를 기울이다가 다음에는 다른 대상을 향해 관심을 옮기면서 정향할 것이다.

정향의 대상들은 대부분 너무 평범하거나 사소한 것이어서 추가로 관심을 쏟을 만한 것들이 아니다. 관심과 분석을 추가로 요하는 중요한 대상인지를 결정하는 것에 영향을 미치는 것은 학습과 과거의 경험이다. 즉, 정원을 좋아하는 사람이라면 이웃의 정원에 더 많은 관심을 보낼 것이다. 으르렁대는 개와 같이 예상하지도 못한 자극이 확실하게 나타나면, 의식의 영역은 갑작스럽고 극적으로 제한되고 관심도 집중되면서 탐색적 정향은 줄어들고 정향 반사 반응이 유발될 것이다.

정향과 주의

정향과 연관이 있지만 정향과는 다른 현상인 주의는 트라우마와 관련해 장애를 가진 사람들에게 자주 문제가 되고, 그래서 그들은 주의 결핍과 산만함 때문에 고통스러워 할 수도 있다(Krystal, 1988; Stien & Kendall, 2004; van der Kolk, McFarlane et al., 1996). 주의 전환 과정을 살펴보면 사람들은 주의를 기울이고 있는 대상에서 먼저 주의를 철수한 다음, 새로운 대상에 다시 정향하고, 그런 후 그 새로운 대상에 주의를 집중한다(Posner, 1980). 처음 두 단계에서 새로운 자극이 신기하거나 놀랍거나 갑작스러운 것이라면 사람들은 상향식 정향 반사 반응을 할 것이고, 아니면 특정 자극에 정향하자고 '결정'한 것이라면 자발적인 하향식 정향을 할 것이다. 이렇게 정향이 일어난 후, 세 번째 단계에서는 단기적이거나 장기적으로 주의를 요하는 것에 관심을 기울일 것이다.

자극을 향한 집중도나 각성도는 주의의 질이나 의식의 수준과 관련이 있다(Van der Hart et al., 2004). 다시 말해, 관심이 높고 고도로 집중하고 있는지, 아니면 분산되어 덜 집중하고 있는지와 관련이 있다(Kurtz, 1990; Steele et al., submitted). 주의는 인지적으로나 감정적으로 연결되어 있는 개인과 관련된 자극에 매우 집중해서 오래 지속될 수 있다. 또한 하향식 조절로 고도로 집중된 주의가 생길 수 있는데, 우리는 세금을 신고하는 일과 같이 특별히 주의를 끄는 일이 아닐지라도 어떤 일에 집중하겠다고 결정하기도 한다(Jensen, 1998). 주의를 적절히 기울이기 위해서는 기민한 집중과 (중앙의) 하향식 조절을 모두 유지할 수 있는 능력이 필요한데(Posner, DiGirolamo, & Fernadez-Duque, 1997; Posner & Petersen, 1990; Posner & Raichle, 1994), 트라우마화된 사람들은 이 두 가지 능력에 장애를 가지고 있다(Putnam, 1994, 1995). 계획을 세워서 목표를 설정하고, 그 계획을 실행하거나 목표를 달성하기 위한 일련의 임무들을 알아내며, 중간에 진행 상황을 살피고 적절히 수정하려면 지속적으로 관심을 기울여야 한다. 그런데 트라우마화된 사람들은 지속적으로 관심을 기울이는 것에 어려움을 겪고, 그러한 어려움이 임무를 끝까지 완수하는 능력을 훼손한다(Janet, 1907).

홉슨은 "우리의 행동이 어느 한쪽으로 치우지지 않고 중도에 머물려면 주의는 …… 산만함과 강박 사이의 역동적 긴장에 집중되어 유지되어야 한다."(1994, p. 167)라고 말했다. 적응적인 주의는 너무 산만한 상태나 초점이 맞지 않는 상태, 변덕스런 상태, 고착된 상태 사이에서 능동적으로 균형을 맞추게 한다. 이 역동적 균형을 잡는 일은 트라우마화된 사람들에게 특히 어려운 일이다. 적응적인 주의를 유지하려면 인내의 창 안에 유지되어야 할 각성 수준이 종종 한계선을 벗어나기 때문이다. 주의를 지속하려면 각성은 인내의 창 상위 한계선에서 높은 수준으로 유지되어야 하지만 그렇다고 집중을 하지 못할 정도로 너무 높아서도 안 된다. 트라우마화된 사람들은 대부분 반사적으로 고착되고, 반사적으로 부주의한 상태가 된다. 즉, 고착과 주의산만이라는 양극단을 오간다. 그들은 별 생각 없이 다양한 자극에 잠깐씩 정향하면서 과민하게 주변을 살필 수도, 혹은 어떤 자극에 무의식적이고 강박적으로 고착되어 주의를 다른 곳으로 돌리지 못할 수도 있다. 정향과 관심을 외부 자극에서 내부 자극으로 또는 그 역으로 전환하는 일은 더 큰 어려움을 주는데, 그 이유는 트라우마화된 사람이 자주 내적·외적 자극에 대해 주의가 지나치게 산만해지기 때문이다.

치료적 개입은 내담자들이 고착된 특정한 자극에서 '벗어나' 지금 여기에 관련된 것들에 집중하기 위한 노력의 일환으로, 새로운 것에 정향해 다시 관심을 갖도록 해야 한다. "저기에 보이는 것은 무엇인가요?" "그것은 무슨 색인가요?" "저 천의 작은 패턴들이 보이나요?"처럼 새로운 자극을 향해 실제로 몸을 돌려서 관심을 집중시키는 질문을 하는 것은 내담자들이 교착상태에서 빠져나오게 해 줄 수 있다. 치료자는 내담자들이 몸에 관심을 집중하도록 몸의 감각들에 주의를 기울여야만 답할 수 있는 질문들을 할 수도 있다. 예를 들어, "그 감각의 강도는 얼마나 센가요? 포도의 크기는요? 야구공은 얼마나 큰가요? 저기 아주 작은 구멍의 크기는요? 그 긴장의 방향은 어느 쪽인가요? 안쪽 아니면 바깥쪽? 왼쪽 아니면 오른쪽?"과 같은 질문들을 할 수도 있다.

최근에 강간 사건을 겪은 몰리는 그 일 이후에 현재와 관련된 자극에 집중할 수가 없었다. 그리고 주변뿐만 아니라 몸과도 분리되어 있었고, 그 사건의 기억들에 사로잡혀 있었다. 치료자는 몰리의 정향과 관심 경향성을 중단시키고 그녀가 이 순간의 자극에 새롭게 정향하도록 먼저 그녀의 정향을 다른 곳으로 돌린 후 몸에 지속적으로 관심을 주라고 그녀에게 요구했다. 치료자는 몰리에게 일어나도록 하고, 발에 무게가 많이 가는 것을 알아차리게 하고 발뒤꿈치와 발꿈치 앞에 무게가 더욱더 가는 것을 알아차리도록 했다. 그런 뒤 치료실 안의 다양한 대상을 향해 짧게 정향한 다음 파란 쿠션, 빨간 램프, 흰 타일의 이름과 색깔을 말해 보라고 했다. 이 개입들 덕분에 몰리는 치료시간 동안 더 높은 집중력을 유지할 수 있었다. 거기다 그녀는 강간의 기억들 속에서 길을 잃어버린 느낌을 지속시키는 경향성들을 중단시키고, 동시에 현재의 상황에 더 집중하기 위해 혼자서 할 수 있는 방법들을 배웠다.

신념이 정향과 주의에 미치는 영향

적응적으로 행동하려면 중요한 정보를 전달하는 사건들을 예측하고 반응하기 위해 미리 준비해야 한다. 다음에 전달되는 정보를 어떻게 처리하고 대응할지에 대한 결정을 통해 유의미한 사건들을 예측하고 준비할 수 있다면 우리는 진화상 우위를 점하게 될 것이다(Sokolov et al., 2002). 이처럼 정향은 "뇌 속에 있는 잠정적 가설들을 비교하고 재평가하는 것을 토대로 새로운 정보를 능동적으로 탐색하는 것이 특징이다"(Sokolov et al., 2002. p, xiii). 우리는 이미 존재하는 함축적 가설이나 신념의 도움을 받아 특정한 신념과 관련된 자극에 정향하고, 그 자극들이 우리의 신념과 일치하는지 평가한다. 특정 신념을 강하게 믿으면 믿을수록 자극을 받을 가능성은 더 높아지고, 그 신념을 확인해 줄 정보는 덜 필요하고, 그 신념을 부정할 정보는 더 필요하게 될 것이다(Brewin et al., 1996; Bruner, 1951).

우리가 보는 것 가운데 많은 부분은 우리가 보고자 기대하는 것들로 채색되고 조직되어 있다. 내담자들이 정향할 수밖에 없고 관심을 지속적으로 기울이는 단서들은 자아와 세상에 대한 그들의 함축적 신념들을 확인해 줄 가능성이 높다. 수잔은 초기의 관계 역동을 통해 형성된 신념에서 비롯된 정향과 관심의 경향성들을 가지고 있었다. 그녀는 자신의 일과 서로에게 몰두하는 것에만 집착하는 부모 밑에서 성장해서 어린 시절 내내 부모의 지원과 보살핌을 받지 못한 것 같다고 말했다. 살아오는 동안 대부분 '혼자'인 것 같았다고 말하면서 어린 시절에 대해 스스로 식사를 준비했고, 필요한 옷이 있으면 자신이 부모에게 말해야 했고, 아주 어린 나이에 자립했다고 이야기했다. 수잔이 만든 가설이나 신념은 "나를 위해 주는 사람은 없어. 그러니 혼자서 모든 일을 처리해야 해."였다. 그녀의 몸의 자세와 언어는 이 신념을 반영하고 있었다. 그녀는 몸의 긴장도가 높았고, 움직임도 빨랐다. 팔을 내렸을 때 손바닥이 뒤를 향하고 있었는데, 이것은 타인에게 손을 뻗기 싫은 것을 보여 주는 것이라고 치료자에게 말했다. 또한 다른 사람의 눈을 보기 어려워했다. 이러한 자세와 움직임의 지지를 받고 있는 신념 때문에 수잔은 지지를 약속하는 신뢰할 만한 단서들에 습관적으로 피해서 정향했다. 그녀의 눈에는 다른 사람들이 도와주려는 제안이 보이지 않았다. 그녀는 부모가 그랬듯이 남편도 자신을 실망시킨다고 불평했다. 하지만 그러한 반응에 낙담한 남편은 더 많이 도우려고 하는데도 수잔이 계속 거절하거나 아무 반응을 하지 않아 노력하는 것을 포기했다고 이야기했다. 수잔은 자신의 신념이 틀렸다는 것을 입증해 줄 단서들에 정향하지 않았거나 관심을 기울이지 않았던 것이다. 그렇게 하는 대신에 자신을 도와줄 사람이 없다는 신념을 다시 확인해 주는 과거를 연상시키는 단서들에 집중했던 것이다.

일반적으로 내담자들은 트라우마를 연상시키는 자극에 정향해서 관심을 기울이는데, 사실 그 자극들이 과거를 연상시키는 것임을 의식적으로 기억하지 못한 채 그렇게 한다(Bargh & Chartrand, 1999; Kirsch & Lynn, 1999). 제니퍼는 치료자가 입은 스웨터가 자신을 강간한 자의 것과 비슷하다는 것을 의식적으로는 알지 못했다. 그렇지만 제니퍼의 관심은 치료자의 스웨터에 사로잡혀 있었고, 그렇게 함으로써 그녀는 치료자를 잠재적 위험 인물로 여겼다. 제니퍼는 일시적으로 치료자와 강간했던 자가 동일인물이 아님을 알려 줄 자극들을 전혀 인식하지 못했던 것이다. 트라우마를 상기시키는 것에 정향하고 관심을 쏟는 일이 신체적으로 과거를 다시 살게 했고, 결과적으로 그녀는 치료자와 함께 있는 것이 안전하다는 사실을 알아차리지 못했다. 그것을 의식적으로 알지 못한 채, 제니퍼는 관심을 쏟게 하고 정향 행위를 하게 하는 함축적 가설을 만들어 냈다("가해자는 특별한 스웨터를 입는다. 그런 종류의 스웨터를 입는 사람들은 나를 해칠 것이다."). 이런 조건화된 절차학습은 무의식적이고, 매우 강력하며, 쉽게 적발되고 바꾸기 어렵다(Charney, Deutch, Krystal, Southwick, & Davis, 1993; Cowan, 1988; Grigsby & Stevens, 2000; Pitman, Orr, & Shalev, 1993; Shalev, Orr, Peri, Schreiber, & Pitman, 1992).

조건화된 자극들을 향해 정향하는 경향성은 트라우마와 관련된 절차학습을 강화한다. 제니퍼의 치료에서 그녀가 주변 환경과 특별한 종류의 스웨터를 입은 남자들에 대해 새로운 정보를 수집하게 하는 정향 행동을 탐구하는 것과 조건화된 자극을 향해 정향하고 거기에서 벗어나는 것을 탐구하는 것, 그리고 스웨터를 정향으로 선택했을 때 그녀의 각성을 조절하려고 노력하는 것은 중요한 일이 되었다.

정향과 반응의 단계들

정향은 (외현적이든 내현적이든, 탐구적인 것이든, 하향적인 것이든, 반사적인 것이든 상관없이) 단 하나의 행동 반응이나 정신 반응이나 신체 반응으로 구성되지 않는다. 수많은 저자가 정향과 주의를 여러 단계로 구분했고, 그 단계들에는 각각 특징적인 정신적 그리고 신체적 행위들이 있다고 했으며(Arnold, 1968; Levine, 1997; Pavlov, 1927; Siegel, 1999; Van Olst, 1971), 특히 레빈(1997, 2004)은 치료를 하면서 정향의 과정들에 대해 작업하는 것이 중요하다는 점에 주목했다. 정향 반응의 다음 단계들은 저자들의 임상 경험과 연구 결과물이다. 명확히 설명하기 위해서 순차적으로 설명하고 있지만, 각 단계들은 동시에 일어나기도 하고 전후가 순간적으로 바뀌어 일어나기도 한다.

1. 각성
2. 활동 정지
3. 감각적 경계
4. 근육(의) 조정
5. 스캐닝하기
6. 공간에서 자극의 위치를 찾아내기
7. 인식과 평가
8. 행위
9. 재조직화

다음의 사례 연구를 통해 우리는 각 단계들이 치료 과정에서 관심을 기울이고, 탐구하고, 이해하고, 개입하는 대상이 될 수 있는 정신적 반응과 신체적 행동을 포함하고 있음을 알게 될 것이다. 열아홉 살인 대학생 도로시는 친구 두 명과 함께 살고 있는 아파트에 낯선 이가 침입한 사건을 잘 넘긴 적이 있다. 그 후 도로시는 수면 장애를 해결하기 위해 자발적으로 치료를 받으러 왔다. 결과적으로 그녀의 트라우마를 통합하는 치료의 핵심 요소는 그 사건과 관련된 비 통합적 파편들을 정향하는, 심지어 수면 중에도 정향하는 그녀의 경향성을 다루는 일이었다.

1. 각성_arousal. 정향 반응의 첫 단계는 각성의 고조를 수반하는데, 각성의 정도는 경미한 것에서부터 지나치게 높은 것까지 다양하다. 시겔에 따르면, 이 '초기 정향 반응'은 두뇌가 더 활발하게 활성화됐다는 신호라고 했다(1999, p. 124). 각성은 (살짝 흥분한 느낌으로 자주 묘사되는) 몸의 감각을 비롯해 호흡과 심장 박동의 작은 변화들, 자율신경계의 반응들로 경험된다(Levine, 1997; Rossi, 1993; Sapolsky, 1994; Van Olst, 1971). 각성의 정도는 자극으로 야기된 호기심, 흥분, 관심의 정도가 얼마나 상승되는지에 따라 달라진다(Levine,1997). 위협적 자극이 아니라고 여겨지면, 각성은

인내의 창 안에 머물 것이다. 사건이 일어났던 날 밤, 도로시는 소리를 듣고도 걱정이 되지 않고 호기심과 관심이 생겼다. (이 사례에서 알 수 없는 소리인) 그 자극이 특별히 강하거나 이상하지 않았기 때문이다. 도로시는 마음이 편안한 상태였고, 아래층의 소음으로 충격적이거나 부정적인 것들을 연상하지 않았다. 그래서 그녀의 각성은 인내의 창 안에 머물면서 살짝 올라갔을 뿐이다.

2. **활동 정지**activity arrest. 정향의 두 번째 단계는 수행하던 행동이 잠깐 느려지거나 완전히 정지되는 '활동 정지'로 묘사된 행동 수정을 수반한다(Levine, 1997; Sokolov et al., 2002). 깜짝 놀라거나 주목해야 하는 자극이라면 그것을 향한 정향과 정보 수집을 방해하는 것들을 제거하거나 최소화하기 위해 모든 활동을 정지할 수도 있다(Sokolov et al., 2002). 자극이 특별히 놀랍거나 흥미롭지 않은 것이라면 활동 속도는 느려지겠지만 완전히 멈추지는 않을 것이다. 활동 정지 반응은 이상한 소리가 났을 때 동물들이 꼼짝 않고 멈춰 있는 모습에서 가장 잘 볼 수 있다. 그 정지 상태는 자극을 평가하고 다른 행동을 취할 때까지 지속된다. 정지는 자극이 위험한 것으로 판명된 다음에 일어나는 부동화 방어인 얼음 반응(다음 장에서 설명)과는 다른 반응이다. 도로시는 그 소리가 들려오는 곳에 주의를 집중하기 위해 공부를 멈췄다. 의식의 영역이 제한되면서 호기심을 느꼈다. 그리고 소리를 더 잘 듣기 위해 가만히 모든 움직임을 멈췄다.

3. **감각적 변화**sensory alertness 세 번째 단계는 활동 정지와 동시에 일어난다. 감각 기관들은 다시 초점을 맞추고 더 기민해진다. 시겔은 "어떤 중요한 일이 지금 일어났어." 라는 내면에서 보내는 메시지를 받고서 두뇌와 다른 몸의 기관들이 고조된 각성 상태에 들어간다."고 설명했다(1999, p. 124). 냄새와 형태와 소리와 맛과 접촉을 통해 그 자극을 알아볼 준비를 하느라 모든 오감이 새로운 자극에 집중된다(Rossi, 1993; Van Olst, 1971). 콧구멍은 벌렁거리고 동공의 크기가 변하며 귀는 '쫑긋' 해질 수 있다. 인간은 청각과 시각이 특히 예민해지는 반면, 동물은 주로 후각을 활용한다. 하나의 감각 기관이 자극을 받음으로써 다른 모든 감각이 예민해지는 것은 매우 흥미로운 일이다. 큰 소리가 들렸을 때 청각뿐만 아니라 시각도 예민해진다(Sokolov et al., 2002; Van Olst, 1971). 자극에 강렬히 반응하는 감각들을 통해, 다시 말해 초기 반사 반응을 통해 평가와 행위 준비로 나아간다(Hobson, 1994). 새로운 단서들에 온전히 집중할 수 있도록 의식의 영역이 좁아지면서 관련이 없는 내적 ·

외적 감각 단서들에 정향하지 않게 되거나 주의를 주지 않게 된다. 도로시의 경우, 자동적으로 공부하던 교과서와 방해를 받기 전에 느꼈던 갈증이라는 감각을 무시하였다. 당시 도로시는 2층에 있던 방에서 아래층의 소리를 들으려고 '안간힘을 쓰며 귀를 기울였는데', 특히 그때 그녀의 청각의 각성도는 고조되었다.

4. 근육 조정mscular adjustments 외형적 정향과 주의의 변화에서 비롯된 가시적 움직임과 자세의 조정은 알아차리기 힘들 정도로 미세한 근육의 변화들을 수반한다. 근육의 변화는 두드러진 반응 양식 내에서 일어난다. 예컨대, 가시적 반응이 일어났을 경우 목도 움직이고 시선의 방향도 수정될 것이다(Kuiken, Busink, Dukewich, & Gendlin, 1996). 주로 척추 부분에서 일어나는 굴곡과 신전이라는 일반적인 근육 조정들은 특히 활동 정지와 고조된 경계 상태를 수반한다(Levine, 1997, 2004; Van Olst, 1971; Veronin, Luria, Sokolov, & Vinogradova, 1965). 어떤 사람이 깜짝 놀랐을 때, 초기에는 횡격막과 복벽, 골반기저부가 수축되어 내장이 위로 올라감으로써 근육의 굴곡이 생긴다. 호흡은 얕아지거나 잠깐 멈출 수도 있다. 척추와 목은 다음 단계를 준비하면서 주변을 더 잘 보기 위해 길어질 수도 있다(Levine, 1997). 도로시가 아래층에서 나는 소리를 들었을 때, 몸은 매우 위축되었고, 척추는 거의 알아차릴 수 없을 정도로 늘어났으며, 호흡은 살짝 얕아졌다.

5. 탐색하기scannig 다섯 번째 단계는 외현적인 정향에 해당하는 단계로, 새로운 자극을 알아보려고 주변을 탐색하면서 목과 머리, 척추를 돌리는 신체 움직임이 일어난다(Babkin, 1949; Sokolov et al., 2002; Von Olst, 1971; Veronin et al., 1965). 이 단계의 중요 요소는 주로 눈의 움직임이며(Hobson, 1994), 자극을 탐색하려고 몸 전체를 돌리는 것과 함께 다리와 발, 등과 목의 근육의 움직임이 일어날 수도 있다(Levine, 2004). 자극을 받는 감각 유형에 따라 이전 것과는 다른 탐색이 일어날 수도 있다. 예를 들어, 음악을 더 잘 듣기 위해 머리를 돌리기도 하고, 빵 굽는 냄새를 맡으려고 턱을 들어올리기도 하며, 큰 슬픔에 집중하려고 척추의 각도를 변화시키기도 한다. 척추를 돌리면서 눈을 확장시킨 도로시는 침실 문에 정향하면서 주의를 복도 쪽으로 집중시켰다.

6. 공간에서 자극의 위치를 찾아내기location in space 여섯 번째 단계는 주변 공간의 특정한 위치에서 새로운 자극을 찾아내는 것을 수반한다(Levine, 2004). 자극은 주변의 사물들과의 관계 속에서 물리적으로 공간을 차지한다. 도로시는 자신의 방 쪽으로

소리가 가까워지고 있음을 알아차렸다. 명료하게 깨어 정지한 상태에서 가까워지는 발소리를 들으며 문 쪽으로 계속 정향하고 주의를 기울였다. 그런데 문간에 나타난 사람은 한 젊은 남자였다.

7. 인식과 평가identification and appraisal 자극을 안전하거나 위험하거나 생명을 위협하는 것으로 인식하고 평가하는 작업은 초기에는 의식적인 알아차림으로 일어나지 않는다. 이 단계 전까지는 질적 판단이 그리 중요하지 않다. 이 단계에서는 그 자극이 중요하거나 사소하거나 안전하거나 위험하거나 생명을 위협하는 것인지 인식하는 것이 중요하다.

시겔(1999)은 최초의 평가 단계를 정교한 평가elaborative appraisal와 각성 arousal이라고 말했다. 무의식적이거나 인지적으로 조절되지 않는 감각 운동적 반응과 감정적 반응들이 사전 평가와 각성 기전들에 속한다(Arnold, 1968; Frijda, 1986; LeDoux, 1996; Siegel, 1999). 다시 말해, 뇌의 핵심부에서 본능적이거나 유사한 자극에 대한 이전의 경험을 바탕으로 좋은 자극인지 나쁜 자극인지, 가까이 가야 할 자극인지 도망쳐야 할 자극인지를 최초로 결정한다. 이 최초의 결정 후에는 더 정교한 평가가 이뤄진다. 즉, 두려움의 감각과 같은 자동 반응이 의식적이 되고, 무의식적 평가를 개선하면서 인지적 평가가 일어난다.

평가는 예상하는 것과 상황이 어떠하냐의 영향을 받는다(Frijda, 1986). 즉, 당사자의 현재 감정 상태와 몸 상태, 외적 환경, 자극의 강도와 익숙함, 미래의 예측뿐만 아니라 기억의 감정적·추상적 요소를 포함한 자극과 관련된 과거 경험들까지 포함한다(Siegel, 1999). 이러한 기대는 "영향을 끼치고 준비하는 관련된 부호의 범주를 가지고 있는 인지적 배경의 형태"이다(Frijda, 1986, p. 326). 그래서 평가는 현재와 과거를 분리하는 개인의 통합적 능력을 비롯해 현재의 경험을 성찰하고 느끼면서 거기에 적절한 의미를 부여하려면 최적의 영역에서 각성을 유지시키는 능력이 필요하다.

우리는 너무 성급하게 생물학적으로 새로운 자극을 위험한 것으로 평가하는 경향이 있다. 르두(LeDoux, 1994)가 효율의 차원에서 언급했듯이, 뱀을 막대기로 오인하는 것보다는 막대기를 뱀으로 오인하는 것이 더 낫다. "복잡한 과정 전에 그리고 의식적 알아차림이 있기 훨씬 전에 하위 차원의" 감각 과정들은 아무 일도 없는데도 위험 경보를 내린다(Siegel, 1999, p. 213). 게다가, 가치를 바탕으로 사물에 특성을 부여하는 경향은 감정 및 신체 감각과 연결되어 있으며, 이 감정과 신체 감각은 자극의 전체 과정 이전에 생겨날 수도 있다(LeDoux, 1996). 이것은 위험을 보자마자 더 이상 평가하지 않은 채 반응하는 트라우마화된 사람들에게는 고통스럽게도 명백한 사실이다(LeDoux, 1994).

그래서 평가의 전체 과정은 피질 하부의 기전은 물론 피질의 기전까지 포함하고 있고, 즉각적이기도 하고 장기적이기도 하다. 인지적 요소를 고려할 시간이 없을 때나 통합적 과정에서 기인한 평가가 아닐 때, 그 평가는 기초적 수준에서 벗어나지 못한다(Frijda, 1986). 주의가 지속될 경우에 더 많은 정보가 수집될 것이고, 그것을 통해 초기 평가가 수정될 것이다. 당사자가 수정에 수용적인 사람이라면 그렇다는 것이다. 자극이 해롭지 않은 것으로 평가되면 개인은 정향의 다음 단계로 넘어갈 것이다. 그러나 위험한 것으로 평가하면 '공격하지 않고, 달아날 가능성이 있는지 또는 다르게 대처할 수 있는 방법이 있는지를 가늠하는 것'에 관심이 모아질 것이다 (Lazarus, 1968, p. 249). 위험이 임박했다는 트라우마와 관련된 추측은 트라우마화된 사람들의 확장된 평가와 수정 과정을 방해한다. 그래서 그들은 인지된 위협의 단서들과 트라우마를 상기시키는 것들에 방어 행위로 대응하는 경향이 있다.

어떤 남자가 문 앞에 나타났을 때, 도로시는 그가 낯선 사람이라는 것을 확인하고 두려움을 약간 느끼면서 경계했다. 하지만 그 젊은 남자가 다른 친구들처럼 오리털 재킷을 입었기 때문에 재빨리 동료 학생일 거라고 생각했고, 그것은 정황상 적절한 평가였다. 그 평가는 남자가 친구들 중 한 명의 행방을 물으면서 보인 공손함을 통해 옳은 평가였음이 증명되었다. 도로시가 느꼈던 불안은 서서히 사라졌고, 그녀의 각성은 낮아졌으며, 몸도 다소 이완되었다. 호흡은 정상으로 돌아왔고, 신체적 정지도 풀려서 다른 움직임을 할 수 있게 되었다.

8. 행위action 평가 이후에 행위가 외현적으로 시작되는데, 그 행위는 가장 기본적인 방식을 통해 하향식으로 관심을 조절하는 접근을 수반하거나 도피를 수반한다. 초기의 신체 행위는 처음으로 사전 인지적 평가를 했을 때 본능적으로 일어난다. 그런 뒤, 초기의 평가와 감정 반응을 재조정하는 작업과 인지 작업에 의해 개입된 행동이 일어난다. 사전 인지적 평가는 "진화는 몇 가지 선택에 대한 특정 인지적 기제와 연결된 지혜를 가지고 제한된 반응을 선택할 수 있게 한다"(LeDoux, 1996, pp. 69-70). 이에 반해, 인지적으로 개입된 행위는 훨씬 더 유연하다는 것이 특징이다.

이 단계에서 도로시는 조금 긴장을 풀고 친구는 아직 돌아오지 않았으며 좀 더 늦게 올 것 같다고 침입자에게 말했다. 사회적 연결 체계가 활성화된 그녀는 두려움이 아니라 호기심과 흥미를 느끼면서 침입자에게 계속 정향하면서 주의를 기울였다. 침입자를 위험한 사람으로 평가했다면 그녀는 접근과 연결이 아니라 도피와 방어 행동을 했을 것이다.

9. 재조직화reorgainzation 마지막 단계에서는 몸의 재조직화가 일어난다. 즉, 몸이 다른 대상으로 향해 정향하면서 항상성을 회복한다. 얼마나 각성됐는지 그리고 감각적 경계가 어느 정도인지에 따라 근육이 이완되거나 떨릴 수도 있고, 근육은 이미 활성화된 상태일 수도 있다. 도로시의 경우, 인내의 창 영역에서 가장 높이까지 상승했던 각성이 떨어졌고, 경계 상태였던 감각들은 이전 상태로 회복되었으며, 몸은 이완되었다. 새로운 자극에 정향했던 도로시는 정향의 전 단계를 밟으면서 언어적 행위까지 적절히 했던 것이다. 그녀는 자신의 방에 침입한 낯선 남자가 특별히 위험하거나 흥미를 유발하는 사람이 아니라는 결론에 이르렀다. 그 남자에게 쏟았던 관심을 거둬들여 다시 공부에 집중시키면서 책에 정향을 시작했다.

그 젊은 남자가 떠났다면, 도로시는 계속 공부에 주의를 기울였을 것이다. 그러나 그 남자는 그녀에게 다가오면서 주머니안의 칼을 꺼내들었다. 그 남자와의 거리가 좁혀지고 무기가 보이자, 도로시의 정향 반응은 즉시 고조되었다. 그녀의 각성은 상승됐고, 감각들은 날카로워졌으며, 몸은 수축되었다. 호흡을 멈춘 도로시는 칼에만 정향을 했다. 그를 위험한 사람으로 재평가하면서 안전을 확보하려면 어떻게 행동해야 적절한지를 다시 평가하기 시작했다. 일반적인 방어 체계와 이 사례에서 보였던 도로시 특유의 방어 행동들은 다음 장에서 설명할 예정이다.

정향 경향성과 주의, 그리고 미해결의 트라우마

이 장에서 지속적으로 이야기했듯이, 트라우마화된 내담자들은 새롭거나 조건화된 자극들에 적응적으로 정향하지 않고 방어적 특징을 가진 정향으로 자주 반응한다. 트라우마를 주는 사건들은 이전의 자극들과 두려움의 느낌들을 한 쌍으로 만들어 버린 조건화된 학습을 활성화한다(LeDoux, 1996). 과각성이나 저각성이 쉽사리 활성화되고, 그 결과 트라우마화된 내담자들은 과거 트라우마와 관련된 내적·외적 단서들에 대한 정향을 시작하거나 아니면 중요한 단서들을 정향하지 못한다. 그 사건이 일어난 뒤 몇 달 동안 도로시는 침입자가 입었던 오리털 재킷과 비슷한 옷에 매우 예민해져서 그런 재킷을 입은 사람들에게 과도하게 정향한다는 사실을 깨달았다. 그녀는 오리털 재킷을 입은 사람들을 모두 위험한 사람으로 짐작해서 경계와 도피 행동으로 반응했다. 내담자들도 특히 저각성 상태로 '멍한 상태'가 되어서 정향할 수도 있다. 그것은 그들이 정향 반응의 해결과 재조직의 단계를 제대로 통과하지 못하고, 그 대신 방어 반응들과 그에 수반되는 극도의 각성 상태에 '갇히게' 되는 것과 같다.

앞에서 언급했듯이, 트라우마화는 통합 능력의 실패라고 말할 수 있다(Janet, 1907). 우리는 정향의 모든 단계를 적응적으로 수행하지 못하는 것이 통합 능력을 훼손하기도 하고, 또 그 실패의 영향이라고 생각한다. 정향의 활동 정지 단계에서는 내담자가 마비된 느낌을 느끼면서 적절히 행동할 수 없는 얼음 반응이 일어날 수도 있다. 혹은 자극이 지나가고 오랜 시간이 지난 후에도 감각들이 경계 상태로 있을 수도 있고, 자세가 과도하게 굽어 있거나 신전된 자세가 지속될 수도 있다. 트라우마화된 사람은 적어도 부분적으로 비정상적인 각성 경향성들 때문에 위협적 단서들을 찾아 주변을 계속 탐색하면서 과도하게 정향하는 경향성을 보이거나, 아니면 눈과 목이 고정되어 주변을 살피지 못하면서 과소하게 정향하는 경향성들을 보일 수도 있다. 행동을 취하는 단계에서는 과다하거나 과소한 활동 경향성이 눈에 띄게 보일 수도 있다. 예컨대, 어떤 내담자들은 충동적인 행동을 멈추기를 못하는데, 그에 비해 어떤 내담자들은 전혀 행동을 하지 못하는 문제를 가지고 있다. 트라우마와 관련된 어떤 자극들에 정향하는 것을 피하는 경향성은 트라우마를 상기시키는 것에 반복적으로 정향을 하는 경향성이 트라우마화된 사람들을 약화시키는 것만큼 그들을 약화시킨다(Frijda, 1986, p. 315).

치료자들은 치료 과정에서 내적·외적 자극이 인지될 때 내담자가 어떻게 정향하는지와 주의를 기울이는지 그 경향성들을 관찰하고, 트라우마화된 내담자가 그 경향성들의 신체적·감정적·인지적 요소를 알도록 가르칠 뿐만 아니라, 그것들의 효능도 평가하도록 안내하기도 한다. 내담자와 치료자가 정향 반응들이 어느 단계에서 어떻게 막히는지 주목하기만 하면, 치료자는 내담자의 정향 반응을 적응적으로 촉진해서 바꿀 수 있다.

예를 들어, 도로시는 미수에 그친 그 공격을 받기 전에는 결혼해서 아이들을 낳고 싶은 평생의 소원이 있었다. 대체로 그녀는 그 소원과 관련이 있는 단서들, 즉 젊은 남자, 어린이, 가족, 데이트 할 기회에 정향적이었다. 그 사건 이후, 도로시는 자신을 공격했던 남자와 유사한 젊은 남자들을 혐오하게 되었다. 그 침입자가 강간할 의도를 가졌다고 생각했기 때문에 그녀는 성관계를 피했고, 성과 관련된 주제를 꺼내기 어려워했으며, 데이트에 관해 이야기할 때에도 확실히 모순되는 이야기를 했다.

도로시의 치료자는 대화가 성적인 것으로 진전되면 도로시의 각성도가 높아지고 어깨와 목이 수축되면서 그녀가 자신을 보지 못한다는 사실을 알아차렸다. 그녀는 두려움을 느끼는 듯 문에서 눈을 떼지 못했다. 그녀는 정향 반응의 모든 단계를 철저히 거치지 못한 채 그 상황이나 주제를 위험한 것이라고 평가하는 단계로 건너뛰었던 것이다. 치료자는 도로시로 하여금 치료실 안을 둘러보게 함으로써 현재의 상황에 정향하게 했다. 이 개입을 통해 도로시는 고정됐던 시선을 다른 곳으로 돌렸고, '탐색하기' 단계를 시사하는 목과 척추의 회전 움직임을 회복했다. 그런 뒤 치료자는 자신을 향해 정향하고 치료자의 얼굴에 관심을 집중하면서 몸에서 일어나는 것들을 알아차려 보라고 도로시를 안내했다. 도로시는 시선을 돌리고 싶은 충동과 약간의 두려움, 그리고 자신이 치료자를 위험한 사람으로 생각한다는 사실을 알았다. 치료자는 다른 곳으로 눈을 돌렸다가 다시 자신의 얼굴에 정향하는 실험을 해서 도로시에게 지속적으로 더 확대된 평가를 해 보라고 권했다. 이 개입을 통해 도로시는 정보를 더 많이 수집했고, 초기의 감각과 감정만으로 반사적으로 반응하는 대신 상황의 위험성이나 안정성을 인지적으로 평가할 수 있게 되었다. 도로시는 새로운 정향 행동으로 의식적인 실험을 하고 반사적으로 반응하지 않고 주의를 유지시키는 법을 배움으로써 인지를 사용해서 현재의 상황을 적절히 평가할 수 있게 되었다.

정향 방식과 방향을 자발적으로 선택하는 경험과 새로운 정보를 주변에서 얻는 경험은 다른 방향으로 정향하는 과정이 원활하게 일어나게 한다. 그 사건이 있기 전에 도로시는 대학의 협동조합에서 아르바이트를 하면서 자신의 관리자에게 안정감을 느꼈고 일도 잘했다. 그러나 침입 사건 후, 그녀는 관리자와 같이 있으면 알 수 없는 불안감이 느껴져서 전전긍긍한다는 사실을 발견했다. 그의 눈을 볼 수 없었고,

그의 따뜻한 미소가 보이지 않았다. 그녀는 화장실로 도망갔고, 앉은 자세에서 두근거리는 가슴과 지끈거리는 머리를 진정시키면서 애써 숨을 가다듬었다. 치료는 관리자를 보면 유발되는 도로시의 트라우마와 관련된 신념과 추측, 습관적 정향 반응을 이해하는 것에 초점을 맞춰 진행했고, 그 과정에서 도로시는 적과 아군을 구분하지 못하게 하는 자신의 정향 경향성을 알아차리기 시작했다. 먼저 그녀는 자신이 의식을 어떻게 제한하는지 알아차리고, 불편함을 견디는 것을 배운 다음에 의도적으로 새로운 자극에 시선을 계속 둠으로써 의식의 제한을 변화시키는 방법을 배웠다. 그 후 관리자와 만날 때마다 도로시는 자신의 정향과 방어 경향성들에 대해 작업을 할 수 있었다. 먼저 (즉, 융통성 있는 탐색하기의 회복처럼) 사무실 안의 다른 대상들에 정향한 다음, 관리자의 얼굴 표정과 몸의 언어를 탐색하면서 그리고 자신이 과거의 경험을 현재의 순간에 덮어씌운다는 것을 알아차리면서 먼 거리에서 관리자에게 정향을 했다. 자기 인식과 의식의 영역이 확장되자 그녀는 각성을 인내의 창 안에 유지할 수 있었고, 주변 환경을 현실적으로 평가할 수 있었다.

요약하자면, 정향 과정을 통해 우리는 주변의 중요한 정보를 취하고, 그 후 계속해서 지각, 행동, 습성을 조직한다. 충격적 사건이 일어나는 동안, 정향은 대체로 생존에 필요하고 적절한 방어 반응들보다 선행해서 일어난다. 그러나 내담자가 현재 위협을 가하는 것이 없다는 것을 알려 주는 추가 정보에 정향하지 못할 경우, 트라우마와 관련된 정향 경향성들은 부적응적인 것이 될 것이다. 또한 그 정향 경향성들은 인지적 경향성들에 지대한 영향을 미칠 것이다. 다시 말해, 트라우마화된 내담자들은 자신이 쓸모없는 사람이라는 신념이나 자신은 결코 안전해지거나 행복해지지 않을 거라는 신념 같은 트라우마와 관련된 신념에 정향하고 주의를 집중하는 습관을 만들어 내고 유지할 것이다. 그 신념들을 재확인해 주면서 다른 정보를 받아들일 수 없게 하는 자극들에만 정향하면서 말이다. 이 일련의 연속적인 부적응적 사건은 더 나아가 신체적 변화로 이어지고, 인지적·감정적 처리를 직접적으로 변화시키는 상향식 과정으로 이어진다. 트라우마화된 사람들은 현재의 생활에 어울리지 않는 비정상적 정향 반응들 때문에 대부분 위험을 적절히 평가하지 못해서 위험한 상황에 반복적으로 빠지거나, 아니면 세상에 뛰어들지 못할 정도로 위험을 지나치게 두려워한 나머지 고립된다.

도로시의 사례에서 설명했듯이, 치료자는 치료시간에 정향 반응들이 내담자의 능력에 어떤 영향을 미치는지 관찰했다. 다시 말해, 위협을 평가하는 내담자의 능력과 새로운 것이든 낡은 것이든 많은 자극을 통합하는 능력, 과거 트라우마와 관련된 인지적 도식(圖式)들을 재작업할 수 있는 능력에 미치는 영향을 잘 관찰했다. 그 맥락에서 치료자는 내담자가 트라우마성 정향 반응의 만성적 패턴들을 해결할 수 있는 자극들에 다시 정향하고, 그와 동시에 더 적응적인 행동양식을 위한 초석을 다질 수 있게 했다.

감각운동 심리치료자는 내담자들이 어디를 향해 어떻게 주의를 집중하는지 스스로 더 잘 알아차리면서 정향 과정과 관심을 집중하는 과정의 요소들을 차분히 의식적으로 관찰하는 사람이 되도록 돕는다. 그렇게 관찰자의 위치에 있으면 내담자들은 어쩔 수 없이 정향하게 되고, 주의를 기울이게 하는 트라우마 관련 자극들에 덜 고착하게 되어 정향과 주의의 경향성 자체에 더 주의를 기울이게 된다. 치료시간에 드러나는 정향의 단계들을 관찰함으로써 내담자들은 그 경향성들을 이해하기 시작하고, 또 그것들을 더 효과적으로 바꿔 과거의 트라우마를 성공적으로 해결하는 데 용이한 방식으로 정향할 수 있게 된다. '이중의 처리 과정'을 통해 내담자가 마음과 감정과 몸에 미치는 영향들을 관찰하면서 동시에 정향하고 주의를 기울일 수 있을 때, 그 과정은 가장 효과적으로 드러날 것이다. 이중의 처리 과정이 일어난다면, 트라우마 관련 자극들은 힘을 잃어서 더 이상 정향하지 못하고, 그러면 내담자들은 정향 반응의 단계들을 끝까지 밟아나가는 것에 더 집중하게 될 것이다. 정향 과정에서의 마음챙김은 자극과 반응 사이의 치료적 공간에 위치해 있다(Kurtz, 1990). 다시 말해, 내담자는 트라우마와 관련된 자극들을 무의식적으로 정향하는 것이 아니라 정향 과정 및 정향 반응의 단계들을 관찰하는 방법을 배운다. 습관적으로 반응하는 것에 몰두하기보다 호기심을 갖고 더 잘 지켜보게 된다. 바로 이것이 트라우마 관련 정향 경향성들과 그에 따른 습관적 방어 반응들을 변화시키기 위한 첫 걸음이다.

하부 방어 체계:
동적 반응과 부동적 반응

역사적으로 방어 반응은 다양한 형태의 위협 요소가 존재하는 세상에서 개인의 생존을 보장하는 방향으로 진화됐다. 위협 요소란 포식 동물, 자연재해, 타인의 폭력을 뜻하며, 현대에 와서는 자동차와 기계의 사고 및 인재(人災) 가능성, 기계화된 전쟁 등도 포함된다. 트라우마화된 사람의 경우, 위협 요소에 직면했을 때 본능적이고 반사적으로 나타났던 방어 반응이 부적응적인 방향으로 변형된다. 그뿐만 아니라 그 방어 반응은 위협 사건이 종료된 뒤에도 오랜 기간 지속해서 나타난다. 트라우마화된 사람들은 "스트레스를 유발하는 요인에서 벗어나려고 부질없이 노력하는 악순환의 고리에 갇히게 된다. 그 고리에서 벗어날 수 있는 능력을 상실한데다 자신을 지지해 줄 힘의 원천도 활용하지 못하기 때문에 더욱 큰 고통을 겪는다(Shalev, 2005). 이들은 현실적으로 부적응적인 방어 행동을 반복하면서 시간이 흐를수록 일상적인 문제를 다루는 것에서도 자신감과 능력을 상실한다. 시간이 흐르면서 당면 문제를 만날 때마다 이전의 방어 경향을 취함으로써 언제가 그 문제를 해결하리라는 희망은 요원해진다.

방어 반응의 재활성화

우리는 정향 반응 덕분에 자극의 위험성을 평가하는 기회를 갖는다. 어떤 자극을 위험한 것으로 평가했을 때, 생존 가능성은 높이고 위험성은 줄이려고 신체적·심리적 방어를 동시에 활성화한다. 이처럼 정향 반응과 마찬가지로 방어 반응도 고정되고 순차적인 일련의 감각운동 반응으로 구성되어 있다. 감각운동 반응의 진행 과정은 자극의 특성과 개인의 역량 및 경험, 외부 환경에 따라 달라진다. 또한, 방어 체계의 요소에는 인지적 요소와 감정적 요소가 포함된다. 이 요소가 서로 결합해 있기에 위험 인자를 발견했을 때 의식적으로 조절하면서 반응함과 동시에 무의식적으로도 신속히 방어할 수 있게 된다. 예컨대, 누군가 깊은 산속에서 모퉁이를 돌다 곰을 만났을 때 생각보다는 방어 본능 경향성이 먼저 촉발되어 깜짝 놀라 도망갈 것이다. 이런 상황에서 새로운 행위 경향성이 추가로 촉발된다. 즉, 매우 짧은 시간이 흐른 뒤에 어떻게, 어디로, 얼마나 빨리 도망갈지와 같은 인지적 결정을 함으로써 더 의식적으로 반응할 수 있게 된다(LeDoux, 1996; Llinas, 2001). 이러한 의식적 반응에는 '곰을 보면 뛰지 말고 가만히 있는 것이 더 나을 수도 있다.'처럼 과거에 터득했던 경험이 포함될 수도 있다. 그럼에도 불구하고, 그와 같은 적응적인 선택들은 위험 앞에서 도망치는 본능적인 행위 경향성을 수정하거나 개선하는 것에 불과하다. 고정적 행위 경향성을 변화시키는 능력, 즉 특정한 행위 경향성의 지배를 받는 상황에서 자발적이고 의식적인 하향식 결정을 하는 능력은 인류의 가장 독특한 특성이자 적응적 특성이다(Llinas, 2001).

방어 행동들이 효력을 발휘해 위험을 피하는 것에 성공하면 우리는 보통 안도감과 승리감을 느낄 것이다. 바로 이런 종류의 통제감을 트라우마화된 사람은 느낄 수가 없다. 재닛은 "……트라우마 기억의 영향을 받는 환자들은 승리 단계의 특성을 띤 행동들을 전혀 할 수 없었다."(1925, p. 669)라고 말했다. 일상적인 언어로 말하자면, 트라우마화된 사람은 트라우마 때문에 유발되었던 방어 행위 경향성을 트라우마를 상기시키는 계기를 만날 때마다 되풀이하면서 오랫동안 그 경향성에 갇혀 산다고 할 수 있다(Krystal, 1988). 그들은 방어 행위 경향성을 되풀이할 이유가 없는데도 이전과 똑같은 방어 반응을 상향식으로 재현할 수밖에 없다. 임상을 통해 우리는 내담자들이 트라우마를 입었던 당시에 취했던 방어가 안전을 담보하지 못했거나 부분적으로만 안전을 담보했음에도 불구하고 그것을 반복하는 경향이 있음을 관찰했다. 오래 전에 재닛이 말했듯이, "(트라우마화된) 환자들은…… 그 일이 벌어졌던 당시의 행동을 끊임없이 반복하느라, 더 정확히 말하자면 그 행동을 계속 시도하느라 힘을 다 소진한다"(1925, p. 663).

방어 반응의 반복은 다양한 경향성으로 나타난다. 어린 시절에 근친 성폭력에서 살아남은 이가 성인이 되면 원치 않는 성적 접근을 거절하지 못하고 얼어붙는 것으로 반응할 수도 있다. 아동기에 심한 폭력을 겪었던 사람은 위협을 느낄 때마다 자녀들을 향해 걷잡을 수 없는 폭력성을 보일 수도 있다. 전쟁에 참여했던 사람은 사소한 것에도 불안을 느껴 도망치고 싶은 충동이나 철수하고 싶은 충동을 느낄 수도 있다. 트라우마화된 사람은 자신이 '너무 과한 반응'을 하고 있음을 머리로는 알고 있지만 실제로 적절한 반응을 하지 못한다. 그런 식으로 방어적인 경향성이 끊임없이 돌출되기 때문에 트라우마화된 사람은 충격적인 사건이 없는 현재 상황에 적절히 반응하지 못하게 된다. 얼어붙거나 싸우는 방어 행동이 점점 일반적인 방어 반응으로 자리 잡게 된다. 그리고 트라우마화된 사람들은 자신을 일상적인 도전과제들에 잘 대처하지 못하는 사람으로 인식하게 된다.

방어 반응이라는 용어를 처음 사용한 사람은 파블로프Pavlov다(Van der Kolk, 1987). 파블로프가 관찰했듯이 방어 반응은 자기 보호적이고, 생존 지향적이며, 즉각적으로 행동을 개시하게 한다. 트라우마화된 사람이 트라우마를 상기시키는 대상을 만나 방어 경향성으로 반응할 때, 방어 반응의 기능은 즉각적인 위협에 대한 반응에서 예상되는 위협에 대한 반응으로 전환된다(Misslin, 2003). 실제로 위협에 대응하느라 일어났던 방어 반응은 위협이 예상될 때마다 갖가지 생리적 변화를 동반하며, 지속해서 작동하는 자동 반응으로 전환된다(Czeisler et al., 1976; Sumova & Jakoubek, 1989). 위협이 예측될 때마다 이전의 방어 반응이 튀어나오는 이전의 프레임 속에 갇힌 사람들은 상황에 맞게 행위 경향성을 수정하는 능력이 제한되고 방어 행동을 억제하는 하향식 사고를 하지 못하게 된다. 예컨대, 어린 시절에 성적 학대를 받았던 베라는 성적 학대에 맞서 싸우거나 거기서 도망치려는 모든 시도가 가해자에 의해 제압 당한다는 것을 학습했다. 성인이 된 베라는 권위자인 남성 앞에 서면 반복적으로 얼어붙었다. 얼어붙는 반응이 성인들이 관계를 맺는 직장에서는 적합하지 않음을 알고 있었으며, 상황이 예전과 다르다는 것을 자신에게 아무리 말해 주어도(하향식), 베라는 얼어붙는 반응을 그만 둘 수 없었다. 통찰력과 복잡한 문제를 해결하는 지적 능력, 지금은 위험요소가 없다는 인식, 직장에 기여할 수 있는 유능한 능력이 있음에도 불구하고, 베라는 상사 앞에서 자기 의견을 주장하는 일을 꺼리곤 했다. 회의 시간에 의견을 말해야 할 자리에서도 그녀는 의견을 정확히 말하지 못했다. 베라는 '온몸이 마비되어 숨도 쉴 수 없는' 상태가 된다고 말했다. 몸은 이렇게 말하는데 마음은 다르게 말하는 것 같다고 했다. 그녀는 과거의 트라우마와 관련된 상향식 방어 행위 경향성에 갇혀 있었다.

유연하고 적응적인 기능을 회복하기 위해 방어 반응을 개선하는 것은 치료에서 반드시 필요한 작업이다. 물론 트라우마화된 사람들은 방어를 했는데도 안전하지 못했던 경험이 있는 사람들이다. 허먼이 말했듯이, "행동을 전혀 할 수 없을 때 트라우마 반응들이 일어난다"(1992, p. 34). 트라우마를 겪은 사람은 몸을 움직이지 않기 위해 ─ 얼어붙거나 '죽은 척 하기' 위해 ─ 몸을 적극적으로 가동하는 방어 반응(싸우기나 도망가기)을 포기할 수밖에 없다. 레빈은 "트라우마화된 사람들의 몸을 보면, 위협적이거나 침해적인 사건을 만났을 때 그들이 어떻게 방어했고, 또 어떻게 실패했는지 단편적으로 알 수 있다."(2005, p. 2)라고 말했다. 몸에 관심을 기울여 승리감과 유능감을 재정립할 때 그 실패했던 방어들은 다시 살아나 생명력을 가지게 된다.

치료 과정에서 내담자는 자신의 방어 경향성을 주의 깊게 관찰하는 방법을 배운다. 몸을 알아차림으로써 반응을 촉발시키는 대상과 방어 경향성 사이에 간격을 둘 수 있고, 그 덕분에 몸의 방어 반응을 구성하는 요소들을 더 세밀하게 많이 알아차리게 된다(Kurtz, 1990). 내담자는 트라우마를 입었던 당시에는 비효율적이어서 제쳐놓았지만 이제는 자신에게 힘을 실어 줄 방어 방법을 자주 발견한다. 예컨대, 베라는 얼어붙는 경향성의 소매틱 요소들을 알아차리면서 몸 전체에 긴장이 있고, 특히 다리 긴장이 심하다는 사실을 인식했다. 치료자가 베라에게 몸이 긴장할 때 떠오르는 문장이 있는지 물었을 때, 그녀는 '몸을 움직일 수 없어요'라는 문장이 떠올랐다고 말했다. 그것은 베라가 어린 시절에 성적 학대를 겪었을 때 어쩔 수 없이 보인 적응적인 얼음 반응이었다. 베라가 성적 학대에 맞서 싸웠더라면 더 큰 피해를 당했을 것이다. 치료자가 다리의 긴장에 집중해 보라고 하자, 그대로 따라 해본 베라는 잠시 후 "다리가 도망가고 싶어 하는 것 같아요."라고 말했다. 그것은 성적 학대가 있었던 당시에는 할 수 없었지만, 이제는 베라에게 힘을 실어 줄 수 있는 방어 행동이다. 그것을 발견한 베라는 도망치고 싶은 충동을 더 명확히 짚어냈고 다리의 '힘'도 느낄 수 있었다. 치료자가 베라에게 자리에서 일어나 걸으면서 다리의 힘을 느껴 보라고 권하자, 그녀는 제자리뛰기를 하고 싶다고 말했다. 그 말과 동시에 그녀의 호흡은 깊어지고, 얼굴색이 좋아지고, 눈은 환해졌다. '제자리뛰기'를 하고 난 뒤, 베라는 몸의 다른 느낌에 대해 "제 몸이 제 마음을 따라잡았어요!"라고 말했다. 그것은 강력하고, 활기차고, 살아 있는 느낌이었다. 그녀가 얼어붙는 소매틱 경향성을 알아차리자 능동적인 방어 반응이 다시 살아나는 것을 경험했다. 내담자들은 몸을 알아차림으로써 현재 상황에 부적절하고 비적응적인 상향식 경향성을 줄이고, 동시에 과거에 쓰지 못했던 상향식의 잠재적인 방어를 발견한다. 건강한 치료적 관계의 지원을 받아 과거에 쓸모가 없다고 생각해서 폐기했던 행동들이 실행되어 완료될 수 있다. 신체적 능력을 회복시키면서 말이다.

방어 반응의 구성 요소

포유동물들은 강한 위협과 약한 위협에 모두 적절히 대응할 수 있는 일련의 방어 체계를 갖추고 있다(Cannon, 1953; Fanselow & Lester, 1988). 우리는 일반적으로 방어 반응을 계통발생학에 따라 세 가지 체계로 분류한다. 첫 번째 방어 체계는 주변에 직접 도움을 청하는 방어(애착 관계 체계, 사회적 연결 체계)이고, 두 번째는 몸을 움직이는 동적 방어(투쟁, 도피)이며, 세 번째는 부동적이고 순종적으로 행동하는 부동적 방어(얼어붙기, 무너지기, 죽은 체하기)다.

동물들은 순차적인 패턴을 따르면서 특정한 체계를 통해 자신을 방어한다. 그 방어는 자신을 보호해 줄 수 있는 자원의 활용 여부와 포식자와의 물리적인 거리, 이전에 같은 장소에서 당한 위협의 빈도수에 따라 달라진다(Fanselow & Lester, 1988). 위협의 정도는 포식자에 따라 완전한 안전에서부터 치명적인 공격에 이르기까지 다양하며(Fanselow & Lester, 1988; Nijenhuis & Van der Hart, 1996b; Nijenhuis, Vanderlinden, & Spinhoven, 1998), "공격을 당해 먹이가 되는 동물은 공격 수위가 이 범위 안에서 어느 위치인지를 인식하면 그것에 따라 행동 변화가 일어난다"

(Fanselow & Lester, 1988, p. 187). 동물들은 포식자의 출현이 예상되면 보통 탐험이나 먹이 찾기, 짝짓기, 놀이와 같은 일상 활동을 줄인다. "폭력적인 아버지가 집에 있을 때 아동은 자기 방에만 있거나 집 밖으로 나가 버리는데, 이럴 때 아이들은 다른 동물에게 먹히는 동물과 비슷한 위치에 있을 수 있다"(Allen, 2001, p. 170). 위협의 내재성이 추가로 증가하는 것을 감소시키거나 방해하려는 절박한 시도에서 동적 방어와 생리적 방어에서의 갑작스러운 변화가 나타난다(Fanselow & Lester, 1988). 동물은 포식자를 발견하면 가장 먼저 도망칠 것이다. 집단에서 연약한 동물과 새끼는 울면서 보호자를 찾을 수도 있다. 동물은 탈출할 수 있는 상황인데도 도망치지 못하고 얼어붙는 경우가 더 많은데(Nijenhuis et al., 1998), 특히 포식자가 피식자를 발견하지 못했을 경우에 더욱 그렇다. 어떤 움직임이 포착됐을 때 가만히 움직이지 않고 있으면 발각되지 않을 수도 있고, 포식자의 관심을 다른 곳으로 돌릴 수도 있기 때문이다. 포식자가 먹이에 접근할 경우에는 격렬한 싸움이 일어난다. 방어에 실패했을 때 먹잇감은 축 늘어지면서 꼼짝하지 않는, 생존의 '마지막 수단'인 '죽은 척하기'를 한다. 움직이지 않거나 움직일 수 없는 동물은 병에 걸렸을 수도 있기 때문에 동물은 그것을 먹지 않도록 프로그램화되어 있어서 죽은 척하기는 공격을 멈추게 할 수도 있다(Perry et al., 1995; Seligman, 1975). 형태가 약간 다르기는 하지만 인간도 이와 똑같이 반응한다는 사실에 주목해야 한다.

방어 반응이 늘 순차적으로 일어나지는 않는다. 모든 방어는 개인의 자원과 그 방어 반응들의 이전의 '실효성' 여부와 같은 중요한 변수뿐만 아니라 위협의 내재성 및 특성에 따라 활성화된다. 모든 방어 반응은 일반적으로 확정적이고 원시적이며 완강하다(Nijenhuis et al., 1998; Nijenhuis et al., 1999). 그러나 하나의 방어 반응이 또 다른 방어 반응보다 더 '나은' 것은 아니다. 모든 방어 반응은 특정한 정황에 따라 위협을 줄이는 데 적절하고 효과적일 수 있다. 트라우마 사건이 종료된 후에도 트라우마화된 사람이 고통스러워하는 이유 중 하나는 한 가지의 하부 체계를 사용하는 것이 아니라 그 하부 체계를 과도하게 사용하는 방식을 바꿀 수 없다는 것이다.

관계형 방어 전략: 사회적 연결과 애착

사회적 연결 체계는 교감신경계와 연관된 투쟁이나 도피 반응이 일어나기 이전에 작동되는 첫 번째 방어선을 제공할 수도 있다. 또한, 방어의 다른 하부 체계와 함께 사용하는 것으로 보인다. 2장에서 설명했듯이 사회적 연결 체계는 관계 속에서 위협을 미세하고 정밀하게 인식할 수 있게 한다. 사회적 상황에서 소통은 (표정이나 어조나 몸의 언어 및 움직임을 통해 주고받는) 미묘한 신호들에 의존해 안전성을 평가하는 등 다양하게 기능한다. 대인관계 속에서 인지되는 위협 신호는 사회적 연결 체계를 활용해 상대방의 위협을 조절함으로써 무마시킬 수 있다. 강간을 당할 뻔했던 한 내담자는 사회적 연결 체계를 활용해 "대화로 강간을 막았다."라고 말했다. 그때 교감신경계의 각성이 높아지면서 도망가고 싶은 충동을 경험했다고 한다.

애착 체계는 아동이 위험에 처했을 때 자동으로 작동되는 체계로, 위험한 상황에 빠진 성인들도 그 방어 전략을 가장 먼저 쓰곤 한다. 어린이는 울면서 부모를 부르고, 겁 먹은 전투병이 하는 행동은 다양한 형태로 어머니를 부르는 것이다. 위협을 느낀 성인은 일차적인 애착 대상을 찾기 위해 전화기를 든다. 그러나 트라우마 사건이 일어난 당시에 애착 대상이 주변에 없거나 사회적 연결 체계가 안전을 담보해 주지 못한다면 상황이 더 나빠질 수도 있다. 이런 상황에서는 다른 방어 체계가 작동된다. 투쟁과 도피라는 교감신경계가 연관된 방어가 일어나기도 하는데, 명백한 보호 행위나 도피를 할 때 사용되는 큰 근육들에 더 많은 혈액을 보냄으로써 몸을 가동시킨다. 또 다른 방어 반응인 부동적 방어는 완전히 정지하거나 어딘가에 숨거나 얼어붙거나 순종하는 운동 기능이 결핍된 방어 반응을 말한다.

동적 방어

몸을 동원하는 투쟁 또는 도피 반응이 야기될 때, 정향 반응도 같이 강화된다. 의식의 영역은 오직 생존에 적합한 환경 요소들—위협과 가능한 탈출로—만 포함하고, 그 외의 불필요한 요소들을 제외하느라 좁아진다. 평가하고 반응할 준비를 하느라 위험을 감지하는 청각과 시각, 후각, 촉각은 극도로 날카로워진다(Levine, 1997; Van Olst, 1971). 특정 방어를 지원하는 감정들도 의식의 전면에 등장할 수 있다(Frijda, 1986; Hobson, 1994; Rivers, 1920). 예컨대, 도피 반응에서는 두려움이 지배적이고 투쟁 반응은 분노를 동반할 수 있다.

투쟁과 도피 같은 동적 방어는 교감신경계의 활성화 증가와 그에 따른 신경화학적 신체 반작용을 특징으로 한다. 예를 들어, 행동 준비 단계로 호흡수가 증가하고 큰 골격근에 공급되는 혈액이 증가한다. 방어 체계는 우리가 할 수 있는 반응 중 가장 안전하고 효율적인 반응을 할 수 있도록 경제적으로 디자인되어 있다. 즉, 도피는 탈출할 수 있고 그렇게 해서 위협이 사라질 가능성이 있을 때 우리가 하는 가장 일반적인 반응이다(Fanselow & Lester, 1988; Nijenhuis et al., 1998, Nijenhuis et al., 1999).

부동적 방어는 확실하게 도피할 수 있는 상황에서는 잘 나타나지 않는데, 이는 인간이나 동물은 시행착오를 통해 탈출로를 빠르게 발견할 수 있기 때문이다(Scaer, 2001, p. 16). 큰 근육들이 도피를 준비할 때에는 몸과 마음이 도피에만 집중할 수 있도록 신경화학물질이 쏟아져 나와 통각을 무디게 한다. 팬스로Fanselow와 레스터Lester에 따르면, 동적 방어 반응이 가능한 상황에서 통각 수용기가 무뎌지면 통증으로 인해 '방어를 할 수 없는 상황이 줄어들기 때문에' 생존 가능성은 높아진다(1988, p. 203).

한편, 도피란 위험한 상황에서 벗어나는 것을 말할 뿐만 아니라 안전을 담보해 줄 사람이나 장소를 찾아가는 것을 의미하기도 한다(애착 행동의 기본 전제; Bowlby, 1988). 도피 충동은 내담자의 다리 움직임은 물론 몸을 꼬거나 뒤로 돌리거나 젖히는 것과 같은 사소한 움직임을 통해 표출된다.

도피 가능성이 적은데 위협적인 존재가 다가오면, 약자는 미친 듯이 도망치려 할 수도 있다. 동물의 왕국에서는 포식자가 공격해 오는데 도망칠 수 없으면, 피식자의 태도에 극적인 변화가 일어난다. 피식자는 공격하기 전, 도중, 그리고 직후에 즉각적으로 취하는 '공격적 방어 태세'에 돌입한다(Fanselow & Lester, 1988, P. 202). 피식자는 죄후의 순간까지 빠르게 도피하겠지만 그 처절한 도피가 실패하면 동적 방어인 투쟁을 활성화한다. 먹이는 벗어나려고 할퀴거나 물거나 때리거나 차면서 포식자에게 공격적인 행동을 하면서 싸울 것이다(Fanselow & Lester, 1988; Nijenhuis et al., 1998, Nijenhuis et al., 1999). 투쟁 반응은 특히 피식자가 함정에 빠졌거나 공격받을 가능성이 있을 때, 또는 공격이 오히려 안전을 담보할 수 있는 것으로 보일 때 일어난다. 인간의 경우에도 마찬가지다. 내담자들은 투쟁 충동을 손과 팔과 어깨의 긴장을 통해 알아차리곤 한다. 손에 힘을 주거나 주먹을 쥘 때, 손이나 팔을 들어 올릴 때, 눈을 가늘게 뜰 때, 입을 앙다물 때, 발로 차고 싶을 때, 그것들을 통해서 싸우고 싶은 충동을 확인한다.

한편, 동적 방어는 숙달된 방어 반응의 수많은 패턴을 포함한다. 즉, 기계 작동이나 운전이나 스포츠 경기 등과 같은 신체 활동을 안전하게 수행하는 과정에서 자동으로 학습되고 자발적으로 실행되는 행위 경향성을 포함한다. 이것들은 순수한 투쟁 혹은 도피 반응이 아닌 동적 방어의 하부 체계다. 예컨대, 운전 능력은 더 복잡한 움직임이 필요하다. 사고를 피하려고 브레이크를 밟으면서 동시에 운전대를 꺾는 것처럼, 반복을 통해 생각 없이 실행될 수 있는 학습된 행위 경향성이다.

> 인류 대부분의 경우는 침략의 태도를 취하거나 도망치지 않지만 위험을 피하거나 극복할 수 있는 특별한 종류의 활동, 즉 종종 아주 복잡한 종류의 행동으로 반응한다. 대부분의 위험으로부터 인류는 우리 사회의 복잡한 조건에 노출되어 있고 탈출 수단은 교묘한 종류의 복잡한 활동에 놓여 있다. ……사냥꾼이 총을 겨눌 때 하는 일련의 움직임들이 있는데, 이 움직임들은 그를 생존에 유리한 위치에 놓이게 할 것이다. 충돌 위험이 있는 자동차 운전자와 비행기 조종사는 위험을 피하는 복잡한 움직임을 수행해야 한다(Rivers, 1920).

투쟁과 도피라는 하부 체계를 쓰지 않은 채 잠재적인 어려움을 예상해 수정하는 방어 행동의 다른 예로는, 넘어지려고 할 때나 낙하하는 물체를 막으면서 팔을 들어 올릴 때, 또는 스키를 타고 내리막길을 내려오다가 바위를 피할 때 하게 되는 바로잡기 반응_{righting reflex}이 있다. 많은 스포츠 활동에서 그런 종류의 방어가 자주 쓰인다. 예컨대, 스키나 스케이트보드를 탈 때 안전성을 확보하고 능숙하게 타기 위해서는 학습된 행동과 방어 반사가 자연스럽게 결합하여야 한다. 무술에서는 상대방을 제압하는 것은 물론 상대의 에너지 흐름을 이용해 역으로 상대를 쓰러뜨리는 방식으로 정밀하게 방어 반응을 훈련한다. 실제로 위험한 상황에 부닥친 사람들조차도 자신을 보호하면서도 학습된 행동을 할 수 있다. 예컨대, 전투기 조종사는 자신에게 총알을 쏘고 있는 '적군'뿐만 아니라 전투기 조종과 포격에 필요한 무수히 많은 다이

얼과 장비에도 똑같이 주의를 기울인다.

부동적 방어

동적 방어가 트라우마를 막아 내는 데 완전히 실패하거나 부분적으로 성공할 때, 개인은 트라우마화될 수도 있다. "트라우마화된 사람은 제압당한 채 무력화된다. 즉, 공격적으로 방어하면서 트라우마를 피하는 일을 하지 못하고 또 탈출도 하지 못한다"(Allen, 2001, p. 169). 동적 방어가 생존하는 데 비효율적이거나 최고의 전략이 아닐 때, 부동적 방어는 이를 대체한다(Allen, 2001; Misslin, 2003; Nijenhuis et al., 1998; Nijenhuis et al., 1999; Rivers, 1920; Schore, submitted). 엘럿 니젠휴스Ellert R. S. Nijenhuis와 오노 반 데르 하트Onno van der Hart가 지적했듯이, "[투쟁 또는 도피의 시도는] 신체적으로나 성적으로 학대를 받았거나 아니면 폭력을 목격한 아이에게는 좌절감을 남겼거나 별 쓸모가 없었을 것이다. 어떤 상황에서는 적극적으로 몸을 동원해 방어하는 것이 더 큰 위험을 불러일으키기 때문에 수동적이고 정신적인 방법이 더 적합할지도 모른다"(1999b, p. 50). 그런 상황에서 투쟁 반응은 가해자가 더 폭력적이거나 가학적인 행동을 하게 할 수도 있다. 게다가 가해자보다 더 빨리 달리거나 집 밖으로 도망치는 것과 같은 도피 반응은 어린 아이가 하기에는 불가능한 일이다. 그래서 어린 시절에 만성적인 트라우마에 시달린 내담자들은 어쩔 수 없이 부동적 방어를 할 수밖에 없었고, 트라우마 후 그것을 상기시키는 상황에서 부동적 방어를 계속 활용한다.

부동적 방어를 설명하는 용어로는 얼어붙기freezing, 죽은 척하기feigned death, 얼어붙음freeze, 동물최면animal hypnosis[역주: 개구리, 뱀, 곤충 등의 동물의 몸 일부를 일정 시간 동안 압박하면 그것을 풀어도 움직이지 못하고 가만히 있는 반사적 부동(不動) 현상], 긴장성 부동tonic immobility, 강직 부동cataleptic immobilization, 기절한 척 하기playing possum, 최면상태mesmerism, 투항surrender, 굴복submission, 무너지기collapse, 축 늘어진 부동상태floppy immobility처럼 매우 다양하다. 많은 문헌에서 사용되었던 이 용어들은 동적 방어보다 덜 명확하게 설명되어 있어서 아직도 혼란이 존재한다. 다음은 임상현장에서 관찰했던 부동적 방어에 대한 설명이다. 크게 두 가지로 나뉘는데, 하나는 얼어붙기의 두 가지 유형이고, 다른 하나는 축 늘어져 있는 수동성 또는 죽은 척하기다.

얼어붙기의 1유형과 2유형

얼어붙기를 '경계성 부동alert immobility'으로 설명한 미슬린Misslin(2003, p. 58)에 따르면, 얼어붙기는 눈 동작과 호흡을 제외한 모든 것을 멈춘 상태를 말한다. 호흡수가 증가되지만 그 깊이는 얕아진다(Hofer, 1970). 호흡이 감지할 수 없을 정도로 매우 얕아짐으로써 발각될 가능성도 줄어든다. 동물의 경우, 포식자의 등장에 대처하는 가장 우세한 방어 반응은 얼어붙기로 보인다(Fanselow & Lester, 1988). 인간 세계에서 얼어붙기는 교감신경의 항진과 관련된 것으로 보인다. 즉, 근육이 긴장되어 뻣뻣해지고, 심장 박동이 빨라지며, 감각기관이 예민해지면서 과각성된다. 얼어붙기 상태에서 일어나는 교감신경의 항진은 자극의 위치가 확인되어 평가될 때까지 움직임이 일시적으로 정지되는 정향 반응의 정지 단계와 유사해 보인다. 그러나 얼어붙기는 정향의 정지 단계와 완전히 다르다. 얼어붙기 상태에서는 이미 자극이 위험한 것으로 평가되어 자율신경 반응이 눈에 띄게 활성화된 상태이기 때문이다. 정향 반응의 정지 단계에서도 신체적인 정지가 있기는 하지만 그 단계의 자극은 위험한 것으로 평가되어 있지 않다. 위험한 자극으로 평가되면 얼어붙기 반응이 촉발될 수도 있다. 팬슬로와 레스터는 얼어붙기가 단순히 움직임의 억제만을 말하는 것이 아님을 강조했다. 그들은 "얼어붙기는 기능적이고 통합적인 행동 패턴이다. 정지와 얼어붙기의 관계는 움직임과 도망의 관계와 같다."(1988, p. 192)라고 말했다. 얼어붙기는 쥐가 살아남기 위해 최대한으로 발각되지 않으려고 벽 구석이나 어두운 곳에서 얼어붙어 있는 것처럼 조직화된 방식으로 일어난다.

내담자들은 얼어붙기의 두 유형을 동물이 보이는 것과 비슷하게 묘사한다. 얼어붙기 1유형의 경우, 내담자들은 그 상태에서 주변 환경을, 특히 위협의 단서나 잠재적인 도피로나 방어적인 충동을 잘 알고 있었다고 보고한다. 그들은 충전된 에너지와 긴장을 느끼면서 유사 시에 움직이거나 뛸 준비를 했다고 보고한다. 쿵쾅대는 심장을 부여잡고 움직이지 않은 채 공포에 빠져 있었고, 행동을 개시할 준비를 하고 있었다고 말한다. 얼어붙기 1유형의 독특한 요소는 위험에 대해 평가를 한 뒤에도 여전히 움직일 수 있다고 느낀다는 것이다. 팬슬로와 레스터는 동물이 보이는 얼어붙기 1유형에 대해 "얼어붙기 반응이 실패로 돌아가 [발각되면], 동물은 [혹은 사람은] 바짝 긴장한 채 맹렬히 행동할 준비를 하는 것 같다."(Fanselow & Lester, 1988, p. 202)라고 설명했다. 주로 포식자나 가해자가 멀리 있고, 꼼짝하지 않고 있으면 발각될 위험이 적을 때, 얼어붙기 1유형이 일어난다. 개인은 행동을 취하기 이전에 위험원에 관한 정보를 더 많이 수집하려고 기다린다. 이 경우, 얼어붙기는 동적 방어 이전에 일어나고 싸우거나 도피하는 식의 '폭발적 행동(Fanselow & Lester, 1988)으로 변할 수 있다. 또한 트라우마를 입는 환경 속에서 얼어붙기 1유형은 굴복하는 행동과 함께 일어난다. 그 예로 '긴장하면서 부모의 지시를 기다렸다가 재빠르고 고분고분하게 반응한 다음 다시 바짝 경계하는 자세로 돌아가는' 아이의 '얼어붙은 경계'가 있다(Schore, submitted).

다른 한편, 내담자들은 얼어붙기 2유형을 '마비된paralyzed'이라는 단어를 써서 설명한다. 무서워서 움직일 수도 없었고 숨을 쉴 수 없었다고 한다. 얼어붙기 2유형은 위협에서 탈출할 수 있는 움직임을 전혀 할 수 없는, 함정에 완전히 빠진 것 같은 느낌과 관련이 있다. 어딘가에 갇히거나 마구에 채워지거나 함정에 빠지거나 힘으로 제압 당해 움직일 수 없는 동물도 그와 비슷한 마비의 느낌을 느낀다. 마비된 느낌을 느끼고 난 뒤에는 몸부림치는 행동을 할 수도 있다(Gallup, 1974). E. M. 레마르크(1929/1982)는 얼어붙기 2유형과 관련해 이렇게 설명했다.

이마가 젖어 들고 눈이 축축해지며 손이 덜덜 떨리면서 나는 숨을 가볍게 헐떡였다. 그것은 두려움, 즉 머리를 쭉 내밀고 바짝 엎드려 기어가면서 느끼는 동물적인 두려움일 뿐이다. 모든 노력은 물거품처럼 사라져버리고, 그저 그곳에 엎드리고 싶은 욕망으로 변했다. 사지가 껌처럼 바닥에 붙어버렸다. 나는 헛된 시도를 한 번 해 본다. 그러나 바닥에 엎어져 있는 나는 앞으로 나갈 수 없다(p. 211).

시겔(1999)은 이런 유형의 얼어붙기는 교감신경과 부교감신경의 활성화와 함께 동시에 일어나고, 마비 감각에 동반되는 근육 수축을 초래한다고 주장했다.

죽은 척하기: '전적인 굴복'

모든 방어가 실패로 돌아가면, 죽은 척하기나 축 늘어진 무저항, 행위 정지, 기절이 그 후에 일어난다(Lewis, Kelly, & Allen, 2004; Nijenhuis et al., 1998, 1999; Porges, 2004, 2005; Scaer, 2001; Schore, submitted). '전적인 굴복total submission(Van der Hart, Nijenhuis, & Steele, 2006)'이라고도 불리는 이 투항 상태는 탈출할 가망이 전혀 없는 상황에서 생긴다. 스캐어Scaer(2001)는 그런 상태를 이렇게 설명한다.

불가피하게 식물인간으로 위장한 결과, 빠르게 질주하던 심장 박동은 서서히 느려지고, 혈압은 급격히 떨어지며, 긴장된 근육은 급작스럽게 힘을 잃어 간다. 경계심으로 집중됐던 마음은 적어도 부분적으로는 높은 엔도르핀의 분비 때문에 무뎌지고 해리된다. 기억의 접근과 저장을 할 수 없기 때문에 기억은 상실될지도 모른다(p. 17).

요약하자면, 이 반응은 교감신경이 거의 또는 전혀 활성화되지 않음과 동시에 강한 근육 활동의 억제가 특징이다(Misslin, 2003). 개인은 등쪽 미주신경 긴장도의 급격한 상승과 극심한 저각성 및 무기력 상태를 경험한다(Porges, 2001a; Scaer, 2001). 이 변형된 부동적 방어 반응 상태에서 근육은 얼어붙기 상태에서처럼 뻣뻣하게 긴장된 것이 아니라 탄력 없이 축 늘어져 버린다(Levine, 1997; Nijenhuis et al., 1998, 1999; Scaer, 2001). "축 늘어진 부동'으로 부르는 이 상태에서 '근육은 늘어지고, 눈은 게슴츠레 풀리고, 심장 박동은 느려진다. 얼어붙은 상태에서 아드레날린의 분출로 말미암아 생기는 증상과 정반대이다"(Lewis et al., 2004, p. 53). 호흡은 얕아질 수도 있다. 내담자들은 자주 '최면에 걸린 것 같았다'고 표현하기도 한다. 이런 반응은 통증을 느끼지 못하도록 무감각하게 만드는 내인성 오피오이드(opioids, 역주: 아편과 비슷한 작용을 하는 합성 진통·마취제)의 수치가 상승하는 것과 연관이 있는 것으로 보인다(Lewis et al., 2004, p. 53). 이 굴복의 마지막 단계에서 개인은 통각상실증analgesia이 발생해서 상처 때문에 생기는 통증을 감지하지 못한다. 바로 이것 때문에 많은 내담자가 학대 받는 동안에 전혀 통증을 느끼지 못했다고 보고했을 수도 있다(Van der Kolk et al., 1996). 크리스털Krystal(1988, p. 116)에 따르면, 죽은 척하기라는 반응은 "동물의 왕국에서 전반적으로 그리고 불가피하게 행해지는 복잡한 패턴의 행동양식이고, 나름 고통 없는 죽음을 실행하는 행위"라고 했다.

전혀 저항하지 않는 이 상태는 얼어붙기 상태와 현저히 다르다. 얼어붙기의 두 유형은 모두 극도로 경계하면서 싸움을 하는 상태라면, 죽은 척하기/굴복하기는 완전히 무심한 상태이기 때문이다(Lewis et al., 2004). 일반적으로 정향 반응에서는 감각들이 효과적으로 활용되고, 스캐닝scanning 기제 및 평가 능력 또한 탄력적으로 활용된다. 죽은 척하기/굴복하기 상태에서는 그 반응이 둔해지거나 심하게 손상되는 반면, 얼어붙기 상태에서는 그 반응이 고조된다. 정향 반응이 둔해지면 점차 외부 환경이나 내부 증상에 주의를 기울일 수 없게 된다. 감각상실증anesthesia과 통각상실증analgesia이 생길 수도 있고, 근육과 관절의 반응이 느려질 수도 있다(Levine, 1997; Nijenhuis et al., 1998, 1999; Nijenhuis & Van der Hart, 1999a). 다윈Darwin(1872)은 동물이 보이는 이런 부동 상태를 '가짜 죽음sham death'이라고 했고, 포식자가 근접해 있을 때 생존을 확보하기 위해 죽음을 가장한 것이라고 설명했다(Misslin, 2003).

복종 행동submissive behaviors

복종 행동은 죽은 척하기/굴복하기와는 다르다. 복종 행동은 행위를 수반하지만, 특정 상황에서 생존의 가능성을 최대치로 올리기 위해 복종적이고 순종적으로 행동한다는 특징 때문에 부동적 방어에 속한다. 복종 행동은 '그 목적이 공격적 반응을 아예 하지 않거나 중단시키는 것이기 때문에' 방어적 기능에 속한다고 할 수 있다(Misslin, 2003, p. 59). 복종하는 행동을 할 때 큰 동작에 사용되는 근육들은 공격적이거나 능동적인 행위를 준비할 때와는 달리 별다른 수축이 일어나지 않고, 능동적인 방어 행위도 일어나지 않는다. 이 행위가 일어날 때 신체 움직임의 특징은 비공격적인 행동, 자발적인 복종, 무력한 순종이라 할 수 있다. 복종 행동은 트라우마화된 사람들에게서 흔히 볼 수 있으며, 가해자 앞에서 웅크리기, 머리를 조아리기, 시선을 회피하기, 상체를 숙이기 등이 그 예다. 또한 눈에 덜 띄기 위해 몸을 더 작게 만들어 위협적인 상황에서 노출을 줄이는 것도 포함된다. 나치의 죽음의 수용소에서 생존한 사람들은 복종적인 상태에 대해 '로봇화'라는 용어를 써서 말하기도 하는데(Krystal, 1978), 가해자의 요구에 어떤 생각이나 질문 없이 자발적이고 기계적으로 복종하는 행동을 말한다. 복종 행동은 죽음의 수용소의 생존자들이 보이는 극단적이고 전체적인 수동성에서 더 확실하게 관찰되는데, 그 생존자들은 "몸을 따뜻하게 할 담요나 음식을 더 찾지 않았고, 또 구타를 피하려는 시도도 하지 않았다." (Herman, 1992, p. 85)라고 했다.

트라우마화된 사람들은 만성적으로 학대 받아서 기계적으로 순응하거나 체념하면서 복종한다. 이 복종 경향성이 의식적인 선택의 결과가 아니라 방어 행동의 목적으로 생겼음을 이해하는 것이 중요하다. 예를 들어, 친척 남자에게서 강간을 당했던 한 여자가 뻔히 또 강간을 당할 줄 알면서도 그 남자를 집안으로 들이는 기계적인 행위를 하는 것은 아마도 수없이 많은 위협과 위험을 당하면서 습득한 방어적인 복종 행위일 가능성이 높다. 약탈자나 가해자는 학대에 자동적으로 순순히 따르게 하려고 본능적인 방어 반응을 활용함으로써 상대편이 그런 복종 행동을 하도록 자주 유도한다(Herman, 1992).

트라우마화의 부동적 하부 체계

포지스의 다미주신경론에서는 모든 방어가 무용지물이 될 때 등쪽 미주신경 복합체가 활동을 시작한다고 한다. 특히, 어린 시절에 취약한 발달 단계에서 학대를 받았던 사람들을 비롯해 위협적인 상황에서 사회적 연결 체계나 애착 체계에서 동적 방어를 활용할 수 없었던 사람들은 일반적으로 부동적 방어에 의존한다. 특유의 의존적 상황이나 발달상의 취약성을 감안해 보면 어린이가 청소년으로 자랄 때까지 학대에 순종적으로 반응하는 것은 불가피한 일이다. 어린 시절에 성적 학대를 받았던 피해자들 가운데 능동적으로 저항했다고 보고한 피해자는 거의 없었다(Nijenhuis et al., 1998).

비록 생후 일 년 후반기까지는 얼어붙는 반응이 가능하지 않지만 신생아에게 등쪽미주신경긴장이 증가하면서 저산소증이 일어나는 것이 관찰된다(Bergman et al., 2004; Schore, submitted). 복종 반응의 저각성 상태 때문에 개인은 감정적인 느낌을 피할 뿐만 아니라 주관적인 감정으로부터 멀어진다. "전 거기에 없었어요."와 같은 말은 감정적인 고통과 통증을 줄여 보거나 중단시켜 보려는 시도로 보인다. 내담자들이 자주 이야기하는 것 중 하나가 이인증depersonalization 경험이다. 그들은 몸 밖에 있는 것처럼 말하고, 다른 사람이 되어 멀리서 자신을 바라보는 것처럼 이야기한다. "나는 몸에서 자주 벗어나요. 천장의 균열 속에서 그녀(나, 즉 내담자)를 바라보곤 하죠. 학대를 받는 그녀를 보면 참 안쓰러웠어요. 학대가 멈출 때까지 나는 몸 안으로 들어가지 않았습니다."라고 어떤 내담자는 말했다. 또 다른 사례로, 전투원의 사례가 있는데 이 전투원은 계속 행동하지만 몸과는 분리된 상태다.

> 제 마음은 몸을 벗어나 앞으로 쭉 전진해 언덕 위에 섰습니다. 그곳에서 마음은 참호 바닥을 메우고 있는 널빤지들과 그것들이 부서져 드러난 진흙 위를 몸이 휘청거리며 뚫고 지나가는 것을 흥미롭게 지켜보고 있었습니다. 독일군의 포탄이 날아오자 몸을 수그리는 것이 보였습니다. 가까이에서 잠복한 아군의 소구경 포대가 발포를 시작하자 바짝 엎드리는 것도 보았습니다. 저는 제 몸이 포병들과 이야기하는 것을 보았는데, 상반신을 벌거벗고 있던 포병들은 총에 탄환을 장전하고 방아 끈을 잡아당겼습니다. 그러고는 발포 후 반동을 피해 몸을 재빨리 움직였습니다(Cloete, 1972, p. 242).

실제로 탈출할 수 없다고 결론지었을 때, 부동적 방어는 고통이 더 심해지는 것을 막아 주는 생리적 · 심리적 조치가 된다. 앞에서 우리는 트라우마를 다시 경험하게 만드는 과각성 때문에 생긴 해리 상태와 (저각성의) 주관적 마비와 복종으로 생긴 해리 상태를 구분했다. (현재 경험을 생생하게 하지 못하게 하는) 과각성의 플래시백도 사실 해리 증상이지만 그것은 굴복적인 방어에서 나타나는 해리 증상과는 현저히 다르다. 과각성 때문에 생긴 플래시백은 주관적인 감정의 고조와 몸 감각 알아차림이 고조된다. 그에 반해, 저각성과 관련된 굴복적인 방어는 주관적인 감정의 둔화와 체성감각 각성의 약화를 수반한다(Van der Hart et al., 2006).

방어 반응의 단계

방어 하부체계가 연루됐을지도 모를 단계들의 순서를 설명하는 과정에서 번개처럼 빠르고 복잡한 본능 체계를 지나치게 단순화했다. 그 단계들과 연루된 순서는 다를지도 모른다. 또 어떤 단계는 사건의 특별한 변수에 따라 그리고 개인의 원천과 환경에 따라 생략되기도 한다.

이전 장에서 사례로 들었던 19세의 대학생 도로시의 사례를 들어 방어 체계 단계를 설명해 보자. 도로시가 침입자를 위험 인물로 평가하면서 정향 반응을 한 시점부터 이야기를 시작해 보자. 수많은 자료(Allen, 2001; Fanselow & Lester, 1988; Levine, 1997; Misslin, 2003; Nijenhuis et al., 1998, 1999; Pavlov, 1927; Porges, 2003; Schore, 1994, submitted; Siegel, 1999)와 임상 경험을 토대로 다음과 같이 단계를 구분했다.

- 각성의 뚜렷한 변화
- 정향 반응의 심화
- 애착 체계와 사회적 연결 체계
- 동적 방어 전략
- 부동적 방어 전략
- 회복
- 통합

1. 각성의 뚜렷한 변화 자극이 위험한 것으로 평가됐을 때 순식간에 각성의 변화가 자동으로 일어나는데, 대체로 각성이 고조된다. 예를 들어, 낯선 이에게 위협적인 동기가 있음을 드러내어 주는 시각적인 자극물을 발견했을 때 도로시는 자신이 위험에 처했음을 인식했다. 그 남자가 칼을 빼들면서 도로시에게 가까이 접근했기 때문이다. 처음에 그 남자의 발소리를 인지했을 때 도로시는 약간 각성되었고 호기심에 찬 가벼운 흥분을 느꼈는데, 그것들은 곧 갑작스러운 두려움과 각성의 상승으로 변했다. 아드레날린이 분출되면서 생기는 감각−심장 박동의 증가, 머리털이 '쭈뼛 서는' 것 같은 감각 등−은 모두 교감신경계가 투쟁 혹은 도피와 관련된 운동 신경의 활동을 방어적으로 준비하고 있음을 나타내는 증거들이다.

도로시는 어린 시절에 학대를 받지 않았지만, 그런 과거가 있는 사람들은 같은 상황에서 부동적 방어인 굴복적인 태도를 보이고, 즉각적으로 저각성 상태가 될지도 모른다. 특히, 굴복적인 자세가 위협에 대한 습관적인 우세한 방어 반응이었다면 더욱 그럴 것이다. 그들은 학대 받은 경험을 통해 동적 방어가 안전을 확보해 주지 못한다는 것을 배웠을 것이다.

2. **정향 반응의 심화** 위협이 닥치면 정향 반응은 방어 반응과 떼려야 뗄 수 없는 관계가 되고, 정향의 많은 요소가 강화된다. 내면 경험에 대한 알아차림과 상관없는 외부 대상들이 서서히 뒤로 밀리면서 위협을 당하는 사람은 위협의 자극에만 강렬하게 초점을 맞춘다. 홉슨(1994, p. 161)은 이렇게 설명했다. "경계 상태가 되면 우리의 뇌-마음이 고도로 활성화되기 때문에 우리는 데이터를 더 빨리 처리할 수 있고, 더 정밀하게 평가할 수 있다. 그와 동시에 정향의 초점도 더 정확하게 된다." 생리적 각성이 높아지면 두려움과 같은 감정이 동시에 생긴다. 그러면서 생존 가능성을 최대로 높이기 위해 정향 경향성과 감정과 주의가 적응적으로 상호작용을 한다. 무히카 파로디와 그린버그와 킬패트릭(Mujica-Parodi, Greenberg, & Kilpatrick, 2004)은 상호작용에 대해 다음과 같이 요약했다.

> 감정적 각성은 유기체로 하여금 정향 반응을 고조시킴으로써 눈앞의 위험에 대비하게 하고, 그것을 통해 유기체는 위험의 근원지를 집중적으로 탐색할 수 있게 된다. 유기체가 위험의 근원으로 정향을 시작하면 감정적 각성은 그 정향의 주의력을 더 강화하고, 지엽적인 정보량을 줄이면서 위험의 원천과 상관없는 자극에 대한 관심을 줄인다(p. 1).

감각적 각성이 높아지면서 도로시가 두려움을 느꼈을 때, 그녀의 감각과 관심은 위험 소지가 있는 대상으로 집중됐다. 예컨대, 의식의 영역은 좁아지고 그 수준은 높아졌다. 도로시는 눈앞에 보이는 잠재적 위험과 방어 및 생존의 가능성을 향해 정향하면서 그 외의 것들은 전혀 의식하지 못했다. 경계의 1유형인 얼어붙기 상태에서 도로시는 전혀 움직이지 않은 채 어떤 행동을 해야 할지 선택을 고민하고 있었다. 근육은 행동 개시를 기다리면서 수축한 상태였고, 눈은 낯선 남자와 그가 들고 있는 칼에서 떠나지 못했다. 명료한 사고가 가능했던 도로시는 문 밖으로 나가는 것과 전화기를 집어 드는 것 사이에서 어떤 것이 가능할지 재빨리 평가해 보았다. 죽은 척하기 경향성과 굴복적인 방어 경향성을 가진 사람들은 그 반대의 경험을 했을지도 모른다. 정향의 약화가 일어나고 저각성 상태가 되어 지각력이 둔화하고 의식의 수준도 낮아질 수 있다.

3. 애착 체계와 사회적 연결 체계 정향 체계가 정보를 다 수집한 뒤 위험 수준이 평가되면 명시적인 방어 행위와 보호 행위가 시작된다. 앞에서 이야기했듯이, 위협에 대한 첫 방어선으로 소리를 쳐서 도움을 요청하는 애착 체계가 활성화되거나 가해자와의 협상을 시도하는 사회적 연결 체계가 활성화될 수도 있다. 소통을 먼저 함으로써 교감신경의 활성화를 억제하는 작용이 사회적 연결 체계의 기능이지만, 어떤 경우에는 개인이 잠재적 가해자와 협상을 시도하기도 전에 몸이 동적 방어를 활성화하기도 한다(이것은 실제 상황에서는 방어 반응의 단계들이 단선적인 구조로 일어나지 않는다는 것을 보여 준다. 필요시 다른 방어 전략들이 활성화되기도 한다.). 처음에 도로시는 가해자와 대화를 시도하면서 친구들이 곧 올 예정이니 잡히기 전에 빨리 떠나라고 경고했다.

4. 동적 방어 전략 포지스가 다미주신경론에서 언급했듯이 사회적 연결이 실패했을 때, 그다음의 방어선은 교감신경계가 중재하는 투쟁 또는 도피 반응이다(앞에서 언급했듯이 교감신경계가 중재하는 얼어붙기의 1유형은 가동적 반응 이전에 생기는데, 그때 위협물은 멀리 떨어져 있는 상태다.). 도로시가 침입자를 대상으로 상호작용을 시도했는데도 불구하고, 침입자는 칼을 휘두르면서 점점 더 다가왔다. 도로시는 침입자가 문을 막고 있어서 탈출로가 차단됐음을 알아차렸다. 그녀는 칼을 빼앗거나 소리를 질러 도움을 청할까 하는 생각을 해 보았다. 순식간에 수많은 생각이 지나갔다. 침입자가 칼을 겨누면서 자신에게 다가오자, 도로시는 맞서 싸우기 위해 몸을 움직였다. 두 팔을 들어 올린 뒤 세차게 그의 팔을 내리쳐 옆으로 밀어냈다. 칼이 그녀의 어깨를 스쳤다. 몸싸움이 잠시 있고 난 뒤, 형세가 전환됐다. 도로시가 안간힘을 써 칼을 치워낸 결과, 이제 칼은 그의 목을 향해 겨눠졌다. 그러자 낯선 침입자는 도망갔다.

5. 부동적 방어 전략 앞에서 언급했듯이, 도로시가 썼던 것과 같은 동적 방어가 비효율적으로 보이거나 위험한 상황을 더 위험하게 하는 것으로 보일 때 부동적 방어가 쓰인다. 일반적으로 부동적 방어는 신체적인 행동 전체가 아니면 부분이 중지되는 것을 뜻하지만 앞에서 설명했던 것처럼 부동 1유형과 2유형 사이에는 큰 차이가 있다. 이전에 트라우마를 겪은 적이 없었다고 보고한 도로시의 경우, 그녀는 어떤 행동을 취할지 결정할 때까지 부동적으로 있었던 얼어붙기의 1유형을 제외하고는 부동적 방어를 쓰지 않았다. 또 다른 내담자인 페트라는 어린 시절에 꽤 오랜 기

간 동안 오빠에게 성폭행을 당한 적이 있었다. 그 시기의 전반부에 그녀가 할 수 있었던 유일한 방어는 저각성을 동반한 굴복이었다. 그녀가 보고하길, 학대를 받은 동안 '아무런 느낌이 들지 않았다'고 했다. 즉, 그 당시에 감정적인 반응을 하지 않았고, 그 사건에 대해 대부분 기억을 잃었다고 했다. 수년이 지난 후, 페트라는 어려운 상황에 부닥칠 때마다 본능적으로 굴복적인 반응을 보였다. 어쩔 수 없이 장기간 당할 수밖에 없었던 트라우마의 결과, 도로시라면 사회적 연결 체계를 이용해 쉽게 해결해 낼 (예: 월급을 인상해 달라는 요구) 일상적인 어려움에 페트라는 부동적 방어로 대응했다.

6. 회복. 위협 상황이 종료되고 가해자가 가까이 없을 때 회복이 진행된다. 그런 의미에서 회복은 근본적으로 방어이고, 일상적인 활동으로부터의 이탈을 의미한다(Fanselow & Lester, 1988). 바로 그때부터 개인은 생리적으로, 심리적으로 회복 단계로 들어간다. 생리적인 회복은 단계적으로 각성이 낮아져 최적의 상태가 되고, 방어하느라 활성화됐던 몸의 체계가 탈활성화되면서 시작된다. 굴복적인 반응이나 미주신경의 반응이 주 방어 반응이었다면, 회복은 저각성 상태에서 최적의 각성 상태로 상승하면서 일어난다. 그와 반대로 부동 상태를 동반하는 과각성 반응이었다면, 신체적 활동을 통해 에너지가 방출됨으로써 각성이 최적의 상태로 돌아가는 것을 자주 목격한다. 예를 들어, 공포 영화를 보는 것과 같은 자극적인 활동을 했을 경우, 가벼운 걷기, 운동, 춤과 같은 활동을 함으로써 각성이 원래의 기준치로 돌아가는 것을 볼 수 있다. 깜짝 놀랄 만한 상황에서 교감신경에 의해 중재되는 방어가 활성화되면, 통제 불가능한 떨림이 야기되면서 동시에 투쟁 혹은 도망으로 소비되지 못한 에너지가 부분적으로 '방출'될 수도 있다(Levine, 1997). 몸의 떨림이나 진동은 트라우마 결과로 생존자들이 보이는 일반적인 반응이다. 레빈(1997)은 위험에서 벗어난 동물들도 모두 진동이나 떨림 반응을 한다고 말했다. 인간의 감정적 카타르시스는 몸의 떨림과 큰 소리로 울고 싶은 욕구를 수반한다. 트라우마 영향으로 사회적 연결 체계와 애착 체계도 자극을 받을 수 있다. 대부분의 사람은 트라우마 경험을 누군가와, 특히 애착 대상과 나누고 싶은 충동을 느낀다.

임상적으로 우리는 트라우마를 입었을 때 동적 방어를 했거나 교감신경계가 중재하는 얼어붙기 반응을 했던 내담자들이 사건 종료 후에 떨림과 진동을 경험했거나 심리치료 시간에 트라우마 사건에 대해 이야기할 때 몸이 덜덜 떨리기 시작했다는 보고를 자주 들었다. 도로시는 가해자에게 맞서 싸워 이겼음에도 불구하고 경찰에 전화해 신고할 때뿐만 아니라 사건의 전말을 나중에 언니에게 설명할 때에도 계속 몸을 떨면서 울먹였다. 반면에, 페트라는 근친 성폭력에 대해 거의 기억하지 못했기 때문에 자신에게 일어난 일에 대해 말할 수 없었고, 또 그렇게 하려는 시도는 저각성과 관련된 방어 반응을 불러일으켰다. 페트라는 초기 치료 회기에서 트라우마 사건에 대해 거의 기억하지 못하는것을 알게 됐을 때, 폭행을 당한 후 멍하게 체념한 것처럼 마비된 느낌으로 있었다고 모호하게 보고했다.

트라우마 사건이 종료된 후 심리적, 생리적으로 회복되려면 각성이 최적의 수준으로 재조정되고 회복되어야 한다. 회복기에 관심의 초점은 위협에서 상처로 이동한다. 그때부터 일반적으로 휴식 행위와 치유 행위가 시작된다(Fanselow & Sigmundi, 1982). 위협이 종료되자마자 통증을 느끼지 못하게 하는 체계의 활동이 멈추면서 통증을 경험하게 된다. 따라서 아픔을 유발하는 자극이 다시 느껴지기 시작하고, 회복 행위가 재개된다(Fanselow & Lester, 1988). 동물의 세계에서는 대개 회복이 고립적으로 진행되지만 인간은 신뢰할 만한 사람에게 연락하거나 의료적 도움을 청한다. 아주 흥미로운 사실은 트라우마에서 완전히 회복될 때까지 일상에서 발휘했던 역량과 활동을 전부 다 재개하지 않는다는 것이다. 아직은 이 회복 단계에서 위험이 증가할 소지가 있기 때문이다(Fanselow & Lester, 1988). 만성적으로 일어났던 트라우마 사건의 경우, 이 단계에서 가해자가 다시 학대할 수도 있고 희생자의 악화된 취약성을 이용해 희생자를 착취할 수도 있다.

사건 후, 언니에게 즉시 와 달라고 요청한 도로시는 언니와 함께 경찰서로 전화했다. 그러나 페트라가 경험했던 어린 시절의 성적 학대로부터의 회복은 현저히 달랐다. 페트라는 수치심을 느꼈고, 그 학대가 자기 잘못 때문에 일어났다고 생각했다. 그래서 그 일에 대해 아무에게도 말하지 않았고, 상처를 치료하기 위한 물리적인 도움도 받지 않았다. 오빠와 함께 있었던 지하실에서는 아무 일도 일어나지 않았던 것처럼 일상적인 활동을 재개하면서 성기에 통증이 없다고 혼잣말했다. 사실은 몸에 대해 생각하는 것조차 멍청한 짓이라고 혼잣말했다. 회복 단계를 완료할 수 없으면 종종 '상처 핥기licking the wounds(소진의 느낌과 회복되지 않은 채 오랜 기간 침대 속에 있는 느낌)' 라는 만성적인 상태가 되거나 몸이나 자아를 돌볼 능력이 없는 상태가 된다.

7. **통합** 트라우마가 너무 크거나 만성적인 것이라면 당사자는 회복 단계까지 오지

못하고 시간이 지나도 자신에게 있었던 일을 통합하지 못한다. 통합 대신에 상처 받은 자기 혹은 겁에 질린 자기를 구획해 분리해 버린 후 아무 일도 없었던 것처럼 행동한다. 앞에서 설명했듯이, 심각한 트라우마로 생긴 장애의 특징인 이 해리적 구획화는 트라우마화된 당사자의 통합 능력이 훼손되었음을 알려 준다(Janet, 1907).

통합 단계는 회복 단계보다 시간이 더 오래 걸린다. 개인의 과거사와 역량과 지원체계뿐 아니라 위협의 심각성 정도, 사용했던 방어의 종류와 성공 여부, 회복의 정도에 따라 다양하다. 통합은 신체적으로는 물론 정신적으로도 트라우마의 경험을 완전히 소화하는 기나긴 재조직 과정이다. 그것은 트라우마 영향을 '후처리postprocessing' 하는 것을 포함한다. 즉, 생존과 관련된 강력한 '스트레스' 장치에 대해 배우고 정교하게 다듬어서 통합한 다음 꺼버리는 과정이다(Shalev, 2001). 모든 중요한 사건, 특히 트라우마 사건은 "우리 각자가 끊임없이 일구는 삶의 역사에 그리고 각자의 인격의 본질적인 요소인 삶의 역사에 자리를 잡아야 한다"(Janet, 1925, p. 662).

사람들은 심오한 방식으로 트라우마 경험을 변화시킨다(Herman, 1992; Janoff-Bulman, 1992; Rieker & Carmen, 1986; Van der Kolk, 1996a). 동적 방어 체계가 효과적이었고, 그 덕분에 트라우마 사건을 성공적으로 처리했더라도 종종 더 이상 사건 이전에 느꼈던 방식으로 느끼지 못하게 된다. '할 수 있거나 할 수 없다'라는 주관적인 느낌은 자기를 보호하고 도피하려는 방어적인 시도가 성공하느냐 실패하느냐에 따라 커질 수 있다. 반데르 콜크는 "탈출 가능한 곳에서 받은 충격의 생리적·행동적 후유증은 탈출할 수 없는 곳에서 받은 그것과 완전히 반대다."라고 지적했다(1987, p. 67). 피할 수 없는 트라우마는 회복탄력성을 저해하지만, 탈출 가능한 상황에서의 동적 방어는 효과를 지속적으로 발휘한다. 위협적인 사건을 성공적으로 다루었던 경험은 탄력적인 회복을 가능하게 하고, 통합 능력도 강화한다.

위험에 잘 대처한 결과로, 충만함, 감사, 안심, 기쁨, 즐거움, 낙관주의 등 긍정 정서가 생길 수 있다. 이전에 언급했던 재닛(1919, 1925)의 '승리의 단계stage of triumph'에서 그가 완료된 행위라 부르는 '즐거움' 감각의 경우에는 동적인 방어가 성공한 것에 대한 '즐거움'이 포함되어 있다. 동물에 관한 연구는 동물이 피할 수 있는 트라우마를 당했을 때 스트레스에 대한 저항력이 향상되고, 인간처럼 회복탄력성을 더 강하게 보여 준다는 이론을 뒷받침한다. 또한 재닛(1919, 1925)은 '받아들임resignation'의 필요성에 대해 말했다. 트라우마를 있는 그대로 수용하고, 그 사건의 돌이킬 수 없는 결과를 받아들이고, 그 사건이 초래한 모든 손실도 받아들이는 것에 대해 말했다. 이 모든 것은 통합 과정의 일부분이다. 받아들임은 개인이 과거와 '화해하는' 통합의 중요한 요소다.

통합 과정은 여러 단계로 구성된다. 도로시는 성공적으로 방어하기는 했지만 사건이 종료된 뒤에 악몽과 플래시백에 시달렸다. 또한 비슷한 폭력 장면이 있는 영화나 여성에 대한 폭력 뉴스, 가해자가 입은 재킷과 비슷한 재킷처럼 이전에는 중립적인 자극제였던 것들이 불안 수치를 갑자기 높인다는 것을 발견했다. 그 증상들이 일을 못할 정도로 심각한 것은 아니었지만, 그녀는 수년이 지난 후에도 자신이 경험했던 것과 비슷한 폭력 장면이 있는 영화나 뉴스를 볼 때마다 가끔 어쩔 줄 모르겠다고 보고했다.

도로시의 트라우마가 어렵지 않게 통합될 수 있었던 이유는 '침착하게' 공격에 맞서 싸워 결과적으로 성공했다는 자신감 덕분이었다. 도로시는 자신감을 키우고 물리적 방어력을 강화하려고 어려운 무술 클래스에 등록했다. 무술이나 신체 운동을 통해 방어 움직임을 실제로 해 보는 과정은 치유가 용이하게 일어나는 회복의 내적 감각에 일조한다. 자기 방어 훈련을 통해 "생존자는 위험에 대한 정상적인 생리적 반응을 재구성할 기회와 트라우마 때문에 산산이 부서진 '행위 체계'를 회복시킬 수 있는 기회를 얻게 된다"(Herman, 1992, p. 198). 시간이 흘러 트라우마 사건의 재조직과 통합이 진행됨에 따라 도로시는 공격 받을 당시의 공포가 아니라 상황을 역전시켜 가해자를 쫓아냈던 지점에 초점을 맞추게 되었고, 그 결과 더 큰 신뢰와 확신으로 사건에 관해 이야기할 수 있게 되었다.

이와 반대로, 페트라의 경우 굴복적인 방어가 습관적인 반응 패턴으로 자리 잡음으로 인해 그녀의 심신 상태는 성적학대의 후유증으로 악화되었다. 페트라는 모든 것이 '붕괴되는' 느낌을 끊임없이 느꼈다. 또 사소한 스트레스에도 바로 '포기'해버리는 경향성이 생겼고, 열정과 삶의 기쁨을 느끼지 못했으며, 미래에 대한 방향성도 없었다. 그녀의 저각성 경향성은 성인이 된 후에도 계속 나타나서 심리적, 직업적, 사회적으로 자신의 가능성을 펼치는 것을 지속해서 방해했다. 페트라는 도로시와 완전히 다른 반응을 보였다. 그녀는 자신감과 승리감이 아닌 수치심과 마비를 경험했다. 경험을 통합하기 위한 적극적인 조치를 하는 대신에, 그녀는 굴복이라는 부동적 방어를 취해 저각성 상태가 되어서 회복 능력과 통합 능력을 동원하지 못했다.

불완전하거나 비효율적인 방어 반응

한 개인의 안전과 보안에 대한 주관적인 경험은 "그가 가진 힘을 신뢰할 수 있는 정도에 따라 달라진다"(Krystal, 1988, p. 157).' 트라우마화된 상황에서 개인은 힘의 보호를 받지 못했다(Cole & Putnam, 1992; Herman, 1992; Janet, 1925; Levine, 1997, 2004; Pearlman & Saakvitne, 1995; van der Kolk, MacFarlane, et al. 1996). 너무 큰 트라우마여서 얼어붙거나 굴복하는 것 외에 별다른 방법이 없을 때, 방어 체계는 해체되기 시작한다. "저항하거나 탈출하지 못했을 때, 그의 자기 방어 체계는 압도되어 혼란에 빠지게 된다. 위험에 대한 일반적인 대응 요소들은 모두 쓸모없게 되고, 위험이 종료된 후에도 오랫동안 변형되거나 과장된 상태로 지속하는 경향이 있다"(Herman, 1992, p. 34). 트라우마와 관련된 질환을 영속시키는 공통 요인은 부적응적인 정향 반응뿐 아니라 변질된 방어 반응이 수십 년간 지속되기 때문이다. 습관적으로 중단되는, 혹은 비효율적인 일련의 방어 움직임이 트라우마 증상의 유지에 큰 영향을 미쳐 치료를 방해한다는 것은 감각운동적 심리치료의 기본 관점이다. 그 방어 움직임들이 자아의 다른 측면으로부터 해리되면 그것들은 개인의 현재 삶과 경험으로부터도 분리된다.

방어 하부체계의 지속은 다양한 방식으로 생긴다. 감각상실증과 통각상실증처럼 신체형 증상은 대개 동물적 방어와 관련이 있다(Nijenhuis et al., 1999). 반 데르 하트 등(2000)은 "제1차 세계 대전에 참전한 많은 군인이 보이는 신체형 해리 증상은 부분적으로 신체적 통합성의 위협 앞에서 갑작스럽게 꼼짝 못하는 몸의 부동성에서 기인한다. 그러한 부동 상태는 신체형 증상들과 함께 만성적이고 동물적인 방어 상태, 특히 얼어붙기를 유발한다."라고 추측했다. 트라우마 후 자주 얼어붙는 사람은 대체로 '덫에 갇힌' 느낌을 느끼면서 잠재적인 위협 앞에서 아무것도 할 수 없는 것처럼 보인다. "탈출할 수 없는 위험 앞에서 굴복하는 것과는 대조적으로, (얼어붙기)…… 과민한 상태의 만성적인 지속과 깜짝 놀라는 경향성과 빈번한 공황상태와 관련이 있다"(Krystal, 1988, p. 161). 얼어붙기가 교감신경에 의해 중재되는 과각성을 수반하기 때문에 트라우마 후에 자주 얼어붙는 사람들은 2장에서 설명했던 과각성 특징을 지닌 증상을 보이면서 쉽게 과각성될 수 있다.

부교감신경에 의해 중재되는 굴복적인 방어를 활용한 사람들은 저각성 상태가 되기 쉽다. 페트라는 불안감이 찾아오면 근육 긴장이 감소하는 '멍한' 상태에 들어간다. 그녀는 자신이 청소년기를 비롯해 초기 성인기에 남자들에게 성적으로 '굴복적'이었다고 말했다. 감정적으로 혹은 신체적으로 학대를 하는 남자와 사귀면서 그녀는 맞서 싸우거나 도망치지 못하면서 어린 시절에 '효과가 있었던' 굴복적인 반응을 했다. 그녀의 반응은 피할 수 없는 고통을 반복적으로 당했던 동물들에게서 발견된 것과 비슷한 것이었다. 그런 동물은 고통스러운 상황이 닥쳤을 때, 그것에 적극적으로 저항하는 대신에 땅에 엎드려 낑낑거리면서 무력하게 굴복하곤 한다(Seligman, 1975). 페트라는 학대가 끝나기를 기다리면서 자신에게서 해리된 채 말없이 있었다.

얼어붙기나 굴복 혹은 굴복적인 행동처럼 부동적 방어를 주로 썼던 내담자들은 대체로 통제의 내부 중심지를 잃어버린다. 트라우마화된 사람들은 "이전의 성격을 되찾지 못하고 복종적이고 노예 같은 성격을 갖게 되며 독자적으로 행동하는 능력이 손상된다"(Krystal, 1988, p. 157). 상향식 부동적 방어 반응의 결과로 그런 손상이 생긴다는 것을 모르는 그들은 수치심을 느끼면서 자신을 부족한 사람이라고 생각할 수 있고, 자신감이 부족한 자신을 탓할 수도 있다. 페트라처럼 본능이 주도하는 부동적 방어가 자신의 주요한 방어임을 알지 못하는 내담자들은 자신의 방어가 자발적이고 의도적인 선택이라고 생각해서 자신을 비난한다. 그 결과, 자기 귀인과 자기 비난은 부동적 패턴을 더욱 공고히 한다. 자기 자신이나 자신의 몸을 신뢰하는 감각을 느끼지 못하는 내담자는 자신을 습관적인 반작용과 동일시하게 된다. 즉, 부동적인 반응을 '현재의 자신'이라고 경험한다.

트라우마화된 사람들의 경우, 부동적 방어가 지배적인 반응이어서 적응적으로 기능하기 힘든 반면에, 다른 사람들의 경우에는 동적 방어가 활동 과잉이라는 방어 반응 형태로 지속할 수 있다. 재닛은 투쟁으로 대응했다가 실패한 결과, 그 반응이 어떻게 극단적으로 변하는지 분명하게 묘사했다. "어떤 환자들은 분노를 전혀 숨기지 않고 드러낸다. 손으로 때리고, 할퀴고, 입으로 물어뜯는다. 그리고 그들의 비명은 정말 위협적이다. ……그들의 특징은 팔을 앞으로 쭉 뻗은 채 방어하면서 몸은 뒤로 빼는 것이다"(1907, pp. 102-103). 우리가 만난 내담자들은 대부분 그런 극단적인 모습을 보이지 않았지만 재닛이 묘사한 것의 미묘한 버전을 보게 된다. 대부분 내담자는 감정적으로 반응하거나 분노하거나 폭력적으로 되기 쉽고, 작은 도발에도 분노의 폭발을 경험한다. 그 분노 경향성은 투쟁 반응이 통합되지 않아서, 그리고 트라우마 상황에서 분노가 억눌러서 생긴 것일 수 있다. 그 때문에 분노는 "깊숙이 숨어 [그 사람이] 미래에 적응하는 데 영구적인 문젯거리가 될 수 있다"(Krystal, 1988, p. 165). 도망이나 피하는 것과 같은 도피 행동은 트라우마 사건이 종료된 뒤에도 지속적으로 활용될 수 있다. 전쟁—신경증shell-shock'을 앓는 참전 군인들은 날아가는 물체를 머릿속으로 상상하면서 숨는 행위를 수년간 지속한다고 한다. 또 세계무역센터에 비행기가 충돌하던 날, 그 건물에 있었던 일부 내담자들은 비행기가 머리 위로 날아갈 때마다 숨을 곳을 찾기 위해 뛰거나 위험에서 벗어나기 위해 발버둥 치는 악몽을 자주 꾼다고 한다. 이처럼 동적 방어도 트라우마 사건이 종료된 뒤에 오랫동안 지속할 수 있다.

결론

정향 반응과 마찬가지로 방어 반응은 환경의 위험 성격과 상황 등을 고려해 일어나는 심리생물학적 반응 체계에 의해 통제된다. 또한, 인간에게는 특정 상황에 대한 방어 반응을 미세하게 조정해서 사전 학습과 판단을 가능하게 하는 인지적 요소가 있다. 우리는 자동차를 운전할 때 혹은 스케이트보드나 스키를 탈 때 혹은 단순히 횡단보도를 건널 때까지도, 이런 방어 체계의 조정을 통해 안전을 보장하는 신체적 기술을 발달시킬 수 있다. 안전성과 균형성과 방향성을 확보하기 위해서는 정향과 현재 도전 상황에 대한 평가를 통한 지속적인 운동신경의 조정이 필요하다. 안타깝게도 트라우마화된 내담자는 사소한 스트레스나 트라우마를 상기시키는 것에 반응해 트라우마 사건이 일어났던 당시에 습관적으로 사용했던 방어를 부적절하게 사용하기 쉽다. 내담자는 감각운동적 심리치료의 개입을 통해 처음으로 자신의 부적응적인 방어 반응을 단순한 생리학적인, 그리고 습관적인 현상으로, 또는 '생존 자원', 즉 이 위험한 세상에서 생존하기 위한 진화의 유산으로 관찰할 수 있게 된다. 내담자가 깨어 있는 의식 상태에서 방어적 경향성을 탐구할 때 자연스러운 현상이 일어난다. 동적 방어 반응이 나타나기 시작하는 것이다. 즉, 턱과 팔과 주먹이 팽

팽히 조이면서 긴장하는 상태, 말하고 싶거나 소리 지르고 싶은 느낌과 동반된 목의 감각이 나타나기 시작한다(11장 참조). 트라우마의 회상과 함께 몸이 원하는 것을 관찰하면서 섬세하게 작업함으로써 새로운 반응의 가능성이 출현하고, 트라우마를 겪는 동안 막 시작된, 현재에 더 적응적이며 유연한 방어 반응들을 개발하도록 준비시킨다.

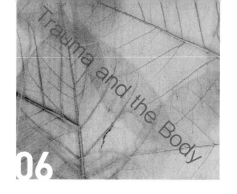

적응:
행위 체계 및 경향성의 역할

우리의 경험에는 고요히 사색하거나 최고의 실적을 낼 때 정신적 행위뿐만 아니라 모든 신체적 활동까지 포함된다. 석양을 보는 수동적인 경험(하나의 감각적·인지적·정서적 사건)도 운동체계의 뉴런을 활성화한다. 인지적·감정적·감각운동적 반응은 진화 과정에서 생긴 정신생물학적인 행위 체계action systems 덕분에 행위 경향성으로 조직되고 형성되는데, 그것은 (1) 후성적으로epigentical 프로그램화되어 있고, (2) 고전적인 조건부여(역주: 무조건 자극과 조건 자극을 결합하여 조건 자극만으로 반응을 유발할 수 있을 때까지 이를 반복적으로 행하는 조건 부여), (3) 자기 조직화, (4) 자기 안정화에 민감하고, (5) 본질적으로 적응적이다(Cassidy & Shaver, 1999; Nijenhuis, Van der Hart, & Steele, 2002; Panksepp, 1998; Van der Hart et al., 2006).

유아기부터 노년기까지 우리가 부딪히는 갖가지 삶의 도전 과제의 다양성들을 고려했을 때, 환경에 최대한 적응하려면 광범위하게 잠재적이고 활용 가능한 행위 체계가 필요하다. 위협에 대응하기 위해서는 방어 행위 체계가 필요하고, 위협과 관련 없는 상황에서는 다른 행위 체계가 그 상황을 조절한다. 이 행위 체계는 친밀한 애착 관계의 형성을 돕고, 탐험과 놀이와 사회적 관계의 참여를 독려하며, (먹고 자는 것 등을 통해) 에너지를 조절하고, 2세를 낳고, 타인을 돌보게 한다(Cassidy & Shaver, 1999; Marvin & Britner, 1999; Panksepp, 1998; Van der Hart et al., 2006).

행위 체계와 비슷한 개념을 설명하기 위해 다른 용어들이 사용되었다. 볼비(1969/1982), 캐시디와 쉐이버(Cassidy & Shaver, 1999)를 비롯한 애착이론가들은 행위 체계behavioral systems로 언급했고, 굴드(Gould, 1982), 리히텐베르크(Lichtenberg, 1990; Lichtenberg & Kindler, 1994; Lichtenberg, Lachmann, & Fosshage, 1992)는 동기적 체계motivational systems라고 했다. 팬슬로와 레스터(1988)는 기능적 체계functional systems라 말했고, 판크세프(1998)는 체계의 감정적 동기 요인과 생존 확보 측면에서의 진화론적 임무를 강조하면서 감정적 작동 체계emotional operating systems라고 말했다. 우리는 반데르 하트 등(2006)의 선례를 따라 행위 체계라는 용어를 사용해 왔다. 왜냐하면 각각 체계의 참여가 특정한 신체 행위(체감각, 움직임)뿐만 아니라 각각의 체계와 관련된 정신적 행위(사고, 감정)까지 자극하기 때문이다.

행위 체계 이론의 의도는 인지적·정서적·감각적 경험들의 내부 영역을 물리적 행위와 연결시키는 패러다임을 제안하는 것이다. 우리가 행위 체계라 부르는 것은 앞의 저자들이 언급한 것과 약간 다르다. 다음은 몇 가지 이론과 우리의 임상 경험을 융합한 것이다. 우리의 사고는 잘 연구된 정신물리학적 행동모델을 반영했다기보다 정보에 근거한 추측의 영역에 있다. 우리는 이 프로그램화된 행위 체계가 물리적 행위와 감각, 감정, 인지를 상향식으로 결정할 수 있다고 생각한다. 행위 체계가 특정 행위를 유연하게 결정하거나 지시하지는 못하지만 특정한 상황에서 일어나는 특정한 행위 경향성에는 확실히 영향을 미친다(Steele, Van der Hart, & Nijenhuis, 2006). 감각운동적 심리치료는 내담자의 신체가 보여 주는 다양한 행위 체계와 관련된 자세, 행위 및 억제를 세심히 관찰해야 한다고 강조한다.

행위 체계는 상호 의존적이고 연관되어 있으며 뇌 속에 프로그램화되어 있어서 특정 목표를 달성하기 위해 예측 가능한 반응을 지시하는 신경회로에 의해 실행된다(Nijenhuis et al., 2002). 행위 체계는 내·외부 자극에 의해 활성화되고, 그 결과 관련 단서들에 정향하도록 자극받으며 목적 달성을 위한 행동을 조직한다. 자극이 감지되면 예비적인 운동 반응과 함께 사고나 느낌이 유발된 다음에 인식의 방향을 유도하거나 다른 생각이나 느낌을 유발한다. 이러한 경험적 구성 요소(사고, 감정, 신체 감각, 오감 인식, 움직임) 사이의 관계는 상호적, 작동 중인 행위 체계의 목적을 달성하기 위해 조직화된다. 이런 목적은 "그것을 성취하는 데 필요한 행동들이 장기간에 걸쳐 다양한 환경 및 개인의 발달 단계에 따라 유연하게 비임의적인 방식으로 조정된다"(Cassidy & Shaver, 1999, p. 651; George & Solomon, 1999 참조). 예컨대, 신뢰할 수 있는 사람에게 접근해 안정감을 느끼는 애착 체계의 목적은 평생 비교적 일정하지만 그러한 목적을 달성하기 위해 해야 하는 행동은 개인이 성장하고 환경이 변화하는 것에 따라 수정되고 개발된다. 시간이 지남에 따라 사람들은 각 체계의 각성에 대한 일련의 대응법과 그 목적을 성취하는 방식을 다양성, 풍부함, 성공, 적응력, 개인적인 만족도의 측면에서 매우 다양하게 구축한다. 즉, 각각의 체계와 관련해 자신만의 행위 경향성을 발달시킨다.

특정 감정은 각 체계와 연관되어 있으며 체계의 목적을 달성하기에 적합한 행동과 협력한다. 예컨대, 호기심은 탐험의 특징이고, 기쁨은 놀이를 통해 유발되며, 분노와 공포는 방어 반응을 불러일으킨다(Panksepp, 1998). 각각의 감정은 별개의 표정과 움직임, 감각, 행동과 연결된다. 감각적 인식은 특정 행위 체계의 자극과 감정적 특징에 의해 편향된다. 예컨대, 탐험과 그에 상응하는 감정인 호기심이 자극받으면, 우리의 감각은 새롭고 흥미로운 자극으로 고조되며 움직임과 자세는 그 자극을 더 잘 감지할 수 있도록 조절된다. 게다가 우리의 사고는 탐험의 과정 및 대상과 관련된 내용을 변경한다. 따라서 모든 수준의 정보처리, 즉 인지적, 감정적, 감각운동적 정보처리는 특정한 행위 체계의 목적을 추구하면서 체계적으로 협력한다.

행위 체계는 각각 고유하지만 서로 의존하면서 연결되어 있으며 보완적이다. 일반적으로 여러 행위 체계는 동시에 유발되어 서로 관련 있는 다양한 목적을 달성하기 위해 협력한다. 예컨대, 배우자와의 상호작용은 애착, 놀이, 탐험, 성 체계의 반응을 한꺼번에 끌어낼 수 있다. 행위 체계의 결합을 경험하는 일은 트라우마화된 사람에게는 부족한 고차원적인 통합 능력을 요구한다. 예컨대, 매우 어려운 일과 놀이와 휴식과 친구 관계와 배우자와의 균형은 각 행위 체계 간의 유연성과 협력과 조화를 필요로 한다(Steele et al., 2005). 우리가 성장함에 따라 통합 능력을 키우는 일은 다양한 행위 체계의 과제와 목적을 동시에 수행하고 성공을 달성하기 위해 필요한 복합적인 행위를 실행함으로써 상호 관련성을 '구축'하는 것을 수반한다. 예컨대, 결혼생활에서 일 때문에 파티에 참석하는 것과 같은 활동은 애착 체계(접근)와 탐험 체계(직업적 노력)와 놀이 체계(오락), 사회성 체계(결혼생활 외의 관계 형성)와 같은 다양한 행위 체계의 목적을 동시에 경험할 수 있다. 파티에서 이러한 모든 행위 체계의 잠재적인 경쟁 목적에 성공적으로 대처하기 위해서는 파트너 간의 복잡하고 정교한 상호 교감적인 의사소통이 필요하고, 그러한 것들이 모두 통합 능력이 있어야 한다.

여덟 가지 행위 체계

바키스와 코스미디스와 투비(Barkes, Cosmides, Tooby, 1992), 볼비(1969/1982), 캐시디와 쉐이버(1999), 팬슬로와 레스터(1988), 굴드(1982), 리히텐베르크(1990; Lichtenberg & Kindler, 1994), 판크세프(1998), 스틸(2005b), 반 데르 하트 등(2006)의 작업을 기반으로 인간의 행동을 지배하는 여덟 개의 근본적이고 상호 연관된 행위 체계가 설명되었다.

- 방어(앞장에서 설명)
- 애착
- 탐험
- 에너지 조절
- 돌봄
- 사교성
- 놀이
- 성

이 행위 체계들은 두 개의 큰 범주에 포함된다. 하나는 이전 장에서 설명한 방어 하부 체계를 포함한 위협적인 상황에서 방어를 증진시키는 것들이고, 또 다른 하나는 (위협적이지 않은) 일상에서 기능을 증진시키는 것들이다(Steele et al., 2005b). 이 두 범주는 상호 억제하는 경향이 있다. 방어 체계가 자극을 받으면 일상생활의 행위 체계 관련한 활동은 중단되고, 위험이 지나가면 다시 재개된다.

애착 체계는 생존을 보장하고 최적의 두뇌 발달을 위한 필수적인 생리심리사회적 조절을 제공하기 때문에 다른 모든 체계의 기반을 제공한다. 애착 체계를 통해 어린 아이는 다른 모든 행위 체계의 각성에 어떻게 반응할지를 배운다. 각 체계가 궁극적으로 취하는 고유의 표현과 행위 체계 각성에 대응하는 개인적인 행위 경향성의 적응 정도는 주요한 애착 대상에 의해 형성되기 때문에 일반적으로 생애 초기의 애착 체계 발달에 기초한다.

방어 행위 체계

애착은 궁극적으로 방어 체계와 연결되는데 아이가 불안하거나 불편할 때 혹은 위험을 느낄 때 애착 체계가 발동하기 때문이다. 이전 장에서 언급했듯이, 방어 행위 체계는 생존에 기여하는데 자극을 위험 가능성이 있는 것으로 인식할 때마다 활성화된다. 해롭지 않은 자극을 위협으로 느끼는 트라우마화된 사람의 경향성은 위협적이지 않은 상황에서도 방어 하부 체계를 가동시킨다. 결국, 이런 방어 행위 경향성은 위협적이지 않은 일상생활과 관련해서 행위 체계의 목적을 수행하는 행동보다 우선시하는 기본 행위가 된다. 예컨대, 알코올 중독자인 어머니에게 신체적 학대를 받으면서 보살핌을 받지 못한 50세의 애니는 중년기에 사람들과 좋은 관계를 맺는데도 여전히 트라우마를 건드리는 자극에 취약했다. 누군가 가까이 다가와 애니의 애착 체계를 자극할 때마다 그녀의 방어 체계를 동반된 행위 체계와 함께 가동되었다. 시간이 흐르면서 이런 반응 패턴은 대인관계에서 만성적인 문제를 만들 뿐만 아니라 애착 행위 체계의 발달과 정교화를 저해한다.

트라우마 관련 장애를 가진 사람들이 보이는 방어 행위 체계의 우세는 그들을 치료할 때 주목하는 핵심 주제다. 치료자는 방어 행위 경향성이 내담자의 행동과 움직임을 방해하기 때문에 다른 행위 체계의 기능보다 우세하다는 사실을 인지해야 한다. 감각운동적 심리치료에서 내담자는 과각성이나 저각성, 근육의 긴장이나 이완과 같은 방어 체계의 각성을 드러내는 신체적 신호를 알아차리는 법을 배운다. 내담자는 그 반응이 현재의 상황에 적절한지 평가하는 법을 배우고, 비위협적인 일상을 지배하는 행위 체계에 효과적으로 대응할 수 있도록 각성을 억제하거나 진정시키는 법을 배운다.

애착 행위 체계

앞에서 언급했듯이, 애착 체계는 생존을 보장하는 중요한 역할 때문에 방어 체계와 관련이 있다. 근접성과 안전한 피난처와 안전한 기반이라는 세 가지 진화적 욕구 때문에 아이의 애착 체계는 각성된다(Simpson, 1999). 근접성의 욕구는 애착 대상과의 분리가 시간이나 거리 면에서 아이의 안전지대를 벗어났을 때 발생한다. 진화적 관점에서 보면 근접성의 욕구는 유능하고 강한 보호자와의 친밀감을 확보해 줌으로써 취약한 영유아가 위험에 빠질 가능성과 부상의 위험을 줄이는 기능을 한다. 게다가 애착 인물도 필요시에 안락함과 지지라는 감정적 '안전한 피난처'를 제공해 준다. 이 '안전한 기반'이라는 배경 속에서 아이는 조절 능력을 습득하는 데 필요한 안정감을 경험하고, 이는 다른 모든 행위 체계의 개발을 용이하게 한다. 이 체계의 목적을 달성하는 데 기여하면서 애착 인물은 편안함과 신체 접촉, 의사소통, 지원을 제공하고, 또 필요시에는 상호조절 및 소속감을 제공한다(Ainsworth et al., 1978; Bowlby, 1969/1982; Carlson, Cicchetti, Barnett, & Braunwald, 1998; Cassidy & Shaver, 1999).

예컨대, 아이를 안전하게 안은 어머니는 아이가 지각할 수 있는 주변의 흥미로운 것들로 아이의 관심을 끌면서 탐험의 행위 체계를 활성화할 수 있다. 또는 까꿍 놀이를 하면서 놀이 행위 체계를 유발할 수도 있다. 시간이 지나서 성인이 됐을 때에도 애착 관계는 다른 행위 체계들이 성공적으로 실행될 수 있도록 해 주는 통로가 된다. 애착 체계는 성장 과정에서 물리적 생존에 비해 덜 중요하지만 다른 행위 체계와의 연결을 통해 생명주기 동안 일상에서 중요한 역할을 수행한다. 볼비에 따르면 "나이에 상관없이 모든 인간은 어려운 상황에 처한 자신을 도울 사람이 한 명이라도 있다고 확신할 때 가장 행복해 하고 자신의 능력을 최대치로 끌어올린다."라고 했다"(1973, p. 359).

많은 신체 행위는 애착 행동의 특징을 갖고 있다. 즉, 접근성 추구 및 유발 행동, 어머니의 표정과 눈 마주침에 반응해 짓는 표정, 보호자를 향해 울거나 팔을 뻗는 행동, 자연스럽게 어머니의 몸과 비슷하게 만드는 것(Stern, 1985) 또는 자동적으로 그렇게 되는 것(Ainsworth, 1963; Bowlby, 1988; LyonsRuth & Jacobvitz, 1999; Schore, 1994, 2003a) 등이 있다. 쇼어(1994)는 특정 언어의 운율, 음높이, 소리와 같이 청각 신호도 애착 관련 행위를 많이 유발한다고 했다.

앞서 2장에서 설명했던 것처럼 트라우마 관련 장애를 가진 사람들의 경우에 이런 애착 행동들은 방어 행위 경향성과 공존한다. 애착과 관련된 접근 추구의 경향성은 와해혼돈형 애착 패턴을 가진 아이의 움직임에서 입증된 것처럼 방어 경향성과 동시에 혹은 순차적으로 활성화된다. 내담자의 일련의 연속적인 애착 움직임은 내담자가 치료자를 대상으로 애착을 발달시키는 맥락에서 관찰되고 탐구되므로 애착 행동은 방어 경향성과 혼동되지 않는다. 또는 그것에 압도되거나 상실되지 않는다. 감각운동적 심리치료자는 팔을 앞으로 뻗는 것과 같은 애착 움직임을 내담자에게 해 보라고 요청한 뒤 그것을 관찰하고 다시 시도하면서 더 잘해 보라고 요구하기도 한다. 예를 들어, 캣은 결혼생활의 불만을 치료자에게 털어놓았다. 치료자가 캣에게 남편이 방 안에 같이 있다고 상상해 보라고 했을 때, 캣은 남편에게 다가가 손을 잡고 싶은 충동을 느꼈다. 그러면서 동시에 느낀 것은 가슴의 긴장과 남편에게서 벗어나고 싶은 충동이었다. 애착 행동과 방어적 신체 행동 간의 이런 충돌은 캣과 같이 어린 시절에 트라우마화된 사람들의 특징이다. 치료가 진행되는 동안, 캣은 과거 트라우마와 관련된 방어 경향성을 알아차려 억제하는 법을 배웠다. 그 결과, 상충되는 충동을 느끼지 않으면서 접근 추구 애착과 관련된 움직임을 할 수 있게 되었다. 그런 변화는 애착 체계의 충돌을 줄여서 안락함과 편안함을 강화시켰고, 그와 반대되는 방어 충동을 약화시켰다.

탐험 행위 체계

탐험 체계는 안전이 확실히 보장되지 않으면 작동되지 않는다. 그와 같이 탐험 체계는 영유아기의 애착 체계에 많이 의존한다. 아이워스(1963)는 '애착과 탐험 간의 균형'을 중요시하면서 애착 관계가 아이에게 안전하게 탐험할 수 있는 안전한 기지를 제공한다고 말했다(Ainsworth, Bell, & Stayton, 1971; Cassidy & Shaver, 1999). 이 두 체계는 상호 보완하면서 동시에 상호 억제하기도 한다. 애착 체계가 작동되지 않을 때, 다시 말해 아이가 안전함을 느낄 때, 탐험 활동은 증가한다. 그러나 잠재적인 위협이 인지되고 애착 체계가 활성화되면 탐험 활동은 위협이 사라지거나 거짓 경고신호로 밝혀질 때까지 정지한다(Ainsworth & Wittig, 1969). 안전한 애착관계를 배경으로 하는 아이의 탐험 습관은 안정적인 탐험의 경험을 반영한다(Grossman, Grossmann, & Zimmermann, 1999). 아이는 도와줄 애착 인물에게 안전함을 느끼고 탐험의 길에 나서게 된다.

판크세프는 탐험 행위 체계를 호기심을 불러일으켜 필요로 하고 갈망하고 희망하는 것을 찾아 몸을 움직이도록 동기 부여하는 "먹이 찾기/탐험/조사/호기심/흥미/추정/추구 체계"로 설명했다(1998, pp. 145, 53). 진화적 관점에서 보면 탐험 체계는 역사적으로 남성과 여성이 환경을 탐색해 최적의 사냥 구역과 식량 공급지를 발견해 내도록 하는 체계였다. 현대에는 호기심과 배움의 추진력으로 교육 및 직업과 관련된 활동 기반을 제공한다. 판크세프는 탐험 체계가 "흥미와 호기심과 감각 추구와 대뇌피질이 있는 곳에서는 더 높은 의미의 추구로 경험하는 많은 정신적 복합성을 촉발하고 에너지를 공급한다."라고 주장했다(1998, p. 145).

탐험은 모든 행위 체계의 목적 실현과 연관되어 있다는 고유의 특성 때문에 다른 행위 체계와 밀접한 연관을 갖는다. 예를 들어, 에너지 조절 체계가 각성되면 행동은 그 체계의 필요조건을 충족시키는 방향으로 조직되어야 할 것이다. 피곤을 느끼면 잠잘 따뜻한 장소를 찾을 것이고, 배가 고프면 음식을 찾을 것이다.

전형적 탐험 체계인 신체 행동에는 특징적으로 호기심과 개방 상태를 알려 주는 표정과 행동이 있다. 즉, 새롭고 흥미로운 자극을 발견해 탐색하도록 설계된 추적 움직임tracking과 추구 움직임seeking과 정향 움직임이 있고, 또 주변 대상을 탐색할 때 쓰이는 손과 눈의 협업이 있다. 게다가, 관심과 호기심을 나타내는 행동과 표정과 활기찬 손짓도 추상적인 개념과 생각을 탐험할 때 자주 드러난다. 임상 현장에서는 내담자가 자신의 행위 경향성과 동일시할 때보다 그러한 행위 경향성에 호기심을 가지도록 격려를 받을 때 탐험 체계가 활성화된다. 특히, 치료자는 내담자가 무해하지만 트라우마를 상기시키는 것으로 인해 자극을 받을 때 내담자가 자신의 방어 경향성에 호기심을 갖고 기꺼이 관찰하도록 격려한다. 치료자의 음성 운율 및 모델링modeling, 마음챙김, 치료자의 탐험 체계의 각성 및 그에 수반되는 호기심이 탐험 행동을 이끌어 낼 수 있다. 내담자와 치료자 간의 상호작용은 애착 관계의 회복과 탐험 행위 체계의 발달을 촉진한다.

에너지 조절 행위 체계

앞서 3장에서 논의했듯이 애착 체계는 붕괴된 각성이 인내의 창 안으로 돌아가도록 양방향으로 보상을 제공함으로써 아이의 자율신경계의 각성을 조절하는 데 중요한 역할을 한다. 에너지 조절 체계는 활동과 휴식 상태에서 최적의 균형을 유지하는 것 외에도 식사와 음주, 수면, 체온, 배설, 산소 흡수, 신체 활동, 부상이나 통증에 대한 반응을 조절한다. 아이의 에너지 조절 체계가 각성됐을 때 애착 인물의 시의적절한 반응은 아이의 생리적 · 감정적 웰빙에 매우 중요하다. 평생 항상성을 유지하게 해 주는 이 기본적인 생존지향적 기능의 각성은 만족을 즉각적으로 충족시키거나 한시적으로 뒤로 미루는 목표지향적인 행동을 가능하게 한다.

에너지 조절은 다양한 기제에 의해 유지된다. 반사 기제에는 산소 필요량에 따라 호흡수를 변경하거나 체온을 유지하려고 몸을 떠는 것 같은 즉각적인 조절이 포함된다. 그와 유사한 선천적인 행위 경향성은 동물로 하여금 장기적인 생존을 위해 필요한 보온과 음식, 물, 안전한 잠자리를 찾아다니도록 자극한다(Panksepp, 1998). 따라서 에너지 조절 행동은 탐험 체계와 연계된다. 또한 감정적 및 생리적 각성을 조절하는 상호적이고 자기조절적인 행동은, 예컨대 십 대 자녀와 부모가 어렵게 만나는 자리에서 서로를 진정시키는 애정 어린 표정을 교환하는 것은 돌봄, 애착, 사교성과 관련되는 에너지 조절 행동이다. 활발한 운동이나 활기찬 놀이와 같은 활동도 각성을 인내의 창 안으로 다시 돌아오게 하는 에너지 조절 행동이 될 수 있다. 반복적으로 몸을 흔드는 것, 태극권, 요가와 같이 이완되고 편안한 행동도 비슷한 목적을 달성하는 데 도움이 된다. 내적인 항상성의 불균형은 굶주림이나 갈증, 과각성, 저각성, 피로감을 동반하는데, 이것들은 모두 감각을 이완하는 조치를 취하라는 신호다. 트라우마화된 사람들은 에너지 조절 욕구에 둔하거나 그렇지 않으면 중독성을 보이는 경우가 많으며, 치료내용에는 내담자가 그러한 욕구를 알리는 신체 감각을 알아차리고 적절하게 충족시키는 행동을 개발하는 것이 포함된다.

돌봄 행위 체계

애착은 돌봄 체계와도 밀접하게 연관되어 있다. 볼비(1969/1982, 1988)는 애착 인물의 반응이 돌봄 체계에 의해 조직되고, 그 반응의 주요 목적은 아이를 보호하는 것이라고 말했다. 아이가 스트레스나 위협을 받고 있는 것을 애착 인물이 알아차릴 때(George & Solomon, 1999), 또는 아이가 외부 자극이나 내부 상태를 위협적인 것 혹은 불편한 것, 스트레스를 주는 것으로 인식할 때, 애착 인물의 내면에서 돌봄 행위 체계는 활성화된다. 그리고 나서 아이가 안전함과 편안함과 만족감을 느낄 때, 부모의 돌봄 행위 체계는 활동을 멈춘다. 쇼어(2003b)는 보호자가 아이의 울음소리를 듣고 스스로 불편함을 느끼기 때문에 돌봄 반응을 한다는 점에 주목하고 애착 체계와 돌봄 체계의 관계를 설명했다. 아이의 고통에 상보적인 조절을 제공함으로써 보호자는 자신을 조절하게 된다. 이것은 부모가 자녀를 돌볼 수 있을 때 느끼는 즐거운 감정의 기초가 되는 기제이고, 그럴 수 없을 때에는 두려움과 분노와 불안감의 기초가 되는 기제이다.

돌봄 체계가 각성될 때, 보호자는 반응할지의 여부와 그 방법을 결정해야 한다(George & Solomon, 1999, p. 652). 그의 행동은 타인이 보내는 신호에 대한 평가와 위협에 대한 평가에 달려 있다. 어머니와 유아의 상호작용을 면밀히 관찰해 보면, 아이의 에너지 수준과 기분과 상호작용 능력을 살피는 어머니의 트래킹, 관찰하는 행동뿐만 아니라 정서적으로 달래 주고 영양분을 제공하는 행동까지 매우 광범위한 양육 행동 패턴이 있음을 알게 된다(Tronick 1998). 돌봄 체계에 수반되는 양육 감정은 '세밀함과 따뜻함과 부드러움'으로 묘사되고(Panksepp, 1998, p. 247) 어머니가 자신의 행동과 목소리와 지각 기관을 아이의 몸과 감정에 맞게 조정할 때 명백히 드러난다.

돌봄 행동은 개인의 성장 단계에 따라 자연스럽게 변한다. 영아, 유아, 청소년, 성인, 노인은 모두 다른 돌봄 행동을 필요로 한다. 양자 관계의 특성도 돌봄의 형태에 영향을 미친다. 부모와 자녀 간의 돌봄 행동은 친구 간, 성인인 자녀와 늙은 부모 간의 돌봄 행동과도 다르다. 내담자는 종종 자녀와 자기 자신, 파트너, 연장자, 친구를 대상으로 적절한 돌봄 행위 경향성을 개발하기 위해서 치료적 도움을 필요로 한다.

임상 현장에서 치료자는 내담자의 요구와 치료 목적을 토대로 적절한 돌봄 행동을 조절하고, 다양화하고, 개별화하고, 재연한다. 자녀의 보호자와 마찬가지로, 치료자는 공감 장애가 발생했을 때 어려움을 견뎌 내면서 상호적인 보상 작용을 할 뿐만 아니라 내담자에게 민감하게 대응해야 한다(Steele, 2003; Tronick, 1998).

사회성 행위 체계

애착 관계는 최초의 사회적 관계로, 사회성 행위 체계의 기반이 된다. 그것은 '소속'(Muray, 1999) 체계 혹은 '애정' 체계로도 일컬어진다. 사회성 체계는 애착 체계보다 더 넓은 체계인데, 한두 명의 주요 애착 인물들을 지향하는 행위들뿐만 아니라 '부족' 또는 지역 사회를 지향하는 행위들도 포함한다(Bowlby, 1969/1982). 친구 관계와 친밀한 남녀관계, 동료관계, 단체와의 관계처럼 다양한 관계의 영향을 받는다(Cassidy & Shaver, 1999). 사회성 행위 체계는 생존의 토대다(Cassidy & Shaver, 1999; Panksepp, 1998). 이 관계적 상호의존성이 없다면 우리는 종족의 생존을 최적화한 '무리'나 집단 속에서 제대로 기능할 수 없었을 것이다.

사회성은 심리적 건강에 기여한다. 유년기에 사회적 유대를 제대로 맺지 못하면 개인은 부정적인 영향으로 고통을 받을 것이다. 뿐만 아니라, 형성됐던 유대가 없어질 때에도 부정적으로 영향을 미칠 것이다(예컨대, 우울이나 버려짐에 대한 두려움, 불안을 겪을 것이다; Panksepp, 1998). 사회성 체계는 다른 행위 체계와 상호의존적이다. 사회적 집단은 방어적인 선택을 할 기회를 늘려 줄 뿐만 아니라, (1) 아이와 성인 모두를 보호해 줄 '마을'을 제공하고, (2) 음식물과 주거 공간을 필요로 하는 에너지 조절 욕구를 충족시키고, (3) 탐험과 놀이를 촉진하고, (4) 남녀 관계 형성, 성관계, 번식을 통해 애착관계를 형성할 수 있는 기회를 제공한다.

앞서 2장에서 설명했듯이, 사회적 연결 체계는 얼굴 근육과 후두와 중이근을 지배하고, 효과적인 사회적 소통을 위해 교감신경과 미주신경을 조절한다. 특히, 인간의 경우에는 애착과 같이 사전에 프로그램화된 연속적인 움직임은 사회적 행동으로 광범위하게 확대된다. (미소, 울음, 웃음과 같은) 감정 표현과 언어적 및 비언어적 발성, 상호 소통의 몸짓과 자세, 얼굴과 몸의 표현이 거기에 포함된다. 사회적 행동은 개인의 문화적 배경을 형성하는 특정한 사회적 환경에 의해 개발되고 정의된다. 개인은 타인과 사회적 관계를 형성하는 과정에서 여러 기술과 능력을 보여 준다(Goleman, 1995). 일반적으로 제 기능을 못하는 사회적 연결 체계를 가진 트라우마화된 사람들은 광장공포증, 사회공포증, 혼자 있지 못함, 사회적 능력의 결핍, 사회적 유대를 맺는 능력의 결함을 포함하여 사회성 체계의 각성에 커다란 문제를 일으키는 행동을 하게 된다. 감각운동적 심리치료에서 이러한 경향성은 사회성 체계를 방해하는 신체 행동에 대한 알아차림을 통해 탐구된다. 예컨대, 어떤 내담자는 사회적 상호작용을 하면서 얼굴 표정이나 움직임에서 감정을 거의 드러내지 않아서 다른 사람들이 그녀와의 '연결이 끊어진' 느낌을 받았다. 또 다른 내담자는 대화할 때 팔짱을 낀 채 상체를 뒤로 젖히는 습관이 있었는데, 이 신체적 경향성은 그의 파트너로 하여금 거만한 느낌을 받게 했다. 그러나 사회적 상호작용을 하면서 얼어붙거나 말을 잘 못하는 사람도 있다. 이것은 방어와 사회성이 동시에 활성화되었음을 보여 준다. 이때 치료자는 사회성 체계가 각성됐을 때 나타나는 신체적 경향성을 관찰하여 내담자가 그 체계의 목적의 실행을 방해하는 경향성에 도전하는 것을 도와준다.

놀이 행위 체계

경쟁심이나 두려움은 개인의 놀이 능력을 훼손하는데, 놀이 능력은 안전에 대한 주관적인 경험에 의존한다. 안전이 위협 받으면 놀이는 즉시 종료되고, 위협이 장기화되면 일반적으로 놀이 능력이 상실된다. 이것은 인간과 동물 행동 모두에서 입증된다. 학대 받거나 우리 속에 갇힌 침팬지는 트라우마화된 사람과 비슷한 증상을 보이고 놀지도 않는다(Goodall, 1995).

탐험과 놀이는 동일한 범주로 자주 논의된다. 왜냐하면 탐험과 놀이가 동시에 발생하거나 매우 빠른 속도로 연속해서 일어나기 때문이다. 탐험 활동은 놀이로 이어지곤 한다. 반대로 놀이는 새로운 움직임과 생각으로 이어져 탐험 활동을 활성화하기도 한다. 그러나 탐험이 활성화시키는 뇌 회로와 놀이가 활성화시키는 뇌 회로가 다르기 때문에 놀이는 그 자체로 행위 체계라고 판크세프(1998)는 주장했다. 놀이는 '순응하거나 잠자코 동의하는' 행동이 아니다(Winnicott, 2005, p. 68). 오히려 '자발적이고 비전형적인, 본질적으로 즐거운 활동이고, 걱정이나 다른 심각한 감정이 없는' 활동이다(Brown, 1995, pp. 7-8). 유아를 적절하게 반영해 주고 놀이 대상을 제공하고 지속 시간에 대한 감각을 개발하는 방식으로 보살필 때, 놀이가 시작된다(Cannon, in press). 새끼 동물들과 유아들의 놀이에는 떠들썩하게 함께 노는 놀이가 있고, 신체 놀이와 물건을 가지고 하는 다른 식의 놀이가 있다. 스포츠 게임과 비디오 게임, 경연 대회와 같은 '콘테스트' 활동도 종종 놀이로 불리는데, 그 활동에 수반되는 흥분과 즐거움이 놀이 자체의 자발성과 즐거움을 저해하고 방어적인 각성을 의미하는 불안감을 유발하지 않으면 놀이로 불릴 만하다. 피질이 발달함에 따라 농담과 말장난, 다른 종류의 정신적 유머, 코미디, 오락과 같이 덜 신체적이면서 더 인지적이고 복잡한 놀이가 다양하게 등장한다. 판크세프(1998)에 따르면 놀이 행위 체계의 특징은 웃음이며, 이는 애착 관계 및 사회적 유대를 강화시킨다. 쌍을 이뤄서 하는 놀이는 즐거움으로 각성을 증가시키고 엔도르핀 생성과 웰빙과 신체 및 정신건강 증진과 관련이 있다(Schore, 2003a). 놀이 및 탐험 행위 체계들은 사회적 유대감과 협력, 의사소통, 사회적 계급 및 구조의 결정, 리더십 기술의 발달에 기여함으로써 사회성 체계와 상호작용한다(Panksepp, 1998).

치료자는 놀이의 특징을 가진 움직임을 트래킹하여 내담자가 그런 행동을 할 수 있는 능력을 키우도록 도움을 준다. 다양한 특성의 다문화적인 (그리고 다인종적인) 움직임 패턴은 사회 환경의 다른 구성원들에게 놀이 행동을 암시하는데, 여기에는 이완되고 열린 신체적 자세와 엉뚱한 표정을 한 채 머리를 갸우뚱하는 것이 포함된다(Beckoff & Allen, 1998; Caldwell, 2003; Donaldson, 1993). 또한 놀이 행동에는 한 행동에서 다른 행동으로 급격하게 전환하는 것이 포함되는데, 그런 전환은 심각한 상호작용 과정에서 이런 전환은 없다(Beckoff & Byers, 1998; Brown, 1995). 기본적이고 원시적인 놀이 움직임은 빠르게 변화하고, 무작위적이며, 비전형적이고, 아이와 동물은 그 놀이 움직임을 다양한 형태의 도약과 구르기와 회전 움직임으로 표현한다(Goodall, 1995). 불안해 하고 초조해 하는 움직임은 대체로 놀이의 일부로 경험되고 해석되지 않으면 놀이 행동을 끝내는 역할을 한다(Brown, 1995).

놀이를 할 수 없다는 것은 심신의 쇠약을 초래한다. "노는 것을 포기한다는 것은 빈곤과 고립의 삶을 산다는 것을, 그리고 연결과 정상적인 발달을 저해하는 무미건조한 삶을 사는 것을 의미한다"(Cannon, in press). 위니콧(1971)은 치료자의 주된 임무를 내담자가 노는 법을 배우도록 돕는 것이라고 말했다. 놀이 행위 체계를 자극하는 것과 재미 및 즐거움이라는 그에 상응하는 감정은 전형적으로 놀이 행동을 못하는 트라우마화된 내담자의 치료에서 특히 중요하다. 트라우마화된 내담자는 재미를 느낄 정도로 이완하지 못하고, 놀이 과정에서 하는 즉흥적이고 장난스런 농담이나 빠른 신체적 움직임을 불편해하거나 위협적인 것으로 인식한다. 두려움이나 불안한 움직임, 얼어붙음, 긴장, 붕괴와 같은 방어적 경향성들 때문에 놀이 행동이 사라진다. 또한 내담자는 타인의 즉흥적인 놀이 행동에서 위협감이나 불편함을 느낄 수도 있다. 내담자를 놀이를 할 수 있는 영역과 연결시키는 일은 치료적 관계의 발전에서 중요한 경계가 된다. 치료자는 미소짓기나 농담, 즉흥적인 행위의 시작과 같이 막 시작된 놀이 행동을 세심히 트래킹하고 이끌어내어 적절한 놀이가 되도록 돕는다. 탐험 체계와 마찬가지로, 내담자에게서 놀이를 진행할 수 있는 상태를 이끌어내는 일은 내담자가 치유의 과정을 즐길 수 있게 하고, 트라우마 관련 생각들과의 동일시에서 벗어나 새로운 가능성의 영역으로 진입하도록 돕는다.

성 행위 체계

"진화는 뇌 속에 성적 욕망이라는 비타협적인 느낌을 구축했으며"(Panksepp, 1998, p. 226), 그런 느낌은 성적 결합과 인간 번식의 부분적인 동기가 된다(Belsky, 1999). 그러나 생식 연령이 될 때까지 아이를 기르는 일은 성적 관계 이상의 것을 필요로 한다(Bowlby, 1969/1982). 동성 또는 이성 커플이 같이 살면서 자녀를 기르는 동안에 형성된 관계적 유대는 다양한 행위 체계의 복잡한 상호 연결을 형성한다. 애착 및 성적 체계와 더불어 돌봄 체계는 성인 커플이 이루는 관계와 관련이 있다(Bowlby, 1969/1982). 친밀한 친구 관계도(사교성) 한 쌍으로 형성된 많은 유대관계 중 하나다 (Cassidy & Shaver, 1999; Panksepp, 1998). 성인의 애착 관계는 초기 애착 관계처럼 근접성의 제공, 안전한 피난처, 안전한 기반이라는 애착의 세 가지 기준을 충족시킨다 (Hazan & Zeifman, 1999). 둘의 차이점은 이 기준들이 성인의 애착 관계에서는 상호 충족된다는 점이다. 한 쌍의 성인 관계에서의 애착은 "생존과 번식의 성공으로 이어지는…… 개인 간의 지속적인 유대감을 형성한다"(Hazan & Zeifman, 1999, p. 348).

그래서 애착 행위 체계는 성에 대한 기본 체계로 보인다.

하지만 성 체계에는 구애, 유혹, 한 쌍의 결합, 짝짓기 행위 경향성, 성/생식 체계가 자극받을 때 거의 모든 포유류가 보이는 고정된 행동 패턴과 같이 애착 체계에서 발견되지 않은 다양하고 특별한 행동들이 포함된다. 우리는 일반적으로 성을 파트너와의 애정 어린 사랑의 상호작용을 포함한 사회성 체계와 관련이 있다고 생각한다. 그러나 "우리 종족의 구성원들은 성행위와 사회적 따뜻함이나 돌봄이 서로 관련될 필요가 없음을 일상적으로 보여 준다. 또 그런 느낌을 정교하게 만들어 내는 뇌의 원시적 영역에서의 혼란도 많다"(Panksepp, 1998, p. 226). 인간은 사랑 관계를 암시하는 복잡한 구애 행동이 생략된 성적 활동을 할 수 있다. 게다가 생식과 별도로 성관계도 가능하다. 따라서 성에는 실제 생식 행위와는 직접 관련이 없는 다양한 행위가 포함된다. 포르노나 성적 흥밋거리가 많은 인터넷 사이트를 보거나 자위를 하는 것처럼 성적 즐거움을 추구하는 행위도 성 행동에 속한다.

노골적인 성행위 외에도 성과 관련된 일련의 움직임에는 미소와 눈 마주침, 크게 고조된 발성, 과장되고 활기찬 몸짓 및 얼굴 표정 등 매력을 발산하는 구애와 유혹 행동이 포함되고(Cassidy & Shaver, 1999), 놀이 행위 체계의 자발적인 각성을 암시하는 놀이 행동도 포함된다. 추파를 보내는 행동은 성 체계 활성화의 기본이지만 관계가 형성됨에 따라 애착 행동이 더 분명해진다(Cassidy & Shaver, 1999). 팔로 감싸고 손을 잡고 어르는 목소리로 말하는 것과 같은 신체적 접촉이 주는 따뜻함은 끌어당김과 끌림이 활발한 성적 관계, 즉 성적 만남의 특성을 확실하게 가지는 접촉으로 보완되거나 대체된다(Cassidy & Shaver, 1999). 그리고 막 관계를 시작한 연인 사이에서 시간이 지남에 따라 애착 관계가 형성되면 행동은 더 정교한 돌봄 행동과 애착 행동과 사회성 행동을 포함하고, 연인들은 상대방의 '각성을 증가시키는 방향에서 서로 완화하는' 방향으로 전환한다(Hazan & Shaver, 1999, p. 350).

트라우마화된 내담자들을 치료하는 과정에서, 특히 성적 학대를 받은 환자들을 치료하는 일에는 즐거운 성적 느낌을 다시 느낄 수 있는 방법을 연구하는 것이 필요하다. 조절 불능의 성적 각성 및 억제나 무분별한 성적 활동에 주의를 기울이는 것도 반드시 필요하다. 내담자들은 대개 성적 끌림과 욕구를 애착과 놀이로 연결하는 데 어려움을 겪는다. 새로운 관계를 시작하면서 감각과 관능에 관련된 행동을 용인하려고 시도할 때 어려움이 생길 수도 있다. 치료 과정에서 내담자는 성행위와 관련된 상습적인 행위 경향성을 억제하고, 생식/성의 점진적인 개발을 촉진해서 더 이상 위험하거나 충동적이지 않은 새로운 행동을 연구하고 촉진하는 법을 배운다. 예컨대, 50세의 앤은 성과 관련된 자신의 행위 경향성을 치료 받기 위해 치료실을 찾아왔다. 성적 경험은 그녀에게 육체적으로 즐거운 것이 아니라 힘과 정복에 대한 감각을 느끼게 했다. 이런 경험 때문에 앤은 성관계를 지속적으로 맺기 어려웠다. 오빠에게서 받은 학대로 인해 그녀는 자신이 중요하고 특별한 존재라고 느꼈다. 그녀는 이러한 연관성을 통찰하고 나서도 비혼 상태가 불만스러웠지만 자신의 행동을 바꿀 수 없었다. 치료 과정에서 남성 치료자는 앤이 연결되기를 원하는 남성과 함께하는 경험을 어떤 방식으로 만들어 내는지 탐색하기 위해 치료자의 성과 존재를 이용하기로 앤과 합의했다. 앤은 자신의 '성적 모드'(한쪽으로 머리를 기울이기, 속눈썹을 떨기, 순진한 척 눈을 내리깔았다가 치료자의 눈을 마주보기, 다리를 꼬았다가 풀기, 미소를 자주 보내기, 상체를 앞으로 기울이기)로 들어가지 않으려고 애쓰고 있고, 안절부절못하면서 불안감을 느낀다는 것을 알아차렸다. 자신의 성적 능력을 사용하지 않고서 어떻게 움직이고, 숨쉬고, '존재'해야 할지, 그리고 어떻게 (비성적인) 각성을 활성화해야 할지 모르겠다고 말했다. 치료자는 앤이 교태를 부리는 행동을 계속 억제하도록 했고, 그녀가 그런 행동을 하지 않으면 남성과 관계를 유지하는 방법을 모른다는 것을 관찰하게 했다. 또 그 과정에서 불확실성을 견디도록 격려했다. 매우 불편함에도 불구하고, 앤은 신체 감각이 안정될 때까지 생소한 불안감과 불확실성을 알아차리고 계속 트래킹했다.

시간이 지남에 따라 치료자는 앤이 다른 형태의 힘을 탐색하도록 도왔다. 그러자 다른 사람(남성)에 대한 힘이 아니라 자신의 상태에 대한 힘을 느낄 수 있었다. 신체적·감정적·인지적 경향성을 스스로 조절하고 억제함으로써 그녀는 성에 의존하지 않은 채 '성공'과 강함을 느낄 수 있었다. 어떤 회기에서는 치료 시간이 다 되었을 때, 앤과 그녀의 치료자는 악수로 작별인사를 해 보기로 결정했다. 그것은 남성과의 관계에서 성적인 느낌이 섞이지 않은 행동이 어떤 것인지 느끼기 위한 실험으로, 앤은 성적인 느낌을 담지 않으려고 노력했다. 앤은 '안도감'을 느꼈다고 말했다. 그리고 자신의 오래된 경향성에 대해 새로운 종류의 지배력을 느꼈다고 했다.

행위 체계들 간의 위계적 상호 작용

　행위 체계가 어떤 주어진 순간에 작동할지 여부와 언제 어떻게 작동할지는 다양한 요소에 달려 있다. 캐시디Cassidy에 따르면, "행동 (행위) 체계는 개인의 내적 상태와 환경적 맥락의 특정 기능으로서 행동의 선택과 활성화, 종료를 지배하는 규칙성을 가지고 있다"(1999, p. 4). 그 규칙성은 즉각적인 환경적 자극뿐만 아니라 인간의 발달 수준 및 내부 조건을 포함한다. 예를 들어, 배가 고프면(에너지 조절) 음식을 찾아 주변을 탐색할 것이다. 한편, 같은 사람이 산책을 하러 밖으로 나갔다가 우연히 빵집에서 타르트를 보고는 배가 고파질 수도 있다. 그 경우, 배고픔을 자극할 만큼 식욕을 돋우는 음식을 발견하는 것은 탐색 체계의 각성이다. 그때 에너지 조절 체계는 보조적 행위 체계로 기능한다. 안전과 에너지 조절에 대한 욕구가 충족되면 놀이가 일어난다. 돌봄은 다른 사람이 보살핌을 필요로 하는 사회적 관계 및 애착의 맥락에서 발생한다. 또한, 즉각적인 행위 체계의 각성은 다른 모든 체계들과 밀접히 관련되어 있다. 하나 혹은 여러 개의 체계가 주어진 시간에 각성될 때마다 개인은 자연스럽게 이 체계의 목적을 충족시키는 것과 관련된 환경적 선택을 할 것이다.

　예컨대, 6세의 마리오는 생애 처음으로 동물원에서 하마를 보았다. 하마의 큰 입과 이빨을 보고서 마리오는 겁을 집어먹고 양팔로 아버지의 다리를 붙잡으면서 뒤로 가 숨었다. 마리오의 아버지는 마리오를 안심시키면서 동물들은 가까이 오지 못한다고 알려주었다. 하마를 뚫어지게 쳐다본 마리오는 하마의 큰 이빨과 거대한 입에 매료되었다. 웃음을 터트리면서 연못 속의 아기 하마를 손가락으로 가리켰다. 그러더니 아기 하마의 행동을 자연스럽게 따라했다. 얼마 뒤 아버지를 향해 뒤돌아선 마리오는 아이스크림을 사달라고 말했다. 이 일화에서 우리는 "행동은 (행위) 체계들의 상호작용의 산물"이라는 것을 알 수 있다(George & Solomon, 1999, p. 653). 마리오는 큰 입을 가진 커다란 동물이라는 자극을 처음 봤을 때 불안을 경험했다. 애착 체계와 방어 행위 체계가 동시에 활성화되자 마리오는 아버지의 다리 뒤로 숨는다. 마리오가 아버지와 맺고 있던 애착 관계라는 안전한 기지는 방어 욕구를 완화하고, 탐험 행위 체계가 작동하도록 충분히 안전감을 제공했다. 그래서 마리오는 점차 호기심을 느꼈다. 애착 관계의 안전함(하마로부터 마리오를 지켜 주는 아버지의 몸)

을 기반으로 탐사한 뒤 새로운 자극에 호기심을 느낄 때, 놀이 행위 체계는 활성화된다. 그리고 일정 시간이 지난 뒤 놀이 체계가 정지되면 마리오의 탐험 체계는 다시 각성된다. 그때 마리오는 주변을 둘러보고서 아이스크림을 발견했다. 에너지 조절 체계가 각성된 마리오는 아이스크림을 사달라고 요구했다.

몸과 오감, 즉각적인 정향의 대상, 사고, 믿음, 감정적 반응의 정보에서부터 환경에서 비롯된 반작용과 피드백, 각각의 신중한 행동에 이르기까지 행동의 결정에 영향을 미치는 요소는 많다. 각각의 체계와 관련된 행동 범위와 유형, 그리고 연령과 성별, 과거의 경험, 현재의 상황에 따라 그것들의 변화가 반응의 다양성을 만들어 낸다. 호르몬과 중추 신경계의 생물학적 피드백을 통해 우리는 각각의 체계의 활성화 또는 종료로 이어지는 내부 및 환경의 신호를 모니터링할 수 있다. 행동에 의해 하나의 행위 체계의 목적이 충족되면, 앞의 사례에서와 같이 추가 행위 체계가 관여되는 새로운 목표가 나타난다. 마리오의 목표가 안전에서 하마에 대한 호기심과 아이스크림에 대한 욕구로 이동했던 것이다. 이 '목표 수정' 기능, 즉 하나의 목표가 성취될 때 또 다른 목표가 등장하는 행위 체계의 특징은 다양성과 융통성을 허용하고 적응 행동을 향상시킨다.

일부 행위 체계는 출생 시 사용할 수 있는 반면에 다른 행위 체계는 시간이 지나면서 개발되거나 성숙된다. 그래서 행동은 행위 체계가 사용 가능한 순서대로 영향을 받는다(Cassidy & Shaver, 1999; Maslow, 1970; Panksepp, 1998). 판크세프(1998)는 다음과 같이 말했다.

> 모든 포유류, 실제로 모든 유기체는 사전 학습을 필요로 하지 않지만 학습을 위한 즉각적인 기회를 제공하는 다양한 능력을 가지고 세상에 나온다. ……감정 능력은 동물이 음식과 정보, 생활을 유지하는 데 필요한 기타 자원을 수집하는 뇌의 '본능적인' 운영 체계의 초기에 생긴다. ……성욕과 모성애와 같은 다른 것들은 생식의 성공을 촉진하기 위해 나중에 생긴다. 놀이와 지배력 추구와 같은 그 외의 사회적 과정은 삶의 후기 단계에서 차별적으로 행동을 제어하기 시작하고 안정된 사회 구조의 확립과 가장 성공률이 좋은 번식을 촉진한다(p. 26).

처음 개발된 체계는 상향식 과정과 하향식 과정의 '배선'에 영향을 미치며, 결과적으로 이후 개발되는 행위 체계에 큰 영향을 미친다. 예컨대, 탐색을 위해 보호자를 안정된 기지로 활용하는 유아를 관찰하면서 파악했듯이, 애착 관계는 하향식의 대뇌피질의 조절이 가능한 시기 이전에 조절 능력과 뇌 발달에 영향을 미친다. 아동기 후반, 즉 사춘기 이전의 아동은 하향식 관리를 할 수 있는 애착 체계를 활용할 수 있다. 예를 들면, 아동이 과학 프로젝트 때문에 불안할 때 조언이나 정보를 요청할 것이다. 유아들의 자위 행위로 입증되었듯이, 유아에게는 초보적인 성 행위 체계가 있지만 그 체계는 사춘기에 보강되고 초기 성년기에 완전히 가동된다. 성/생식 체계는 호르몬 및 생리적 변화의 상향식 과정을 통해 완전히 형성되지만 하향식 조절 (통찰, 해석, 반추)이 가능할 때 발달 단계에서 성숙해지기 때문에 다양한 인지적 고려 사항에 의해 지배된다.

또한 행위 체계의 활성화와 그에 상응하는 행동도 위계적이고 진화론적인 명령의 영향을 받는다. 재닛(1925)은 발달 초기에 등장한 행위 체계가 나중에 등장하는 체계보다 더 큰 '에너지'나 '힘'을 갖는 특징이 있어서 전자를 조절하는 일이 더 힘들다고 말했다. 따라서 생존을 위해 중요한 방어 및 애착 행위 체계는 생존을 위해 필수적이지 않거나 나중에 등장한 행위 체계보다 더 크게 활성화된다. 놀이나 탐험, 사회성 체계는 일반적으로 방어나 애착 행위 체계처럼 강한 힘이나 에너지를 동반하지 않는다. 현재의 자극이 생존과 관련이 있고 전에 조직된 체계를 촉발시킨다면 "반작용의 경향성은 즉시 거대한 생명 에너지로 가득 채워질 것이다"(Janet, 1925, p. 683). 다시 말해, 방어 및 애착 체계는 즉각적인 행동을 통해 방어 및 애착과 관련된 힘이나 에너지를 표현하거나 방출하도록 조직되어 있다. 우리는 애착 혹은 방어 체계에 의해 유발된 각성과 그에 수반되는 행동 충동을 지연시키거나 억제할 수 없어서 충동적이고 심지어 파괴적인 행동을 취하는 트라우마화된 내담자에게서 그 즉시성을 본다. 또한 높은 수준으로 각성될 때, 에너지 조절 체계도 다른 체계보다 더 큰 에너지 및 목표 지향적인 행동에 작용할 수 있다. 식량과 보온, 배설, 수면을 위한 에너지 조절의 필요성을 상당 기간 지연시킬 수는 있지만, 결국 이런 욕구는 탐험과 놀이, 사회성, 성, 심지어 때로는 애착 및 방어보다 더 우선된다.

또한 초기에 형성된 행위 체계가 자극될 때 자극받은 반사적 행동을 억제하기 위해서는 더 큰 통합 능력이 필요하기 때문에 나중에 형성된 행위 체계를 다른 방법으로 쉽게 대체할 수 있다. 예컨대, 부모들은 자녀들이 배고픔을 느낄 때 사회적으로 적절하게 음식 먹는 법을 가르친다. 부모는 사회성 체계에 맞는 적절한 행동(예: 좋은 매너)으로 에너지 조절 체계의 목적을 충족시키도록 영향을 준다. 이 훈련은 보통 수년간의 사회적 자극을 필요로 하며, 아이들이 사회적으로 받아들일 수 없는 섭식 행동을 억제하는 통합 능력을 더 많이 개발할 때에만 감소한다. 탐색이나 사회성 행위 체계를 가동해 트라우마 후 자율신경계의 '거짓 경보'에 의해 유발된 도피 반응을 억제하는 능력은 성찰 및 상향식 정향과 방어 경향성을 억누르는 능력을 포함한 더 큰 통합 능력을 요구한다.

방어 행위 체계의 과활성화

행위 체계를 선택해서 실행하고 종결하는 과정의 '규칙'은 문화뿐만 아니라 충격적인 경험으로도 형성된다. 트라우마가 발생한 상황에서 아이의 방어 행위 체계는 압도적이거나 충격적인 사건에 대한 반응이나 예측으로 자주 자극받는다. '겁 먹은' 또는 '겁 먹게 하는' 돌봄의 결과로 애착 체계가 손상될 수 있다. 에너지 조절 체계는 방어 체계로 대체된다. 아이는 밤에 잠을 못자고, 위협을 느낄 만한 소리가 날 까봐 깨어 있게 된다. 사회성이나 탐험, 놀이는 위험한 것으로 인식될 수 있다. 트라우마 사건들이 종료되고 오랜 시간이 흐른 성인기에 트라우마화된 사람들은 일반적으로 방어 행위 체계와 (트라우마와 관련이 없는) 일상생활에서 활성화된 행위 체계 사이에서 갈등을 지속적으로 경험한다. 사전에 형성된 방어 체계가 원래 강력하고 해결되지 않은 트라우마로 고통받는 사람들 내면에서 지속적으로 활성화되기 때문에 트라우마화된 내담자들은 대부분 다른 행위 체계의 목적을 충족시키기 위해 방어 체계를 무시하거나 억제하는 데 어려움을 겪는다. 대조적으로, 트라우마를 입지 않은 사람이 위협적인 자극에 노출됐을 경우에는 그 위협이 지나가거나 위협에 대한 부정확한 인식이 수정되면 방어 체계는 후퇴하는 경향이 있다. 그리고 다시 안전함을 느끼고 일상 생활에서 요구하는 다른 체계에 반응할 수 있게 된다.

따라서 트라우마화된 사람들의 경우 과도하게 방어 행위 체계를 사용하는 경향은 삶의 구조에 설계된 무의식적이고 반사적인 습관이 된다. 트라우마화된 내담자들의 다양한 증상과 문제점은 다른 행위 체계에 효과적으로 대응할 수 없는 무능력을 드러낸다. 에너지 조절의 붕괴는 자극에 대한 자율신경계의 만성적인 기능 부전 뿐만 아니라 수면 장애와 식이 장애, 그리고 호흡 곤란, 신체적 통증에 대한 무감각 혹은 반응 능력 저하 등의 증상으로 나타난다. 거의 변함없이 내담자들은 놀이를 어려워하기 때문에 트라우마 후 즐거운 상호작용이나 활동에서 느끼는 즐거움과 충만함과 기쁨을 경험할 수 있는 능력이 완전히 사라지거나 줄어든다. 혹은 상황을 역설적으로 위험하고 위협적인 것으로 경험하게 된다(Luxenberg, Spinazzola, Hidalgo, Hunt, & Van der Kolk, 2001, Luxenberg, Spinazzola, & Van der Kolk, 2001).

마찬가지로, 사회성 체계는 사회적 자극을 견뎌 낼 능력이 없거나 사회적 관계를 자기조절에 사용할 수 없기 때문에 손상된다. 트라우마 관련 장애를 가진 일부 내담자들은 사회적 접촉을 완전히 회피하면서 스스로 고립을 자초한다. 어떤 내담자는 집을 떠나 주변을 탐색한다는 생각만으로도 얼음 반응을 경험하고(탐험 체계의 차단), 또 다른 내담자는 자제력 없이 자녀들을 심하게 야단친다(돌봄 체계의 붕괴). 그리고 의지할 만한 안전한 사람이 없다고 불평하는 사람도 있고(부적절한 애착), 부모가 되고 싶어서 성관계를 고려할 때 방어와 관련된 과각성을 경험하는 사람도 있다. 방어 체계에 대한 의존은 어린 시절에는 적절했지만 트라우마가 끝난 후에도 우선적으로 그것에 의존하는 것은 트라우마화된 사람들의 성인기 생활을 심하게 제한해 부자연스럽게 만든다.

행위 체계와 경향성

행위 체계는 고정 행위 패턴(즉, 동적 및 부동적 방어 반응과 같이 특정 종과 밀접히 관련된 정형화된 움직임)뿐만 아니라 덜 정형화됐지만 여전히 조건 학습과 관련된 자동적인 경향성(예: 학대를 방지하는 가장 좋은 방법은 조용히 있다가 누군가 말을 걸 때에만 말하는 것이라고 배운 아이)까지 지배한다. 행위 체계의 참여는 "감각, 지각, 인지 과정을 변화시키고 (그 체계)의 특성을 자극하는 행동적 경향성에 자연스럽게 동조하는 생리적 변화들을 일으킨다"(Panksepp, 1998, p. 49). 이러한 변화에는 한 체계의 각성에 대한 반응으로 자동적인 경향성이 된 정향과 정보처리, 각각의 신체적 · 정신적 행위가 포함된다.

모든 행위 체계는 "종의 진화사에서 도전적인 환경에 직면해 적응적인 것으로 증명된 운동신경의 서브루틴(subroutine, 역주: 특정 혹은 다수의 프로그램에서 반복해 사용되는 독립된 명령군)과 동시에 발생하는 자율신경계 및 호르몬의 변화를 활성화하거나 억제함으로써 다양한 행동을 조직한다"(Panksepp, 1998, p. 49). 그러나 동일한 행위 체계가 또 다른 일련의 상황에서 자극을 받을 때, 의식적인 주의나 어떤 의도 없이 이전에 습득한 행위 경향성으로 반응하기 시작한다. 이런 행위 경향성에는 신체적인 것(내부 감각수용기, 자세, 몸짓, 움직임으로 하는 습관적인 반응에서 관찰됨)과 정신적인 것(인지적으로, 감정적으로 하는 반복적인 반응에서 관찰됨) 모두 포함된다.

특정 순간에 행위에 대한 방대한 선택이 주어지기 때문에 행위 경향성은 그 광범위한 (그리고 아마도 압도적인) '가능성의 메뉴'를 제한하거나 제약하는 이점을 부여한다(Janet, 1935a). 리나스(2001)는 다음과 같이 말했다.

> [운동] 패턴은 잘 정의되어 명확한 전략을 필요로 하고, 외부 세계에서의 급박한 사건에 어느 정도 선택적으로 반영된다. 일련의 명확한 제약이 [운동] 체세 아래에 놓여 있다. 이것은 아주 풍부하고 예측 가능하다. 그래서 이런 제약은 매우 강력하다. ……[그러므로] 운동 체계는 제약을 만들어서 (많은 행동 패턴 중) 특정 고정 행동패턴이 자리 잡으면 필요할 때 즉시 활성화되어 완벽하게 작동하게 된다(p. 145).

따라서 행위 체계가 자극되면 무한한 행동 가능성은 행위 체계의 목적을 충족시키도록 설계된 이전의 자동적인 행위 경향성에 의해 제한된다. 절차적 학습의 효율성은 다른 움직임의 가능성을 감소시키기 때문에 선택을 제한한다. 일단 형성되면 이런 행동은 그것을 유발한 상황이 더 이상 존재하지 않을 때조차 비교적 안정적인 경향성으로 유지되곤 한다(Cassidy & Shaver, 1999). 환경 및 내부 조건이 변하고 오랜 시간이 지난 뒤에도 우리는 과거에 적응적이었던 정신적 · 신체적 행동을 수행할 준비 상태에 머물러 있다. 행위 경향성이 현재의 상황이나 당면한 환경에서 적응적인 행동을 계속 방해하면 부적응적인 행위가 될 것이다. 어린 시절에 학대를 받은 경험이 있는 젊은 여성이 사랑하는 남자 친구가 키스를 하려고 할 때 얼굴을 휙 돌리는 경우를 예로 들어 보자. 그녀는 안전한 애착 인물이자 바람직한 성적 파트너로서 남자 친구가 접근하는 것을 환영하기보다는 방어 행위 경향성으로 반응할 수도 있다.

결과 예측

결과의 예측은 행위 경향성의 발달에 강한 영향을 미치는 요소다. 행동의 결과를 예측하거나 상상할 수 있는 능력은 우리가 실행하는 행동과 방법에 영향을 미친다. 예컨대, '누군가 말을 걸 때에만 말하는' 성적 학대 피해 아동은 그렇게 행동하면 학대 받을 가능성이 줄어든다고 '예측'할 수도 있다. 따라서 행위 경향성은 특정한 행동을 수행할 준비를 하는 것이며 특정 결과를 예측하는 것이기도 하다(Frijda, 1986; Van der Hart et al., 2006). 예컨대, 탐험 행위가 효과적이지 않거나 모욕적인 것 혹은 위험한 것으로 예측이 되면 우리는 그렇게 행동하지 않을 것이다. 그러나 탐험이 만족감을 줄 것이라 기대한다면, 외부 환경에 호기심을 갖고 탐험 행동을 더 '활발히 하려는' 경향성을 개발할 것이다.

내적 작동 모델internal working models은 우리가 영유아기부터 반복적으로 경험하면서 애착 대상에 대해 발달시킨 복잡한 신념 체계를 말한다(Bowlby, 1988). 이 모델은 미래를 예측하고 행동하게 함으로써(Bowlby, 1999, p. 135), 행위 경향성을 발달시키는 데에도 기여한다.

처음에 우리는 보호자와의 관계에서 감각을 통해 외부 세계를 인식한다. 그리고 나중에는 과거의 경험은 물론 현재의 내적 경험까지도 그 인식과 (지속적으로) 비교한다. 리나스가 강조했듯이, "내적 및 외적 세계에 대한 비교에서 [불일치하는 것]에 대한 해결책으로 적절한 조치가 취해져 움직임이 생기는 것으로 구체화된다. 그 과정에서 엄청난 전이가 발생한다. 즉, 외부 세계로 현실화되는 것에 대한 내적인 이미지의 업그레이드가 일어난다"(2001. p. 38). 내적 작동 모델이 행동의 결과를 지속적으로 예측하는 데 도움이 되지만 그 예측이 업그레이드되지 않으면 어떻게 될까? 트라우마의 경험과 그에 따른 신경심리학적 결함 때문에 트라우마화된 사람들은 '업그레이드된 예측'을 하지 못해 현재 상황에 적절치 않은 과거의 행동을 반복하게 된다.

작업 모델들과 관련 예측이 가장 효율적인 것이 되려면 과거가 아니라 현재의 요구에 맞춰져서 설계되어야 한다. 이상적으로 작업 모델은 유연성이 있어야 하고, 환경 및 내면의 단서에 따라 변화할 수 있어야 한다(Marvin & Britner, 1999, p. 48). 한 사람의 행동 레퍼토리는 발달과 성숙, 배움의 과정을 통해 확대되어야 한다. 행위 경향성과 예측에 의해 제약을 받지만 행위 체계의 각성에 대한 우리의 반응은 여전히 창조적인 '업그레이드'를 필요로 하기 때문에 행동은 점진적으로 복잡해지면서 적응력을 얻어 정교하게 변한다(Janet, 1925, 1937a).

예컨대, 부모의 돌봄 행위 체계는 아동의 발달 수준과 애착 요구의 변화에 지속적으로 적응하고, 일반적인 돌봄 행동은 아이가 성장하는 동안에 특정과 분위기 면에서 극적으로 변화한다. 그러나 트라우마 관련 각성과 과활성화된 방어 하부 체계는 유연하고 창조적인 경향성의 발달을 방해한다. 따라서 내담자들은 대부분 행위 경향성을 새롭게 하지 못하고, 마음과 몸은 과거의 트라우마 경험을 토대로 한 해석과 예측으로 활성화된다. 치료자(그리고 통찰력 있는 내담자)가 현재 상황에 부적절하다고 생각하는 행동은 이전 상황에서는 적절했으나 업그레이드되지 못한 '그림자' 행동일 때가 많다.

행위 체계와 행위 경향성, 그리고 몸

사실 행위 체계는 본질적으로 신체적인 것이다. 가장 잘 드러나는 것은 에너지 조절 체계의 각성을 나타내는 신체적 감각이다. 방광이 가득 찼다는 것은 소변을 봐야 한다는 것을 나타내고, 위가 그르렁거리면 배고프다는 신호다. 입 안의 건조함은 목이 마르다는 것이고, 소름이 돋는 것은 춥다는 신호이고, 땀이 나는 것은 열이 너무 많다는 신호다(Parksepp, 1998). 또한 신체 감각은 다른 행위 체계의 각성을 동반한다. 팔이나 다리의 긴장은 투쟁 또는 도피라는 방어 반응의 신호이고, 앞으로 나아가려는 충동 또는 팔을 뻗고자 하는 충동은 애착 인물이 앞에 있을 때 일어난다. 애착 인물과 분리될 때에는 위 통증이 일어난다. 부모가 자녀의 새로운 도전을 볼 때에는 가슴에서 당기는 감각이 일어나고, 탐험이 주는 흥분은 활성화된 에너지를 수반한다. 그 감각들 중 어느 감각도 특정한 수준으로 강해지면 너무 강해서 그 감각들을 감소시키는 일이 다른 행위 체계에 반응하는 것에 비해 더 중요해진다. 행위 체계의 각성과 연관된 감각과 더불어, 행위 체계와 관련된 목표를 수행하고 즐거움을 경험하는 것은 이러한 것을 우선순위로 두도록 동기를 부여하게 한다. 행동으로 인해 느낌이 일어나기 때문에 특정 체계와 관련된 감각을 경험하는 것은 느낌 혹은 감정, 체계 속에 존재하는 느낌을 유발한다(Damasio, 1999). 따라서 트라우마화된 사람이 신체적인 흥분과 긴장을 경험할 때(예: 탐사 혹은 성행위), 그들은 그 감각을 방어 체계와 관련시켜 위험에 처한 것으로 자주 느낀다.

행위 체계는 자체의 특정 목적을 달성하기 위해 신체적 능력을 끌어들여야 한다. 특별한 신체적 행동은 하나 이상의 체계에 기여한다. 예컨대, 걸어서 이동하는 행동은 애착 체계(개인이 애착 인물을 향해 걸어가도록 할 수 있게 함)와 방어 체계(잠재적 위험에서 벗어날 수 있게 함)와 탐험 체계(호기심을 유발하는 대상을 향해 움직이게 함)에 기여한다(Marvin & Britner, 1999). 그러나 앞서 언급했듯이 각각의 행위 체계는 특정한 신념과 감정—정신적인 행위 경향성들—에 의해 조직되기 때문에 똑같은 움직임이나 같은 종류의 보행이 행위 체계와 그에 상응하는 신념이 활성화(동원)에 따라 변하는 완전히 다른 성질을 취할 수 있다. 탐험 맥락에서 보행은 도피 행동 맥락에서의 보행과 다른 특성을 가진다. 방어 체계가 애착이나 성, 사회성, 탐험, 놀이, 돌봄, 에너지 조절의 행위 체계와 동시에 각성될 때, 동시적이거나 연속적인 모순 패턴을 드러낼 수 있다. 예컨대, 몸을 긴장시키면서 걷는 것, 앞으로 걸어 나간 후 갑작스럽게 방향을 바꾸는 것, 앞으로 걷는 동안 움직임을 정지시키는 것 등이다.

앞 단락에서 설명한 것처럼, 신체적 행동은 일반적으로 의식의 통제 하에 있다고 생각하지만, 대부분의 움직임은 감각적 자극과 우리의 의식의 범위를 넘어선 내적인 과정의 반응으로서 절차적 기억 때문에 일어난다. 각각의 움직임 행위는 회전하는 상황에서 함께 묶인 일련의 정확한 동작들인 '감각운동 순환 고리sensorimotor loop'로 구성된다(Cohen, 1993). 감각 정보는 외부 세계 및 내면 경험으로부터 먼저 수신된다. 그 다음에 들어오는 정보는 과거 경험과 비교된다. 이 비교는 자극에 대한 해석과 다양한 행동의 잠재적 결과에 대한 예측으로 이어지고, 그 이후에 운동 신경 반응이 조직된다. 이런 연속적인 사건이 완료된 후에야 감각운동 순환 고리를 다시 가동시키는 실질적인 움직임이 일어난다. 인지적, 감정적 처리는 몸에서 일어나는 느낌에 영향을 받는다(Damasio, 1999). 이런 상향식 감각운동의 순환 고리는 정신적인 경험 및 행동을 위한 환경을 조성한다. 반대로 정신적인 행동과 하향식 처리는 신체적 행동과 상향식 처리에 영향을 미친다.

행위 경향성은 (신체적인 그리고 정신적인) 별개의 움직임들을 활성화하는 것과 억제하는 것 둘 다를 포함하고 있고, 대체로 다음의 두 범주 중 하나에 속한다. (1) 동의하고, 받아들이고, 접근할 준비가 되어 있거나, (2) 방어하고, 도피하고, 피할 준비가 되어 있다(Frijda, 1986). 이 상반되는 양극은 몸의 자세와 움직임에 반영된다. 미소와 편한 자세와 무언가를 향해 움직이는 것은 모두 수용과 이해와 접근을 반영하는 행동이다. 찌푸림과 철수와 수축이나 멀리 떨어지는 것은 회피와 방어와 잠재적 위협으로부터의 도피를 반영한다. 편하고 열린 신체적 자세로 무언가를 향해 전진할 때, 우리는 이완되어 있지만 활기찬 (그리고 자주 기분 좋은) 내적 신체 감각을 활성화한다. 그때 감각지각도 고조되고 흥미와 즐거움에 관련된 감정과 인식을 자극한다. 얼굴 근육의 수축과 눈을 좁히면서 뒤로 물러날 때, 근육의 긴장과 고조된 자율신경의 각성과 위험 및 방어와 관련된 인지와 감정을 자극한다. 아동기에 적절했던 방어와 회피 행동은 많은 트라우마화된 내담자에게 습관으로 정착된다. 그것은 접근 행동의 전체적인 실행(예: 새로운 경험에 대한 탐험과 시도)을 방해한다. 그리고 그들의 행위 경향성은 접근과 방어/회피의 움직임들이 동시에 혹은 순차적으로 일어나는 것을 포함한다.

우리는 당장의 자극에 대한 대응으로 행위 경향성이 자발적으로 등장할 때, 개인의 신체적 행위 경향성의 조직을 관찰함으로써 개인의 기대와 예측에 대한 경험에 근거한 가설을 세울 수 있다. 이때 접근 행동과 회피 행동이 한꺼번에 관찰될 수 있다. 예컨대, 사람들이 무리 앞에서 공연하거나 데이트를 나가는 것과 같은 새롭고 도전적인 활동을 하거나 탐구하는 것을 요청받는다면 사람들은 제각기 특별한 신체적·정신적 행위를 자동적으로 하는 경향을 보이면서 반응할 것이고, 그런 행위는 상황에 따라 다른 순간에도 나타날 수 있다. 어떤 사람들은 흥분하면서 호기심을 가지게 될 것이고, 그들의 몸은 개방하고 '접근'하는 자세를 전달하면서 각성과 전반적인 긴장 상승을 보일 것이다. 또 어떤 사람들은 두려움이나 짜증, 혐오를 느낄 수 있다. 그것은 수축과 움츠러듦이라는 '회피'나 방어적인 태도로 드러난다. 어떤 이는 호흡을 참을 것이고, 다른 이는 무언가를 기대하면서 몸을 앞으로 기울일 것이다. 그리고 다른 사람들은 여전히 접근과 회피 움직임을 동시에 하면서 반응할지도 모른다. 즉, 몸을 앞으로 내밀면서 동시에 뒤로 당기는 것과 같은 움직임을 보일지도 모른다. 각각의 반응은 특별한 의미를 갖고 있고, 행위가 결과를 초래한다는 무의식적인 예측에 대한 다른 이야기를 말해 주고 있다. 이번 경우에는 공연을 하거나데이트하러 나가는 것에 대한 예측이다.

만성적으로 트라우마화된 사람의 경우, 행위는 자주 충돌하고, 3장에서 설명했던와해/혼동 애착 패턴 행동과 비슷한 동시적인 또는 순차적인 접근 및 회피/방어 움직임들도 포함한다. 이러한 상충되는 움직임들은 내담자들이 어린 시절에 사용이불가능했거나 안전하지 않았던 다른 행위 체계의 각성에 대해 방어적인 행위 경향성으로 반응할 때 눈에 띤다.

행위 경향성의 수준

신체적·정신적 행위는 가장 원시적이고 반사적이며 기본적인 것에서부터 대규모의 통합 능력을 필요로 하는 복잡하고 정교한 행위에 이르기까지 다양하다(Janet, 1925, 1937a). 행위 경향성의 진화적인 이점 중 하나는 그 덕분에 에너지를 절약하게됨으로써 새롭고 더 복잡한 행동을 개발할 수 있다는 점이다. 경향성은 일단 형성되면 내적인 혹은 외적인 특정 자극에 직면해 즉각 사용할 수 있다. 예컨대, 어린 아이들이 숟가락 사용법을 배울 때, 그들의 모든 에너지는 숟가락을 입에 넣는 데 집중된다. 시간이 지남에 따라, 그 행위는 절차적으로 배운 경향성으로 변해 매우 자동적이 되고 아이들은 식사 시간에 하는 사회적 상호작용처럼 더 복잡한 행동에도 자유롭게 참여할 수 있게 된다. 발달 과정 속에서 우리가 더 세련된 행위를 배우고, 지난 경험에 대해 성찰할 수 있고, 행위의 잠재적 영향에 대해 따져 볼 수 있고, 부적응 행위를 엄밀히 조사할 수 있고, 우리가 어떻게 다르게 행동할 수 있을지 생각할 수 있는 능력과 같은 높은 수준의 정신적 능력을 개발할 때, 우리의 행위는 점점 더정교해지고 복잡해진다.

트라우마화된 사람은 복잡한 행위에 참여하는 통합 능력이 부족하고, 자율신경계의 활성화와 방어 하부 체계에 이끌려 반사적이고 오래된 행위 경향성이라는 진부한 경로로 되돌아가는 경향이 있다. 재닛의 말에 따르면, "(트라우마화된 사람들은)

특히 새로운 [더 복잡한] 행동들이 어렵고, 오랜 기간 동안 멈추지 않은 채 이전에 학습한 행위들을 계속 한다"(1907, p. 315). 체성감각somatosensory이 트라우마를 일깨우는 상황에서 상위의 인지적 행위가 더 적응적이고 더 효과적인 신체적 행위로 이어질 수 있는 상황에서조차, 반사적인 하위의 정신적·신체적 경향성이 촉발된다. 반사적인 행위 경향성들은 매우 정형화되어 있고, 즉각적이고, 기본적인 생존과 관련되어 있고, 상위 경향성의 상실을 동반한다. 그 경향성들은 반복적이고, 적절하지 않으며, 보는 이로 하여금 불편함을 느끼게 한다(Caldwell, 1996). 예컨대, 트라우마화된 내담자는 덜 안전하다고 느끼고 반사적인 행위 경향성을 의심케 하는 생소하고 복잡한 행위를 하는 것보다 소리를 지르거나 철회하거나 타격을 가하거나 항복하거나 얼어붙거나 싸우거나 달아나거나 중독적인 행위를 하는 것이 더 안전하다고 느낄 수 있다. 요약하자면, 사회적 연결과 관련된 능력은 더 원시적인 방어 행위에 의해 무시된다.

예컨대, 어떤 내담자는 어마어마한 양의 단 음식을 충동적으로 먹으면서 그 음식이 과거에 일시적으로 만성적인 저각성을 조절하는 데 도움이 되었다고 말했다. 음식으로 저각성을 누그러뜨리는 그 하위의 경향성은 우선되었고, 그녀는 음식을 먹음으로써 후에 과민성과 혈당 조절 장애, 체중 증가, 수치심과 관련되어 발생하는 '비용'에 대해서 고찰하지 못했다. 이런 하위 경향성들은 실행하기는 쉽고 변화시키기는 더 어렵지만, 최근에 습득한 행동(예: 행위의 결과를 충분히 고려할 수 있음)은 더 실행하기 어렵다(Janet, 1937b). 나중에 개발되고 더 복잡한 행동인 성찰이 치료의 주요 목표가 된다. 다시 말하면, 유연하고 정교한 행동이 부적응적이고 반사적인 행동을 대체하도록 내담자의 통합 능력을 향상시키는 것이다.

정신적·신체적 행위를 수행하는 복잡한 과정은 계획(행위 구성), 개시, 실행, 완료와 같은 개별적인 단계로 신속하고 지속적으로 발생한다(Janet, 1903; Van der Hart et al., 2006). 이 단계들 중 어느 단계에서든지 과정을 바꾸는 선택을 할 수 있다. 즉, 과정을 정지시키거나 재개하거나 반복하거나 지속하거나 성과가 나왔는지 평가하는 것과 같은 선택을 할 수 있다. 선택 사항을 인식하고 활용할 수 있는 능력은 정교한 통합 기술을 반영한다. 예를 들어, (1) 행위가 환경에 미치는 영향에 대한 고려, (2) 감각과 감정과 인지에 대한 탐지, (3) 목표가 달성되었는지에 대한 평가, (4) 새로운 목표를 만들기, (5) 새로운 행위를 계획하기가 그 기술에 속한다. 그러한 선택에 접근하는 것은 트라우마화된 내담자들이 반드시 배워야 하는 복잡한 정신적 행위다. 적응적인 행위를 하려면 내담자들은 예측의 정확성을 고찰할 수 있어야 하고, 그 예측을 결과와 비교할 수 있으면서 완료된 현재의 행위와 후속 행위의 결과를 평가할 수 있어야 한다. 또한 그 과정에서 개인은 반사적이거나 부적응적인 오래된 행위 경향성이 일어날 때를 알아차려야 한다. 즉, 반사적인 경향성을 억제하고, 적응적인 대안을 고려하고, 결정을 내리고, 더 적응적이고 복잡하고 창의적인 대안적인 행위를 수행할 수 있는 방법을 찾아야 한다. 더군다나, 적응적인 행위는 그 행위가 다른 사람들에게 어떤 영향을 미칠지 또 자체적으로 어떤 영향을 받을지에 대해서도 모니터링을 요구한다.

트라우마화된 사람들 중 일부는 새로운 행위를 계획할 수는 있지만 그 행위가 실제로 일어나게 하는 다음 단계로 나아갈 수 없다. 또 어떤 사람들은 새로운 행위가 일어나게 할 수는 있지만 그 행위를 끝까지 수행하지는 못한다. 대신에 부적응적인 경향성들의 지배 하에서 새로운 행위를 포기하거나 원래의 행동이 완료되기 전에 다른 행위를 시작한다. 또 다른 사람들은 행위를 끝내기는 하지만 거기에 관심을 갖지 못하거나 만족하지 못한다. 그들은 새로운 경험으로부터 단절을 느끼고 행위에 의미나 가치를 부여하지 못한다(Janet, 1903). 또 다른 사람들은 반사적인 행위를 알아차려서 새로운 행위의 효과성을 고려할 수 없으며(Van der Hart et al., 2006), 일부는 환경이나 자기 자신에게 행위가 미치는 영향을 잊어버리는 것처럼 보인다.

모든 행위는 어떻게든 개인의 통합 능력에 영향을 미친다. 성취되고 완성된 행위는 통합 능력을 높이는 반면에, 미완성되고 실패하거나 축소된 행위는 통합 능력을 저하시킨다(Ellenberger, 1970; Janet, 1925). 치료 과정에서 내담자들은 자신의 행위 경향성을 형성하는 개별적인 구성 요소에 대해 알게 되고, 그것들이 펼쳐지는 대로 관찰하고, 그것들이 적응적인지 아닌지를 신중히 결정하는 데 도움을 받는다. 시간이 지나면서 내담자들은 부적응적인 경향성을 억제하는 능력을 개발한다. 또한 연습을 통해 현재 시점에서 더 적응적인 새로운 경향성을 개발한다. 연습을 통해 이것이 실현될 때 더 창의적이고 정교한 새로운 경향성이 나타난다(Janet, 1925).

행위 체계와 해리

1장에서 논의했듯이, 트라우마 관련 장애는 개인이 트라우마를 재경험함으로써 방어적 경향성을 재연하는 것과 일상생활을 유지하기 위해 트라우마를 상기시키는 충동과 기능장애를 일으키는 것을 회피하는 것 사이를 오가는 이중패턴으로 특징 짓는다(Chu, 1998; Van der Kolk et al., 1996). 마비와 회피 증상은 일상의 행위 체계에 반응하기 위해 극심한 각성 상태를 회피하기 위한 본능적인 시도와 트라우마를 상기시키는 것에 의해 자극된 방어 행위에서 비롯된다.

몇몇 저자는 심하게 트라우마화된 사람들에게서 상대적으로 평온한 기간과 두려움의 상태를 분리하거나 교체하는 것에 대해 논의했다(Barach, 1991; Liotti, 1999b; Schwartz, 1994). 앨런은 애착 이론을 적용하는 것이 성격 발달과 구획화된 측면에 대한 개발의 필요성을 우리가 잘 이해할 수 있도록 어떻게 지원하는지 언급했다. '불연속적인 행동 상태 스위치들은 관계성의 모순된 모델의 핵심적인 부분이다. 시간이 지남에 따라 이 작업 모델들은 특정 맥락 안에서 일련의 긴 상호작용을 기반으로 하는 역사를 만들어 낸다. 그러므로 작업 모델은 정체성의 구성 요소가 되거나 해리되었을 때에는 분리된 정체성이라는 환상에 불과한 감각과 연합하게 된다" (2001, p. 193).

이 장의 앞부분에서 살펴보았듯이 방어 행위 체계는 위협 상황에서는 생존과 적응을 지원하는 반면, 다른 행위 체계는 일상생활에서의 참여를 촉진한다. 행위 체계는 위험에 대응하는 방어 체계와 일상 활동의 참여를 증진시키는 다른 모든 체계로 구성된다(Steele et al., 2005). 방어와 일상의 행위 체계들 사이에서 이중의 교체가 반복적으로 일어나고 시간이 지나도 지속될 때, 우리는 (방어 체계를 자극하는) 트라우마의 재경험과 (다른 행위 체계의 참여를 허락하는) 트라우마를 상기시키는 것들을 회피하는 것 사이의 구획화가 심해지는 것을 관찰한다. 스틸 등(2005b)은 다음과 같이 말했다.

은유적으로 말하자면, 일상의 행위 체계와 방어 체계의 상호작용 사이에는 단충선이 생기는데, 그것들은 자연적으로 서로를 억제하는 경향이 있기 때문이다.

예컨대, 우리는 임박한 위험이 감지될 때 청소나 독서에 집중하지 못하고, 극도로 예민해져 방어할 준비를 한다. 그런 다음 위험이 지나면 방어 모드를 계속 유지하는 대신에 자연스럽게 정상적인 활동으로 복귀해야 한다. 이러한 두 가지 유형의 행위 체계의 각각의 구성요소들이 잘 통합되어 있을 때는 통합 과정이 잘 일어날 것이며, 트라우마 스트레스 도중 또는 이후에 실패할 가능성이 높아진다.

방어적인 행위 체계가 다른 행위 체계와 통합되지 않을 때, 일종의 해리 패턴이 이어진다. 이것은 트라우마화된 사람의 두 가지 '심리적 존재들'의 연속적인 교체에 대해 재닛이 처음 지적한 것이다. "어떤 상태에서 그는 다른 상태에서 갖고 있지 않은 감각과 기억과 움직임을 가지고 있다. 그리고 결과적으로 그는 두 명의 인물을, 어떤 면에서는 두 개의 성격을 명확하게 제시했다"(1901/1998, p. 491). 해리에 대한 재닛의 선구적인 연구는 성격의 구조적 해리 이론을 공식화할 수 있는 길을 열었다 (Nijenhuis et al., 2002; Steele & Van der Hart, 2001). 그 이론은 트라우마의 결과로 하나의 자기 상태_{self-state} 혹은 성격의 일부가 위협에 대한 방어에 고착되어 있다고 설명한다. 반면에, 또 다른 자기 상태나 성격의 일부는 애착과 에너지 조절, 탐험, 놀이, 사회성, 성, 돌봄과 같은 다른 행위 체계들의 활동을 수행하는 데 전념한다고 한다(Nijenhuis et al., 2002). 또한, 구조 해리 이론은 제1차 세계 대전에 참전해 트라우마화된 병사들을 연구했던 군 정신과 의사이자 심리학자인 찰스 마이어스_{Charles S. Myers}의 연구에 뿌리를 두고 있다. 재닛처럼 마이어스(1940; Van der Hart et al., 2000 참조)도 경험의 구획화 혹은 분리와 트라우마 후에 관찰된 정체성에 깊은 인상을 받았다. "……정상적인 성격의 일부분 이 정지 상태다. 개인의 최근 감정 경험이 우세해 행동을 결정한다. 정상적인 성격은 우리가 '성격의 감정적인 부분'이라고 부르는 것에 의해 대체되었다"(p. 67). 마이어스의 관찰에 따르면, 트라우마화된 병사의 성격 중 이 부분은 "철저히 정상적인 성격과는 정신적으로뿐만 아니라 신체적 외모와 행동에서도 크게 달랐다"(1940, p. 69). 통합되지 않아 파편화된 트라우마 기억에 의해 내몰린 성격의 일부분이나 자기 상태는 트라우마와 그것에서 살아남는 것에 고정되어 있고, 방어 행위 체계를 반복적으로 불러일으키고 재연한다. 트라우마를 상기시키는 것들과 방어 행위 체계의 각성은 성격의 '감정적' 부분이, 즉 과거의 트라우마를 다시 경험하는 것에 압도된 부분이 지배할 때에는 개인의 뇌리를 떠나지 않는다.

에너지 조절과 관계, 육아, 일과 관련된 어려움과 관련된 현재의 삶의 경험은 반드시 일상의 행위 체계를 활성화한다. 예컨대, 우리가 트라우마적인 교통사고에 연루된 경우 일상의 행위 체계와 연결된 우리 중 일부는 가능한 한 빨리 정상적인 활동을 재개하려고 노력할 것이다. 심지어 방어 행위 체계가 차와 관련된 장면이나 소리 때문에 활성화되는 동안에도 말이다. 그래서 우리는 시동을 걸기 위해 열쇠를 꽂을 때 몸이 흔들리고 떨리기 시작한다. 정상적인 활동을 재개하려고 시도하는 자아의 부분은 마이어스에 의해 '명백히 정상적인' 부분으로 묘사되었다. "명백히 정상적인" 성격은 (일부분) 보통 점진적으로 혹은 갑작스럽게 돌아온다. 정상은 트라우마와 직접적으로 관련된 사건들의 모든 기억의 결핍을 제외하고, 정상은 정신적 해리를 암시하는 다른 ('체성'의) 히스테릭성 장애의 증상을 제외한다"(1940, p. 67). 그러므로 정상적인 활동의 재개를 시도하는 자아의 측면은 일상의 행위 체계(자동차로 일하러 가야 하거나 축구 연습을 끝낸 아이들을 데리러 가야 하는 경우와 같이)를 필요로 하는 환경적 자극에 반응하고, 성격의 '명백히 정상적인' 부분은 그 목표를 성취할 수 있도록 가능한 한 최선을 다해 대응하기 위해 등장한다. 일상을 살아가는 것과 트라우마를 다시 사는 것 사이의 구획화는 다음의 근친 성폭력 생존자의 경험에서 명확히 설명된다.

> 나의 다른 자아는 누구였는가? 우리가 하나의 성격을 나누었지만 나는 여전히 절반 이상의 주식을 소유한 주주였다. 나는 학교에 갔고, 친구를 사귀었고, [일상의 행위 체계에 참여하는] 경험을 쌓았고, 내 성격의 부분을 개발했다. 반면에 그녀는 [방어적인 행위 체계에 참여를 했고, 그리고] 지적이기보다 본능적으로 기능하면서 도덕적으로나 정서적으로 아이로 남아 있다. 처음에는 그녀가 나의 창조물이었지만 내가 하기 싫어하는 것을 하도록 강요했다. 그러나 내가 그녀의 존재를 완전히 지워 버렸기 때문에 그녀는 꿈속의 인물처럼 나의 통제에서 완전히 벗어났다(Fraser, 1987, p. 24).

성격의 한 부분은 일상 활동을 수행하고 정상적인 발달을 계속하기 위해 트라우마 기억을 막으려 하지만 얼마나 성공적으로 해낼 수 있느냐는 개인에 따라, 상황에 따라 다르다. 개인이 재활성화된 자극에 직면할 경우, 방어 행위 체계는 일상과 관련된 작업을 침습하고 방해한다. 방어 체계이든 일상 체계이든, 행위 체계들은 각각 그 체계에 고유한 행위 경향성의 특별한 조직을 가지고 있다. 그 결과는 다음과 같다.

> 주어진 상황에서 성격의 각 해리적인 부분은 특정 행동 패턴, 사고, 감정, 감각, 인식을 드러내는 특정한 행위를 하는 경향성을 가지고 있다. 이러한 경향성은 다른 부분에 의해 영향을 받는 행위 체계에 기반한 다른 부분들과는 매우 다르다. 따라서 다양한 부분은 특정 행위 체계에 의해 어느 정도 제약을 받는다. 그리고 그것들은 중재되어 상대적으로 유연성이 없는 정신적·신체적 행위를 유도한다 (Steele et al., 2005, p. 17).

2장에 등장했던 어린 시절의 학대에서 살아남은 생존자 애니는 어린 시절에 구획화가 적응적으로 작동한 것을 기억할 수 있었다. 그리고 가정을 꾸려 두 자녀를 낳고 자녀 양육 및 대학원 공부 등 일상적인 활동을 잘하려고 자신의 일부분이 트라우마 기억을 아직도 회피하고 있음을 잘 안다. 그 시기에 애니는 트라우마와 관련된 각성 및 정서, 방어 반응을 여전히 경험하고 있는 성격의 부분들을 해리적으로 구획화하고 그것들로부터 거리를 두고 있었다. 그러나 밤에 자려고 할 때나 낮에 트라우마 기억이 촉발됐을 때, 과각성된 증상들과 투쟁이나 도피, 순응/굴복이라는 방어적인 하부 체계의 활성화, 저각성과 관련된 고립 회피는 여전히 트라우마와 관련된 절차적 학습을 다시 살아나게 하고, 방어적인 행위 경향성을 유도하는 성격의 '정서적인 부분'의 침습을 입증했다. 그 기간 동안 애니는 일상의 행위 체계에 참여하는 데 큰 어려움을 겪었다.

성격의 부분들 간의 구조적 해리는 통합이 실패했음을 나타낸다. 행위 체계들은 하나의 성격으로 통합되어 있지 않다. 예컨대, 각각의 자기 부분self-part은 그에 수반되는 행위 경향성과 함께 다른 방어 체계를 중심으로 구성될 수 있다(Nijnhuis et al., 2002; Van der Hart et al., 2006). 성격의 어떤 부분들은 일상의 행위 체계의 특징을 가진 다른 신체적·정신적 경향성들을 반영하는 반면에, 다른 부분들은 다양한 방어 하부 체계와 관련된 경향성들을 나타낸다. '투쟁' 부분은 팔을 통해서 고조된 전반적인 각성, 긴장, 바로 행동할 수 있는 준비성을 드러낸다. 또한 분노와 공격적인 사고에 동반되는 거친 사회적 태도와 위협적인 것에 대한 과민성도 나타난다. 이 부분은 더 강해질 수 있고, 더 큰 목소리를 낼 수 있고, 도전과 요구에 대한 이야기를 중심으로 하는 일련의 기억을 가질 수 있다. '도피' 반응에 의해 조직된 자기의 한 측면은 몸을 뒤에서 잡아당기는 듯한 자세를 보여 주고, 다리와 발을 움직이고자 하는 충동, 탈출을 생각할 때나 두려움을 느낄 때 동반되는 고조된 지향 반응으로 드러날 수 있다. '얼음' 반응에 의해 조직된 부분은 높은 불안을 동반하는데, 다리와 팔 근육의 수축과 같은 경직된 부동성과 근육 긴장을 보여 줄 가능성이 높다. '굴복하는' 부분은 근육 조직의 무력함과 마비, 붕괴된 부동성collapsed immobility, 정향 반응의 무뎌짐, 감정적, 인지적 능력의 감소를 보여줄 수 있다. 또 다른 부분은 절망이나 갈망의 느낌을 드러내며, 나란히 손을 앞으로 뻗거나 매달리는 과장된 움직임을 보일지도 모른다. 비슷하게 일상 활동을 영위하는 개인의 측면은 이런 행위 체계들의 각각의 특징인 신체적 · 정신적 경향성을 나타낼 것이다.

성격의 구조적 해리structural dissociation of the personality는 트라우마에 대해 적응적이고 신경생물학적으로 조직화된 반응으로서 행위 체계 이론에 따라 트라우마성 해리의 이론적 구성임을 강조해야 한다. 이 이론의 언어는 성격을 분리된 별개의 독립체로 분할하는 것을 의미하는 것이 아니라, 압축된 행위 경향성 관계의 구획화를 설명하려는 의도를 가지고 있다. 즉, 구획화는 행위 사이에서 두 개의 주기를 교대로 반복하는 행위를 반영한다. 성격의 일부와 같은 용어들은 "통합에 실패한 정신적 [그리고 신체적 행위] 체계를 은유적으로 설명하는 표현이다"(Steele, Van der Hart, & Nijenhuis, 2004, p. 39).'

방어 행위 체계와 일상의 행위 체계를 통합하지 못하는 것은 트라우마 장애가 있는 내담자들의 경우에는 그 정도는 다양하지만 필연적인 일이다. 구조 해리와 구획화의 개념은 트라우마에 대한 감각운동적 이해와 치료에 중요한 몇 가지 기능을 지적한다. 이는 (1) 방어 행위 체계와 일상의 행위 체계 간의 내재된 갈등, (2) 행위 경향성이 성격의 자기 상태나 부분으로 집약되는 방식, (3) 과거와 현재를 조화롭게 이끄는 통합 능력의 본질적인 역할이다.

결론

   치료자와 내담자는 모든 행위 체계의 각성에 대응하는 내담자의 고유한 행위 경향성을 조사함으로써 공동으로 새로운 수준의 이해를 하게 된다. 위협의 상황뿐만 아니라 (위협적이지 않은) 보통의 생활과 관련해 더 적응적인 경향성을 개발하려면 우리는 두 가지 범주의 행위 체계의 동시적인 각성을 연구해야 한다. 왜냐하면 그 동시적인 각성이 자연스러운 치료 과정이나 평범한 일상생활에서 유발되기 때문이다. 장기적인 치료 환경에서 내담자들은 사회적 연결 체계를 활용해 치료자와의 관계를 발전시킨다. 그리고 이것은 사회성 및 애착 체계를 발달시키고, 적절한 돌봄 행동의 모형을 만들고, 모든 행위 체계의 각성에 반응하는 습관적이거나 잠재적인 행위 경향성을 탐험할 때 필요한 안전한 기지를 제공한다. 치료자가 불완전하거나 표현되지 않은 채 남아 있는 내담자의 행위를 평가한 뒤 그 행위를 완료하는 법을 내담자에게 가르쳐 새로운 능력을 발휘하게 하는 것은 매우 중요하다. 방어 경향성들이 우연히 촉발됐을 때, 그것을 탐색하고 이해함으로써 그것들은 더 이상 일상적인 체계의 기능을 방해하지 못하게 된다. 내담자가 자신의 신체적·정신적·감정적 반응을 관찰함으로써 행위 경향성에 관심과 호기심을 갖도록 도울 때, 탐험 체계는 촉발된다. 일방적인 판단 없이 온전한 호기심을 가질 수 있는 환경이 허용될 때, 치료자와 내담자 간에는 자연스럽게 놀이 분위기가 형성된다. 치료의 목적은 모든 행위 체계의 적응적인 기능을 개선하고, 필요시에만 방어 체계를 활성화해서 다른 체계의 기능을 방해하지 않도록 한계선을 넘는 각성을 완화하는 것이다.

심리적 트라우마와 뇌:
신경생물학적 치료 모델

루스 라니어스(Ruth Lanius), 울리치 라니어스(Ulrich Lanius),

야니나 피셔(Janina Fisher)[1], 팻 오그던(Pat Ogden)

앞서 우리는 트라우마 경험이 위계적인 정보처리를 비롯해 애착 체계와 사회적 연결 체계, 자율신경계 각성, 자기조절 능력, 방어 및 생활 체계와 관련된 행위 경향성에 영향을 미쳐서 성장기 어린이의 몸과 마음에 충격을 줄 수 있는 수많은 경로를 검토했다. 신경생리학적 관점에서 트라우마를 이해하면 트라우마 후에 만성적인 후유증을 더 수월하게 개념화하여 치료 현장에서도 더욱 전문적이고 정확한 중재가 이루어질 수 있다. 이번 장에서는 최근 신경영상 연구neuroimaging research가 밝혀낸 트라우마 관련 뇌 영역을 살펴보고자 한다. 특히 트라우마를 상기시키는 것에 대한 반응의 이질성heterogeneity을 검토하고, 뇌와 트라우마에 대한 상이한 반응이 어떻게 관련되는지 집중적으로 검토하려고 한다. 마지막에는 신경과학 관련 문헌에 나오는 사례를 인용해서 인지적·

---

1) 루스 라니어스(MD, Ph.D., FRCPC)는 런던 서부 온타리오 대학교의 정신의학과 부교수이자 런던보건과학 센터의 외상성 스트레스 서비스 국장이다. 울리히 라니어스(Ph.D.)는 뉴웨스트민스터에 있는 왕립 컬럼비아 병원의 정신의학과 임상의이다. 자니아 피셔(Ph.D.)는 보스턴 트라우마 센터의 상급관리자이자 강사이다.

감정적 · 감각운동적 차원에서 경험이 어떻게 처리되는지 논의하고, 그 세 수준에서 처리되지 않은 감각운동적 반응이 미치는 영향도 검토할 것이다.

트라우마, 정보처리의 다양한 수준, 삼위일체의 뇌

1장에서 논의했던 것처럼 위계적인 정보처리(Wilber, 1996)란 정보처리의 여러 수준이 기능적으로 얽혀 있다는 뜻이다. 실제로 치료 현장에서 그 위계로 치료하려면 우리는 인지적 처리(사고, 신념, 해석, 다른 인지들)와 감정적 처리(감정, 정동)와 감각운동적 처리(신체 및 감각적 반응, 감각, 움직임)에 동시에 주의를 기울여야 한다. 이와 비슷하게 맥린(1985)도 '뇌 속의 뇌 속의 뇌'라는 개념을 만들었다. 진화론적 관점에서 최초로 발달한 파충류의 뇌는 유기체의 각성과 항상성과 생식 욕구를 관장한다. 또 모든 포유류에게서 발견되는 '포유류의 뇌' 혹은 '변연계의 뇌'는 파충류의 뇌를 둘러싸고 있으며, 감정, 기억, 일부 사회적 행동, 학습과 관련이 있다(Cozolino, 2002). 계통발생학적으로 가장 늦게 발달한 신피질은 자기 인식과 의식적인 사고를 가능하게 하는데, 뇌의 좌우 반구를 연결하는 뇌량의 상당 부분이 여기에 포함된다 (MacLean, 1985).

이 세 수준은 환경의 성격에 따라 특정 수준이 특정한 상황에서 우세하게 작동하여 그 환경을 지각하고 반응한다. 그러나 한 층이 다른 층을 대체하더라도 인지적 처리와 감정적 처리, 감각운동적 처리는 서로 의존하면서 얽혀 있다(Damasio, 1999; LeDoux, 1996; Schore, 1994). 즉, 뇌의 세 층과 그에 상응하는 정보처리는 서로 밀착된 하나로 기능하면서 영향을 미친다. 각 층의 통합 수준은 서로 다른 층의 기능에 영향을 미친다.

시상

뇌의 세 층이 상호작용하면서 정보를 처리하는 과정은 시상에서 촉진될 가능성이 높다. 시상은 감각 정보를 변연계와 신피질로 전달하고 통합하는 중요한 역할을 한다(Lanius et al, 2005). 후각을 제외한 모든 감각 정보는 시상을 통해 대뇌피질로 전달된다. 그래서 시상은 종종 대뇌피질로 가는 감각의 관문으로 불린다. 또한 시상은 모든 정보의 통합과 트라우마성 스트레스 증후군의 현상과 분명한 관련이 있는 주의와 각성 간의 상호작용을 중재한다는 가설도 있다(Portas et al., 1998). 시상은 뇌간brainstem의 꼭대기에 있는데, 파충류의 뇌와 포유류의 뇌가 '교차하는 지점'에 있으며 포유류의 뇌를 변연계 및 신피질과 연결한다. 시상 기능에 이상이 생기면 대뇌 변연계와 신피질로 가는 감각 정보의 전달 및 통합이 불가능해질 가능성이 높다. 시상은 감각 정보가 피질과 편도체, 해마에 도달하는 것을 직간접적으로 조절하는 관문으로서 기능한다는 점에 대해 크리스탈Krystal 등(1998)은 시상이 피질과 편도체, 해마로 감각 정보를 전달하는 것을 용이하게 한다고 했다. 따라서 시상이 뇌의 세 층의 상호작용에 중요한 역할을 하며, 인지, 감정, 행동의 상호작용에도 큰 역할을 한다고 가정한다.

우리 연구팀도 다른 연구팀처럼 최근 PTSD가 있는 사람들이 시상의 기능에 장애를 가지고 있다고 보고했다(Bremner, Narayan, et al., 1999a; Liberzon, Taylor, Fig, & Koeppe, 1996). 시상 기능장애는 감각 정보를 대뇌 변연계와 신피질로 전달하는 것뿐만 아니라 감각 정보의 통합까지도 방해할 가능성이 높다. 시상의 기능 장애를 통해 PTSD 상태에서 지속적으로 경험하는 감각의 파편화를 설명할 수 있다. 다시 말해, 뇌의 하위구조로부터 들어오는 감각 입력은 정상적인 의식으로 통합되지 못하기 때문에 시상 기능에 이상이 생기면 정보들이 변연계나 신피질까지 전달되지 못한다. 어떤 사건이 일어났을 때 최초로 생긴 사고와 감정과 신체 감각은 각각의 표상들로 분리된 채 남는데, 그 표상들은 하나로 통합되어서 기억되지 않는다. 그러므로 시상 기능 장애가 PTSD의 플래시백의 기저를 이루고 있다. 다시 말해, 세월이 흘러도 최초의 경험이 변하지 않은 채 감각의 파편들로 생생히 느껴진다. 트라우마 기억의 기저를 이루고 있는 시상 기능장애는 임상 상황을 더욱 복잡하게 만드는데, 기억의 해리된 파편들은 엄청난 정서적인 어려움이나 설명할 수 없는 신체 증상, 부정적인 자기 평가와 자기 파괴적인 행동을 만들어 낸다(Brewin et al., 1996; van der Kolk et al., 1996).

따라서 시상 기능장애는 트라우마 관련 장애에서 자주 관찰되는 현상, 즉 트라우마의 기억과 현재의 상황이 통합되지 못하는 현상을 설명하는 하나의 요인이다. 그런 현상은 시상을 매개로 하는 시간의 묶음과 관련이 있다. 시간의 묶음은 '회귀성 시상 피질의 고리reentrant thalamocortical loops' 활동을 동시에 유발하는 시상의 40Hz 진동을 말한다. 즉, 기민한 정신 상태에서 정신 활동이 명료할 때 시상의 신경세포들은 40Hz로 진동한다. 시상의 신경세포와 피질의 신경세포의 연결은 피질의 신경세포의 진동수와 비슷하게 이어지도록 제시되어 회귀성 시상 피드백 고리들을 만들어 냈다. 시간의 묶음이란 "내외적 현실을 구성하는 분열된 요소들을 시간이라는 영역에서 하나의 구조로, 그리고 자아로 묶어 내는 시간적으로 일관된 사건이라고 한다"(Joliot, Ribary, & Llinas, 1994, p. 126; Llinas, 2001 참조). 시간의 묶음의 결여로 시상 피질의 정보 교류가 부족할 때, 그것은 PTSD의 플래시백을 유발하는 원인이 될 수 있다(Lanius, Bluhm, Lanius, & Pain, 2005). 시간의 묶음이 부재할 때, 사람들은 지금 일어나고 있는 일을 사적인 기억과 정체성으로 통합하지 못한다. 그래서 기억의 단편들은 정상적인 의식 상태에서 지속적으로 분리된다. 이런 개념적인 해석은 다음과 같은 의문을 낳는다. 피질시상계corticothalamic system의 역동적인 상태 변화가 PTSD 환자에게서 관찰되는 기억의 파편화라는 특성을 설명해 줄 수 있을까? 그리고 PTSD가 시상과 대뇌피질의 리듬장애로 특징 지울 수 있는 신경정신질환neuropsychiatric disorder인가(Llinas, Ribary, Contreras, & Pedroarena, 1998)? PTSD가 시상의 전달 기능을 방해하는 것은 부분적으로 트라우마 관련 장애에서 언급하는 침습 현상의 감각적 특성의 주요 원인일 수 있다. 시상 기능장애는 감각 정보가 변연계와 신피질로 전달되는 것을 방해함으로써 그것의 통합을 방해할 것이다. 다시 말해, 트라우마 기억에 접속될 때마다 하향식 처리뿐만 아니라 효과적인 상향식 처리를 방해하면서 뇌의 상위 구조는 일시적으로 하부 구조들과의 연결이 끊어질 것이다.

트라우마와 편측화

PTSD와 관련된 신경영상 연구들을 통해 뇌의 상부 구조와 하부 구조의 연결이 수평적으로 차단된 것처럼 보일 뿐만 아니라 트라우마 후에 부수적으로 편측화가 진행된 증거를 볼 수 있었다. 트라우마 기억이 다시 일어날 때 우뇌 활동은 증가하지만 좌뇌 활동은 감소하는 현상이 드러났다. 이처럼 좌우 반구가 각각 다르게 활

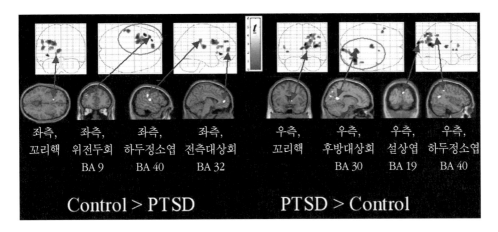

| 좌측,
꼬리핵 | 좌측,
위전두회
BA 9 | 좌측,
하두정소엽
BA 40 | 좌측,
전측대상회
BA 32 | 우측,
꼬리핵 | 우측,
후방대상회
BA 30 | 우측,
설상엽
BA 19 | 우측,
하두정소엽
BA 40 |

Control > PTSD   **PTSD > Control**

[그림 7-1] 트라우마성 사건을 회상하는 동안 PTSD가 있는 피실험자들은 PTSD가 없는 피험자들에 비해 우측 전방 대상회right anterior Cingulate Gyrus가 활성화되면서, 동시에 상당히 큰 연결성/연계변이를 보이는 뇌 활성화 영역들이 있었다.

성화됨으로써 트라우마 기억은 독특한 성질과 특징을 갖게 되며(Lanius et al., 2004), 서로 다른 신경망들은 기억의 회상에 관여하게 된다. 예컨대, 플래시백과 PTSD를 경험한 연구 참여자들이 트라우마 기억을 떠올렸을 때 뇌 신경망이 서로 다르게 가동되는 것이 관찰된 반면, PTSD가 없는 연구 참여자들은 트라우마 사건을 자신의 삶의 평범한 기억으로 상기하는 것이 확인되었다. 이 연구결과는 두 집단 사이에서 일화적 기억을 검색하는 것에 차이가 있음을 시사한다([그림 7-1 참조]).

트라우마 사건을 플래시백으로 재경험하는 것은 평범한 기억을 회상하는 것과는 매우 다르다(Brewin et al., 1996; van der Kolk & Fisler, 1995). 대부분 자연발생적으로 일어나는 플래시백은 내외적 사건에 의해 촉발되며 제어할 수 없는 경우가 많다. 플래시백은 시간을 주관적으로 왜곡하며, 마치 트라우마 사건이 눈앞에서 일어나는 것처럼 평범한 회상보다 훨씬 더 생생하다. 플래시백은 트라우마 사건을 구성하는 감각적 요소의 파편화로 경험된다. 예컨대, 시각적 이미지나 후각, 청각, 운동감각계의 감각으로 경험되고(van der Kolk, McFarlane, & Weisaeth, 1996), 시간이 흘러도 변하지 않는 것처럼 경험된다(Brewin et al., 1996). 그것은 반복적으로 회상되면서 변질되는 일상의 기억들과는 다르다(Brewin et al., 1996). 종합하자면, 플래시백은 생생하고 감각적인 경험이지만, 평범한 기억은 경험의 감각적 요소를 묘사하는 개인적인 이야기이고(Brewin et al., 1996; van der Kolk, McFarlane, & Weisaeth, 1996),

다시 경험하는 것이 아니라 회상하는 것이다.

우리 연구실에서는 PTSD가 없는 피험자들은 일화적이고 언어로 된 기억의 인출과 일치하는 뇌 활성화 패턴을 보인다는 것을 밝혀 냈다(Lanius et al., 2004). PTSD가 있는 피험자들과 PTSD가 없는 피험자들의 뇌 조직을 비교했을 때, PTSD가 없는 피험자들은 좌측 전전두 영역이 더 많이 활성화된 반면에, PTSD가 있는 환자들은 두개골의 우측 후반부 영역이 더 많이 활성화됐다. 좌측 전전두 영역의 활성화는 기억인출 시 언어로 된 기억과 관련해서 중요한 역할을 하는 반면에([그림 7-2a]와 [그림 7-2b 참조]), PTSD 환자들의 활성화된 뇌 조직은 기억 인출의 비언어적인 패턴과 관련이 있는 신경의 활성화 패턴들을 보여 줬다(Cabeza & Nyberg, 2000, 2003). PTSD가 있는 피험자들과 PTSD가 없는 피험자들에게서 관찰된 신경회로망의 너무 다른 활성화는 PTSD의 비언어적이고 감각중심적인 플래시백 현상의 기저를 이루는 신경 단위를 설명하는 데 도움을 줄 수도 있다. 결과적으로 PTSD 관련 증상들은 편측성 차이와 관련이 있는데, 특히 우반구의 우세가 두드러져 보인다.

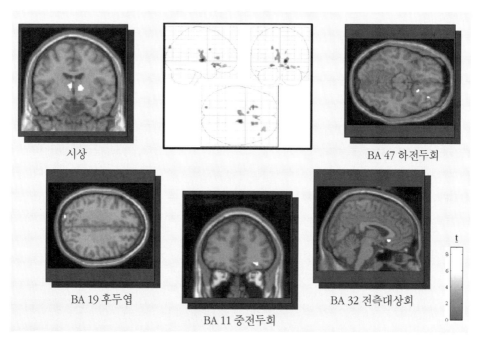

시상 BA 47 하전두회

BA 19 후두엽 BA 11 중전두회 BA 32 전측대상회

[그림 7-2a] 트라우마 회상 그룹 대 대조군 그룹의 뇌활성화 비교. 그 잠재적인 기준점에서 대조군 그룹(n=10)이 플래시백이 있거나 트라우마의 경험을 다시 경험하는 그룹(n=11)보다 더 큰 활성화를 보인다. k>10.

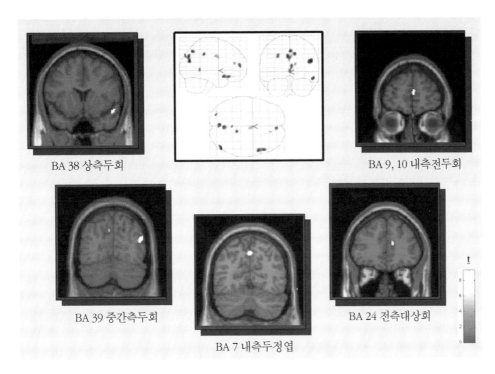

BA 38 상측두회

BA 9, 10 내측전두회

BA 39 중간측두회

BA 7 내측두정엽

BA 24 전측대상회

[그림 7-2b] 트라우마 기억을 회상하는 동안 활성화되는 영역과 암묵적 기억의 기준, 대조군(n=10)과 비교하여 해리성 PTSD 그룹(versus)에서 더 많이 활성화되는 것을 나타낸다, k > 10.

PTSD의 편측화의 중요성은 뇌전도 검사electroencephalography, 이하 EEG와 청각 탐사 유발 전위 감소를 통해 이미 검토한 적이 있다. 예컨대, 시퍼, 테이셔와 파파니콜로 (Schiffer, Teicher, & Papanicolaou, 1995)는, 어린 시절에 트라우마를 입었던 피험자들이 중립적인 기억을 회상하는 동안 좌뇌가 우뇌보다 더 활성화됐으며, 트라우마 기억은 회상할 때에는 우측 뇌가 활성화됐음을 보고했다. 또한 심리적인 학대는 좌측 뇌파 이상left-sided EEG abnormalities이 더 많이 발생하고, 또 좌우반구의 비대칭성이 커지는 것과 관련이 있는 것으로 나타났다(Teicher, Ito, Glod, Anderson, & Ackerman, 1997). 학대받은 아이들과 그렇지 않은 아이들을 비교해서 연구한 뇌파 동시성EEG coherence 연구에 따르면, 학대받은 아이들이 그렇지 않은 아이들보다 평균적으로 좌뇌 동시성이 더 컸지만 우뇌 동시성에서는 두 그룹 모두 비슷한 수준이었다. 테이셔 등(1997)은 그 연구결과들이 학대 받은 집단의 좌뇌 분화의 감소와 관련이 있어서 어린 시절의 학대가 대뇌피질의 발달에 중대한 영향을 미친다는 주장을 뒷받침할 만한 증거가 될 수도 있다고 생각했다. 이야기로 유도된 이미지 증상을 촉발하는 패러다임을 이용한 PTSD에 관한 이전의 뇌 영상 연구들도 편측화 반응에 대해 이야기했다. 트라우마 이야기로 유도된 이미지 실험을 이용한 라우Rauch 등(1996)은 중립적인 조건에 비해 트라우마 조건에서 오른쪽 내측 안와전두피질과 뇌섬엽과 편도체와 전방 측두극에서 뇌 혈류가 증가하는 것을 발견했다.

우리는 PTSD 환자의 경우 뇌의 상하위 구조가 수평적으로 단절되어 있는 것처럼 보이며, 트라우마 기억을 떠올렸을 때 상대적으로 우뇌가 우세하다는 것을 뒷받침해 주는 증거에 대해서 거론했다. 또한 치료 상황에서 치료자와 내담자는 정보가 서로 교환되고 '피질하부의 다리subcortical bridge'로 불리는, 좌우 반구를 연결하는 또 다른 경로가 있다는 사실을 활용할 수도 있다(Austin, 1998). 대뇌피질의 구조가 좌우 반구로 나뉘어 있지만 하위 뇌 구조인 파충류의 뇌 수준에서는 여전히 분할되지 않은 채로 있다(Sperry, Zaidel, & Zaidel, 1979). 사실, 이 피질하부가 연결됐다는 사실은 (뇌량이 절단된) 분할-뇌 환자들split-brain patients이 여전히 일상생활을 하면서 통일된 방식으로 행동하는 것을 설명해 줄 수도 있다.

일반적으로 언어로 구성된 정보는 피질하부 다리를 가로질러 쉽게 전달되지 못하는 것으로 보인다(Gazzaniga, Holtzman, & Smylie, 1987). 그에 반해, '우리가 이름을 붙일 수 없는 무의식적이거나 전의식적인 코드와 뉘앙스'를 포함해 모든 비언어적인 정보는 그 다리를 매우 쉽게 건너는 것으로 보인다(Austin, 1998, p. 348). 예를 들어, 피질하부의 다리는 위험과 갑작스런 움직임과 폭력을 암시하는 자극적인 인상들, 즉 감정과 관련된 피질하부의 메시지들을 쉽게 전달할 수 있다. 그 메시지들은 우뇌에서 좌뇌로 건너가면서 적절한 대응을 위한 일종의 '준비 반응'을 일으키는 경향이 있다. 예를 들어, 생존을 위한 첫 번째 반응인 사회적 참여 체계를 가동시키는 데 필요한 행위 경향성인 좌뇌에서의 언어 반응을 촉진할 수 있다.

치료 초기에 신체 경험을 이용하고 마음챙김 모드로 몸에 대한 알아차림을 유지하는 것은 좌뇌와 우뇌 간의 정보 전달을 향상시켜 정보처리를 촉진시킬 수 있다. 트라우마화된 내담자들은 인내의 창 안에서 감정과 각성을 조절하는 데 자주 어려움을 겪는다. 그런데 신체 작업은 까다로운 자율신경의 활성화를 유발하지 않고서도 고정 행위 경향성들을 가동시킨다. 그래서 자주 일어났던 '상향식의 압도적인 경험'이 많이 줄어든다. 게다가 몸에 대한 알아차림은 좌뇌와 우뇌 사이에서 일어나는 체성감각적이고 비언어적인 정보 교환도 증진시킬 수 있다. 하지만 이것은 아직 가설에 불과하다.

PTSD와 신경의 관련성

신경 영상법이 출현하기 전까지, 그리고 1990년대 후반과 2000년대 초반에 트라우마 치료 분야의 변화에 일조했던 신경과학 연구 분야에 대한 관심이 급증하기 전까지 트라우마 경험의 기저를 이루는 신경계에 관한 연구는 가설 수준이었다. 신경 영상법은 기능적인 변화뿐 아니라 정신 질환의 기저를 이루는 신경화학neurochemistry을 이해하는 데 중요한 기술이다. PTSD가 있는 사람들을 대상으로 양전자방출단층촬영positron emission tomography, 이하 PET과 fMRI를 이용해서 이루어진 연구들은 트라우마 사건을 회상할 때 뇌의 어느 부위가 관여하는지 밝히려고 노력했다. 연구 목적은 다음의 두 패러다임 중 하나를 이용해 트라우마 사건을 상기시키고 뇌 혈류의 국소적인 변화들을 검사하는 것이었다. 하나는 이야기로 유도된 이미지 증상을 촉발하는 패러다임으로, 그 경험에 대한 이야기를 듣고 트라우마 기억을 기억해 내는 것이고, 다른 하나는 트라우마 경험을 연상시키는 사진이나 소리에 노출시키는 것이었다. 게다가 연구들을 통해 트라우마 관련 질환의 기저를 이루는 신경 회로망을 검사하기 위해 약리적인 유발 검사나 인지적인 과제 검사, 가면 얼굴과 같은 정서적인 자극을 주는 검사가 실시됐다. 이런 패러다임을 이용한 신경 영상 연구는 트라우마성 스트레스 증후군과 관련된 수많은 뇌의 영역을 밝혀냈다. 그 영역은 편도체, 내측 전전두엽 피질, 전측 대상회, 해마, 뇌섬엽, 안와전두피질이다(Bremner, 2002; Hull, 2002; Lanius, Bluhm, Lanius, & Pain, 2006; Liberzon & Phan, 2003; Pitman, Shin, & Rauch, 2001; Tanev, 2003).

편도체

좌우 측두엽에 위치한 편도체는 감정을 처리하는 뇌 체계의 일부로 간주된다. 편도체는 자극을 위협적인 것으로 인지할 때 '그 위급함을 알리는' 기능이 있어서 두려움을 조절하는 데 큰 역할을 하고(LeDoux, 2002), 교감신경계의 반응을 불러일으키는 것과도 관련이 있다. 신경 영상 연구들에 따르면, PTSD가 있을 때 편도체가 더 크게 활성화된다고 한다(Bremner, 2002; Hull, 2002; Lanius, Bluhm, Lanius, & Pain, 2006; Liberzon & Phan, 2003; Pitman et al., 2001; Tanev, 2003). PTSD 상태에서 과활성화된 편도체는 공포 반응을 일반화시켜서 겁을 먹은 행동이 전반적으로 많아질 수 있다.

그러나 PTSD 상태라고 해서 편도체가 항상 더 크게 활성화되는 것은 아니다. 예를 들어, 복합 트라우마화된 사람들을 대상으로 실시한 이야기로 유도된 증상 촉발 연구에서 라니어스는 트라우마를 회상하는 동안에도 편도체가 활성화되지 않는다는 것을 발견했다(Lanius, Bluhm, Lanius, & Pain, 2006). 마찬가지로 브리튼과 판, 테일러, 픽, 리버존(Britton, Phan, Taylor, Fig, & Liberzon 2005)과 브렘너(Bremner, Naranyan et al., 1999; Bremner, Staib et al., 1999)도 PTSD가 있는 피험자들이 트라우마 사건을 회상할 때, 그들의 편도체가 활성화되지 않았음을 관찰했다. 사실 페리Perry 등(1995)은 트라우마화된 일부 사람들이 트라우마성 자극을 받을 때 편도체가 과하게 반응하는 '변연계의 과민성'이 유발될 수 있는 반면에, 다른 이들은 편도체의 저활성화 반응을 보일 수 있다고 말했다. 이 가설을 뒷받침하기 위해서 추가니Chugani 등(2001)은 방임의 역사와 편도체 활성화 결여의 관련성에 관하여 보고한 바 있다.

동물 관련 문헌에서는 편도체의 비활성화가 특정한 환경에서 적절할 수 있다는 가설을 증명했다. 편도체가 활성화되지 않음으로써 위협이 지속되는 특수한 상황에서도 제 기능을 지속할 수 있다는 것이다. 예컨대, 어떤 쥐가 다른 쥐의 영역에 침입해 싸우다가 패하면 떠나거나 접근하거나 아니면 도전하지 않고 구석에서 조용히 얼어붙은 채 있는 모습이 관찰됐다(Austin, 1998). 이 사례가 5장에서 설명했던 부동성 방어와 유사하다는 점과 위협적인 조건에서 인간은 탐험 능력을 상실하기도 한다는 점에 주목해 보자. 보호자가 모든 통제권을 가지고 있는 트라우마성 환경에서 적응해야 하는 어린이처럼, 그 쥐는 다른 쥐의 영역에서 생존의 가능성과 적응력을 높이기 위해 회피, 얼어붙기, 굴복과 같은 부동성 방어에 의존한 것이다. 와해 애착을 가진 어린이처럼 행동할 때에는 상대 쥐에게 계속 접근하지만, 위험을 피하고 안전성을 높이려 할 때에는 자기조절 전략과 부동화 전략을 활용한다. 이와 대조적으로, 피질 내부의 편도체가 손상된 쥐는 다른 쥐와 싸워서 패한 후에 완전히 다르게 행동한다. 우리 내에서 자유롭게 돌아다니면서 승리한 쥐에게 다가가 코와 주둥이를 내밀면서 킁킁거린다. 그 쥐들은 "어떤 행동이 적절한 행동인지 모르고, 사회적 경계선을 추측하는 일도 못하는 것 같았다. 쥐들은 교훈을 얻지 못했던 것이다" (Austin, 1998, p. 176). 마찬가지로, 원숭이도 편도체가 손상된 후에 '두려움을 모르는' 모습을 보였다. '너무 순진하게 뱀에게 다가가 뱀을 만졌다'고 한다. 정상적인 원숭이라면 절대 뱀에게 다가가지 않았을 텐데 말이다(Austin, 1998; Horel, Keating, & Misantone, 1975).

확실히 동물의 이런 행동은 트라우마 병력이 만성적으로 있는 사람들에게서 흔히 볼 수 있는 행동과 비슷하고, 그런 현상들은 트라우마의 재연이나 스톡홀름 증후군으로 설명할 수 있다. 만성적인 트라우마 병력이 있는 내담자가 학대 관계의 위험성을 알지 못한 채 계속 그런 관계를 찾아다니는 것은 자주 있는 일이다. 그러므로 향후 편도체의 변형된 활성화에 따른 임상적 결과들을 연구할 필요가 있다.

내측 전전두엽피질

인지처리 체계의 일부로 간주되는 내측 전전두엽 피질은 조건부 공포반응을 사라지게 하는 데 관여한다는 설이 있다(Morgan, Romanski, & LeDoux, 1993). 내측 전전두엽 피질은 편도체를 포함한 변연계를 억제함으로써 두려움이 일반화되는 것을 조절하고 편도체에 의해 중재되는 두려움 행동이 증가되는 것을 조절한다. 예를 들어, PET 연구에 따르면 좌측 전전두엽 피질의 혈류와 편도체의 혈류 사이의 부적 상관이 있었다(Lanius, Bluhm, Lanius, & Pain, 2006; Pitman et al., 2001).

내측 전전두엽 피질의 기능장애에 관해 꾸준히 설명해 온 PTSD 신경 영상 연구들에 의하면, 기능장애는 PTSD가 있는 사람들의 유사 치매와 관련이 있는 주의력 결핍 및 전두엽 손상과 관련이 있다(Markowitsch et al., 2000). 그리고 내측 전전두엽 피질은 시상하부와 뇌하수체와 부신의 축이 중재하는 스트레스 반응을 억제하는 것으로 보인다. 그래서 코르티솔(스트레스 호르몬)의 조절에 중요한 역할을 한다(Lanius, Bluhm, Lanius, & Pain, 2006). 다시 말해서 내측 전전두엽 피질이 감정 조절에서 어떤 역할을 하는지 규명된 것이다(Lane & McRae, 2004).

또한 그 영역은 에피소드 기억의 회상에 중요한 역할을 하는 것으로 간주되며 (Tulving, Kapur, Craik, Moscovitch, & Houle, 1994), 기억의 시간적 분리에 관여할 수도 있다(Schnider, Ptak, von Daniken , & Remonda, 2000). 시간을 분리하는 뇌 기능은 "현재와 관련된 기억과 예전에는 현재와 관련 있었지만 지금은 그렇지 않은 기억을 구별할 수 있게 한다"(Moscovitch & Winocur, 2002, p. 187). 따라서 내측 전전두엽 피질의 변질된 여러 수준의 활성화는 많은 PTSD 환자가 경험하는 트라우마 기억이 갖는 '시간을 초월한' 특성에 부분적으로 책임이 있다.

또한 신경 영상 연구들은 자기참조 과정self-referential processing과 신경의 연관성을 조사해 내측 전전두엽 피질을 포함한 뇌 영역들의 네트워크를 밝혔다(Johns, Baxter, et al., 2002). 이 자기참조 기능은 특히 현재의 경험을 알아차리는 데 중점을 두는 감각운동적 치료와 관련이 있다. 예를 들어, 내담자는 신체 감각과 충동(감각운동적 처리)이 온몸에 퍼질 때 마음챙김 모드로 따라가고(하향식, 인지적 처리), 신체 감각과 충동이 안정될 때까지 일어나는 사고와 감정을 일시적으로 무시하라고 권유 받는다. 일반적으로 마음챙김(자기-관찰 혹은 '자아를 관찰하는 것'을 할 수 있는 능력)은 내측 전전두엽 피질과 관련이 있다고 여겨진다.

전측 대상회

전측 대상회는 다양한 기능을 가진 복합적인 구조물이다. 주관적인 경험을 표현하고 행동에 따른 신체 반응을 통합하는 데 큰 역할을 하고(Vogt & Gabriel, 1993), 감정을 알아차리는 역할도 한다. 레인, 핑크, 차우와 돌란(Lane, Fink, Chau, & Dolan, 1997)은 영상-그리고 회상-에 의해 감정이 일어날 때, 그것을 알아차리는 감정적인 자각 척도 수준을 평가한 점수와 전측 대상회의 BA 24의 혈류 사이에 긍정적인 관계가 있다고 보고했다. 이 연구에 따르면, 감정을 경험하는 것뿐 아니라 감정과 인지를 통합하는 측면에서도 대상회가 중요한 역할을 하는 것으로 보인다.

동물 연구(Vogt, 2005)에서는 전측 대상회가 편도체, 해마, 중격핵nucleus accumbens, 복측피개영역ventral tegmental area, 흑질substantia nigra, 봉선raphe, 청반locus coeruleus, 수도

관주위회백periaqueductal grey, 뇌간자율핵brainstem autonomic nucle을 포함한 많은 뇌 구조와 넓게 연관되어 있다고 한다. 따라서 전측 대상회는 자율신경계와 신경내분비계와 행동과 관련된 감정 표현을 세심하게 조직하는 체계에 속한다(Lanius, Bluhm, Lanius, & Pain, 2006). 전측 대상회가 감정의 경험이나 표현뿐 아니라 자율신경계의 부분까지 조절하는 데 관여하는 것을 중요한 근거로 삼으면, PTSD에서 관찰됐던 것처럼 전측 대상회의 기능 부전은 감정적으로 고통스러운 과거를 재경험하거나 완전히 회피해 버리는 두 극단은 물론 생리적 과각성 및 감정적 무감각과 관련된 일반적인 문제들까지 포함하는 감정 조절을 초래하는 신경학적인 원인이 될 수도 있다. 그 외에도 전측 대상회는 통증 반응, 반응을 선택하기, 모성 행동, 발성 반응, 운동신경 조절 등 방어 반응이나 트라우마에서 살아남는 반응에서도 중요한 역할을 한다.

생후 8개월 동안 애착 트라우마를 포함한 심리적 트라우마가 전측 대상회 변연계 회로의 경험에 의존하는 발달 과정에 부정적인 영향을 미치는 것으로 관찰되는 것 (Schore, 2001)은 매우 흥미로운 일이다. 여러 가지 행위 체계가 최적으로 실행되려면 전측 대상회의 기능이 중요하기 때문에 전측 대상회의 경험에 의존하는 발달 과정은 어린 시절의 만성적인 트라우마와 방임의 결과로 일상적인 행위 체계에 부정적인 영향을 미칠 가능성을 높일 수도 있다. 예를 들어, 탐험 행위 체계는 주의 깊은 집중, 반응 선택, 자율신경계의 조절, 운동신경에 의한 움직임에 의존한다. 또한 사회적 연결 체계는 움직임, 반응 선택, 발성을 필요로 한다. 두 체계는 최선의 발달과정을 위해 다른 체계에 영향을 미치는데, 전측 대상회가 잘못 발달하면 두 체계의 기능에 문제가 생길 수 있다.

내담자들이 자발적으로 정향하고 주의를 집중하도록 돕고 인지적 · 감정적 · 감각운동적 요소들을 조절하도록 돕는 것은 전측 대상회의 기능을 최적화하는 데 도움이 될 수 있다. 움직임을 활용하는 것도 트라우마와 관련된 경향성들 때문에 억압되어 왔던 운동신경 반응들을 유발함으로써 전측 대상회를 정상적으로 활성화시킬 수 있다. 어린 시절에 성적 학대를 받을 때 '도망가고' 싶었지만 얼어붙었던 리사는 그 후 원치 않는 성관계를 하는 동안 얼어붙은 경향성을 반복적으로 보였다고 말했다. 트라우마 기억을 다루는 치료시간에 리사는 얼어붙은 감각도 느끼지만 도망가고 싶은 충동도 동시에 느낀다고 말했다. 치료자는 리사에게 의자에서 일어나 다리의 힘을 느끼면서 주변을 걸어 보라고 권했다. 리사는 걷는 행위를 통해 자신에게 힘이 있음을 느낄 수 있었다. 리사가 얼어붙은 감각을 경험했을 때, 그런 식으로 움직이자 운동신경의 반응(다리의 움직임)이 유발됐다. 트라우마에 사로잡혔던 경향성 때문에 억제됐던 움직임들이 일어난 것이다. 그러나 그런 행동이 전측 대상회의 기능에 영향을 미칠 것이라는 가설은 추측에만 근거한 것이므로 연구가 더 많이 필요하다는 점에 유의해야 할 것이다.

해마

기억 기능과 가장 많이 연관된 해마는 측두엽의 일부이고, 편도체와 대뇌피질에서 입력 정보를 받고 양쪽 모두에게 원심성 정보를 내보낸다. 서술 기억declarative memory과 관련해 중요한 역할을 수행하는 해마는 다양한 단서에 대한 학습된 반응들을 연결하는 것과 관련이 있다. 또한 동물이 만성적인 스트레스에 노출될 때 해마의 뉴런들이 소멸되고 해마가 위축되는 것을 보여 주는 연구들이 있다. 이 반응은 해마의 글루코코르티코이드(역주: 부신 피질에서 분비되는 스테로이드 호르몬) 수용기들에 관한 조치를 통해 코르티솔에 의해 부분적으로 중재될 수 있다(Charney et al., 1993).

트라우마 기억의 생생한 재경험과 기억 상실증 등 많은 트라우마 증상을 볼 때, 해마가 트라우마성 스트레스 증후군과 관련이 있다는 것은 놀라운 일이 아니다. 많은 연구에서 해마와 PTSD의 연관성이 입증되었다(Geuze in Bremner, Vermetten, Afzal, & Vythilingam, 2004; Geuze, Vermetten, & Bremner, 2005; Shin et al., 2004).

또한 남성 참전 군인들과 어린 시절에 성적 학대로 PTSD를 갖게 된 여성 생존자에 대한 연구에서도 자기공명영상Magnetic Resonance Imaging 이하 MRI을 통해 해마의 크기가 줄어든 것을 확인하였다(Geuze et al., 2005). 일부 연구에서는 줄어든 해마의 크기가 트라우마의 노출이나 기억의 결함과 관련 되어 있음을 밝혔다. 해마의 위축은 코르티솔이 해마의 글루코코르티코이드 수용체에 영향을 미쳐 세포를 변형시키는 것과 관련이 있다고 알려져 있다. 한편, 해마의 위축이 만성적인 스트레스에 노출된 결과가 아니라 PTSD를 유발시킬 가능성이 있는 기존의 위험 인자를 가리키는 것이라고 주장하는 연구자들도 있다(Gueze et al., 2005).

기존의 조건이든 트라우마에 노출된 결과이든, 혹은 둘 다이든 해마가 세포를 생성시킬 수 있다는 점을 감안할 때 위축된 해마의 크기는 치료를 통해 원래의 크기로 회복될 수 있다는 주장들이 있다. 해마의 수축이 항우울제인 파록세틴antidepressant paroxetine의 투여로 회복되었음을 보여 주는 연구도 있다(Geuze et al., 2005).

뇌섬엽

앞서 보았듯이, 트라우마 경험은 정보처리의 세 차원 모두에 영향을 미친다. 자율신경계의 반응이 습관적인 경향성을 유발할 뿐만 아니라 트라우마 관련 인지 왜곡 및 지각, 감정 트라우마 상황에 적응된 절차적 학습을 영속화시키는 데 중요한 역할을 한다. 대뇌피질 내부에 위치한 뇌섬엽insula은 "고통을 줄 수 있는 인지 자극, 내부 수용 감각을 건드리는 자극, 신체 감각에 대한 정서적 반응과 관련된 것으로 보인다"(Reiman, Lane, Ahern, Schwartz, & Davidson, 2000, p. 399). 그러므로 뇌섬엽은 정보처리의 모든 차원에서 역할을 한다. 뇌섬엽은, (1) 인지 자극에 대한 반응을 중재한다. (2) 신체적인 지각(내부 수용 감각)에 중요한 역할을 한다. (3) 정서를 지각하는 것에도 영향을 미친다. 실제로 크레이그(Craig, 2003)는 우성이 아닌(오른쪽) 대뇌반구의 뇌섬엽이 개인의 상태에 대한 주관적인 평가, 즉 '오늘 기분이 어떤지'에 신경 차원의 기반을 제공한다고 가정했다. 뇌섬엽은 통증의 정도, 체온, 내장 감각과 관련된 신호뿐만 아니라, 혈관을 비롯한 다른 내장 기관의 근육 조직 상태의 신호도 수신하는 것으로 밝혀졌다(Craig, 2003에서 기술). 레이맨Reiman 등(2000)은 뇌섬엽이 정서적 내용에 대한 신체 감각의 불편함을 평가하는 데 중요한 역할을 하며, 편도체와의 소통을 통해 '내부 경보 센터'(Nijenhuis et al., 2002, p. 19)로 기여할 수 있다고 추측했다.

한편, 다마시오(1999)는 몸 상태에 대한 신호를 처리하는 것과 관련해 뇌섬엽과 체성감각 피질의 역할을 강조했다. 그리고 그 신호들이 감정의 기저를 이룬다고 설명했다. 다마시오 등(2000)은 감정이 자연발생적으로 일어나는 동안 두뇌 활동이 어떠한지 PET를 활용해 조사했는데, 다양한 감정에 따라 뇌섬엽이 활성화되는 것을 발견했다. 오른쪽과 왼쪽 뇌섬엽의 활성화는 슬픔과 분노의 감정을 불러일으키는 기억들을 상기시키는 것과 관련이 있는 것으로 관찰됐다. 그에 반해, 오른쪽 뇌섬엽의 활성화는 행복과 두려움을 주는 상황에서 관찰됐다. 트라우마의 기억을 회상할 때에도 비슷한 결과가 관찰됐다는 보고들이 있다. PTSD가 있는 피험자들을 대상으로 라우 등이 1996년에 실시한 연구에 의하면, 트라우마 기억을 상기시키는 대본을 읽은 후 자율신경계가 각성되어 오른쪽 뇌섬엽의 신진대사가 증가됐다고 한다. PTSD가 있는 사람들과 그렇지 않은 사람들을 비교하는 뇌 영상 연구를 통해 라니어스와 블룸Bluhm 등(2006)은 트라우마 기억이 회상됐을 때 해리반응을 경험하는 PTSD가 있는 피험자들에게서 뇌섬엽을 포함한 여러 신경 네트워크들이 활성화되는 것을 관찰했다. 이 연구에서 PTSD가 있는 환자들은 몸과 분리된 느낌이 들뿐만 아니라 트라우마 기억의 감정적인 부분과도 분리된 느낌을 보고했다. 이 연구는 치료에 큰 영향을 미쳤다. 즉, 트라우마를 입은 내담자들이 신체적 감각과 움직임과 충동을 더 많이 알아차리는 법을 배우고 감각과 감정적 각성을 견뎌내는 법을 배울 때, 뇌섬엽과 내측 전전두엽 피질의 활성화에 변화가 일어나서 몸의 상태와 감정을 자기 참조적으로 처리하는 능력이 커질 수 있다. 임상적으로 지금 이 순간의 내적 경험을 마음챙김으로 관찰하는 능력 때문에 방어적인 행위 체계가 약화되고 일상과 관련된 행위 체계들, 특히 애착, 탐험, 사회성 체계는 더 많이 활성화됨을 관찰했다.

안와전두피질

신경과학 분야, 특히 트라우마 및 애착 연구에서 안와전두피질의 역할에 대한 관심이 커지고 있다. 전두엽의 일부인 안와전두피질은 안와 바로 위에 위치해 있는데, 그곳은 배내측 시상dorsomedial thalamus, 측두엽, 복측피개영역ventral tegmental area, 후각 기관, 편도체처럼 근처의 수많은 피질 및 피질하부 영역에서 쉽게 정보가 입력될 수 있는 위치다. 게다가 안와전두피질에 입력된 정보는 대상 피질cingulate cortex과 해마체hippocampal formation와 측두 피질temporal cortex과 외측 시상하부와 편도체를 포함하는 뇌의 피질 및 피질하부 영역까지 출력된다. 복잡한 입력 체계를 통해 안와전두피질은 현재 주변에서 무슨 일이 일어나고 있는지, 그리고 다른 피질 영역에서는 어떤 계획들을 수립하고 있는지에 관해 많은 정보를 제공 받는다. 반대로, 안와전두피질이 하는 정보 출력은 편도체가 조직하는 감정적 반응과 자율신경의 반응을 포함해 많은 행동과 생리 반응에 영향을 미친다. 또한 안와전두피질은 대상 피질과 연결되어 있어서 자율신경계의 반응과 행동 반응을 중재하는 역할도 한다. 결론적으로, 안와전두피질은 피질 및 피질하부 체계 간의 소통을 중재하는 독특한 위치에 있는 것이다.

한편, 안와전두 체계는 '신체 상태의 조절 및 그 변화의 반영'과 관련이 있어서(Luria, 1980, p. 262; Schore, 2003a), 인내의 창 안의 각성 조절에 중요한 역할을 수행할 수도 있다. 애착 행위 체계 기능에 있어서 안와전두피질은 환경과 관련되어 피질층에서 처리된 내부 장기 상태 관련 정보가(예: 얼굴 표정에서 흘러나오는 시각 및 청각적인 자극처럼) 내부 장기 환경 안의 피질 하부에서 처리된 정보와 통합되도록 해 준다. 그래서 외부에서 들어오는 정보가 동기 및 감정 상태와 결합될 수 있도록 해 준다. 아이와 엄마의 상호작용을 보면, 얼굴 표정의 지각이 적절한 몸 감각과 연결될 때 이것은 애착의 토대가 되고 안정 애착은 안와전두피질이 잘 발달될 수 있도록 돕는다(Schore , 2003a).

생후 2년 이내에 학대 받거나 방치됐을 경우, 안와전전두변연계orbital prefrontolimbic system의 발달에 부정적인 영향을 미친다는 학설이 있다(Schore, 1994, 2003a, 2003b). 다른 학자들은 그 과정에 대해 다른 행위 기제가 있다고 주장한다. 마틴, 스파이서, 루이스, 글루크와 코크(Martin, Spicer, Lewis, Gluck, & Cork , 1991)는 출생 초기 삶에서 특정 경험 및 감정 내용의 촉각 입력을 결정적 수준으로 유지하는 것은 정상적인 뇌 발달을 위해 중요하다고 주장했으며, 그리너프와 블랙(Greenough & Black, 1992)은 수유/돌봄 기간 동안 어머니와의 접촉에서 비롯된 다양한 감각입력이 안와전두피질을 발달시키는 데 매우 중요하다고 말했다. 쇼어(2003a)는 감각적 입력은 안정 애착의 맥락 안에서 각성과 정동 조절이라는 쌍방향 조절의 더 큰 과정의 한 측면에 불과하며, 최적의 시냅스 가지치기synaptic pruning(역주: 사용하지 않는 신경회로를 제거하는 것)를 돕는다고 하였다. 그는 다음과 같이 말했다.

일차 양육자의 영향을 받는 어린 시절의 사회적 환경은 미래의 사회적 · 감정적 대처 능력을 책임지는 신생아 뇌의 최종적인 회로 연결에 직접적인 영향을 미친다. 이 사회 감정적 발달의 최종 결과는 우뇌 (안와전두피질)의 특별한 체계로,

사회정서적 정보의 무의식적인 처리, 몸 상태 조절, 감정적 스트레스에 대한 대처 능력, 신체적 · 감정적 자아를 무의식적으로 지배한다(p. 219).

이처럼 안와전두피질은 자기조절 능력을 확장하고, 사회적 연결 체계를 정교하게 만들며, 애착 체계를 발달시키는 데 기여하는 것으로 여겨진다. 그 결과로 탐색 체계의 발달에도 중요한 역할을 하는 것으로 간주된다. 그러므로 안와전두피질의 발달이나 활성화가 방해받는 것은 트라우마화된 내담자들의 자율신경계 장애와 감정적 및 인지적 조절 장애의 원인이 될 수 있다.

감정과 피질하부 과정의 중요성

판크세프(1998)와 다마시오 등(2000)은 감정이 주로 피질하부에서 처리된다고 설득력 있게 주장했다. 감정의 현상학에 관한 연구가 진행된 적이 있는데, 피험자에게 존재론적으로 깊은 감정 상태인 분노, 공포, 슬픔, 행복을 경험했던 개인적인 기억을 말해 달라고 요청했다(Damasio et al., 2000). 연구자들은 피험자들이 그런 감정 상태에 들어갔다고 판단했을 때 방사성 액체를 주입해 PET 스캔 영상을 찍었다. 결과를 보면, 피질하부 영역의 각성이 현저히 높아지고 상위 영역에서는 혈류량이 상당히 줄어들었다. 이 의미는 피질하부가 점점 더 활성화되고, 동시에 강렬한 감정 상태가 지속되는 동안에 신피질 체계들의 정보처리는 감소된다는 것이다. 특히 트라우마성 스트레스 증후군과 관련해 피시오타Pissiota 등(2002)은 PTSD가 있는 환자에게 트라우마와 관련된 어떤 증상들이 나타났을 때, 그 증상들은 피질에서의 제어가 아니라 피질하부에서 시작되고, 감정적으로 결정된 운동신경의 준비 반응과 관련이 있다고 말했다.

감정의 각성을 높이는 것에 초점을 맞추는 트라우마 치료법들은 피질하부가 중재하는 자율신경계의 활성화를 증가시키는 위험을 초래하게 되어 과각성 혹은 저각성을 초래한다. 감각운동 심리치료에서 통합 능력은 각각의 정보처리 차원에 주의를 기울이고 통합을 방해할 가능성이 있는 조절 장애의 신호들을 추적함으로써 촉진된다. 마음챙김을 하고 몸 감각에만 집중함으로써 내담자들은 감정에 앞서는 오감의 반응을 먼저 작업하고 인내의 창을 확장할 수 있다. 인내의 창이 확장되면 내담자들은 통합적인 감정 및 인지 처리를 재개할 수 있다. 즉, 역설적이게도 트라우마 경험에 전면적인 접근하지 않은 상태에서 먼저 감각에 초점을 맞추는 것은 뇌의 통합 기능을 촉진할 수 있고, 내담자가 트라우마의 고통을 통합하거나 변형시키지 못해서 겪는 불편한 활성화 때문에 고통받지 않도록 도움을 줄 수 있다.

트라우마를 떠올리게 하는 것에 대한 다양한 반응

트라우마 관련 장애 중 트라우마에 대한 파편화된 기억들은 자체적으로 생명력을 얻어 인지적으로 제어할 수 없는 과각성과 저각성 반응을 유발하면서 언제 어디서나 침습할 수 있다. 트라우마와 관련된 조절 이상 상태에서 편도체와 뇌섬엽을 활성시키는 정서적인 경험들에 압도되어서 각성 수준을 인내의 창 안에 유지시키는 것을 어렵게 만든다.

많은 신경영상 연구에 따르면, 플래시백 반응이나 트라우마를 재경험하는 반응을 보인 피험자들은 트라우마를 기억하도록 했을 때 PTSD가 없는 사람들, 즉 트라우마 기억을 평범한 자전적인 기억으로 회상하는 사람들과는 완전히 다른 뇌의 활성화를 보였다(Lanius, Bluhm, et al., 2006). PTSD가 있는 피험자들은 비언어적인 기억 회상 패턴에 일치하는 뇌의 연결 패턴(즉, 후두엽과 우측 두정엽과 후측 대상회의 활성화)을 전형적으로 보였다. 이에 비해, 대조군은 언어적인 기억 회상 패턴에 더 일치하는 신경망들(즉, 좌측 전두피질과 전측 대상회)을 활성화시켰다([그림 7-3] 참조). 이 신경영상 연구 결과는 우리가 임상에서 자주 관찰했던 것과 일치한다. PTSD 환자들은 트라우마에 대한 기억을 쉽게 말로 표현하지 못하고, 시간을 초월하여 침습적으로 떠오르는 파편화된 감각들로 경험한다. 반면에, 트라우마를 입어 어려움을 겪었지만 PTSD를 겪고 있지 않은 사람들은 트라우마에 대한 기억을 말로 쉽게 표현할 수 있으며, 파편이 아닌 통합된 하나로 기억한다. 이는 감각적 차원의 정보를 처리하는 방식으로서 언어치료가 어떤 이득이 있을지에 대한 의문을 제기하게 하고, 몸 중심의 치료법에 대한 탐구의 필요성을 생각하게 한다. 감각운동 심리치료는 트라우마성 기억과 관련된 감각들이 파편이 아니라 통합된 하나로 경험될 때까지

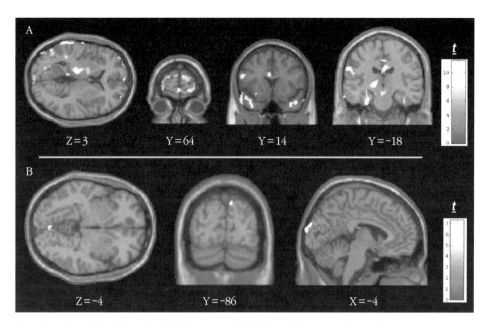

[그림 7-3] 트라우마성 기억을 회상하는 동안 뇌의 활성화가 현저히 증가된 부위. A=남성, B=여성.

그것들을 조심스럽게 따라가도록 함으로써 내담자들이 파편화된 감각들을 처리하도록 격려한다. 기억의 파편화는 정보처리의 세 차원에서 동시에 일어나기 때문에 감각운동 심리치료자는 인식, 감정, 지각적 입력 정보, 감각적 입력 정보, 신체 내부 감각, 움직임이나 움직임 충동과 같은 현재의 경험을 구성하는 모든 요소에 주의를 기울여야 한다. 예컨대, 파편화된 감각적 경험은 어떤 움직임을 하려는 욕구와 관련이 있다. 특히 자신이 할 수 없었던 움직임이나 트라우마 경험 때문에 완료하지 못했던 움직임을 완료하려는 욕구와 관련이 있다.

가정 폭력을 겪은 여성은 폭력을 가하는 파트너를 밀쳐내고 싶지만 도망가거나 자기 방어를 성공적으로 해낼 가능성이 희박한 상황에서 본능적으로 부동적 방어에 의존할 수 있다. 이런 경우, 격분한 파트너에게 붙잡혔을 때를 떠올려 몸에서 일어나는 반응을 관찰하면 어금니를 꽉 깨물거나 팔이 긴장된 느낌, 손을 꼭 쥐는 것과 같은 밀쳐내고 싶은 욕구와 관련된 파편화된 감각들을 경험하는 것을 발견할 수 있다. 감각운동 심리치료에서 치료자는 내담자가 동적 방어를 탐구하도록 지지하여 몸을 보호하고 방어하는 능력을 가짐으로써 움직임을 완료하고 몸을 방어하는 능력이 강화시키는 자기감을 회복하도록 할 것이다. 동적 방어 행위가 완료되면, 부동적 및 동적 반응과 관련된 파편화된 감각들은 통합될 수 있다. 즉, 내담자는 자신감이나 승리감 같은 감정을 느낄 수 있고, "나는 이제 나 자신을 보호할 수 있어."라는 새로운 신념과 같은 인지적인 의미를 만듦으로써 신체적으로 압도 당하는 경험에 대응할 수 있게 된다. 우리는 이런 방식으로 몸 중심의 개입을 통해 기억을 떠올렸을 때 뇌의 우측과 후방이 우세하게 활성화되던 패턴이 좌측 전전두엽이 더 활성화되는 패턴으로 바뀌게 되리라 추측했다.

증상 유발에 대한 대부분의 연구는 과각성/재체험 반응을 경험하는 내담자들에게 집중되어 있었다(Lanius, Bluhm, et al., 2006). 그러나 최근 우리 연구실에서는 증상 유발에 대한 뇌 활동을 과각성/재체험 그룹의 뇌 활동과 비교하기 위해 해리성 반응 패턴을 가진 트라우마 환자 그룹도 연구하기 시작했다. 예를 들어, 라니어스 Lanius 등(2002)은 적은 수이지만 상당한 비율의 환자들이 트라우마를 일으키는 단서들에 반응하는 것을 발견했다. 이 환자들이 자율신경계의 저각성과 관련된 고전적인 해리 증상을 보였던 것이다. 트라우마 기억을 이야기로 유도하는 이미지 실험 script-driven imagery에 반응한 환자들은 마비된 느낌, 몸을 떠난 느낌, '먼 거리에서' 트라우마 기억을 경험하는 느낌이 들었다고 보고했다. 게다가 이야기로 유도하는 이미지 실험에 대한 주관적인 반응 패턴은 플래시백/재체험 반응과 관련된 뇌 활동과는 확연히 다른 뇌 활동 패턴들과 관련이 있었다([그림 7-2a] 및 [그림 7-2b] 참조).

감각운동적 정보를 이용하는 기법들은 트라우마를 떠올렸을 때 해리 반응을 보이는 내담자들에게도 효과적일 수 있다. 해리 반응이 저각성을 일으킬 때, 감각운동 심리치료는 각성을 인내의 창 안으로 들여오는 수단으로서 몸에 대한 알아차림의 강도를 높이는 것을 치료 목표로 삼는다. 예컨대, 내담자에게 마비나 이인증(depersonalization, 역주: 자신이 낯설게 느껴지거나 자신과 분리된 느낌을 경험하는 것으로 자기 지각에 이상이 생긴 상태)과 관련된 신체 감각을 서서히 추적하도록 가르친다. 감각과 느낌을 주의 깊게 알아차리고, 그 감각과 느낌이 몸 내부에서 어떻게 생기는지 호기심을 갖게 됨으로써 전전두피질과 같은 상위 뇌의 영역들이 더 많이 활성화된다. 그러면 내담자는 최적의 각성 상태를 더 잘 유지할 수 있게 되고 내외적 환경에 적응적인 정향을 할 수 있게 된다. (안정적으로 굳건히 서기, 무언가에 기대고 있는 자세, 척추를 길게 늘인 자세, 움직임과 같이) 마비된 몸에 대처할 수 있는 신체 자원을 활용하는 것도 해리나 저각성이라는 자율신경계 경향성을 만났을 때 통합 능력을 높일 수 있다.

반응의 다양성: 사례

서로 다른 행위 경향성과 활성화 패턴이 만들어 내는 여러 가지 어려움을 이해하기 위해 트라우마 사건을 함께 겪었던 부부가 두 가지 다른 반응을 보였던 사례를 살펴보자. 라니어스와 호퍼, 메논(Lanius, Hopper, & Menon, 2003)은 이야기로 유도된 이미지 실험을 통해 주관적 반응과 뇌 활성화 및 심장 박동 반응이 매우 다름을 관찰했다. 부부는 여행 중에 자동차 사고를 크게 당했다. 그 사고에서 백 대가 넘는 자동차들이 서로 치고 받았고, 여러 명이 사망했으며 중경상을 입은 사람들도 많았다. 부부는 앞차를 들이박고 차 속에 갇혀서 몇 분간 있었는데, 그때 옆에 있는 차 안에서 아이가 불에 타죽는 것을 목격했다. 그것을 보면서 자신들도 죽게 될까 봐 두려움에 떨었다. 하지만 그들은 신체적으로는 어떤 부상도 입지 않았다.

부부는 사고 후 4주 동안 검사를 받았다. 48세의 전문직 종사자인 남편은 사고가 나기 전까지 매우 건강했다고 한다. 사고가 일어났을 때, 그는 각성의 강도가 매우 높았으며 아내와 함께 탈출하려고 인지적 및 행동적으로 노력하며 자동차 앞 유리를 깨고 탈출했다. 그런데 사고 다음날부터 플래시백과 악몽을 경험했고, 사고를 재경험하는 증상이 일어날 때에는 사고가 다시 일어나는 것처럼 느껴진다고 말했다. 남편은 사고에 대해 생각하거나 말할 때 심리적으로, 생리적으로 과도하게 각성됐다. 그래서 사고에 대해 생각하거나 이야기하는 것은 물론 사고가 있었던 고속도로를 운전하는 일까지 피했다. 수면의 질은 매우 낮아졌고, 집중력도 떨어졌으며, 직장 생활도 제대로 하기 힘들었다. 과각성 경험인 과민성 반응과 놀람 반응도 있었다. 남편은 약물남용이나 과거 정신과 병력, 의학적 문제도 없었고 처방된 약을 복용한 적도 없으며 정신과 질환 관련 가족력도 없었다. 평온한 어린 시절을 보냈고 부모와의 관계도 좋았다고 보고했다. 방치된 적도 없었고, 정서적으로, 신체적으로, 성적으로 학대를 받은 적도 없었다고 한다. 남편은 어린 시절과 사춘기 때 사교적이었고, 대학에서 회계를 전공한 뒤 현재 회계사로 근무하고 있었다.

55세의 전문직 종사자인 아내는 충격적인 교통사고가 있기 전까지 건강하게 살았다. 사고가 났을 때에는 '충격 상태'로 있었다고 한다. 차에 갇혔지만 몸은 움직일 수 있었는데도 그녀는 '완전히 얼어붙어서 움직이지 못했다'고 보고했다. 그녀가 사고 난 차량에서 탈출할 수 있었던 것은 남편이 차의 앞 유리를 부수고 그녀를 밖으로 끌어냈기 때문이었다. 남편과 마찬가지로 아내도 사고 다음날부터 또 다시 똑같은 사고를 겪는 것처럼 '마비와 얼어붙음'을 자주 경험했고, 플래시백과 악몽도 경험했다고 한다. 아내는 사고 기사를 읽는 것을 피하고 운전도 하지 않았다. 수면의 질은 아주 낮아졌으며 집중력도 현저히 떨어졌다. 그녀는 갑자기 민감해져서 화를 쉽게 내기도 했다. 최악의 상황은 작업 능력이 완전히 떨어졌다는 것이다(그녀는 사고가 나고 몇 달 후 사업체를 팔았다). 그녀는 과거에 약물 남용을 한 적이 없었다고 했다. 그러나 첫 아이를 출산한 뒤 산후우울증을 겪었고, 가벼운 공황장애도 않은 적이 있다고 보고했다. 그녀는 당시 의학적인 문제가 전혀 없고 복용하는 약도 없다고 말했다. 정신과 질환 관련 가족력도 없다고 보고했다. 그런데 어린 시절에 '꽤 충격적인 사건들'이 있었다고 말했다. 신체적 및 성적으로 학대를 당한 적은 없지만 아홉 살 때 아버지가 돌아가셨고, 그 후 매우 '차갑고' 심리적으로 거리가 '먼' 어머니 아래서 성장했다고 언급했다. 어머니와 함께 살았는데도 안전감을 전혀 느끼지 못했다고 했다. 그런 환경에도 불구하고, 사교적이고 성적도 상위권에 속하는 아이로 자랐다. 경영대학원을 졸업하고 사고가 나기 전까지 수년 간 사업체를 운영했다. 이야기로 유도된 이미지 실험에서 남편은 어떻게 탈출할지에 대한 생각, 앞 유리창을 부수고자 하는 신체 충동, 매우 불안하고 '조마조마한' 느낌을 포함해 많은 기억이 생생하게 되살아났다고 보고했다. 심장 박동 수는 정상적인 수치보다 열세 박동이나 높아졌는데, 그것은 전전두피질과 편도체를 포함하는 뇌 영역의 활성화와 일치했다([그림 7-3] 참조). 남편이 아내와 함께 탈출할 생각을 한 것은 계획과 문제해결 기능을 중재하는 전전두피질의 활성화를 유도했을 것이다. 이야기로 유도된 이미지 실험에서 편도체가 활성화된 것은 ('불안하고 조마조마한' 느낌의) 과각성 증상뿐만 아니라 PTSD 증상에도 기여했을지 모른다. 공포 조건화fear conditioning와 PTSD와 관련해 편도체가 하는 중요한 역할을 감안하면 말이다.

이와 대조적으로 심각한 PTSD 증상을 겪은 아내는 '얼어붙은' '멍한' 반응을 보였으며 심장 박동 수의 증가나 신경계의 활성화가 없었다. 뇌의 활성화가 증가된 부분은 시각 정보처리와 관련된 후두부뿐이었는데, 이는 뇌 영상을 촬영하는 동안 내담자가 보고했던 사고의 생생한 시각적 이미지들을 구성하는 기제일 수 있다([그림 7-3] 참조).

동일한 트라우마 사건의 두 생존자는 트라우마를 떠올릴 때 주관적 경험과 심장 박동 수 반응, 신경 활성화 패턴에서 뚜렷하면서도 일관된 트라우마 중 병리반응과 트라우마 후 병리반응을 보였다. 생리적 각성과 함께 인지적·행동적 활성화에 대해 남편이 보고한 것들은 심장 박동 수의 증가와 전전두피질 및 편도체에서 관찰된 높아진 활성화와 일치했다. 이에 비해, 아내는 심각한 급성 및 사후의 PTSD를 겪고 있음에도 불구하고, '마비'와 '얼어붙음' 반응과 심장 박동 수의 감소 및 매우 다른 신경활성화 패턴을 보였다. 이는 저각성 반응이 똑같은 트라우마 반응이며, 트라우마라는 공통 분모가 인내의 창을 벗어난 자율신경계의 조절 이상이라는 것을 보여 주고 있다.

결론

감각운동 심리치료는 온전히 임상실습을 통해 개발됐고, 이 치료 방법의 기초가 되는 기제들은 아직까지 밝혀지지 않았다. 그 기제는 앞으로 우리가 탐색해야 할 흥미진진한 영역이 될 것이다. 하지만 내담자와 치료자의 보고는 신체적인 중재를 활용하는 것이 얼마나 유용한지 증명하고 있다. 감각운동 심리치료를 배운 전문가들은 내담자들의 악몽과 공황발작, 공격적인 분출, 일반적인 과각성 등이 약화되는 경험을 자주 한다. 또 내담자들이 몸 감각을 추적할 수 있는 새로운 능력을 개발함으로써 트라우마 사건이 여전히 진행되고 있는 것으로 반응하기보다 지금 이곳의 현실을 경험하게 된다고 보고했다. 감각운동 심리치료는 불안을 조장하는 몸의 반응을 다루는 도구를 내담자에게 제공한다. 내담자들은 감각과 움직임에 주의를 기울임으로써 주어진 순간에 처리해야 할 정보량을 제한하는 법을 통해 지금 여기에 존재하는 느낌이 더 강해졌다고 보고한다. 또한 자신을 보호하고 방어할 수 있는 밀기와 같은 행위를 연습해서 안전감을 더 많이 확보하게 되었다고 한다.

감각운동 심리치료는 상향식 작업과 (피질 활성화를 고조시키는) 마음챙김의 강화 그리고 트라우마와 관련된 고정 행동 패턴을 탐색한 후 새로운 패턴을 실습함으로써 피질하부나 우뇌 영역에서 배제된 트라우마성 정보의 통합을 촉진할 수 있다. 감각운동 심리치료는 각성의 조절과 인내의 창의 확장에 중점을 두기 때문에 정보 통합을 가로막는 자율신경계나 감정의 과각성을 피하려 한다. 몸에 집중하는 것은 확실히 인내의 창 안에서 쉽게 감정을 느끼게 해 준다. 작은 생리적 감각과 움직임을 트래킹하도록 격려받을 때, 내담자들은 현재의 순간에 머무는 마음챙김 경험을 더 잘하게 된다. 지금 여기, 그리고 몸과 자신에 대한 정향은 전전두엽과 내측 전전두엽의 활성화를 촉진하고, 이것은 현재 트라우마 사건이 일어나지 않고 있다는 인식을 갖게 해 준다. 트라우마 관련 활성화뿐 아니라 소매틱 자원에까지 주의를 기울여 내외적 자극에 대한 각성 수준을 트래킹하고 조절하여 더욱 적응적인 새로운 행동들을 익힘으로써 뇌와 몸의 기능은 개선되고 통합된다. 이러한 개선을 통해 트라우마 사건들이 처리되고 자아에 대한 새로운 경험이 생길 수 있다.

그렇지만 너무 많은 감각에 너무 빠른 속도로 접근하면, 특히 내담자가 경험을 관찰해서 그 내용과 감정을 무시할 능력이 생기기 전에는 사실 해리를 심화시켜 증상을 악화시킬 수 있다. 그러므로 치료자는 내담자의 속도와 통합 능력에 따라 치료를 진행해야 한다. 한편, 감각운동 심리치료자들 중에는 일부 내담자들이 몸 작업에 흥미를 보이지 않는다고 보고하는 치료자들이 있다. 그런 내담자들은 신체 경험을 알아차리는 방법을 천천히 배우면서 그것의 가치를 발견할 수도 있다. 몸 감각들과 움직임들이 너무 압도적이고 괴로움을 유발해서, 또는 신체적인 접근법에 흥미를 느끼지 못하거나 별 효과를 느끼지 못해서 신체적인 중재 작업을 하지 못하거나 할 의지가 없는 내담자들도 있다. 그런 경우에 치료자는 감각운동 심리치료를 하지 말고 다른 기법을 사용해야 한다.

내담자들의 특별한 요구와 역량을 이해하고 하향식 및 상향식 처리와 관련된 뇌 영역과 체계를 이해하는 것은 트라우마를 입은 내담자가 증상을 극복하고 일상생활에서의 바람을 충족하도록 도울 수 있는 적절한 접근법과 기법을 우리가 선택할 수 있게 한다. 이 장에서는 트라우마 관련 장애에서 뇌의 역할에 대한 이해를 넓히고 신경생물학적 정보에 입각한 치료 모델작업에 대해 생각할 여지를 제공하기 위해 트라우마 관련 장애와 관련이 있는 것으로 알려진 뇌의 영역을 간단히 설명했다.

Trauma and the Body

PART 2
치료의 실제

Trauma and the Body

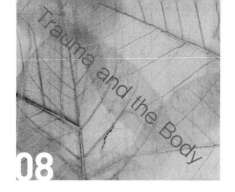

치료의 원리:
이론의 적용

이전 장에서 보았듯이 트라우마 사건의 중요한 요소들은 피질하부 수준에 저장되고 처리된다. 과거, 현재, 미래가 구분되지 않으며, 이전 트라우마 사건은 현실과 혼동된다. 트라우마 사건을 회상하거나 인식하려 할 때 내담자는 신체 감각, 자동적 반응, 의도하지 않은 움직임의 형태로 그 사건을 '기억'하게 된다. 공포, 두려움, 무기력, 절망감은 이러한 소매틱 반응에 의해 생겨난다. 이와 더불어서 "세상은 위험해. 나는 안전하지 않아."와 같은 트라우마 관련 인지 왜곡이 반복해서 확인된다. 인지, 감정, 신체 감각 수준에서의 효과적인 정보처리과정은 심각하게 훼손된다.

트라우마 이후의 압도감, 절망, 자기혐오, 자율신경계의 이상을 경험한 내담자를 만났을 때 모든 치료자는 내담자가 신체적, 감정적, 기능적으로 좀 더 안정되도록 돕고자 한다. 대부분의 치료자는 대부분의 사례에서 경험이 종결되기 위해서는 먼저 안전감이 확보된 후에 내담자들이 직접 트라우마 경험에 직면하는 과정을 거쳐야 한다는 것에 동의한다(Cloitre, Koenen, Cohen, & Han, 2002; Gold, 1998). 대부분의 치료적 접근은 내담자가 자신이 한 두려운 경험을 말로 설명하도록 해서 왜 그 경험이 그렇게 자신을 괴롭히는지를 이해하도록 하고, 새로운 정신적 · 신체적 행위를 개발하도록 한다. 그렇게 함으로써 현실 생활에의 적응을 돕고자 하는 것이다. 신체 감각 중심 트라우마 치료에서는 몸을 트라우마 처리의 첫 번째 문으로 삼아 감각과 움직임을 직접 다룸으로써 내담자의 인지, 감정, 신념 체계, 관계 맺는 능력에 변화를 일으킬 수 있다고 본다(Aposhyan, 2004; Bakal, 1999; Kepne, 1987, 1995; Kurtz, 1990, 개인 커뮤니케니션, August 14, 2005. 8. 14; Kurtz & Prestera, 1976; Levine, 1997; Ogden & Minton, 2000; Rothschild, 2000). 이 장에서는 증상을 완화하고 과거 트라우마를 해결하며 내담자의 자기감의 재조직을 돕는 전통적인 상향식 인지 접근과 함께 사용할 수 있는 소매틱 기법에 대한 기본적인 원칙들을 다룬다.

상향식 개입과 하향식 개입

내담자들이 상담 과정에서 나타나는 자신의 습관적인 경향성에 대해 호기심을 갖고 비판단적으로 관찰하는 것을 배울 때, 새롭고 더 적응적인 태도로 탐색하는 것이 가능해진다. 내담자들에게 이러한 변화가 일어나도록 하기 위해서는 상향식 치료 개입과 하향식 치료 개입을 세심하게 구분하고 통합하는 것이 필요하다.

대뇌 신피질과 연관된 하향식 기법들은 의미 찾기와 이해에 초점을 맞추어 인지를 다룸으로써 정동과 신체 감각적 경험을 조절한다. 이야기로 시작하기 때문에 치료 목적에 맞도록 이야기를 구성하는 것은 매우 중요하다. 이 과정에서 언어적 자기감이 향상되며 이해를 통해 경험의 변화가 일어난다. 상향식 접근에서는 신체 감각과 움직임이 시작 지점이며, 신체 감각적 경험을 이용하여 자기조절, 기억 처리, 일상생활의 기능 향상을 돕는다. 상향식 개입을 통해 신체 감각적 자기감에 변화가 일어나면 이는 언어적 자기감에도 영향을 미치게 된다. 감각운동 심리치료는 인지적 접근 및 이야기를 통한 심리치료와 함께 움직임, 신체 경험, 신체 감각을 직접 다루는 상향식 개입도 병행한다.

하향식 개입은 감각운동적 처리 과정을 관찰하고 지지한다. 내담자들은 신체 감각, 움직임, 충동(감각운동 과정), 그리고 새로운 신체 행동의 '실험적인 시도'에 대해 자신의 내면에서 일어나는 반응이 서로 어떻게 연관되어 있는지를 마음챙김 방식에서 관찰한다(상향식 인지 과정). 내담자들은 감각 경험과 움직임에 주의를 기울이고, 이것들이 인지적 수준의 정보처리 과정과 어떻게 상호작용하는지를 관찰함으로써 상향식 개입과 하향식 개입을 통합한다. 내담자들은 사고와 감정이 몸에 어떤 영향을 미치는지, 신체 감각과 움직임이 상위 수준의 정보처리 과정에 어떤 영향을 미치는지를 배운다. 트라우마 경험을 탐색하는 데 있어서 몸(인지와 감정보다는)을 주요한 시작점이자 길로 사용함으로써 트라우마가 몸에 미치는 영향과 절차적 학습을 좀 더 직접적으로 다룬다.

치료에서 논의되는 주제나 '이야기'는 작업이 이루어지기 위한 도입이다. 내담자가 자신의 경험에 대해 이야기하거나 쟁점을 설명할 때 치료자는 내담자가 현재 순간을 조직하는 방식—몸짓 영어, 감정, 사고, 움직임—을 관찰하고 치료를 위한 '지표'로 삼는다(Kurtz, 2004). 내담자가 과거 트라우마 경험을 어떻게 조직하는지를 주의 깊게 관찰하면 현재 경험에서 어떤 특정 요소를 시작점으로 잡아서 탐색해야 할지를 결정할 수 있다. '이야기'가 아니라 이야기할 때 내담자의 내면에서 무엇이 일어나는지에 초점을 맞추어 관찰함으로써 상담 초기 단계에서도 트라우마 관련 경향성을 다룰 수 있다. 이럴 때에는 마음챙김 모드에서 속도를 늦추어 천천히 접근해야 한다. 치료자는 사고, 감정, 외부자극 정보(오감), 내부 자극 정보(신체 감각), 움직임에 대해 질문함으로써 내담자가 현재 경험을 이루는 구성체에 대해 호기심을 갖고 마음챙김 모드로 다가가도록 돕는다.

현재 순간

대부분의 심리치료 접근이 '지금 여기'에서의 치료 작업이 변화를 일으키는 가장 큰 힘을 갖는 것(Stern, 2004, p. 3)"에 동의하지만 이야기 치료는 부적응적인 절차적 학습에 제한적으로 밖에 영향을 미치지 못한다. '이야기'는 내담자의 과거와 현재 경험에 대해 매우 중요한 정보를 제공하지만 절차적 학습에 도전하고 변화를 일으키려면 치료는 내용이나 설명보다는 과거 트라우마에 대한 지금 여기의 경험을 다루어야 한다. 절차적 학습의 신체적·정신적 경향성은 현재 순간에 드러나기 때문에 상담 회기 안에서 일어나는 트라우마 관련 감정·반응, 사고, 이미지, 신체 감각,

움직임이 탐색과 변화의 초점이 된다.

전통적인 심리치료를 훈련받은 치료자들은 넓은 영역을 다루면서 과거나 현재 경험에 대해 언어로 설명하는 것에 귀를 기울인다. 반면에, 지금 이 순간에서의 치료 작업은 "의식의 짧은 순간 동안에 일어나는 감각 경험(felt experience, Stern, 2004, p. 32)"에 집중하여 초점을 좁힌다. 치료적 개입의 초점은 내담자의 트라우마 과거나 현재 어려움에 대한 일상 대화에서 내담자의 행동과 내면경험에서 일어나는 것으로 전환된다(Chefetz, 2000). 커츠(1990)는 다음과 같이 말했다.

> 내담자의 현재 경험[신체 감각, 움직임, 감각적 지각, 감정, 인지]은 모든 경험이 어떻게 조직되는지를 알 수 있는 생생한 본보기이며 경험이 어떻게, 왜 그런 방식으로 조직되는지를 탐색할 수 있는 기회다. [현재] 경험은 내담자를 이해할 수 있는 좋은 자료이며, 그것을 탐색하는 것은 이야기하거나 그 안에 묶여 있는 것과는 매우 다르다.

상담에서 중요한 순간을 만나거나 내담자가 과거의 중요한 사건을 이야기할 때, 현재 경험 안에서 작업함으로써 치료자와 내담자는 이러한 이야기에 수반되는 행위 경향성과 절차적 학습을 발견해 간다. 이렇게 현재 순간에서의 경험의 조직은 어떻게 펼쳐질지 예측 가능하지 않다. "현재 순간의 각각의 작은 세계는 독특하다. 이것은 시간, 공간, 과거 경험이라는 조건에 의해 시시각각 결정되며, 이렇게 끊임없이 변하는 조건 안에서 형태를 취한다. 그래서 미리 예측할 수 없다."(Stern, 2004, pp. 38-39). 현재 순간을 '스스로 탐색'함으로써(Kurz, 1990), 신체적 행위 경향성과 심리적 행위 경향성에 대한 지식과 이해가 커지고 그런 경향성의 변화와 연관된 선택지가 넓어진다.

탐색의 시작:
현재의 마음챙김, 순간의 경험 조직화

6장에서 살펴보았듯이 탐색 체계는 "인간이 흥미와 호기심이라는······ 끈질긴 감정으로 경험하는 많은 정신적 복잡성을 추동하고 그것에 에너지를 부여한다"(Panksepp, 1998, p. 145). 내담자의 탐색 체계를 자극함으로써 행위 경향성이 나타나는 방식에 대해 호기심을 갖도록 하는 것은 절차적 학습의 변화를 위해 반드시 필요한 일이다. 예를 들면, 내담자가 상담 중에 트라우마적인 자동차 사고에 대해 이야기할 때 치료자는 내담자가 자신의 경험을 조직하는 방식에 관심을 갖도록 하기 위해 이 일에 대해 말하거나 생각할 때 내면에서 어떤 일이 일어나는지—생각, 감정, 감각, 움직임—에 대해 질문한다.

> [치료자와 내담자]는 내담자에게 일어나는 있는 그대로의 경험을 탐색한다. 탐색은 멈추거나 없애기 위한 것이 아니라 내담자가 자신의 경험을 관리하는 방식을 의식하고, 그 경험을 수용하는 능력을 확장하도록 하는 것이다. 이러한 노력은 힘든 작업이라기보다는 즐거운 놀이이며, 두려움이 아니라 호기심으로 동기 부여되어야 한다(Kurtz, 1990, p. 111).

마음챙김을 통해 현재 순간에 경험을 조직하는 방식을 관찰함으로써 내담자는 이야기에 빠져서 반응하는 것에서 그 경험에 대해 호기심을 갖는 것으로 주의를 돌릴 수 있다(Siegel, 2007). 내담자는 자신이 사고에 대해 이야기할 때 '나는 죽을거야.'라고 생각하고 있음을 알아차린다. 그리고 나서 그러한 사고를 하고 있을 때 몸이 긴장하고 두려운 기분이 든다는 것을 알아차린다. 치료자가 내담자로 하여금 현재 순간의 경험 조직화에 주의를 기울이도록 안내하지 않았다면 내담자는 그 일을 재경험하면서 그것에 빠졌을 것이다. 그러나 치료자는 한 걸음 물러서서 내담자를 관찰하고 관찰한 것을 이야기할 때, 내담자는 경험을 '하는' 것이 며칠, 몇 주, 몇 년이 지난 지금 여기에서 그 경험을 조직화하는 방식을 탐색하는 것과 어떻게 다른지를 배운다.

지금 여기의 경험을 마음챙김 모드로 관찰함으로써 정보처리를 변화시킬 수 있다. 위험이 감지될 때 인지 기능이 멈추는 상향 하이제킹이 촉발되거나 트라우마와 연관된 신념 및 감정에 압도되지 않고 마음챙김 방식으로 경험을 탐색할 때 두 가지 과정이 촉진된다. 내담자는 자신의 트라우마 관련 신념이나 각성에 사로잡히지 않고 내면 경험의 요소들, 특히 몸 반응을 탐색한다. 각성은 인내의 창 안에 머물고 트라우마 기억과 연관된 경험은 자동적이고 과장된 반응reaction에서 적절하고 관찰 가능한 대응response으로 바뀌기 시작한다.

마음챙김은 긍정 정서와 연관된 뇌 영역의 활동을 증가시킴으로써 뇌 기능을 긍정적으로 변화시키는 것으로 알려져 있다(Davidson et al., 2003). 현재 순간의 경험을 마음챙김 모드로 탐색하는 것은 전전두피질의 수행 기능 및 관찰 기능과 연관되어 있다. 해결되지 않은 과거 트라우마에 의해 촉발되는 방어 행동이 촉발될 때 전전두피질과 인지 기능이 이를 저지하지 못하면 문제가 생긴다(Van der Kolk, 1994). 이럴 때 자기 관찰 능력이 제한된다. 전전두피질이 활성화될 때 지속적인 관찰이 가능하다. 치료자는 호기심을 자극하고 탐색 체계를 활성화시킴으로써 경험의 조직화를 발견하고 마음챙김을 통해 전전두피질을 '깨우는 것'이다. 내부 경험에 대한 관찰을 유지할 수 있을 때 내담자는 과거 트라우마 반응의 자극에 압도되지 않고 '정신적 안정감'을 유지할 수 있다(Siegel, 2006).

사회적 관여: 치료적 협력 관계 형성하기

혼란스럽거나 당황스럽거나 안전하지 않은 환경에서는 탐색의 지표인 호기심을 갖기가 어렵다(Berlyne, 1960; Bronson, 1972). 호기심은 열정을 갖고 그 주제를 탐색하게 만들어 주지만 다른 한편으로는 탐색이 위험하게 여겨질 때 호기심은 두려움과 조심스러움으로 변한다. '충분히 좋은' 보살피는 이가 그러하듯이 치료자는 안전함에 대한 욕구와 내면 조직화의 탐색에 대한 욕구를 민감하게 살펴야 한다. 치료자는 내담자가 경험을 탐색할 때 느끼는 부담감을 인식하고 각성이 인내의 창 안에 머물도록 해야 한다. 또한 상호작용을 통해 불안을 조절함으로써 탐색을 통해 이루어지는 바를 얻도록 한다(Cassidy & Shaver, 1999). 다시 말하면, 내담자가 탐색을 시도하면서 힘들어지거나, 좌절하거나, 방어적이 될 때 치료자는 탐색에 대한 호기심을 유지하면서 어려움을 경감하도록 도와야 한다. "섬세한 지지란 유아 (혹은 내담자)의 발달 단계를 고려하여 탐색할 때의 좌절을 알아차리고 그럴 수 있다는 것을 인정해 주는 것이다"(Grossman et al., 1999, p. 763).

치료에서 이러한 섬세한 지지는 트라우마 관련 방어 경향과 트라우마가 내담자의 사고, 감정, 신체 감각, 움직임에 미치는 영향을 계속 관찰하는 것을 포함한다. 유능한 치료자가 목소리 톤, 페이싱, 마음챙김, 각성의 조절을 활용하여 사회적 관계를 유지하도록 돕는다면, 경험을 탐색하고자 하는 호기심과 좌절에 대한 두려움 사이의 피할 수 없는 갈등은 점차 줄어들 수 있다. 이렇게 함으로써 내담자의 인내의 창을 넓힐 수 있다. 도전이 되는 경험을 하고 트라우마 반응이 활성화될 때에도 사회적 관여를 유지하는 새로운 경험을 할 때마다, 내담자는 자신의 내면을 발견해 나가면서 긍정적인 결과를 얻을 수 있다는 자신감을 꾸준히 쌓게 된다. 그리고 이러한 과정을 통해 내담자는 자신의 내면을 계속 탐색할 수 있게 된다.

치료의 실례를 살펴보자. 치료가 몇 년간 성공적으로 진행되고 있던 어느 날, 제니퍼는 치료실에서 '얼어붙기' 반응을 촉발하는 알 수 없는 자극을 경험했다. 그녀의 몸은 굳어 있었고, 눈은 아래를 향한 채 팔짱을 끼고 있었다. 그녀는 치료자가 자신을 해칠 거라는 생각을 했다. 사회적 연결을 유지하기 위한 시도로 (남자)치료자는 그녀의 감정을 공감하고 안심시켰다. 그리고 자신이 그녀를 해칠 거라는 그녀의 생각에 대해 우려와 동시에 호기심을 보였다. 제니퍼의 방어 체계가 활성화되었지만 치료자는 그녀의 탐색 체계도 활성화되도록 격려했다. 치료자는 제니퍼가 자신에게 정향한다면 몸에서 어떤 일이 일어나는지를 물었다. 그녀는 천천히 치료자를 보았고, 그러자마자 더 두려워지고 얼어붙는다고 말했다. 거의 동시에 그녀는 몸의 감각을 느낄 수 없음을 알아차렸다. 이 탐색을 통해 제니퍼는 경험을 '하는 것'에서 관찰로 주의를 옮겼다. 치료자는 그녀의 반응에 관심과 놀라움을 표현했다. 몇 년 간 지속된 치료에서 처음 나타난 반응에 대해 치료자는 두려움이나 판단이 아니라 호기심과 관심을 보임으로써 탐색의 본보기를 보여 주었다. 그는 제니퍼에게 자신이 이 방 어디에 앉아 있으면 '좋겠는지', 그녀가 안전하다고 느끼는 거리는 어느 정도인지를 물었다. 치료자는 속도를 늦추고 마음챙김과 호기심을 이끌어 냄으로써 제니퍼가 자신의 방어 경향을 조직화하는 방식에 대해 더 배울 수 있도록 격려했다. 또한 내담자에게 자신과 치료자 사이의 실제 거리를 통제하도록 함으로써 사회적 연결 체계를 활성화했다. 제니퍼는 치료자에게 방 한쪽으로 옮기라고 요청했고, 치료자가 그렇게 하자 편안해진 것을 알아차렸다.

치료자에게 정향하는 실제 경험을 통해, 그리고 치료자와의 물리적 거리를 자신이 원하는 대로 통제함으로써 제니퍼는 현실을 평가하는 능력을 키웠다. 그녀는 더 이상 치료자가 자신을 해칠 거라고 느끼지 않았다. 그때서야 그녀는 촉발 요인을 알아차릴 수 있었다. 그것은 치료자의 스웨터였다. 3장에서 논의했듯이 제니퍼의 가해자는 특정한 스웨터를 입었는데 그 스웨터가 그날 치료자가 입고 있던 것과 비슷했다. 그것이 제니퍼가 정향한 트라우마 관련 자극이었다. 그녀의 모든 주의는 스웨터에 가 있었고, 그것이 방어 경향을 촉발한 것이었다.

자신과 치료자 사이의 거리를 통제하고, 왜 스웨터가 자신을 두렵게 하는지 이해하게 되자 제니퍼는 처음으로 자신의 몸을 다시 느낄 수 있다고 말했다. 또한 얼어붙기 반응으로 인해 오는 신체 긴장이 얼마나 고통스러운지도 알아차렸다. 그녀가 치료자의 안내로 긴장을 탐색하자 그녀의 각성은 다시 올라갔다. 그녀는 얼어붙기 반응의 긴장과 고통은 자신을 보호하기 위한 행동을 하기 어려울 때의 느낌과 연관되어 있다고 말했다. 그녀는 트라우마 기억을 떠올리기만 해도 얼어붙기 반응이 일어난다고 말했다. 치료자는 얼어붙는 감각을 계속 탐색하도록 했고, 몸의 긴장이 '안내하는 대로' 행동하도록 허용할 수 있는지 물었다. 제니퍼는 신체 감각과 충동에 머물렀다. 그러자 팔로 넓은 원을 만드는 움직임을 하고 싶은 충동이 일어나는 것을 알아차렸다. 그것은 '이것은 나의 공간이다. [당신은] 밖에 있어.'라는 메시지를 의미했다. 치료자는 이러한 행동을 실제로 해 보도록 그녀를 격려했고, 이것이 그녀가 하는 경험의 내면 조직화를 어떻게 변화시키는지를 알아차렸다. 제니퍼는 긴장이 완화되고 편안해지는 느낌을 알아차렸다. 이러한 탐색 경험을 통해 제니퍼는 현실에 좀 더 적응적인 실제 행동이 무엇인지 발견할 수 있었다. 그녀는 얼어붙기 반응이 개인적인 경계를 설정하기 위한 몸의 의사소통 반응이었음을 이해했다.

팔로 원을 그리는 움직임은 제니퍼가 편안하게 이완될 수 있도록 해 주었다. 그녀가 개인적인 경계의 느낌을 분명하게 알아차리게 되자 그녀의 각성은 인내의 창 안에 머무를 수 있었고, 사회적 연결 체계도 더 안정화되었다. 이러한 과정은 위협으로 지각되는 상황을 만났을 때 얼어붙는 그녀의 습관적 경향성을 경감시켰다.

많은 트라우마 내담자들이 그렇듯이, 제니퍼는 자신이 통합하지 못한 트라우마 사건과 관련된 요인에 정향할 때 인내의 창 안에 머물 수 없었다. 그녀의 경우, 그것은 스웨터였다. 스웨터에 주의가 집중되자 트라우마와 관련 없는 자극과 지각에 대한 정향은 급격히 줄어들었다. 그녀는 트라우마와 관련 없는 자극을 포함할 수 있을 정도로 의식의 장을 넓힐 수도 없었고 트라우마를 떠올리는 것에 대한 강한 집중을 줄일 수도 없었다. 많은 내담자들이 두려움 때문에 트라우마를 떠올리게 하는 자극을 회피한다. 이럴 때 현재의 자극을 직접 '보기'를 탐색하도록 부드럽게 이끌어서 과거와 현재의 차이를 깨닫도록 도와야 한다.

치료 중에 얼어붙기라는 제니퍼의 방어 체계가 나타났을 때, 치료자는 그녀의 얼어붙기 행동 경향을 탐색할 수 있는 지금 여기의 기회로 활용하여 대안적인 행동을 찾아내도록 했다. 그는 사회적 관여 체계, 방어 체계, 탐색 체계가 동시에 일어나도록 해서 이 모든 것과 함께 작업했다. 제니퍼는 호기심과 마음챙김을 통해 방어 경향에 대해 이해했으며, 무엇이 이러한 각성을 경감시킬 수 있는지도 알게 되었다. 치료자는 사회적 관여 체계를 잘 유지함으로써 내담자가 외부 자극에서 내면의 경험 조직화로 주의를 돌릴 수 있도록 도왔다. 치료자는 통제권이 제니퍼 자신에게 있음을 말해 주었다. 이러한 협력과 통제권의 회복을 통하여 안전감이 형성되었다. 제니퍼가 현재 순간의 경험을 알아차리도록 자신을 허용하고 대안적인 행위를 시도하기 위해서는 이러한 안전감이 필요했다.

치료자와 내담자가 협력하지 못했다면 이러한 탐색은 일어날 수 없었다. 치료자는 제니퍼의 협력자로, 내면을 관찰하고 보고하는 리포터로, 무엇을 탐색할지를 함께 결정하는 경험의 공동 창조자로 그녀와 함께했다. 내담자와 치료자는 얼어붙기라는 행위 경향성을 알아차리고, 트래킹하고 관찰하고, 해석하고, 탐색하기 위해 함께 작업한다. 이러한 협력의 결과, 내담자와 치료자는 좀 더 적응적인 행위를 발견하게 된다. 이 과정 내내 치료자는 제니퍼가 치료자와 치료자의 제안을 수동적으로 받아들이지 않고 의식적인 선택을 할 수 있도록 도왔다.

놀이 행위 체계를 활용하기

탐색과 놀이는 밀접하게 연관되어 있다. 놀이는 새로운 통찰로 이끌고 탐색을 증가시키며, 탐색은 흥미를 증가시킨다. 재미와 놀이 활동은 환경 안에 있는 스트레스 요인에 대처하는 능력을 키우고 학습과 창의력을 촉진하기 위해 활용될 수 있다(Siviy, 1998). 놀이 활동을 통해 정보의 통합이 증가되는 것으로 보인다(Beckoff & Byers, 1998). 내담자의 놀이 행위 체계를 활성화시킴으로써 트라우마로 생겨난 경향성에 도전하여 변화를 이끌어 낼 수 있다. 특히 부동화 방어, 위협에 대한 두려움이나 자기 무가치감과 관련된 인지 도식, 기분 좋은 감각과 긍정 정서에 대한 공포 반응을 다루는 데 유용하다. 놀이는 특정 '놀이 신호'—눈맞춤, 표정, 물리적으로 가까이 있기, 사회적 연결의 증가와 같은 몸짓 언어와 자세 등(Beckoff & Byers, 1998)—을 동반한다. 부드러운 미소, 큰 웃음, 즐거움, 사회적 접촉을 나타내는 표시도 '놀이 신호'이다(Panksepp, 1998). 자기감sense of self, 독립성, 행복감의 느낌이 커질 때 놀이는 자동적으로 일어난다. 또한 우리가 6장에서 보았듯이, 위험과 두려움이라는 위협이 있을 때 놀이는 즉각 억제된다. 그러므로 놀이 체계가 나타난다는 것은 두려움과 방어 체계가 상대적으로 줄어들었음을 의미한다.

심리치료는 내담자를 "놀 수 없는 상태에서 놀 수 있는 상태(Winnicott, 2005, p. 50)"로 데려가야 한다. 그러나 치료자들은 내담자의 증상과 어려움을 해결하는 것에 집중해야 한다고 생각할 수도 있다. 그렇게 함으로써 치료자들은 재미와 유머, 치료적 관계 안에서의 기쁨을 느끼는 순간 표면 위로 떠오르는 건강함과 생명력을 발견할 기회를 잃는다. 놀이 체계와 연결될 때 나타나는 유머, 쾌활함, 탄력성은 전반적인 행복감의 느낌을 키움으로써 트라우마 치료라는 힘든 작업을 감당할 수 있는 힘을 제공한다.

유쾌함은 안전감에 대한 도전으로 경험된다. 위니콧(2005)은 심리치료자들이 "놀이의 속성인 틀에 묶이지 않는 유연성, 창조적인 충동, 움직임, 감각"(p. 86)을 경험하는 기회를 제공해야한다는 것을 강조했다. 그러나 위험이 닥칠 것 같은 만성적인 기분을 경험하는 내담자들은 불안감 때문에 이런 반응을 줄이고 방어 행위 체계에 대한 정향을 증가시킨다. 놀이라는 '위험한 물'에 들어가기 위해서 내담자는 스스로가 경험을 통제하고 있다는 느낌을 경험해야 한다. 그렇지 않으면 놀이는 불가능하다(Fisher et al., 1991; Levy, 1978). 치료자는 세심하게 치료적 동맹을 맺음으로써 내담자가 편안하게 경험할 수 있는 안전 기반을 만든다. 탐험과 같은 놀이행동을 하려면 사회적 연결 체계와 내담자가 편안하게 실험할 수 있는 안전한 기반으로써의 치료적 동맹을 활용해야 한다.

치료에서 놀이를 통해 기쁨과 긍정 정서가 커질 때 이 경험은 치유의 과정을 지원한다(Caldwell, 2003). 내담자와 치료자가 함께 만드는 작은 성취와 즐거움의 경험은 상담 초기에도 일어날 수 있다. 이런 경험이 일어날 때 치료자는 내담자가 그 순간을 인식하고 경험에 머물 수 있도록 안내해야 한다. 이러한 순간에 내담자와 멈추어서 함께 즐김으로써 연결감과 더 많은 즐거움이 표면 위로 떠오르도록 할 수 있다. 강력한 치료적 동맹은 트라우마와 연관된 행위 경향성을 줄여 준다. 내담자가 일상생활에서 가벼운 마음을 느끼고 유머를 즐길 수 있게 되면 치료자는 치료 맥락에서도 더 많은 유쾌함을 촉진할 수 있다.

캐논(Cannon, in press)은 "치료자는 어떤 형태로든 놀이를 함께할 수 있어야 한다. ······놀이는 내담자의 먼, 그리고 가까운 과거의 경험과는 다른 현재 삶에서의 변화를 만들어 낼 수 있다."라고 말했다. 케이트의 사례가 그 예다. 케이트는 십대에 언니가 살해되는 일을 겪었다. 치료 초기에 치료자의 주된 목표는 케이트가 이 사건에 대해 이야기할 때마다 일어나는 케이트의 각성을 조절하는 것이었다. 각성이 인내의 창 안에 유지되자 기억이 효과적으로 다루어졌고 유쾌한 순간이 나타났다. 케이트가 치료자와 마주 앉았을 때, 두 사람 모두 그녀가 다리를 움직이고 있다는 것을 알아차렸다. 치료자는 장난삼아 그 움직임을 따라했다. 케이트는 웃으면서 장난스러운 목소리로 "기분이 좋아요. 춤추고 싶어요!"라고 큰 소리로 말했다. 치료자는 케이트의 기분 좋은 말투를 따라 말하고 손과 팔, 다리로 그녀의 움직임을 따라했다. 그리고 나서 치료자는 케이트의 움직임을 더 크게 과장해서 따라하면서 그녀에게 다른 '좋은 느낌'의 움직임과 말을, 찾아 시도해보도록 했다. 그녀는 자신이 겪은 비극적인 경험이 '몸 밖으로 나가는' 경험을 했다고 표현했고, 언니의 죽음으로 잃어버렸던 즐겁고 유쾌한, 생생한 감정을 느낀다고 말했다.

정향 경향성의 변화

감각운동적 심리치료에서 트라우마를 입은 내담자들은 트라우마와 연관된 정향 경향성을 알아차리고 주의를 과거에서 현재 순간으로 돌리도록 안내 받는다. "내담자의 주의를 대화의 흐름 밖에서 일어나는 다양한 것에 돌리게 함으로써 많은 정보를 얻을 수 있으며 감정적으로 의미 있는 경험을 불러낼 수 있다"(Kurtz, 2004, p. 40). 대화에서 내담자의 정향과 주의를 현재 순간으로 재조정—외부 탐색에서 내부 탐색으로, 과거 경험에서 현재 경험으로 전환—하려면 탐색과 호기심이 필요하다. 내담자는 자기 자신에 대해서 예전에는 몰랐던 것을 발견할 수도 있다(Kurtz, 2004).

내담자가 과각성되어 있거나 감정적으로 압도되었을 때에는 의도적으로 의식의 장을 좁혀서 유입되는 정보의 양을 제한함으로써 정보의 통합을 용이하게 한다. 예를 들면, 내담자가 자신의 트라우마 경험을 이야기할 때 각성은 계속 올라간다. 심장이 뛰기 시작하고 두려워하고 불안해지며 사고에 어려움을 겪는다. 그러면 내담자가 이야기와 트라우마에 대한 생각을 멈추게 해서 올라오는 이미지, 사고, 감정을 제한하고 신체 감각에 정향함으로써 각성이 인내의 창 안에 머물도록 한다. 치료자의 도움으로 내담자는 몸에 집중해서 다리의 느낌이 어떤지, 가슴에서 불안이 어떤 감각으로 느껴지는지, 맥박은 어떤지 느껴 보도록 한다. 이러한 신체 경험이 점차 가라앉으면 다시 이야기로 돌아가게 한다. 내담자가 통제되지 않는 자극에 압도되어 과거 트라우마 반응을 처리하는 데 어려움을 겪을 때마다 의식의 장을 좁혀서 감당할 수 있는 양만큼의 정보에 정향하게 하는 개입이 이루어질 수 있다.

이와 반대로, 때로는 내면에서 일어나는 많은 인식에 압도될 때 의식의 장을 넓혀서 내담자의 의식 밖에서 일어나는 현상에 주의를 기울이도록 함으로써 내담자를 안정화시킬 수 있다. 예를 들어, 만성적인 불안, 불안정한 맥박, 혼란스러운 생각에 시달리는 내담자에게 다리의 움직임에 주의를 기울이게 함으로써 의식의 장을 넓히도록 할 수도 있다. 이 남자는 아이였을 때 아버지에게 맞았는데 도망가면 아버지가 더 화를 냈다. 그래서 그는 도망가는 방어 방식을 버릴 수밖에 없었다. 도망가고자 하는 충동에 주의를 기울이자 그는 심장 박동이 더 고요해지고 규칙적으로 뛰는 것을 알아차렸다. 그리고 이것은 그를 지금 여기에 더 머물 수 있도록 도왔다. 도망가고자 하는 충동은 불안감과 움직일 수 없음 안에서 '길을 잃고' 있었다. 그리고 이런 느낌 때문에 그의 심장은 빠르게 뛰고 있었다.

신체적 고통이나 심장 박동이 빨라지는 것에서 주의를 옮겨 몸에서 '좋은' 느낌이나 '안전한' 느낌을 찾아보도록 하는 것도 단순한 정향의 '재조정'이 될 수 있다. 또는 치료자가 내담자에게 몸 안에서 일어나는 트라우마적 활성화로부터 주의를 돌려서 일에서의 성공과 같은 긍정적인 경험이나 능력과 관련된 사고나 이미지에 집중하도록 안내할 수도 있다. 트라우마 경험을 떠올리게 하는 부정적인 신체 감각에 주의가 끌리는 것이 습관화되어 있는 내담자에게는 이러한 주의의 전환이 어려울 수 있다. 그러나 치료자가 긍정적인 소매틱 경험(즉, 자세의 변화, 호흡, 유능함을 기억할 때 나타나는 근육의 느낌) 안에 머물러 깊이 느껴 보도록 안내할 때 내담자들은 자신의 유능함에 재정향할 수 있게 된다. 이들은 스스로가 주의를 기울이는 것을 선택하는 능력이 있음을 경험하고, 과거 트라우마로부터 생긴 소매틱 경험에 저항하는 것이 가능하다는 것을 깨닫게 된다. 예를 들면, 내담자가 가슴이 들어 올려지고 척추가 쭉 펴지는 느낌으로 자신감을 경험한다면 이러한 신체 감각적 경험에 정향함으로써 내담자는 몸이 갖고 있는 부정적인 감각의 영향력을 해체하고, 자신감의 감각을 좀 더 확실하게 가질 수 있다.

이러한 재정향은 내담자의 고통을 회피하거나 별 것 아닌 것으로 만들려는 것이 아니다. 오히려 내담자가 과거의 경험에 만성적으로 정향하는 것이 어떻게 위험이나 무기력과 같은 트라우마 연관 경험을 재창조하는지를 관찰할 수 있도록 돕는다. 또한 좋은 느낌에 정향하기를 선택함으로써 안전함을 느낄 수 있음을 깨닫게 해 준다. 내담자가 이것을 해 나갈 수 있게 되면 무엇에 정향할지가 점점 더 선명해지고 구체화된다(Perls, Hefferline, & Goodman, 1951). 신체적 고통이나 트라우마 활성화에 반복적으로 주의가 끌리지 않고 내담자 자신의 의식 안에 있는 좋은 느낌을 더 선명하게 만들 수 있다. 이렇게 긍정적인 것에 재정향하는 연습을 통해 내담자들은 자신이 만성적으로 트라우마를 재경험하는 내면 세상 안에 갇혀 있지 않을 수 있음을, 스스로 생각했던 것보다 더 많은 가능성과 통제권이 자신에게 있음을 깨닫게 된다. 이러한 정향 연습이 숙달되기 위해서는 반복해서 연습하는 것이 필요하다.

반면, 내담자로 하여금 자신이 고착되어 있는 특정 자극에 정향하도록 함으로써 과거 트라우마 상흔을 의식적이고 직접적으로 다룰 수 있다. 이렇게 함으로써 비자발적이고 자동적인 트라우마 관련 자극이 자기 성찰적 의식으로 통합되도록 할 수 있다. 새롭거나, 중성적이거나, 기분 좋은 자극에만 주의를 기울이는 것이 내담자의 통제감의 증가를 가져오는 것은 아니다(Ford, 개인 커뮤니케이션, 2005. 8. 12). 예를 들어, 교통사고에서 트라우마를 입은 제이슨은 두려움 때문에 운전을 피했다. 그는 차바퀴만 보면 두려움을 느꼈다. 그는 치료에서 트라우마 연관 자극(고속도로를 운전하는 것)에 직접 정향하는 것을 배웠다. 결국 제이슨은 운전하는 것을 상상하면서 신체 감각을 관찰하는 연습을 통해 두려움을 줄일 수 있었다. 그러고 나서 그는 실제 운전할 때의 신체 감각에 정향하는 연습을 했다. 그리고 마침내 차 바퀴를 보아도 자신감과 유능감을 느낄 수 있었다.

펄스Perls와 그의 동료들은 주의가 한 대상(이 경우에는 신체 감각)에 머물 때 "대상은 밝아지고 배경은 어두워진다는 것을 관찰했다. 동시에 대상은 더 통일감을 가지면서 동시에 세밀해진다. 점점 더 많은 세부사항을 알아차릴 수 있으며, 하나하나가 분석된다. 동시에 이것들은 서로의 연관성 안에서 더 조직적이 된다"(1951, p. 63). 정향 반응이 재조정할 때 자극(고속도로를 운전하는 것과 같은)은 두려움이라는 조건화된 반응을 끌어내지 않는다. 자극에 대한 다른 반응과 새로운 의미가 나타난다. 이 경우에는 이전의 트라우마 상황에 대해서 자신감을 갖게 될 수 있다.

소매틱 전이와 역전이에 대한 간략한 소개

모든 심리치료 기법과 마찬가지로 감각운동 심리치료의 작업은 치료자와 내담자 사이에 설정된 전이 관계에 영향을 받는다(Pearlman & Saakvitne, 1995). 다른 치료적 개입과 마찬가지로 소매틱 개입을 사용할 때에도 이 강력한 힘의 복잡성을 이해하는 것은 필수다. 치료자와의 연결성이 만들어지면 치료적 관계는 내담자에게 현재 관계에서 안전한 애착을 경험할 수 있는 기회를 제공한다. 그러나 이 관계는 과거 애착 관계와 연관된 전이 경향을 불러일으키기도 한다(Sable, 2000). 관계에서의 트라우마와 배신의 경험에 영향을 받는 트라우마 이후의 전이 관계는 매우 강력하고 불안정하다. 내담자들은 치료자와의 관계에서 희망, 취약함, 열망뿐만 아니라 두려움, 분노, 불신, 의심을 경험한다. 그리고 그들은 관심 없음 혹은 관심, 조건 없는 사랑 혹은 판단, 버림 받음 혹은 한결 같음의 미묘한 표시를 예리하게 감지한다(Herman, 1992; Pearlman & Saakvitne, 1995).

부부 치료에서 트라우마를 입은 내담자가 치료자를 자신의 아버지와 유사하게 경험한 경우는 어려운 전이의 예였지만 전이가 해결될 수 있었다. 그녀의 아버지는 그녀를 학대하고 방임했으며, 편애하던 그녀의 자매와 비교했다. 내담자는 두려움, 분노, 좌절 등의 복합적인 감정을 경험했으며, 치료자가 자신을 비난하고 남편 편을 든다고 주장했다. 이 시점에서 치료자는 그녀의 말을 그대로 받아들이고 내담자가 치료 동안에 느꼈던 부당하다는 느낌을 탐색했다. 충분히 탐색한 후 치료자는 내담자의 관점을 이해하고 자신의 태도가 내담자에게 그렇게 여겨질 수 있는 말을 했음에 동의했다. 내담자의 말을 인정함으로써 내담자를 공감하고 나서 치료자는 이렇게 덧붙였다. "트라우마 치료에서 감정이 올라오거나 관계에서 트라우마가 촉발될 때, 과거의 관계가 현재의 관계에 작용하고 있지 않은지를 탐색하는 것은 유용합니다. 지금 몸의 상태를 탐색해 보고 몸의 상태에 여러 층이 있지 않은지 살펴보도록 하죠. 이 방 안에서 당신과 당신의 남편, 나의 관계에서 일어나는 현재의 역동은 당신과 부모님의 관계에서 일어난 학대와 연결되어 있을 수도 있습니다." 치료자는 이와 함께 이 세 사람들 사이의 역동과 함께 있는 소매틱 경험을 살펴보도록 했다. 치료자는 아내에게 오른쪽에 있는 남편(자신을 소외시키고 위축감이 들게 한다고 생각하는)과 치료자(남편의 편을 든다고 생각하는)를 의식할 때의 몸의 느낌도 살펴보도록 했다. 아내는 몸이 긴장되고 각성이 높아지는 느낌, 두려움 및 불안과 뒤섞인 '길을 잃은' 느낌이 들었다고 말했다. 그녀는 자신의 자매를 이상화하고 편애하면서 자신을 학대하고 방임했던 아버지에게 느꼈던 좌절을 다시 느끼고 있음을 알아차렸다. 내담자가 이러한 통찰에 이르자 치료자는 베개로 아버지를 상징하도록 함으로써 내담자가 자신과 학대하던 아버지를 분리하도록 했다. 그 다음 상담에서 치료자는 내담자에게 끈을 가지고 경계를 설정하도록 했다. 그리고 나서 아버지를 향해서 종이로 하나의 표시를, 치료자를 향해서 또 하나의 표시를, 남편을 향해서도 표시를 만들도록 했다. 그녀는 종이에 "내 영역 밖에 계세요." "내 허락이 있을 때에만 내 공간에 들어오세요."라고 써서 아버지(베개)를 향해서 놓았다. 또 다른 종이에는 "내 입장도 들어주세요."라고 써서 치료자를 향해 놓았다. 그리고 또 한 장의 종이에는 "내 감정을 소중히 여겨 주세요."라고 써서 남편을 향해 놓았다. 이러한 탐색을 통해 내담자는 과거의 어떤 일에 자극을 받고 있는지, 과거와 현재 모두에 연관되어 있는 각각의 사람들에게 그녀가 바라는 것이 무엇인지에 대해 명료해졌다.

전이는 무의식적인 연상 및 예상과 관련되어 있다. 치료자나 치료적 관계의 속성은 감정적으로 의미 있는 개인사적 관계와 연관된 감정적 · 인지적(Stark, 1999) · 신체 감각적 연상 네트워크를 불러일으킨다. 치료는 자동적 고각성이나 저각성, 과도한 긴장, 반항, 의심, 분노, 두려움, 굴복, 회피로 나타나는 부정적 전이 반응에 영향을 받는다. 또한 치료는 이상화, 치료자와 가까워지고자 하는 욕구, 신뢰, 순응과 같은 긍정적인 전이에도 영향을 받는다. 다양한 발달 단계에서 생겨난 내담자의 어린 시절의 미해결 과제는 여러 방식으로 전이에 영향을 준다. 방임과 관련된 초기 쟁점은 치료자를 돌보는 사람으로 보는 것과 같은 긍정적인 전이 반응으로 연결될 수 있다. 청소년기 쟁점은 치료자에게 '이성 감정'을 갖는 것으로 나타날 수 있다(Hunter & Struve, 1998). 이러한 감정은 성 행위 체계, 즉 유혹하는 행동 방식으로 표현될 수 있다. 또한, 대인 관계에서의 트라우마는 구원에 대한 소망과 배신할 거라는 확신을 동시에 갖는 것으로 나타난다(Davies& Frawley, 1994; Herman, 1992). 내담자는 치료자를 착취자나 구원자로 경험할 수 있다. 혹은 치료자가 중립적인 입장을 취할 때 자신을 보호하지 않는 방관자로 여길 수도 있다. 이러한 반응이 나타날 때 이를 방임이나 트라우마 경험의 증상으로 세심하게 다루어야 한다(Maldonado & Spiegel, 2002; Spiegel, 2003).

내담자가 자신의 사고와 감정을 정리해서 말하기 전에 내담자의 신체 언어는 이러한 강력한 주제를 전달한다(Krueger, 2002). 움직임, 긴장, 몸짓은 전이 현상의 첫 번째 징후다. 예를 들면, 구원에 대한 바람은 아이와 같은 소매틱 움직임으로 나타날 수 있다. 고개를 갸웃거리기, 무력한 자세로 고개를 떨군 자세로 있기, 치료자를 우상화하여 '우러러' 보기와 같은 움직임이 그 예다.

치료자는 전이를 나타내는 방어 하위체계의 미묘한 징후들을 트래킹할 수 있다. 굴복(시선을 아래로 두기, 묵인과 순응, 근무기력), 얼어붙기(전반적 긴장, 움직일 수 없음), 도망하기(뒤로 물러서기), 싸우기(팔과 어깨의 긴장) 등이 이러한 징후들이다. 치료가 진전되면서 내담자가 감정을 트래킹하고 이해하고 표현하게 되면 치료자에게 두려움, 취약함, 불안함, 분노 등의 감정을 표현하는 것은 흔히 일어나는 일이다. 이는 내담자가 감정 경험을 위협적인 것으로 여기기 때문이다. 이럴 때에는 소매틱 경향성과 관계에서의 역동 모두를 탐색함으로써 내담자가 과거 경험과 현재의 치료적 관계를 구분할 수 있도록 해야 한다. 그렇게 함으로써 트라우마의 병리적 재현과 트라우마적 전이가 일어나지 않도록 할 수 있다. 예를 들어, 치료자에 대한 분노와 불신은 움직임 방어를 할 수 없는 상태가 활성화되는 것을 의미한다. 이를 치료자에 대한 전이로만 해석하기보다는 소매틱 감각을 탐색하는 방식으로 작업해야 한다. 치료자는 이러한 현상을 관찰하는 동시에 자신에 대한 내담자의 느낌을 최소화하려 하지 말아야 한다. 이러한 느낌 또한 탐색의 대상이 되어야 한다.

미해결 발달 쟁점 또한 전이의 맥락에서 자연스럽게, 무의식적으로 활성화되어야 한다. "초기의 몸 자아 전이body self transference는 어머니와의 신체 접촉에 대한, 혹은 내담자의 삶에서 결여되어 있는 감각적 접촉 욕구에 대한 소매틱적이고 감각적인 기억이다. 이러한 초기 감각적 소매틱 애착 경험은…… 내담자의 전이 경험 안에서, (그리고) 일어났던 일들과 일어나지 않았던 일들에 대한 절차적 기억 안에서 활성화된다"(Krueger, 2002, p. 181). 이러한 역동은 어린아이 같은 자세를 취하거나, 안기고 싶은 마음이나, 가까워지고 싶은 갈망을 표현하는 것으로 나타난다. "이럴 때 내담자는 (치료자의) 몸과 가까이 하고 몸을 통해 연결되고자 한다. 이것은 반드시 성적인 것은 아니다. 때때로 내담자는 (치료자가) 신체적인 반응을 해 주기를 요구하기도 한다"(Krueger, 2002, pp. 181-182).

대부분의 치료적 접근과 마찬가지로 감각운동적 심리치료자는 무의식적인 전이를 의식적으로 만들려고 시도한다. 치료의 초점은 관계의 맥락에서 전이를 다루고, 동시에 전이와 연관된 지금 여기의 인지적·감정적·소매틱 경향을 탐색하고 명료화하는 것이 되어야 한다. 치료를 통해 자동적으로 일어나는 각성을 과도하게 활성화하거나 치료 관계를 손상시키지 않고 이러한 전이 현상을 탐색할 필요가 있다. 이런 과정을 통해 내담자는 성숙, 자율성, 스스로 통제권을 갖는 능력을 키우면서 동시에 치료자에게 적절이 의존할 수 있게 된다(Steele et al., 2001).

전이라는 쟁점을 잘 다루려면, 치료자는 치료적 개입이나 치료자의 신체 행위가 있을 때 내담자가 소매틱 감정적으로 어떻게 반응하는지를 잘 관찰해야 한다. 잘 관찰함으로써 치료자는 적절하게 개입할 수 있게 된다. 예를 들어, 치료자가 몸을 앞으로 기울이자 내담자인 짐은 뒤로 물러났다. 이러한 역동은 언어를 통해 탐색되었다. 치료자가 뒤로 조금 물러났다면 어땠을까? (짐은 편안해져서 깊은 숨을 쉬었다.) 치료자가 다시 몸을 앞으로 기울인다면 어떻게 됐을까?(짐은 다시 뒤로 물러나고 긴장해서 호흡이 얕아졌다.) 치료자는 짐이 자신의 행동을 어떻게 해석하는지를 알고 싶었기 때문에 천천히 몸을 앞으로 기울이는 행동을 반복하면서 짐에게 어떤 느낌인지 알아차려 보라고 요청했다. 치료자는 "이 움직임을 말로 어떻게 표현할 수 있을까요? 내가 몸을 앞으로 기울이는 것을 어떻게 말로 표현하겠어요?"라고 물었다. 곧바로 짐은 이렇게 대답했다. "몸을 앞으로 기울인 것이 내게 뭔가를 요구한다고 말하는 것 같아요." 이 설명은 짐이 어떻게 전이를 하고 있는지를 말해 주었다. 어린 시절에 어머니로부터 성추행을 당한 경험을 가지고 있는 짐은 치료자도 어머니와 마찬가지로 자신에게 뭔가를 원할 거라고 생각했다. 짐과 치료자는 이 쟁점을 계속 탐색하면서 짐의 몸이 어떻게 반응하는지 살펴보았다. 이 과정에서 기억과 감정이 올라왔다. 짐은 현재에서 과거를 분리할 수 있게 되자 치료자가 몸을 앞으로 기울여도 편안히 있을 수 있게 되었다. 소매틱 접근에서 트래킹과 '몸 대 몸'에서 일어나는 소매틱 의사소통의 의미를 찾는 것은 전이 역동을 발견하고 다루는 데 필수적이다.

치료자에게 역전이 반응도 내담자를 이해하도록 해 주는 소중한 도구다. "내담자에 대한 개인적인 반응을 모두 없애는 것은 가능하지도, 바람직하지도 않다. 내담자에게 아무 감정도 없는 사람은 내담자 자신에게 유용하지 않으며, 이러한 감정을 억압하는 것은 맹점을 만들어 낼 뿐이다"(Kudler, Blank, & Krupnick 2001, p. 179). 내담자를 보면서 느끼는 고통, 분노, 두려움을 잘 들여다볼 때 치료자는 공감할 뿐만 아니라 치료자 자신의 미해결된 트라우마가 활성화됨을 경험한다(Figley, 1995). 이러한 반응을 제대로 살펴보지 않았을 때, 그것은 치료에 악영향을 미쳐서 치료를 왜곡하고 방해한다. 예를 들어, 내담자가 몸을 앞으로 기울이는 치료자의 자세에서 '어머니'의 무의식적 요구를 떠올렸다면 이러한 행동은 역전이를 반영할 수도 있다. 그렇다면 치료자는 이를 받아들이고 잘 살펴봐야 할 필요가 있다. 그렇게 하지 않는다면 이는 치료에 악영향을 미칠 것이다. 치료자가 역전이 경향이 드러나는 자신의 신체 반응을 관찰하는 것은 매우 중요하다. 역전이 경향은 "졸음, 각성, 불안정감, 지루함과 같은 상태나 내담자를 잡거나, 흔들고 싶은 욕구나 내담자를 향한 다양한 행동 등으로 나타날 수 있다"(Krueger, 2002, p. 186).

치료자들이 내담자의 자세나 움직임을 무의식적으로 모방하면 소매틱 역전이로 인한 움직임을 무의식적으로 모방하면 소매틱 역전이가 일어날 수 있다. 의식적인 알아차림 없이 미러링이 일어날 때 치료자는 인지하지 못하면서 내담자의 긴장, 각성, 움직임, 자세를 '흡수'한다. 그리고 이것은 인지적, 감정적인 수준에서 치료 과정에 영향을 미친다. 반면에 의도적인 미러링은 치료자에게 내담자의 신체적 경향에 대한 중요한 정보를 주어서 내담자가 치료자와 공감적 라포를 형성하도록 돕는다.

피터와 치료자 사이에 일어난 전이와 역전이는 이러한 복잡한 역동을 소매틱으로 어떻게 다루는지를 보여 준다. 스스로에 대해 '유전적으로 실패자의 경향성'을 가졌다고 말하는 젊은 남성인 피터는 깊은 애착을 느꼈던 여자 친구와 헤어진 후 상담을 받으러 왔다. 그는 이별 후에 후회와 자기 혐오를 느끼면서 여전히 여자 친구를 사랑한다고 믿었다. 그는 여자 친구가 자신을 떠나지 않기를 바라면서 그녀의 마음을 돌리려고 애썼다. 외동 아이였던 피터는 혼자일 때가 많았다. 그의 어린 시절의 기억은 우울증이었던 어머니는 여러 번 정신병원에 입원했고, 아버지는 항상 일만 하는 에너지가 많은 사람이었다는 것이다.

피터는 전통적인 심리치료를 받았지만 효과가 없었기 때문에 치료 효과에 대한 확신이 없는 채로 감각운동적 심리치료를 시작했다. 그러나 젊은 여성 치료자를 만나자 갑자기 감각운동 심리치료가 자신이 생각했던 것보다 괜찮을 거라는 생각을 갖게 되었다. 치료를 시작하자마자 중요한 전이와 역전이 문제가 나타났다.

치료자는 자신이 피터의 행동을 좋아하지 않으며, 그에 대해 호의적이지 않고, 그가 나타나면 긴장한다는 것을 알게 되었다. 그러나 피터가 상담에서 적극적으로 문제를 다루려는 태도를 보이자—그는 첫 상담에서 정말로 진지한 태도를 보였다—치료적으로 그를 돕고자 하는 마음을 갖게 되었다. 그녀는 피터에 대한 자신의 반응을 이해하기 위해 슈퍼비전을 받으면서 역전이를 일으키는 자신의 과거 문제를 탐색하였다. 그녀는 몸의 긴장과 피터를 피하고 싶어 하는 경향이 어린 시절에 딸에게서 보살핌을 얻고자했던 어머니에 대한 감정과 연관되어 있음을 발견하였다. 이러한 통찰을 통해 역전이를 이해하면서 그녀는 알아차림 없이 반응하는 것을 멈출 수 있게 되었다. 피터가 상담에 왔을 때, 그녀는 피터가 어머니와 다르다는 것을 상기했다. 그리고 의식적으로 긴장으로 인한 행동을 자제하려고 노력했다. 몸을 뒤로 젖히려는 것을 알아차릴 때, 그녀는 심호흡을 하고 앞으로 살짝 움직이면서 몸을 이완하려고 했다.

상담이 진행되면서 피터의 긍정적 전이 느낌도 발전되어 갔다. 사랑, 각성, 성적 욕망과 같은 감정이 나타났고, 팔을 소파 너머로 뻗는다든지, 머리를 한쪽으로 기울이는 것과 같은 유혹적인 행동이 늘어났다. 눈맞춤이 평소보다 길어졌고, 다른 유혹적인 행동도 나타났다. 치료자는 이것을 인지하고 내담자가 이러한 행동을 알아차릴 수 있도록 부드럽게 이야기했다. 피터는 자신이 그녀에게 매력을 느끼고 있음을 인정했다. 안전함과 명백한 경계, 지지가 있는 좋은 치료 동맹 안에서 피터의 느낌은 긍정적으로 인정되었고 수용되었다. 동시에 치료자는 명확한 전문가적 경계를 설정하고, 그의 감정이 행동화될 수 없음을 명백히 하였다(Davies & Frawley, 1994).

치료자는 피터의 전이 반응에 대해 전통적인 치료에서 해석을 하기보다는 그에게 자신의 자세를 탐색해 보도록 안내했다. 피터는 동의했고, 치료자는 개방된 자세와 한쪽으로 머리를 기울인 것을 자각하면서 내면에 어떤 느낌이 있는지 살펴보라고 요청했다. 피터는 그렇게 하면서 슬픔을 느꼈고, 아버지가 안 계실 때의 쓸쓸함, 좋아하는 어머니를 돕고 싶고 가까이하고 싶었던 마음을 떠올렸다. 그는 선물로 엄마를 기쁘게 했었던 기억도 떠올렸다. 사랑과 도움이 받아들여지지 않는 상황에서 유혹적인 행동을 하는 것은 어린 시절의 기억과 유사했다. 또한 그는 치료자에게 매력을 느끼는 것이 어린 시절의 어머니와의 관계를 연상시킨다는 것도 알게 되었다. 이러한 자각을 통해 피터는 현재에 영향을 미치면서 몸의 경향성으로 남아 있는 어린 시절의 경험과 만족스럽지 않은, 더 이상 나아갈 수 없는 관계에 대한 집착을 깊이 탐색할 수 있었다.

치료자의 역전이는 대개의 경우 내담자의 전이에 관여한다. 부정적인 전이가 있을 때, 치료자는 분노나 갈등에 대한 두려움을 느낄 수도 있다. 긍정적인 전이는 자신감, 유능감, 내담자를 구원할 수 있는 능력을 드러내고 싶은 욕구를 자극하기도 한다. 전이/역전이 역동이 생기는 것은 내담자와 치료자가 개인적인 어려움을 다룰 수 있는 진정한 관계를 맺을 수 있는 기회를 '제공'한다. 이러한 기회는 문제들이 해결되면서 내담자의 치유를 촉진한다(Stark, 1999). 그러나 전이와 역전이 반응을 알아차리지 못할 때가 있다. 치료자들이 역전이와 소매틱 경향성을 인식하지 못할 때, 이러한 경향에 따라 행동할 수 있는 위험이 있다. 자기 자각과 슈퍼비전을 통해 역전이를 다루는 것이 치료자의 책임이다. 전이 반응이 일어날 수 있으며, 이는 치료에 도움을 주기도 한다. 전이에 동반되는 특정한 신체적 행위 경향성과 정신적 행위 경향성은 이러한 전이 반응 역동에 대한 자각을 키우고, 그 결과 정서적 경험과 발달적 경험을 교정할 수 있는 기회를 제공한다.

통합 능력과 몸

재닛은 트라우마화(traumatization)는 트라우마 사건의 크기가 아니라 통합 능력의 상실 때문에 생긴다고 밝혔다(1889). 적절한 통합 능력이 없을 때 내담자는 각성의 조절을 유지하거나 기억을 해결하거나 생산적이고 만족스러운 삶을 영위할 수 없다. 따라서 첫 번째 치료 목표는 내담자의 통합 능력을 확장하는 것이다. 자세, 움직임, 몸짓은 통합 능력을 지지하거나 손상시킬 수 있다.

통합 능력을 갖기 위해서는 내면의 경험과 외부 사건들 사이의 의미 있는 연결을 만들어 내기 위하여 이들 각각의 구성 요소를 구분 짓거나 연결시키는 것이 필요하다(Van der Hart et al., 2006). 내면의 경험을 자각하고 그것을 외부의 감각적 입력과 연결할 때 우리는 환경을 이해하고 그것이 어떻게 우리와 관계 맺는지를 알게 된다. 우리의 해석과 이해가 상대적으로 정확하다면 적응적인 행위를 하게 된다. 이러한 정확성은 내부 경험을 인식하는 능력(우리의 사고, 감정, 내부 이미지, 신체 감각, 움직임)을 필요로 한다. 감각운동적 심리치료는 이러한 능력의 개발에 더 많은 관심을 갖는다.

재닛(1903)은 자신의 경험(몸 감각, 움직임, 사고, 감정)을 다른 사람의 경험과 구별하는 능력을 '개인화personification'라고 지칭했다. 이러한 능력은 몸, 감정, 사고에 대한 내부 통제권의 유지를 촉진한다.

치료에서 개인화와 분화differentiation 능력을 촉진하기 위해 몸의 조직화가 사용될 수 있다. 예를 들어, 빌은 주기적으로 우울에 빠지는 여성과 결혼했다. 아내가 우울할 때 빌의 몸은 축 처지고 호흡은 얕아져서 터덜터덜 걸었다. 그는 알아차리지 못한 채 아내의 신체적 경향을 모방하며 자신도 우울해졌다. 자신의 자세와 움직임을 아내와 구분하지 못하면서 빌의 통합 능력은 떨어졌다. 그는 이러한 경향을 알아차리자 척추를 세우고 깊은 숨을 쉬는 '자신의' 신체적 조직화로 돌아올 수 있었으며, 이와 더불어 대인관계에서 적응적으로 반응하는 능력도 향상되었다.

분화와 함께 적절한 통합 능력은 (1) 현재의 내면 경험과 외부 현실을 과거 경험으로부터 분리하는 것, (2) 내면 경험과 외부 사건이 미래에 미칠 영향을 정확히 예측하는 것을 필요로 한다(Janet, 1928; Van der Hart & Steele, 1997). 예를 들어, 남자가 엘리베이터에 탔을 때 공황 증상을 경험하는 내담자는 자신의 내부 경험(맥박이 빨라짐, 호흡이 가빠짐, 두려움을 느낌)과 현재의 외부 현실(이들은 자신의 동료이며, 그녀가 잘 아는 사람들임, 엘리베이터에는 다른 사람들도 있음. 그들이 부적절하게 다가온다면 그녀는 자신을 보호할 수 있었음)을 구별하는 것을 배워야 한다. 재닛(1928)은 이러한 능력을 '현재화presentification'라고 지칭했다. 현재화란 현재 순간을 알아차리면서 그것이 과거와 어떤 연관을 맺고 있는지, 미래에 대한 함축적 의미는 무엇인지를 인식하는 것이다.

현재화는 시간에 대한 연속성의 감각과 안정된 자기감을 갖게 한다(Van der Hart et al., 2006). 이 순간에 현존하는 능력을 갖게 될 때 어떤 자세와 움직임이 현재 맥락에서 적절한지, 그리고 어떤 자세와 움직임이 과거에 프로그램된 부적응적 소매틱 경향을 반영하는지를 알아차릴 수 있다. 예를 들어, 메건은 동료가 도우려는 의도로 부정적인 피드백하자 몸이 움츠러들었는데, 이러한 몸 반응은 어린 시절의 학대 경험에서 생긴 것임을 알아차리지 못했다. 그녀는 인지적으로는 그렇지 않다는 것을 알고 있었지만 이 일을 동료가 화가 나서 그녀를 공격한 것으로 해석했다고 말했다. 움츠린 자세에서 현재 순간을 적절하게 해석하고 반응하지 못할 때 그녀의 통합 능력은 손상되었다. 자신에게 지금은 위험한 상황이 아니라고 아무리 열심히 '이야기해도' 소용이 없었다. 이렇게 현재와 과거를 왜곡하고 부정확하게 뒤섞는 경향성을 극복하기 위해서 메건은 비난받을 때 트라우마 관련 자극(부정적 피드백을 받는 것)이 아니라 신체 감각적 경험에 정향하고, 움츠러들지 말고 '몸을 곧게 펴고 서 있는' 방법을 배워야 했다.

통합 능력은 정보처리 과정의 세 차원에 있는 구성 요소들(인지, 감정, 감각 지각, 신체 감각과 움직임, 자기감)의 통합을 요구한다(Steele et al., in press). 메건의 경우, 그녀의 몸 움직임, 감각, 인지는 일치하지 않았다. 인지적으로는 그렇지 않다는 것을 '알았지만' 그녀의 몸은 그녀가 위험에 처해 있다고 말하고 있었다. 감각운동적 습관이 견고하게 자리 잡았을 때, 정확한 인지적 해석은 몸의 조직화와 각성 반응을 변화시키는 데 큰 영향을 미치지 못한다. 대신에 트라우마를 입은 사람은 인지적인 해석이 아니라 몸의 현실을 경험한다. 그렇기 때문에 가장 효과적으로 트라우마를 다루기 위해 감각운동적 심리치료자는 인지적 수준과 감각운동 수준 모두를 다룬다. 인지적인 접근만을 적용했다면 메건의 통합 능력에 어느 정도의 변화를 일으킬 수 있었겠지만, 그녀가 직장에서 부정적인 피드백을 받을 때마다 움츠러드는 반응이 활성화된다면 그 변화는 일시적일 뿐이었을 것이다. 움츠리는 자세는 그녀의 자아상과 상황을 정확히 지각하는 능력에 부정적인 영향을 미쳤다. 그녀는 이전의 트라우마적 관계에 작용했던 힘의 차이가 현재 관계에는 존재하지 않는다는 것을 제대로 지각하고 있지 않았다. 그러나 비난을 받을 때 '큰 키로 서 있기'를 기억한다면 그녀의 몸과 사고는 일치할 것이고 현재 상황에도 부합될 것이다.

치료의 최종 결과는 더 높은 수준의 통합 능력, 즉 '깨우침realization'이다(Janet,

1935b; Van der Hart, Steele, Boon, & Brown, 1993). 현재화presentification와 개인화의 중첩은 깨달음과 연관되어 있다. 내담자가 깨우침을 갖게 될 때, 과거 트라우마는 과거에 그들에게 일어났던 일로 받아들여진다. 이러한 관점을 갖게 될 때, 내담자들은 현재 삶의 도전에 적응적으로 반응할 수 있게 된다(Van der Hart et al., 2006). 대개의 경우, 깨우침이 일어나기 위해서는 트라우마 경험을 말로 옮기는 것이 필요하다(Van der Hart et al., 1993). 그러나 무슨 일이 일어났는지 기억할 수 없을 때 깨우침은 몸 차원에 반영되며, 이렇게 되었을 때 몸은 싸우거나 도망가거나 얼어붙거나 항복하는 방어 하위 체계를 더 이상 가동하지 않게 된다. 그 결과, 몸은 현재 상황에 적절한 새로운 신체 경향성을 형성하게 된다. 깨우침은 오래된 경향성의 재조직화 및 모든 행위 체계의 각성에 좀 더 적응적인 반응을 할 수 있도록 해 주는 새로운 인지, 감정, 신체적 행위가 가능하도록 해 준다(Janet, 1898).

단계 중심 치료

단계 중심적 치료 접근은 1898년에 처음 재닛에 의해 개념화되었으며, 트라우마 치료에 대한 다양한 가이드라인에서 체계적으로 적용되고 있다(Brown & Fromm, 1986; Brown, Schefflin, & Hammond, 1998; Cardeña, Van der Hart, & Spiegel, 2000; Chu, 2005; Cloitre et al., 2002; Courtois, 1988, 1991, 1999; Herman, 1992; National Collaborating Center for mental Health, 2005; Steele et al., 2005; van der Kolk, McFarlane, et al., 1996). 감각운동적 심리치료는 단계 중심 치료의 가이드라인을 따르며, 치료적 개입은 각 단계의 치료 목표에 따라 평가된다. 이 치료 모델은 세 단계로 구성되어 있으며, 단계별 목표, 치료 개입, 기법이 있다. 재닛(1898)의 초기 이론에 의하면 첫 번째 단계는 증상 감소와 안정화, 두 번째 단계는 트라우마 기억의 치료, 세 번째 단계는 개인의 통합과 재활이다. 이 세 단계는 순차적으로 개념화되었지만 임상적으로 적용될 때에는 나선형 방식으로 진행되는 경향이 있다(Brown et al., 1998; Courtois, 1999; Herman, 1992; Janet, 1898, Van der Kolk & Van der Hart, 1989에서 인용; Steele & Van der Hart, 2001; Steele et al., 2005; Van der Kolk & Van der Hart, 1989). 예를 들어, 1단계에서 안정화된 내담자들도 2단계에서의 트라우마 기억 다루기 작업

에서 불안정해질 수 있는데 이럴 때에는 1단계 개입으로 다시 돌아와야 한다.

이전 장에서 다루었듯이 트라우마로 인한 행위 경향성은 원래의 맥락에서는 적응적이었다. 조절되지 않은 자율신경계의 각성, 긴장과 무너짐의 소매틱 패턴, 정서를 건디는 힘의 제한, 그것을 일으켰던 사건들로부터 단절되어 있기도 한 많은 비언어적 기억 등이다. 치료의 초기 단계에서는 증상 감소와 안정화에 초점을 맞추어 조절되지 않은 운동 감각, 트라우마로부터의 정서적 · 인지적 영향을 다룬다. 이 단계의 목표는 내담자의 안정화다. 내담자와 치료자 모두가, 혹은 내담자나 치료자가 사건 기억이나 이야기에 초점을 맞추기를 원할 수도 있지만 내담자의 인내의 창이 충분히 확장되어 조절 이상이나, 대상 부전decompensation(역주: 심장의 대상 기능이 상실되는 질환), 해리 등을 일으키지 않고 이러한 기억에 접촉할 수 있을 때까지 트라우마 기억 작업을 미룬다.

2단계의 작업에서는 트라우마 기억뿐만 아니라 트라우마에 대한 회피를 다루는 것에 초점을 맞춘다(Van der Kolk & Van der Hart, 1989). 또한 트라우마 경험 안에서 좌절되고 완결되지 못한 방어행동을 다룬다. 이 단계의 목표는 트라우마 경험의 자각과 통합을 획득하는 것이다(Van der Hart et al., 2006; Van der Hart et al., 1993). 치료자와 내담자는 각성의 조절 이상을 다루기 위해 익혔던 1단계의 기법을 사용하여 마음챙김을 바탕으로 트라우마의 활성화, 움직임 충동, 움직임, 떨기, 멍해지기 등을 마음챙김 모드 안에서 재경험함으로써 인내의 창 안에서 트라우마 기억을 다루게 된다. 또한 새로운 적응 행위를 찾아 시도한다. 사회적 연결을 유지하면서 부적응적 방어 행위 경향을 변화시킴으로써 내담자는 일상생활에서 현재 상황에 맞는 적절한 행동을 할 수 있는 힘을 키운다. 이것은 3단계, 일상생활에서의 통합과 성공으로 나아갈 수 있는 길을 열어 준다.

마지막 단계에서의 작업은 트라우마 관련 장애의 극복에서 적극적으로 자신의 삶을 만들어 가는 것으로 그 초점이 옮겨진다. 치료 목표에는 (1) 성인 발달의 과업을 수행하고, (2) 도전과 변화에 대한 두려움을 극복하고, (3) 일과 관계에 온전히 참여하고(특히 친밀한 관계), (4) 정서에 대한 인내를 증진하는 것이 포함되어 있다. 일상에서 각성이 높아질 때 그것에 대처하는 내담자의 능력이 커짐에 따라 방어 반응이 줄어들게 된다. 그리고 예전에는 방치했던 삶의 영역을 관리하는 것을 배운다. 이들은 관계를 맺기 위해 타인에게 다가가는 것과 같은 새로운 행위에 도전하는 것처럼 몸을 사용하는 새로운 방식을 배운다.

상담 기간은 사례에 따라 다르다. 통합 능력이 큰 내담자들은 그렇지 않은 내담자들(예: 어린 시절의 복합 트라우마를 가진 내담자들)보다 빨리 상담을 종료할 수 있을 것이다. 불안정감이 큰 내담자들은 2단계와 3단계의 도전에 필요한 통합 능력을 갖지 못할 수도 있다. 이러한 내담자들은 1단계의 안정화 작업을 계속하는 것이 더 도움이 된다.

치료의 세 단계에서 몸을 사용하는 방식

치료의 세 단계에서 몸은 각각 다른 방식으로 치료에 관여된다. 1단계에서 내담자들은 촉발요인을 알아차리고 정향 경향을 변화시키고 과도하게 자극을 하는 상황에 노출되는 것을 제한함으로써 각성 수준을 인내의 창 안에 유지시킨다. 몸이 갖고 있는 자원을 활용함으로써 다른 행위 체계 기능을 방해하는 방어 반응이 불필요하게 자극되는 것을 경감시킬 수 있다. 몸에 대한 자각을 키움으로써 내담자는 과각성과 저각성에서 나타나는 소매틱 신호를 인식하고 소매틱 자원을 활용하여 각성을 인내의 창 안으로 데리고 가는 것을 배운다. 내담자들은 몸의 중심부$_{core}$와 주변부$_{periphery}$에 대해 배우고 주로 몸 중심부에서 일어나면서 자동으로 조절되는 자원과, 몸의 주변부와 연관된 상호 조절 자원을 활용하게 된다. 그렇게 함으로써 몸의 움직임과 감각을 변화시키고 각성을 최적의 수준으로 조절한다. 수면 및 섭식 습관과 같은 에너지 조절 체계를 안정화시키는 자기 보살핌 기술을 익히는 것도 1단계 과제다.

2단계에서는 신체 감각, 감각적 침습, 감정, 행동과 같은 통합되지 않은 기억의 조각을 다룬다. 내담자들은 트라우마 사건에 대처하도록 돕는 자원을 찾아 활용한다. 또한 몸을 사용하여 과거의 트라우마 사건을 떠올릴 때에도 스스로를 조절할 수 있도록 해 주는 행위들을 발견하기를 배운다. 내담자들은 기억이 떠오를 때 일어나는 신체적 충동을 자각함으로써 본래의 '승리의 행동', 즉 트라우마가 일어난 시점에서는 적절하지 않았던 동적 방어를 찾아 완결한다. 자신에게 힘을 주는 방어 행위를 실제로 해 봄으로써 무력감과 수치심을 감소시킨다. 정적 방어를 동적 방어로 대체할 때 트라우마 기억과의 새로운 연합, 즉 트라우마적인 과거에 대한 통제감이 생겨난다.

3단계에서는 각성을 인내할 수 있는 수준으로 유지하는 소매틱 기술을 통해 트라우마적인 기억과 연관해서 역량을 강화하는 행동을 경험하며, 적이 아니라 협력자로서의 몸에 대한 자각과 자신감을 키운다. 이렇게 함으로써 내담자는 심리적인 이해와 소매틱적인 경험을 통해 일상을 풍요롭게 하는 것에 주의를 돌리게 된다. 이전 단계에서 배운 자원은 3단계에서 반복적으로 사용되어 건강한 도전 및 세상과의 적극적인 관계 맺기를 지원한다. 내담자들은 몸의 중심부와 주변부 사이의 역동적 관계에 대해 배우고 중심부 및 주변부의 통합이 어떻게 적응적 행위와 새로운 의미를 지지하는지를 발견한다. 인지적 왜곡—그리고 몸이 그것을 지탱하는 방식—을 탐색함으로써 내담자는 부정적인 신념을 바꾸고 일상생활에서 좀 더 적응적인 행위 체계를 가동할 수 있게 된다.

결론

앞으로 이어지는 장들에서 각 치료 단계에 적용되는 심리치료의 기법 작업을 설명하게 될 것이다. 치료의 원칙은 다음과 같다.

- 현재 순간의 경험의 조직화에 주의를 기울이기
- 하향식 개입과 상향식 개입을 통합하기
- 사회적 연결, 탐색, 놀이와 같은 행위 체계가 가동되도록 하기
- 인내의 창과 전반적 통합 능력을 확장하기
- 과거 트라우마에서 현재 경험으로 정향을 변화시키기
- 신체 경험을 통해 얻어지는 의미의 발견을 허용하기
- 소매틱 전이와 역전이에 주의를 기울이기
- 통합 능력을 증진하기

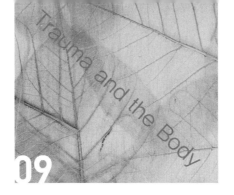

경험의 조직화:
현재 순간에 몸과 작업하는 기술[1]

감각운동적 심리치료의 임상적 적용은 인지 및 심리역동에 소매틱 기반(신체 감각 트래킹, 움직임 다루기와 같은)의 접근을 결합하는 것이다. 이러한 결합은 내담자가 마음챙김적인 자기 관찰을 하도록 함으로써 적응과 성공에 유용한 새로운 행위를 수행하면서 전두엽과 연결하도록 해준다. 이는 인지적·감정적·감각운동적 차원의 정보처리 과정이 어떻게 연관되어 있는지를 배우고 알아차릴 수 있도록 돕는 개입이다. 이러한 개입을 통해 내담자는 자기 개념화(예: "나는 나쁜 사람이다.")나 트라우마 연관 감정(예: 공포)이 신체 조직화에 어떻게 영향을 미치는지 알아차릴 수 있게 된다. 이러한 개입은 경험의 한 층(인지적, 감정적, 감각운동적)에서 다른 층으로 움직이는 것이 가능하도록 내담자를 도움으로써 점차적으로 통합 능력을 증가시킨다. 그렇게 함으로써 트라우마 사건의 신체적 구성 요소와 정신적 구성 요소를 결합하는 기초를 마련한다. 몸

---

1) 경험의 조직화와 트래킹, 접촉, 마음챙김 질문, 실험은 몸 중심 심리치료인 론 커츠(Ron Kurtz)의 하코미 치료에서 차용했다(1990).

은 트라우마 후 패배의 극복이라는 과제 수행에 있어 협력자가 된다. 이러한 접근의 치료에서는 몸이 더 이상 취약함과 굴욕의 원천으로 경험되지도, 치료적 관심에서 배제되지 않는다(Levine, 1997; Ogden & Minton, 2000; Rothschild, 2000; Van der Kolk, 2002).

트래킹과 신체를 읽는 것

감각운동 심리치료의 기본 기술은 현재의 경험, 특히 몸이 말하는 경험을 트래킹하는 것이다(Kurtz 1990). 트래킹은 내담자의 현재 경험(움직임이나 자동적 각성의 소매틱 신호, 혹은 신체 감각의 변화)의 비언어적 요소들이 어떻게 펼쳐지고 있는지를 면밀하게, 있는 그대로 관찰하는 상담자의 능력을 필요로 한다. 감정의 소매틱 신호(예를 들면, 눈이 촉촉해짐, 얼굴 표정이나 목소리 톤의 변화)와 내담자의 이야기와 역사로부터 생겨난 신념 및 인지 왜곡이 몸에 영향을 미치는 방식도 트래킹의 대상이다.

대부분의 치료자는 내담자의 정동, 사고, 이야기를 트래킹하는 것에 익숙하다. 감각운동적 심리치료도 면밀한 트래킹을 요구한다. 치료자는 미묘한 변화(예를 들면, 얼굴의 홍조나 창백해짐, 콧구멍이나 동공의 팽창, 미세한 긴장이나 떨림)와 좀 더 명백한 변화(예: 척추의 구부러짐이나 '무너짐', 목을 돌림, 손을 들거나 팔로 밀기, 그 밖의 근육 운동)와 같이, 순간순간 내담자가 신체를 조직화하는 모든 방식을 트래킹하게 된다. 이러한 변화는 순간적으로 눈이 작아진다든지, 한숨을 쉬는 것과 같이 순식간에 일어날 수도 있다. 또한 주먹을 꽉 쥐고 팔에 힘을 쥐면서 동적 방어인 '싸우기' 반응을 보이거나 트라우마 경험을 이야기하면서 어깨를 계속 긴장하고 있을 때처럼 지속적인 반응으로 나타날 수 있다. 치료자는 특히 감정, 사고, 이야기와 연관된 신체적 변화를 트래킹한다. 예를 들어, 제니퍼는 애착 관계에 대해 이야기할 때에는 몸이 굳었지만 일에 대해 이야기할 때에는 이완되었다.

트래킹은 신체 변화를 매순간 관찰하는 것이며, 신체를 읽는 것은 지속적인 행위 경향성을 관찰하는 것을 의미한다. 즉, 습관적으로 어깨가 긴장되어 있고 위로 올라가 있는 자세를 관찰하는 것이 신체를 읽는 것의 예다. 신체를 읽는 것을 통해 치료자는 내담자의 오랜 신념 및 감정 경향성과 연결되어 있으며, 오랜 시간 지속된 신체 구조의 만성적인 패턴, 움직임, 자세를 알아차릴 수 있다. 예를 들어, 만성적으로 어깨가 올라가 있는 상태는 '나는 항상 위험에 처해 있다.'라는 신념 및 지속적인 두려움과 연관되어 있다.

치료자가 만성적인 신념 및 조절 능력을 나타내는 지속적인 신체 경향성을 읽는 것을 배운다면 내담자에게 적절한 움직임을 하도록 해서 몸뿐만 아니라 인지적 처리 과정과 감정적 처리 과정에도 영향을 미칠 수 있다. 재닛은 "[소매틱] 교육을 통한 움직임의 변화가 [내담자의] 전체 행동에 충분히 영향을 미치지 않는가? 그리고 정신적 어려움을 예방하고 치유하는 데 유용하지 않은가?"라고 말했다(1925, p. 725). 치료자들은 치료 단계에 따라 다양한 움직임과 자세를 다루며, 신체를 읽는 것을 통해 내담자가 치료 단계에서 다루는 내용을 받아들일 수 있는 신체 능력을 가지고 있는지를 살펴본다. 1단계에서는 신체를 읽는 것을 통해 안정화(척추의 정렬, 다리의 그라운딩, 깊은 호흡 등)를 촉진하는 몸의 능력을 평가한다. 치료자는 내담자에게 어떤 능력이 결핍되어 있으며 무엇을 가르쳐야할지를 확인한다. 2단계에서 신체를 읽는 것은 트라우마 상황에서 수행되지 못했던 잠재적인 동적 방어 반응을 평가하기 위해 사용된다. 어깨, 팔, 다리의 긴장(끝마치지 못한 '싸우기' 반응)이나 다리의 긴장(끝마치지 못한 '도망가기' 반응)이 그것이며, 이는 2단계의 목표를 이루기 위해 수행되어야 할 행동이 무엇인지에 대한 정보를 제공한다. 3단계에서 내담자가 일상의 삶을 온전히 살아가려는 목표를 방해하는 내담자의 신념이 여전히 몸을 통해 드러나는지를 평가하기 위해 신체를 읽는 것이 이용된다. 예를 들어, '나는 사랑 받기 위해 많은 것을 성취를 하는 사람이어야 한다.'라는 신념은 전반적인 몸의 긴장, 빠르고 집중된 움직임, 경직된 자세 등으로 드러나며, 이러한 신체 경향은 일중독과 연관되어 있다.

감각운동적 관점에서 훈련을 받은 치료자는 드러나지 않게 지속적으로 몸을 통해 상호 작용하고 소통하며, 상담 중에 계속 트래킹과 신체 읽기를 한다. 내담자가 서거나, 걷거나, 앉거나, 이야기하거나, 어떤 행동을 하거나, 움직임을 보일 때 치료자는 어떤 움직임이 습관적이고 익숙한지, 어떤 움직임이 하기 어렵고 익숙하지 않은지를 알아차리고, 이러한 경향이 어떤 의미가 있는지에 대한 가설을 세운다.

치료자가 트라우마 반응(예: 과각성, 숨 멈추기, 긴장, 가슴과 어깨가 무거워진 상태, 떨기)을 반영하는 몸의 조직화뿐만 아니라 자신감과 행복감의 몸 반응(예: 깊고 편안한 호흡, 신체적 정렬이나 척추가 펴진 상태, 유연성과 이완)을 알아차리는 것이 중요하다 (Eckberg, 2000; Levine, 1997; Ogden & Minton, 2000). 예를 들면, 제니퍼는 상사가 칭찬을 한 이야기를 할 때 척추가 펴지고 턱이 들어올려졌다. 그러나 어린 시절의 이야기를 할 때에는 어깨가 축 처지고 고개를 아래로 떨구었다. 치료자는 칭찬 받은 기억에 대한 작업을 함으로써 제니퍼가 반듯한 척추의 상태를 알아차리도록 할 수 있다. 그렇게 함으로써 어려운 순간에 이러한 상태를 유지하도록 할 수 있다.

접촉 진술

트래킹과 신체 읽기를 통해 치료자는 정보를 모으고 '접촉 진술'(Kurtz, 1990)의 형태로 내담자에게 관련된 정보를 전달한다. 대개의 경우, 내담자들은 치료자가 알아차려서 단순한 말로 전달하기 전에는 자신의 신체적 경험을 알아차리지 못한다. 예를 들어, "몸이 긴장된 것 같아요." 혹은 "그 말을 하면서 주먹을 쥐기 시작했어요." 혹은 "다리가 떨리기 시작했어요."와 같은 말들이 접촉 진술contact statement이다. 대부분의 치료자는 내담자의 인지와 감정 상태를 반영해 주는 것에 익숙하다. 치료자들은 "네, 두렵군요. 그렇죠?" 혹은 "사람들이 당신을 그렇게 대할 때 스스로가 가치 없는 사람이라는 느낌이 들겠어요."라고 말할 것이다. 감각운동 심리치료에서 치료자는 내담자의 감각운동적 반응에 특히 관심을 기울이고 그것을 언어로 반영해 준다.

모든 정보처리 수준에 주의를 기울이기 위하여 치료자는 내담자가 하는 이야기의 감정적이고 인지적인 측면을 따라가고 반영한다. 그렇게 하면서 동시에 이야기가 현재 몸 경험에 어떻게 영향을 미치는지 알아차린다. 즉, 치료자는 내용에 따른 의미와 감정뿐만 아니라 몸에 의한 신체적 소통 과정을 트래킹하고 접촉해야 한다 (Kurtz, 1990). 예를 들면, 제니퍼는 상사가 자신이 한 일에 대해 칭찬한 것에 대해 이야기할 때 그가 자신을 존중하지 않는다는 제니퍼의 신념은 도전을 받았으며, 척추가 반듯하게 펴지는 것을 경험했다. 치료자는 "앉은 키가 더 커진 것 같아요."라고 말함으로써 제니퍼의 몸 상태에 대해 접촉 진술을 했다. 그녀의 감정에 대해 접촉 진술을 한다면 "그 일을 떠올리니 기분이 좋군요.", 인지에 대해 접촉 진술을 한다면

"당신이 좋은 자질을 가졌다는 것을 깨닫게 된 것 같군요." 등으로 말할 수 있다.

지금 이 순간에 일어나는 것을 트래킹을 하고 몸에 일어난 변화를 묘사함으로써 치료자는 내담자의 정향과 주의를 현재 몸의 경험에 돌리도록 하고, 경험이 몸과 마음에서 어떻게 조직되는지에 대해 호기심을 키우도록 한다(Kurtz, 1990). 치료자가 내담자의 이야기의 내용이나 그것에 수반되는 감정만을 따라간다면 내담자도 내용과 감정이 치료자에게 가장 중요하다고 여기고 그것에만 주의를 기울일 것이다. 치료자가 내담자의 감정이나 이야기뿐만 아니라 신체 경험을 트래킹하고 접촉한다면 내담자도 그것에 주의를 기울이고 자신의 신체 경험에 관심을 갖게 될 것이다.

치료자가 트라우마적인 반응과 숙달과 행복감의 신체 신호에 관심을 가질 때 내담자가 자신의 내면 경험에 대해 갖는 '공포'(Steele et al., 2005)는 줄어들고, 자신의 내면 상태에 대해 '친숙하게' 느끼게 된다. 치료자의 접촉 진술은 "[내담자의] 내면 상태의 조절을 도우며, 이 경험을 통해 내담자는 자신의 정서적 경험과 [감각운동적] 경험에 대해 언어로 명료화하기 시작한다."(Schore, 2001b, p. 76). 내담자가 트래킹에 필요한 기술을 습득하고 신체 감각과 감정 경험, 인지 경험에 이름을 붙이게 됨에 따라 내적 통제력은 커진다.

접촉 진술은 단순하고 짧으며 분석보다는 자기 관찰을 촉진하고자 하는 것이다(Kurtz, 1990; Naranjo, 193). 내담자들은 "손에 힘을 주고 있는 것 같아요."와 같은 짧고 단순한 문장에 대해 깊이 생각하거나 해석할 필요가 없다. 이렇게 분명한 변화를 표현하는 간결하고 명확한 문장으로 말할 때 내담자는 현재 경험에 깨어 있음을 유지하고 치료자의 말에 대해 생각하기 위한 노력을 최소화한다. 초점은 현재 경험의 조직화에 있기 때문에 치료자는 해석하거나 내담자의 신체 현상에 의미를 부여하지 않고(Gendlin, 1981), 가능한 한 가장 단순하고 명료한 말로 감각운동 요소를 관찰하고 묘사한다.

접촉 진술은 사회적 연결을 불러내고 유지한다. 커츠는 이렇게 말했다. "접촉 진술을 반드시 해야 하는 것은 아니다. 그것은 선택이다. 그러나 연결을 만들어 내는 것은 반드시 해야 한다"(1990, p. 77). 좋은 접촉 진술을 하는 것이 쉽지 않을 수도 있다. 그러나 그것이 정확하고 내담자에게 공명을 일으킬 수 있다면 사회적 연결과 조율이 일어나고 유지되고 증가된다. 이러한 이유로 치료자가 내담자의 현재 경험에 관심을 갖고 몸뿐만 아니라 감정과 인지에도 함께하고 있음을 보여 주는 접촉 진술은 매우 중요하다. "감정이 많이 올라오는 것 같아요." 혹은 "그런 생각이 혼란스럽게 하는 것 같아요."와 같은 진술은 행위에 대해 생각을 일으키게 하지 않고 정신적·감정적 경험에 있는 그대로 접촉할 수 있도록 해 주는 방법이다.

사회적 연결, 조율, 협력을 유지하기 위해서는 내담자에게 치료자의 접촉 진술을 부인하고 더 정교하게 만들 기회를 주어야 한다. 그래서 접촉 진술은 내담자가 수정할 수 있는 여지를 열어 두는 단정적이지 않은 어투와 분위기로 하는 것이 좋다. "~처럼 들리네요." "~인 것 같아요" "~처럼 보여." 혹은 말 끝에 "그런가요?"라는 말 등을 붙임으로써 내담자가 수정할 수 있는 여지를 열어 둔다. 예를 들면, "편안해지기 시작했군요. 그런가요?"라고 말했을 때 "그런가요?"와 같은 말들이 그것이다. 치료자가 "멈칫하는 것 같아요."라고 말했을 때 내담자가 얼굴을 찡그리거나 "아니에요."라는 말로 반응한다면 치료자는 내담자의 경험에 반박하지 않는다. 누가 '옳은지'를 놓고 논쟁을 벌인다면 신뢰 관계 및 사회적 연결은 손상될 것이다. 치료자의 말이 맞을 수도 있다. 그러나 내담자가 동의하지 않음을 받아들이고 그렇게 할 수 있도록 허용함으로써 치료자는 존중과 인내심, 협력하고자 하는 태도, 그리고 내담자 본인만이 자신의 내면 경험을 알 수 있음을 인정하는 태도를 통해 사회적 연결을 유지할 수 있다.

내담자는 치료자의 말을 수정할 기회를 가짐으로써 실제로 자신의 몸에서 일어나는 일을 좀 더 깊이 만나며 감각을 좀 더 정확하게 말로 표현할 수 있다. 예를 들어, 치료자가 "어깨가 긴장되어 있네요. 그런가요?"라고 말한다면 내담자는 "아니요. 긴장되었다기보다는 맥이 빠지는 것 같아요. 위축감을 느껴요." 이러한 상호작용 속에서 치료자는 거부당하는 것이 아니라 오히려 내담자의 '수정' 후에 내담자와 더 강한 신뢰관계를 맺을 수 있다.

내담자가 접촉 진술을 받아들이고 거절하고 반박하고 수정하고 정교하게 만들 수 있도록 초대함으로써 치료자가 아니라 내담자에게 권위와 내적 통제권을 부여할 수 있다. 그렇게 할 때 감각운동적 심리치료에서 매우 중요한 협력이 강화된다. 또한 내담자가 치료자의 진술을 재조정할 때 대개는 감정적인 부담을 갖는데, 이러한 위험 부담을 떠맡을 때 치료자로부터 자신을 분리할 수 있는 기회를 갖게 된다.

마음챙김

트래킹과 접촉 진술은 내담자가 마음챙김을 할 수 있도록 촉진함으로써 현재 순간의 경험을 탐색하기 위한 장을 마련한다. 카밧진Kabat-Zinn은 마음챙김을 "현재 순간에 의도적으로, 판단 없이 특정 방식으로 주의를 기울이는"것으로 정의 내렸다(1994, p. 4). 리네한(Linehan, 1993)은 마음챙김을 관찰의 '무엇' 기술, 설명, 비판단적 태도의 '어떻게' 기술의 결합으로 정의했다. 감각운동적 접근에 마음챙김은 현재 내면 경험의 변화에 주의를 기울이고 정향하는 것을 포함한다. 안내를 통해 의식과 주의를 현재 경험을 구성하는 경험의 구성 단위(사고, 느낌, 감각, 내부 신체 감각)에 보내도록 하는 것이다. 일상생활에서 우리의 행동과 지각에 영향을 미치는 신념과 습관은 의식할 수 있는 범위 밖에 놓여 있게 된다. "치료 과정의 주요한 목표 중 하나는 이러한 내용들을 의식 안으로 가지고 와서 탐색하고 이해하는 것이다. 의식의 상태로서 우리가 사용하는 도구는 마음챙김이다"(Kurtz, 1990, p. 27). 대화 중에는 내면 경험에 대해 탐색하기보다는 '이야기'한다. 평상적인 의식 상태에서 우리는 이야기를 하는 반면, 마음챙김 상태에서는 신체 감각의 변화, 움직임, 감각지각, 감정, 사고를 통해 현재 순간에서 펼쳐지는 경험을 바라본다.

트래킹과 접촉을 통해, 그리고 마음챙김을 통해 치료자는 내담자의 현재 경험에 대한 정향을 재지시한다. 마음챙김이 외부 환경에 대한 알아차림을 배제하지는 않지만 내부 자극(예: 트라우마 사건을 기억하는 것)이 감각, 지각, 움직임, 감정, 사고에 미치는 영향을 탐색하도록 안내한다.

치료자는 현재 순간의 경험을 알아차리도록 하는 질문을 함으로써 마음챙김을 가르친다. 이것은 다음과 같은 질문이 될 수 있다.

"지금 몸에서 무엇을 느끼나요?"

"그 긴장을 정확하게 어디서 경험하나요?"

"그 감각이 얼마나 큰가요, 골프 공만 한가요? 오렌지만 한가요?"

"그 학대 사건에 대해 이야기할 때 다리에서 어떤 감각이 느껴지나요?"

"분노를 느낄 때 몸에는 어떤 반응이 있나요?"

질문이 정확할수록 더 깊이 '조율'되고 내담자가 경험하는 마음챙김도 깊어진다.

마음챙김의 의도는 "어려운 사고와 느낌 (그리고 신체 감각과 움직임)을 그저 거기에 있도록 '허용'하며 친절하게 의식으로 데려오고, '해결'하려고 하지 않고 '환영'하는" 것이다(Segal, Williams, & Teasdale, 2002, p. 55). 이러한 비판단적 마음챙김적 관찰은 뇌 기능에 긍정적인 영향을 미친다(Davidson et al., 2003). 이렇게 할 때 트라우마와 관련된 기억의 작용으로 하위 뇌가 활성화되는 '하이재킹' 상태가 멈추어지고 감각적 경험을 관찰하는 전두엽의 기능이 회복될 수 있다. 사고와 감정에 대해서 마음챙김을 할 때 해석이 아니라 호기심과 자기 탐색의 과정에 들어갈 수 있다. 예를 들어, 치료자는 "그 생각이 올라올 때 어깨의 긴장이 어떻게 느껴지나요?" 혹은 "그 것을 느낄 때 몸에는 어떤 일이 일어나나요?"라고 물을 수 있다.

마음챙김 질문은 이야기나 토론, 미래나 과거에 대해 곰곰이 생각하기를 피하도록 해 준다. 우리가 '대화'를 할 때 마음챙김이 반드시 필요하지는 않다. 대화할 때 우리는 내면 경험에 대해 이야기하는 것의 영향을 관찰하지 않고 '이야기'한다. 내담자가 중요한 사건, 최근의 일, 오래된 일에 대해 이야기할 때 마음챙김을 촉진하기 위하여 치료자는 내담자의 정향을 부드럽게, 그 내용이 만들어 내는 내면 경험으로 돌린다. 즉, 내담자가 과거의 일에 대해 기억하거나 미래를 생각할 때 일어나는 느낌, 사고, 신체 감각에 초점을 맞추는 것이다. 이런 방식으로 절차적 학습을 만든 사건이 아니라 절차적 학습의 내용이 드러나는 내담자의 정신적인 행위와 신체적인 행위 경향성이 탐색의 대상이 된다(Grigsby & Stevens, 2000).

마음챙김 질문이 '관찰하는 자아'를 필요로 하기 때문에 마음챙김적인 대답을 하기 위하여 내담자들은 만성적인 트라우마의 소매틱 경험이나 감정적 경험으로부터 물러나기를 '강요'받는다. 마음챙김을 촉진하는 질문에 대답하려고 노력할 때 내담자는 더 이상 트라우마 '경험으로 있을' 수 없다. 관찰하는 자아와 함께 현재 경험을 관찰하고 대답하면서 내담자는 그것으로 '존재하지' 않고 그 경험을 '소유'한다(Ogden & Minton, 2000). 신피질이 커져서 내면의 경험을 관찰하고 '있기' 때문에 재트라우마화는 최소화되고 피질하부의 활성화가 억제된다.

지금 여기에서 내담자에게 나타나는 증상이나 행동에 대해 현재 순간에 주의를 가져다 놓는 질문을 사용함으로써 트라우마 경향과 자원 밑에 있는 경향에 접근하게 된다(Eckberg, 2000; Kurtz, 1990; Levine, 1997; Ogden & Minton, 2000; Rothschild,

2000). 예를 들면, 몸의 긴장을 느낄 때 즉각 이완하려고 애쓰지 않고 마음챙김적인 주의를 사용하여 긴장이 어떤 느낌인지, 얼마나 강한지, 긴장 상태는 어떤지, 긴장을 느낄 때 감각은 어떤지 등 긴장을 관찰함으로써 그 긴장에 대해 더 많은 것을 발견하는 것이다. 특정 행위 전에 긴장이 온다면 긴장과 함께하는 감정이나 사고가 있을 수도 있다.

실험과 탐색

마음챙김 상태에서 행위 경향성은 관찰되고 연구되며 새로운 행위의 실행으로 변용될 수 있다(Janet, 1925). 치료자의 '실험적인 태도'(열린 마음과 수용)는 노력이나 두려움이 아니라 호기심과 우스꽝스러움을 의미한다(Kurtz, 1990). 이러한 실험적 태도는 어떤 결과를 만들려고 노력하는 것이 아니라 새로운 경험으로의 탐색을 의미한다. 이는 '옳고', '그른' 대답을 떠나는 태도이며, 접촉 진술과 마음챙김 질문에 드러난다. 제니퍼의 치료자는 그녀에게 이렇게 말했다. "내가 당신에게 상처를 줄 수도 있다고 여기는 것이 흥미롭지 않아요? 그것에 대해서 함께 탐색해 봐요. 실험을 해 보죠. 내가 당신을 바라볼 때 몸에서 어떤 감각을 느껴요?"라고 말함으로써 실험적인 태도를 이끌어 냈다. 처음에 이 실험은 제니퍼에서 안전하게 느껴지지 않았다. 그녀는 두려워지고 긴장하게 된다고 말했다. 치료자는 놀랐지만 제니퍼의 반응에 대해 비판단적인 호기심의 태도를 유지했다. 그리고 나서 또 다른 실험을 제안했다. "나는 어떻게 하면 안전해질 수 있는지 알고 싶어요. 우리 사이에 '안전한' 혹은 '적절한' 거리가 어떤 건지 탐색해 보면 어떨까요? 내가 의자를 뒤로 밀면 어떤가요? 어떤지 봅시다." 자신의 전이적 방어가 이 실험으로 도전 받았을 때, 제니퍼는 마음챙김 방식을 통해 두려움을 느끼고 두려움이 줄어드는 것을 경험했다. 그러자 그녀는 자신이 얼마나 역기능적인 경험을 했는지 인식하게 되었고, 치료가 진행됨에 따라 더 적응적인 새로운 행위를 할 수 있게 되었다.

치료적 실험을 통해 경험의 조직화에 대해 이해할 수 있다(Kurtz, 1990). 즉, 내담자는 트라우마의 영향과 그것에 의한 행위 경향성을 알아차린다. 이러한 발견을 가능하게 해 주는 것이 마음챙김이다. 트라우마의 영향과 행위 경향성은 "저절로 일어나며 자동적 이어서 습관과 핵심 조직체를 반영한다"(Kurtz, 1990, p. 69). 제니퍼의 경우에서처럼 치료자와 내담자 모두 기대하지 않은 실험 결과에 놀랄 때가 많다. 그녀는 '자기 공간'을 나타내면서 자신의 주변에 원을 그리는 실험을 할 때 놀랐다 (Rosenberg et al., 1986). 그녀는 즉각 이완되는 것을 느꼈고 '나는 가치 있는 사람이다.'라는 생각을 갖게 되었다.

치료자와 내담자 모두가 호기심을 갖고 함께하는 실험을 통해 탐색 행위 체계가 활성화되며 방어 행위 체계의 활성화는 줄어들게 된다. 방어 행위 체계가 적어지면 예측 불가능함을 기꺼이 허용할 수 있게 된다. 내담자가 사건과 동일시하지 않고 사건으로부터 분리되어 내면 경험을 바라볼 수 있는 능력을 갖게 됨으로써 떨어져서 바라보는 힘이 커질 수 있다. 그럴 때 "나는 겁에 질려 있다."는 "나는 사지에서 격렬한 떨림을 경험하고 있다."가 된다. 내담자와 치료자는 경험의 요소가 어떻게 변화하는지에 관심을 가질 수 있게 된다. "당신이 나(치료자)를 방 안에서 움직이도록 했을 때 당신의 몸에 무슨 일이 일어났나요?" 어떤 생각이 일어나나요? 이 실험이 촉발한 감정이나 이미지가 있다면 무엇인가요? 실험적 태도는 치료자가 특정 사안이나 결과에 집착하지 않고 내담자의 핵심 경험 조직체에서 무엇이 올라오든 기꺼이 그것과 작업할 것을 요구한다. 또한 치료자는 내담자와의 상호작용을 통해 각성의 수준이 인내의 창 안에 유지되도록 해야 한다.

실험은 협력과 사회적 관여의 맥락 안에서 일어난다. 실험을 진행하면서 치료자는 내담자에게 '기꺼이 해 보겠는지'를 물어야 하며, 그럴 때에는 "하겠다."라는 대답뿐만 아니라 "하지 않겠다."라는 대답도 기꺼이 허용할 수 있는 태도를 유지해야 한다. 내담자가 기꺼이 해 보려는 태도와 하지 않으려는 저항 모두가 치료자에게는 똑같이 가치를 가지며 호기심과 탐구의 대상이 된다. 내담자가 부정적으로 반응한다면 다음 단계에 대해 생각해봐야 한다. 내담자가 긍정적으로 반응한다면 "~할 때 무슨 일이 일어나는지 알아차려 보세요."와 같이 마음챙김을 촉진하는 질문을 한다. 이러한 지시를 통해 내담자는 실험이 몸과 마음에 어떤 효과를 미치며, 자신이 이 실험에 대한 반응으로 경험을 어떻게 조직화하는지를 관찰할 수 있다.

실험적 태도는 부정적인 경향에 대한 대안으로서 새로운 반응을 '시도'하도록 내담자를 격려한다. 자동적인 행위 경향성에 대한 도전으로 작고 정교한 실험들을 진행함으로써 새로운 정보를 얻게 되고 호기심을 키울 수 있다. 예를 들어, 내담자는 발이 바닥에 닿아 있는 느낌을 느껴 보고, 무릎을 이완하는 그라운딩 연습을 통해 자신에게 무슨 일이 일어나는지 알아차리면서 실험을 할 수 있다. '실험'은 '변화를 시도하는 것'이다. 즉, 사용하는 언어의 변화, 태도의 변화, 움직임이나 움직임 없음의 변화, 정향변화, 감각 방식의 변화가 그것이다. 실험은 다음 설명에서처럼 신체적이거나 언어적일 수 있다(Kurtz, 1990에서 수정).

실험의 한 형태는 치료자와 내담자는 내담자가 신체적인 것을 감지하거나 수행할 때 무엇이 일어나는지를 탐색하는 것이다. 예를 들어, 내담자가 팔이 얼얼한 감각을 알아차렸을 때 치료자는 이렇게 질문함으로써 실험을 제안한다. "팔이 얼얼한 느낌에 집중할 때 무슨 일이 일어나는지 알아차리세요." 혹은 내담자가 팔을 미는 행동을 할 때 치료자는 이렇게 물을 수 있다. "팔을 미는 행동을 반복할 때 무슨 일이 일어나는지 함께 살펴봐도 괜찮겠어요? 다시 그 행동을 반복하면서 무슨 일이 일어나는지 살펴보죠." 치료자가 이렇게 말할 수도 있을 것이다. "일어서서 발을 땅에 붙이고 같은 행동을 하면 무슨 일이 일어나는지 살펴보죠."

또 다른 실험의 형태는 내담자가 하는 단어, 구, 문장을 다루는 것이다. 예를 들어, 무너지고 항복하는 태도의 경향성을 보이는 내담자가 "거절할 수 있었으면 좋겠어요."라고 말한다고 가정하자. 그럴 때 치료자는 "나는 '아니요'라고 말할 수 있다."라는 말을 반복하면서 무슨 일이 일어나는지를 함께 탐색하자고 제안할 수 있다. 혹은 내담자가 "난 그게 내 잘못이 아니었다는 걸 알아요."라고 말한다면 내담자가 이렇게 물을 수 있다. "그 문장을 반복할 때 몸과 마음에서 어떤 일이 일어나나요?"

다음은 치료자가 어떤 행동을 할 때 무슨 일이 일어나는지를 치료자와 내담자가 함께 탐색하는 것이다. 예를 들어, 내담자가 눈을 피하면서 몸을 돌리는 것을 알아차렸을 때 치료자는 내담자에게 그것을 탐색하도록 할 수 있다. 그러면 내담자는 '당신이 나를 보는 게 안전하지 않은 것 같다.'라는 생각과 심박과 호흡의 변화가 동반하는 것을 보고할 수 있다. 생각과 생각의 근원에 대해 이야기함으로써 통찰을 얻을 수 있다. 그러나 실험은 신념에 도전하는 기회를 제공한다. 치료자는 다양한 실험을 시도할 수 있다. "내가 눈을 감고 당신이 눈을 뜨고 있다면 어떨지 탐색해 볼까요? 내가 의자를 약간 뒤로 당기면 어떨까요? 어떻죠? 내가 의자를 당기면서 머리를 당신에게서 돌리면 어떨까요?" 등이 그것이다. 내담자와 치료자는 각각의 실험을 탐색하고 평가한다. 이들은 의자를 뒤로 빼고 얼굴을 돌렸을 때 내담자의 심박과 호흡이 안정되는 것을 알아차린다. 그리고 내담자는 통제력이 커졌다고 말한다. 몸 반응을 탐색함으로써 소매틱적인 통찰을 얻을 수 있다. 그리고 느껴지는 변화를 통해 몸에 대한 이해가 커질 수 있다.

마지막으로, 치료자가 특정 문장을 말하거나 구를 반복할 때 일어나는 결과를 내담자와 치료자가 관찰하는 것이다. 예를 들어, 내담자는 이렇게 말한다. "내게도 화낼 권리가 있다는 걸 알지만 화를 낼 수가 없어요."라고 말한다고 하자. 이럴 때 치료자는 내담자에게 "내가 당신이 한 말, '당신은 화낼 권리가 있어요.'를 반복해서 말할 때 당신의 몸에서 무슨 일이 일어나는지 살펴봅시다. 내가 그 말을 반복할 때 내면에서 무슨 일이 일어나는지 알아차려 보세요."라고 말함으로써 내담자가 어려움을 탐색할 기회를 제공한다.

실험의 다양성과 사용 방식은 무궁무진하다. 이러한 실험을 활용해서 과각성이나 저각성 상태인 내담자의 트라우마 활성화를 조절할 수 있다. 내담자가 멍해지고 저각성일 때 적극적인 전략이 필요하다(Courtois, 1991). 이럴 때 치료자는 내담자에게 서서 문 쪽으로 걸어보도록 하는 실험을 제안할 수도 있다. 내남자가 머리와 목을 돌려서 주변 환경에 정향한다면 어떨까? 반면에 내담자가 과각성이고 감정에 압도되어 있다면 '안정화containment' 작업이 도움이 될 수 있다(Courtois, 1991). 치료자는 내담자와 함께 일어나서 그라운딩을 하면서 다리와 발을 느껴볼 때 내면에 무슨 일이 일어나는지를 살펴보도록 제안할 수 있다. 이러한 각각의 실험을 할 때의 반응이 면밀하게 검토되어야 한다. 그리고 다음 실험에는 선행한 실험에서 배운 것이 반영되어야 한다.

기술을 함께 활용하기

치료 회기 중에는 트래킹, 접촉 진술, 마음챙김 적용, 실험을 할 수 있는 기회들이 많이 있다. 신체를 읽는 것과 트래킹을 통해 치료자는 현재 순간의 경험의 어떤 요소를 선택하여 접촉 진술을 할지 결정한다. 치료자는 그 순간에 일어나는 많은 신체감각, 감정적 현상, 인지적 현상을 세심하게 검토하고 치료 과정과 각 회기의 목표를 가장 잘 지원할 수 있는 요소들을 선택한다. 예를 들어, 자원 강화, 각성 조절, 끝내지 못한 방어 반응을 수행하거나 기타 적응적 행동들 중 무엇을 선택할지를 결정해야 한다. 접촉 진술은 실험의 특정 요소로 주의를 이끌고 가기 때문에 치료 회기의 진행에 영향을 미친다. 마음챙김 질문과 실험의 선택을 통해 습관적인 부적응 반응을 변화시킬 수 있는 내담자 경험의 요소에 더 주의를 집중하게 한다.

자원을 통합하기

내담자의 자원(내담자의 강점, 능력, 기술들)을 나타내는 것들을 트래킹하는 것은 트라우마적 자료에 대해 작업하는 것만큼 중요하다(Eckberg, 2000; Levine, 1997; Phillips, 1995; Rothschild, 2000). 대신에 트라우마적 자료를 다루어 트라우마를 통합하는 것은 내담자의 자원을 지지하는 개입을 통해 조심스럽게 이루어져야 한다. 치료자들은 내담자의 힘, 통합 능력, 긍정 경험이나 유쾌한 행위를 찾는다. 잠재적 자원과 드러난 자원은 정보처리의 세 수준 모두에서 언급될 수 있다. 감각운동적 자원, 혹은 소매틱 자원에는 지나치게 이완되거나 지나치게 긴장되지 않은 근육, 균형 잡혀 있고 반듯하며 편안한 자세, 적절한 각성 상태, 우아하고 효율적인 움직임 등이 포함된다. 치료자는 내담자가 표현할 때 드러나는 감정적 자원과 인지적 자원을 트래킹할 수 있다. 내담자는 짧은 순간이라도 긍정 정서(예를 들면, 기쁨, 고요함, 편안함)나 긍정적 생각(예: "나는 '싫다'라고 말할 권리가 있어요.")을 표현할 수 있다. 매 순간 치료자는 내담자의 각성 수준이 적절한지, 너무 낮은지, 너무 높은지를 지켜보고 평가한다. 각성이 인내의 창 밖에 있다면 자원과 함께 작업함으로써 인내의 창 안으로 다시 데리고 올 수 있다.

현재 경험의 조직체를 구별하기

트라우마를 갖고 있는 사람들에게는 몸을 자각하는 것이 많은 면에서 문제가 될 수 있다. 첫째로, 몸을 자각하는 자체가 때로 통제감을 상실하거나 공포에 압도되거나, 분노하거나, 약하고 무력한 기분을 촉발하기 때문에 혼란스럽거나 심지어 위협적인 경험일 수 있다. 둘째, 트라우마를 갖고 있는 내담자들은 몸에 대해 무감각한 상태일 수 있다. 이 내담자들은 몸 자각에 의해 지나치게 활성화되는 것이 아니라 몸에 대한 민감성이 떨어진 저각성 상태에 있는 것이다. 세 번째 어려움은 몸 자각이 "내 몸은 역겨워." "나는 몸이 싫어." "내 몸은 나를 기운 빠지게 해." "나는 몸이 없어." "내 몸은 죽었어." 등과 같은 부정적인 생각을 자극할 수 있다는 것이다.

내담자들은 감각과 움직임을 깊이, 집중해서 자각하는 힘을 키움으로써 집중된 신체 감각, 혹은 행위와 트라우마 기반 감정 혹은 인지를 구별하는 것을 배운다. 한 내담자는 몸을 자각할 때 공황을 경험했다. 그는 공황을 '한쪽으로 밀어놓는 것'을 배우고 신체 감각을 따라감으로써 그것들이 강도, 질, 격렬함에 변화를 겪다가 안정되는 것을 경험했다. 자신의 몸이 싫다고 말한 또 다른 내담자에게 치료자는 특정 행동을 한 상태에서 감각과 생각을 구분해 내도록 했다. 내담자는 몸을 구부리고 근육을 이완시켜 태아 자세를 취했다. 그리고 편안함을 느꼈다. 몸이 학대로부터 자신을 보호하지 않았다는 생각을 가지고 있는 한 내담자는 손과 팔을 사용해서 '그만'이라는 몸짓을 취하면서 감각을 탐색했다. 그녀는 자신의 생각을 한쪽으로 밀어놓고 이 움직임이 신체적으로 어떻게 느껴지는지를 알아차렸다.

치료자는 내담자에게 신체 감각과 움직임에만 주의를 집중하게 함으로써 통합해야 할 정보의 양을 한정 짓도록 했다. 이렇게 함으로써 내담자는 감정 및 사고에서 떨어져 나오는 것을 경험한다(Ogden & Minton, 2000). 이러한 방식으로 내담자는 불편한 몸의 지각과 감각을 다룰 수 있는 효과적인 도구를 얻게 된다. 트라우마 관련 감정과 인지 왜곡 상태에서 감각과 움직임을 분리해 내기를 배우는 것이다.

핵심 조직체들을 연결하기

내담자가 현재 순간의 소매틱 경험을 잘 트래킹하게 되면 치료자는 사고, 느낌, 움직임 충동, 감각 지각(이미지, 냄새, 소리, 맛, 촉감)의 상호작용을 탐색하도록 돕는다. 치료자는 사고 및 감정이 현재 순간의 몸 경험에 어떻게 영향을 미치는지에 주의를 기울이도록 내담자를 안내한다. 이렇게 접촉 진술을 할 수 있다. "화난 기분에 대해 말하면서 턱이 긴장되어 보여요." "이렇게 말함으로써 감정과 긴장을 연결시키는 것이다. 마음챙김 질문을 통해 경험의 요소들을 '함께 연결stitch together'할 수 있다. "분노와 긴장을 함께 알아차릴 때 무슨 일이 일어나나요?" "'난 실패자야'라는 생각을 할 때 몸이나 감정에서는 어떤 반응이 일어나나요?" 혹은 "행복을 느낄 때 몸에서 어떤 반응이 있나요? 어떤 이미지가 떠오르나요?" 등이 이러한 마음챙김 질문들이 될 수 있다. 치료자는 이러한 질문을 하고 나서 핵심 조직체들이 내담자의 각성과 감각 경험에 어떤 영향을 미치는지를 잘 관찰한다. 일반적으로 말해서, 내담자의 통합 능력이 많은 정보를 견디고 활용하기에 충분해서 내담자의 각성이 인내의 창 밖으로 나가지 않을 수 있을 때 경험요소들의 연결이 촉진될 수 있다. 내담자가 감각에 잘 접촉할 수 있고 긍정 정서를 느끼고 있을 때 기억이나 경험에 대해서도 핵심 조직체의 연결을 시도해 볼 수 있다. 이것은 감각 경험이나 좋은 느낌을 강화하고 확장해 줌으로써 고통의 경험이나 힘의 부족을 상쇄해 준다(11장에서 논의할 것임).

심리치료에서의 몸 접촉 개입

전통적인 심리치료에서 접촉의 사용은 바람직하지 않은 것으로 여겨졌다. 접촉은 내담자에게 성적인 것으로 잘못 해석하거나 잘못 경험될 수 있으며, 통찰보다는 퇴행이나 일시적인 신체적 만족감을 촉진할 수 있고, 혹은 치료자가 자신의 심리적인 욕구나 성적인 욕구를 충족하기 위해 접촉을 오용할 수 있다는 개념 때문이다. 감각운동 심리치료에서도 같은 우려가 있다. 접촉이 치료적일 수 있지만 위험의 가능성이 있으며 매우 신중하게 사용되어야 한다. 치료자들이 임상에서 접촉을 선택한다면 접촉 자체뿐만 아니라 접촉과 심리치료를 결합하는 것에 대해 잘 훈련되어 있어야 한다. 몸을 다룰 수 있는 자격을 갖추기 위해서는 임상에서 접촉을 사용하는 것에 대해 잘 알아야 한다. 치료자들은 접촉의 사용에 대해 기술하고 치료 현장에서 접촉의 사용에 대한 통제권이 내담자에게 있음을 명백히 밝히는 동의서를 작성할 것을 권고 받는다. 접촉을 당한 것, 접촉한 것, 접촉을 목격한 것과 같이 '접촉'과 연관된 내담자의 개인 경험에 대한 질문을 포함하여 '접촉 역사'를 탐색해 보는 것은 접촉과 관련된 내담자의 과거 어려움을 다루는 데 유용한 개입이 될 수 있다

(Caldwell, 1997b). 접촉을 치료에 결합하는 것을 고려하기 이전에 내담자가 현재에서 과거를 구분하고 비치료적인 접촉의 사용에서 치료적인 접촉의 사용을 분리하는 능력을 갖게 하는 것이 선행되어야 한다.

접촉에 대한 치료자 자신의 역전이 반응, 신념과 태도, 그리고 접촉의 사용이 치료자에게, 내담자에게, 그리고 치료 관계에서 본질적으로 존재하는 힘의 차이에 미치는 영향에 대해서도 반드시 고려해야 한다(Hunter & Struve, 1998). 접촉을 사용하려면 치료자는 자신의 심리적 경계와 성적 경계를 매우 명확하게 세워야 하며, 전문적 맥락에서 치료적 접촉의 사용에 대해 편안해야 한다. 사례에 따라, 회기에 따라 적합한 접촉의 사용은 다르다. 치료자는 내담자의 자아 강도, 경계에 대한 감각, 진단, 전반적 기능을 평가해야 하며, 뒤따라올 수 있는 성적 반응을 포함하여 전이 반응을 다룰 수 있는 치료자 자신의 능력도 면밀히 검토해야 한다. 접촉의 사용에 대한 치료자와 내담자 모두의 동기 또한 살펴봐야 한다. 예를 들어 내담자나 치료자를 불편한 감정에서 구해 내기 위해 접촉을 사용하는 것은 피해야 한다(Caldwell, 1997b). 신중하게 고려되고 경계가 분명하고 치료적인 접촉이라고 해도 치료자가 그것에 불편해 하거나 숙련되어 있지 않다면 치료에 도움이 되지 않는 전이를 불러일으킬 수 있다. 내담자의 자아 강도가 낮거나, 치료적 동맹이 취약하거나, 접촉으로 생긴 연결이 치료적 관계에서의 친밀감보다 클 때에도 마찬가지다.

내담자와 치료자 사이의 직접적인 접촉의 사용이 감각운동 심리치료의 목적을 달성하는 데 반드시 필요한 것은 아니다. 신체 접촉 접근이 치료적 결과를 높일 수 있는 경우라도 쿠션이나 공과 같은 대상을 사용하여 내담자와 치료자 사이의 신체적 접촉을 완충할 수도 있다. 내담자 스스로의 접촉 또한 효과적이다(예: 자신을 팔로 감싸 안는 것).

심리치료에서 접촉의 사용에 대해 신중해야 할 많은 이유가 있지만 접촉은 효과적이고 유용하고 효율적인 개입이며 접촉에는 특정한 임상적 목적이 있다(Caldwell, 1997a; Hunter & Struve, 1998). 신체적 접촉은 피부의 표현에서 끝나는 신경을 활성화함으로써 감각의 강도를 증진시키며, 그 결과 신체 감각의 알아차림이 회복되고 증가된다. 내담자가 몸과의 연결을 잃어버린 상태이거나 신체 감각에 대한 자각이 거의 없을 때 특정 부위(예: 목, 어깨, 복부)를 접촉함으로써 몸에 대한 알아차림을 회복할 수 있다.

접촉을 효과적으로 사용하면 내담자는 접촉의 깊이, 위치, 형태(손바닥으로 접촉하는지, 손가락으로 접촉하는지 등)를 알아차림으로써 특정 부위의 감각에 집중할 수 있게 된다. 예를 들어, 감정표현불능증인 내담자는 가슴, 특히 심장 부분이 무감각하다고 이야기했다. 그녀의 치료자는 내담자에게 그 부분에 손을 놓아 보라고 제안했다. 처음에 내담자는 "아무것도 느끼지 못하겠어요."라고 이야기했다. 그러나 치료자가 여러 형태의 접촉을 시도하도록 제안하자 내담자는 가슴 부분을 느낄 수 있도록 해 주는 특정 형태의 접촉을 찾을 수 있었다. 자신의 손가락을 특정 방식으로 움직일 때 가슴의 감각을 느낄 수 있음을 알게 된 것이다. 내담자는 "내 가슴의 감각을 느낄 수 있어요. 내 가슴이 나의 지원을 받고 있다는 걸 처음으로 알게 됐어요."라고 말했다.

접촉은 새로운 소매틱 자원을 구축하거나 존재하는 자원의 자각을 촉진한다. 내담자가 그라운딩에 어려움을 겪을 때 스스로 다리나 발을 접촉하게 해서 감각 느낌을 키우는 것은 그라운딩의 경험을 촉진할 수 있다. 내담자가 마음챙김을 하면서 손과 팔로 치료자를 밀거나, 치료자가 쿠션을 받치고 있는 상태에서 쿠션을 미는 방어 움직임을 수행할 때 내담자는 힘과 유능감을 경험한다. 치료자는 내담자에게 쿠션이나 손을 밀 때 사용되는 접촉의 '정확한' 형태와 압력의 정도를 찾도록 한다. 한 손으로 미는 것 혹은 두 손 모두를 사용하는 것이 적절한지, 세게 미는 것 혹은 약하게 미는 것이 '적절한지', 그밖에 많은 다양한 방식을 시도하고 탐색해 볼 수 있다. 성적 학대를 겪은 한 내담자는 아버지가 접근할 때 거부하는 것이 허용되지 않았다고 말했다. 그녀에게 밀기는 위협적인 것이었다. 치료자의 격려로 처음으로 일어서서 벽 밀기를 선택하고 나서 그녀는 벽을 미는 것이 치료자를 미는 것보다 '안전하게' 느껴진다고 말했다. 이 행동에서 자신감을 느낀 내담자는 치료자가 붙잡고 있는 쿠션을 미는 실험을 해 보기로 결정했다. 치료자의 도움으로 내담자는 치료자가 얼마만큼의 압력을 사용해야 하는지 지시함으로써(내담자는 자신이 강하게 밀 수 있도록 치료자가 강한 압력을 사용하기를 요청했다) 자신에게 통제권이 있으며, 자신의 몸이 강하고 힘이 있다고 느꼈다. 이러한 유능감은 이전에 팔을 사용해서 자신을 보호하려고 할 때 느끼는 무력감과는 반대되는 것이다.

접촉의 사용은 새로운 행위와 자세 패턴의 학습을 촉진한다. 예를 들어, 가슴이 내려앉은 자세를 가진 내담자는 허리 쪽에 부드럽게 힘을 주면서 치료자의 손을 미는 동작을 했을 때 자세가 반듯해지고 등이 정렬되었다. 이러한 당당한 자세를 취할 때 내담자는 힘을 경험하고 환경에 압도되는 것이 줄어들었다.

접촉은 항상 협력적인 실험으로 이루어지기 때문에 내담자에게 접촉(스스로 접촉하는 것이든, 치료자의 손을 미는 것이나 그 밖의 방법을 사용하든) 이전의 내면 경험을 관찰하고 말로 표현할 시간을 주어야 한다. 접촉을 사용하기 이전에 내담자에게 몸에 대해 알아차리라고 요청할 때 마음챙김이 증진되며, 접촉이 일어났을 때의 효과에 대한 알아차림은 커진다. 이러한 자각이 있을 때 내담자는 접촉이 일어나기 전에 경계 침해를 나타내는 소매틱 신호를 알아차릴 수 있기 때문에 앞에서 논의했던 접촉의 위험성을 방지할 수 있다. 한 내담자는 접촉을 사용하기 전에 몸이 긴장되는 것을 알아차렸다. 내담자는 몸을 자각함으로써 접촉이 전이에 미치는 영향을 명확히 볼 수 있게 된다. 몸의 긴장을 알아차린 내담자는 치료자를 가해자의 자리에 놓고 있었던 것이다.

신체 접촉이 이루어질 때 반응이 일어난다. 내담자는 뒤로 물러서고 싶은 충동을 느끼거나, 몸의 움직임을 경험하거나, 안도의 숨을 쉬거나, 특정한 사고, 감정 반응, 혹은 기억이 떠오를 수도 있다. 이러한 모든 반응은 치료적인 탐색의 시작점이 될 수 있는 매우 유용한 자료다. 접촉이 이완할 수 있도록 돕나요, 혹은 위축되게 하나요? 안전하게 느껴지나요? 당신은 접촉을 하는 것에 대해 스스로 통제권을 갖고 있다고 느끼나요? 이완하도록 해 주는 접촉을 통해 어떤 비언어적 메시지를 전달 받나요? 이 접촉은 당신에게 무슨 말을 하나요? 접촉 시도의 효과가 치료자의 의도나 내담자의 기대와는 다를 수도 있다. 그렇기 때문에 접촉이 시도됐을 때 치료자가 내담자의 반응을 트래킹하고 '내면에서 무슨 일이 일어나는지' 대답을 이끌어 내는 것은 매우 중요하다.

치료자의 접촉이 적절하고 전문성을 갖는다면 내담자의 반응은 과거 접촉 경험의 맥락에서의 감각에 대한 자동적인 해석을 반영할 것이다. 상처를 입거나 학대 받은 신체 부위에서 어떤 감각을 경험한다면 내담자는 과거의 트라우마를 떠올릴 것이다(Janet, 1925). 예를 들어, 정치 고문을 당한 한 내담자가 등에 부드러운 접촉을 요청했으나 치료자가 등에 손을 대자 움츠러들면서 고문을 떠올렸다. 결국 치료자의 적절한 개입으로 그는 치료자의 접촉을 다른 방식으로 경험했고 천천히 신체 감각도 긍정적인 것으로 바뀌었다.

접촉에 대한 마음챙김적인 협력적 실험을 통해 내담자는 자신이 치료 회기 밖에서 접촉을 어떻게 사용하고 있는지를 자각한다. 많은 내담자가 일상생활에서 활용할 수 있는 접촉의 방식을 발견한다(다리에 접촉해서 그라운딩의 느낌을 강화하거나 손을 배나 가슴 등에 올려놓는 것). 성적으로 학대 받은 내담자들은 치료자의 안내를 받아 팔과 손을 접촉하는 방식을 탐색하고, 천천히 스스로 하는 접촉의 느낌을 즐기게 된다. 접촉의 형태, 위치, 시기, 맥락을 자신이 통제할 수 있다는 느낌을 충분히 갖게 될 때 이들은 파트너와의 접촉도 즐길 수 있게 된다.

내담자에게 신체 접촉의 의미는 이전의 부정적인 경험이나 트라우마적 경험으로부터 영향을 받는다. 예를 들어, 한 내담자는 치료자의 손을 밀어서 경계의 느낌을 경험하고 싶어 했다. 그러나 치료자가 내담자에게 자신의 손을 밀 수 있도록 자세를 취했을 때 그녀는 몸의 긴장을 느꼈고, 치료자에게서 물러나게 되었다. 실체 접촉이 일어나기도 전에 내담자는 긴장 반응을 느꼈다. 그 의미를 탐색했을 때 내담자는 이렇게 말했다. "그렇지 않다는 걸 알지만 당신의 손이 위협적으로 느껴져요." 그녀는 이전의 학대 경험 때문에 모든 형태의 접촉이 위험한 것으로 느껴졌던 것이다. 어떤 경우에는 접촉의 의미가 긍정적이기도 하다. 또 한 내담자는 접촉이 적용되었을 때 이완감을 느끼면서 심호흡을 했다. 그는 치료에서의 접촉이 과거 경험과는 다르다고 보고하면서 치료자에게 이렇게 말했다. "이 손은 나를 해치려는 것이 아니라 도우려고 하고 있어요." 내담자에게 접촉의 의미나 메시지를 탐색하도록 할 때, 이 과정이 마음챙김 모드 안에서 이루어지도록 하는 것이 가장 효과적이다. 이 사례에서 치료자는 내담자에게 그에게 가장 '옳게' 느껴지는 접촉이 정확히 어떤 형태인지 느껴 보도록 했다. 치료자와 내담자가 올바른 접촉에 대해 논의할 때 치료자는 천천히, 그리고 마음챙김 모드의 목소리로 "이 접촉의 질을 느껴 보세요. 내 손이 감각 대신 언어로 말할 수 있다면 당신에게 무슨 말을 할까요? 당신의 생각이 아니라 내 손이 말하는 의미를 찾아보세요." 치료자와 내담자가 접촉과 반응의 의미에 대한 내담자의 자동적인 반응을 마음챙김 모드로 탐색 해가면서 새로운 경험이 촉진되고 습관적인 반응에 변화가 일어난다.

내담자의 신체적 상태와 심리적 상태는 끊임없이 변화한다. 그렇기 때문에 접촉이 치료에 효과적으로 활용되기 위해서는 내담자의 과정 및 경계와 관련된 내담자의 상태에 맞추어 순간순간 적용되어야 한다. 적당한 압력의 정도, 어깨의 옆쪽이나 뒤쪽과 같은 위치, 접촉이 어느 범위로 이루어져야 할지 등이 모두 탐색의 대상이다. 치료자의 접촉은 내담자의 '경계'를 존중해야 하며, 비침습적이어야 하고, 내담자가 언제든 접촉의 형태나 정도에 대해 통제할 수 있도록 해야 한다. 그 결과 내담자는 접촉에 대해 완전한 통제권을 가지며, 언제든 그 방식을 바꾸거나 끝낼 수 있다는 것을 알고 있어야 한다. 이것은 과거 트라우마의 맥락에서 상대가 언제, 어떻게 자신의 몸에 손을 댈지에 대해 전혀 통제할 수 없었던 내담자들에게 강력하고 새로운 배움의 경험이 될 것이다. 접촉이 효과적으로 활용될 때 내담자는 지금 이 순간과의, 그리고 치료자와의 안정적인 연결을 갖게 된다. 그럴 때 내담자는 트라우마 관련 기억 상태로 다시 돌아가지 않을 수 있다.

결론

감각운동 심리치료를 훈련 받은 치료자는 트라우마 치료에 있어서 단계 중심적으로 접근하며, 각각의 단계에는 그 단계에 부합하는 특정 기법들이 있다.

- 트라우마 관련 행위 경향성과 조절 능력을 트래킹하고 신체를 읽기
- 접촉 진술의 사용을 통해 사회적 연결 체계를 불러내기
- 내담자의 마음챙김과 자기 탐색 능력을 증가시킴으로써 탐색 체계를 활성화하기
- 실험을 활용함으로써 습관 반응에 도전하고 새로운 패턴의 획득을 촉진하기

정보처리에 있어서 여러 수준을 구분하거나 연결시키기, 내담자의 자원을 개발하기, 치료자의 접촉이나 내담자의 자기 접촉을 신중하게 사용하기는 모두 각각의 치료 단계의 목표를 달성하기 위한 것이다.

앞으로 논의되겠지만, 각각의 치료 단계에서 이 기법들은 다양한 치료적 개입을 할 수 있게 해 주는 자료들을 제공한다. 1단계에서 이 기법들은 방어 반응의 과각성을 억제하기 위해 필요한 자원을 학습함으로써 각성의 조절을 돕는다. 2단계에서는 트래킹, 접촉 진술, 마음챙김의 적용, 실험을 사용하여 트라우마 기억을 다루게 된

다. 즉, 이러한 기법을 사용하여 트라우마 각성의 감각을 견디고 트래킹해서 감각이 저절로 몸 안에서 사라지게 하고, 끝내지 않은 움직임 방어 반응을 끝마칠 수 있는 내담자의 능력을 촉진함으로써 트라우마 기억을 다루는 것이다. 마지막 3단계에서 이 같은 도구들이 내담자의 일상생활을 영위해 나가는 능력을 확장시키고, 친밀한 관계를 맺고, 새로운 의미를 찾고, 긍정 정서를 증가시키기 위해 사용된다.

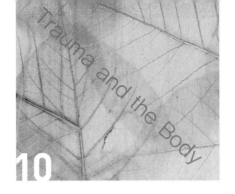

1단계 치료:
안정화를 위한 소매틱 자원 개발하기

트라우마 증상을 가진 내담자는 각성을 조절하지 못하고, 방어 체계가 제대로 작동하지 않으며, 기능의 어려움을 겪고, 심리적 안정감과 신체적 안정감이 결여되어 있다(실제로 안정감이 결여되어 있는 환경에 노출되어 있기도 하고, 그렇지 않은데 내담자 자신이 지각하는 방식이 그러할 수도 있다). 치료는 이러한 증상을 다루는 것이다. 이들은 소매틱, 감정적, 인지적으로 과거와 현재를 혼동하고 있다. 침습적인 정서와 신체 감각의 형태로 트라우마 기억이 활성화되어서 평화로운 순간에도 위험 신호를 보낸다. 또한 위험 요소나 내부의 조절 이상으로 주의가 좁혀지고 집중되기 때문에 일상생활에서 제대로 기능하기가 어렵다.

이러한 상태를 만들어 내는 사건을 탐색한다면 증상은 심해지고 내담자는 더 불안정해질 것이다. 그렇기 때문에 치료의 첫 단계에서는 신체적·심리적 항상성을 촉진하고 인내의 창 안에서 각성을 유지하는 자기조절 기법을 적용해야 한다. 1단계 개입은 내담자의 통합 능력을 높이는 것에 초점을 맞춤으로써 일상생활에서의 적응 능력을 향상시킨다. 내담자들은 자기 파괴적인 방법(예: 자해, 위험한 행동, 폭력,

자살사고)으로 반응하지 않으면서 감정과 각성을 경험하는 것을 배워야 한다(Steele et al., 2006).

치료자들은 상호작용을 통해 심리생리적으로 조절 이상의 문제를 겪고 있는 내담자의 신경계를 조절하는 역할을 한다. 치료자는 신체 감각을 트래킹함으로써 방어 체계의 활성화와 과도한 각성을 평가하며 치료의 속도와 과정을 조정해서 내담자가 자기조절에 필요한 자원을 개발하도록 돕는다. 치료자는 "대뇌 피질 보조 역할auxiliary cortex"(Diamond et al., 1963)과 "내담자의 미숙한 정서 조절을 위해 성장을 촉진하는 환경을 제공하는 정서조절기"의 역할을 한다(Schore, 2001b, p. 264). 치료자와의 상호 조절 과정, 심리교육, 촉발자극 인식, 각성과 방어 체계에 대한 관찰을 통해서 내담자들은 자신의 각성이 인내의 창을 넘어가는 것을 알아차리고, 이럴 때 스스로를 안정화시킬 수 있는 자원을 사용하는 것을 배우게 된다.

1단계 트라우마 치료에는 잃어버린 자원을 되찾고, 새로운 자원을 개발하고, 존재하는 자원을 강화하는 것이 포함되어야 한다. 자원은 개인이 가지고 있는 모든 기술, 능력, 물건, 관계, 자기조절을 촉진하고 자신감과 회복 탄력성을 제공하는 모든 서비스를 의미한다. 예를 들어, 심리치료를 받고 있는 내담자에게 필요한 자원에는 안정화를 위한 약 처방, 치료에 오는 것을 가능하게 해 주는 운전 기술, 주유나 주차를 할 수 있는 돈, 치료를 위해 직장에서 시간을 내는 것을 가능하게 해 주는 대인관계 기술, 이 모두가 자원이다. 내담자가 치료 현장으로 오는 것을 용이하게 하는 데에는 내부적 자원(대인관계 기술, 운전 기술)과 외부적 기술(약 처방, 재정적 자원) 모두가 필요하다.

자원을 개발하는 것은 존재하는 자원을 인식하고 인정하는 것에서 시작한다. 즉, 성인으로서 내담자의 현재 능력뿐만 아니라 과거 트라우마에서 살아남도록 해 주었던 '생존 자원' 모두를 인식하고 인정하는 것이 필요하다. 이러한 가장 기본적인 인식에서부터 존재하는 자원들이 인식되고 확장된다. 그리고 난 후 아직 개발되지 않았거나 현재 존재하지 않는 자원을 개발해야 한다. 자원을 개발하는 것은 1단계에서 내담자의 안정화를 돕고, 2단계에서 트라우마 기억을 직면하고 통합할 때 이 과정을 지원한다. 또한 3단계에서는 지속되는 삶의 도전을 창조적으로 만나기 위한 자신감과 창조성을 키울 수 있다.

소매틱 자원

심리적 역량과 신념은 몸의 구조 및 움직임과 반드시 연결되어 있다. 양 팔이 힘이 없다면 이것은 경계를 세우거나 공격적으로 행동하는 것의 어려움을 반영한다. 걸음걸이가 빠르고 분주하다면 '항상 움직이는' 것을 통해 자기조절을 하려는 삶의 태도를 알 수 있다. 소매틱 자원들은 신체 경험에서 생기는 능력에 속하지만 심리적 건강에도 영향을 준다. 소매틱 자원들은 자기조절을 지원하는 신체적 기능과 능력을 포함하고 소매틱 행복감 및 심리적 행복감, 자신감을 제공한다. 예를 들면, 개인적인 경계를 세우고 자신을 방어할 권리를 지키는 느낌으로 팔로 미는 행위를 할 때 이러한 움직임과 적응적인 신념을 통합할 수 있다. 감각운동적 심리치료는 신체적 행위와 의미 사이의 접점을 탐색한다. 그러나 하향식 접근과는 반대로 의미 만들기는 신체 경험에 선행하기보다는 신체 경험 후에 따라온다. 인지는 행동 자체를 경험함으로써 활성화된다. 미는 행동을 통해 내담자는 스스로를 방어할 권리가 있음을 깨닫는다.

1단계 치료의 주된 과제는 안전감과 자기 보살핌의 느낌을 갖는 것이며, 이는 몸을 통제하는 것에 초점을 맞추는 것에서 시작된다(Herman, 1992, p. 160). 이 목표를 지원하기 위해서 최적의 각성 구역으로 돌아오는 것을 촉진하기 위한 소매틱 능력 및 행동과 같은 상향식 자원뿐만 아니라 대처 전략, 안전에 대한 계획, 인지를 사용해 현재 위험요인이 없음을 자신에게 상기하기와 같은 하향식 자원들이 사용된다. 내담자들은 움직임, 감각, 자세를 사용하여 자신을 안정시키고 일상생활의 기능 능력을 향상시킨다. 규칙적인 수면과 섭식 습관과 같은 자기보살핌 자원이 1단계에서 확립된다.

신체 기능(예: 소화)에서부터 감각 능력(예: 보고, 듣고, 냄새 맡고, 맛보는 능력), 자기조절 능력(예: 그라운딩과 센터링을 하는 능력)까지 수많은 소매틱 자원이 있다. 이 장에서 우리는 첫 회기에서부터 시작되는 안정화라는 목표를 달성하기 위해 가르칠 수 있는 신체 능력과 행동에 초점을 맞출 것이다.

내담자들은 접수 면접에서부터 트라우마 사건의 기억과 싸우지 않으면서 자신을 안정화시키는 신체 작업을 배운다. 어떤 내담자들은 기억에 대해 말하지 않아도 된다는 말을 들을 때 안도한다. 또 어떤 내담자들은 안정화가 이루어진 후에 이런 기억 작업을 할 시간이 충분하다는 말을 들을 때 안도한다.

내담자들이 자원을 갖고 있지 않다고 느끼더라도, 우리는 조절이 안 되는 내담자에게서도 자원을 찾았다. 이러한 자원은 치료자가 그것에 주의를 가져다놓기 전에는 알아차리지 못한 상태로 남아 있다. 내담자에게는 그들이 많은 소매틱 자원을 가지고 치료 현장으로 온다는 것을 전달하는 것 자체가 안정화다. 이것은 만성적인 트라우마 내담자들에게는 놀라움이자 발상의 전환이다. 존재하는 자원과 잃어버린 자원 모두를 평가하는 것(트래킹, 몸 읽기, 대화, 질문, 개인사 탐색을 통해)은 치료에서 최우선으로 해야 할 일이다.

평가 회기 동안 치료자는 내담자에게 신체 감각, 긴장과 이완의 영역, 움직임, 통증, 불편감, 구조, 정렬의 영역으로 의식을 가져가도록 안내함으로써 자신의 소매틱 자원을 어떻게 평가할 수 있는지를 가르친다. 그래서 내담자들은 어떤 소매틱 능력이 자원이며, 어떤 감각은 도전하고 변화시켜야 하는지를 발견한다. 또한 치료자는 과거와 현재의 경험, 패턴, 능력, 제약에 대해 질문함으로써 내담자로부터(때로는 내담자의 친구나 가족으로부터) 정보를 수집한다. 존재하는 자원에 대한 질문은 다음과 같다. "이 경험을 통해 당신은 무엇을 얻었습니까? 어떻게 살아남았나요? 당신에게 도움이 된 것은 무엇이었습니까?" 또한 신체와 심리적 쟁점 사이의 연관성에 대해서도 탐색이 이루어진다. "몸의 긴장을 처음 느꼈던 때를 기억하세요? 혹은 성폭력 후에 긴장, 통증, 무감각과 같이 몸에 지속되는 증상이 있습니까?" "몸이 편안하거나 좋다고 느끼는 때가 언제인지 기억하세요?"

치료자는 치료적 관계를 형성해 가면서 내담자와의 상호 작용에 대해서 뿐만 아니라 과거와 현재 경험에 대해 이야기할 때에도 내담자의 신체 감각을 트래킹한다. 내담자가 악수를 하는 것과 같은 단순한 행동에서도 내담자의 소매틱 자원에 대한 정보를 얻을 수 있다. 악수를 할 때 행동이 느리거나 너무 강하거나 빠르거나 지속하는지, 눈 마주침이 있는지 없는지, 팔을 완전히 뻗는지 그렇지 않은지 손 전체를 접촉하는지 손가락만 사용하는지 등이 관찰의 대상이다. 각각의 패턴은 존재하는 자원이나 잃어버린 자원에 대한 중요한 자료를 지니고 있다.

치료자는 조심스럽게 내담자의 전반적인 신체 경향을 알아차리면서 신체를 읽어 내려감으로써 조절되지 않는 각성 상태와 방어 불능의 만성적인 징후뿐만 아니라 존재하는 소매틱 자원—예를 들면, 평상시의 깊은 호흡, 척추를 바르게 펴는 것, 유연한 움직임, 강한 다리, 어깨의 이완, 눈을 맞출 수 있는 능력—을 평가한다.

에이미는 과각성, 순응, 굴복하는 태도로 살아왔고, 그 때문에 머리가 아래로 '기울고' 어깨가 처져 있었다. 이것은 그녀의 자기조절 능력을 약화시켰다. 이러한 경향과 함께 그녀의 자존감을 낮추는 인지 왜곡은 그녀의 삶에 심각한 악영향을 미치고 있었다. 에이미는 남자 친구의 학대에 굴복하고 있었다. 그녀는 이 관계를 그만두고 싶다고 했지만 그렇게 하지 못했다. 1단계에서 가장 중요한 것은 안전의 확보다. 치료자는 과각성과 순응 패턴을 만들어 내는 경향성을 인식하고, 도전하는 소매틱 자원에 초점을 맞추었다.

내담자들이 얼어붙기나 항복 같은 정적 방어를 사용했기 때문에 피할 수 없었던 트라우마에서 살아남았음을 알아차리고, 그것을 생존 자원으로 재구성하는 것은 매우 중요하다. 내담자가 대처 전략으로 쓸 수밖에 없었던 방어 체계가 치료자에 의해 정당화될 때 내담자들은 자신을 약한 존재가 아니라 힘을 가지고 있는 존재로 보기 시작하고 자신의 만성적인 패턴을 깨기 위한 작업을 시작한다. 내담자들이 이러한 생존 자원의 가치를 인정하기 시작할 때 힘 없음과 희생자로서의 정체성에 대한 감각 느낌felt sense이 도전받는다. 예를 들어, 에이미는 어린 아이가 공격하는 사람과 싸우거나 도망치는 것은 오히려 자신을 위험에 빠뜨릴 수 있으며 자동적인 순응과 항복이 트라우마의 강도를 줄일 수 있음을 알게 되었다.

내담자들은 자원이 '많이 필요하다.' 소매틱 자원을 구축하려는 의도는 (적응적이지 않은 전략들이라도) 기존의 대처 전략을 없애기보다는 현재의 움직임과 감각 경험 목록을 확장시키려는 것이다. 1단계에서 자원 작업의 목표는 각성을 조절하기 위한 소매틱 자원의 범위를 충분히 개발하는 것이다. 에이미의 치료자는 그녀에게 순응과 항복의 행동에 대한 대안으로 개인적인 경계를 설정하도록 가르쳤다. 치료자는 에이미의 항복하는 경향에 도전하기 위해서 치료자 자신의 몸을 사용해 좀 더 자기주장적이며 신체적인, 그리고 심리적인 조직화를 보여 주었다. 즉, 척추를 곧게 세우고 곧은 자세와 태도로 거절을 보여 주는 움직임과 같은 것이 그러한 예다. 치료자는 이러한 움직임과 에이미의 항복하는 자세를 대비해서 보여 주었다. 그리고 그녀가 이 두 자세 모두를 시도함으로써 어떤 자세가 개인적인 경계를 더 지지해 주는지를 경험해보도록 했다. 에이미는 새로 배운 대안적 자세를 연습했고, 그 움직임이 더 편안하고, 견고하며, '거절'에 동반되는 정서 및 인지와 연결되어 있음을 느끼기 시작했다. 치료자는 다른 움직임을 보여 주고 에이미가 그 행동을 따라 함으로써 움직임이 자원이 될 수 있도록 했다.

소매틱 탐색을 위한 안전감 만들기

복합 트라우마를 가진 내담자들의 경우 몸에 너무 빨리 접근하는 개입법을 적용하면 쉽게 트라우마 기억이 촉발되기 때문에 내담자의 속도, 경계 유지, 안전하고 의식적이고 마음챙김적이며 몸과의 점진적인 연결을 조심스럽게 시도하기 등이 고려되어야 한다. 상담에 오는 많은 내담자는 자신의 몸에 대한 부정적인 감각을 갖고 있다. 이들은 무감각하거나 몸과 연결이 안 되거나 자신이 원하는 대로 몸이 움직여 주지 않고 자신을 배신한다는 것에 화나 있다. 심지어 어떤 내담자는 몸을 '악마'라고 여기기도 한다. 트라우마화된 내담자들은 신체 감각을 느끼는 것이 위협적이거나, 낯설거나, 역겹거나, 흥미롭지 않은 것, 지루하고 불가능한 것이라고 느낀다. 통합되지 않은 트라우마 경험이 신경계의 조절을 어렵게 만들기 때문에 일상적인 감각을 알아차리는 것도 트라우마 경험을 촉발할 수 있다. 예를 들어, 신체 경험에 반응해서 심장 박동이 올라가는 것이 무기력감이나 공포를 느끼게 할 수 있다. 이러한 감각을 신체 활동에 대한 정상 반응이 아니라 위협에 대항하여 싸우거나 도망갈 때의 신체 반응으로 경험하기 때문이다.

신체 감각을 자각하는 능력 및 몸과 자기조절의 관계를 자각하는 능력은 내담자마다 매우 다르다. 어떤 내담자는 몸의 특정 부분에서만 감각을 알아차리고 다른 부분에서는 전혀 느끼지 못한다. 또 어떤 내담자는 몸의 긴장을 알아차리지 못하거나 신체 감각 자체를 전혀 느끼지 못한다. 어떤 내담자는 첫 상담에서부터 신체 경향성과 심리적 문제가 있음을 인식하고 신체 감각을 다루는 작업을 하기 원한다. 반면에 어떤 내담자는 이 둘 사이의 관계가 있음을 인식하지 못한다. 예를 들어, 어깨, 팔, 등에 심한 긴장을 갖고 있는 내담자가 분노를 다루고 싶어서 상담하러 왔다. 그러나 그는 신체 감각에 대한 개입법을 적용한 몇 차례의 상담을 할 때까지 긴장이 분노와 관계되어 있음을 인식하지 못했다.

평가 단계에서 치료자는 몸과 연결하는 것이 내담자에게 편안한지, 신체의 경험과 그것이 자기조절에 미치는 영향을 알아차릴 수 있는지를 검토해야 한다. 내담자가 이러한 알아차림이 안 되면 치료자는 그것이 막혀 있는 이유를 찾아야 한다. 내담자가 몸을 느끼기 두려워서 피하고 있는지? 몸 경험에 대해 무감각하고 연결되어 있지 않은지? 몸과 연결하는 것이 수치심이나 놀람을 촉발하고 있는지? 치료자는 어떤 어려움이 있는지를 알아보고, 그에 따라 내담자가 소매틱 작업을 편안하게 할 수 있는 방법을 찾아보아야 한다. 몸이란 단어 자체를 불편하게 여기는 내담자들은 치료 초기에 편안함을 갖도록 도와야 한다. 또 어떤 내담자는 신체 감각에 이름을 붙일 수 있도록 단어 목록을 줌으로써 스스로 관찰하도록 해야 한다. 이들이 겪는 어려움과 유사한 사례를 들어 설명하고 심리 교육을 함으로써 소매틱의 경험을 이해하도록 하고 감각운동적 접근에 대해 편안해지도록 도와야 한다.

자신감과 기쁨의 경험

신체가 자신감 및 긍정 정서와 연관되어 있음을 경험하게 되면 몸을 알아차릴 수 있는 안전한 틀이 만들어진다. 이러한 초점이 어떤 내담자들에게는 낯설고 어렵게 느껴지지만 민감한 치료자는 가장 심한 트라우마 내담자들도 (신체 감각에 대해 완전히 편안해지지 않더라도) 신체 감각에 대해서 중립적이 되도록 도울 수 있다. 치료자는 내담자에게 잘하는 것이 무엇인지를 물을 수 있다. 그리고 그것에 대해 말할 때 신체 감각을 트래킹한다. 예를 들어, 축구를 잘한다고 한 내담자는 축구에 대해 이야기하자 척추가 펴지고 턱이 살짝 들렸다. 치료자는 내담자가 이러한 몸의 변화에 주의를 두도록 안내하고, 축구를 잘했던 경험에 대해 여러 번 반복해서 이야기하면서 신체 감각과의 관계를 알아차리도록 했다. 이렇게 무의식적으로 척추가 펴지고 턱이 들리는 것이 자신감에 대한 소매틱 닻—부적절감이 올라올 때 의도적으로 그 느낌을 떠올려 볼 수 있는 닻—이 되었다. 신체 감각적 자원이 찾아지면 치료자는 내담자에게 이 자원을 알아차리고 과장하고 마음챙김적으로 그것을 탐색해서 움직임의 더 섬세한 감각의 층과 영향을 살펴보도록 한다. 이러한 자원은 일상생활에서 필요할 때 선택해서 사용할 수 있다.

몸의 긍정 경험에 대한 질문은 트라우마 관련 소매틱 경험에 대한 질문만큼 중요하다. 해리성 정체감 장애 진단을 받은 한 내담자에게 신체 경험에 대해 물었을 때, 그녀는 팔과 다리를 세게 문지르면서 자신의 몸이 더럽다고 대답했다. 단지 몸에 대해 물었을 뿐인데 과각성되는 것을 보면서 치료자는 몸에 대해 좋게 느꼈던 적이 있느냐고 물었다. 내담자는 할아버지가 그네를 밀어주었을 때의 기억을 떠올렸다. 이 경험은 즉각적으로 긍정적인 신체 경험을 찾는 기회가 되었다. 치료자는 이 경험과 연결된 감각—가슴에 좋은 느낌, 피부에 바람이 닿는 느낌, 다리에 힘을 주는 느낌—에 '머무르도록' 요청했다. 이 모든 감각은 자신이 더럽다는 트라우마 이후의 감각을 다루는 자원이 된다. 치료자는 '더러운' 느낌과 그네를 탈 때의 긍정 경험인 가슴, 피부, 다리 근육의 긍정적인 감각 사이를 왔다 갔다 하도록 했다. 몇 분 동안 이렇게 한 다음에 그녀는 놀라워하면서 "난 더럽지 않아요!"라고 외쳤다.

소매틱 자원을 구축하는 실험

몸과 다시 연결하는 과정이 애를 많이 써야 하고 고통스럽고 부정적인 경험이 된다면 소매틱 자원을 구축하는 것이 전혀 도움이 되지 않는다. (몸과 분리되어 있는 방식보다는) 자신의 몸을 느끼는 방식과 존재하는 힘에 대해 강조함으로써 내담자들은 자신감을 강화하고 신체적 자원을 탐색하고자 하는 동기를 갖게 된다. 몸과 접촉하려는 노력에 대해 긍정적인 강화와 칭찬을 함으로써 내담자를 격려할 수 있다(예를 들면, "잘 하고 계세요. 긴장을 느끼고 있군요. 어떤 사람들은 그것조차 알아차리지 못해요.").

치료자는 존재하는 자원을 인정하는 것부터 시작해서 내담자가 현재 능력을 넘어서 적절한 소매틱 경험을 확장할 수 있도록 협력해야 한다. 감각과 연결하는 능력을 키워 가도록 한다. 그러나 너무 어렵게 만들어서 과도한 좌절을 만들지 않는 것이 좋다(Bundy, Lane, & Murray, 2002; Janet, 1925). 이러한 협력이 흥미, 호기심, 그리고 가장 중요한 희망을 만들어 낸다. 치료자와 내담자 모두가 동의하는 소매틱 개입에 대한 계획을 수립함으로써 성공을 위한 토대가 만들어진다. 치료자는 "전에는 할 수 없었는데 개입이후에 새롭게 배운 행동 방식이 있거나 내담자가 변화하기를 바라는 것이 있을 때 그것을 관찰하고 알아차린다"(Bundy, 2002, p. 212). 습관적인 반응에 대한 대안을 마음속으로 그려 봄으로써 내담자는 소매틱 자원을 구축하고자 하는 동기를 갖게 된다. 이는 내담자에게 의미와 가치를 가진다.

에이미에게 무엇이든 가능하다면 어떤 내면의 경험을 하고 싶냐고 물었을 때 그녀는 "강하다고 느꼈으면 좋겠고 멍한 느낌이 없으면 좋겠어요. 그래서 이 관계를 끝내고 싶어요."라고 말했다. 이러한 바람은 그녀가 목표를 이루기 위해 필요한 소매틱 자원을 탐색하기 위한 토대를 마련했다. 그녀에게 현재 및 과거와는 다른 미래의 비전에 대한 열망이 없었다면 만성적인 과각성, 신체의 무너짐, 순응과 같은 오랜 경향성을 완화하는 데 필요한 모든 자원을 구축하는 것에 동기를 갖고 집중하지 못했을 것이다.

내담자들은 소매틱에 자각을 갖고 있더라도 자신의 자세나 움직임, 신체적 개입 이후에 몸에서 오는 피드백을 활용하는 능력이 부족하다. 그래서 치료자들은 '거울'이나 모델이 되어서 부족한 소매틱 자원 및 자기조절을 잘했을 때 갖게 되는 신체 자원(예를 들면, 신체가 무너진 모습이 아니라 바르게 편 모습)을 보여 줄 수 있다.

'아무도 나를 도와주지 않을 거야.'라는 생각을 가진 베티에게 자세를 바꾸는 것을 알려 주고 이러한 신념과 관련된 경향성에 정향하도록 했다. 치료자는 지지 받고자 하는 베티의 바람에 공감적으로 접촉했다. 그리고 나서 긴장된 자세와 축처진 어깨를 하고 눈을 피하면서 아래를 내려다보는 모습을 모방해서 보여 주면서 이렇게 말했다. "이 자세로 있으면 당신이 웃고 있는지 찡그리고 있는지 알 수 없어요." 베티는 치료자의 시범을 보고 자신의 신체 경향과 자원을 인식하고 받아들이는 능력에 자신의 신체 경향이 어떤 영향을 미치는지 알아차렸다.

또한 치료자는 소매틱 자원을 보여 주고, 그것에 대한 자신의 경험을 말했다. "나는 무너진 자세가 아니라 바른 자세로 앉아 있으면 가슴이 열린 느낌이 들어요. 좋은 느낌이지요. 이런 자세로 앉아서 눈을 맞추면 우리가 좀 더 깊이 접촉하고 있는 느낌이 들어요." 베티는 자원을 모방하는 것을 배웠다. 먼저 그녀는 몇 인치 앞, 위쪽을 보았다. 그러자 치료자의 커피 테이블 다리가 보였다. 그리고 나서 잠시 시간을 갖고 각성을 안정시키고는 좀 더 앞쪽을 보았다. 그런 다음 치료자는 그녀에게 눈높이를 좀 더 올려 테이블을 보라고 요청했다. 그러자 테이블 위에 있는 물건들이 보였다. 이러한 단계별 시도를 통해 베티는 시야를 올려 좀 더 위쪽에 정향했고, 어깨도 바르게 폈다. 그녀는 눈 맞춤을 통해 치료자의 지원 받았을 뿐 아니라 자신의 바르게 퍼진 척추와 어깨로부터도 지원을 받았다. 이러한 신체 변화로 치료자와의 대화가 더 활력 있고 친밀해졌다. 이것은 베티가 치료자의 지지를 더 잘 알아차릴 수 있도록 해 주었고, 결과적으로 그녀의 트라우마 연관 신념에 반대되는 경험이었다.

마치 관찰자 자신이 그 움직임을 하고 있는 것처럼 관찰자도 같은 패턴을 모방하면서 "거울 뉴론"이 움직임을 보고 있는 관찰자에게도 작동되기 때문에 소매틱 자원을 보여 주는 것이 효과가 있다(Rizzolatti & Craighero, 2004; Rizzolatti, Fadiga, Gallese, & Fogassi, 1996). 다른 사람의 움직임을 보는 시각적 입력은 "이러한 거울 뉴론의 활성화에 의해 우리의 뇌에 유사한 자극을 남긴다"(Stern, 2004, p. 79). 내담자들이 치료자가 소매틱 자원을 보여 주는 것을 관찰할 때 이들의 뇌는 치료자와 같은 행동을 수행하고 같은 감정적 효과를 경험한다. 움직임을 보여 주고 '따라하도록' 했을 때 특히 그렇다.

소매틱 자원은 지극히 개인적이며, 개인의 필요 및 치료 목표에 맞도록 구성되어야 한다. 한 사람에게 자원이 되는 것이 다른 사람에게는 장애로 경험될 수도 있다. 한 내담자는 활성화를 안정시키기 위해 그라운딩이 필요한 반면, 다른 내담자는 그라운딩이 도망가기 반응을 해야 할 때 그렇게 하지 못했을 때를 떠올리게 하기 때문에 조절을 방해할 수도 있다. 이럴 때에는 움직이는 작업이 필요하다.

저각성과 과각성 반응을 모니터하는 것은 1단계 치료에서 탐색된 소매틱 자원의 효과를 평가하기 위한 척도가 된다. 자원이 각성을 인내의 창 안에 머물도록 한다면 그것은 '자원화resourcing'다. 그러나 자원이 과각성이나 저각성을 일으킨다면 그것은 '반자원화deresourcing'다. 유사하게, 소매틱 자원은 치료에서 한 시점에 유용할 수 있지만 또 다른 시점에서는 그렇지 않을 수 있다. 1단계에서 거절하는 것이 어렵다는 신념과 동반된 감정에 압도되었던 내담자에게 경계를 설정하고 각성을 안정시키기 위해 밀어내는 움직임이 도움이 될 수 있다. 그리고 3단계에서는 그 내담자에게 방어 동작으로 경계 설정하기를 덜 사용하고, 친밀감을 형성하는 능력을 개발하기 위해 팔을 뻗는 동작을 해 보도록 가르치는 것이 도움이 될 수 있다.

심리생리적 상호작용 조절자로서의 치료자

대부분의 트라우마 내담자는 개인사에서 관계와 관련된 심각한 문제를 가지고 있기 때문에 치료적 관계를 형성하는 데에도 많은 어려움을 갖게 된다. 쿠르투아(Courtois, 1999)는 다음과 같이 설명했다.

> 내담자들은 수치심과 불안으로 괴로워하며 치료자가 자신을 '보고' 판단하는 것에 겁을 먹고 있다. 치료자는 자신을 학대하는, 믿을 수 없는 권위적 인물을 나타내는 사람으로 지각될 수 있다. 그래서 내담자는 치료자를 두려워하고 믿지 못하고, 시험하고, 화내고, 성적 매력을 느끼고, 거리를 두고 도전한다. 혹은 치료자를 오랫동안 기다렸던 좋은 부모, 구원자, 매달릴 수 있는 사람, 믿고 따를 수 있는 사람, 보살펴 주는 사람으로 보기도 한다. 혹은 이 두 가지 모습이 예측할 수 없이 변덕스럽게 교대로 나타나기도 한다(p. 190).

스틸과 그의 동료들(2001, 2006)은 이러한 트라우마로부터의 영향을 '접촉 공포증phobia of contact' 즉 치료와 치료자에 대한 공포증이라고 개념화했다. 이들을 위한 1단계 치료의 중심 목표는 치료 관계에 대한 공포증적 회피를 극복하는 것이다. 이 과정은 공포증을 생존 자원으로 인정하는 것에서 시작한다. 그리고 나서 치료자는 내담자에게 방어 체계의 과도한 활성화가 어떻게 치료적 관계의 형성을 방해하는지를 관찰하고 이 패턴을 작고, 점진적인 단계로 만들어서 도전하도록 가르친다. 이러한 공포증은 신체적으로 표현된다. 베티가 지지에 대한 바람을 표현했을 때 그녀의 몸과 시선은 옆으로 향해 있었다. 그녀의 몸은 경직되어 있었으며 방어적이었다. 그녀는 거부와 위험한 상황을 예측하면서 치료자의 목소리 높낮이와 말에 극도로 민감해졌다. 언어를 통해 해석하는 것이 아니라 그녀의 정향과 신체 긴장을 천천히 변화시키고 신체 감각적으로 다룸으로써 베티는 치료자에 대해 새로운 정보를 통합할 수 있었다. 치료자는 지지 받은 적이 없다는 베티의 신념을 언어적으로 다루지 않고 안전하고 지지적인 접촉이 경험될 수 있는 방식으로 접촉 공포를 다루었다. 이런 방식으로 다루지 않았다면 베티와 같은 내담자들은 생존 지향적인 패턴을 반복해서 경험했을 것이다.

관계와 관련된 만성적인 트라우마는 치료 관계를 포함하여 관계 안에서 무엇이 필요하고, 무엇이 필요하지 않은지를 나타내는 내면의 신호를 인식하는 능력에 심각한 문제를 일으킨다. 치료자는 치료적 기법이나 관계에 대해 내담자가 보이는 스트레스 반응을 잘 관찰해야 한다. 치료자는 내담자가 치료자에게 매달리고자 하는 (치료자에게서 떨어지고자 하는 공포증의 징후일 수 있다; Steele et al., 2001, Steele et al., in press), 공격하고자 하는, 거리를 두고자 하는 충동을 알아차려야 한다. 치료자는 이러한 충동을 민감하게 알아차림으로써 개인적 경계를 어떻게 설정할지를 결정할 수 있다(Williamson & Anzalone, 2001).

리타의 치료 초기 단계에서 그녀의 치료자가 리타를 향해 앞쪽으로 몸을 기울였을 때 리타는 조금 긴장했다. 치료자가 그것을 알아차리고 긴장에 대해 언급했을 때 ("내가 앞쪽으로 몸을 기울이니 당신의 몸이 긴장하는 것 같군요.") 리타는 그녀도 그것을 느꼈음을 인정했지만 재빨리 치료자가 앞으로 몸을 기울인 것은 '괜찮다'고 말했다. 치료자는 리타의 몸이 하는 말과 언어 사이의 불일치를 알아차리고 그것에 대해 탐색해 보자고 제안했다. 치료자는 두 사람의 마음과 몸에 편안하고 적절한 거리가 있음을 언급했다. 치료자는 리타에게 두 사람 사이의 '옳은' 거리가 어느 만큼인지를 물었다. 그리고 리타는 치료자가 어디에 앉는 것이 '괜찮은지'를 말했다. 치료자는 리타의 말과 신체 반응의 불일치에 대해 계속 호기심을 갖고 어떤 자세가 그녀에게 더 편안한지를 계속 물었다. 치료자는 자신의 의자를 조금 멀리 옮겼다가 가까이 옮기면서 리타에게 신체 반응에 차이가 있는지 물었다. 리타는 치료자가 멀리 떨어졌을 때 편안함을 느낀다는 것을 알아차렸다. 치료자는 리타가 자신의 신체 감각을 알아차리도록 도왔고, 리타는 치료자가 가까이 올 때 배에서 긴장을 느낀다고 말했다. 이러한 감각은 그녀가 위협감을 느끼기 시작한다는 '경고'다. 그리고 치료자와 내담자는 리타가 상담 중에 이러한 감각이 일어날 때마다 그것을 알아차리고, 무엇이 위협감을 느끼게 하는지 탐색하면서, 필요하다면 그녀의 개인적인, 신체적·심리적 경계를 재조정하기로 합의했다.

심리생리적 조절의 상호작용을 효과적으로 하기 위해서는 개입 방법이 내담자가 하는 말보다는 내담자의 자동적인 각성에 어떤 영향을 미치는지를 면밀히 관찰해야 한다. 치료자는 내담자의 경험의 조직화와 행동 경향을 잘 살펴보고 대화의 내용보다는 현재의 경험을 알아차리고 접촉해야 한다. '이야기'나 사건보다는 각성 경향에 대한 학습과 인내의 창 안으로 돌아가는 방법이 더 중요하다. 심리생리적 조절장치로서 치료자는 내담자가 저각성/과각성을 유지하는 신체 경향성에 대해 호기심을 갖고 필요한 신체 자원을 개발하도록 격려해야 한다.

실험은 자기조절을 위한 소매틱 자원을 발견하기 위한 수단이다. 내담자와 치료자는 내담자가 "아니요."라고 말할 때 무슨 일이 일어나는지에 대해 호기심을 갖고 함께 작업한다. 호흡은 어떤지? 몸짓은 어떤지? 오리엔테이션과 거리에는 어떤 변화가 있는지? 취약한 내담자에게는 초기 치료 단계에서 감각과 함께 작업하는 것이 어려울 수도 있다. 내면에 집중하기 위해서는 그라운딩이 되어 있고, 마음챙김을 할 수 있는 상태가 되어야 한다. 조절이 잘 안 되는 내담자들은 자신의 소매틱 반응을 탐색하는 것 자체가 촉발요인이 될 수 있다. 이러한 내담자들은 내면 감각과 작업하기 전에 신체적 자원에 기반한 행동(예를 들면, 그라운딩)을 배워야 한다.

저각성 및 과각성에 대해 효과적으로 작업하기

저각성과 과각성 징후가 감지될 때 치료자는 내담자의 조절을 촉진하기 위해 내담자가 적절한 신체 행동을 찾도록 도와야 한다. 치료자가 과각성(예를 들면, 긴장, 얕은 호흡, 빠른 말) 징후를 알아차리면, 각성이 더 올라가기 전에 부드럽게 내담자의 말을 멈추게 한다. 치료자가 내담자의 정향을 이야기에서 신체 자원이나 행동으로 돌릴 때 내담자의 자각 안에 있는 정보의 양은 소매틱 경험으로 한정된다(방해 없이 감각과 움직임을 자각). 치료자는 내담자의 조절 이상이 심해지기 전에 내담자의 트라우마 관련 정향 경향성을 저지한다. 두려움, 공포, 무기력함과 같은 트라우마 반응을 지속하는 것은 치료적 효과가 거의 없고 내담자를 인내의 창 밖으로 끌어낸다. 대신에 내담자가 트라우마에 대해 이야기하기 시작할 때 치료자는 내담자의 몸이 긴장되고 호흡이 얕아지는 것을 감지한다. 그러면 치료자는 트라우마 패턴이 완전히 드러나기 전에 이야기를 멈추게 하고, 내담자의 정향을 기억에서 현재의 신체 감각이나 신체 행동으로 재정향한다. 예를 들면, 치료자는 불편한 장면을 보거나 듣고 있는 내담자의 각성 수준이 인내의 창의 상한선에 가까워지고 있다는 것을 관찰할 때 이렇게 말한다. "이 이야기를 하면서 많이 힘드시군요. 이야기하는 걸 멈추고 몸의 느낌이 어떤지 살펴보죠. 그리고 어떻게 하면 편안해질 수 있는지 살펴봐요. 잠시 살펴보고 몸의 느낌이 어떤지 이야기해 주세요." 자동적이고 습관적인 반응을 멈추게 함으로써 각성 상태는 천천히 가라앉고 좀 더 자신을 잘 관찰할 수 있게 된다. 그렇게 함으로써 변화를 위한 자원을 개발할 기회를 만들어 낸다.

과각성된 내담자와 작업할 때 첫 단계는 치료자가 내담자의 정향을 과거의 대상이 아니라 현재 환경에 있는 대상들로 옮기도록 하는 것이다. 치료자는 내담자에게 "당신이 겪은 과거의 어려움에 대해 생각하는 것을 멈추고 이 방 안을 둘러보면서 빨간색 물건 네 개를 찾고 그것에 이름을 붙여 보세요."라고 말한다. 이러한 기법은 활발한 정향 반응을 불러내며, 저각성이나 과각성된 내담자들의 각성 수준을 인내의 창 안으로 돌아오게 한다. 조절 이상 각성이 지속되면 내담자가 서서 상담실 안을 걸으면서 다리의 움직임에 자각을 가져가도록 한다. (움직임 도망 반응과 연관된) 특정 대상이나 사람들을 향하거나 그것에서 떨어져 나옴으로써 각성 수준이 인내의 창 안으로 돌아갈 수 있다. 서거나 걷기는 내담자가 '자원이 되는' 방식으로 자신의 몸을 더 잘 느끼도록 돕고 움직임은 대개 과각성과 저각성 모두에 도움이 된다.

진자 기법

진자 기법oscilation techniques은 고요하거나 '자원이 되는' 신체 영역과 고통스럽거나 불편한 감각이나 영역, 혹은 경험 사이를 반복적으로 마음챙김 방식에서 왔다갔다 하도록 내담자를 안내하는 것이다. 이러한 진자 운동은 저각성과 과각성 상태의 내담자가 트라우마적 활성화에서 자원이 되는 경험이나 현재 경험으로 주의의 초점을 옮길 수 있도록 해 준다. 내담자에게 긍정적인 감정을 불러일으키는 경험과 부정적인 감정을 불러일으키는 이미지나 감각 경험을 왔다 갔다 하도록 한다. 예를 들어, 심한 두통을 동반하는 과각성 상태를 힘들어 하는 내담자에게 치료자는 두통을 나타내는 시각적인 이미지와 그 반대를 나타내는 시각적 이미지를 그려 보라고 요청했다. 내담자는 두통을 나타내는 골프공과 그 반대를 나타내는 마쉬멜로를 그렸다. 치료자가 내담자에게 두 이미지 사이를 오가도록 했을 때 그의 신체 반응은 과각성과 두통이 사라지기 시작했다.

내부 수용 감각 자각: 신체 감각

내부 수용 감각 자각은 트라우마 이후에 변화된다. 그렇기 때문에 치료 초기에 신체 감각에 대한 내담자의 반응에 대해, 특히 감각적 흥분과 각성의 오르내림에 대해 알아보는 것은 치료자에게 매우 중요하다. 어떤 내담자는 움직일 때의 감각에 대해 부정적인 반응을 가지고 있는 반면, 어떤 내담자는 가만히 앉아 있는 감각에 부정적인 반응을 갖는다.

공부가 어려워서 상담실에 온 한 대학생은 앉아서 공부를 하려고 할 때 '하얘지고' 집중을 할 수 없다고 말했다. 치료 도중에 이러한 패턴을 관찰함으로써 내담자는 장시간 가만히 앉아 있을 때 그녀가 경험하는 신체 감각이 정적 방어 반응과 유사하다는 것을 깨달았다. 이것은 어린 시절의 성추행에서 생긴 것이다. 자신의 감각과 과거 트라우마의 관계를 이해하고 공부를 할 때 자주 '움직임'을 함으로써 그녀의 각성 수준은 인내의 창 안으로 들어올 수 있었고, 공부를 할 때 효과적으로 집중할 수 있게 되었다.

특정 신체 감각, 조절 이상적 각성, 감각 사이의 연관성은 트라우마 내담자들에게 현재 관계에서 느끼는 긴장이 신체적 불편함과 관계가 있다는 것을 알려 준다. 판 데어 콜크는 이렇게 언급했다. "불편한 감각은 현재 사건에 의해 촉발된 기억이라기보다는 현재 환경에서 자신이 느끼는 방식을 바꾸기 위한 회복적 행동으로 보아야 한다"(2002, p. 14). 치료 과정에서 내담자들은 멍해지거나, 행동화act out하거나, 이러한 감각을 회피하기보다는 조절 이상 각성을 알리는 불편한 감각을 인식하는 것을 배운다. 이들은 과각성이나 저각성에 선행하는 소매틱 감각에 대한 알아차림을 배우고 트라우마의 잔재에 의해 촉발되는 감각과 트라우마적이 아닌 지금 여기에서 경험하는 감각의 차이를 구별하게 된다.

반사적이고 자기 파괴적인 행동이 일어날 때 각성을 조절하고 통제하는 능력은 감각 자각을 통해서, 그리고 새로운 행동을 학습함으로써 증진된다. 아이에게 분노를 폭발하는 것 때문에 상담실에 온 한 내담자는 공격 행동을 하기 전에 일어나는 신체 감각을 알아차리는 것을 배웠다. 이러한 감각이 일어날 때 그는 호흡을 통해 중심화centering하고 산책을 나갔다. 긴장감, 추위, 무거움, 멍함, 따끔거림과 같은 내부 감각을 느끼고 알아차리기를 배움으로써 내담자는 트라우마적 각성 전에 일어나는 감각을 인식하고 대안적인 대처 전략을 수립할 수 있게 되었다.

신체 감각에 대한 인식과 언어화

치료의 첫 단계에서 해야 하는 작업 중 하나는 몸 상태에 대해 인식하고 언어화하는 것이다(Van der Kolk, McFarlane, et al., 1996). 치료자들은 한 세기 동안 트라우마 내담자들에게 신체 감각을 경험하고 그에 대한 단어를 찾게 하기 위해 노력했다. 많은 내담자는 실체감증alexisomia, 즉 감각을 말로 표현하는 것에 어려움을 겪는다(Bakal, 1999). 1800년대에 폴 솔리에르Paul Sollier는 신체 감각이 치료의 가장 중요한 부분임을 확신했다. 그는 "자신의 행동을 주의 깊게 관찰하고 움직임을 온전히 느끼며 모든 감각에 주의를 기울이고 몸의 모든 부분을 섬세하게 느끼는 것"(1897, Janet, 1925, p. 806에서 재인용)을 내담자에게 가르쳤다. 솔리에르는 간지러운 느낌, 저리는 느낌, 잡아당기는 느낌, 타는 듯한 느낌… 비틀리는 느낌이나 이완감, 팔 다리가 확장되는 느낌과 축소되는 느낌 등 신체 감각에 대한 단어를 찾도록 내담자를 도왔다. 1단계에서 감각 자각이 안정적으로 되면 감각 단어 '메뉴'를 제공함으로써 내담자가 감각을 잘 기술할 수 있도록 도울 수 있다. 내담자들은 솔리에르의 것과 비슷한 감각 단어를 배운다. 단어 목록에는 축축한, 찌릿찌릿한, 뻑뻑한, 멍한, 간지러운, 떨리는 등의 단어가 포함되어 있다. 예를 들어, 몸에 통증이 있는 내담자는 이 통증이 다른 통증과 어떻게 다른지 구별하지 못하고 단지 "아파요."라고 말할 수 있다. 그러면 치료자는 "어떤 통증인지 궁금해요. 멍한 느낌인지, 날카로운, 찌르는, 마비된, 따끔거리는 느낌인지, 아니면 뭔가 밀어내는 느낌인지" 내담자에게는 단어 목록을 제공하고 내담자가 신체 감각에 대해 명확한 단어를 찾을 수 있도록 격려한다. 감정을 묘사하는 말이 감정을 지각하고 처리하는 데 도움이 되는 것과 마찬가지로, 감각에 대한 명확한 단어를 말하는 능력을 키우는 것은 내담자가 자신의 지각을 확장하고 신체 느낌을 처리할 수 있도록 돕는다(Ogden & Minton, 2000).

내담자가 감각에 주의를 기울일 때 아주 미세한 떨림에서부터 팔을 드는 것과 같은 큰 동작까지 몸에서 일어나는 움직임을 느끼기 시작한다. 그러나 내담자가 매우 불안정할 때에는 감각을 다루기보다는 서거나 미는 움직임 작업이 더 효과적이다. 움직임과 함께 어떤 동작이 더 '좋게 느껴지는지' 찾아보도록 내담자를 격려한다. 내담자에게 냄새 맡고, 보고, 듣고, 경험하고 접촉하는(예를 들면, 소파에 팔을 놓고 있는 감각), 지금 여기에서의 감각 경험에만 주의를 기울이도록 안내한다.

감정 및 인지와 신체 감각을 구분하기

내담자들은 감정으로부터 신체 감각을 구분하고 감정의 신체적 경험을 탐색하는 것을 배운다. 내담자에게 신체 감각이 아니라 감정을 나타내는 슬픔이나 분노와 같은 단어와 함께 감각을 묘사하도록 한다. 내담자들은 감각을 묘사하는 것과 감정과 몸이 연결되어 있는 방식을 배운다. 한 내담자는 자신의 감정에 대한 소매틱 경험을 이렇게 묘사했다."가슴에서 무너지는 감각으로 슬픔을 느껴요. 가슴 주변이 아파요. 그리고 눈에서 눈물이 나는 것을 느껴요." 말은 슬픔이라는 감정에 상응하는 감각을 명확하게 묘사한다.

내담자가 감각과 정동을 잘 구별할 수 없는 것처럼 감각도 의미나 해석, 인지 왜곡과 섞여 있을 수 있다. 예를 들면, 트라우마적 활성화를 자주 경험하는 내담자는 자동적인 몸의 위험 감지 신호를 '세상은 안전하지 않다'는 신념으로 해석하면서도 신체 감각은 알아차리지 못한다. 이러한 신념이 몸에서 어떻게 경험되는지를 물음으로써 신념의 신체적 요소를 알아차리게 된다. 내담자는 신념의 소매틱 연관성을 탐색하기를 배운다. 이것은 가슴의 딱딱한 느낌이나 몸의 떨림, 심장 박동의 빨라짐, 팔다리의 긴장이나 무감각, 몸 전체에 열이 나고 힘이 들어가는 느낌 등으로 나타날 수 있다. 이러한 묘사는 내담자가 갖고 있는 신념으로부터 신체 감각을 명확하게 구분할 수 있도록 해 준다.

감각의 증가

　　신체 감각을 이해하고 알아차리기 어려운 내담자들에게는 자신을 접촉하거나 움직이도록 하는 것이 감각을 키우는 데 도움이 된다. 신체 접촉은 피부에서 끝나는 신경을 활성화함으로써 감각을 증폭시키고 그 신체 부위에 집중하는 데 도움이 된다. 내담자들에게 몸의 특정 부분의 감각을 키우기 위해서 스스로 접촉하도록 한다. 예를 들면, 멍하다고 말하는 내담자에게 감각의 느낌을 키우기 위해서 한쪽 팔로 다른 팔을 주무르도록 한다. 주무르는 팔과 그렇지 않은 팔의 느낌을 비교함으로써 몸의 감각을 키울 수 있다(Bentzen, 개인 커뮤니케이션, 1992. 6. 14).

　　움직임은 감각을 바꾸고 증가시킨다. 많은 내담자가 움직일 때 감각에 집중하기 쉽다고 말한다(Segal et al., 2002). 내담자들에게 걷고 팔을 올리고 몸을 스트레칭 하도록 한다. 그렇게 하면서 관절과 근육의 다양한 감각을 알아차리도록 한다. 또한 치료자가 자신의 팔을 들어 올려서 내담자에게 모델링을 할 수도 있다. 동작을 하면서 이렇게 말한다. "나는 팔이 긴장되고 어깨에 힘이 들어가는 것을 느낄 수 있어요. 대부분의 감각이 내 팔 위쪽에서 느껴져요. 팔 아래 부분에는 별로 느낌이 없어요. 팔을 위로 올리니 어깨에도 긴장된 느낌이 있어요. 내가 팔을 더 뻗으니 감각이 커지네요."

소매틱 자원 지도

　　개인의 심리와 몸의 구조, 자세, 움직임의 연관성은 복잡하기 때문에 소매틱 자원에 접근하고 개발하기 위해 이러한 연관성의 지도를 만드는 것은 도전적인 일이다. 효과적인 지도는 이러한 연관성을 반영하기 위한 충분한 내용을 담고 있으면서 치료자가 주요한 소매틱도 주제를 빨리 이해할 수 있을 정도로 단순해야 한다. 쇼어(schore, 1994)는 몸 구조, 자세, 움직임에 나타나는 자기조절 능력을 자동 조절과 상호작용 조절로 나눈다. 이러한 구분은 소매틱 자원 지도의 틀을 제공한다. 2장에서 논의했듯이, 다른 도움 없이 각성 수준이 인내의 창 한계까지 올라갈 때에는 내리고, 너무 내려갈 때에는 올리는 조절 능력이 자동 조절이다. 상호조절은 다른 사람과 함께 각성을 올리고 내리는 능력이다. 자동 조절과 상호조절 능력 모두 언어 습득 이전인 유아기의 애착 관계에서 개발된다. 유아가 개발하는 첫 번째 자원이 비언어적 소매틱 자원이다.

자동 조절과 상호작용 조절:
몸의 중심부와 주변부

소매틱 자원 지도를 만드는 것의 목적을 논의하면서 우리는 몸의 중심부the core 및 주변부periphery와 관련된 자원들을 구분한다(Melchior, 개인 커뮤니케이션, 1995. 6. 5.; Bowen, 개인 커뮤니케이션, 2000. 11. 10). 몸의 중심부는 골반, 척추, 흉곽이며, 주변부는 팔과 다리다. 중심부는 전체 구조에 지지와 안정성을 제공하며, 다리 안쪽을 통해 안정적으로 그라운딩되어 있다. 주변부는 움직임 및 환경과의 상호작용을 제공한다. 목, 머리, 얼굴은 몸의 중심부와 주변부 모두에 속한다. 이 부분들은 척추 및 중심부에 연결된 부분이며 동시에 사회적 연결 및 환경과의 상호작용을 촉진하기 때문에 주변부에 속하기도 한다. 유아의 첫 번째 움직임은 몸의 중심부에서 시작해서 주변부로 뻗어나간다. 그리고 나서 다시 중심부로 수축해 들어온다(Aposhyan, 2004; Cohen, 1993). 이러한 확장과 수축의 움직임은 주변부(팔, 다리, 목)뿐만 아니라 중심부(척추, 목)의 운동 능력을 발달시킨다. 중심부에서 시작되고, 중심부와 연결된 움직임은 안정적이고 협응적이 되어 힘들이지 않고 일어난다(Aposhyan, 2004; Cohen, 1993; Kurtz & Prestera, 1976).

커츠와 프리스테라는 중심부가, "자양분을 얻기 위해 가는" "내면의 장소"로서의 심리적인 의미를 가지고 있다고 했다(1976, p. 33). 척추는 팔 다리와 얼굴이 환경과 상호작용할 때 일어나는 커다란 움직임의 중심이 되는 축이다. 머리와 팔다리의 근육은 움직임, 표현, 행위와 연관되어 있다. 주변부는 유아가 주변부 근육을 사용하여 뻗기나 기기, 서기, 걷기, 뛰기와 같은 발달 과업을 성취할 때 더 개발되며, 이는 다시 중심부를 강화해 준다.

일반적으로 몸의 중심부의 자각(센터링, 그라운딩, 호흡, 정렬) 및 움직임과 연관된 소매틱 자원은 내면의 신체적 안정성과 심리적 안정성을 제공하고, 그 결과로 자동 조절을 지원한다. 주변부의 자각과 움직임(밀기, 뻗기, 걷기)을 개발하는 소매틱 자원들은 사회적 기술 및 세상과의 상호작용을 촉진하고 상호작용적 조절 능력을 지원하는 경향이 있다. 이 단순화된 체계에서 중심부는 말단 움직임을 '지지하는 기둥'이다(Kurtz & Prestera, 1976). 환경과의 긍정적인 상호작용은 중심부를 개발하고 '중심부를 가지고 있는' 느낌을 제공한다.

어린 시절의 방임이나 학대의 결과로 트라우마 생존자들은 "자신의 주변에 항상 사람을 두려고 하거나 완전히 스스로를 고립시킨다"(Herman, 1992, p. 162). 상호작용적 조절 패턴은 조절과 관련해서 주변부에 더 많이 의존하며, 몸 및 자아의 중심부와의 연결과는 연관이 적다. 자동 조절 전략은 중심부와 더 많이 연결되며, 주변부를 사용하는 능력과는 연관이 적다. 주변부의 활용은 팔을 사용하여 뻗거나 타인과의 개인적인 경계를 설정하기, 다리를 사용하여 어떤 물건이나 사람에게 가까이 가거나 멀어지기와 같은 것을 들 수 있다. 몸의 중심부와 주변부는 자동 조절 능력 및 상호작용적 조절 능력을 담당하며 상보적 관계를 갖는다.

메리의 자세는 매우 반듯했지만 몸, 특히 목, 팔, 어깨가 긴장되어 있었다. 그녀의 턱과 가슴은 들려 있었지만 목의 움직임이 거의 없었다. 그녀는 걸을 때 옆쪽으로 팔을 들고 있었고, 앉아 있을 때에는 팔짱을 끼는 습관이 있었다. 그녀의 다리와 무릎은 경직되어 보였다. 그래서 움직임은 무겁고 구분이 잘 안 되었으며, 우아함과 유연성이 없어 보였다. 팔과 다리를 움직일 때 척추와 상체도 경직되어 있었다. 메리는 다리에 의해 잘 지지되는 유연하고 통합된 몸이 아니라 긴장과 경직성으로 자신을 안정화시키고 있었다. 그녀는 각성이 갑작스럽게 올라갈 때 그것을 다루기 어렵다고 토로했다. 또한 주기적으로 우울을 겪는데, 그럴 때에는 방에서 나가기 싫다고 했다.

치료자는 소매틱 평가를 통해서 메리의 주변부 신체 자원이 핵심 자원임을 발견했다. 즉, 정렬된 구조, 가슴과 턱을 들어 올리는 자세는 그녀에게 아주 '쉬운' 자세이고 이렇게 할 때 자신의 정체성, 힘, 굳은 결의를 느낄 수 있었다. 팔짱을 끼는 습관 또한 주변부와 관련된 소매틱 자원이었다. 이렇게 앉아 있을 때 그녀는 안전함을 느꼈다. 이것은 학대 받던 어린 시절에 그녀에게 필요했던 생존 자원이었다. 그러나 메리는 긴장과 억제된 움직임을 통해서 안정화를 시도했다. 그리고 이것은 중심부와 주변부 모두의 즉각적인 움직임을 방해하고 있었다. 다리의 느낌과 다리가 몸을 지지하는 것을 느낌으로써 그라운딩을 하는 것은 그녀에게 어려운 일이었다. 또한 팔과 다리를 사용한 움직임을 통해 자신을 보호하는 것도 어려웠다.

치료 초기에 치료자는 메리의 정렬된 자세를 인정하고 그것을 온전히 느낌으로써 그것이 심리적으로 그녀에게 어떤 의미인지를 발견하도록 했다. 그녀는 이 자세가 자신에게 정체성, 힘, 굳은 결의를 느끼게 해 준다고 했다. 이러한 개입은 그녀가 자신의 몸 안에서 자신감을 경험하고 결여되어 있는 자원을 다룰 수 있는 기반을 마련했다. 첫 번째 치료 단계에서 존재하는 자원을 인정한 후에 결여된 소매틱 자원들을 평가하고 개발하였다. 메리는 다리가 '살아 있는' 느낌을 되찾는 것(그녀는 안정적으로 그라운딩된 느낌이 부족했다), 밀기를 통해 팔에 에너지를 주는 것(그녀는 팔이 얼어붙고 힘이 빠지는 느낌을 느꼈다)을 연습했다. 처음에는 이러한 움직임이 메리에게 낯설었지만 점차로 자원이 되었다. 다리의 느낌을 알아차리는 것을 연습함으로써 메리는 그라운딩의 느낌을 갖게 되었고, 밀기 연습을 통해서 얼어붙기 방어 체계를 경감시켰다. 이것은 그녀에게 자기를 보호하는 느낌과 스스로를 방어하는 능력을 주었다. 또한 메리는 몸의 중심부에서 움직임의 느낌을 경험하기 시작했다. 그렇게 되자 덜 긴장하게 되고 스스로와 더 연결된 느낌을 갖게 되었다.

자동 조절을 위한 핵심 자원

자동 조절 자원은 주로 몸의 중심부와 연관되어 있으며, 안정감, 자신과의 연결감, 내부 통제감의 느낌과 연결된다. 이러한 능력을 갖게 되면 집중된 자각 혹은 자신에게 '중심 잡혀 있음'이 생기며, 이는 척추를 평가하고 알아차리는 것에 의해 촉진된다. 치료자는 신체의 중심부 경험이 딱딱한지, 부드러운지, 무너져 있는지, 유동성이 있는지, 유연한지, 경직되어 있는지를 살펴보고 내담자가 신체 중심부를 강하고 유연하게 경험하도록 돕는다. 척추가 경직되어 있을 때에는 척추의 센터링 및 움직임을 다루는 것이 도움이 된다. 척추가 앞으로 기울어 있거나, 주저앉아 있거나, 굽어져 있다면 척추 정렬이 유용하다.

척추 정렬은 머리가 어깨 위에 중심을 잡고 있고, 가슴은 상반신에 편안히 자리하고 있으면 골반은 상체를 잘 지지하고 다리와 발은 바닥에 잘 놓은 자세를 말한다(Aposhyan, 2004; Kepner, 1987; Kurtz & Prestera, 1976). 서 있는 자세에서 옆모습을 보았을 때 정수리, 귀, 어깨, 엉덩관절, 무릎 관절, 발목이 일직선으로 정렬되어 있는 상태다. 이 포인트들이 일직선이 될 때 몸의 각 부분은 바로 위에 있는 부분들을 지탱하며, 몸은 중력과 함께 균형을 잡게 된다. 이 라인이 들쭉날쭉하게 되면 몸의 부분들이 최적의 정렬 상태에서 벗어난 것이다. 어떤 부분은 앞으로 굽어 있고, 어떤 부분은 뒤로 젖혀 있으며, 머리가 앞으로 나와 있거나 골반이 수축되어 있기도 하다. 몸이 정렬을 벗어났을 때 근육 긴장이 커지고, 몸을 바르게 하기 위해서 에너지를 쓰게 된다. 몸이 정렬되어 있을수록 몸을 지탱하기 위한 노력이 덜 들게 된다.

내담자에게 선 자세를 취하고 그들의 척추가 어떻게 잘못되어 있는지를 과장함으로써 정렬 상태를 평가한다. 평가를 통해 내담자의 경향성을 이해하고 심리적 연관성을 발견한다. 이렇게 하면 바른 정렬을 위해 무엇을 해야 하는지를 알 수 있게 된다. 근육을 보상해서 사용하면 다른 방식으로 자세를 왜곡하고 노력이 들기 때문에 정렬이 중요하다(Kepner, 1987). 정수리가 위쪽으로 올라가고 발은 단단히 뿌리내리고 있다고 상상하면 척추를 바르게 펴고 가슴을 들어 올리는 데 도움이 된다. 이렇게 하면 호흡도 더 편안해진다. 이러한 자세는 정렬에서 벗어나 있는 사람들에게는 처음에는 이상하게 느껴지지만 연습을 하다 보면 점차 편안해질 것이다.

등을 자각하는 힘을 키우는 단순한 연습을 함으로써 정렬과 핵심적인 자원을 촉진할 수 있다. 과각성이었던 한 내담자는 자신이 등에 대한 자각이 없었다는 것을 발견했다. 그녀는 벽에 등을 대고 그 부분의 감각을 '느끼는' 연습을 안내 받았다. 이러한 연습은 그녀가 자신을 인식할 수 있도록 도왔고, 이것이 '척추'에 대한 느낌을 갖게 해서 각성이 인내의 창으로 돌아올 수 있도록 해 주었다.

공격 충동으로 어려움을 겪는 내담자들은 센터링 연습으로 도움을 받을 수 있다. 폭력적인 남성 내담자들을 치료한 생클레르(Sinclair, 2001)는 이 남성들에게 공격적인 행동에 선행하는 각성의 감각을 알아차리도록 가르쳤다. 그는 내담자들에게 한 손은 배에 놓고, 다른 한 손은 가슴에 놓고 나서 감각의 변화에 주의를 기울이도록 하는 단순한 센터링 연습을 가르쳤다. 이러한 개입은 다른 행동(마음을 가라앉히고 센터링을 할 수 있는 소매틱 자원)을 제공함으로써 내담자들에게 자신의 반응을 멈추고 공격 행동에 대한 대안을 찾을 수 있는 기회를 제공했다.

그라운딩은 척추를 통한 자기-지지와 통합의 느낌을 제공한다. 자원으로서 그라운딩은 핵심적인 신체 다리와 발, 체중, 땅과 자기 자신의 연결을 알아차리는 신체적 과정이다. 그라운딩 연습을 통해 땅의 지지를 경험할 수 있다. 그리고 이것은 신체적·심리적 견고함과 안정감을 준다. 다리와 발의 긴장이나 무기력, 무릎 잠김(역주: 갑자기 무릎이 움직이지 않게 되는 현상), 다리와 발의 무감각, 다리와 발이 상반신을 지지하는 기반이라는 느낌이 없는 것은 모두 그라운딩의 느낌을 감소시킨다.

발과 다리의 자각을 키우고 내담자가 그라운딩을 느끼도록 돕는 연습에는 서서 체중을 발가락, 발뒤꿈치, 발의 옆면으로 옮기고 나서 발바닥의 전체 표면으로 체중의 균형을 잡는 연습이 있다. 이 연습을 할 때에는 내담자들에게 발을 편안하게 바닥에 놓고 무릎을 이완하고 체중을 한쪽 다리에서 다른 쪽 다리로 옮겨 보고나서 발바닥의 여러 방향으로 체중을 옮기도록 한다. 그리고 체중과 중력이 아래쪽으로 작용하는 것을 느껴 보도록 한다. 앉은 자세에서 발바닥의 느낌을 살펴보거나 골반이 상체의 체중을 '받혀'주고 있는 느낌을 마음챙김 방식으로 살펴본다. 그리고 앉은 자세에서 바닥이 그라운딩을 지지하는 느낌을 느끼면서 골반을 이완한다.

다리를 느끼는 것조차 어려운 내담들에게는 큰 움직임으로 걷게 하거나 손을 사용해서 다리와 발을 마사지해서 감각을 키우고 다리의 느낌을 느끼도록 한다. 그라운딩은 몸 전체를 통한 수직적인 정렬에 의해 강화되고 지지된다. 신체의 각 부분은 그 아래 부분에 의해 지지되고 그라운딩된다.

호흡은 에너지와 각성의 조절에 직접적으로 연관되어 있다. 우리는 애쓸 때 호흡이 빨라지고 힘들어지며, 이완할 때 느리고 깊어진다. 위협 상황에서 우리는 움직임을 멈추려는 노력으로 호흡을 멈춘다(Conrad, 1997). 서구 의학에서는 1800년대 이래로(Janet, 1925) 호흡 연습이 트라우마 치료에서 유용하다고 인식되었다. 그 이유는 아마도 자동적인 각성이 호흡을 변화시키기 때문일 것이다. 각각의 상황에 적합한 여러 가지 호흡 방식들이 있을 뿐 호흡에 '옳은' 방법은 없다는 것을 깨닫는 것이 중요하다(Aposhhyan, 1999). 그러나 트라우마 내담자들에게서 문제가 될 수 있는 두 가지 주요한 호흡 패턴이 발견된다. 과호흡(과다호흡 경향성)과 저호흡(호흡 저하의 경향성)이 그것이다(Levine & MacNaughton, 2004). 내담자들에게 호흡 경향성 및 호흡에서 발생된 감각을 관찰하고, 호흡을 바꾸면 감각과 각성이 어떻게 달라지는지를 살펴보는 것을 가르친다. 내담자들에게 호흡이 얕은지 깊은지, 가슴에서 일어나는지 배에서 일어나는지, 빠른지 늦은지 등을 관찰하도록 한다. 갈비뼈에 손을 얹어 보면 호흡이 가슴에서 일어나는지, 횡경막에서 일어나는지를 알아차릴 수 있다.

호흡 경향성에 대한 알아차림과 호흡을 깊게 하는 작업은 중심부 운동을 활성화 한다. 일반적으로 내담자들은 들이쉬는 숨은 각성을 증가시키고, 내쉬는 쉼은 각성을 감소시켜서 이완하게 한다는 것을 관찰하게 된다. 이러한 자각은 저각성과 과각성 상태 모두를 안정시키는 데 유용하다. 호흡 연습은 강력하며, 빠르게 트라우마 내담자의 안정 상태를 깰 수도 있기 때문에 주의 깊게 사용되어야 한다. 호흡 연습을 사용할 때에는 이 연습이 감각에 어떤 영향을 미치는지를 자각하고, 그것을 어떻게 통합할지를 고려해야 한다(Levine, 2004).

상호작용 조절을 위한 주변부 자원

상호작용적 관계는 손과 발을 움직이는 행동을 통해 소매틱적으로 조절된다. 게다가 얼굴 표정, 시선, 목소리 외에도 팔 뻗기와 당기기는 돌보는 이와의 거리를 조절하기 위한 유아의 첫 번째 자원이다. 그 이후에는 돌보는 이에게 가까이 다가가기 위해 기기와 걷기가 나타난다. 팔로 밀기나 다리를 움직이는 행동은 자신과 타인 사이에 거리를 만들어 냄으로써 안전감을 제공해 줄 수 있으며 싸우거나 도망가는 동적인 방어를 활성화시킨다.

트라우마는 개인적인 경계를 침해 당한 것이다. 신체적 통합과 심리적 통합이 깨지고 개인에게는 보호 받지 못한 느낌과 취약함이 남는다. 경계를 침해 당하면 대인관계에서 자신을 보호하고자 하는 부적절한 보호본능이 생길 수 있다. 1단계 치료에서 강조되는 것은 내담자가 안전감을 느낄 수 있는 경계를 갖도록 돕는 것이다 (Kepner, 1987, 1995; Levine, 1997; MacNaughton, 2004; Rosenberg, Rand, & Asay, 1989; Rothschild, 2000; Scaer, 2001).

전통적인 통찰 중심, 과정 중심, 해석 중심의 치료는 주로 감정적인 접근이나 인지적인 접근을 통해 경계를 다룬다. 경계 문제를 다루는 치료에서 매우 중요한 또 다른 요소는 경계에 대한 소매틱 감각somatic sense of boundary이다. 경계에 대한 소매틱 감각은 경계에 대한 인지적 및 감정적 이해와는 다르다. 경계에 대한 신체적인 느낌은 안전, 보호, 방어 능력이라는 경험 안에서, 그리고 경계에 대한 감각 느낌_{felt sense}에서 찾는다. 전통적인 치료자들은 내담자에게 안전한 느낌인지 묻는다. 그리고 내담자들은 인지적인 차원에서 "그렇다."고 대답한다. 이는 그들이 인지적으로 그렇다고 믿고 있다는 것을 의미한다. 그러나 치료자가 신체의 위축, 빠르고 가쁜 호흡과 같은 과각성이나 저각성의 신체 징후를 발견한다면 내담자가 안전감이나 경계를 적절한 소매틱 느낌으로 느끼고 있지 않음을 알 수 있다.

소매틱 경계의 느낌을 회복하는 것은 팔로 밀기, 다리로 차기, 걷기와 같은 팔다리로 하는 행동을 탐색함으로써 촉진된다. 대인관계에서의 거리는 이러한 큰 움직임뿐만 아니라 상체를 뒤로 젖히거나, 몸을 긴장시키거나 옆으로 돌리는 것과 같은 좀 더 간접적이고 미묘한 움직임으로도 설정된다. 이러한 다양한 연습을 통해 내담자들은 적절한 거리가 자신이 안전감을 느끼는 데 어떤 도움이 될 수 있는지를 경험한다. 치료자가 내담자와 반대편에 서거나 치료자가 내담자를 향해 천천히 걸어올 때 내담자가 자신에게 편안한 거리에서 치료자에게 멈추도록 몸짓을 취하도록 하는(손을 들고 손바닥을 바깥쪽으로 향하게 해서) 것들이 그런 연습이 될 수 있다 . 이 연습에서 몸짓과 함께 말로 표현함으로써 치료자를 멈추게 할 수 있다. 거리에 대한 소매틱 신체 감각 반응을 탐색하는 것은 말이나 목소리를 사용해서 경계를 설정할 수 없는 내담자나 거절을 어려워하는 내담자에게 특히 중요하다. 한 내담자는 이렇게 말했다. "내가 말할 때보다 내 몸이 말할 때(팔을 들어올려서 "멈춰 주세요."라고 함으로써) 더 안전하게 느껴져요." 몸 안에 있는 '아니요' 반응과 동일시하는 것은 경계 설정을 가능하게 해 주는 전제 조건이다.

진정하기, 뒤로 물러서기, 숨 멈추기, 정향이나 주의의 전환 등과 같은 거리에 대한 자동적인 반응을 평가하기 위해 실험(내담자에게 가까이 가거나 내담자로부터 떨어지는 것 혹은 쿠션과 같은 물건에 가까이 가거나 멀어지는 것)을 할 수 있다. 팔을 사용해서 밀기, 말로 적절한 물리적 거리를 설정하기, 걸어서 가기와 같은 행동을 연습하고 평가할 수 있다. 많은 트라우마 내담자에게 치료자와 내담자의 물리적 거리를 조정하는 것이 각 회기의 첫 요소가 된다. 이 연습을 너무 어려워하는 내담자들은 좀 더 단순한 연습(치료용 공을 내담자에게 굴려 보내거나 쿠션을 대주어서 팔로 그것을 밀어보기)을 안내함으로써 미는 능력을 강화하고 다른 연습을 할 수 있는 기초를 마련할 수 있다.

트라우마 내담자들은 너무 수동적이어서 방어나 자기 보호를 할 수 없거나, 너무 공격적이고 분노의 감정을 조절하지 못한다(Bloom, 1997). 각성이 잘 조절되지 않아 분노를 폭발하는 내담자들에게는 공격의 도구인 팔과 손을 천천히, 통합적으로, 마음챙김 방식으로 움직이게 하는 작업이 도움이 된다. 내담자 밥은 상담 과정에서 감정과 신체 공격을 조절하는 것을 배웠다. 치료자는 밥이 신체적으로 반응을 느낄 때까지 그에게 걸어감으로써 그가 개인적 경계의 느낌을 경험하도록 했다. 밥은 자신의 경계가 위협 당하거나 침해 당하는 감각을 알게 되었다. 이 연습은 여러 번 반복되었고 밥은 자신의 내부 경험을 트래킹하고 말과 몸으로 "멈추라."고 표현하기를 연습했다. 그는 위협을 느꼈을 때 평소처럼 주먹을 쥐는 것이 아니라, 그의 얼굴 앞에 양손을 들어서 손바닥을 치료자에게 향하게 했다. 밥은 자신의 경계가 침해 당할 때 즉각 폭력적이고 공격적이 되는 것을 느꼈다고 말했다. 그리고 그는 쿠션을 들어서 자신의 주변의 원 안에 놓음으로써 자신의 공간을 느끼는 연습을 했다. 치료자와 밥은 치료자에 의해 그의 경계가 '침해 당하는' 상황을 설정하고 그 상황에 대처하는 것을 반복적으로 연습했다. 예를 들어, 치료자가 밥의 공간 안에 물건을 가져다 놓았다. 그러면 밥은 공격을 표출하는 것이 아니라 천천히 차분한 태도로 그것을 옮기는 것을 연습했다. 또한 그는 벽을 밀면서 공격의 에너지가 발로부터 손을 통과해서 천천히 움직이는 것을 느끼는 연습을 했다. 이러한 연습들을 반복하면서 밥은 차분한 태도로 스스로를 조절하면서 경계를 재설정하는 능력을 경험하기 시작했다. 그리고 그의 공격성 분출은 일상에서 줄어들었다.

누군가와 눈 맞춤을 하거나 다른 사람이 자신을 보고 있을 때 불안감이나 위협감을 느끼는 내담자는 시각적 경계를 탐색해 보도록 한다. 치료자와 내담자는 함께 시선을 돌리거나 눈을 감거나 상대와 비껴서 옆으로 앉는 등의 시도를 하면서 내담자에게 무엇이 가장 편안한지를 느끼고 신체 감각을 알아차리도록 하는 실험을 한다.

공간을 통과해 앞으로 걸어나가는 활동은 "그것 안에 정체성이라는 지속적인 느낌을 창조하는 반복된 움직임 패턴을 담고 있다"(Caldwell, 1995, p. 44). 내담자의 트라우마 관련 정체성과 연관된 움직임의 패턴을 탐색하고 변화시키는 것은 내담자가 환경과 상호작용을 더 잘 할 수 있도록 지원한다. 예를 들어, 한 내담자는 걸을 때마다 허리가 구부러지는 것을 알아차렸다. 그로 인해 그녀는 허리 통증을 느꼈고, 이것은 그녀의 무력감과도 연결되어 있었다. 이러한 패턴은 굴복하는 방어적인 태도를 동반했다. 그녀는 자신의 걸음걸이에서 이러한 패턴을 알아차리게 되었다. 그러고 나서 걸을 때마다 발바닥을 밀면서 걷는, 새롭고 더 적응적인 걷는 방식을 연습하기 시작했다. 그녀는 이 작은 변화로 공공장소에서 안전함을 더 잘 느꼈고, 다른 사람에게 다가갈 때 더 편안해지는 것을 느꼈다.

위협 자극에서 멀어질 수 없는 내담자들은 자신의 다리가 원치 않는 상황에서 벗어나도록 자신이 스스로 다리를 움직여 갈 수 있다는 느낌을 경험하지 못할 수도 있다. 즉, 그들은 종종 자신이 갇혀 있다고 느낀다. 어린 시절에 여러 명의 양부모로부터 학대를 받은 리사는 자신의 몸을 느끼려고 할 때 멍하고 뿌연 안개 속에 있는 것 같은 느낌을 느낀다고 했다. 첫 단계의 치료에서 치료자는 리사에게 일어서서 자신과 함께 상담실 방을 함께 걸어보도록 제안했다. 걸으면서 그녀의 다리가 몸을 지지하고 있는 느낌을 알아차리고, 어떻게 그녀가 원하는 것에는 가까이 가고 원치 않는 것에는 멀리 떨어지는지를 살펴보도록 안내했다. 리사가 몸을 느끼려고 할 때 인내의 창 안에 머물기가 어렵다는 것을 알고 있었던 치료자는 그녀에게 신체 감각을 묻거나 리사의 어린 시절의 트라우마에 대해 이야기해 달라고 요청하지 않았다. 치료자와 함께 상담실을 걸으면서 리사는 좀 더 현재감을 느끼고 다리 감각을 알아차리는 느낌이 좋다는 것을 알게 되었다. 움직임 경험은 리사가 반복해서 찾은 단순한 자원이었다. 이것은 몸이 얼어붙고 갇히는 것 같은 느낌을 경감시켰다. 또한 그녀가 의자에 가만히 앉아 있을 때 저각성과 관련된 막막함이 일어나는 것을 막아주었다.

중심부와 주변부의 사용

앞에서 언급했듯이, 자동적이고 상호작용적인 조절 자원의 주된 두 범주는 몸의 중심부 및 주변부와 연관되어 있다. 그러나 일부 소매틱 자원들은 척추 및 팔다리와 모두 연결되어 있기 때문에 그것들을 실행하는 데에는 중심부와 주변부 모두가 관여된다.

정향 경향을 변화시키기

정향은 중심부 및 주변부가 똑같이 관여되는 자원이며, 자동적 조절 및 상호작용적 조절과도 연관된다. 정향은 몸통, 목, 척추라는 중심부의 회전축과 연관되어 있기 때문에 중심부 자원이다. 또한 환경으로부터의 자극에 반응해서 일어나는 주변부—머리와 얼굴—움직임과 연관되어 있다. 그래서 정향은 상호작용적 조절이며, 주변부 자원이다. 내담자가 적응적인 정향 능력을 갖게 되면 도전적인 상황에서 스스로를 안정시킨다는 목표를 이룰 수 있다. 대학 2학년인 러셀은 크리스마스에 집에 가서 부모님을 뵙기로 했지만 아버지를 만나는 것을 생각하면 불안하고 초조해졌다. 아버지는 그가 어렸을 적에 그를 지속적으로 폭행했다. 치료자는 러셀에게 일어 서서 상담실 안에서 아버지를 상징하는 물건 하나를 선택해 보라고 했다. 러셀이 물건을 고르자 치료자는 그 물건에서 몸을 돌렸다가 천천히 그것을 향해 정향하면서 몸에서 무슨 일이 일어나는지 살펴보는 실험을 해 볼 것을 요청했다. 러셀의 척추는 무너졌고, 상체는 그가 '아버지' 쪽을 향해 있을 때에도 반대 방향으로 비틀어졌다. 그의 움직임은 무기력과 패배의 자세를 보여 주었다. 그러고 나서 러셀은 치료자와 함께 패배가 아니라 힘의 자리에서 아버지를 향해 정향하는 것을 지원하는 소매틱 자원을 활용해서 작업했다. 그는 치료자의 안내를 받아 아버지를 향해 정향하면서 척추를 똑바로 펴고 다리를 그라운딩하면서 중심부의 통합을 유지했다. 집에 다녀온 후 첫 상담 회기에서 러셀은 아버지 앞에서 처음으로 '자신을 잃지' 않을 수 있었다고 말했다. 그는 척추가 무너지는 항복 자세를 허용하지 않고 똑바로 서서 아버지를 대할 수 있었다.

몸이라는 '컨테이너'

트라우마 경험과 재활성화로부터 생기는 감정적 각성과 신체적 각성은 강력하고 불편하며 불쾌한 신체 감각을 불러일으킨다. 또한 조절되지 않는 행동적 카타르시스와 방출discharge로 이어지기 때문에 이러한 감각과 트라우마 관련 감정을 '담아내는contain' 것을 학습하는 것은 2단계 트라우마 치료에서 매우 중요한 자원이다. 어떤 내담자들은 방출 중에 얻어지는 단기적인 안도감 때문에 감정 담아내기containment를 별로 내켜하지 않는다. 그러나 장기적으로는 담아내기로 혜택을 입을 수 있다. 지속적인 증상으로 괴로워하는 내담자들은 담아내기 개입이 필요하다(Courtois, 1991, 1992).

내담자들은 마음챙김적으로 자신의 물리적 몸, 즉 피부와 표면 근육계의 '담아내는 것'을 경험함으로써 소매틱 자원으로서의 담아내기를 배운다(Kepner, 1987; Rothschild, 2000). 내담자에게 몸의 표면을 접촉하거나 문지르게 함으로써 몸 경계로서의 피부를 느끼는 것을 경험하게 할 수 있다. 내담자가 자신의 몸을 접촉할 때 조절 이상적 상태가 된다면 의자나 마룻바닥, 벽과 같은 주변 환경의 대상들과 접촉해서 피부를 느껴 보도록 하는 것이 불안정감을 덜어 줄 수 있다.

담아내기는 몸의 큰 근육을 긴장시킴으로써 탐색될 수 있다(Kepner, 1987; Rothschild, 2000). 이러한 수축은 몸 주변 표면의 외적 근육을 단단하게 만듦으로써 투과성을 줄이는 느낌을 주고, '몸 안에 유지하는' 능력과 '몸 밖에 놓아두는' 능력을 알아차리는 힘을 강화한다. 근육은 '아니요'라고 말할 때 긴장하기 때문에 내담자에게 몸으로 '아니요'를 말하도록 요청함으로써(치료자가 '아니요'라고 말하면서 자신의 몸으로 거절의 태도를 보여 주면서) 내담자가 담아내기를 배울 수 있도록 한다. 이와 반대로 내담자는 자신의 표면 근육의 구조를 부드럽게 만들면서 탐색할 수 있다. 이럴 때 몸은 좀 더 유연하고 환경에 열려 있으며('예'라고 말하기) '예'와 '아니요' 사이의 차이를 알아차릴 수 있게 된다.

자기 위안

자기 위안을 위한 소매틱 자원들은 자동적으로 조절되는 자원이며 중심부가 될 수도 있고, 주변부가 될 수도 있다. 각성이 인내의 창 밖으로 나가려고 할 때 내담자의 즉각적인 자기 위안 시도를 치료자가 트래킹해서 이 자원들을 발견할 수 있다. 이럴 때 자기 위안 행위는 의식으로 불러내고, 인정되고 개발될 수 있다. 한 내담자는 양쪽으로 몸을 흔들었다. 한 재향군인은 자동적으로 손을 배에 가져갔다. 성추행을 당한 젊은 여성은 손으로 허벅지를 문질렀다. 성폭력 생존자는 한손으로 뺨을 만지면서 다른 한 손은 허리에 가져갔다. 이러한 행위는 모두 내담자의 입장에서는 자동적이고 무의식적으로 일어난다. 그러나 치료자가 면밀히 트래킹함으로써 치료자와 내담자가 함께 그것을 인식할 때 내담자는 자신이 어떻게 자기 위안을 하고 있는지를 자동적으로 알게 된다.

감각운동적 심리치료에서 내담자는 자기 위안 행동을 반복하고, 현재 순간에 일어나는 일을 관찰하고, 상담실 밖에서도 자기 위안 자원을 연습함으로써 자기 위안 자원을 탐색하도록 한다. 치료자는 어떤 움직임이나 자세가 편안하게 느껴지는 지를 묻고 내담자에게 그 움직임을 해보도록 할 수 있다. 앤은 두 발을 감아서 두 발로 부드럽게 자신을 감싸안을 때 위안 받는 느낌을 경험한다는 것을 알게 되었다. 그녀가 이러한 행동을 할 때 치료자는 이 행동이 내면의 경험에 어떤 영향을 미치는지를 알아차리라고 요청했다. 앤은 이 행동이 자신을 차분하고 편안하게 해 준다고 말했다. 자신을 안는 행위는 이모와 함께했던 추억을 떠올리게 했다. 어릴 때 그녀는 이모와 가까이 지냈고, 이모는 그녀를 많이 안아주었다. 이러한 행위를 탐색함으로써 앤은 이모와 함께 있는 편안한 느낌을 느꼈다는 것을 인식하고 고마워했다. 또한 자기 위안이 필요할 때에는 의식적으로 이 행동을 사용할 수 있게 되었다.

자기 위안 방법으로 소매틱 자원도 사용될 수 있다. 따뜻한 목욕, 피부를 부드럽게 문지르거나 접촉하는 것, 마사지, 기분 좋은 향, 좋아하는 음식, 부드러운 섬유를 접촉하는 것 등은 자기 위안을 위한 신체 자원이 될 수 있다. 어떤 감각적 자극이 편안함을 주고 어떤 것이 그렇지 않은지를 알아차리고 무엇을 줄이고 늘일지에 대한 계획, 즉 '감각의 다이어트'를 하는 것은 1단계 치료에서 해야 할 일 중 하나다. 각성을 줄이기 위해 혼자 고요한 시간을 보내는 것, 시끄러운 곳에서는 귀마개를 하는 것, 경쾌한 음악을 듣는 것과 같이 편안한 활동을 삶에서 늘려 가도록 계획을 세우는 것이다(Aubrey Lande, 개인 커뮤니티, 2003. 6. 25; Wilbarger & Wilbarger, 2002).

통합 능력을 개발하기

소매틱 자원들은 시간을 두고 서서히 구축된다. 스틸과 그의 동료들은 트라우마 치료가 "내담자는 정신적, 신체적으로 의도적이고 높은 수준의 적응적 행위purposeful and high-quality adaptive action를 할 수 있는 능력을 개발하는 것을 서서히 경험하는 것과 같은 특정한 절차"를 따라야 한다고 주장했다(2005b, p. 14). 먼저 현재 갖고 있는 자원을 인식하고 경험하면서 자원화를 하는 방법을 익힌다. 그리고 나서 내담자는 자원과 함께 저각성이나 과각성을 다루는 새로운 방법을 배우고 연습한다. 그런 후에는 1단계 치료 과정에서 내담자에게 높은 수준의 통합 능력이 필요한 매우 복잡한 자원 작업을 안내한다.

성적 학대 생존자인 킴은 자신을 보호할 수 없다고 느꼈다. 상담 과정에서 그녀는 밀기라는 신체적 활동을 수행할 때 아주 불편해졌다. 그녀에게 이것은 '낯설고 불편했다'. 팔로 미는 행동을 시도할 때 그녀는 해리되었다("그곳에 있지 않았다."). 그녀의 목과 척추는 수축되었고, 움직임의 범위는 제한되었다. 무릎은 긴장되어 움직이지 않았다. 처음 밀기를 했을 때 팔은 힘없이 늘어져 버렸다. 그녀는 이렇게 말했다. "포기할래요." 그녀의 첫 번째 과제는 무릎을 풀어놓는 실험을 하는 것이었다. 이것은 그녀에게 좀 더 그라운딩된 느낌을 갖게 해 주었고, 압도되는 느낌을 감소시키는 자동 조절적인 자원을 제공했다. 그녀가 익숙해질 때까지 상담 회기 중에 이 단순한 행위를 여러 번 하도록 했다.

그녀는 몸의 중심부의 감각에 초점을 맞추는 센터링 자원에 대해 배웠다. 그라운딩과 센터링의 소매틱 자원에 대해 익힌 후 더 높은 수준의 과제가 주어졌다. 치료자는 킴에게 떠나고 뛰어가는moving away and running 행위에 집중하도록 했다. 이러한 신체적 행위와 그에 수반하는 감각에 주의를 기울임으로써 어린 시절에 학대를 받을 때에는 억압되어 있었고 사용할 수 없었던 킴 안에 있는 도망 반응이 일깨워졌다. 그녀는 마음챙김을 하면서 상담실 안을 걸었다. 그리고 상담이 끝날 무렵에는 뛰게 되었다. 치료자는 그녀에게 원치 않는 상황이나 위협적인 상황이 있을 때 그녀의 다리가 그녀를 옮겨 줄 수 있다는 느낌을 느껴보도록 안내했다. 그것은 어린 아이로서는 활용할 수 없었던 능력이다. 도망갈 수 있는 신체적 가능성과 그에 따라오는 심리적 가능성은 상호작용적인 조절 자원을 강화한다. 그녀는 '지금여기'에서 더 많은 것을 할 수 있다고 느끼기 시작했다.

몇 주 동안 상담을 한 후에 킴은 과각성으로 힘들어하지 않으면서도 미는 행동을 해낼 수 있었다. 이 무렵, 그녀의 치료자는 상담 중에 현존하고, 그라운딩되어 있고, 지금 여기에 정향하는 능력을 트래킹하고 초점을 맞추기 위해 작업했다. 그녀는 '나는 내 권리를 주장할 자격이 없어'라는 이전의 신념이 '나는 나 자신을 보호할 자격이 있어'로 바뀌었다는 것을 알아차렸고, 그러한 권리가 침해 당했을 때 화가 난다는 것을 인식할 수 있게 되었다. 새로운 신체적 행위와 정신적 행위를 연습하면서 킴은 대인관계에서도 인내의 창 안에 머물 수 있는 힘이 더 커졌다.

소매틱 자원의 연습

상담에서 새로운 신체 자원을 학습하고 훈련하면서 내담자들은 서서히 각각의 행위 기제를 배우고 새로운 학습에 필연적으로 따라오는 불편한 감각, 감정, 인지를 어떻게 견디는지를 배우게 된다. 내담자들은 소매틱 재프로그래밍이 과거에서 현재를 분리하도록 하고, 각성 상태와 부적절한 방어 반응을 줄이는 데 도움이 된다는 것을 알게 된다. 트라우마 내담자들은 몸의 자원을 더 많이 갖게 되고, 그러한 몸으로 자신을 안정화하고 조절할 수 있는 능력을 키우게 된다. Janet(1925)은 신체자원을 알게 되는 과정에서 초기 단계의 어려움과 '보조적인 대뇌피질auxiliary cortex'로 기능하는 치료자의 역할에 대해서 다음과 같이 정리했다.

처음에는 이러한 기능이 많은 의식적 노력을 요구한다. 그러나 습관이라는 메커니즘 덕분에 내담자들은 이러한 기능을 빨리 쉽게 수행할 수 있다. 그래서 시간이 지나면 이러한 기능을 무의식적으로 수행할 수 있게 된다. 교육이란 지도하고, 교정해 주는 유능한 지도자와 함께 새로운 행위를 만들고 반복함으로써 그 행위를 정확하게, 그리고 더 나아가서 자동적으로 수행되도록 하는 것이다(p. 736).

치료자가 심각한 트라우마 경험이 있는 내담자도 손상 받지 않은 풍부한 자원을 이미 가지고 있다는 것을 인정할 때, 그리고 내담자의 병리보다는 건강함을 인식할 때 소매틱 자원 작업이 시작된다. 이러한 기본적인 관점으로부터 내담자가 갖고 있는 강점이 인정되고, 더 정교하게 다듬어지며, 갖고 있지 않은 자원이나 충분히 발달되지 않은 자원을 가르칠 수 있다. 내담자는 상담 후 집에 가서 할 수 있는 과제를 받고 다음 상담 회기에 그 경험에 대해 이야기한다. 상담 중에 혹은 회기 중간에 집에서 적절한 도구(예를 들면, 밀 수 있는 쿠션이나 벽, 문틀)를 사용할 수 있다. 다양한 물건을 창의적으로 사용해 행위를 연습할 수 있다. 밀 수 있는 치료 공, 그라운딩 연습을 위한 발목 용 모래주머니, 중량 조끼 등이 유용하다. 역도나 자신의 팔이나 허벅지를 밀기도 저항을 제공하는 데 유용하다. 일기쓰기는 동기를 갖게 하고, 오래된 소매틱 경향과 새로운 행위에 따라올 수 있는 자동적인 사고나 반응을 관찰하는 데 도움이 된다.

마지막으로, 내담자는 획득된 소매틱 자원을 깊게 하거나 '미래 형판_{future template}'을 이용함으로써 자원의 범위를 더 넓게 만들 수 있다. '미래 형판'이란 예측되는 실제 상황의 이미지를 그려 봄으로써 대처 방식을 연습해 보는 것이다. 내담자가 도전적인 상황을 떠올리면 오랜 습관적 경향이 일어날 것이다. 이것은 신체 자원 목록을 연습할 수 있는 장으로써 그 도전적 상황에 맞는 자원을 찾아낼 수 있다. 이러한 예행연습은 강력한 효과가 있으며, 새로운 신체 자원이 성공적으로 통합된 마지막 단계를 나타낸다.

결론

부정적인 경험, 기억, 그리고 내담자의 현재 삶의 문제에만 초점을 맞추고 긍정적인 것들을 무시하는 치료는 그 자체로 내담자를 불안정하게 만들 수 있다. 내담자들은 현재에서 과거 경험을 분리하고 스스로에 대해 좋은 느낌을 갖기를 어려워한다. 그들이 트라우마를 떠올리게 하는 것에 의해 촉발된 조절 이상 상태에 익숙해져 있기 때문이다. 검토되지 않은 방어 체계는 일상생활에서 기능하고, 적응적으로 반응하는 이들의 능력을 손상시킨다. 치료 맥락에서 신체 자원의 학습을 통해 내담자가 내적인 힘을 얻고 몸과 새롭고 긍정적인 관계를 맺을 수 있는 방식으로 조절 이상을 다룰 수 있다. 세심하게 모니터링하면서 내담자는 마음챙김적으로 이전의 자원을 찾아내고 새로운 자원을 학습하면서 인내의 창 안에 머물러서 조절 이상적인 방어 체계의 작동을 멈출 수 있게 된다. 이러한 신체적 자원들은 각성을 안정시키고 증상을 감소시키며 일상의 삶에 더 잘 적응하게 해 주고 트라우마 기억을 다룰 수 있도록 준비시킨다.

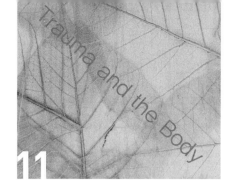

2단계 치료:
트라우마 기억의 처리와 승리의 행동 되살리기

트라우마 내담자는 시간 순서에 따라 일관되게 진행되는 언어적 이야기가 아닌, 어떤 증세를 보일 때가 많다. 트라우마 '기억'은 주로 재활성화된 비언어적 기억으로 이루어져 있고, 이야기로 설명하더라도 불완전한 경우가 대부분이기 때문에 오래 전에 재닛(Janet, 1919, 1925; Van der Kolk & Van der Hart, 1989)은 이러한 기억은 의식적 자각에서 떨어져 나와 감각 인식, 강박적 사고, 행위 재현behavioral reenactment 등으로 저장된다고 말했다. 트라우마 내담자는 과거의 트라우마 사건을 이렇게 비언어적으로 반복하여 다시 경험하거나 몸에 아무런 문제가 없어 보이는 데에도 이상한 신체적 증상에 시달리면서 과거에 있었던 일을 '기억한다'. 이러한 비언어적 트라우마 기억은 "일반적인 자서전적 지식과 반드시 상호작용하지 않는 독자적인 형태의 기억이다"(Brewin, 2001, p. 376). 이러한 기억은 언어적으로 회상되지 못하기 때문에 보통 시간이 지나도 통합되지 못하고 변화되지도 못한다(Van Der Kolk & Van der Hart, 1991).

기억이 통합되지 못하면 트라우마를 상기시키는 요인이 신체 감각적 파편을 자극하면서 각성을 조절하고 일상생활을 영위하는 내담자의 능력에 악영향을 끼친다. 트라우마를 하나의 일관된 자서전적 이야기로 온전히 기억해 내지 못하기 때문에 내담자는 기억에 대해 숙고하거나 논의하거나 생각할 수 없고, 따라서 기억이 미치는 영향과 그것이 의미하는 바를 제대로 다룰 수 없게 된다. 기억은 통합되지 않은 채로 남아 있고, 내담자는 그 기억의 내용에 공포심을 갖게 될 때가 많다(Steele et al., 2005b). 그 결과, 트라우마 기억 작업을 하는 2단계 치료 초기에 많은 내담자는 겁을 먹고, 치료자는 내담자가 압도되어 과거에 매몰될까 싶어 불안을 느낀다.

기억 작업이 성공적으로 이루어지면 트라우마 사건(들)과 그것이 함의하는 바를 회상하고 숙고할 수 있게 된다(Claridge, 1992; Courtois, 1999; Van der Hart et al., 1993). 대체로 내담자는 훨씬 익숙한 방법인 인지적 · 정서적 처리를 통해 과거를 해결할 수 있을 것이라고 생각하며 상담실을 찾는다. 치료자나 내담자 모두 트라우마의 조각난 파편들이 언어를 기반으로 하는 자서전적 기억으로 통합된다면 증상이 줄어들거나 멈출 수 있다고 생각한다. 하지만 이런 방법으로 기억을 해결하려고 최선을 다해 노력해도 결과는 실패로 돌아갈 수 있다. 일상에서 맞닥뜨리는 자극이 계속 상향식 하이재킹을 촉발하기 때문에 내담자는 계속해서 통제 불능 상태를 겪는다. 트라우마에 대해 어느 정도 일관되게 서술할 수 있게 되더라도 생리적 증상은 계속 남아 있을 수 있고 악화되는 경우도 많다. 게다가 통합이 필요한 기억은 언어로 붙잡을 수 없기 때문에 과거의 트라우마를 언어적으로 설명하는 것이 언제나 가능하지는 않다.

서술적 기억이 온전하게 남아 있든 그렇지 않든 우리가 활용할 수 있는 것은 시각 이미지, 후각과 청각의 침습, 강렬한 감정, 감각, 부적응적인 신체 행위 등이다. 사건 그 자체가 아니라 이러한 비언어적 파편과 미해결된 부적응적 행위 경향성이 삶을 경험하고 일상을 살아가는 내담자의 능력을 파괴한다. 따라서 트라우마 기억을 성공적으로 치료한다는 것은 이야기를 만들어 낸다는 의미가 아니라, 과거의 트라우마가 현재 내담자의 경험 조직화에 끼치는 영향을 해결한다는 측면으로 개념화할 필요가 있다.

트라우마 기억을 감각운동적으로 처리할 때에는 이렇게 반복적으로 나타나는 감각과 신체적 경향성을 목표로 삼는다. 이러한 경향성이 내담자의 자기조절 및 현재와 과거의 경험을 인지적–정서적으로 처리하는 것에 지장을 주지 않도록 하는 것이 목표다. 내담자가 "자신의 삶을 지배하는 트라우마 흔적들, 즉 감각과 감정과 행위를 극복할 수 있도록 돕는다. 이러한 감각과 감정, 행위는 '현재 상황에 대한 합당한 반응으로 떠오르는 것이 아니고, 트라우마에 근거한 오래된 마음 상태를 계속해서 재활성화하는 현재 사건에 의해 촉발되는 것이다"(Van der Kolk, 2002, p. 59). 트라우마와 관련된 경향성(해리, 조절 불가능한 각성, 비적응적인 방어적 반응)으로 반응하는 것이 아니라, 경험을 조직할 때 떠오르는 이러한 흔적을 식별하고 차분히 검토할 수 있을 때 트라우마의 비언어적인 잔여물이 해소될 수 있다.

트라우마 기억

기억은 하나의 단일한 과정이 아니다. 정보를 저장하고 인출하는 데 기여하는 상호 연관된 체계들의 네트워크다(Cordon, Pipe, Mayfan, Melinder & Goodman, 2004). 의식적이고 서사적인 언어 형식을 띠고 있는 서술 기억 혹은 외현 기억과 트라우마를 떠올리게 하는 자극에 의해 촉발되는 비언어적인 암묵 기억을 임상 장면에서 제대로 인식하고, 구분하고, 작업하는 것은 감각운동적 심리치료에서 매우 중요하다.

외현 기억은 대개 일화적 표상_{episodic representation}과 의미 기억 혹은 사실 기억 모두를 포함한다고 볼 수 있다(Siegel, 2003). 무언가를 기억하고 있다는 주관적인 감각 하에 과거의 경험을 회상한다면 외현 기억을 인출하고 있는 것이다. 이런 종류의 기억은 언어로 접근이 가능하고 "의도적이고 전략적인 절차를 사용하거나 자동적으로 인출할 수 있는 보통의 자서전적 기억을 뒷받침한다"(Brewin, 2001, p. 375). 외현 기억의 인출은 사건을 정확하게 회상하는 것이라기보다는 일종의 '기억 수정'일 때가 많다(Siegel, 2003). 따라서 회상이 꼭 '사실적으로' 정확한 것은 아니다. 오히려 그것은 '적극적이고 구성적인' 과정으로서 회상 당시에 그 사람의 감정적 상태에 따라, 그리고 사건 전후의 경험과의 연상에 따라 왜곡될 수도, 변경될 수도 있다(Van der Kolk, 1996b). 샤크텔_{Schachtel}은 외현 기억에 대해 "과거의 경험과 인상을 현재의 욕구, 두려움, 관심사에 맞게 조직하고 재구성할 수 있는 능력"이라고 설명했다(1947, p. 3). 모든 이야기와 마찬가지로, 외현 기억은 '이야기 만들기'에 활용되면서 정교해질 수 있다. 이야기의 핵심적인 세부 사항은 정교해지고, 그 외의 중요하지 않은 사항은 폐기되거나 하부 텍스트의 일부가 된다(Janet, 1928; Van der Kolk & Van der Hart,

1989). 트라우마 기억의 요소 중 언어로 접근할 수 있는 부분은 그 사람의 자서전적 지식에 따라 변경되고 편집되고 배치되며, 이를 통해 트라우마는 "현재와 과거와 미래로 이루어져 있는 개인의 온전한 맥락 안에서 표상된다"(Brewin, 2001, p. 375).

반면, 암묵 기억은 경험의 비언어적인 측면에 대한 기억이다. 할머니 댁의 다락방 냄새, 사이렌 소리가 들릴 때 몸에서 느껴지는 긴장, 새벽 바다에서 동이 트던 광경을 떠올릴 때 마음이 활짝 열리는 느낌 등이 그 예다. 암묵 기억이란 과거의 무언가를 기억하고 있다는 내적인 의식이 동반되지 않는, 소매틱적이고 정서적인 기억 '상태'라고 보는 것이 가장 정확하다(Siegel, 1999, 2001). 암묵 기억은 '상황적으로 접근 가능'할 때가 많으며, 트라우마를 연상시키는 내적·외적 자극에 의해 내담자의 현재 삶에서 활성화된다. "암묵 기억에 포함된 정보는 트라우마 상황과 그에 대한 신체적 반응(예를 들어, 자율적이고 운동적인)이 보다 광범위하고 낮은 수준에서 지각되고 처리되어 발생한 것이다(가령 의식적 처리가 거의 되지 않은 시공간 정보)"(Brewin, 2001, p. 375). 이러한 형태의 기억에는 재활성화된 감각운동적 요소가 포함되어 있는데, 이것은 트라우마를 떠올리게 하는 자극에 반응하여 표면으로 떠오르긴 하지만 대개 언어적으로 접근 가능한 외현 요소에 통합되지 않는다.

한 세기 전에 재닛(1909; Van der Kolk & Van der Hart, 1989, pp. 1532-1533에서 인용)은 격렬한 감정―트라우마로 인한 강력한 각성―은 적응적인 정보처리를 막기 때문에 트라우마 사건을 하나의 외현적 이야기로 형성하고자 하는 노력에 제동을 건다고 썼다. 100년 후 재닛의 관찰은 연구로 확증되었다. 트라우마 경험을 기억할 때 동반되는 높은 각성으로 인해 전두엽 기능과 브로카 영역(언어를 담당하는 뇌 부분)이 상당 부분 변형됐음이 밝혀진 것이다(Van der Kolk, 2002). 언어를 통해 조직되지 못한 기억은 훨씬 원시적인 수준의 정보처리 과정을 통해 조직되는데(Piageb, 1962), 이것은 세 가지 형태의 암묵 기억으로 이루어져 있다. 바로 절차 기억procedural memory, 지각 기억perceptual memory, 감정 기억emotional memory이다(Siegel, 2003). 트라우마 내담자는 이 세 가지 방식을 통해, 즉 신체적 행위 경향(절차적), 감각 침습과 감각(지각), 감정적 폭풍(감정적)을 통해서 '기억한다'.

트라우마 기억을 감각운동적 방법으로 접근할 때 특히 중요한 것은 절차 기억으로서, 이것은 "인지 표상의 저장과는 상관없이 행동behavioral acts으로 표현된다(Sokolov et al., 2002, p. 338).' 절차 기억의 무의식적인 속성은 우리에게 효율성을 가져다준다. 1장에서 언급했듯이, 우리가 다양한 일을 자동적으로 수행할 수 있는 것은 바로 그 덕분이다. 트라우마에 대처하는 데 도움이 되는 많은 행위 경향성이나, 위험이 사라진 뒤에도 오랫동안 지속되는 방어 경향성 역시 이러한 절차 기억의 무의식적 속성으로 설명할 수 있다.

'몸' 기억은 암묵적인 소매틱 기억을 가리키는 용어로 사용되어 왔다(Siegel, 2003). '몸 기억'은 근육 긴장, 움직임, 감각, 자율신경계의 각성autonomic arousal 등 신체 경험을 통해 올라오는 트라우마 기억을 지칭한다. 1907년에 재닛은 몸 기억과 트라우마 증상의 관계에 대해 다음과 같이 기술했다.

우리 몸의 각 부분은 삶에서 일어나는 모든 사건, 우리가 느끼는 모든 정서에 관여한다. 어깨를 다친 두 사람이 있다고 가정해 보자. 한 사람은 엘리베이터에서, 다른 사람은 버스에서 다쳤다. 상처는 이미 오래 전에 아물었지만 어깨에서 느껴졌던 감각에 대한 기억, 심지어 어깨라는 생각 그 자체가 사고에 대한 기억의 일부라는 사실을 당신은 쉽게 이해할 수 있을 것이다. 이 사람의 어깨에 손을 대는 것만으로도 특정한 감각이 그에게 사고를 떠올리게 할 것이고, 당시 상황이 얼마나 위급했는지도 이 감각으로 느껴질 것이다(p. 99).

촉감, 내적 감각(떨림), 운동감각적 반응(근육 긴장), 전정신경의 반응(트라우마 자극에 반응하여 발생하는 현기증), 방어 하위 체계의 신체적 요소(순간 얼어버릴 때 따라오는 수축된 느낌) 모두 트라우마가 암묵적인 몸 기억을 통해 기억되는 방식의 예다.

대부분의 트라우마 내담자에게 이러한 비언어적 기억은 수정하거나 바꾸는 것은 고사하고 이해하기조차 어려운 대상이다. 이런 기억은 신체 감각적 침습과 혼란스러운 감정 폭발 등으로 나타나는데, 이에 대해 레인Raine은 명료한 말로 이렇게 말했다. "나는 그날 나를 압도했던 그 강렬한 느낌들과…… 강간을 연결시키지 못했습니다. 그것은 비트라우마적 기억처럼 하나의 선형적인 서사, 즉 이야기의 형태로 오지 않았습니다. 언어적 맥락이 전혀 없었어요. 언어와는 평행선을 달리는, 절대 교차하지 않는 또 다른 차원에 있는 것 같았습니다"(1998, p. 185). 언어적 표상이 없는 이 기억은 해리된 채 남아 있으면서 해로운 결과를 낳을 수 있다. 통합되지 못한 트라우마 기억은 "일종의 병원체처럼 복합적인 생물행동적 변화를 야기하는데, 이 변화의 임상적 양상이 바로 PTSD다"(Van der Kolk, 1996b, p. 286).

트라우마 기억을 다루는 2단계에서는 기억의 해리된 요소들을 모두 통합하는 것이 주요 목표다. 이 목표가 성취되면 증상은 줄어든다. 이에 대해 재닛은 다음과 같이 설명했다. "기억이 병리를 만드는 것은 그것이 해리되었기 때문이다. 그것은 그 사람의 인격을 구성하는 감각과 생각의 총체성으로부터 분리되어 고립된 상태로 존재한다. 균형을 잡아 주는 반대 세력이나 통제하는 세력 없이 그것은 고립된 상태로 발전한다. 그 사람을 그 사람답게 만드는 총체성의 일부로 기억이 다시 통합될 때 병적인 증상은 사라진다"(1925, p. 674). 동화되지 않고 분리되거나 일관되지 않게 남아 있던 파편들은 2단계 치료에서 반드시 탐구하고, 소화하고, 완료하고, 통합해야 한다. 통합이 성공적으로 이루어지면 내담자는 자신이 원하고 필요로 할 때 과거에 대해 생각할 수 있다. 슬픔이나 불안이 올라올 수는 있지만 사고와 감정과 신체가 하이재킹 당해 원치 않은 재경험을 하게 될 일은 없어진다. 트라우마를 떠올리게 하는 트라우마 자극은 이제 관리가 가능하고 일상적 기능을 방해하지 않게 된다. 트라우마 기억은 한 사람의 삶을 구성하는 (좋고, 나쁘고, 중립적인) 수많은 기억 중 하나가 된다.

절차 기억 중단시키기

그릭스비Grigsby와 스티븐스Stevens는 역기능적인 패턴을 바꾸기 위해서는 그것의 원인이 된 최초의 일에 대해 얘기하는 것보다는 암묵 학습, 혹은 절차 학습을 중단시키는 것이 훨씬 효과적이라고 주장했다. "내담자와 옛날 사건(즉, 일화적 기억들)에 대해 얘기하거나 생각이나 정보(의미 기억 체계)를 논의하는 것은 사람들이 반복적으로 하는 행위를 기껏해야 간접적으로만 뒤흔들 수 있을 것이다"(2000, p. 306). 변화가 일어나려면 절차 학습—특히 몸의 경향성—이 반드시 '중단되어야 한다'. 통찰을 얻는 것만으로는 충분하지 않으며 오래된 패턴이 신체로 재현되는 경향성이 반드시 바뀌어야 한다. 새로운 행위가 오래된 행위를 대체해야 한다. (여기서 인지는 새로운 행위를 하도록 동기 부여하는 데 유용하다.) 그릭스비와 스티븐스는 치료 장면에서 절차적 학습을 해결하는 두 가지 방법을 다음과 같이 설명했다. "첫째는

…… 현재 일어나는 것을 해석하기보다는 관찰하고, 그것에 반복적으로 주의를 보내는 것이다. 절차적 학습은 대개 자동적으로 일어나는데, 관찰하는 것 자체가 이 자동성을 중단시킨다. 두 번째 치료적 전략은 이미 절차적으로 학습된 것을 직접 중단하는 활동을 하는 것이다"(2000, p. 325).

감각운동적 심리치료는 이야기를 전개하기보다는 감각운동적 처리에 초점을 맞추면서 상황적으로 접근 가능한 암묵 기억 요소에 내담자를 서서히 노출시킨다. 트라우마에 대해 얘기할 때 내적 경험과 몸의 경험이 어떻게 달라지는지를 내담자가 탐색하는 방식으로 진행되며, 기억에 대한 이야기는 적절한 시점에 암묵 기억을 자극하는 용도로만 사용된다. 기억과 결부되어 있는 사고와 감정, 감각과 인식, 행위 등을 의식 영역으로 끌어오고, 이를 개별적으로 그리고 통합적으로 검토하면 절차적으로 학습된 것은 중단된다.

기억과 두뇌에 대한 고찰

기억 작업은 절차적 학습을 중단시키거나 비언어적 기억을 언어적으로 설명하기 위한 것만은 아니다. 비언어적 기억을 두뇌의 다른 부분이 조절하는 영역으로 가져오기 위한 것이기도 하다(Siegel, 1999, 1995). 브루윈(Brewin, 2001)은 트라우마 요소는 편도체가 지배하는 '상황적으로 접근 가능한 기억'에 부호화되어 있는데, 이것을 해마가 중재하는 '언어적으로 접근 가능한 기억' 체계에 서서히 노출시켜야 한다고 주장했다. 이렇게 하면 기억의 파편들이 언어적으로 접근 가능한 요소를 얻게 되면서 특정한 맥락이 생긴다.

그리고 이것은 다시 트라우마를 상기시키는 자극을 억제하는 과정에 기여한다. 대뇌피질의 작용으로 트라우마를 상기시키는 자극이 억제되어 두려움 반응을 활성화시키지 못하는 것이다. 기억은 현재와 과거를 구분하지 못하는 기억 체계에 의해 처리되지 않고, 자서전적 기억 전체에 접근할 수 있는 해마의 주도하에 훨씬 섬세한 과정을 통해 처리된다. 이렇게 되면 사건은 적절한 맥락 안에 배치될 수 있다(Brewin, 2001, p. 381).

이 과정에서 절차적·감각적·자동적 요소를 지닌 '상황적으로 접근 가능한' 기억 체계는 언어적 표상을 '점차 획득'하게 되며, 이에 따라 내담자가 기억을 경험하는 방식 역시 변한다. 외현 기억 차원에서 내담자는 트라우마 사건이 종료되었음을 이미 오래전에 '알고 있을 수 있다'. 2단계 작업을 통해 내담자는 힘이 되는 새로운 활동을 하고, 조절 이상 없이 감각운동적 기억을 경험하면서 위험이 지나갔음을 '체감'한다. 그러면 이 새롭고 힘이 되는 경험 속에서 언어적 표상이 떠오른다. 그 반대 순서로 이루어지는 것이 아니다.

기억 작업의 기본 개념

기억 작업은 본질적으로 내담자를 불안정하고 불안하게 만들 수 있다. 레마르크 Remarque는 이렇게 썼다. "이런 것들(전투 트라우마)을 차마 말로 옮기기 못하겠다. 그 것이 엄청나게 커져 내가 더 이상 감당하지 못할 것 같은 두려움이 든다"(1929/1982, p. 165). 트라우마 기억 작업을 하려면 정교한 계획, 심리교육, 치료자와 내담자 간의 긴밀한 협업이 반드시 필요하다. 다른 노출 개입 기법과 마찬가지로 내담자의 안정성을 보장하고 치료 성공을 극대화하려면 주의 깊은 태도와 속도 조절이 필수다.

처음 트라우마 기억 작업을 시작할 때에는 각성이 올라간다. 하지만 감정과 인지에 주의를 보내기보다는 신체의 감각과 움직임에 집중하면서 상향식 하이재킹을 예방하고 해결하는 데 힘쓴다면 각성은 인내의 창으로 되돌아간다. 흔히 이 재안정화 과정을 위해서 일시적으로 1단계에서 했던 자원 작업으로 돌아가야 할 때도 있다. 1단계 작업을 주의 깊고 사려 깊게 완료했다면 내담자는 각성을 인내의 창 안에 유지하는 것이 얼마나 중요한지 잘 알 것이고, 이를 위해 하향식·상향식 전략을 사용하며, 높아진 통합 능력을 활용할 것이다.

치료 시 흔히 일어나는 가장 큰 문제는 준비되지 않은 상태에서 기억 인출을 우선시하는 것이다. 좋은 치료는 '덜 화려할' 수 있다. 일부 내담자들은 치료적 변화가 제대로 일어나기 위한 유일한 방법이 '기억에 도달하는 것', 그것도 빨리 가는 것이라고 굳게 믿고 있다. 하지만 내담자에게 통합 능력이 없다면 이런 접근 방법은 내담자를 빠른 속도로 불안정하게 만들 뿐이다. 따라서 치료자는 내담자가 '느리게 갈

수록 더 빨리 도달한다'는 태도를 가질 수 있도록 격려해야 한다(Kluft, 1996). 이러한 방식이 과도한 감정 반응을 최소화하고 각성을 관리 가능한 상태로 유지하는 데 도움이 된다.

치료자와 내담자는 때때로 기억 작업의 목표에 대해 합의할 필요가 있다. 일부 내담자는 '그날 진짜 무슨 일이 있었는지' 알 수 있을 것이라는 희망을 안고 상담실을 찾는다. 하지만 치료자는 감각운동적 심리치료는 기억 인출 기법이 아니며, 트라우마 기억의 '회상'이 아니라 트라우마 기억의 '해소'에 목적을 두고 있음을 강조해야 한다. 사실을 찾아내고자 전력을 다하면서 과거의 정확성을 판단하는 것은 이 치료의 핵심이 아니다. 물론 기억이 떠오르면 내담자는 통찰, 관련성, 의미 등을 찾을 수 있다. 치료자는 내담자가 떠올린 기억을 사실로 확인해 주어서는 안 되며, 동시에 "이야기의 신뢰성에 [의문]을 갖거나, 기억은 상상·환상·마술적 사고에 불과하다는 [암시]를 주어서도 안 된다. 그렇게 한다면 내담자가 다른 사람과의 관계에서처럼 치료자에게 오해 받고 소홀히 대한다는 느낌을 가질 수 있다"(Sable, 2000, p. 339). 치료자는 기억 작업을 할 때 좋은 판단을 따라가야 한다. 유도 심문을 피하고, 기억의 회상을 치료 목표로 삼지 말고, 소매틱 개입의 결과로 떠오르는 기억에 대해 맞다 그르다를 확인해 주지 말되, 그러면서도 적절하게 공감적인 태도로 내담자의 경험을 인정해 주어야 한다.

트라우마 기억을 작업할 때 가장 중요한 핵심은 통합이다. 감정의 분출이나 퇴행은 바람직하지 않다. 두 가지 다 마음챙김을 불가능하게 만들어 통합을 방해하기 때문이다. 더 나아가 "트라우마로 인한 압도적인 감정을 통제 불능 수준으로 토해 내거나 분출하는 것은 과각성 상태를 유발할 수 있고 때로는 심리적 기능부전을 일으킬 수 있다"(Van der Hart et al., 1993, p. 165). 분출을 통해 감정을 재경험하게 되면 재트라우마의 가능성이 있을뿐더러 통합 기법, 인지적 자각, 혼란스럽지 않은 감정 표현 등이 동반되지 않는다면 트라우마는 해결되지도 않는다(Braun, 1986; Brown & Fromm, 1986; Horowitz, 1986; Maldonado & Butler, 2002; Maldonado & Spiegel, 2002; Spiegel, 1981, 2003; Van der Hart & Brown, 1992; Van der Hart, Nijenhuis, & Steele, 2006b). 감각운동적 심리치료는 기억에 대한 반응으로 현재 경험이 어떻게 조직되는지 천천히 살펴보고, 내담자를 인내의 창 안에 유지하는 것을 최우선 순위로 삼고, 창 밖으로 나갔을 때에는 다시 데려오는 것을 촉진하는 작업이기 때문에 분출은 거의 일어나지 않는다.

트라우마 기억을 다룰 때 발생할 수 있는 위험요인은 많다. 해리 상태가 악화될 수도 있고, 트라우마를 다시 입을 수도 있고, 트라우마 경향성을 재경험할 수도 있고, 반응을 촉발하는 자극이 더욱 격렬해질 수도 있고, 일상생활에서 기능할 수 있는 능력이 더욱 떨어질 수도 있다. 이러한 위험을 최소화하려면 2단계 치료를 시작하기 전에 치료적 동맹이 충분히 형성되었는지, 1단계 치료가 완료되었는지, 내담자의 자기조절 능력이 충분히 커져서 각성이 올라갔다가도 다시 인내의 창 안으로 돌아올 수 있는지 여부를 확인해야 한다. 기억 작업에 대한 준비로서 치료자와 내담자는 기억 작업에 대해 '생각하는 것을 생각할 때' 자극되는 활성화를 다룸으로써 자원화 기법을 의식적으로 검토하고 연습한다. 내담자가 2단계 치료로 넘어갈 준비가 되었는지를 판단할 때에는 내담자의 마음챙김 역량, 자원 활용 역량, '지금 여기'에 머무를 수 있는 능력, 치료자와 함께 자신을 탐색할 수 있는 능력 등 모두를 고려해야 한다.

사회적 참여와 최적 각성 수준 유지하기

내담자가 치료적 관계를 '안전 기지'로 여기고 의지한다는 것은 내담자가 사회적 참여 체계를 활용해 상호작용을 통한 조절 능력을 발휘하고 있음을 의미한다. 하지만 트라우마에 대해 얘기하기 시작하면 내담자는 사회적 참여 체계와의 연결감을 잃는 경향성이 있다. 메리의 예를 들어보자. 중년의 성공한 사업가인 그녀는 4세에서 10세까지 삼촌에게 반복적으로 강간을 당했다. 그녀가 과거를 얘기하기 시작하자 말이 쉴 틈 없이 빨라지면서 치료자와 언어적으로 상호작용할 틈이 없어졌다. 그녀의 사회적 참여 체계가 눈에 띄게 축소된 것이다. 그녀는 마치 스스로에게 말하고 있는 것 같았다. 말을 하고 있을 때 메리는 점점 고립되고 혼자 있는 사람처럼 변해갔다. 때때로 공포와 과각성을 경험했고, 삼촌의 학대를 '허락'했던 자신을 반복적으로 비난했다. '왜 애초에 그 사람 앞에서 내가 옷을 갈아입었지? 왜 엄마에게 일어난 일에 대해 말하지 않았지?' 그녀는 또한 학대로부터 자기 자신을 지키지 못한 것에 대해 자책하면서 본인의 해리와 얼어붙음을 개인적인 약점으로 해석했다. 이는 트라우마 생존자들에게서 흔히 나타나는 반응이다(Steele et al., 2005b).

내담자와 치료자 사이의 사회적 관계가 약화되거나 상실되면, 치료자는 상호작용을 통한 조절을 통해 참여를 재구축해야 하며, 이럴 때 1단계에서 배운 신체 자원의 활용이 유용하다. 치료자는 메리의 트래킹 변화와 움직임을 추적하고, 접촉 진술을 사용하였으며, 메리의 괴로움을 이해하고 있음을 보여 주었고, 메리가 움츠러들거나 과각성되지 않으면서 트라우마를 묘사하는 것을 견딤으로써 상호작용을 통한 조절을 촉진했다. 그는 또한 메리에게 상담실을 둘러보고 눈에 보이는 물건의 이름과 색깔을 말해 보라고 격려하면서 메리의 주의가 '지금 여기'로 되돌아올 수 있도록 했고, 발로 바닥을 눌러 보도록 함으로써 그라운딩을 촉진했다. 또한 메리가 말할 때 눈을 맞추는 실험을 했다. 점차 메리는 긴장이 풀리기 시작했고, 말도 느려졌으며, 치료자와 상호 대화를 할 수 있었다.

정보의 양 제한하기

치료 작업이 어렵거나 내담자가 개인적으로 위기를 경험했다면 반드시 안정화를 시켜야 한다. 치료자는 심리적·소매틱적·사회적으로 스스로를 조절할 수 있는 내담자의 능력을 매 회기마다 추적해야 한다. 기억 작업 전에는 반드시 안정화 작업을 선행해야 하며, 내담자가 활용할 수 있는 정보의 양을 의도적으로 제한하여 안정화를 꾀하면 기억에 노출될 때 통합이 촉진된다는 사실을 내담자에게 이해시켜야 한다. 예를 들어, 베트남에서의 경험을 이야기하기 시작한 마틴은 과각성, 몸의 떨림, 극심한 공포, 공포 반응이 점점 격해지는 것을 느꼈다. 치료자는 마틴에게 기억의 '내용물을 내려놓고' 자신의 몸에만 주의를 집중하라고 지시했다. 각성 상태가 인내의 창으로 되돌아갔다고 느낄 때까지 마틴은 발바닥의 감각에 집중했다. 그리고 나서야 비로소 그는 기억에 대해 다시 얘기할 수 있었고, 활성화 정도는 그가 견딜 수 있는 수준이 되었다.

내담자가 처리하고 통합해야 하는 정보의 양을 제한하려면 몸에만 주의를 집중하고, 감정, 인식, 그리고 '이야기'에 대한 자각은 배제해야 한다. 주의를 이렇게 선택적으로 조절할 때 치료 과정의 관리가 훨씬 쉬워지고 각성을 인내의 창으로 되돌릴 수 있다. 내담자가 감각운동적 경험에만 집중할 수 있도록 유도하려면 치료자가 상당히 많은 지시를 해야 한다. 치료자는 구체적으로 마음챙김 질문을 던지면서 내담자가 몸에서 일어나는 감각운동적 경험을 섬세하게 알아차릴 수 있도록 해야 한다. 치료자는 다음과 같이 말할 수 있다.

> "기억의 내용과 감정은 잠시 내려놓읍시다. 바닥에 닿은 발바닥에만 주의를 집중해보세요. 무엇을 알아차리셨습니까? 긴장이 느껴지나요? 몸이 떨리나요? 무감각합니까? 어떤 충동이 느껴지나요? 몸이 하고 싶어 하는 움직임이 있을 수 있어요. 각성이 가라앉을 때까지 그저 몸과 함께 있으면서 몸이 하고 싶어 하는 움직임이 있는지 관찰해 보세요."

내담자는 각성이 가라앉을 때까지 몸의 감각과 움직임에 마음챙김으로 주의를 집중하는 법을 배웠다. 치료가 진행되면서 내담자의 인내의 창이 확장되면 한 번에 하나씩 기억의 인지적 · 감정적 요소를 치료 과정으로 다시 가져올 수 있다.

인내의 창 가장자리에서 작업하기

트라우마 기억을 통합하려면 기억 조각 그 자체가 반드시 재활성화되어야 한다. 하지만 이렇게 재활성화가 되면 각성 상태는 인내의 창의 한계를 넘어 과각성 영역으로 들어갈 수 있다. 만약 각성이 내담자의 인내의 창을 극단적으로 넘어 버리게 되면 트라우마 내용은 의식에서 통합될 수 없다. "각성 수준은 (트라우마 기억을 작업할 때) 주의 깊게 관리되어야 한다. 각성이 지나치게 되면 전두엽과 해마의 활동이 다시금 손상되고, 그러면 내담자는 상황적으로 접근 가능한 기억 체계를 언어적으로 접근 가능한 기억 체계로 이동시키지 못한 채 트라우마를 재경험하게 될 것이다"(Brewin, 2001, p. 386). 반면, 각성이 인내의 창 가장자리까지 도달하지 못하고 그 중간(예: 두려움과 불안 상태가 낮은 각성 수준)에 머물게 되어도 통합은 지연된다. 비언어적 트라우마 기억 파편들이 제대로 떠오르지 못하기 때문이다. 치료자는 내담자가 인내의 창 가장자리까지 접근하되, 과각성 혹은 저각성 영역에 머물지 않는 정도의 속도로 조심스럽게, 그리고 천천히 기억의 파편들을 끌어내야 한다. 여기서 어려운 점은 내담자에게 다시 트라우마를 재경험하지 않으면서 과거를 처리하는 것, 파편이 꾸준히 통합될 수 있도록 촉진하는 것, 기억을 '상황적으로 접근 가능한 기억'에서 '언어적으로 접근 가능한 기억'으로 '이동'시키는 것이다. 작업은 인내의 창의 위·아래 가장자리에서 이루어져야 한다. 그래야 작업할 수 있는 트라우마 내용에 충분히 접근할 수 있기 때문이다. 하지만 내담자가 조절하는 데 문제를 겪거나 해리되거나 트라우마를 다시 입게 될 정도까지 가서는 안 된다.

이 작업을 해내려면 가장 먼저 마음챙김을 유도하여 내담자가 '거기로 다시 돌아가지 않고도' 자신의 경험을 묘사할 수 있도록 도와야 한다. 1단계 치료에서 내담자는 마음챙김 관찰을 활용해 '지금 여기' 머무르는 법을 배움으로써 '이중 과정'을 할 수 있게 된다. 내담자는 각성 상태가 인내의 창 가장자리에 언제 도달하는지 감지하는 법을 배웠다. 내담자는 각성을 추적하고, 각성이 어느 한 쪽이라도 초과하기 시작하면 신호를 주고, 각성이 가라앉을 때까지 몸의 감각과 움직임에만 주의를 기울이기로 치료자와 합의한다. 이럴 때 트라우마의 내용에 더 이상 접근하는 것은 바람직하지 않다. 1단계에서 내담자는 조절 이상이 발생했을 때 그것을 극복하는 통합 능력을 키웠다. 따라서 내담자는 이럴 때에는 반드시 트라우마에 대해 이야기 하는 것을 멈추고, 트라우마에 대해 생각하는 것을 금지하고, 감정도 내려놓고, 오로지 소매틱 감각과 움직임에만 집중해야 하며, 혹시 그것이 불가능하다면 안정화 자원을 동원해 자신의 생리 기능을 재조절해야 한다는 사실을 안다.

자원 작업

2단계에서 기억 작업은 자원의 맥락에서 일어난다. 여기서 '자원'이 의미하는 바를 다시 설명하자면, 사람에게 통제감과 내적 응집력을 주는 기술, 역량, 정신적·신체적 행위, 이미지, 물건, 관계, 기억들이다. '자원이 있다고' 느끼면 사람은 훨씬 안정감을 느끼고 자신감이 생기기 때문에 당연한 수순으로 긍정적인 정서와 기분 좋은 육체적 감각을 경험한다. 이것은 다시 그와 유사하게 즐거운 감각을 느꼈던 기억과 경험으로 이어진다. 자원을 식별하고 인정하고 개발하면 건강한 느낌과 행복한 몸 감각을 점점 더 많이 활용할 수 있게 된다.

트라우마 주변에서 자원을 찾아내기

따라서 자원 작업과 기억 작업은 함께 진행된다. 기억이 처리될수록 새로운 자원이 개발되고, 트라우마에 대처하기 위해 오래 전에 사용했던 자원들이 발견되고 강화된다. 기분 좋은 몸이나 통제감을 증진시키는 것들은 중요하다. 트라우마가 아무리 갑작스럽고 예상치 못한 일이었어도 내담자는 트라우마 주변의 자원peritraumatic resource을 활용했고, 이것은 이후 치료를 통해 자각될 수 있다.

예를 들어, 조이스가 가택 침입과 성폭행 기억에 대한 작업을 시작하자 침입자가 그녀를 끌고 억지로 춤을 추게 한 이미지가 떠올랐다. 이것은 처음에 무기력함과 수치심을 불러일으켰다. 하지만 몸 감각과 움직임을 추적하면서 이 사건에 대해 얘기하자 조이스는 호흡이 훨씬 깊어지기 시작하고 두려움이 덜 느껴진다는 사실을 알아차렸다. 그러다가 당시 두 사람이 춤을 출 때 범인의 몸이 이완되면서 분노가 다소 누그러졌다는 게 기억 났다. 즉시 조이스는 무기력이 통제감으로 변하는 것을 몸으로 느꼈다. "나는 그 사람이 억지로 시켜서 춤을 춘 게 아니었어요. 나는 내 목숨을 살리려고 했던 거예요!" 사건의 이전, 중간, 이후에 존재했던 자원을 발견하게 되면서 내담자는 무기력함을 다르게 해석하게 되었다.

과거의 트라우마를 비트라우마적인 다른 요소와 결합시키면 내담자는 통합되고 치유될 수 있다(Breuer & Freud, 1895/1955; Janet, 1889, 1925). 자신이 활용했던 트라우마 주변의 자원을 식별하고 경험함으로써 내담자는 트라우마를 비트라우마적인, 더 나아가 긍정적인 경험과 결부시킬 줄 알게 된다. 자신이 자원을 이용했다는 기억을 인식하고 '다시 체험하고' 그것을 몸으로 경험하면서—비록 그것이 트라우마 경험을 막는데 '성공하지는 못했어도'—자신감이 커지고, 자신이 활용한 그 자원들을 자랑스럽게 생각하는 내담자들도 많이 있다.

어릴 적 아다니치는 사고로 유리문에서 떨어져 거의 죽을 뻔했다. 사건 이후 그녀는 피와 병원 기계들의 이미지가 불쑥불쑥 떠올라 괴로워했다. 치료자는 그녀가 사고 전후 및 당시에 있었던 사건들을 천천히 떠올릴 수 있도록 그녀와 이야기를 나누었다. 대화의 목적은 사고 당시 활용 가능했던 자원들, 실제로 그녀가 이용한 자원들을 찾아내고 기억하기 위해서였다. 치료자는 아다니치에게 트라우마 전에 일어났던 '좋은 일들'을 기억해 보라고 말했다. 그녀는 자신이 오빠와 거실에서 떠들썩하게 놀고 있었으며, 그것은 '참으로 좋은 느낌'이었다고 답했다. 치료자는 그녀가 그때의 놀이를 그저 기억하도록 그 순간의 기억에 '몸을 맡기고 시간을 보내도록' 유도하면서 오빠와 시끌벅적하게 놀았던 이 자원을 경험할 때 느꼈던 몸의 즐거운 감각들을 느껴 보라고 했다. 모든 주의를 그 순간에 집중시키자 아다니치는 그 '자원이 되는' 경험의 구성요소, 즉 아이들의 깔깔거리는 웃음소리, 자신이 놀고 있는 이미지, 몸에서 느껴지는 생동감이 넘치고 즐거운 느낌들을 발견하기 시작했다.

이 자원이 떠오르고 경험되자 치료자는 이제 사고 자체를 기억해 보라고 아다니치에게 말했다. 이것은 사고를 다시 체험하기 위한 것이 아니라, 당시 그녀를 지지해 준 것이 무엇이고 사건이 일어났을 때 그녀가 어떻게 대처했는가를 알아보기 위한 것이었다. 아다니치는 아버지가 즉시 달려와 자신을 팔에 안아들고는 부드러우면서도 걱정 가득한 표정을 지었다는 것을 기억했다. 이것은 아다니치에게 특별히 중요한 기억이었다. 이 상담 회기 전에는 단 한 번도 아버지가 자신을 안아준 기억을 떠올리지 못했기 때문이다. 아버지의 표정에 대해 말할 때 아다니치에게 변화가 있음을 알아챈 치료자는 그녀에게 이렇게 말했다. "바로 거기서 잠시 멈추세요. 마음의 눈으로 아버지의 얼굴을 보세요. ……아버지가 당신을 쳐다보는 걸 기억할 때 무슨 일이 일어나나요?" 아다니치가 답했다. "제가 숨을 쉬어요. ……그리고 가슴이 따뜻해져요." "이 순간이 당신에게는 매우 중요합니다. 아버지의 얼굴을 그저 보세요. ……아버지가 당신을 쳐다보는 표정이 무언가를 말하고 있을 수도 있어요. ……이 특별한 표정이 무엇을 말하고 있는 걸까요?" 아다니치는 아버지의 얼굴 이미지에 계속 주의를 집중하면서 아버지의 염려와 부드러움에 대한 기억을 즐겼다. 마침내 그녀는 깨달았다. "아버지의 눈이 저를 사랑한다고 말하고 있어요." 그리고 그녀는 조용히 울기 시작했다. '가슴의 따뜻함'이라는 소매틱적 요소와 '내가 사랑받고 있다'는 의미는 그녀에게 새로운 것이었다. 아버지에게서 그런 느낌을 처음으로 받아 보았기 때문이다. 여기서 반드시 알아야 할 것은 이러한 자원 경험은 치료자가 아다니치로 하여금 그녀를 지지해 준 것이 무엇이고, 그 지지가 몸의 감각에 미치는 영향을 느껴 보라고 안내하기 전까지는 떠오르지 않았다는 사실이다.

'자원 작업'을 통해 트라우마 경험의 비트라우마적 요소들이 기억으로 떠오르면 내담자는 이 긍정적인 경험에 정향하고, 그것에 주의를 계속 유지할 수 있다. 이것은 다시 내담자가 정향할 대상을 보다 의식적으로 선택하는 데 도움이 된다. 주의를 기억의 트라우마적 요소만이 아니라, 자원으로까지 돌릴 수 있게 되면 공포에 사로잡혀 기억을 회피하는 경향도 완화되고 그것을 고정된 형태로 머릿속에서 계속 재현하는 일도 줄어든다. 상담이 끝난 후 아다니치는 이렇게 말했다. "이 기억은 절대 예전과 같지 않을 거예요. 이제부터는 오빠와 노는 것이 얼마나 즐거웠는지를, 아버지의 사랑을, 그리고 제 가슴의 따스함을 함께 기억할 테니까요."

　내담자가 트라우마 주변에서 자원을 발견할 수 있도록 도우려면 구체적인 치료 기법이 필요하다. 트라우마 당시 자신이 자원을 이용했음을 체감하는 것은 두려움과 무기력이라는 강한 부정적 느낌에 가려져 있을 수 있다. 예를 들어, 오토바이 사고로 큰 부상을 당한 밥은 그때의 순간을 떠올리면서 자원이 없었던 것 같다고 얘기했다. 이 취약한 순간을 지나치게 파고드는 대신 치료자는 부드럽게 말했다. "어쨌든 당신은 살아남았어요. 죽을 수 있었는데 말이죠." 밥은 동의한다는 의미로 고개를 끄덕였고, 치료자는 다시 부드럽게 말했다. "그 절체절명의 순간에 당신이 한 일 중 어떤 것이 도움이 되었다고 보시나요?" 잠시 후 밥이 대답했다. "꼼짝하지 않고 있었던 거요." 극심한 무기력을 경험하고 있는 와중에도 그는 자원을 찾았다. 치료자는 다음과 같이 응답하면서 그가 그 경험을 더욱 깊게 느낄 수 있도록 도왔다. "왠지 모르지만 당신은 그렇게 하면 도움이 될 거라는 사실을 알았군요. 다른 사람은 그런 직관을 발휘하지 못할 수도 있거든요." 자신이 꼼짝하지 않고 그대로 있었다는 이 자발적으로 떠오른 기억을 탐색해 나가자 그는 꼼짝 않고 있는 것이 무기력을 얼마나 덜어 주었는가를 몸으로 경험할 수 있었다. 그렇게 가만히 있었던 기억을 치료자와 함께 계속 경험하면서 그는 자기 자신은 물론이고 육체에 대해서도 더욱 큰 신뢰를 느낀다고 말했다. 그가 자원을 인식할 수 있었던 것은 치료자가 서두르지 않고 주의 깊게 내담자의 이야기에 동조했기 때문이다. 치료자는 밥이 트라우마 순간을 이해하고 스스로의 힘으로 자원을 발견할 수 있도록 그저 상황에 맞는 단어를 찾고자 노력했을 뿐이다. 아마도 치료자가 긍정적이거나 기분을 맞추려는 말을 했더라면 내담자는 오히려 자원을 깊이 경험하지 못하고 그것으로부터 분리되었을 것이다.

자원이 있었음을 인정하고 그것을 경험하면 트라우마 기억에 균형이 잡히기 때문에 무기력이나 압도되는 느낌과 더불어 힘과 자신감도 함께 기억된다(Levine, 1997). 트라우마에 대한 자동적 반응reaction과 자신감이라는 두 상태를 내담자가 계속 왔다 갔다 할 수 있도록 돕다 보면 트라우마 반응response이 통합되고, 반응reaction이 격렬해지는 것이 예방되고, 자신감과 통제감이 깊어지는 것으로 보인다.

기억 작업을 하면서 새로운 자원을 구축하기

기억 작업을 할 때 트라우마 주변의 자원이나 생존 자원을 자연스럽게 찾지 못하는 내담자도 있다. 그럴 때 치료자가 해야 할 일은 내담자가 새로운 자원을 구축하게 하는 것이다. 이렇게 구축된 새로운 자원은 변성된 기억의 일부가 된다. 예를 들어 보자. 샐리는 어린 시절의 성적 학대 기억을 작업하고 있었는데, '안개가 끼듯 시야가 가려지면서' 저각성이 시작되어 자신에게서 분리되고, 현실과 연결감을 잃기 시작했다. 치료자는 샐리에게 기억 내용을 내려놓고 그라운딩, 센터링, 손으로 밀기 등을 해 보자고 제시함으로써 샐리의 각성 조절을 돕고 동적 방어가 일어나도록 했다. 치료자가 잡아 준 쿠션을 밀며 근육을 쓰기 시작하자 샐리는 힘이 차오르고 단호해지는 것이 느껴졌다. 상담이 끝난 후 샐리는 육체 안에 온전히 존재한다는 느낌이 들며 마침내, '안개'에서 벗어나 '지금 여기'에 존재하는 방법을 갖게 된 것 같다고 말했다.

트라우마 기억의 맥락에서 자원, 그 중에서도 신체적 요소들을 찾아내거나 강화하거나 구축하게 되면 기억이 부호화되는 방식을 변화시킬 수 있다. 새롭게 부호화된 기억은 '아주 두드러지기' 때문이다. 내담자는 통제감, 자신감, 기쁨 같은 느낌을 기억하는 경향성이 있다. 치료 장면에서 이 기억과 부합하는 현재 경험의 구성요소—소매틱적 요소, 이미지, 냄새, 소리, 사고, 감정—를 내담자가 인식할 수 있도록 도우면서 자원 기억을 천천히 확장시켜나가면 이 '특이하고 확연히 두드러지는' 기억의 속성들이 강하게 부호화됨으로써 기억이 더 잘 나게 된다(Brewin, 2001, p. 387). 이 두드러지는 기억들—아버지 얼굴에 비친 사랑을 기억하거나 트라우마 사건을 기억할 때 예전에는 꼼짝하지 못했으나 지금은 움직일 수 있다는 사실을 경험하는

것—은 비언어적이고 상황적으로 접근 가능한, 두드러지지 않는 기억과 '경쟁한
다'. 구체적인 사건과 관련된 연상을 계속해서 접할수록 내담자는 이 자신감을 주는
기억들을 더욱 잘 꺼내 쓸 수 있게 된다.

승리의 행위: 동적 방어

재닛은 다음과 같이 말했다. "트라우마 기억으로 힘들어하는 내담자들은 승리의
단계에 해당하는 행위들을 전혀 실행하지 못했기 때문에 그런 것이다. ……그들은
이 행위의 즐거움을 끊임없이 추구하지만…… 그것은 언제나 그들보다 한 발 앞서
도망간다"(1925, p. 669). 보다 최근에 판데어 콜크Van der Kolk는 이렇게 제시했다. "트
라우마 사건이 일어났을 당시에 했더라면 무기력이 극복되었을 행위를 실행해 보
고, 트라우마 기억과 결합된 감각을 효과적으로 표현하면 트라우마 극복에 도움이
된다"(2002, p. 62).

동적 방어 반응이 실패할 때 행위 경향성이 고착화되고, 트라우마 해소가 지연되
며, 고통스러운 트라우마 관련 증상이 더욱 악화될 수 있다(Ogden & Minton, 2000).
마치 위협을 받던 그 순간에 시간이 멈춰 버리고, 육체는 사건을 순서내로 반복하
여 재연하는 것과 같다. 위협이 감지되어 동적 방어가 자극되었는데 돌연 중단되어
버린 것이다. 그 뒤로는 조절되지 않는 각성 및 얼어붙음, 의식이나 신체의 무너짐,
감각 마비 같은 정적 방어가 끈질기게 계속된다. 트라우마 기억이 활성화될 때마다
내담자는 동적 반응이 육체적으로 일어나다가 돌연 중단되어 버리는 경험을 할 수
있다.

재닛(1919, 1925)은 트라우마 관련 장애를 가진 사람들이 갖고 있는, 완료되지 못
한 채 남아 있는 다양한 정신적·신체적 행위에 대해 언급했다. 소매틱적으로 트라
우마 기억을 다룬다는 것은 완료되지 못한 방어 반응을 다루는 것인데, 이것이 완료
되면 통제감과 '승리'했다는 감각이 형성된다. 이렇게 통제감이 생기면 더욱 적응적
인 정신 행위를 실행하는 것이 쉬워지고 자서전적 기억이 형성될 수 있다. 레빈이
말했듯이, "암묵(절차적) 기억이 활성화되어 신체 차원에서 완료되면 외현적 기억이
구성될 수 있다. 그 반대 순서로는 일어나지 않는다"(2005).

치료자는 트라우마 당시 실패로 돌아갔던 방어 행위를 내담자가 '완료할 수 있도록,' 즉 '승리의 행위'를 실행할 수 있도록 도와야 한다. 정신적 · 감각운동적 경향성이 떠오를 만큼만 기억을 '한 조각' 활성화시킴으로써 말이다. 그런 뒤 몸의 반응을 자각하며 '일어나기를 원했던' 신체적 행위를 찾는다. 이 행위를 끝까지 실행하면 무기력과 수치심이 완화되고 기쁨, 자신감, 만족의 순간들이 생긴다. 무기력한 반응이 적극적이고 힘이 되는 반응으로 교체되는 것이다(Levine, 1997). '지금 이 순간' 느껴지는 몸의 감각에 집중해 그것을 처리하는 과정은 트라우마 반응을 활성화시키기는 하지만 이 과정에서 새로운 반응이 생겨난다. 그러면 트라우마 기억은 힘이 되는 행위 및 그것에 상응하는 감정 및 인식과 연결된다. 이런 행위는 대개 기존의 트라우마 사건이 자극하는 행위와는 완전히 다르다.

20대 초반, 가택침입으로 성폭행을 경험한 제니는 25년 동안 그 일이 일어난 날이면 밤에 잠을 자지 못했다. 제니와 치료자는 그 날에 자극되는 행위 경향성에 대해 작업하기 위해 여러 가지를 고려하여 트라우마가 발생한 날에 상담일을 잡았다. 제니는 이 기억에 대한 작업을 하겠다고 결정했을 때 내면에서 어떤 반응이 올라오는지 관찰했다. 그녀는 떨림과 동요가 이미 시작되었고, 공격 이미지에 반응해 의식 영역이 움츠러들고 있음을 알아차렸다. 턱이 단단히 경직되고, 팔다리에서는 '전기'가 올라오고, 어깨와 머리가 안쪽으로 숙여지면서 몸을 공처럼 동그랗게 말려는 힘이 느껴졌다. 하지만 제니와 치료자는 제니가 사지에서 경험한 '전류가 흐르는 듯한' 감각에 집중했고, 제니는 몸이 하고 싶어 하는 행동이 있는지 살펴보았다. 제니는 자신이 침입자를 얼마나 밀쳐 버리고 싶었는지 느낄 수 있다고 답했고, 일어나서 벽을 힘껏 밀고 싶어 했다. 여기서 벽을 밀고 싶은 욕구는 제니가 그때의 공격을 기억하면서 몸의 반응을 자각할 때 저절로 떠오른 것임을 아는 것이 중요하다. 그것은 생각이나 개념이 아니었다. 두 팔만이 아닌 몸 전체를 동원해 벽을 밀자 제니는 비로소 자신의 힘을 새롭게 느끼기 시작했다. 이전에는 무기력을 동반했던 분노에서 즐거움과 흥분을 느꼈다. 제니는 이런 말을 남기고 상담실을 떠났다. "끝났어요. 이제 난 두렵지 않아요." 그날 밤, 제니는 수십 년 전 폭행력이 일어났던 바로 그 시간 내내 깨지 않고 평화롭게 숙면을 취했다.

불수의적으로 승리의 행위 실행하기

잠재되어 있는 승리의 행위를 찾아내려면 한 조각의 비언어적 기억을 천천히, 점차적으로, 그리고 마음챙김으로 다시 떠오르게 만들어야 하며, 이때 몸의 반응에 긴밀히 주의를 기울여야 한다. 제니의 경우처럼 기억 작업에 대해 얘기만 하고 있었는데도 암묵 기억의 소매틱 구성이 불쑥 떠오르기도 한다. 기억에 대해 의도적으로 생각하거나 트라우마를 떠올리게 하는 자극에 대해 논의할 때에도 건드려질 수 있다. 다시 한 번 강조하지만 감각운동적 심리치료자가 관심을 갖는 주요 대상은 내담자의 트라우마 이야기가 아니다. 감각운동적 심리치료에서 이야기는 목적을 위한 수단이다. 여기서 이야기는 트라우마 기억 중 동화되지 않은 비언어적 요소를 현재의 의식 경험으로 불러온다는 점에서만 중요할 뿐이다.

기억의 비언어적 구성 요소가 활성화되면 내담자는 치료자의 안내 하에 '현재의 특정 상태', 즉 내면에서 일어나는 것을 재경험하는 것이 아니라 관찰한다. 이때 치료자는 내담자가 몸 감각과 움직임을 놓치지 않고 자각할 수 있도록 유도해야 한다. 처음에는 내담자의 감각운동적 경험을 추적하며 그것에 대해 접촉 진술을 하고, 이후 내담자의 마음챙김 상태가 되면 치료자의 유도 없이 감각과 움직임을 알아차릴 수 있도록 격려한다. 몸으로 재현된 정향, 방어, 각성 상태를 천천히, 그리고 의식적으로 관찰한다. 치료자는 다음과 같이 마음챙김 질문을 한다. "이 사건을 기억할 때 몸에서 어떤 감각이 느껴지나요? 주먹을 쥘 때 내면에서는 어떤 일이 일어나나요?" 이런 질문은 내담자가 자신의 내면에서 형성되는 경험을 관찰하고 말하게 만들기 때문에 이중 알아차림을 유지할 수 있게 해 주고 트라우마가 재경험되는 것을 방지한다.

내담자가 트라우마를 기억하면 대개는 얼어버림이나 굴복/신경쇠약 같은 정적 방어가 자극된다. 치료자는 이러한 방어를 암시하는 신체적 신호를 알아차리는 동시에, 트라우마가 일어나고 있을 당시 완료되지 못했거나 성공적이지 못했던 정향과 동적 방어의 조짐을 찾는다. 이런 조짐은 처음에는 거의 알아차리기 힘든 움직임에서 발견되는 경우가 많다. 막 주먹을 쥐기 시작하는 내담자의 손일 수도 있고, 혹은 턱이나 팔의 경직처럼 어떤 움직임이 일어나기 이전의 상태를 내담자가 보고할 수도 있다. 이것은 '때리기' 같이 수의적인 움직임 이전에 나타나는, 움직임을 위한 무의식적인 조절현상으로서 어떤 형태의 움직임을 계획하고 있느냐에 따라 양상은 다르다(Bouisset, 1991).

치료자는 내담자의 몸을 추적하는 한편, 내담자가 자기의 몸을 추적할 수 있도록 가르쳐야 한다. 이때 명시적인 운동 동작이 잠재되어 있음을 암시하는 작은 준비 동작이 있는지를 살핀다. 일단 치료자가 그러한 움직임의 기미를 눈치챘다면, 혹은 내담자가 방어 충동을 보고한다면, 치료자는 내담자로 하여금 이야기를 내려놓고 '일어나고 싶어 하는' 그 행위를 천천히, 그리고 마음챙김으로 의도적으로 실행하게 한다.

1단계 치료에서 내담자는 밀기 같은 의도적 방어 움직임을 실행함으로써 자신에게 저항하거나 밀어내는 역량이 있음을 체감하고, 이를 통해 각성을 조절한다. 2단계 치료에서는 현재 상태에 집중하여 트라우마 당시 중단되었던 동적 방어를 끌어 낸다. 예전에는 정적 방어만을 자극했던 바로 그 기억을 몸으로 경험함으로써 내담자는 저절로 떠오르는 동적인 움직임을 실행한다.

예를 들어, 마틴이 자신의 전쟁 경험에 대해 얘기하기 시작했을 때 그의 손은 무릎 위에 조용히 놓여 있었다. 그런데 그의 손이 살짝 위로 움직이는 것을 치료자가 알아차렸다. 이것은 자기 보호를 위한 더 큰 동작이 일어나기 이전의 움직임이었다. 이 움직임은 마틴이 누군가 자신에게 총을 겨누었음을 직감했던 일에 대해 얘기할 때 일어났다. 게다가 그는 적을 볼 수 없는 상황이었다. 치료자는 마틴에게 이야기를 중단하라고—내용을 일시적으로 '내려놓으라고'—요청했다. 그리고 손에만 주의를 집중하며 몸이 '무엇을 하고 싶은지' 찾아보라고 말했다. 마틴은 팔이 위로 들어 올려지기를 원하는 것 같다고 대답했다. 그 움직임을 허용해 보라고 하자 마틴은 팔이 위로 올라가 자신을 보호하는 몸짓을 취하고 싶어 한다고 말했다. 이 움직임과 함께 있을 때 마틴은 무언가 살짝 변했다는 사실을 알아차렸다. 팔로 머리를 감싸는 습관적인 정적 방어 속에서 얼어 버리는 대신, 밀어 버리고 싶은 욕구를 느낀 것이다. 치료자는 트라우마 당시에는 가능하지 않았던 이 동적 방어를 천천히 재현해 볼 것을 독려하면서 마틴이 밀 수 있도록 쿠션을 들어주었다. 치료자는 마틴에게 잠시 모든 기억을 내려놓고 그저 몸에만 집중하면서 쿠션을 어떻게 밀 때 편하고 '옳다고' 느껴지는지 찾아보라고 말했다. 마틴이 (치료자에게 어떤 위치에 쿠션을 들고 얼마만큼의 힘을 가하라고 주문하는 등) 몸에서 느껴지는 반응을 주도적으로 탐색하기 시작하자 그의 내적 통제 위치는 점차 강화되기 시작했다.

트라우마에 근거한 감정과 감각을 구분하기

그렇게 쿠션을 밀고 있던 어느 순간 마틴은 공포감이 올라오고 있음을 묘사했다. 치료자는 그 공포의 신체적인 요소에만 주의를 집중하라고 말했고, 마틴은 감정이 아닌 심장 박동 수의 증가와 저릿함을 보고했다. 이것은 중요한 지시였다. 트라우마에 근거한 감정과 감각을 서로 분리시켜서 감정 과정에 대한 방해 없이도 감각운동적 처리가 일어날 수 있게 한 것이다. 효과적으로 처리할 수 있는 정도를 넘어선 마틴에게 과부하가 걸리지 않게 하는 것 역시 이 단계의 목적 중 하나였다. 마틴이 몸에서 느껴지는 감각에만 집중하며 쿠션을 밀고 빠른 심장 박동 수와 저릿한 느낌을 계속 경험하고 있을 때 치료자는 그의 몸 반응을 추적하고 신체적 경험에 대해 접촉 진술을 했다. "미는 강도가 점점 강해지고 있어요." "이제 진정되고 있는 것 같아요." 감정이 아닌 빠른 심장 박동 수로 경험된 마틴의 공포는 점차 가라앉기 시작했고, 그는 다시 한 번 감각의 세세한 부분을 마음챙김으로 경험해 보라는 안내를 받았다. "심장 박동 수가 정상으로 되돌아오고도 계속 밀고 있으면 어떤 일이 일어나나요? 등과 척추에서 무엇이 느껴지나요?" 천천히 그리고 마음챙김으로 마틴은 적극적인 방어 반응을 처음부터 끝까지 순서대로 경험할 수 있었다. 즉, 팔을 들어 처음에는 망설이며 밀다가 점차 힘을 세게 가하면서 등과 골반과 다리의 근육을 모두 사용했다. 마틴이 감각에 마음챙김 집중을 할 수 있도록 치료자는 계속해서 접촉 진술과 마음챙김 질문을 했고, 마침내 그는 쿠션을 밀 때 몸에서 느껴지는 즐거움을 경험하기 시작하며 "이거 기분 좋은데요!"라고 말했다. 그는 이 연습이 온전히 끝났다고 느껴질 때까지 원하는 만큼 밀었다. 일련의 방어를 철저하게 탐색하고 완료하자 마틴은 훨씬 침착해졌고, 각성은 인내의 창으로 되돌아갔으며, 그는 이야기를 다시 시작했다. 신체적 요소가 자극되고 감각운동적 처리가 새롭게 시작되는 사이클은 이후로 계속 되었다.

완료되지 못한 행위 찾아내기

이렇게 무언가를 미는 방어 움직임은 흔히 볼 수 있는 '완료되지 못한 행위' 중 하나다. 치료자는 내담자가 몸의 감각과 충동을 자각할 때 자연스럽게 떠오르는 행위를 발견할 수 있도록 돕는다. 한 내담자는 성적 학대 경험을 기억할 때 발로 차고 싶은 충동을 경험했다. 치료자는 내담자가 다리와 발로 차는 움직임을 마음챙김으로 탐색할 수 있도록 커다란 테라피 공을 잡아주었다. 끔찍한 낙상사고를 당한 또 다른 내담자는 땅에 부딪히기 직전 몸을 뒤틀고 싶은 충동을 경험했다. 마음챙김으로 그 충동을 천천히 부드럽게 실행하자 몸이 위험으로부터 스스로를 뒤틀어 그녀를 보호하려 했다는 사실이 자각되었다. 자동차 사고를 겪은 또 다른 내담자는 다리를 밀고 싶은 충동을 재경험하고 행위를 완료할 수 있었다.

주의를 제대로 기울이지 않고 정적 방어를 재연하도록 촉진할 수 있으므로 치료자는 반드시 진지하게 내담자가 힘을 느낄 수 있는 동적 방어 행위를 찾아야 한다. 그래야 정적(적극적) 방어 하위 체계와 정적(수동적) 방어 하위 체계가 해리된 채로 남아 있지 않고 통합될 수 있다. 힘을 느끼게 하는 행위를 치료자가 세심하게 찾은 예는 애슐리의 상담에서 찾아볼 수 있다. 애슐리는 데이트 강간의 기억에 대해 작업을 하고 있었다. 치료자는 그녀가 트라우마 이야기를 할 때 시작된 손의 움직임이 마틴의 경우처럼 밀기라는 동적 방어의 전조라고 예상했다. 그래서 애슐리는 치료자와 함께 팔을 아주 천천히 머리 위까지 올리는 것에 집중했다. 그러던 중, 애슐리가 너무 수치스러워서 몸 전체를 태아처럼 말아서 숨고 싶다는 얘기를 갑작스레 꺼냈다. 몸을 둥글게 마는 이 움직임을 허용하면서 애슐리는 슬픔과 수치스러움을 표현했다. 지지적인 치료 관계라는 맥락 속에서 자신의 감정을 표현함으로써 '정신적' 행위를 실행한 것이다. 하지만 이렇게 함으로써 애슐리는 동적 방어에서 정적 방어로, 그리고 그에 수반되는 수치스러움과 슬픔이라는 감정으로 옮겨 갔다. 감정이 표현된 후에도 계속 이 자세를 탐색하게 되면 아무리 지지적인 치료 관계 속에 있다고 해도 애슐리는 현재의 비적응적인 고착 행위 경향성을 재연하게 될 것이고, 무기력과 실패라는 감정을 강화시킬 가능성이 매우 크다.

그래서 애슐리의 감정적 각성이 가라앉은 후 치료자는 그녀에게 기억의 한 순간, 데이트 상대가 원치 않는 성적 접근을 시작했던 그 순간으로 돌아가 보라고 요청했다. 그리고 '바로 그 순간'에 일어난 소매틱 경험을 탐색해 보라고 말했다. 시간을 쭉 늘릴 수 있는 것 마냥 기억 속에서 앞으로 나아가지 말고 그 순간을 몇 분간 지속시켜 보라고 한 것이다. 애슐리는 웅크린 자세를 풀고 천천히 등을 펴고 앉아서 강간이 일어나기 바로 그 직전의 순간을 탐색했다. 그리고 손에서 약간의 긴장이 느껴진다고 말했다. 이것은 그녀가 당시 실행할 수 없었던 동적 반어의 시초였다. 이 행동이 떠오를 수 있었던 것은 동적 방어를 경험하기는 했으나 실행하지는 못했던 한 순간을 애슐리의 기억 속에서 포착하고, 그 '한 조각'의 기억 속에 내재되어 있던 미묘한 몸의 감각과 충동을 모두 경험할 수 있도록 찰나의 순간을 길게 늘려 보았기 때문이다. 이 순간을 경험한 애슐리는 손에서 긴장이 느껴지며 주먹을 쥐고 싶다고 했다. 그 긴장을 따라가면서 그것이 움직임으로 발전할 수 있도록 허용하자, 즉 주먹을 쥐어서 쿠션을 강하게 치자 마침내 예전과는 다른 새로운 행위의 가능성이 열렸다. 그 순간 그녀는 이제 더 이상 자신을 꼼짝 못하게 하는 반응을 반복적으로 겪지 않아도 된다는 사실을 깨달았다.

이야기는 목적을 위한 수단

데이트 강간의 이야기가 애슐리와의 작업에서 출발점이 되어 주기는 했으나, 그 이야기는 목적을 위한 수단에 불과하다. 이야기는 비언어적인 암묵 기억 및 행위 경향성을 활성화하기 위한 수단이다. 동시에 트라우마 당시 중단되거나 방해 받은 동적 방어 움직임을 현재에 완료할 수 있도록 활성화하는 역할을 한다. 완료하지 못하고 실패로 돌아간 행위를 그렇게 오랜 세월 재연만하다가 제대로 끝까지 실행하게 되면, 내담자는 기쁘고 만족스럽고 자신감 넘치는 순간을 맛본다. 마틴은 치료를 통해 이 동적 방어 반응을 끝까지 실행하고 나서는 일상생활에서 습관적으로 움츠러드는 습관이 없어졌다고 보고했다. 그는 치료에서 다음과 같은 과정을 거쳤다. 우선 정적 경향의 형태를 띤 암묵 기억을 자각하고, 과거의 두려움과 무기력을 언어로 부호화하여 인식하고, 동적 방어 행위를 실행하고, 마지막으로 통제감과 힘이 생겼음을 말로 표현했다. 이후 마틴은 일상에서 적절히 자기주장을 하는 것이 훨씬 편해졌다. 전쟁 경험 사건들을 말로 풀어내는 치료를 수년간 받아 왔지만, 행위를 하고 자기주장을 하는 것이 안전하고 자신에게 힘을 주는 선택지임을 몸으로 '경험'하지는 못했다. 동적 방어를 처음부터 끝까지 몸으로 경험했기 때문에 이 강렬한 변성이 일어날 수 있었다.

'불수의적인' 승리의 행위 실행하기: 감각운동의 연속적 과정

트라우마와 관련된 불수의적 움직임과 감각은 위험이 사라져도 오랫동안 지속되는 경향성이 있다. '감각운동적 연속적 과정'은 트라우마 기억과 결부된 이 불수의적인 몸의 행위를 완료하기 위한 치료 기법이다. 감각운동적 연속적 과정은 의지를 갖고 자발적으로 행위를 시행하는 것이 아니다. 주로 해소되지 않은 자동적 각성, 정향, 방어 반응과 관련된 불수의적인 신체 움직임과 감각을 아주 작은 것까지 놓치지 않고 천천히 마음챙김 모드에서 추적하는 것이다. 맨 처음 내담자는 감각(예: 저릿하고, 웅웅거리고, 무겁고, 온도 차가 느껴지는)과 미세한 움직임(예: 떨림, 근육 긴장의 미세한 차이 등)을 자각하는 것에 대해 배운다. 그 다음 몸을 전체적으로 훑으면서 신체 감각과 작은 움직임(감각운동적 과정)의 연속적 과정을 주의 깊게 추적(하향식 인지적 과정)한다. 내담자는 이 감각과 움직임을 최소한 어느 정도는 저절로 일어나는 것—즉, 의식의 통제를 벗어난 것—으로 경험하며, 대개는 이것이 예상치 못하게 일어나면 위협적으로 받아들인다. 조절 이상을 예방하기 위해서는 트라우마 내용과 관련 감정을 이러한 감각과 충동으로부터 '분리'시키는 법을 내담자에게 가르쳐야 한다. 그래야 정보의 양을 관리 가능한 정도로 제한시킬 수 있다. 내담자는 신체 감각과 움직임이 차분해지고 안정화될 때까지 떠오르는 감정과 사고를 잠시 무시하라고 안내 받는다. 시퀀싱이 서서히 펼쳐지면 내담자는 이 불수의적인 충동이 일어나도록 허용하고 '그것을 따라간다'. 의식적인 통제 하에 움직임을 특정 방향으로 몰아가는 것이 아니라 그저 일어나도록 허용하는 것이 이 독특한 오리엔테이션의 핵심이다.

내담자는 마음챙김 모드로 감각과 충동이 몸에서 진행되는 것을 관찰하고 지지할 뿐 통제하지는 않는다. 트라우마를 겪을 당시 내담자의 자각은 경험 속에 묻혀버렸고, 정보처리 기제는 압도 당해 의식의 통제에서 벗어났다. 감각운동적 연속적 과정에서 내담자의 주의는 경험 위를 낮게 부유하면서 그것을 관찰하고 분석하고 보고한다. 이처럼 천천히 진행되는 섬세한 처리 및 내담자와 치료자 간의 사회적 참여 덕분에 경험은 안전하고 관리 가능한 수준으로 유지되고, 따라서 습관적인 재경험은 멈춰진다. 내담자는 종종 이러한 움직임이 의식적인 의도나 통제 없이 '저절로 일어나'고, 완료되면 안녕감을 느낄 수 있다고 말한다.

트라우마 기억을 작업할 때 내담자는 불수의적인 떨림이나 흔들림을 경험할 때가 많다. 이것은 '생존을 위해 준비할 때 생성되는 어마어마한 에너지'가 방출되는 것으로 볼 수 있다(Levine, 2005). 위협을 받아 자극된 교감신경은 강렬한 각성을 유발하고, 이렇게 높아진 각성은 격렬한 방어 행위를 동원한다. 하지만 그러한 행위가 실제로 실행되지 않으면—트라우마의 경우, 너무도 자주 그러한데—그와 유사한 높은 수준의 에너지가 치료 중에 올라올 수 있다. "트라우마를 해소하기 위해서는 완료되지 않은 반응을 완료하고, 그렇게 함으로써 생존을 위해 동원되었던 에너지를 방출하는 것이 중요하다"(Levine, 2005). 감각운동적 시퀀싱을 통해 내담자는 이러한 불수의적인 감각과 움직임이 '방출되어' 저절로 가라앉을 때까지 이것과 함께 현존하는 법을 배운다.

치료자는 감각운동적 시퀀싱의 가능성을 알려 주는 초반의 신호를 면밀하게 추적해야 한다. 미묘한 떨림이나 진동, '일어나기를 원하는' 움직임, 띠 끔거리고 웅웅거린다는 내담자의 말 등이 그 예다. 이때 내담자는 치료자와 함께 이러한 감각과 불수의적인 움직임이 해소되고 몸이 차분해질 때까지 그것을 추적해 본다.

동적 방어의 감각운동적 연속적 과정

메리의 예로 방어의 불수의적인 감각운동적 연속적 과정을 설명할 수 있다. 메리는 유년시절 내내 삼촌으로부터 반복적으로 강간을 경험했다. 이 장기간 지속된 트라우마에 대해 얘기를 시작하자 메리는 턱이 굳어지고, 오른쪽 어깨와 팔이 위축되고, 심호흡이 점점 힘들어졌다. 모두 자발적으로 일어나는 방어 반응의 신호라고 볼 수 있다. 먼저 치료자는 "당신의 턱과 팔이 경직되고 호흡이 변하고 있는 것 같아요."라고 말하면서 메리의 주의를 이러한 신체적 경험으로 돌린 뒤, 그녀에게 몸의 감각을 마음챙김 모드로 바라보고 기억의 내용을 내려놓으라고 말했다("몇 분 간 당신의 몸에서 일어나는 것을 느낀 뒤 내용으로 넘어가 보죠."). 메리는 부지불식간에 '저절로' 일어나는 것처럼 보이는 신체 충동을 자각했다. 이 지점에서 메리는 더 이상 과거를 묘사하지 않고 오로지 몸으로 느껴지는 현재의 경험에만 주의를 기울였다. 메리가 치료자의 격려 속에 감각과 움직임을 의식하자 그녀의 몸은 자기만의 생명을 가진 듯 움직였다. 메리가 "제 손이 주먹을 만들고 싶어 해요."라고 말하자 치료자는 메리에게 "그 충동을 느끼고 그 일이 일어나도록 허용해 보라"고 독려하면서, 다만 그것을 의도적으로 하지는 말라고 안내했다. 메리와 치료자가 아주 천천히 그녀의 미세한 움직임을 추적하자 그녀의 손은 점점 주먹 모양으로 오므라들기 시작했다.

그 다음 메리는 자신의 팔이 '앞으로 세게 뻗고 싶어 한다'고 말했다. 내담자나 치료자의 의식적인 하향식 지시 없이 동적 방어 움직임의 시퀀스가 떠오른 것이다. 치료자는 "세게 뻗고 싶어 하는 그 충동을 느끼고 그 다음 몸에서 어떤 일이 벌어지는지 그저 알아차리기만 하세요."라고 말했다. 메리는 그에 따라 불수의적인 미세한 움직임과 몸짓을 그저 추적하고 허용했다. 그것을 의도적으로 '하지' 않았다. 몸의 감각과 충동에 마음챙김 모드로 주의를 기울이고, 내용과 감정을 내려놓은 채 인지적 지시를 활용하자 그에 대한 반응으로 감각운동적 시퀀싱이 자발적으로 일어났다.

치료자의 안내 하에 메리가 자신의 감각과 불수의적인 움직임을 추적하자 그녀의 손은 주먹을 쥐었고 팔뚝 역시 팽팽해졌다. 메리가 분명히 의식적으로 의도하지 않았는데도 팔이 무릎에서 천천히 올라왔다. 오른팔은 지극히 느린 속도로 올라와 때리는 동작을 취했는데, 이때 떨림이 동반되었다. 이것은 앞에서 설명한 '방출'일 가능성이 상당히 높다. 이 떨림은 사람이 추울 때 몸에서 느끼는 한기와 유사하다. 메리가 몇 분간의 감각운동적 시퀀싱을 통해 비의도적으로 천천히 진행되는 움직임과 그에 동반되는 떨림과 흔들림을 따라가자 메리의 팔은 마침내 무릎에 놓여졌다. 그녀는 조금 더 오래 몸을 떨었는데 치료자는 그 떨림이 자발적으로 그칠 때까지, 그렇게 하는 게 편한 만큼 그 떨림과 감각과 함께 있으라고 말해 주었다.

이 과정 내내 메리는 움직임과 떨림을 어떤 식으로든 바꾸거나 유도하지 않고 있는 그대로 허용하면서 자신의 몸을 신뢰했다. 혹여 올라오는 느낌이 감당 안 될 정도로 강렬해지거나 계속 진행할 수 없을 정도로 너무 불편해지면 스스로 멈췄다. 트라우마 기억에 점차적으로 '노출'될 때 발생하는 신체 감각은 극도로 강렬해진 다음에야 비로소 약해지고 가라앉을 수 있기 때문에 내담자는 감각운동적 처리를 진행할 때 치료자의 도움이 필요하다. 마침내 떨림이 멈췄고, 메리는 안도감과 함께 몸 전체에서 찌릿한 감각을 느꼈다. 치료자는 메리에게 몸의 느낌과 안도감을 충분히 음미하고, 이 새로운 감각을 자세하게 묘사해 보라고 지시했다. 근육이 이완되고, 심장 박동 수가 느려지고, 몸 전체에 기분 좋은 무거움이 느껴진다고 말한 메리는 몇 주만에 처음으로 평화로워진 것 같다고 얘기했다.

동적 방어 반응을 암시하는 불수의적인 움직임은 다리에서도 경험될 수 있다. 자신의 베트남 전쟁 경험에 단계별로 노출되어 있던 마틴은 정글 한복판에서 '여기 있으면 안 돼.'라는 생각이 떠올랐던 것에 대해 얘기했다. 치료자는 위협을 인지한 순간이 어쩌면 동적 도피반응의 징조일 수 있다는 것을 깨닫고 마틴에게 '여기 있으면 안 돼.'라는 말을 했을 때 몸에서 일어난 반응에 주의를 집중해 보라고 말했다. 마틴은 허벅지에서 긴장이 느껴지고 다리에서 어떤 안절부절못하는 작은 움직임이 일어난다고 말하더니, 자신이 '도망치고 싶어 한다'는 것을 깨달았다. 도피반응에 대한 이러한 언어화가 몸에 대한 자각으로부터 떠오른 것임을 주목하라. 이러한 움직임을 추적해 보라고 하자 마틴의 다리가 떨리기 시작했다. 이 미세한 움직임을 자각하며 계속 주의를 기울이자 마침내 떨림이 방출되며 저절로 가라앉았고, 그는 자신이 더 차분해진 것 같다고 말했다. 여기서 반드시 알아야 할 것은 시퀀싱이 어떻게 일어나야 한다는 특별한 의도가 치료자에게 없었다는 사실이다. 메리의 경우, 시퀀싱은 동적 방어의 실행으로 자연스럽게 이어졌다. 하지만 동일한 방법을 취했던 마틴의 경우, 시퀀싱은 자율계의 조절이상 해소 및 다리의 진동 에너지의 해소로 이어졌다.

정향 반응을 따라 감각운동적으로 연속적 과정을 완성하기

트라우마 기억 속에서 완료되지 못한 정향 행위를 발견할 수도 있다. 그런 행위 역시 현재 감각에 집중하며 기억을 처리할 때 재구축하고 실행한다. 정향의 시작은 목의 미세한 움직임에서 발견되는 경우가 많다. 목의 움직임은 정향 반응의 '훑어보기scanning' 단계임을 나타낸다. 돌연 중단된 정향 반응은 목의 긴장으로 발현되기도 한다. 예를 들어, 아멜리는 스키 사고 이후 악몽에 시달리고 만성적인 목의 긴장과 통증 때문에 고통을 호소하며 치료자를 찾았다. 아멜리가 사고에 대해 묘사하기 시작하자 그녀와 치료자는 그녀의 몸이 점점 긴장되고 뻣뻣해지고 있음을 알아차렸다. 그 뻣뻣함을 자각하자 아멜리는 아버지와 아주 가파른 산꼭대기에 서 있던 것을 자연스레 기억해 냈다. 아버지는 아멜리가 자기 능력으로는 벅차다고 생각하는 슬로프를 내려가 보라고 부추기고 있었다. 그녀는 아버지를 기쁘게 해 주고 싶어서 아버지의 바람을 순순히 따르는 쪽으로 마음이 기울었다. 이 순간을 기억할 때 몸에서 어떤 일이 일어나느냐고 치료자가 물어보자 아멜리는 목 왼쪽 부분의 긴장이 더 심해졌다고 답했다. 치료자와 아멜리는 시간을 갖고 목의 감각과 긴장을 탐색했고, 아멜리는 차츰 긴장이 이끄는 방향으로 머리가 움직이고 있음을 느꼈다. 신기하게도 목은 아멜리의 의지와 상관없이 돌아가는 것 같았다. 아멜리는 목이 왼쪽으로, 마치 '스스로' 돌아가는 것을 느끼고는 "제가 목을 움직이려고 하는 게 아니에요. 저는 목을 그저 따라갈 뿐이에요."라고 말했다. 그렇게 하면서 아멜리는 자신이 내려가고 싶었던 경사면, 즉 훨씬 완만하고 안전한 루트는 자신과 아버지와 서 있던 산의 왼쪽에 있었다는 사실을 깨달았다. 아멜리는 정향에 따라 완만한 경사면을 내려가고 싶다는 자신의 마음을 따라가는 대신, 아버지의 요청에 순응했고 결국 사고가 났다. 아멜리는 몇 분간 머리의 움직임을 따라갔고, 실제 사건 당시 중단되었던 이 정향 행위를 실행하면서 목의 긴장이 풀리는 것을 경험했다. 왼쪽으로 도는 머리의 움직임을 따라가면서 그녀는 자신이 쉬운 경사면을 타고 내려가고 싶어 했다는 사실을 깨달았고, 이 깨달음은 사건을 새로운 언어로 재현함으로써 그때까지 아멜리가 붙들고 있던 자기비난을 반박했다. 정향 행위를 완료하자 그녀는 신체적으로, 감정적으로, 인지적으로 이제 해소되었다는 느낌을 갖게 되었다.

각성, 정향, 방어 반응의 징조

정향 반응, 각성, 방어 반응은 현재 경험의 모든 구성요소, 즉 사고, 감정, 감각, 감각 인식, 움직임 등으로 나타난다. 앞의 예에서 언급했듯이, 내담자의 몸을 추적하다 보면 사전 움직임이나 의도적인 움직임은 정향이나 방어 반응의 시작을 알리는 순간에 드러난다. 기억을 회상할 때 동반되는 사고, 감정, 인식 경험 역시 동적 방어가 어딘가 숨어 있음을 알린다. 예를 들어, "도망가고 싶어요."나 "나도 그 사람을 쳤으면 좋겠어요."라는 말은 투쟁 혹은 도피 반응의 활성화 가능성을 암시한다. 만약 내담자가 '무언가 옳지 않다'라는 느낌이 들었다고 한다면 정향 반응이 자극된 것일 수 있다. 내담자가 정향이나 방어 행위를 가리키는 말을 하면 치료자는 내담자에게 그 말을 반복하고 몸에서 무슨 일이 일어나는지 알아차려 보라고 요청함으로써 그 것에 주목해 본다. 거의 언제나 내담자는 그 말에 동반되는, 그리고 잘 어울려 보이는 어떤 충동을 감지할 것이다. 방어 충동이 존재함을 알리는 생각의 다른 예는 다음과 같다.

"턱이 경직되고 있어요."
"목이 돌아가고 싶어 해요."
"손이 쥐어져요."
"발뒤꿈치가 바닥을 밀고 있는 게 느껴져요."
"그 소리를 들을 때 눈이 작아져요."

이와 유사하게 내담자가 무섭고, 초조하고, 화나고, 조심스러운 느낌이 든다고 표현하는 것도 동적 방어나 각성이 막 시작됨을 알리는 신호일 수 있다. 치료자는 다시 한 번 내담자에게 그 감정에 주의를 집중하고 몸은 어떠한지, '몸에서 무슨 일이 일어나고 싶어 하는지' 혹은 이런 느낌이 일어날 때 어떤 감각이 느껴지는지 물어본다.

자발적으로 떠오르는 반응

불수의적인 방어 충동을 연속적 과정할 때 중요한 점은 충동이 자발적으로 떠오르도록 허용하는 것이다. 기존의 양상보다 크거나 작거나 혹은 더 빨리 일어나게 해서는 안 된다. 불수의적인 방어 움직임과 정향 움직임의 특징은 느린 패턴으로 펼쳐진다는 점이다. 그것이 떠오르기 시작하면 내담자는 방어 반응을 알리는 미세한 움직임의 감각과 '그저 함께' 있어 본다. 이 움직임은 트라우마 사건 당시에는 일어나지 '않았지만' 몸에서는 일어나기를 원했던 잠재적 행위를 반영하는 경우가 많다. 이 행위는 제압 당할 수 있다는 두려움, 혹은 시간 부족(예: 고속으로 일어난 차사고) 등으로 갑자기 중단되었다. 상담에서 트라우마 사건의 기억을 활용해 방어 반응과 정향 반응에 접근하고 있다면, 내담자는 일단 사건 기억을 통해 몸의 움직임을 일깨우게 되지만, 그 다음에는 '지금' 일어나기를 원하는 몸의 움직임 충동을 따라야 한다. 지금 몸에서 일어나는 움직임은 트라우마 당시 일어나지 못했던 바로 그 움직임이다.

이 과정은 과거에 일어났던 일을 소매틱으로 다시 쓰는 작업이 아니다. 할 수 없었던 방어 반응을 몸이 실행할 수 있게 되면서, 즉 되찾게 되면서 방어 반응이 완료되는 것이다. 불수의적인 움직임을 연속적 과정하게 되면 몸은 억눌려 있던 충동, 즉 여전히 일어나기를 '원하는' 충동을 풀어놓을 수 있게 된다. 오랫동안 미뤄졌던 승리의 순간이 자발적으로 일어나는 것이다. 이러한 불수의적인 반응은 안도와 통제라는 강렬한 감각을 제공해 줄 뿐 아니라 고갈과 기진맥진의 자리에 침착함과 평화를 가져다준다.

과각성과 저각성 작업하기

내담자는 기억에 노출되면서 트라우마로 인한 과각성을 다시 경험할 수 있다는 사실에 겁을 먹고, 그 결과 또 다시 희생자가 되는 듯한 느낌을 받는다. 앞서 언급했듯이, 각성은 자발적 자원을 활용해 조절할 수 있다. 또한 이 과각성된 상태를 대상으로 감각운동적 연속적 과정을 진행하면 과도한 활성화로부터 거리를 둘 수 있게 되면서 통제감이 되살아나고, 불수의적인 떨림을 그대로 허용함으로써 각성이 방출되고, 결과적으로는 낮아진다. 과각성이 감지되면 내담자는 이야기에서 주의를 이동해서 몸의 감각과 움직임을 마음챙김 모드로 바라보는 법을 배운다. 감각의 양상은 무척 다양한데, 찌릿함일 수도, 살짝 떨리는 것 같은 미세한 움직임일 수도, 억제하지 않고 그대로 두었을 경우에는 심지어 강한 떨림으로 나타날 수도 있다. 이런 순간이 오면 각성이 가라앉을 때까지 내담자로 하여금 몸에서 자발적으로 일어나는 감각, 움직임, 충동을 그대로 따라가게 한다. 내담자가 이미 활성화되어 있는데 트라우마 자료를 추가적으로 내놓으라고 압박했다가는 각성과 해리가 심해질 수 있다. 내담자는 감정, 인지, 내용을 모두 배제하고 오로지 몸의 감각과 움직임에만 주의를 기울이므로 그 순간에 처리해야 할 정보의 양과 강도는 감당할 만하다.

과각성은 그 속성상 조절이 어렵기 때문에 치료자는 각성 사이클을 한 번에 하나씩만 천천히 진행해야 한다. 각성이 감지되면 치료자는 내담자에게 신경계가 가라앉을 때까지 몸의 감각만을 마음챙김으로 바라보라고 지시한다. 각성 사이클이란 감각이나 미세한 움직임으로 시작된 각성이 방출이나 불수의적인 움직임으로 진행되고, 이후 자율신경계가 가라앉거나 해소되어 각성이 인내의 창으로 되돌아오는 과정을 말한다. 각성은 몸의 방출(예: 찌릿찌릿함, 떨림, 흔들림)이나 방어 반응의 동원 혹은 동원 해제를 통해서 소화된다. 한 사이클이 완료된 후 시간이 허락하는 한 또 다른 트라우마 재료에 조금만 접근하여 이 사이클을 반복한다.

각성 사이클을 한 번에 하나씩 처리하다 보면 내담자는 각성 작업이 할 만하다고 신뢰하기 시작한다. 각성이 상당히 높아져도 몸에만 주의를 집중하면 그것이 통제불능 상태로 높아지지 않는다는 사실을 알게 된다. 감각운동적 연속적 과정은 각성을 트라우마와 관련된 감정, 이미지, 반복적인 사고와 분리시키기 때문에 각성이 감정이나 의미 부여나 해석 때문에 통제불능 상태로 급상승하는 위험을 최소화한다. 내담자는 각성의 감각 시퀀스를 추적할 수 있게 되면서 종종 새로운 자유와 통제감을 경험한다. 한 내담자가 말했듯이, "감각을 따라가면 두려움이 줄어든다". 각성 감각은 이제 더 이상 트라우마로 경험되지 않는다. 이제 그것은 그저 감각이다.

케이트는 십 대 시절에 살해당한 언니의 신원 확인을 해야 했는데, 이때의 경험에 대해 수년간 상담을 받으며 공포와 슬픔을 재경험했다. 극심한 공포와 과각성이 우울과 번갈아 나타나면서 그녀의 증세는 나아지지 않았다. 감각운동적 심리치료를 하는 새로운 치료자의 도움으로 케이트는 기억을 묘사할 때 감정에 정향하는 것을 그만두고 오로지 몸에서 느껴지는 감각만을 정향하게 되었다. 그 이전까지는 트라우마 기억을 계속해서 떠올리며 그것과 관련된 에너지를 카타르시스적으로 흐느끼며 방출하거나, 혹은 몸을 위축시키고 '멍해짐으로써' 에너지를 눌렀다면 이제는 몸 안에서 느껴지는 경험을 해석하거나 저항하지 않고 그것과 온전히 함께 있는 법을 배웠다. 몸이 약간 떨리기 시작했지만 감정이 격해지지는 않았다. 케이트는 몸의 감각과 떨림에 자신의 모든 주의를 집중하면서 치료자에게 감각이 어떻게 변했고, 몸 안을 어떻게 지나가는지 묘사했다. 몇 분 후 감각은 사그라지고 떨림도 멈췄으며 케이트의 각성은 다시 한 번 인내의 창 안으로 들어왔다. 점차 케이트는 감정과 기억으로 향하는 내면의 정향 경향성을 억제하고, 내면의 소매틱 과정을 의도적으로 방해하지 않고도 몸의 감각과 움직임에 정향하는 법을 배웠다. 일단 이러한 감각이 가라앉은 뒤에 또 다른 내용을 묘사하고 정서적·인지적 처리를 실시했다. 이렇게 덩어리를 잘게 나누어 하나하나씩 마음챙김으로 다시 경험하자 마침내 각성은 방출되었고, 감정과 기억은 통합되었으며, 그녀가 호소하던 증세는 가라앉았다. 케이트는 그때까지만 해도 성인이 된 딸에게 언니 얘기는 차마 꺼낼 수가 없었다고 했다. 얘기를 할라치면 완전히 조절 이상 상태가 되었기 때문이다. 하지만 이때의 상담 이후 처음으로 그녀는 딸에게 사건의 전말을 말해 줄 수 있었다.

내담자가 2단계에서 각성 저하가 되는 경우도 있다. 이것은 복종 방어 반응이 떠오르고, 등쪽 미주신경의 긴장도가 증가하고, 교감신경 긴장도가 저하됨을 나타낸다. 이때는 사회적 참여를 맺는 내담자의 능력이나 자신의 몸을 느끼고 현실에 대한 자각을 유지하는 능력이 빠르게 상실될 수 있다. 이들은 '여기'에 있지 않고 '거기'에 있으면서 원래 사건에 동반되었던 무기력과 무감각 반응을 재경험한다. 그럴 때 작업의 중심은 회상된 기억 안에서 적극적인 방어 반응, 즉 '일어나기를 원했던' 행위를 찾는 것이다. 종종 내담자는 동적 방어를 준비하기 시작했던 순간을 기억 속에서 탐색하며 이 행위를 발견한다. 하지만 이 시도가 실패한다면 치료자는 일어서기나 다리 움직이기 같은 신체적 자원을 찾아보는 실험을 제안할 수도 있다. 내담자가 몸으로 자원을 경험하다 보면 동적 방어가 저절로 떠오르는 경우도 많다.

어린 시절에 성적 학대를 경험한 빅토리아는 그 사건에 대해 얘기할 때 치료자의 얼굴과 목소리를 의식하지 못하게 되었고, 그녀의 사회적 관계망은 고장났다. 주의가 지금 현실에서 떠난 것이다. 치료자는 자리에 앉아 있는 그녀에게 상담실을 둘러보라고 함으로써 스스로 자원을 체험할 수 있도록 도우려 노력했으나 이 시도는 실패했다. 그녀는 여전히 자신이 마비된 것 같고 '안개' 속에 있는 것처럼 느꼈다. 결국, 치료자는 빅토리아에게 자리에서 일어나면 무슨 일이 일어나는지 알아차려 보라고 말했다. 그 즉시 그녀는 훨씬 자원이 생긴 것 같은 기분이 들었다. 이 움직임 덕분에 다리가 굳게 땅을 딛고 있는 것이 느껴졌기 때문이다. 이후 두 팔로 뻗어서 밀고 싶다는 욕구가 자발적으로 일어났고, 치료자는 동적 방어를 활용하기 위해 이 충동을 따라가 보라고 독려했다. 그녀와 치료자가 적극적인 움직임이 펼쳐지도록 허락하자 안개는 걷혔다. 빅토리아의 시야는 맑아졌고 치료자와의 접촉 역시 재구축되었다.

인지적 처리와 감정적 처리

브로이어와 프로이트는 이렇게 말했다. "정동이 결여된 회상은 거의 언제나 어떠한 결과로도 이어지지 않는다"(1895/1955, p. 6). 감각운동적 반응이 해소될 때까지 표출되어야 하는 것처럼, 감정 역시 그러하다. 하지만 치료자는 감정 반응에 초점을 맞추는 것이 유용할 것인가를 주의 깊게 평가하면서 언제 정서를 내려놓고 감각운동적 처리에 집중할 것인지, 언제 감정적 처리에 초점을 맞출 것인지를 결정해야 한다. 브루윈(Brewin, 2001)은 만일 내담자가 과도하게 활성화된다면 '상황적으로 접근 가능한 기억 체계'에 불이 켜지게 될 것이고, 그러면 해마가 관장하는 '언어적으로 접근 가능한 기억 체계'를 통해 기억이 재조직되지 못한 채 이 파편들이 그저 재촉발될 것이라고 경고했다. 따라서 비언어적 기억 파편들은 분출되지 않도록 주의 깊게 일깨워져야 한다. 그래야 언어 기억 체계와 해마 부분이 제 기능을 할 수 있다.

감각운동적 처리가 적절하게 일어나서 각성이 인내의 창 안에 머무를 수 있게 되면 트라우마 경험에 대한 정서·인지 작업을 재개할 수 있다. 감각운동적 경향은 이 상위 수준의 정보처리를 더 이상 방해하지 않는다. 예를 들어, 마틴은 중단된 동적 방어 및 과각성 상태를 작업한 후 이렇게 말했다. "몸에서 신싸 편안함이 느껴져요. 훨씬 연결된 느낌이고, 전반적인 느낌이 편해요. 이제는 과거로 돌아가서 그때의 사건에 대해 생각할 수 있고, 그러면서도 활성화되지는 않아요. (과거 치료에서) 이것과 관련해 굉장히 많은 감정 작업을 해 왔는데, 그래도 그것에 대해 생각하면 몸에서 어떤 반응이 여전히 일어났거든요." 이 시점이 되자 그는 몸에 완전히 닻을 내린 상태에서 깊은 절망과 자살 경향에 대해 작업할 수 있었다. 감정적 처리 작업은 인내의 창의 위쪽 가장자리에서 일어났으며, 최적의 각성 영역에서 멀리 벗어나지 않았다. 이후 그는 이렇게 말했다. "이번 작업으로 인한 부정적 여파는 없어요. 마지막 작업(이전 치료에서 감정을 처리했을 때)과는 다르네요".

치료자와 내담자는 내담자가 트라우마 관련 감정을 작업할 때 인내의 창 안이나 가장자리에 머무를 수 있는지 반드시 평가해야 한다. 케이트는 수년 간 상담을 받으며 언니가 살해된 것에 대한 공포, 분노, 슬픔을 쏟아냈다. 하지만 상담이 완전히 성공적이지는 못했다. 케이트가 과각성 상태에서, 즉 인내의 창에서 벗어나 있을 때 작업이 실시되었기 때문이다. 그녀는 굉장히 불안하고 감정적인 상태에서 언니의 살해에 대해 얘기하곤 했다. 과각성 혹은 각성 저하 영역에 들어가면 내담자는 해리되기 때문에 트라우마 기억의 감정이나 다른 파편들을 통합시킬 수 없다. 케이트가 감각운동적 심리치료자에게 와서 기억에 대해 얘기했을 때 감각운동 처리가 필요하다는 사실은 명백해 보였다. 그녀의 각성 상태가 즉시 상승했고, 몸은 떨리기 시작했으며, 자동적으로 일어나는 감정의 경향은 실컷 우는 것이었기 때문이다. 그러한 감정적 카타르시스는 그녀의 경향을 바꿔놓을 수 없었다. 과각성의 뿌리는 트라우마의 감정적 경험이 아니라 생리적 활성화, 즉 감각운동적 경험이기 때문이다. '대화' 치료는 이럴 때 각성을 조절하기 위해 안정화로 돌아가는 반면, 감각운동적 치료는 대안을 제시한다. 바로 각성을 감각운동적으로 처리하는 데 주의를 집중하는 것이다. 케이트의 치료자는 그녀에게 감정은 잠시 놓아두고 몸에서 어떤 일이 일어나는지 그저 느끼고, 묘사하고, 추적하라고 안내했다.

감정이 떠오르면 치료자와 내담자는 무엇이 이러한 감정적 각성을 일으키는지 평가할 수 있다. 생리적 활성화인지, 동적 방어의 부재인지, 트라우마에 근거한 습관적인 감정 반응인지, 혹은 내담자에게 진짜 감정적 의미를 지닌 감정적 반응인지 말이다. 마지막 항목의 경우, 감정에는 예의 습관적이고 반복적인 면이 아니라 신선하고 진실한 부분이 있으며, 비록 각성이 인내의 창 가장자리에 위치해 있을 가능성이 크기는 하지만 대개는 과각성으로 급상승하지는 않는다. 예를 들어, 감각운동적 처리를 몇 차례 경험한 후 케이트는 '순수함의 상실'에 깊은 애도를 표했다. 그녀의 각성이 인내의 창 바로 경계에 있기는 했지만 지나치게 멀리 벗어난 것은 아니었기 때문에 치료자는 케이트에게 이 깊은 감정을 온전히 경험해 보라고 했다. 하지만 만일 이 감정에 떨림 같은 강한 생리학적 반응이 동반된다면, 혹은 이 감정 때문에 각성이 인내의 창을 지나치게 벗어난다면, 이것은 주로 생리적 각성, 동적 방어의 부재, 트라우마 관련 감정과 연관되어 있을 가능성이 있다. 이럴 경우, 앞에서 묘사한 감각운동적 처리 기법을 사용할 수 있다.

재닛이 '맹렬한 감정'이라고 부른 트라우마 관련 감정에는 두려움, 극심한 공포, 분노, 수치심, 경악, 무기력 등이 있다. 이것은 피할 수 없는 위협적인 상황에서 한 개인이 적응적으로 반응하지 못할 때 떠오른다(Van der Hart et al., 2006). 트라우마가 만들어 내는 이 감정은 반복적이고 반응적인 성질이 있다. 그 강도나 표현은 시간이 지나도 변하지 않으며 감정을 터트려도 변하지 않는다. 이 감정적 경향은 각성 상태를 분노로 해석하는 내담자에게서 명백하게 드러난다. 진짜 감정을 보다 정확하게 인지하면 두려움이나 슬픔일 수 있는데도 내담자는 습관적으로 그것을 화로 느끼고 표현한다. 마틴의 경우가 그랬다. "모자 하나가 떨어져도 화가 나요. 내가 오로지 느낄 수 있는 유일한 감정은 화 같아요!" 이 반복적인 감정을 표현하거나 방출하게 되면 종종 비적응적인 경향을 강화하게 되고, 수년 간 감정의 카타르시스에 초점을 맞춘 치료를 받아 온 케이트가 그러했듯 내담자와 치료자가 아무리 노력을 해도 이 경향은 해결되지 않는다. 재닛은 이렇게 말했다. "지나치게 감정적으로 보이는 내담자는 모든 새로운 느낌에 무관심하며, 언제나 똑같은 몇 개의 오래된 느낌을 자동적으로 과장하고 재생산하는 데에만 스스로를 한정 짓는다. 그들의 감정은 너무 과격해 보이지만 사실 정당하지 않다. 즉, 그러한 감정은 그것을 불러일으키는 것처럼 보이는 사건과 조화를 이루지 않는다"(1907, p. 314). 트라우마에 근거한 감정은 친숙하고, 순환하고, 끝이 없고, 해결되지 않는 것처럼 느껴진다. 이것은 극적으로 보일 수 있지만 내담자가 자신과 진정으로 연결되었을 때 떠오르는 성질은 없다. 그래서 치료자는 종종 그 감정과 공명하기를 어려워한다. 트라우마에 근거한 이 감정들은 대개 감정 차원이 아닌 감각운동적 차원의 정보처리를 통해 다룰 때 성공률이 제일 높다.

트라우마를 입은 사람은 트라우마의 활성화가 불러일으킨 감정적 경향성과 정적 방어 경향성뿐 아니라, 아무리 직면하고 해석을 해도 해소되지 않는 반복적이고 습관적인 인지 경향성도 보인다. 재닛(1945)은 대리 믿음substitute beliefs이라는 용어를 사용하여 낮은 통합 능력으로 인해 생기는 습관적인 인지 혹은 정신적 활동을 설명했다. "모두 내 잘못이었어요." "내가 나빠서 이런 일들이 나에게 일어난 거예요." 같은 말들이 그 예다. 이런 인지 왜곡이 내담자에게 일종의 내적 통제(위치)internal locus of control 감각을 부여하고 심각한 무기력을 완화해 주지만 현재 삶에서의 적응적 기능을 방해하는 것 역시 사실이다(Steele et at., 2005b). 조절이 안 되는 각성 및 정적 방어와 더불어 이러한 믿음이 트라우마 관련 감정의 기반을 이룬다.

인지 왜곡을 직접적으로 다루는 것은 주로 3단계 치료에서 이루어지지만, 1단계나 2단계에서 내담자의 몸이 재조직되고 점점 '자원'을 획득하게 되면서, 즉 그라운딩이 보다 잘 되고 정합이 더 잘 이루어지면서 신념이 저절로 바뀌는 경우도 많다.

이렇듯 신체의 변화만으로도 대리 믿음과 그것의 정서적 버전이 바뀌기도 한다. 자신에게 자원이 있음을 몸으로 느끼게 되면 '의미'와 소매틱 자아감somatic sense of self은 자연스럽게 달라진다. 감각운동적 심리치료 상담이 끝난 후 케이트는 '기분 좋게 느껴서는 안 돼.'라는 이전의 믿음과 달리, 실제로 기분 좋은 몸의 감각을 느끼는 것이 가능했다고 말했다. 이 감각은 인지 작업의 결과로 생겨난 것이 아니라, 과각성과 압도감으로 점철된 감각운동적 경험이 침착함, 활기, 기쁨 등으로 변한 뒤에 생겨난 것이다. 예전에 잃어버린 동적 방어의 힘을 경험한 후 빅토리아는 이렇게 말했다. "이제 사람들에게 손을 뻗을 수 있어요. '안 돼.'라고 말할 수 있어요. 내 몸에서 힘이 차오르는 게 느껴져요!" 이것은 그녀가 이전에 갖고 있던 신념, '다른 사람에게 손을 뻗거나 선을 긋는 것은 안전하지 않다'는 신념과 정확히 반대되는 것이다. 마틴은 사람을 피말리게 하고 압도하는 베트남에서의 기억 속에서 수년간 무기력을 경험한 끝에 자신은 이 기억의 손아귀로부터 절대 자유로워지지 못할 것이라는 믿음을 갖게 되었다. 하지만 상담 후 그는 이렇게 말했다.

"[상담] 이후, 뭔가가 진짜 바뀌었어요. 이제 저는 몸에 훨씬 더 주의를 기울이고 어떤 반응이 올라와도 잘 자각하게 되었어요. ……가끔 쉽지 않다고 느껴질 때도 있지만 그래도 너무 달라요. ……훨씬 편안하고 쉬워요. 예전만큼 흥분하지 않아요. 관리가 훨씬 잘 됩니다. [베트남에서의] 경험을 일부 나눴는데, 전혀 감정이 올라오지 않았어요. 예전에는 언제나 어느 정도는 감정이 섞여 있었거든요. 그리고 (특히 이라크 전쟁 같은) 세상 사건들을 접해도 이제는 심호흡 한 번 하고 앞으로 나아가죠. 예전만큼 저를 자극하지 않아요. 절망감도 이제는 훨씬 많이 줄었습니다. 약간 느끼기는 하지만 그것과 함께 있을 수 있고, 그것이 저를 통과해 지나갈 수 있도록 허용할 수 있어요. 그러면 실제로 그렇게 지나가고요. 참 달라요. ……이제 스스로에게 만족해요. [안도의] 눈물이 나오네요. ……전 참 오랫동안 열심히 노력했어요."

소매틱이 재조직되면 이 '병을 일으키는 핵심 알맹이'를 작업할 수 있고 트라우마에 근거한 감정이 재경험되는 것을 막을 수 있는 자원이 생긴다(Van der Hart & Op den Velde, 2003, p. 89). 많은 깊은 감정은 과거에 부정되었다. 특히 그 감정을 지원하고 지지해 주는 사람이 아무도 없을 때에는 더욱 그렇다. 마틴은 베트남에서 절망이나 비탄 같은 감정이 얼마나 홀대받았는지를 말했다. 메리는 자신을 믿어 주는 사람이 아무도 없었기 때문에 자신의 상처와 슬픔을 제쳐놔야 했음을 털어놓았다. 특히 슬픔은 트라우마에 대한 반응으로 일어나는 중요한 감정으로서, 트라우마 기억을 작업할 때뿐 아니라 내담자가 행위를 완성하고 높은 수준의 통제감을 획득했을 때에도 떠오른다. 이때 두드러지는 슬픔은 잃어버린 것, '그토록 고통을 겪으며 살아왔던 세월'에 대한 것이다. 반데르 하트는 이렇게 썼다. "슬픔은 반드시 작업을 완료해야 하는 정감정적 고통의 중요한 부분이다. 시간이 흐르면서 슬픔 삽화의 강도와 지속기간은 점점 증가한다. 생존자들은 상실이 트라우마의 필수불가결한 부분이며, 주기적으로 일어났다 가라앉았다를 반복하는 슬픔을 침착한 자세로 동화하는 일은 평생에 걸쳐 해야 하는 일임을 이해하고 받아들이게 된다"(1993, p. 175).

이 말은 메리의 사례에서 확인할 수 있다. 메리의 경우, 치료가 성과를 보일 때마다 슬픔이 올라왔다. 몸의 감각을 추적하고 동적 방어를 실행하는 능력이 늘어날수록 그녀는 자신이 더욱 몸 '안에' 있는 것 같다고 말했다. 그녀는 두 다리가 보다 굳건하게 땅을 짚어 자신을 지탱해 주고 있음을 느낄 수 있었고, 이 접지감을 느끼며 '몸 안에 있지 않았던 그 많은 세월'에 대해 슬퍼했다. 메리는 마침내 천장 위에서 '그 사람(그녀의 삼촌)이 또 다른 어린 소녀에게 하는 짓'을 처음 봤던 그 순간의 기억과 마주했다. 이것은 그녀의 또 다른 부분이 학대에 굴복했을 때의 기억이었다. 그녀는 다시 치료자의 안내에 따라 몸을 마음챙김으로 바라보았고, 트라우마를 기억해 내기 시작하면서 어린 시절에 경험했던 신체적 반응을 자각하게 되었다. 그녀는 '맞싸우고자 하는 충동(턱과 팔의 긴장)과 함께' 굴복하고 몸을 '떠나는' 것(무감각, 근육 무기력, 마비의 느낌)의 신체적 요소를 경험했다. 감각을 자각하는 것은 이 '해리적인 분열'을 해소하는 데 핵심적인 역할을 했다. 메리가 '이런 분열은 진짜가 아니다—나는 같은 육체 안에 있는 두 개의 몸으로 두 개의 다른 일을 하고 있다'라는 사실을 깨달은 것이다. 이 해리적인 분열을 신체적으로 경험하고 그것의 신체적 구성요소(삼촌과 싸우고 싶은 충동 같은)를 처리하자, 그녀는 인내의 창 안에 머물러 있으면서도 학대와 관련된 깊은 슬픔을 경험할 수 있게 되었다.

처음에는 자신의 신체적 경향을, 그 다음에는 감정을 작업하고 나자 메리는 자신에 대한 인지 왜곡을 더욱 잘 처리할 수 있게 되었고, 결국에는 그것을 성취감으로 대체할 수 있었다. 스스로를 물리적으로 방어할 수 없었기 때문에 발생한 해리 상태가 역설적으로 자신을 지켜 주었음을 깨닫게 된 것이다. 그 결과, 그녀는 자신의 분열된 여러 부분을 경험했다. 처음에는 맞서 싸웠으나 이후 굴복하고 얼어버린 부분 말이다. 동적방어를 계속 사용했더라면 삼촌의 화를 자극하여 학대가 더 심해졌을 것이란 위험을 깨닫고 나니 그녀는 자신의 정적 방어가 얼마나 효과적이었는가를 인정할 수 있었다. 상담 시간 중 그녀는 자랑스럽게 말했다. "나한테는 아무 문제가 없어요. 내가 어떤 일을 해냈는지 봐요!" 그녀의 인지 왜곡("나에게는 문제가 있다.")은 마침내 자신감과 통제감으로 대체되었다. 하지만 이 깨달음은 다시 한 번 슬픔을 동반하기도 했다. "50년이 걸려서야 나에게 아무런 문제가 없다는 사실을 알게 됐군요."

이제 학대에 대해 얘기하면서도 메리는 스스로를 덜 비판하게 되었고, 삼촌의 행위를 묵인한 엄마에게도 화를 표현할 수 있게 되었다. "네 살짜리 여자아이가 그러한 학대를 견뎌서는 안 되는 일이라고요!" 그녀가 트라우마 경험과 결부된 자기 비난, 믿음, 감정 등을 직접적으로 다룬 것은 아니다. 하지만 운동감각적 처리가 그녀의 감정·사고 처리 모두에 긍정적인 영향을 끼쳤다. 메리는 자신의 슬픔과 비탄을 온전히 표현했고 새로운 의미에 도달했는데, 이 모든 것은 자신의 감각운동적 반응을 온전히 의식하는 과정에서 나온 결과다. 경험의 신체적·감정적·인지적 수준이 동시에 다루어지자 그녀는 이 모든 것이 새롭게 통합되고 재조직되는 것을 경험했다. 상담 종결 후 6개월이 지났을 때 그녀는 다음과 같이 적었다.

내 몸(내가 몸을 지니고 있는 방식)과 통합에 대한 감각, 그리고 두려운 상황, 기억, 감각과 함께 머무르는 능력이 깊은 차원에서 영구적으로 변했음을 알게 되었어요. 옛날 같았으면 너무나 압도적으로 느껴질 상황이나 기억, 감각이라서 분명히 억눌렀을 거예요…… 또한 감정적으로 새롭게 통합되었음이 느껴져요. 마치 학대의…… 희생자였던 제 부분이 이제 더 이상 혼자가 아니에요. 훨씬 강하고, 전인적이며, 저항하는 부분과 합쳐진 것 같아요. 더 이상 [치료자와의] 접촉을 절박하게 필요로 하지 않아요. 저 스스로를 지킬 수 있을 것 같은 느낌이에요.

결론

트라우마 '기억'은 크게 비언어적이고 상황적으로 접근 가능한 기억으로 이루어져 있기 때문에 트라우마 해소를 위한 기법은 반드시 그것의 모든 요소, 즉 절차적 · 지각적 · 자동적 · 운동적 · 감정적 · 인지적 구성 요소를 끌어내고 처리하고 도와야 한다. 트라우마 사건이 상황적으로 접근 가능한 비언어적 기억으로 계속 남아 있고, 언어적 회상 혹은 언어적 처리의 대상이 되지 못하면 내담자는 트라우마를 해소하지 못한 채 그것의 활성화를 계속해서 경험할 것이다. 가끔은 지금 자신이 겪는 감각과 감정이 트라우마에 의한 것임을 의식적으로 자각하지 못할 수도 있다.

감각운동적 심리치료를 활용하는 2단계 작업에서는 사건의 기억을 적절한 수준으로만 조심스럽게 일깨워서 그 기억의 신체적이고 자동적인 요소를 내담자의 속도에 맞게 활성화시켜야 한다. 비언어적 기억이 몸으로 표현되는 것을 마음챙김으로 천천히 관찰함으로써 내담자는 트라우마와 관련해 새로운 경험을 하게 된다. 즉, 불필요하게 조절 이상 상태에 빠지는 것이 아니라 소매틱 자원을 활용해 인내의 창을 유지할 수 있는 자신의 능력을 경험하며 고유의 통제감을 느끼게 되는 것이다. 습관적으로 얼어버리거나 의식을 잃는 등 굴복 성향을 재경험하는 대신 내담자는 트라우마 당시 '일어나기를 원했던' 행동이 무엇인지 자연스레 알게 되고 그것을 완료한다. 그러면 그들은 감각 마비나 패배했다는 느낌 대신 살아 있고 승리했다는 느낌을 갖는다.

내담자는 트라우마와 관련된 감정이나 인지 왜곡에 압도 당하기보다 이것들을 억제할 수 있고 상향식 방식으로 재작업할 수 있음을 알게 된다. 또한 비탄을 느껴도 그것과 함께 있을 수 있고, 예전에는 무기력과 무가치함 밖에 느낄 수 없었다면 이제는 힘이 나는 새로운 경험을 하며 즐겁게 웃을 수 있다는 사실도 알게 된다. 옛날 사건에 대한 이러한 새로운 경험들을 천천히 통합하면서 내담자는 과거를 이해시켜 주는 이야기를 형성할 수 있게 된다.

2단계 작업의 마지막 결과는 재닛이 '깨달음'이라고 명명한 것이다. 바로 "과거에 무슨 일이(트라우마가), 언제(과거에), 누구에게(자신에게) 일어났음에 대한 신념이 형성되는 것이다. 트라우마는 개인화되고, 과거로 밀려나고, 감각운동적 성질이 아닌 상징적 성질을 띤다"(Van der Hart et al., 1993, p. 171에서 인용). 재닛(1919, 1925)은 깨달음이 일어나려면 신체적 행위(움직임, 각성, 감각)와 정신적 행위(그 사람이 트라우마에 대해 생각하고 말하는 방식)가 모두 바뀌어야 한다고 강조했다. 여기서 주목해야 할 것은 깨달음은 하나의 과정이라는 사실이다. 트라우마 사건으로부터 더 많은 정보가 발견되고 처리되고 통합될수록 깨달음은 진화한다(Van der Hart et al., 1993).

내담자는 종종 트라우마 사건에 대한 자신의 반응이 '그저 말이 안 된다고' 불평한다. "제가 이제 괜찮다는 사실을 전 알아요. 하지만 몸은 마치 그 트라우마가 여전히 일어나는 것처럼 반응하죠." 이런 말은 서사 기억, 인지, 감정을 작업하는 과정에서 동화되지 못하고 트라우마를 떠올리게 하는 자극에 의해 재촉발된, 비언어적인 기억 파편에 대한 경험을 정확하게 포착하고 있다. 이러한 파편은 치료자와 내담자가 비언어적 기억을 신체로 작업할 때 제일 잘 통합된다. 마침내 새로운 깨우침이 일어난다. 이때의 감각을 풀어 보면 이러하다. "그래, 그 일은 일어났고 내게 오랜 세월 동안 어마어마한 영향을 미쳤어. 하지만 나는 그것에 압도 당하지 않고도 그것을 몸으로 경험했어. 실제로 나는 그 일을 생각할 때 이제는 힘이 나는 게 느껴져. 그것은 이제 과거의 일이야. 나는 이제 앞으로 나아갈 수 있어."

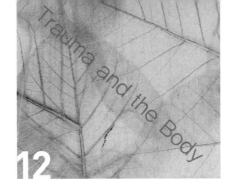

3단계 치료:
일상에서 경험하는 통합과 성공

치료의 목적은 증상을 완화하고 기억 처리를 촉진하는 것뿐 아니라 내담자가 삶을 꾸려갈 수 있도록 역량을 강화하는 것이기도 하다. 그러한 삶은 트라우마 사건의 그림자에 지배 당하지 않는 삶, 일상 경험이나 즐거운 경험이 트라우마 기억에 급작스레 침범 당하지 않는 삶이다. 3단계 치료의 초점은 자기 개발, 정상적인 생활에 적응하기, 관계 등으로 옮겨 간다(Brown et el., 1998; Chu, 1998; Courtois, 1999; Herman, 1992; Steele et al., 2005b). 여기서 다루는 것은 너무나 많은 내담자가 등한시해 온 중요한 발달 과제다. 이들은 정상적인 삶의 행위, 특히 친밀한 관계에 참여해 보려고 시도하지만 해소되지 않은 발달적 결핍이 떠오르는 바람에 실패한다(Steele et al., 2005b). 1단계와 2단계에서 증상이 감소되고 트라우마 기억이 해소되기도 하지만 삶에 온전히 참여하는 것은 3단계 작업이 완료되지 않고서는 이루어지지 못하는 경우가 많다(Steele et al., 2005b). 이 마지막 치료 단계의 목표는 1단계와 2단계에서 획득한 능력과 기술을 응용해 정상적인 삶을 지배하는 행위 체계—사회성, 애착, 탐험, 보살핌, 놀이, 에너지 조절, 성—의 자극에 내담자가 유연하고도 적응적으로 반응할 수 있게 하는 것이다.

통합 역량이 향상되고 인내의 창이 넓어져 각성을 훨씬 더 잘 견딜 수 있게 된 내담자는 이제 인간관계를 넓히고, 일상생활에 대한 두려움을 극복하고, 위험요소를 평가하여 적절하게 받아들이고, 변화와 친밀감을 탐색할 준비가 되었다. 그들은 또한 직업적 욕구와 목표, 여가활동, 영적인 관심 등 지금까지 방치되어 왔던 삶의 다른 영역 역시 개발하기 시작한다(Brown et al., 1998; Courtois, 1988).

이러한 목표를 달성하는 데 방해가 되는 인지 왜곡과 그에 상응하는 신체적 경향성을 발견하고 바꾸는 것이 3단계의 주요 초점이다. 마지막 치료 단계에서 내담자는 자신이 의미 있고 즐겁다고 생각하는 활동에 더욱 지속적으로 참여할 수 있으며, 이를 통해 긍정적인 정서를 견디는 힘이 강해진다. 결국, 통합하고 의미를 만드는 능력이 확장되면서 과거와 현재의 경험이 새로운 의미와 중요성으로 가득 차게 된다(Herman, 1992).

치료 단계는 선형적 방식으로 제시되지만, 사실 치료는 선형적으로 진행되지 않는다. 새로운 기억, 이전에는 몰랐던 기억의 파편들이 3단계에서 올라오는 경우도 많다. 아마 부분적으로는 해리된 기억을 견뎌 낼 수 있는 통합 역량이 늘어나면서 생기는 현상일 수 있다(Steele et al., 2005b). 예를 들어, 관계 문제를 다루다 보면 현재 만족스러운 관계를 맺지 못하게 만드는 인지왜곡과 행동을 형성한 애착 인물과의 상호관계 기억을 떠올릴 수밖에 없다. 출생, 죽음, 결혼, 실직, 은퇴, 질병, 임박한 치료 종결 같은 삶의 변화 역시 해소되지 못한 트라우마 기억이나 슬픔, 상실의 느낌을 자극한다(Herman, 1992). 이런 기억이나 건강한 수준의 위험 부담은 일시적으로 내담자를 불안정하게 만들 수 있기 때문에 자원 활용을 다루는 1단계나 트라우마 기억을 다루는 2단계 작업으로 돌아가야 한다. 그러므로 치료자는 각각 세 단계 치료에서 사용되는 개입들을 필요할 때마다 활용할 줄 알아야 한다. 이렇게 유연성을 발휘할 때 내담자는 감정적, 소매틱적, 인지적으로 안정을 유지할 수 있고(1단계), 기억이 올라올 때 이를 처리하고 통합할 수 있고(2단계), 이 두 단계에서 배운 기술을 일상에서 마주하는 새로운 도전에 적용해 만족을 얻을 수 있다(3단계). 내담자가 더욱 통합된 사람이 될 수 있게 도우려면 치료자는 지지하고, 자원 활용을 촉진하고, 트라우마 처리를 안내하고, 비적응적인 행동 경향을 반박하고, '실제' 삶에서 대안을 행동에 옮기도록 유도하되, 언제나 내담자의 속도에 맞춰 진행해야 한다. 내담자의 속도에 맞춰야 자원을 계속 활용할 수 있고 인내의 창을 유지하거나 확대할 수 있다.

의미 만들기: 인지 왜곡 변화시키기

트라우마는 자기 자신과 타인과 세상에 대한 근본적인 신념을 '산산이 부숴버린다' 트라우마 후 인지 왜곡은 증세가 가라앉고 기억이 처리된 후에도 오래 지속될 수 있다(Janoff-Bulman, Timko & Carli, 1985). 커츠는 이렇게 말했다. "치료 목적은 어떤 특정한 경험을 하는 것이 아니다. 모든 경험이 다르게 조직되고 경험하는 방식이 달라지는 것이 치료의 목적이다. 그러한 변화를 일으키려면 우리는 반드시 의미를 다뤄야 한다"(1990, p. 139). 의미의 변화—치료 초반에 시작되어 3단계에서 더욱 발전해 나가는—가 조금이라도 일어나는 것이 얼마나 중요한지를 과소평가해서는 안 된다. 트라우마 후에 현실적이거나 긍정적인 의미를 구성할 줄 아는 사람은 트라우마에 대한 해석이 왜곡되거나 부정적으로 남아 있는 사람에 비해 트라우마 경험의 영향으로부터 훨씬 잘 벗어날 수 있다(Janoff-Bulman, 1992). 앞서 언급했듯이, 신념이 처음 두 단계에서 일부분 달라질 수는 있지만, 치료 초기 단계에서 지속적이고 성공적인 변화가 일어나는 것은 가능하지 않다(Brown et al., 1998). 대개 스트레스를 받으면 오래된 신념으로 회귀하는 경향이 지속되기 때문이다.

이렇게 지속되는 트라우마 관련 신념 및 트라우마는 직접적인 연관이 없는 인지 왜곡을 3단계에서 다룬다(Brown et al., 1998). 유년 시절, 가족 구성원이 아닌 사람으로부터 지속적으로 성적 학대를 당한 수는 트라우마와 관련해 두 가지 신념을 갖게 되었다—'나는 하자품이야.'와 '모든 남자는 위험해.' 이러한 신념 때문에 그녀는 성적인 관계를 맺기가 어려웠다. 이러한 신념을 그녀의 말린 어깨가 그대로 반영하고 있었다. 남자들이 자신을 알아차리지 못하도록 가슴을 '숨겼기' 때문이다. 또한 고개를 숙이고 다니는 경향은 자신이 하자품이라는 생각, 그리고 만성적인 과각성 상태를 그대로 드러냈다. 수는 '사랑 받으려면 뛰어난 사람이 되어야 해.'라는 트라우마와는 관련 없는 신념을 형성하기도 했는데, 이것은 모든 분야에서 탁월할 것을 요구하는 극단적인 성취지향적 부모 아래서 자라면서 생겨난 것이었다. 수의 몸은 언제라도 움직일 기세로 긴장을 놓지 못했고, 호흡은 높고 얕았으며, 급하고 부산스러웠다. 앉아 있을 때에도 다리를 떨고 자리에서 꿈틀대는 등 몸의 일부를 계속 움직였다. 이러한 신체 경향성은 계속 움직여야 하고 무슨 수를 써서라도 성취해야 한다는 그녀의 욕구를 뒷받침했으며, 트라우마 관련 신념과 결합해 그녀를 쉬지 못하고 일만 하는 일중독으로 몰아갔다. 그녀는 트라우마와 관련 없는 인지 왜곡과 트라우마가 어떻게 상호작용하는지 알게 되었다. 또한 너무나 자주 경험하는 트라우마 관련 과각성이 자신을 끊임없이 움직이도록 만든다는 것과 도저히 줄지 않는 직업적 의무가 주의를 분산시키는 바람에 '하자가 너무 많아서 남성에게 매력적이지 않다'는 느낌에 슬퍼하지도 못한다는 사실 역시 발견했다.

3단계에서는 일상생활에 더 많이 참여하려는 시도 때문에 인지 왜곡이 떠오르게 된다. 아주 사소한 어려움 앞에서도 정신적·신체적 행위 경향성은 반사적으로 시작되어 내담자는 인지왜곡을 포함해 홈이 잘 파인 익숙한 길로 내려가게 된다. 재닛이 오래 전에 말했듯이 "오래된 행위들이 가장 고정되기 쉽다. 여전히 형성되는 과정 중에 있는 최근 행동, 가령 성찰적으로 과거와 현재를 분리하는 능력 같은 것은 변하기 쉽고 하기도 어렵다"(1937b, p. 69). 인지 왜곡을 자각하는 것은 감정적인 과정인 동시에 성찰적인 과정이다. 이 신념에는 "그것을 애초에 만든 모든 감정적 충전 및 확신이 포함되어 있기 때문이다"(Kurtz, 1990, p. 117). 3단계까지 온 내담자는 이러한 신념에 동반되는 강한 감정을 견디고 처리하는 통합 역량이 많이 발달된 상태다. 3단계의 주요 목표는 내담자가 (1) 반사적인 신념을 찾아내고, (2) 그 신념들이 신체적 경향성과 어떻게 서로 영향을 주고받는지 탐색하고, (3) 관련 정동을 견디고, (4) 신념이 얼마나 정확하지 않은지 통찰하고, (5) 통합 역량을 더욱 키워 이러한 신념 및 그것의 소매틱 상대를 재구성하도록 돕는 것이다.

중심부와 주변부의 역동적 관계

신체 경향성은 "정신생물학적 역사와 현재의 정신생물학적 기능에 대해…… 말해준다"(Smith, 1985, p. 70). 트라우마로 인해 자기 자신과 타인과 세상에 대해 부정적인 신념이 형성되면 대개 몸의 중심부와 주변부 사이의 조화로운 상호작용이 희생된다. '나는 나쁜 사람이야.'와 같은 신념은 위축, 굽은 어깨, 얕은 호흡, 목 근육의 수축, 제한적인 움직임 같은 신체 경향성을 촉발할 수 있다. 그에 상응하는 감정들, 즉 수치심, 불안, 무기력은 신체 경향성을 더욱 악화시킨다. 이러한 신체 경향성은 인지 왜곡과 트라우마 관련 감정을 부추기고, 다시 인지 왜곡과 그에 수반되는 감정은 신체 경향성으로 나타나서 중심부의 안정과 주변부의 움직임이 통합되는 것을 막는다.

1단계에서 내담자는 자동 조절과 상호작용을 통한 조절을 위한 자원을 배우는데, 이 자원은 각각 몸의 중심부와 주변부와 대략 일치한다. 3단계에서는 중심부와 주변부와의 관계 및 그 둘 사이의 역동적인 균형에 대해 탐색하게 되는데, 핵심은 중심부와 주변부를 통합하고 이 통합이 새로운 의미와 지지적인 행동을 어떻게 뒷받침하는지 살펴보는 것이다.

내담자는 자신의 내적인 욕망과 목표를 정의하고 그것을 성취하기 위해 추진력을 기를 필요가 있다. 성취하기 위해서는 "희생자라는 한정된 위치에서 벗어나…… 과감히 [자신의] 소망을 정의 내릴 용기를 가져야 한다"(Herman, 1992, p. 202). 중심부—몸의 상징적·신체적 중앙으로서 핵심 자기감을 나타냄—를 자각하는 것은 내담자가 이 임무를 수행하는 데 도움이 된다. 감각운동 심리치료에서 몸의 중심부와 연결된 상태를 의미하기도 하는 '중심부 상태core state'에서 내담자는 "자기 경험의 핵심적인 측면과 깊은 차원에서 접촉하게 된다"(Fosha, 2000, p. 20). 이러한 자각을 통해 내담자는 중심부와 주변부가 균형 있게 통합된 행동을 실행하게 되고, 자신의 욕망과 목표에 합당하게 보다 침착한 방식으로 움직이게 된다.

다시 한 번 살펴보자면 중심부에는 흉곽의 내재근과 골반, 작은 근육들이 있는데, 이는 척추의 각 부분을 몸을 바로 세우는 역할을 한다. 중심부가 강하고 균형 잡혀 있으면 축이 안정적이기 때문에 사지 및 몸통의 큰 근육을 사용하는 주변부 움직임—보행, 팔의 움직임, 머리와 몸통을 돌리는 것—이 원활하다. 중심부가 잘 받쳐주면 팔, 다리, 머리 등 주변부를 움직이는 데 에너지나 노력이 덜 들게 된다. 강한 중심부는 신체적으로나 정신적으로 안정감을 주기 때문에 '중심이 잡혀 있다'는 느낌을 들게 하고 내적 통제 위치를 강화한다.

행위 체계에 적응적으로 반응하려면 힘이 충분해야 하고, 움직임이 유연해야 하고, 몸의 중심부와 주변부가 통합되어야 한다. 걷기, 달리기, 손 뻗기 같은 주변부의 대근육 움직임이든, 깊은 곳에 있는 중심부 내재근의 움직임이든, 얼굴 표정의 미세한 움직임이든, 모든 행위에는 움직임이 수반된다. 하지만 "움직임이 제약을 받거나, 구조적으로 범위가 제한되거나, 고통스럽거나, 근육의 강도와 역량이 임무 수행에 적절하지 않다면 그때 취하는 행위는 한정적이거나 부적절할 것이다"(Kepner, 1987, p. 146). 예를 들어, 성적인 친밀함에 대한 생각만으로도 골반 근육이 수축되고 몸이 움츠려드는 사람은 성적 관계에 대한 욕망이 있더라도 계속 성적 어려움을 겪을 가능성이 크다.

재닛(1925)은 트라우마 내담자는 행동을 완료하지 못했기 때문에 치료 과정에서 행동을 완료할 수 있도록 촉진해야 한다고 언급했다. 트라우마 기억에서 막 시작될 조짐을 보인, 트라우마 당시의 중단된 동적 방어는 2단계에서 완료되었다. 3단계에서 내담자는 자신의 신체적·심리적 중심을 점점 자각하게 되고, 몸의 중심부에서 시작해 걷기, 달리기, 손 뻗기, 움켜쥐기, 잡기, 놓기 같은 주변부 움직임으로 행위를 완료하는 법을 배운다. 세상과 다른 사람에게 접촉을 시도할 때나 그런 접촉에 반응할 때 통합된 행위를 사용한다면 소매틱 자기감somatic sense of self은 훨씬 강해진다. 나에 대한 추상적인 개념이나 이미지가 아닌, 훨씬 연결되고 체화된 '나'를 체감하는 것이다. 커츠의 말을 빌리자면, "중심부가 활성화되면…… 감정적 의존성 혹은 수축하는 방어적 태도는 자기감에 자리를 내어 주고, 타인과의 유연한 교류의 문이 열린다. [내담자는] 자신이 더 이상 외부의 지지나 외재적 경직 없이도 스스로를 지탱할 수 있다는 것을 발견한다. 그는 이것에 승복하고…… 통합된 자기의 기쁨을 느끼기 시작한다"(Kurtz & Prestera, 1976, p. 35).

중심부의 내재근을 '존재being' 근육으로, 주변부의 외재근을 '행위하는doing' 근육으로 보기도 한다. 주변부의 외재근은 이동성을 매개하기 때문에 움직임이 공간에서 이루어질 수 있고, 따라서 환경과의 교류를 가능케 한다. 주변부에는 다리, 발, 견갑대, 팔, 손의 움직임 등이 포함된다. 머리와 얼굴 근육은 감정과 사회적 교류를 전달하는데, 여기에는 중심부와 주변부가 모두 포함되어 있다. 얼굴 표정은 중심부의 경험을 반영하며 타인과의 교류를 촉진하기도 한다. 중심부의 내재 골격근이 몸 깊은 곳에 있으면서 훨씬 느리고 정확하게 움직인다면, 표면에 더 가까운 외재근은 전반적으로 훨씬 빠르게 움직이지만 정확도는 다소 떨어지는 편이다(글씨 쓸 때의 정확한 손놀림 같이 일부 움직임은 예외로 한다). 3단계 치료에서는 중심부와 주변부, 존재와 행위를 통합하여 내담자가 핵심 자기감core sense of self에서 나오는 보다 적응적인 활동을 실행할 수 있게 돕는 것이 목표다.

주변부 움직임이 안정적인 중심부와 통합되면 물 흐르듯 조화로운 행동이 가능해지고 통합성, 조화, 만족감이 생긴다. 그런 사람의 행동은 힘 있고 빠르지만, 동시에 정확할 수도 있다. 반대로, "중심부의 내적 균형이 결여된 상태에서는 사지의 움직임에 유연한 흐름, 우아함, 조화가 사라진다"(Kurtz & Prestera, 1976, p. 33). 중심부 근육이 약하거나 경직되거나 불안정하면 팔, 다리, 목, 머리의 주변부 움직임이 조화롭지 않고 균형을 잃는다(Leban, 1975). 중심부가 불안정하면 움직임 역시 불안정하고, 중심부가 경직되면 움직임에는 우아함과 흐름이 사라진다. 중심부가 약하면 움직임은 중심이 아닌 대근육군에서부터 시작된다.

이러한 신체 경향성은 대개 '정상'처럼 느껴진다. 당사자는 고통이 느껴질 정도로 극단적인 상황이 되어서야 비로소 자신의 경향성을 자각하는데, 사실 훈련 받은 관찰자의 눈에는 균형을 잃은 것이 분명히 보인다. 중심부와 주변부의 균형 상실은 인지 왜곡을 반영한다. 예를 들어, 주변부의 긴장(예: 내담자의 어깨가 척추 쪽으로 말린 경우)이 약한 중심부(예: 척추 만곡이 심한 경우)와 결합된 것은 '나는 가치가 없어. 그러니 꼭 숨어야 해.'라는 신념을 반영한다. 몸의 중심부와 주변부가 잘 통합되지 않았을 때 당사자는 이러한 비적응적인 경향성을 자각하지 못하더라도, 무의식적으로는 그에 상응하는 심리적 분리를 경험할 수 있다.

중심부가 약하거나 불안정하면 척추는 힘이 빠지고 내려앉게 되며, 그 결과 체형이 구부정해지고 '스스로를 곧게 지탱할 수 없다'는 인상을 주게 된다. 이러한 신체 경향성은 '줏대 없고,' 자신감 없고, 무기력하고, 무능하고, 의존적인 감정을 자꾸 느끼는 것과 관련되기도 한다. 이 경우, 중심부와 신근(伸筋)이 모두 제대로 활용되지 않고 긴장이 결여되어 있다. 세상 속에서 행위를 취하고 싶은 충동이 느껴지지만 그 행동을 끝까지 완성할 만한 심리적 동기, 의지, 혹은 주변부의 힘이 충분하지 않다. 자신의 몸이 '약하고' 사람들에게 먼저 다가가거나 일자리를 구하는 것은 '나를 피곤하게 만들기 때문에' 너무 '어렵다'고 말하는 내담자처럼 말이다.

주변부의 외재 근육계를 긴장시켜서 약하거나 불안정한 중심부를 보상하는 사람들도 있다(Kurtz & Prestera, 1976). 중심부를 강하게 만드는 것이 아닌, 외재근의 긴장도를 높여 몸을 바로 세우는 것이다. 이렇게 되면 표면의 긴장도가 높아져서 중심부의 움직임이 바깥으로 나올 수 없게 되고, '나는 나를 표현할 수가 없어' 혹은 '다른 사람들과 관계 맺는 것은 좋지 않아. 상처 입을 거야.'라는 신념이 생길 수 있다. 그에 수반되는 신체 증상은 목의 긴장이나 움직이지 않는 얼굴 근육 등인데, 이로 인해 대인관계와 연대에 대한 충동 및 감정을 표현하지 못하게 된다. 하지만 애착과 연대에 대한 욕구가 사라지지는 않는다. 이러한 욕구는 인간의 타고난 '중심부' 욕구를 만들어 내는 심리생물학적 행위 체계에서 기인한 것이기 때문이다. 타인과의 연결을 추구하는 움직임들, 가령 손을 뻗는 행위는 몸의 중심부—예를 들어, 척추나 골반—에서 경험되거나 시작될 수 있다. 그런데 주변부나 외재 근육계를 통과하지 못하고 긴장이나 경직과 만나 버리면 그 행위가 완료되지 못한 채 남는다. 이러한 신체 경향성을 지닌 내담자에게 누군가가 다가가면 내담자는 뒤로 물러서거나 굳어버릴 가능성이 크다.

중심부와 주변부가 모두 과도하게 긴장된 경우 내담자는 과도하게 경직되고, 유연성과 운동성이 부족하고, 어딘가에 '갇혀 버린' 느낌이라든가 '움직일 수 없다'는 감각을 호소할 수 있다. 그런 사람은 자신의 중심부에 대한 자각이 높지 않을 수 있다. 이들은 중심부에서 시작되어 주변부의 행동으로 부드럽게 확장되는 움직임을 제대로 실행하지 못한다. 움직임이 시작되어도 그것은 주변부의 긴장에 부딪힌다. 내면을 자각하고 자기를 표현하는 능력이 저하된 이들은 어딘가에 갇혔고, 부진하고, 연결감이 끊어졌다는 느낌을 가질 수 있고, 행위를 취하려고 노력해 보지만 앞으로 나아간다는 감각이나 만족감을 거의 맛보지 못한다.

내담자에게 해소되지 않은 무질서한—혼란스러운 애착 패턴이 있어서 '다가가고 피하는/방어하는' 움직임을 연달아 하거나 동시에 한다면, 이 움직임이 3단계 치료의 핵심이 된다. 이 움직임은 중심부와 주변부가 제대로 통합되지 못했음을 명확하게 반영한다. 다가가는 충동과 회피하는 충동이 동시에 일어나면 몸은 '서로 반대 방향으로' 간다. 친밀함을 추구하는 행동이 회피하거나 방어하는 행동과 결합된 것이다. 한 내담자는 손을 뻗기만 하면 동시에 몸의 중심이 뒤로 빠진다. 어떤 내담자는 원하지 않는 만남으로부터 떨어져 있지를 못한다. 즉, 멀어지려고 해도 몸이 재빨리 다가가는 움직임을 취한다. 움직임이 부드럽게 이어지지 않고 덜컥거려서 몸의 각 부분이 유기적으로 움직이지 않는 내담자들도 있다. 걸을 때 골반은 앞을 향해 돌진하고 있는데 가슴은 뒤로 물러서 있는 것처럼 말이다. 이렇게 불협화음을 내는 행위는 동반되는 신념 또한 갈등적이다. "가까워지고 싶지만 그건 위험해. 내가 다가가면 사람들이 나를 이용할 거야. 내 경계를 존중하면 상처받을 거야."

중심부와 주변부에서 완료되지 못한
행위 평가하기

어떤 행위가 완료되지 못하고 표현되지 못했는가를 평가하려면 척추, 목, 머리, 팔, 다리가 서로 어떤 관계를 맺고 있는지 살펴봐야 한다. 중심부가 안정적이면서도 유연하여 주변부 움직임을 지지할 수 있는가? 아니면 약하고 힘이 빠져서 주변부의 움직임을 뒷받침하지 못하는가? 손을 뻗는 움직임이 주변부의 긴장 때문에 제약을 받는가, 아니면 중심부에서 주변부로 우아하게 진행되는가? 표면의 근육계가 충분히 유연하여 중심부에서 시작된 움직임이 거리낌 없이 나아가는가? 움직임이 중심부에서 주변부로 우아하고 온전하게 진행되는가, 아니면 덜그럭거리고 연결이 안 되는가?

내담자가 더욱 통합적이고 적응적인 행위 경향성을 성취할 수 있도록 도울 때 치료자는 움직이는 '옳은' 방법이 있다는 개념을 전달하지 않도록 주의를 기울여야 한다. 목표는 내담자가 마음챙김을 촉진하여 몸의 감각과 신체적 행위를 점점 더 많이 자각할 수 있도록 돕는 것이다. 자각 능력이 증가하면 내담자는 자신의 비적응적인 행동을 식별하고, 그것을 억제하기로 선택하고, 자신에게 더 큰 만족을 주는 행동을 시작하고 유지하겠다고 결심한다. 유한_{Juhan}이 말했듯이, "…… 자세와 움직임에 대한 보편적인 기준을 개인에게 강요하는 것이 목표는 아니다. 내담자가 정신적 자각 능력과 신체적 유연성을 배양하여 순간순간 변하는 필요에 끊임없이 적응할 수 있도록 돕는 것이 우리의 목표다"(1987, p. 142). 따라서 '통제'와 '선택'은 언제나 내담자의 몫으로 남아 있으며, 내담자의 움직임은 연습을 통해 스스로 교정된다.

3단계 치료에서의 행위

과거의 애착관계에서 경험한 실망과 고통이 이번에도 일어날 것이라 예상하고는 이를 피하고자 돌봄이나 직업적 노력 같은 특정한 행위 체계에만 고집스럽게 관여하는 것은 트라우마 내담자들에게서 흔히 볼 수 있는 태도다(Sable, 2000). 3단계에서 내담자는 모든 행위 체계의 자극에 균형 있게 반응하고, 여러 행위 체계를 동시에 일깨우는 복합적인 상황 속에서 적응적이고 통합적으로 반응하는 법을 배운다. 관계는 일상적인 삶과 관련된 여러 가지 행위 체계, 즉 애착, 성, 돌봄, 우정(사회성), 탐색, 에너지 관리(예: 함께 밥 먹기), 놀이 등이 복합적으로 상호작용하는 영역이다. 내담자는 각기 다른 행뒤 체계와 관련된 다양한 관계를 구분하고 정서적 · 신체적 · 성적 · 지적 · 영적 친밀함을 구분 짓는 법을 배운다.

내담자는 특히 친밀한 파트너와의 관계에서 어려움을 겪는다. 초기 애착 관계에서 형성된 인지왜곡과 신체 경향성이 성인이 되어서도 건강한 친밀관계를 형성하는 것을 방해하기 때문이다. 3단계에서는 다양한 애착 문제, 예를 들어 트라우마적인 애착의 반복, 가해자에 대한 애착, 고립(애착 욕구를 부인), 불안정한 애착 패턴, 해소되지 않은 무질서한—혼란스러운 애착 등에 대해 살펴본다. 과거에 친밀한 관계에서 학대나 상실을 경험한 사람이라면 좌절을 인내하고, 갈등을 해결하고, 현재와 과거를 분리할 수 있을 만큼 통합 능력이 커져야 성숙한 친밀함을 형성(가장 성공적 치료)할 수 있다(Steele et al., 2005b).

친밀함에 대한 공포(Steele et al., 2005b)는 몸의 소통에서 명료하게 드러난다. 공포 반응은 인지 이전의 신체 감각적/감정적 반응이기 때문에 인지 처리 수준에서뿐 아니라 감각운동 차원에서도 반드시 다뤄야 한다. 친밀한 관계에서의 접촉은 팔의 움직임이나 팔로 하는 표현—팔을 뻗고, 잡고, 놓고, 붙들고, 껴안기 등—을 포함한다. 내담자에게 팔을 뻗어 보라고 요청해 보기 등 팔로 하는 행위를 실험해 보면 관계에서 장애를 겪고 있는지 확실하게 평가할 수 있다. 케프너Kepner는 이렇게 말했다. "다른 사람에게 손을 뻗고 싶어 하면서도 정작 팔을 옆구리에 딱 붙여놓고 나가지 못하게 한다면 당신은 욕구를 완료하는 데 어려움을 겪을 것이다. 움직임으로 기쁨을 표현하고 싶은데 구조적으로 묶여 있거나 근육이 유연하지 못하다면 내면의 느낌을 온전히 표현할 수 없을 것이다"(1987, p. 146). 내담자가 관계에서 접촉을 시작하거나 유지하지 못하고, 상대의 접촉에 제대로 반응하지 못한다면, 팔 뻗는 실험을 해 보는 것이 유용한 신체적 개입일 수 있다. 어떤 내담자는 팔꿈치를 구부린 상태에서 팔올 뻗고, 이떤 내담자는 이깨가 먼저 나가고, 이떤 내담자는 상반신올 몸통에서 떼지 않는다. 온몸으로 다가가 몸을 앞으로 기울이고 치료자와 눈을 강렬하게 맞추는 내담자가 있는 반면, 팔은 앞을 뻗고 있는데도 몸은 뒤로 빼고 시선을 돌리는 내담자도 있다. 몸짓이 약하고 목소리 높낮이와 에너지가 없는 경우도 있고, 몸짓은 강하지만 뻣뻣한 경우도 있다. 각각의 패턴에는 중요한 심리적 정보가 숨어 있다. 이런 충동을 중심부에서 시작하여 조화로운 팔의 움직임으로 실행하지 못한다면 관계에서의 커뮤니케이션이 대개 제한되어 있다고 본다.

행위의 통합으로 친밀감 확장하기

'친밀감 쟁점'을 해결하지 않으면 이혼하겠다는 부인의 협박에 들들 볶이다가 어쩔 수 없이 상담실에 온 샘은 감정적 친밀감에 대한 혐오감을 탐색해 보겠다고 투덜대며 동의했다. 샘의 자세와 팔 움직임은 긴장으로 가득했다. 뻣뻣한 척추는 중심부와 주변부 모두가 긴장되었음을 반영했다. 또한 그는 손바닥을 바깥쪽으로 향한 채 팔을 접어 몸 앞에 두는 습관이 있었다. 게다가 사람을 대하는 매너는 부인의 말을 빌리자면 '위협적'으로 보일 만큼 거칠었다. 학대적이고 알코올 중독자였던 아버지 밑에서 자란 샘은 어린 시절 내내 혼자였다. 그는 이미 어렸을 때 자기 외에는 아무에게도 의지할 수 없다는 사실을 배웠다. 그에게는 자기조절 능력은 있었으나 상호작용을 통한 조절 능력은 훼손된 상태였다.

상담에서 샘은 무의식적으로 방어적인 움직임을 보였다. 두 손을 몸 앞에 들고 있고, 서 있을 때에는 치료자로부터 뒤로 물러서고, 앉아 있을 때에는 몸에 힘을 주고 뒤로 젖혔다. 이러한 주변부 움직임은 부인과의 관계에 대해 논의하자 더욱 강해지고 잦아졌다. 부인과의 친밀도를 더욱 강화시키고 싶다는 확신에 찬 말과는 반대되는 움직임이었다. 부인과 관련된 애착 행위 체계의 자극에 그의 의식은 가까워지고 싶다고 반응했으나 몸의 움직임은 그 반대의 의사를 표현했다.

치료자와의 관계가 잘 조율된 상태에서 치료자는 부드럽게 이러한 움직임을 지적하여 샘의 주의를 끌었고, 샘은 이것을 탐색하는 데 동의했다. 마음챙김 상태에서 이러한 방어 움직임을 자발적으로 시행하자 그는 이러한 자세에서는 부인과 친밀해지고 싶다는 자신의 욕구를 제대로 느낄 수 없다는 사실을 깨달았다. 사실 그는 그 누구와도 연결되고 싶은 마음이 없었다. 실험삼아 다양한 방어 움직임을 시행하며 탐색을 계속해 나가자 어린 시절의 기억 하나가 떠올랐다. 아버지에게 다가

가지만 아버지가 자신을 받아줄지 폭력적으로 변할지 전혀 알지 못했던 기억이었다. 그는 어린 시절 내내 견뎌야 했던 그 두려움과 예측불가능성을 재경험했고, 이를 통해 자신의 방어적인 팔 움직임은 사람들에게 다가오지 말라고 말하는 일종의 메시지임을 저절로 알게 되었다. '가까워지는 건 안전하지 않아. 사람들이 날 공격할지도 몰라.'

상담을 통해 샘은 타인과 연결되고 싶은 욕구를 느끼고, 그럴 때 몸의 중심부—척추와 골반—가 어떤지를 보다 온전히 자각하기 시작했다. 척추가 경직되었음을 느낀 샘은 가벼운 움직임과 호흡을 통해 몸의 중심부를 부드럽게 풀어 주었다. 척추가 풀어지자 그는 방어적인 기분은 줄어들고 취약함은 더욱 많이 느껴진다고 말했다. 또한 '아랫배 깊은 곳에서' 사람들과 연결되고 싶다는 욕구가 느껴진다고 했다. 치료자는 샘에게 팔을 뻗는 몸짓을 해 보고, 아랫배의 욕구를 느껴 보고, 몸의 중심부에서부터 움직임을 시작해 보는 실험을 해 보자고 제안했다. 이 초기 경험에서는 오로지 몸의 움직임만 실시할 뿐, '다른 사람에게 팔을 뻗는다'는 것에 대해서는 생각을 하지 않기 때문에 불필요한 위험부담이 줄어든다. 그럼에도 불구하고 처음에 샘은 팔을 뻗는다는 생각만으로도 불편해진다고 말했다. 그가 팔을 뻗었을 때 팔은 뻣뻣했고, 움직임은 기계적이었으며, 척추는 다시 경직되었다. 샘은 이런 몸짓이 낯설게 느껴졌고, 팔을 뻗어도 상대가 응해 주리라 생각하지 않기 때문에 자신이 훨씬 취약해진 것 같다고 말했다. 지금까지 그에게는 지지적인 태도로 응답해 준 사람이 아무도 없었다. 그는 슬퍼하며 이렇게 말했다. "손을 뻗는 게 무슨 소용 있습니까? 다른 사람들은 나를 해치기만 할 건데요." 치료자와의 관계가 잘 조율된 치료 맥락에서 학대와 버림 받음에 관한 이러한 신념 및 점점 커져 가는 분노와 상처를 말로 표현하자 친밀함에 대한 혐오가 가라앉았을 뿐 아니라 척추와 외재근의 긴장도 풀어졌다.

치료자는 샘에게 이제 척추의 이완을 유지하고 행동은 언제나 중심부에서 시작한다는 것을 유념하면서 팔을 뻗는 것과 관련된 다양한 종류의 행위—한 발 앞으로 나아가고, 가슴의 긴장을 빼는 등의 행위—를 탐색해 보자고 샘에게 제안했다. 치료자는 샘의 행위를 관찰하고 샘이 불필요한 긴장 없이 효율적으로 행동을 실행할 수 있도록 도왔다. 처음에는 중심부를 느끼고 긴장을 푼 다음, 팔을 이완시키고, 뒤로 물러서는 대신 살짝 앞으로 기울이도록 안내했다. 중심부와 주변부가 잘 통합된 이런 움직임을 실행할수록 그는 어린 시절의 애착 역사가 현재의 관계 역량에 어떤 영향을 끼쳤는지 더욱 깊이 통찰하고 더 많은 감정을 느끼게 됐다. 샘은 이 관계적 움직임을 이완된 중심부에서부터 실행할수록 취약함의 느낌이 강해진다는 사실을 깨달았다. 하지만 동시에 '기분 좋게' 느껴진다는 것 역시 깨달았다.

적절한 도전: 점증적인 행위

내담자에게 주어지는 구체적인 과제의 난이도를 평가하고, 그것이 어떤 영향을 미치는지 파악하는 것은 새로운 기술을 성공적으로 통합하는 데 반드시 필요하다. 내담자에게 요구되는 구체적인 행위는 도전의식을 적절하게 불러일으킬 정도의 수준이어야 한다. 즉, 성공 가능성이 높고 통합 역량을 가능한 한 최고로 일깨우는 동시에 실패나 낙담을 피할 수 있는 수준이어야 한다(Janet, 1925). 조금씩 더 복합적인 새로운 행위를 연습하면 내담자의 통합 능력과 자신감은 점점 증가한다. 중심부와 주변부를 통합하는 행위를 점차적으로, 혹은 단계별로 배우게 되면 내담자는 "올바른 반응을 자동적으로 하게 되기 때문에 실패가 야기하는 상실을 맛보지 않아도 된다"(Janet, 1925, p. 737).

제일 먼저 샘은 단순한 신체 운동으로 팔뻗기를 연습했다. 심리적 내용에는 전혀 주의를 기울이지 않고 팔 뻗기가 제대로 될 때까지 중심부와 주변부를 통합하는 데에만 집중했다. 이후 치료자쪽으로 팔 뻗는 연습을 했는데, 이것은 오래도록 잊고 있던 어머니에 대한 그리움을 불러일으켰고, 샘은 슬픔에 젖어 울었다. 마침내 그는 아내가 자기 앞에 있다고 상상하면서 팔 뻗는 연습을 했다. 치료자는 샘이 아내에게 팔을 뻗으면 자신이 지나치게 보잘 것 없이 느껴지고 상처 받을 거라는 두려움을 다뤘다. 샘은 다시 뒤로 물러나 중심부로부터 분리되고 싶은 욕망을 느꼈다. 학대 받은 어린 시절에 형성된 이러한 잘못된 신념을 다룬 후에야 샘은 아내가 자기 앞에 있다고 상상하면서 손을 뻗을 수 있었다. 하지만 그는 자신이 그라운딩되지 않았다고 느꼈다. 치료자는 1단계에서 배운 그라운딩 자원을 사용해 보자고 제안했고, 그에 따라 샘은 자기 아래에 있는 다리, 그리고 그 다리가 상체를 지탱하는 것을 느껴보았다. 결국 샘은 아내에게 손을 뻗는 상상을 하면서 중심부에서 주변부로 그 행동을 실행할 수 있었다.

샘은 점점 더 쉽고 편하게 타인과 접촉하는 행위를 실시할 수 있게 되었다. 아랫배에서 느껴지는 특정한 감각으로 손을 뻗고 싶은 욕구를 감지하고, 몸의 중심부와 주변부가 통합되는 방식으로 움직임을 실행하고, 그라운딩 상태를 유지했다. 이 새로운 운동 행위는 자연스럽게 새로운 의미를 동반했다. 어쩌면 현재의 삶에서는 손을 뻗는 것이 안전할 수도 있다는 확신과 모든 사람이 아버지 같지는 않다는 사실을 자신 역시 알았음을 표현하기 시작한 것이다. 그는 아내와의 관계 역시 친밀감과 만족감이 높아졌다고 보고했다. 또한 자연스럽게 다른 사람에게도 손을 뻗는 자신을 발견했다. 이것은 고립을 택해 온 너무나 오랜 성향과는 정반대의 행위였다. 그는 고향 집을 어렵사리 방문해 어린 시절에 제일 친했던 친구와 다시 만났는데, 그는 샘이 모르는 사이에 자신의 아버지처럼 분노에 찬 알코올 중독자가 되어 있었다. 이 방문 이후 샘은 다음과 같이 썼다.

상담 시간에 손 뻗는 연습을 한 것은 내가 왜 사람들에게 손을 뻗지 못하는지 알아차리고 다른 방식으로 행동하게끔 해 주었다는 점에서 내게 깊은 영향을 미쳤다. 고향 집에 갔을 때 나는 그저 내면으로 침잠해 견딜 필요가 없다는 사실을 깨달았다. 내가 다른 행동을 할 수 있다는 사실 역시 깨달았다. 나는 중심부와 연결된 상태를 유지했고, 거기에 있을 때 사람들에게 많이 손을 뻗었다. 그것은 상담 과정에서 연습한 덕분이다. 그것에 대해 얘기한다고 그것이 자극되지는 않았다. 나는 나의 욕구를 알아차리고 타인과 접촉하는 것이 얼마나 어려웠는지에 대해 얘기했지만 달라진 건 아무것도 없었다. 그 여행에서 나는 아내와 친구들에게 얘기를 했고, 조금 울기까지 했다. 예전 같았으면 절대 하지 않았을 행동이다.

재닛(1925)은 정신적으로나 신체적으로 이전에 완료되지 못했거나 개발되지 못한 행위를 연습하고 완료하면 그것을 출발점으로 해서 보다 세련되고 창조적이고 복합적인 행위 경향성이 시작된다고 말했다. 치료자는 표현되지 못한 슬픔은 반드시 경험되고 완료되어야 한다는 사실을 알게 될 때가 많다. 샘은 어린 시절에 대해 슬퍼했고, 고독 속에서 '내면으로 침잠해 견디었던' 그 수많은 세월 동안 자신이 잃어버린 사람과의 친밀함을 애도했다. 사람과의 접촉을 갈망했지만 절대 만족스럽게 실행된 적이 없어 어린 시절에 잠복해 있기만 했던 손 뻗는 행동을 신체적으로 통합된 방식으로 완료하고 자신의 슬픔을 표현하자 그의 고립은 줄어들었고 아내와 친구들과의 친밀감은 점점 증가했다. 결국, 그것은 언제나 '혼자 해야 한다'라는 그의 인지 왜곡을 바꾸어 놓았다.

새로운 행위를 탐색하여 일상생활에서의 과제에 맞서기

치료의 마지막 단계에서 내담자는 일상적인 활동 중에 자신에게 의미 있는 것이 무엇인지 고려하고(Brown et al., 1998; Janet, 1925), 오래된 꿈과 욕망을 재발견하게 된다(Herman, 1992). 3단계는 발견과 자기 충족의 시간이 될 수 있는데, 이때 치료자의 역할은 다음과 같다.

> 치료자는 내담자가 새로운 관심사와 열망을 찾아내고, 새로운 가능성을 탐색하고, 예전에는 인지하지 못했던 재능과 가능성을 발견하고, 새로운 활동을 다양하게 실험하여 마침내 자신의 핵심적인 측면과 가장 부합해 보이는 활동, 재능, 가능성, 관심사, 활동은 무엇이고 아닌 것은 무엇인지 더욱 잘 구분할 수 있게 도와준다(Brown et al., 1998, p. 494).

이 과정은 쉽지 않다. 비방어적인 행위 체계에 활력이 생기고 다른 행위 체계와의 상호작용이 활발해지면 필연적으로 트라우마의 재활성화가 일어난다. 부정적 인지, 비적응적인 소매틱 경향성, 트라우마 관련 공포는 이 세상을 헤쳐 나갈 준비가 아직 되지 않았다는 내담자의 확신을 더욱 확고히 하게 한다. 사실은 그럴 수 있는 역량이 있을지도 모르는데 말이다. 내담자는 낯설음을 위험에 대한 경고라는 평소의 경험으로 오해할 수 있다.

내담자가 마주하는 일상생활의 어려움을 이용하면 보다 적응적이고 새로운 행위를 탐색하고, 발전시키고, 연습할 수 있다. 우선 마음챙김과 호기심을 이용해 내담자가 어려운 상황—전화를 걸거나, 집을 떠나거나, 데이트를 하기 등—에 대해 생각하거나 기억할 때 몸의 중심부와 주변부에서 일어나는 일을 추적한다. 내담자와 치료자는 현재 경험의 구성요소, 즉 사고, 감정, 감각, 움직임, 감각 인식 등을 알아차리고 이러한 경향을 평가한다. 이것은 과거 트라우마와 관련된 익숙하고 습관적인 트라우마 반응인가? 홍분과 각성은 자연스럽게 증가하는 새로움에 대한 정향 반응인가? 이 경향은 새로운 자기감에 일조하여 세상과 보다 적응적인 관계를 만드는가, 아니면 과거의 경향을 재연하는 것인가? 이것은 힘이 나는 느낌인가? 이 반응은 놀이나 성과 같이, 지금까지 간과해 온 행위 체계를 더욱 발전시키는가?

내담자 몸의 중심부와 주변부에서 일어나는 일에 특별히 주의를 기울이는 것은 적절하게 완료되지 않거나 만족스럽지 않은 행위를 감지하고 그것을 바꾸는 작업을 하는 데 꼭 필요하다. 예를 들어, 한 내담자가 취업면접 일정을 잡기 위해 전화기를 드는 것—그가 감수하고자 하는 위험—에 대해 생각하고 있을 때 치료자는 그의 팔 옆구리가 경직되는 것을 관찰했다. 또 다른 내담자는 데이트 요청을 수락하는 것에 대해 생각하고 있었는데, 치료자와 내담자 모두 그녀의 턱이 굳는 것을 알아차렸다. 치료자는 내담자가 이러한 비적응적인 행위의 의미에 호기심을 갖도록 돕는다. 예를 들어, 전화기에 손을 뻗어볼까 생각할 때 팔이 경직되는 것은 무슨 의미일까? 그것은 '나는 위험에 노출될 것이다'를 의미하는 것일까? 아니면 '실패? 상실? 수치심? 비판?' 데이트에 대해 생각하는 내담자는 거부 당하거나 학대 당할 것이라고 생각하는가?

치료자와 내담자는 이러한 반응의 비용편익비율을 고려하면서 반응을 탐색해 본다. 방어 행위 경향성은 내담자에게 도움이 되는가(진짜 위험한 상황이나 바람직하지 않은 상황에서처럼)? 이것은 위험에 대한 정확한 인식으로, 보다 적극적인 반응을 보이는 것이 도움이 되는가(얼어붙기 대신 도망가기, 혹은 싸우기 대신 사람과 교류하고 대화하기 등)? 혹은 지금의 현실에 덧씌워진 오래된 상황에 대한 낡은 반응인가?

예를 들어, 샐리는 상사에게 월급인상을 요구하는 것에 대해 생각했을 때 (1단계에서 개발된) 척추가 쭉 늘어나는 것 같은 새로운 감각이 갑작스레 무너지며 익숙한 경향이 되살아났다. 가슴이 내려앉으면서 발과 다리(그녀의 주변부)가 다시 '약해졌다'. 이 쟁점을 다루기 위해 치료자는 방구석에 상사를 의미하는 쿠션을 놓고는 샐리가 '그'를 향해 정향하기 시작할 때 그녀의 반응이 어떤지를 관찰했다. 방 안에서 '상사'의 존재감을 감지한 샐리는 '나는 월급 인상을 받을 자격이 없어.' '나는 딱히 잘하지 않아.' 같은 생각을 하게 되었다. 천천히 쿠션 쪽으로 정향하며 '상사'와 마주하기 위해 몸을 돌리자 그녀는 호흡이 얕아지고 어깨가 올라가고 턱이 점점 내려가 급기야는 가슴 쪽에 붙어 버린다는 사실을 알아차렸다. 그녀는 "팔과 다리가 느껴지지 않아요. 거기 있는 것 같지 않아요."라고 말했다. 샐리는 어린 시절에 자신을 학대했던 아버지와 있을 때 느꼈던 복종의 느낌과 낮은 자존감을 기억했다. 그녀는 이 비적응적인 패턴이 낡았으며, 현재 삶에서는 더 이상 적절하지 않다는 사실을 깨닫기 시작했다. 그러자 그녀는 자신이 척추를 바로 세울 수 있음을 알게 되었고, 그녀를 주눅 들게 했던 인지 왜곡은 변하기 시작했다('나는 이제 힘이 있어. 나는 있는 그대로 괜찮아. 나는 학대 받을 이유가 없었어'). 그녀는 '아래에 있는 다리가' 느껴지고, '팔에서 에너지가' 느껴진다고 말했다. 샐리는 척추를 곧게 유지하고 팔과 다리의 힘과 연결된 상태에서 쿠션을 마주하자 상사와의 관계가 달라졌다고 보고했다.

샐리가 취해야 할 다음 단계는 중심부가 무너지고 팔과 다리의 힘이 빠지는 일상생활에서의 비적응적인 경향을 의도적으로 바꾸는 것이었다. 그녀는 상사와 얘기할 때 목적의식을 갖고 척추를 곧게 폈으며 팔과 다리를 계속 인식했다. 이 자세가 편해지자 그녀는 과거와 현재를, 상사와 아버지를 더욱 잘 분리할 수 있게 되었다. 월급 인상 요구를 준비하기 위해 치료자는 다양한 실험을 활용해 샐리가 자신감을 유지할 수 있도록 촉진하고, 척추를 펴고 중심과 연결된 상태를 유지할 수 있도록 도왔다. 이 치료 단계에서 중심부의 정렬 및 중심부와의 연결감은 각성을 인내의 창 안에서 유지시키는 1단계 목표의 달성에 도움이 됐고, 그녀의 새로운 욕구가 외재근에까지 연결되어 영향을 미치도록 함으로써 건강한 위험 부담 떠맡기를 지원했다. 결국 샐리는 상사에게 월급 인상을 요구했고 결과는 좋았다.

새로운 신체 행위가 일깨워지면 기억이나 감정, 새로운 통찰이 수면 위로 떠오른다. 그러면 치료자는 내담자에게 필요한 자원(예: 그라운딩, 눈 마주침, 센터링)은 체화하고, 움직임을 완성하는 데 방해가 되는 특정 행위(예: 팔의 긴장, 중심부의 무너짐)는 억제하도록 돕는다. 치료자는 내담자가 마음챙김으로 천천히 움직이도록 유도하고, 새롭고 위험 부담이 있는 행동을 할 때 일어나는 사고와 느낌 및 몸에서 느껴지는 순간순간의 변화들을 세세하게 자각할 수 있도록 격려한다. 이러한 과정을 통해 치료자는 새로운 움직임을 인도하는데, 이때 치료자가 하는 일은 다음과 같다.

치료자는 주의 깊은 태도로 감각적 [그리고 운동적인] 정보를 생성하여 그것이 내담자의 마음에 흘러 들어가도록 한다. 이 정보는 내담자의 한정된 움직임 레퍼토리를 만들어 내는 것이 아니다. 마음이 몸의 세포와 생리학적 과정을 평가할 때 공백과 단절고리를 채우기 위해 사용할 수 있는 새로운 정보다. 그러고 나면 내담자의 마음이 '수정'을 한다. 자세를 적절하게 조정하고…… 신경과 근육 반응 간의 관계는 보다 온전해지고 훨씬 유연해진다(Juhan, 1987, p. xxix).

마음챙김 능력이 충분해지고, 자원이 늘어나고, 여유가 생기고, 치료자로부터 지지를 얻고, 움직임을 반복하다 보면 내담자는 몸의 중심부, 즉 중심에서부터 시작되어 대근육 움직임으로 실행되는, 보다 적응적인 움직임을 하기 시작하고, 자신이 원하는 바를 삶에서 충족하는 내담자의 역량은 확장된다.

마음챙김인 팔의 움직임: 변화로 가는 길

손을 뻗는 것 외에도 다양한 팔의 움직임을 실험하다 보면 변화의 길이 열린다. 쥐는 것, 잡는 것, 놓는 것, 밀고 때리는 것 같은 경계 동작, 개인적인 경세를 정의하는 원운동, 포옹하거나 확장하는 것처럼 팔을 넓게 벌리는 것, 스스로를 안아 주는 것처럼 자기를 만지는 움직임 등은 모두 중요하며, 그것이 행해지는 방식을 보면 자기 자신, 타인, 세상에 대한 신념을 엿볼 수 있다.

멕은 언제나 돈 때문에 걱정하는 것에 대해 불평했다. 더 많은 돈을 벌고 싶다는 소망을 얘기할 때, 그녀는 자연스럽게 손을 뻗은 다음 자기 가슴 쪽으로 무언가를 끌어당기는 것처럼 두 팔을 몸통 쪽으로 가져왔다. 치료자는 그녀에게 그 동작을 마음챙김으로 반복해 보라고 하면서 그것의 의미와 기억을 탐색했다. 멕은 그 움직임이 '가져오는 것'과 '나를 위해 받는 것'과 연결된 것 같다고 말했다. 홀어머니 아래서 자랐던 기억들이 떠올랐다. 멕은 넉넉치 않은 살림에 새 옷을 사고 싶었을 때 느꼈던 수치심을 기억했다. 이 몸짓을 탐색하자 '나는 좋은 것을 가질 자격이 없다'라는 신념과 더불어 슬픔과 비탄이 떠올랐다. 이 감정들을 표현한 후 치료자와 멕은 그러한 인지왜곡이 과연 진실인지 살펴봤다.

다음 회기에서 멕과 치료자는 손을 뻗고, 쥐고, 잡아당기는 움직임을 작업했다. 멕은 '좋은 것'을 의미하는 쿠션을 선택한 다음, 치료자가 들고 있는 그 쿠션을 대상으로 손을 뻗고, 쥐고, 잡아당기는 움직임을 실험했다. 처음에는 쥐고 잡아당기는 움직임이 약했다. 몸의 중심부가 약해졌고, 팔에도 힘이나 지구력이 거의 없었다. 그녀는 빨리 포기했다. 다시 한 번 감정과 신념과 기억이 떠올랐는데, 이번에는 자기가 원하는 것에 당당히 손을 뻗고 그것을 가져올 '권리'에 관한 것이었다. 멕은 중심부에서 받쳐 주는 힘을 유지하고 팔을 강하고 끈기 있게 움직이는 연습을 계속 했다. 특히 '좋은 것들'을 상징하는 쿠션을 자기 쪽으로 끌어당길 때 더욱 신경 썼다. '내가 원하는 것을 추구하는 것'이 이기적이라는 느낌, 죄책감, 그리고 그에 수반되는 신념들 역시 다루었다. 이 과정을 통해 멕은 이런 움직임을 보다 쉽게 할 수 있게 되었고, 전혀 애쓰지 않고 자연스럽게 될 때까지 매일 집에서 연습해 보기로 했다.

많은 트라우마 내담자가 손을 뻗고, 쥐고, 당기는 움직임을 어려워하지만, 잡고 놓아버리는 것 역시 똑같이 어렵다. 케이는 습관적으로 치료 회기를 끝내고 싶어 하지 않았다. 상담이 끝날 때가 되면 그녀는 치료자에게 '진짜 중요한' 것이 있으니 꼭 말해야 한다는 욕구를 표현했다. 치료자는 상담 말미에 이러한 경향에 대해 그녀와 논의한 후 다음 상담 시간에 더 탐색해 보기로 했다. 상담이 끝나면 케이와 치료자는 보통 악수를 했는데, 치료자는 지금이 상담의 마지막인 것처럼 이 몸짓을 의식적으로 탐색하며 '놓아야 할' 때 무슨 일이 일어나는지 알아차려 보자고 제안했다. 케이는 손을 놓지 않고 오히려 더욱 꽉 움켜쥐었다. 이 경향을 탐색하던 케이는 자신이 몸과 눈을 앞으로 내밀면서 치료자 쪽으로 몸을 기울인다는 사실을 알아차렸다. 손을 놓고 인사를 하는 대신 케이는 손을 붙잡고 있었다. 치료자는 그녀에게 이 '잡고 있는' 움직임을 느끼면서 몸이 무엇을 말하고 있는지 살펴보라고 말했다. "당신의 몸이 내 손을 잡는 대신 말을 할 수 있다면 무슨 말을 할까요?" 케이는 조용히 울며 이렇게 속삭였다. "날 떠나지 말아요. 난 완전히 혼자예요⋯⋯ 오직 당신만이 날 이해할 수 있어요."

그녀의 기저에 깔려 있는 신념은 이 헤어짐이 영원할 것이며 자신은 버려질 것이라는 오래된 각본을 계속해서 재생하고 있는 것처럼 보였다. 치료자는 케이에게 다음 주에도 상담 약속이 잡혀 있음을 상기시킨 후 몸의 감각을 경험하고 탐색해 보도록 그녀를 독려했다. 이 말을 들었을 때조차 케이는 헤어짐의 고통을 도저히 견딜 수 없다는 신체 감각을 느꼈다. 이러한 신체 감각은 그녀가 놓아야 할 시간이 되자 더욱 강렬해졌다. 아주 어렸을 적 수술을 받기 위해 병원에 혼자 남겨졌던 기억들이 떠올랐다. 치료자는 케이가 이 괴로운 기억을 처리하고 정상적인 분리를 견딜 수 있게 하는 데 초점을 맞췄다. 이를 위해 치료자는 케이가 척추의 지지감을 몸으로 느끼고, 두 발이 땅에 굳건히 닿아 있는 것을 느끼고, 깊은 호흡을 꾸준히 할 때 침착해지는 것을 느끼고, 의지해야 하는 아이로서의 경험과 성인으로서의 경험이 다르다는 것을 깨닫도록 도왔다. 치료자는 "나는 다음 주에 여기에 있을 것입니다."라는 말을 반복하면서 케이에게 어떤 반응이 올라오는지 알아차려 보라고 말했다. 처음에 케이는 부모님이 자신을 떠나는 이미지가 생각난다면서, 치료자가 다음 주 상담 약속을 기억하지 못할 것이라고 내면에 있는 '작은 소녀의 자리'에서 말했다. 그녀는 이 '아이의 자리'에 있으면 몸의 중심부, 즉 중심과의 연결이 끊긴다는 사실도 발견했다. 결국, 케이는 치료자의 손을 놓을 때 야기되는 슬픔과 비탄을 견딜 수 있겠다고 느꼈다. 이것을 비롯한 여러 실험을 매주 연습하면서 케이는 점점 치료자가 자신의 부모와는 다르다는 사실을 인식할 수 있게 되었고, 사기중심과의 연결성을 계속 유지할 수 있었다. 그리고 마침내 헤어짐이 촉발하는 느낌을 견딜 수 있게 되었다. 그녀는 헤어짐을 관리하는 것에 조금씩 익숙해지기 시작했고, 이 덕분에 헤어짐이란 정상적이고 견딜만 하며 일시적일 때가 많다는 새로운 통찰을 얻게 되었다.

정신화 능력: 관계에서 적절한 행위

인지 왜곡, 잘못된 신념 체계, 비적응적인 방어 경향성으로 점철된 유년 시절의 경험은 성인이 되어서도 사람들과 제대로 교류하지 못하게 만든다(McCann & Pearlman, 1990). 게다가 사회적 단서에 둔감한 내담자들은 사회적 상황에서 적절하게 대응하지 못한다.

'정신화mentalize' 능력은 우리의 내적 경험이 타인의 경험과 구별된다는 사실을 인지하는 능력(개인화)으로서, 타인과 '공명'하여 그들의 동기와 의도에 대해 숙고할 수 있는 능력이 결합된 것이다(Fonagy, Gergely, Jurist, & Target, 2002). 정신화할 수 있다면 우리는 '다른 사람의 입장이 되어 볼' 수 있으며 상대의 동기를 추측할 수 있다. 정신화 덕분에 우리는 타인과의 관계에서 자신이 하는 행동이 어떤 결과를 낳을 것인지 예측할 수 있을 뿐더러, 지금의 현실에 근거해 어느 정도 정확한 방식으로 타인의 의도와 행동을 예측할 수 있다.

　정신화 역량에는 다른 사람의 행동을 본능적이고 운동적인 수준에서 식별하고 구분하고 예측할 수 있는 능력도 포함된다. 이러한 감각운동적인 단서를 인식하지 못하거나 오해하면 정확한 정신화가 어려워지고 의사소통의 왜곡으로 이어질 수 있다. 정신화 역량이 없는 사람들은 타인의 정서적 의도나 사회적 단서를 제대로 읽어 내지 못한다. 이러한 무능력은 낮은 통합 역량을 반영한다. 정신화는 사회성, 애착, 성, 돌봄 같은 관계 관련 행위 체계에 적응적으로 반응하는 데 특히나 중요한데, 이 역량이 3단계에서 강화된다. 포나기와 타깃(Fonagy & Target, 1997)은 정신화 역량은 '모 아니면 도'의 문제는 아니며, 어느 정도는 맥락에 달려 있다고 주장했다. 다음의 예를 살펴보자.

　수잔은 남편 짐과 함께 상담실을 찾았다. 짐은 아내와의 관계에 '자신을 위한 공간'은 없으며 수잔과 진심으로 '마음이 통한다'는 느낌이 없다고 불평했다. 수잔의 움직임은 짐과 반대였다. 몸을 앞으로 내민 채 활발하게 얘기하는 수잔은 밝은 눈빛에 얼굴 표정은 다채로웠으며 말하는 중간 중간 몸짓도 많았다. 그녀는 역동적이고 재미있고 시끌벅적하고 재미있었다. 하지만 통합되고 유려한 것처럼 보이는 움직임과 달리 그녀는 상대와 진짜 교류하기보다는 자기의 표현에만 몰두해 있는 것처럼 보였다. 사회적 단서를 읽지 못하는 것처럼 보였는데, 한참 말하고 있을 때 남편이 슬쩍 피해도 이를 의식하지 못했다. 치료자가 남편의 반응을 지적하자 수잔은 충격을 받았다. 그녀는 '그저 나답게 굴었던 것'뿐이라고 말하면서 자신이 남편에게 부정적인 영향을 끼친 것에 놀라움을 표했다. 이러한 탐색은 아버지를 위해 '연기했던' 기억으로 이어졌다. 아버지가 집을 비울 때가 많았기 때문에 아버지의 관심을 받기 위해 그녀는 열심히 노력했다. "나는 진짜 귀엽고 재미있는 아이이어야 했어요. 그렇지 않으면 아버지는 날 그저 무시했죠." 수잔은 관계에서 반드시 '노력해야' 하며 그렇지 않으면 남자들이 자신을 무시할 거라는 인지 왜곡을 형성했다.

　치료자는 수잔에게 척추와 골반의 느낌을 마음챙김으로 바라보고 (9장에서 설명한) 센터링 연습을 해 보자고 제안했다. 자기 자신과 몸의 중심부에 연결된 상태를 유지하는 역량이 늘어나면서 수잔은 짐과 교류할 때 몸에서 어떤 변화가 일어나는지 점점 감지할 수 있게 되었다. 그녀는 순간순간의 사회적 단서에 정향하는 법을 배웠고, 특히 남편의 반응을 추적할 줄 알게 되었다. 수잔이 짐의 반응을 자각하고 '짐'의 반응에 따라 몸의 중심부에서(센터링 된 느낌들) 어떤 감각이 느껴지는지 감지하게 되면서, 그녀는 활동성은 다소 약해지고 공간은 훨씬 넓어지는 양상으로 상호작용하게 되었다. 남편이 물러서면 그녀는 잠시 멈추어서 자신의 말에 어떤 느낌이 드는지 남편의 반응을 물었다. 수잔의 변화는 지금까지 반복적으로 움츠러들기만 했던 남편에게 그녀 앞으로 다가올 수 있는 공간을 내주었다. 센터링 느낌에 익숙해지고 자신의 상호작용 양상이 짐과 다른 사람에게 어떤 영향을 미치는지 인식하게 되면서 그녀는 사람과의 관계에서 더 많은 공간과 여유를 허락했다. 그리고 주의를 얻으려면 재미있어야 한다는 신념을 다루고 바꾸었다.

요약하자면, 중심부와 주변부 사이의 흐름은 양방향이다. 행위는 중심부에서 시작되어 바깥쪽으로 뻗지만, 외부 환경의 자극이 사람에게 영향을 미치려면 반드시 주변부에서 시작되어 안쪽의 중심부로 진행되어야 하는 등 상호작용의 역동은 끊임없이 변한다. 내담자가 감각운동적 양방향 반응 모두에 주의를 기울일 수 있도록 도울 때 그들의 정신화 역량은 증가한다. 또한 대인관계에서의 왜곡된 어려움과 인지 왜곡을 수정할 때 정신화가 개발되는 환경을 만들 수 있다(Green, 2003).

친밀함과 경계: 미묘한 균형

좋은 경계는 건강한 친밀함의 필수 요소다. 하지만 트라우마 생존자들은 반복적으로 경계를 침범 당했던 과거의 관계를 되풀이하기 쉽고(Briere, 1992; Chu, 1988, 1998; Harper & Steadman, 2003), 적응적인 경계가 무엇인지 거의 이해하지 못한 채 상담실에 오는 경우가 많다. 스틸과 그의 동료들은 다음과 같이 설명했다(2005b).

내담자는 일반적으로 개인적인 경계의 중요성을 배워야 한다. 그것을 언제 어떻게 적용해야 하는지 알아야 하고, '좋은 울타리는 좋은 이웃을 만든다'는 사실을 깨달아서 거부 당했다는 느낌 없이 타인의 경계에 적절하게 반응할 줄 알아야 한다. 효과적인 경계는 친밀함에 대한 두려움을 줄이고 개인에게 일종의 통제감을 주며 관계에서의 권력 균형이 평형 상태를 이루도록 만든다.

1단계에서 내담자는 신체적 경계 자원을 획득해 안전을 확보하고 각성을 조절했으며, 2단계에서는 자기보호 방어를 동원하는 능력을 재구축했다. 3단계에서는 내담자의 내적 상태와 관계 교류에 따라 끊임없이 변하는 유연하고 회복력이 우수한 경계를 만드는 것으로 초점이 이동했다. 안전이 확보되고 각성이 인내의 창 안에서 유지된다면 부적절한 경계가 미치는 미묘한 영향—안전보다는 권리와 기호도와 조금 더 관계가 있는—을 다룰 수 있다.

트라우마 후 '과소경계' 성향을 띠는 사람은 적응적인 경계를 세우지 못해 묵인, 순응, 언제나 '착하게 굴기' 같은 복종적인 행동을 하기 쉽고 적절한 요구를 잘하지 못한다. 반면, 샘처럼 '과다경계' 성향을 띠는 사람은 사람이 가까이 오는 걸 견디지 못하고 타인과의 접촉을 회피하거나 관계를 맺을 때 신체적/심리적 거리를 일정하게 유지할 가능성이 크다. 이 두 경계 스타일 모두 본질적으로는 방어적이며, 따라서 관계 행위 체계에 대한 적응적 반응을 방해한다.

소매틱 관점에서 봤을 때 경계는 안전함에 대한 체감뿐 아니라 기호, 소망, 권리에 대한 체감에도 근거한다. 이것은 경계를 인지적으로 이해하는 것과는 구분된다. 예를 들어, 수는 휴가를 가고 싶다고 말했다. 수년 간 휴가를 떠나지 못했기 때문이다. 하지만 '하고 싶다'는 말은 그녀의 신체적 표현과 일치하지 않았다. 치료자는 근육이 긴장하고, 숨이 살짝 얕아지고, 몸이 뒤로 물러서는 수의 반응을 관찰했다. 수가 몸의 언어에 귀를 기울이고 그것을 번역할 수 있게 되면서(몸은 '나는 상사에게 휴가 가고 싶다는 말을 할 수가 없어. 나는 휴가를 갈 자격이 없어.'라고 말하고 있었다.) 자기만의 경계를 구축할 권리에 대한 그녀의 신념이 의식의 영역으로 떠올랐고, 수는 그것의 진실 여부를 검토했다. 이런 식으로 트라우마 관련 감각운동적 도식은 변할 수 있고, 그 결과 내담자는 (처음일 경우가 많은데) 개인적 경계를 체감하고 기호를 적절하게 구분하는 자신의 능력 및 권리를 경험하기 시작했다. 이 체감은 또렷이 느껴지며, 그것의 척도는 몸이다.

내담자의 자기감이 상대적으로 구분되지 않으면 내적 통제 위치, 중심부와의 연결성, 친밀한 관계를 맺을 수 있는 역량은 모두 약화된다. 경계 연습은 친밀한 관계를 맺고 차별화된 자기감을 재건하는 데 도움이 된다. 타냐는 어린 시절에 학대와 방치의 피해자였다. 1단계와 2단계에서 타냐는 밀고 도망치는 동적 방어 행위를 작업하고, 스스로를 보호하고 위험에서 벗어날 수 있는 능력이 자신에게 있음을 몸으로 확인했다. 하지만 3단계에 접어들어 상담실에 앉아 있는 그녀의 몸은 경직되고 움직임은 적어졌다. 감정, 표현, 관계적인 접촉 역시 줄었고 호흡이 얕아졌다. 삶에서 중요한 인물들에 대한 자신의 반응을 살펴보던 그녀는 마침내 이렇게 말했다. "제가 꼭 가이거 계수기나 레이더가 된 것 같아요. 세상 모든 사람이 뭘 하는지, 주변에 무슨 일이 일어나는지 온몸이 끊임없이 재고 있어요. 언제나 그 사람들을 즐겁게 해 주려고 애써요." 내적인 자기감 및 중심부와의 연결성에 대해 묻는 질문에 그녀는 다른 사람들이 자신에게 어떻게 반응하는지를 얘기했다. 여기서 타냐가 보이는 경계 스타일은 그녀가 인지하는 타인의 욕구에 기반하고 있다.

3단계에서 치료자는 타냐가 자신의 중심부와 주변부 움직임을 관찰하도록 도움으로써 환경을 가늠하는 내면의 신체적 척도를 자각하게 했다. 예를 들어, 치료자는 타냐에게 자신에게 더 가까이 올 때 혹은 멀어질 때 무슨 일이 생기는지 알아차려 보라고 말했다. 특히 근육의 긴장, 움직임의 성질, 호흡에 변화가 있는지 살펴보도록 했다(Heckler, 1984; Rosenberg et al., 1989). 놀랍게도 타냐는 자신이 치료자에게서 약간 멀리 떨어져 있을 때 몸이 훨씬 이완되는 것을 알게 되었다. 이 연습을 하기 전까지만 해도 타냐는 상대와의 거리가 가까워도 '괜찮다'고 생각했다. 하지만 이 생각은 신체적으로 체감되는 반응이 아니라 인지적이고 감정적인 판단에 근거한 것이었다. 이 실험을 계속한 결과, 마침내 타냐는 그녀가 '쿵'이라고 부르는 경험을 하게 되었다. 몸이 가장 편하게 느끼는 치료자와의 거리를 찾은 것이다. 이 '쿵'은 감지할 수 있는 것이었다. 근육의 긴장이 풀어지기 시작하고, 호흡이 깊어졌으며, 행동이 안정되기 시작했다. 3단계 내내 이 '쿵'은 일종의 지표가 되었다. 타냐는 "이 감각은 '나한테' 딱 맞는 것을 알려 줘요."라고 말했다. 이런 식으로 치료자는 내담자가 자기만의 단어나 구절을 찾도록, 즉 경계에 대한 감각운동적/소매틱 경험을 묘사할 수 있는 자기만의 어휘를 개발할 수 있도록 돕는다. 타냐의 경우, '쿵'이라는 단어는 그녀에게 적절한 경계를 알려 주었다. 내담자만의 단어나 구절은 치료 내내 경계에 대한 신체적 감각을 의식적인 자각의 영역으로 가져오기 위해 간헐적으로 사용될 수 있다. 타냐가 실제 삶에서의 문제를 얘기할 때 그녀와 치료자는 어떤 해결책이 '쿵'의 감각을 야기하는지 주의 깊게 살폈다. 그것은 타냐에게 적절한 선택임을 알려 주는 신호였다.

그 다음 치료자는 타냐에게 몸 주변에 상징적인 경계를 구축해 보자고 제안했다. 끈으로 윤곽을 정하고 그 사이에 쿠션들을 넣어 몸과 세상 사이에 약간의 완충지대를 만든 것이다. 맨 처음 타냐는 이 실험이 '바보 같고 유치하다'라고 인지적으로 판단했으나 곧 자신의 몸이 눈에 보이는 경계에 반응을 하며, 훨씬 '중심이 잡힌 것' 같은 느낌이 든다는 사실을 알게 되었다. 이 연습을 계속 하자 중심부와 주변부 사이의 관계는 계속해서 달라졌다. 호흡이 깊어지고 눈을 맞추는 횟수가 증가했으며, '쿵'의 느낌이 더 강해졌고 움직임은 더욱 통합됐다. 타냐는 자기 지시적인 자각이 어떤 느낌인지 경험하기 시작했다. 그녀는 자신의 몸이 외부 환경의 자극에 반응하는 것을 느끼기 시작했고, 시간이 지나면서 자신의 욕구와 욕망을 식별할 수 있게 되었다. 그녀는 이제 더 이상 다른 사람의 모든 움직임을 추적하거나 자신의 행동을 상대에게 맞출 필요가 없다고 느꼈다. 대신 그녀는 자기 자신의 내적 세계를 경험하기 시작했다. 관계에서 자신이 어떤 것을 좋아하는지 알려 주는 '쿵'이나 중심부, 호흡 같은 것 말이다.

타냐는 상담 시간에 이런 가시적 경계를 구축하는 게 도대체 무슨 소용이 있냐고 물으면서 이 과정에 의구심을 표했다. 몸에 쿠션을 달고 살아갈 수 없을 뿐더러 모든 사람에게 자기 몸에서 한 발자국 떨어져 달라고 부탁할 수도 없는 노릇이기 때문이다. 치료자는 이 연습이 그녀로 하여금 내적 통제 위치를 발견하는데, 즉 '경계가 있음'을 느끼는 새로운 방식을 일깨워 주는 데 도움이 된다고 설명했다. '쿵'은 경계에 대한 타냐의 신체 감각을 의미했다. 상담을 통해 경계와 기호에 대한 감각을 몸으로 경험하게 된 타냐는 비방어적인 자기 인식, 안정감, 행복감, 그라운딩, 몸의 열림 등 내적 경험에 맞춰진 신체 척도를 획득하기 시작했고, 이것은 서서히 관계에까지 영향을 미쳤다. 타냐는 점차 친밀함에 대한 공포에서 벗어나 친밀함을 견디고 심지어 즐기는 것이 어떤 것인지 알게 되었으며, 언제나 다른 사람들을 즐겁게 해야 한다는 걱정에서 벗어나게 되었다. 자기 자신의 기호와 욕망에 대한 감각이 더 분명해지지 않았더라면 친밀함에 대한 생각을 즐기기란 불가능했을 것이다. 타냐는 이후 손 뻗기, 치료자에게 가까이 다가가기, 가까운 거리를 견뎌 보기 같은 주변부 움직임을 치료자와 함께 작업했다.

경계를 설정할 때 서로 모순되는 움직임과 감각이 동반되어 신체 행위가 통일된 방향으로 동원되거나 동시에 일어나지 않을 수도 있다. 예전의 모순되고, 효과적이지 못하고, 막히고, 부자연스러운 행위를 시도하는 내담자는 의식적인 의도와는 달리 몸을 비효율적으로 사용할 수 있다. 중심부와 주변부는 같이 움직이지 않는다. 불쾌한 자극으로부터 돌아설 수 있는 권리에 대해 갈등하고 있는 내담자라면 통합적이지 않은 방식으로 행동할 것이다. 생존 전략의 특징이 무너짐과 복종인 사람은 가슴을 들거나 호흡을 깊게 하거나 자신의 기호를 말할 때 몸의 다른 부위를 긴장하지 않기가 힘들 것이다.

트라우마를 세세하게 기억하든 그렇지 않든 몸에는 과거의 트라우마 경험이 담겨 있다. 이 과거의 트라우마는 혼란스러운 행동과 부적절한 경계 형성에 일조한다. 어린 시절에 아버지에게 만성적으로 성적 학대와 폭력을 당해 온 캐런은 자신의 기호가 반영된 적절한 경계를 구축하는 데 어려움을 겪었다. 3단계에서의 첫 번째 목표는 어린 시절에 지속적으로 침해 당한 데이트 패턴을 건강하게 구성하는 것이었다. 캐런은 성공적인 대학교 2학년을 보내며 점점 더 만족감을 경험하고 있었고, 그녀를 지원하고 지지해 주는 사람들도 많았다. 하지만 그녀는 자신이 데이트 상대의 성적 접근을 묵인한 뒤 나중에서야 그 남자가 자신을 성적으로 '이용했다'고 느끼는 경우가 종종 있다고 말했다. 캐런과 치료자는 경계 작업을 해 보자고 결정했다. 우선 캐런은 치료자가 들고 있는 쿠션을 밀면서 경계 구축에 대해 탐색했다. 쿠션을 미는 행위는 원하지 않는 성적 접근에 '싫어.'라고 말하는 상상석 몸짓이었다. 하지만 캐런은 팔을 앞으로 미는 동시에 몸을 뒤로 뺐고, 척추는 뒤쪽으로 멀리 곡선을 그렸다. 머리는 앞으로 숙이고 있었고 시선은 분산됐다. 그녀는 뒤쪽으로 움직이는 동시에 밀려고 노력하는 사람처럼 보였다. 이러한 모순된 신체 행위는 그녀가 타인, 특히 데이트하는 남성들에게 주는 '혼합된 메시지'의 신체 버전이었다.

움직임의 모순을 살피던 캐런은 중심부와의 연결성이 끊어지는 것을 경험했고, 밀었다가는 혼자가 될 것 같다는 생각이 든다고 말했다. 이것은 어린 시절에 아버지와의 관계에 내재해 있던 바로 그 모순이었다. 아버지를 밀려고 하거나 아버지로부터 떨어지려고 했을 때 돌아온 대가는 연결감의 상실이었다. 여기서 주목할 것은 어린 시절에 '싫어.'라고 말했거나 자신의 기호를 말로 표현했다가 중요한 애착 관계를 상실한 경험이 있는 많은 내담자는 부적절하게 가까운 친밀함을 오히려 선호한다는 사실이다.

적응적인 경계 행위 가르치기: 치료자의 역할

감각운동 심리치료에서 치료자의 목표는 내담자에게 습관적인 패턴을 검토하는 법과 익숙하지 않은 행위를 조직하고 실행하는 법에 대해 알려 주어 그가 반사적인 움직임에서 성찰적인 움직임으로 옮겨 갈 수 있도록 돕는 것이다. 심지어 한 세기 전에 재닛은 이 과정에서 치료자가 얼마나 중요한 역할을 맡는지 적었다. "[내담자에게는] …… 그가 배우려고 하는 행동의 기제가 낯설다. 그는 그것을 요소요소로 어떻게 분해해야 하는지 모른다. 움직임의 유용한 요소를 하나씩 반복하지도 못하고 무용한 요소를 제거하지도 못할 것이다. 그는 그러한 행동을 수행하지 못할 것이다"(1925, p. 758). 캐런의 움직이는 방식은 습관적이었고 그녀 자신에게는 '옳다'고 느껴졌기 때문에 캐런은 몸의 중심부와 주변부를 통합하는 방식이 있다는 사실을 몰랐다. 치료자는 습관적으로 움직이는 것이 너무 익숙해진 나머지 아예 '보이지 않게' 되었음(Gelb, 1981)을 캐롤이 자각할 수 있도록 도와줘야 했다.

치료자와 캐런이 함께 설정한 치료 목표 중 하나는 어떻게 하면 팔을 통합적이고 조화로운 방식으로 밀 수 있는지, 어떻게 하면 이 외재적 움직임을 중심부에서부터 시작할 수 있는지 학습하는 것이었다. 맨 처음 치료자는 캐런이 움직임을 직접 볼 수 있도록 시연했다. 캐런의 비통합적인 행위를 치료자가 보여 줌으로써 그녀의 습관적인 움직임이 통합적인 움직임과 얼마나 다른지를 알도록 했다. 치료자가 시연하는 자신의 혼란스러운 행동을 본 뒤 그녀는 깜짝 놀라 이렇게 외쳤다. "선생님이 저보고 멈추라는 건지 말라는 건지 알 수가 없었어요!" 이후 캐런은 치료자가 잡고 있는 쿠션을 마음챙김적으로 밀고 척추의 기저부에서 움직임을 시작하는 등 다양한 연습을 통해 척추와 골반에 대한 자각력을 키웠다. 또한 치료자의 안내 하에 척추를 곧게 펴서 몸의 중심부가 정렬될 수 있게 하고, 머리를 들어 치료자와 눈을 마주쳤다. 이런 움직임을 모두 동원하여 그녀는 두 팔뿐 아니라 등과 두 다리, 즉 자신의 온몸—중심부와 주변부—을 사용해 쿠션을 밀었다. 그것은 의도적이고 매끄럽고 한 방향으로 정합된 움직임이었다.

이 움직임을 점점 통합적으로, 그리고 효율적으로 여러 차례 실시한 후 캐런은 이 경제적이고 잘 조직되고 통합된 행위가 얼마나 낯설게 느껴지는가를 지적하며 이 움직임에 대해 이렇게 말했다. "완전히 새로워요. 전 도대체 어떻게 살아왔던 걸까요." 그녀는 지금까지 데이트 상대에게 "싫어."라고 얘기는 했지만 몸은 '좋아'와 '싫어'를 모두 말하고 있음을 깨달았다. 이것은 그녀의 필요와 욕구 사이의 충돌이 만들어 낸 산물로서, 아버지의 접근을 거절하면 아버지와의 연결감을 잃을 것이라는 유년 시절의 두려움과 유사했다. 이 탐색을 통해 캐런은 점차 중심부와 주변부 간의 통합뿐 아니라 관계에서의 경계 통합 역시 경험하기 시작했다. 훨씬 통합적인 방식으로 미는 연습을 하는 동시에 '나는 언제나 혼자일 거야.'라는 트라우마 관련 신념을 작업하자 캐런은 남성과의 관계에서 성적 경계를 보다 명료하게 유지할 수 있게 되었다. 또한 다른 관계에서도 자신의 기호를 말로 표현하는 위험을 무릅쓸 수 있게 되었다.

반사적인 행위 경향성과 사교성

1단계와 2단계 작업 결과로 3단계에서는 관계성이 성질이 차분해지고 훨씬 조화로워진다. 치료 관계에서 위기와 중단이 발생하는 일은 아주 드문데, 이는 덜 극적이지만 훨씬 만연한 관계 패턴을 다룰 때가 되었음을 의미한다(Herman, 1992). 3단계에서는 사회적 상황에서 내담자가 취하는 대처 방식, 예를 들어 굴복, 묵인, 공격적으로 변하기, 위축 등을 탐색하고 변화시킨다(Brown et al., 1998; Herman, 1992; Van der Hart, Nijenhuis, & Steele, 2006). 내담자는 타인과 관계를 맺을 때에도 상당히 자율적인 상태, 중심부와 연결된 상태를 유지할 수 있도록 관련 기법들을 배운다.

3단계에서 내담자는 통합 능력을 충분히 키워서 점점 더 복합적이고 다양하고 정교하고 통합된 행동들을 할 수 있게끔 행동의 범위를 확장하고 그 질을 향상시켜야 한다. 많은 내담자가 특정 행위 체계에 반응하는 것을 반사적으로 피함으로써 특정 행동들을 피해 왔다. 그런 행동을 시도했다 해도 제대로 통합되거나 성공적이지 않았다.

치료자는 신체적 행위를 지연시키는 정신적 행위를 내담자가 다룰 수 있도록 돕는다. 모든 신체적 활동을 하기 위해서는 인지하고, 계획하고, 시작하고, 실행하고,

완료하는 정신적 행위가 꼭 필요하다. 통합 역량이 낮은 트라우마 내담자는 회피, 순응, 인지 왜곡 같이 정신 활동이 낮은 수준일 가능성이 높다(Van der Hart et al., 2006). 치료를 통해 내담자는 이러한 정신적·신체적 행위를 발견하고, 시작하고, 실행하고, 완료할 수 있는 수준으로 통합 능력을 끌어올리게 되는데, 그러자면 숙고하고, 방어 경향을 억제하고, 스스로를 자각하고, 정서를 조절하고, '스스로' 생각하고, 과거와 현재를 구분할 줄 알아야 한다.

46세의 마리카는 1단계와 2단계를 완료한 후 관계를 회피하는 자신의 경향에 대해 작업할 준비가 되었다. 그녀는 성적 관계를 한 번도 가져본 적이 없고 친구도 거의 없었는데, 불치병에 걸렸다는 것을 알고 난 뒤 자신의 이러한 패턴에 대해 더 많은 것을 알고 싶어 했다. 굽은 어깨와 위축된 호흡 등 그녀의 몸은 주변부가 만성적으로 긴장되어 있음을 보여 주었다. 척추는 유연성이 하나도 없어 뻣뻣했다. 이러한 패턴은 '경계과다' 스타일을 암시하며, 어린 시절에 대해 얘기를 나누자 마리카의 몸은 긴장이 더 심해졌다.

마리카는 사회적 관계를 맺을 수 있는 역량을 더욱 키우고 싶어 했다. 누군가에게 가까이 갈 때 그녀가 어떤 경향을 보이는지 알아보기 위해 치료자는 마리카에게 사무실 맞은편에서 자신에게 천천히 걸어와 보라고 요청했다. 이 실험을 시작하자 마리카의 몸은 척추부터 외재근까지 경직되었으며, 움직임은 툭툭 끊기고 부드럽게 연결되지 못했다. 그녀는 불편함을 느꼈다고 얘기하면서 사회적 관계 속에 있으면 몸이 경직되는 '익숙한' 느낌이 있다고 말했다. 그녀의 이러한 신체적 경향에는 타인에 대한 짜증과 더불어 '공간'이 필요하다는 생각이 동반되었다. 이러한 행뒤들의 기저에는 '가까이 가면 내가 원하는 것 이상의 접촉에 순응할 수밖에 없다'는 신념이 있었다. 이러한 신체적·정신적 행위가 서로 맞물리면서 학대 상황이 끝났는데도 불구하고 계속 지속되는 특정 경향을 만들어 낸 것이다.

마리카는 변호사로서 직업적 영역에서는 뛰어난 역량을 발휘하고 있었지만 그 외의 관계에서는 반사적인 거리두기 경향으로 어려움을 겪고 있었고, 이러한 반사적인 행동이 과연 적절한지에 대해 깊게 숙고할 수 없었다. 마음챙김의 복합적인 정신적 활동, 경험이 내적으로 조직되는 것(사고, 감정, 몸의 감각, 움직임)을 관찰하는 능력, 관찰, 행위, 현재의 요구, 목표 등을 사려 깊게 생각하고 고려하는 숙고 능력은 트라우마 내담자들에게 쉽지 않다. 특히 반사적인 경향이 아직 활성화되어 있을 때에는 더더욱 그러하다. 마음챙김과 숙고는 오랫동안 지속되어 온 반사적인 행위 경향성보다 훨씬 더 통합적인 능력—관찰, 심사숙고, 만족 지연, 계획, 추론, 비판적 사고—이 요구되는 섬세한 활동이다(Janet, 1925; Van der Hart et al., 2006).

3단계에서 내담자는 비적응적인 경향을 구성하고 있는 정신적·신체적 행위의 연속적 과정을 점점 더 자각하게 된다. 치료 과정을 통해 마리카는 누군가와의 만남에 노출되었을 때 실제로 몸을 뒤로 빼기 전에 자신이 맨 처음 하는 행동이 숨을 참는 것이고, 그 이후 척추와 내장이 경직되는 것 같은 느낌이 따라온다는 것을 알게 되었다. 그 다음 그녀는 '이제 그 사람들이 나에게서 무언가를 원하겠지. 나는 그들에게 그것을 주어야만 할 거고'라는 반복적으로 떠오르는 생각을 알아차렸다. 그녀는 감정적 마비 속에 '꼼짝달싹 못하게 끼어버린' 느낌을 경험했고, 타인과 가까이 있으면 몸이 그곳을 벗어나고자 준비하는 것을 알아차렸다. 이러한 경험에 대해 숙고하자 마리카는 이것이 어린 시절에 학대에 굴복할 수밖에 없었던 상황을 재연하는 것임을 자각하게 되었고, 그녀가 어린아이일 때 느꼈던 고통과 절망이 뒤따라왔다.

내담자는 정신적·신체적 행위에 대한 마음챙김을 통해 이러한 반사 작용이 어디서 왔는지를 통찰하게 되는데, 그러면 대부분 적응적인 감정 표현과 정서가 늘어난다. 마리카의 경우, 자신의 신체 반응을 마음챙김으로 자각하자 몸의 중심부에서 힘을 점점 뺄 수 있게 되었고 사회적 상황 속에서도 훨씬 이완된 채로 있을 수 있었다. 마리카는 호흡하고, 척추를 느끼고, 외재근에서 힘을 빼도록 스스로에게 상기시켰다. 또한 더 이상 자신은 아이가 아니며, 하고 싶지 않은 일은 어느 것도 할 필요가 없다는 말을 스스로에게 반복하는 등 새로운 정신적 행위를 시도했다. 이러한 복합적인 행위를 시행하기 위해 그녀는 오랫동안 지속되어 온 반사적인 신체적·정신적 경향성을 억제해야 했다.

중심부와 주변부를 통합하는 복합적인 신체 행위는 연습, 시간, 통합 역량 등을 필요로 한다. 마리카는 반복 연습과 성실한 상담치료를 통해 새로운 기준선을 획득하게 되었고, 마침내 성찰하는 것과 새로운 행위를 하는 것이 말 그대로 몸에 배었다. 사회적 상황에 대한 마리카의 반응은 점차적으로, 그리고 확실하게 그녀의 현실에 맞게 훨씬 적응적인 양상을 띠어 갔다. 그녀는 예민하면서도 평화로운 상태에서 반응할 수 있게 되었고, 자신의 중심부와 연결되었으며, 중심부에서 주변부로의 움직임은 인체공학적인 효율을 따랐고, 사회적 단서에 정향하는 역량이 늘어났고, 그 단서에 자신이 어떻게 반응하는지 알아차리게 되었고, 적응적 행위를 하게 되었다. 이러한 진전은 자신의 반사적인 경향에 대해 숙고하고, 중심부와 주변부 모두를 이완해야 하는 훨씬 복합적이고 새로운 행위를 실행하고, 사회적 접촉을 촉진하는 움직임을 기꺼이 하는 그녀의 능력 덕분이었다. 사회성 체계sociability system가 자극되었을 때 마리카는 훨씬 더 큰 만족을 주는 새로운 경향으로 반응할 수 있게 되었다. 그 결과, 마리카는 불치병과 싸우는 와중에도 친구 및 가족과 훨씬 깊고 보람된 관계를 형성할 수 있게 되었고, 의료진과도 만족스럽게 교류할 수 있었다.

즐거움과 긍정적인 정서의 인내

재닛의 말처럼, 성공적인 치료의 핵심 특징은 즐거움을 느끼는 내담자의 역량이 증가하는 것으로 "아무리 어렵다 해도 우리는 이를 위해 최선을 다해야 한다"(1925, p. 988). 즐거움을 느끼는 내담자의 역량이 증가하면 결과적으로 '회복 탄력성이 상당히 커지고(Migdow, 2003, p. 5)', 트라우마 관련 질병이 완화될 수 있다(Resnik, 1997). 하지만 이 목표를 성취하는 일은 간단하지 않다. 트라우마 관련 장애를 가진 사람은 즐거움을 경험하는 능력이 상당히 파괴되어 있다(Migdow, 2003). 많은 트라우마 내담자가 만성적 우울, 쾌감 상실, 심지어 쾌락 공포증을 앓는다. 트라우마 후 우울과 두려움은 즐거움을 느끼는 능력이 결여된 것과 관련 있으며, 이러한 어려움은 도파민 체계의 붕괴 때문이라는 증거도 있다(Cabib & Puglisi-Allegra, 1996; Depue, Luciana, Arbisi, Collins, & Leon, 1994; Watson, 2000).

오랜 세월 동안 트라우마 기억을 재경험하거나 혹은 막아 내면서 인지왜곡과 트라우마에 대한 기억에 사로잡혀 있던 트라우마 내담자는 즐거움을 경험한 적이 거의 없거나 그럴 여유가 없었다(Luxenberg, Spinazzola, Hidalgo, et al., 2001; Luxenberg, Spinazzola, & Van der Kolk, 2001; van der Kolk et al., 1996). 긍정적인 정서를 느끼는 역량 역시 현저하게 떨어져 있다. 이들은 긍정적인 정서를 '위험에 무방비로 노출될 수 있음'과 연결시키게 된다. 특히 이완, 웃음, 즐거움, 자부심, 성취의 자부심과 즐거움이 이들을 굴욕감이나 착취의 위험으로 빠트린 경우라면 더더욱 그렇다. 게

다가 신생아 때에는 교감신경 각성의 증가가 '강렬한 고양감'과 결부되지만(Schore, 2003a, p. 10), 똑같은 각성이 트라우마 내담자에게는 방어 하위 체제를 자극한다. 생리적 활성화라는 매우 흔한 경험이 트라우마와 연결되어 있는 사람들에게는 즐거운 흥분과 트라우마적 각성을 구별하는 미묘한 차이를 알아차리기 쉽지 않을 수 있다(Migdow, 2003). 삶의 즐거운 활동이 흥분과 결합되어 있지만 이들에게는 흥분 그 자체가 피해야 할 대상이 된다. 이 회피 반응은 탐색, 놀이, 성 등 다양한 수준의 흥분을 일으키는 행위 체계에 적응적인 반응을 할 수 없도록 만든다. 게다가 트라우마 경험으로 인해 형성된 인지 왜곡은 내담자가 경험할 수 있는 긍정적 정서를 한층 더 제한한다(Kurtz, 1990; Migdow, 2003).

어떤 유형의 트라우마에서는 내담자가 고통과 즐거움이 복합적으로 혼합된 감각을 경험하기도 한다. 성적 자극과 오르가즘이 결부된 성적 학대가 그런 경우다. 따라서 이들은 학대를 당하는 동안에 느꼈던 쾌락에 대해 죄책감을 느끼거나 나쁘다고 생각할 수 있고, 혹은 즐거움에는 고통과 수치심이 따라올 거라고 두려워할 수도 있으며, 심지어 습관적으로 고통과 즐거움을 동시에 추구할 수도 있다. 가학피학적인 유해한 관계에 탐닉하는 일부 내담자가 그 예다.

일반적으로 트라우마 내담자는 즐거움과 결부된 긍정적 정서를 추구하기보다는 고통과 두려움을 회피하는 행동과 목표에 더욱 익숙하다. 위험의 가능성에만 집착하는 이들은 자신에게 즐거움을 가져다 줄 수 있을지 모르는 행동에 주의를 기울이는 법을 배우지 못했다. 그러한 내담자는 자신의 기호가 무엇인지 모른다고 말한다. 어떤 행동이 자신에게 즐거움과 만족과 기쁨과 기타 행복한 감정들을 주는지, 어떤 것에 관심이 가고 흥미가 가는지, 어떤 감각적 자극이 좋거나 유의미하게 느껴지는지 잘 모르겠다고 대답한다(Migdow, 2003; Resnik, 1997).

즐거움과 행위 체계

즐거움의 경험은 행위 체계와 밀접하게 연관되어 있다. 유아기(그리고 성인기) 때 즐거움이 증폭되면 "긍정적인 호기심이 생기면서 급성장하는 새로운 자아는 사회정서적 · 물리적 환경을 탐색하게 되고"(Schore, 2003a, p. 78), 일상에 필요한 행위 체계에 과감히, 그리고 온전히 참여할 수 있게 된다. 즐거운 움직임과 감각은 "그것이 행위 체계를 자극하고 조종하는 데 알맞다고 유기체가 인지하기 때문에 즐거운 것이다"(Frijda, 1986, p. 368). 판크세프(1988)는 이에 대해 다음과 같이 설명했다.

> 우리가 '즐거움'이라고 부르는 이 형언할 수 없는 개념에 대한 과학적 정의는 즐거움이란 생물학적으로 유의미한 것을 가리킨다는 추측에서부터 시작된다. ……유용한 자극이란 몸이 생물학적으로 지정된 '설정값' 수준에서 이탈했을 때 자신이 몸을 항상성 평형 상태 쪽으로 회복시킬 수 있음을 뇌에 알려 주는 자극이다 (p. 182).

즐거움은 균형을 회복하거나 불균형을 완화하기 위한 행동을 취할 때 따라온다(Damasio, 1999; Panksepp, 1998). 심리생물학적 행위 체계의 목표를 성취하고자 하는 (중심부에서부터 시작되는) 내적 동기 역시 그것을 완료했을 때의 즐거움에 대한 욕구를 자극한다. 따라서 즐거움은 행위 체계를 자극하는 동시에 행위 체계의 목표를 완료하는 것이라고 볼 수 있다(Frijda, 1986).

생존에 유용한 자극은 행위 체계가 자극되는 한 매력적이고 즐겁지만, 행위 체계가 휴면기에 들어가거나 충족되면 그렇지 않다. 일단 행위 체계의 목표가 성취되고 나면 우리는 그 목표를 채워 줄 자극을 더 이상 추구하지 않는다. 밥을 배부르게 먹고 나면 음식이 더 이상 맛있어 보이지 않고, 보거나 냄새를 맡는 것만으로도 심지어 불쾌함이 느껴지는 게 바로 이 때문이다. 일단 충족이 되면 즐거움을 가져다주는 행위 체계 관련 자극의 용량이 눈에 띄게 줄어든다.

다마시오는 이렇게 말했다. "고통은 처벌과 연결되어 위축이나 얼어버림(그리고 다른 방어 하위 체제) 같은 행동과 결부되는 반면, 기쁨은 보상과 연결되어 추구하고 접근하는 것과 같은 행동과 결부된다"(1999, p. 78). 즐거움은 보상을 기대하고, 특정 행위 체계의 성취되지 못한 목표를 이루기 위해 해결책을 찾고, 그러한 목표를 달성할 때 경험된다. 평형 상태를 회복하고 싶어 하는 욕구, 그리고 그것에 동반되는 즐거움에 대한 기대는 "유기체가 환경을 향해 자신을 활짝 열어 다가가고 찾게 만든다. 문제는 이것이 생존 기회를 증가시키지만, 취약해질 수 있는 가능성 역시 높인다는 것이다"(Damasio, 1999, p. 78). 즉, 행위 체계의 목표를 완료함으로써 즐거움을 경험하려는 시도는 위험 부담의 증가와 언제나 결합되어 있는데, 이는 트라우마 내담자들에게 종종 두려움을 준다.

트라우마 내담자가 접근과 확장의 행위를 통해 즐거움을 추구하려고 할 때 (설령, 중심부에서 시작했다 해도) 그것이 지나치게 많으면 에너지 상실이나 무너짐, 혹은 위축됨을 경험하게 된다. 그리고 이런 일이 일어나면 즐거움의 경험은 방해를 받거나 멈추어진다(Lowen, 1970). 중심부와 주변부 간의 통합이 약해지면서 움직임이 뻣뻣해지고, 툭툭 끊기고, 조화를 이루지 못하거나 약화된다. 이와는 달리 즐거움이란 '조용하고 조화로운 움직임'으로 느껴지거나, 흥분이 동반된다면 강렬하고 활기찬 움직임으로 느껴지며(Lowen, 1970), 이때의 움직임은 중심부에서 시작되어 주변부로 부드럽게 이어지는 경험이다.

행위를 완성하는 즐거움

3단계에서 트라우마 내담자의 주요 목표는 추구하고 다가가는 행위를 완성시키는 신체적·정신적 경향성을 발견하는 것이다. 재닛(1925)은 트라우마 내담자가 추구하는 기쁨은 도전에 맞서고 행동을 만족스럽게 완료했을 때 저절로 떠오르는 것이라고 말했다. '승리의 단계'는 따라서 돌연 중단되어 버린 동적 방어 행위를 완료하는 것뿐 아니라 다양한 정신적·행동적 행위—손을 뻗는 것 같은 신체적 행위, 인지왜곡을 변화시키는 것 같은 정신적 행위, 감정 표현 등—를 완료하는 것이다. "이러한 기쁨과 이러한 승리는…… 제대로 완료된 모든 행동 뒤에 따라온다"(Janet, 1925, p. 666).

이 마지막 단계에서 내담자는 몸의 중심부를 느낄 줄 알게 되는데, 덕분에 내담자는 내적 통제 위치를 재구축하고 자신의 진정한 욕망과 충동을 정의하게 된다. 더욱 강해진 연결감 속에서 내담자는 만족과 즐거움이 커지는 방식으로 행위를 시작하고 실행하고 완료한다. 가령, 마리카는 연습을 통해 중심부를 느끼고, 사회적 상황에서 습관적으로 굳어 버린 중심부의 긴장을 이완하고, 결국에는 소중한 친구들에게 손을 뻗음으로써 보람된 관계를 형성할 수 있게 되었다. 그리고 이 모든 행동은 그녀에게 깊은 만족감을 주었다. 재닛(1925)은 이렇게 썼다.

어떤 행위가 기능적으로 회복되고 향상될 때, 우리는 어느 순간 만족이 여러 형
태로 재등장한다는 것을 거의 언제나 알아차린다. 이것은 일종의 기쁨인데, 그 행
위에 관심을 갖게 해 주고, 그 행위와 관련해 이전에는 내담자를 괴롭혔던 쓸모없
고 가치 없다는 감정을 대체한다(pp. 988-989).

어떻게 하면 기분이 '좋거나' '옳다고' 느껴지는 행위를 실행할 수 있는지 그 방법
을 찾아보자고 제안함으로써 내담자가 완료된 행위의 즐거움을 경험할 수 있도록
도우면, 내담자는 기분 좋은 행위와 불쾌한 행위를 구분할 줄 알게 될 것이다.

즐거움을 위한 개입

3단계에서 내담자는 방어 경향성에 동반되는 두려움, 불안, 무감각 등을 촉발시
키지 않고도 즐거움과 흥분을 점점 더 많이 경험하고 견디는 능력을 개발하게 된
다(Brown et al., 1998). 일종의 연속체로 경험되는 즐거움은 행복이나 기쁨 같은 특
정 감정과 밀접하게 연결되어 있을 뿐 아니라 그것을 촉발시키기도 한다(Damasio,
1999, p. 78). 믹도우Migdow는 이렇게 썼다. "즐거움의 역량을 개발시킬 때 가장 먼저
해야 하는 일은 감각을 자각하는 것이다"(2003, p. 19). 내담자는 위험을 감수해 가며
즐거운 감각, 생동감 있고 에너지가 고양되는 느낌을 자각하게 되는데, 이것은 몸
의 감각을 느끼거나, 심지어 몸을 갖고 있다는 것을 자각하는 것만으로도 즐거움은
커녕 고통이 찾아올 것이라는 기존의 인식에 제동을 건다. 이들은 자신의 호기심을
사로잡는 것이 무엇인지, 어떤 감각적 경험이 기분 좋게 느껴지는지, 심지어 어떤
옷, 음식, 활동이 즐겁거나 더 좋은지를 알아차릴 수 있는 새로운 기술들을 배운다
(Migdow, 2003). 새로운 활동을 배우고 어려운 임무를 수행했을 때 따라오는 내적인
즐거움과 만족 역시 알게 된다(Brown et al., 1998). 혹은 스포츠 기량을 늘리고 악기
를 배우고 큰 모임에서도 편하게 있을 수 있는 등 새로운 기술과 능력을 획득할 수
도 있다. 이러한 노력 속에서 그들은 좌절과 성취와 성공이 주는 즐거운 경험 모두
를 견디는 법을 배운다.

치료자는 지금까지 새로운 경험을 해 본 적이 없거나 거의 없다시피 한 내담자가

점점 커지는 긍정적 정서에 대해 불안을 느낄 수도 있음을 자각해야 한다. 종종 그러한 내담자는 낯선 즐거움의 경험을 견뎌 내지 못하고 오래된 경향으로 빠르게 되돌아가 오랫동안 지속되어 온 익숙한 회피와 감각마비 전략으로 도피한다. "[즐거운 상태에서] 익숙한 불쾌감으로 이동함으로써 그 익숙한 경험-정체성으로부터 분리되었을 때 느껴지는 불안을 가라앉힌다"(Krueger, 2002, p. 173). 트라우마 관련 경향성의 끈질긴 끌어당김에 저항하고 긍정적인 정서를 끈기 있게 견디려면 치료자의 지지와 격려가 필요하다.

섬세하고 신중하게 터치하는 것은 내담자에게 즐거움의 경험을 다시 알려 주고 재교육시키는 방안이 될 수 있다. 예를 들어, 고문 생존자의 경우에는 부드럽게 만지는 것을 통해 몸의 즐거운 감각을 재구축하고 고문의 경험을 상쇄시킬 수 있다. 치료자는 어린 시절에 폭행을 당했던 한 내담자의 등을 부드럽게 만지면서 이 신체 감각과 어린 시절에 폭행 당했던 기억을 비교해 보라고 말했다. 이러한 비교를 통해 내담자는 등에서 느껴지는 중립적이면서도 즐거운 감각에 주의를 기울이며 그것을 느끼기 시작했다. 예전의 경험이 훨씬 생생하게 떠오르는 바람에 모두 '걸러졌던' 감각들이었다. 몸의 즐거운 감각과 다시 연결되면 경탄과 놀라움 같은 어린아이의 자질이 함께 따라올 수 있다. 이것은 1800년대 후반에 관찰되었던 현상이다

> [감각]이 온전히 회복되면, 내담자가 온전히 다시 깨어나면, 그는 대개 탄성과 기쁨을 다음과 같은 말로 표현한다. ……'여기 있는 모든 게 그렇게 커 보이다니 참 신기해요. 방 안에 있는 가구이며 다른 물체가 더 밝아 보이고, 내 심장이 뛰는 것도 느낄 수 있어요.' 이러한 행복감은 내담자를 웃게 만들고, 유쾌함과 건강의 일반적인 면을 볼 수 있게 해 준다(Sollier, 1897, Janet, 1925, p. 808에서 인용).

내담자로 하여금 상담 중에 일어나는 몸의 감각과 행위에서 즐거움을 찾도록 가르치면 그것을 계기로 내담자는 그 외의 활동, 가령 먹기, 만지기, 따뜻한 물에서 하는 목욕, 기타 감각적인 활동 등에서 스스로 즐거움을 찾을 수 있다. 지금 이 순간에 느껴지는 감각 인식—색, 냄새, 소리, 피부에 직물이 닿을 때의 느낌, 기류, 온도—을 점점 정확하게 자각하는 것 역시 내담자가 즐거운 감각을 배우고 견디는 데 많은 도움이 된다.

내담자에게 제시되는 모든 도전들이 그러하듯, 즐거움은 목표를 성취했을 때 최고조에 오르고, 목표가 그의 역량을 초과하면 최저점에 이른다(Frijda, 1986). 그리고 즐거움의 반대 감각인 실패했다는 느낌이 뒤따른다(Janet, 1925). 3단계 개입은 성공 가능성을 극대화할 수 있도록 설계되어야 한다. 그래야 내담자가 조금씩 더 커지는 즐거움의 경험을 견디고 즐길 줄 알게 되고, 이를 통해 과거의 트라우마 경험에 대항할 수 있다. 목표를 성취하고 행동을 완료하면 내담자는 즐거운 성취감을 경험하게 되고, 이를 기반으로 즐거움의 역량을 계속해서 확장시키고 싶은 마음을 갖게 된다. 허먼이 지적했듯이, "트라우마가 해소되었음을 알리는 최고의 징후는 내담자가 다시 삶에서 즐거움을 누리고 타인과의 관계에 온전히 참여할 줄 알게 되는 것이다. 이때 내담자는 과거보다는 현재와 미래에 더 많은 관심을 갖게 되고, 두려움보다는 경외감과 찬사어린 태도로 세상을 대하는 경향이 늘어난다"(1992, p. 212). 타인 및 세상과의 이러한 상호작용에서 얻어지는 즐거움과 만족은 몸의 중심부와 주변부 간의 통합으로 더욱 증진되고, 그 결과 움직임은 더욱 우아해지고 정렬되며, 이것은 다시 몸으로 느껴지는 즐거움의 감각이 커지는 것으로 이어진다.

치료자는 내담자의 희미한 미소, 깊은 호흡, 통합된 움직임, 에너지 증가 등을 눈치 챔으로써 현재의 경험이 언제 즐거운지를 추적할 수 있다. 이런 순간은 몸을 자각하고 그것과 결합된 기억, 사고, 정서의 톤, 말 등을 자각할 때 인지되고 더욱 확장될 수 있다. 내담자가 즐겁게 경험하거나 최소한 불편하지 '않다고' 느끼는 자세와 움직임을 찾도록 돕는 것 역시 중요하다. 예를 들어, 한 내담자가 치료자의 소파에 몸을 말고 앉아 담요를 덮었을 때 불편한 감각이 없어지는 것을 느꼈다. 그녀는 치료자의 격려와 함께 이러한 감각을 식별하고 불편함이 없는 상태를 음미해 보았다.

어떤 내담자들은 자신의 고통에 주의를 기울이는 치료자가 방 안에 존재한다는 사실만으로도 즐거움을 느낀다. 한 내담자는 눈물을 글썽거리며 치료자에게 이렇게 말했다. "내가 여기에 있는 것은 당신이 여기에 있기 때문이에요. 나 혼자서는 이걸 짊어질 수가 없었어요." 내담자는 더 이상 혼자가 아니라는 새롭고도 즐거운 느낌에 오래된 고통이 뒤섞인 눈물을 흘렸고, 치료자는 이 부드럽고 강렬한 순간에서 몸으로 느껴지는 즐거운 느낌—내담자가 '단단하고' '탄탄하다'라고 묘사한 느낌—을 감지해 보라고 내담자를 부드럽게 이끌었다

조안은 폭력적이고 가난했던 약물 중독자 부모의 여덟 자녀 중 장녀로 태어나 스

트레스가 극심한 환경에서 성장했다. 조안이 이 역기능적인 환경에 적응한 방식은 '움츠러드는' 것이었는데, 이 정신적 경향성은 어깨 전반의 긴장, 척추 압착, 상체의 자유로운 움직임 결여, 터벅터벅 걷는 걸음걸이로 드러났다. 조안은 자신이 어떤 고난도 견뎌 낼 수는 있으나 '어려운 상황 속에서도 꿋꿋하게 살아가는' 이 능력 때문에 '기쁨과 가벼움은 거의 느낄 수가 없게 되었다'고 느꼈다(Kurtz, 1990, p. 40). 처음으로 자신의 몸을 자각하기 시작한 조안은 중심부가 눌리고 외재근이 긴장되었음을 느꼈다. 그녀는 몸에서 '생동감'이나 자발적인 움직임이라고는 거의 찾아볼 수 없이 천근만근 무거움만을 느꼈다. 다양한 걷기 스타일 혹은 걷기 습관(머뭇거리는 발걸음, 무겁고 터덜거리는 발걸음, 빠르고 경직된 움직임, 혹은 느리고 '엉성한' 움직임)을 탐색하며 그녀는 자신이 세상에서 말 그대로 어떻게 '움직였는가'를 연구해 볼 수 있었다. 자신이 터덜터덜 무겁고 느리게 걷고 있음을 자각한 조안은 이 움직임과 연결된 말들을 찾아냈다. '나는 열심히 일해야 해. 나는 어떤 재밌는 일도 누릴 수 없어.' 따라서 치료 마지막 단계에서의 주요 목표는 이러한 한정적인 신념을 바꾸고 긍정적인 정서와 기쁨을 느끼는 역량을 늘리는 것이었다. 인지 도식의 변화에 발맞추고 이를 지지할 수 있도록 자세를 세우고 움직임을 통합하는 연습을 실시했다. 조안은 상체를 더 많이 움직이고 발걸음을 더욱 '가볍게' 하는 연습을 하면서 '나는 어떤 재밌는 일도 누릴 수 없다'는 신념을 약화시켰다. 이완한 상태에서 상대에게 팔을 뻗는 연습은 타인과 관계 맺기 위한 행동을 하고 싶다는 그녀의 욕망을 뒷받침했다. 애착, 친밀감, 기타 행위 체계에 대한 건강한 신념이 형성되면서 그녀는 이러한 새로운 정향에 걸맞은 새로운 신체적 행위를 발견하고, 이러한 행위 체계의 목표를 성취했을 때 느껴지는 즐거운 감각을 음미할 수 있게 되었다.

결론: 새로운 자기감의 통합

3단계가 마무리에 접어들면 전 단계에서 습득한 기술은 몸에 완전히 익게 되고, 이전에는 활용되지 못한 행위 체계가 방어 하위 체제의 침범 없이도 제 모습을 드러낸다. 또한 긍정적인 상태를 누릴 수 있는 역량이 개발되면서 새로운 신체적 자기감과 언어적 자기감이 통합된다. 과거 내담자에게 삶에 도움을 주었던 방어 체계는 이제 정상적인 삶의 환경을 조성하는 다른 행위 체계와 통합된다. 자기조절 능력과 평상심 회복 능력이 높아지면서 내담자는 과감히 사회적 재연결을 시도하고 일상의 모든 행위 체계—즐거운 감각을 계속 확장하는 것을 포함해—를 동원한다. 3단계에서 배운 기술들을 완전히 익혀서 스스로에 대한 경험이 이전과 달라지면 내담자는 훨씬 유연하고, 적응적이고, 즐거움과 긍정적 정서를 느낄 수 있는 새로운 자기감을 발견하게 된다(Siegel, 2006).

에필로그: 비극에서 승리로

트라우마 치료에서 말은 빼놓을 수 없는 요소이지만, 내담자가 현재 자신을 어떻게 방어하려 하고, 혹은 그러한 방어가 트라우마 사건 당시에 어떻게 좌절되었는가를 면밀하게 관찰하는 것은 말이 대신할 수 없다. 실제 트라우마 사건 때 실행할 수 없었던 신체적 방어 행위를 완료시키고, 일상생활과 관련된 행위 체계의 목표성취에 도움이 되는 만족스러운 행위를 촉진하는 치료적 개입 역시 말이 대신할 수 없다. 이 책 전반에 걸쳐 논의했듯이, 감각운동 심리치료에서 개입의 주요 통로는 몸 경험이고, 감정 표현과 의미 만들기는 트라우마와 관련된 습관적인 반응을 신체적으로 재조직하는 과정에서 추후에 떠오른다. 감각운동 심리치료는 몸에 직접 주의를 기울이면서 하향식 개입과 상향식 개입을 결합해 사용하기 때문에 트라우마 및 트라우마 후 반응에 깔려 있는 보다 원시적이고 자동적이고 불수의적인 경향을 다룰 수 있다.

프로이트 시대 이래로 대부분의 심리치료는 운동감각적인 처리보다는 인지적·감정적 처리에 초점을 맞춰 왔으며, 실제로 그러한 방식을 통해 트라우마 증상이 완화된 경우도 많다. 하지만 트라우마 내담자에게 신체 증상은 특히 중요하기 때문에 감각운동 처리를 촉진하는 개입이 추가된다면 치료 효과는 더욱 높아질 수 있다. 트라우마의 기원이 무엇이든, 감각운동적 절차를 직접 적용하여 소매틱 문제에 대응할 때 건강하고 정상적인 기능 회복이 수월해진다는 사실을 우리는 거듭 발견한다. 위계적인 정보처리 모델은 통합에는 언제나 경험의 세 가지 차원이 모두 수반되어야 함을 강조한다. 트라우마 사건을 포함해 우리가 마주하는 어떠한 경험도 단 한

가지 차원의 정보처리에만 영향을 미치는 것은 없다. 따라서 감각운동 처리만으로는 불충분하다. 처리의 세 가지 차원—감각운동적, 감정적, 인지적—모두가 통합되어야 트라우마로부터 회복될 수 있다.

신체적 개입은 내담자가 문제가 되는 몸의 반응을 다룰 수 있도록 신체 자원과 기술을 알려 준다. 감각에만 주의를 집중한 채 신체의 반응과 각성을 추적하면서 처리해야 하는 정보의 양을 제한할 줄 알게 되면 내담자는 점점 침착해진다. 이와 유사하게 힘이 되는 행위를 실행함으로써 스스로를 보호하고 방어할 수 있는 가능성을 몸으로 경험하게 되면 세상이 안전하다는 느낌이 형성되기 시작한다. 그들이 경험한 사건은 변하지 않았다. 하지만 그것이 몸과 마음에 미치는 부정적인 영향은 변한다. 위협적인 세상 속에서 무력함과 외로움과 취약함에 휩싸이는 대신 이들은 견실함과 연대감—스스로를 보호할 수 있는 능력과 다른 사람이 자신을 돕고 지지해 줄거라는 감각—을 느끼기 시작하고, 이를 통해 각성을 통제하는 능력과 혼자가 아니라는 확신을 갖게 된다.

더욱이 방어 혹은 기타 행위 체계와 관련된 신체 행위를 직접적으로 실행할 수 있게 되었을 때 느끼는 만족과 기쁨은 말하는 것만으로는 절대 할 수 없는 방식으로 신체적 자기감을 바꿔놓는다. 이러한 신체 행위를 알고, 느끼고, 하는 것—따라서 경험하는 것—은 내담자가 의식적으로든 무의식적으로든 자신의 몸과 마음에 과거의 트라우마를 조직하고 지니던 방식, 현재 삶에서 (인지적으로, 감정적으로, 신체적으로) 반응하는 방식, 미래를 보는 방식을 바꿔놓는다. 이 상향식 개입과 하향식 접근을 결합하는 것은 두 세계의 가장 좋은 것을 합치는 것이고, 이를 통해 만성적 트라우마를 입은 내담자는 마침내 과거와 현재, 감정과 의미, 신념과 몸을 통합할 수 있게 되면서 해결책을 찾게 된다. 상담 종결 후 몇 달이 지난 다음 한 내담자는 다음과 같이 적었다.

> 몸 작업은 나에게 너무나 큰 해를 입혔던 신념을 작업할 수 있게 해 주었다. '나는 좋은 삶을 살 자격이 없다' '나는 다른 사람에게서 그 어떠한 것도 받을 자격이 없다' '나는 상처 입어 마땅한 인간이다' '상처 입을 것을 기다리기보다는 차라리 사라져서 먼저 상처 입는 게 낫다'와 같은 신념들 말이다. 하지만 이제 나는 자원을 두루 갖춘 강인한 성인으로서 이러한 느낌들을 맞이할 수 있고, 그것들을 막무

가내로 행동으로 표출하지 않아도 된다…… 나는 이제 강한 자리에서 내 과거를 느끼고 경험할 수 있다. 그 자리에서 보는 나는 생존자이며, 그 결과 훨씬 더 크고 훨씬 더 연민 가득한 사람이다. 나란 인간은 보잘 것 없고, 이러한 경험을 하는 게 마땅할 정도로 내 인생은 끔찍하게 혐오스러운 밑바닥 인생이라고 생각했던 얼마 전과 비교하면 이것은 엄청나게 큰 변화다.

신체적 경험의 변용을 통해 내담자는 마침내 스스로를 연민하게 되었고, 자신이 가치 있는 사람임을 체감하게 되었다. 우리는 모든 내담자가 자신을 끔찍한 경험으로부터 생존한 존재로, 하지만 궁극적으로는 그것에 의해 파괴되지 않고 오히려 강인해진 사람으로 바라볼 수 있게 되기를 바란다. 어렵게 얻은 이 성취는 치료가 성공적으로 끝났음을 알리는 확실한 표식이다. 빅토르 프랭클Victor Frankl의 말을 빌리자면 "바꿀 수 없는 운명과 마주한 무력한 상황의 무력한 희생자라할 지라도, 자기 자신 위로 솟아오를 수 있고, 스스로를 넘어 성장할 수 있고, 그렇게 함으로써 스스로를 변화시킬 수 있다. 그는 개인의 비극을 승리로 바꿀 수 있다"(1959/1984, p. 170).

참고문헌

Ainsworth, M. (1963). The development of infant-mother interaction among the Ganda. In B. Foss (Ed.), *Determinants of infant behavior* (pp. 67-104). New York: Wiley.

Ainsworth, M., Belhar, M., Waters, E., & Wall, S. (1978). *Patterns of attachment: A psychological study of the strange situation*. Hillsdale, NJ: Erlbaum.

Ainsworth, M., Bell, S., & Stayton, D. (1971). Individual differences in strangesituation behavior of one-year-olds. In H. Schaffer (Ed.), *The origins of human social relations* (pp. 17-25). New York: Academic Press.

Ainsworth, M., & Wittig, B. (1969). Attachment and the exploratory behaviour of one-year-olds in a strange situation. In B. Foss (Ed.), *Determinants of infant behaviour* (pp. 113-136). London: Methuen.

Allen, J. (2001). *Traumatic relationships and serious mental disorders*. England: John Wiley & Sons.

American Psychiatric Association. (2000). *Diagnostic and statistical manual of mental disorders* (4th ed.). Washington, DC: Author.

Aposhyan, S. (1999). *Natural intelligence: Body-mind integration and human development*. Baltimore, MD: Williams & Wilkins.

Aposhyan, S. (2004). *Body-mind psychotherapy: Principles, techniques, and practical applications*. New York: Norton.

Appelfeld, A. (1994). *Beyond despair*. New York: Fromm.

Arnold, M. (1968). *The nature of emotion*. Baltimore, MD: Penguin Books.

Austin, J. (1998). *Zen and the brain*. Cambridge, MA: MIT Press.

Ayres, A. (1989). *Sensory integration and the child*. Los Angeles: Western Psychological Services.

Babkin, B. (1949). *Pavlov: A biography*. Chicago, IL: University of Chicago Press.

Bakal, D. (1999). *Minding the body: Clinical uses of somatic awareness*. New York: Guilford Press.

Barach, P. (1991). Multiple personality disorder as an attachment disorder. *Dissociation, 4*, 117–123.

Bargh, A., & Chartrand, T. (1999). The unbearable automaticity of being. *American Psychologist, 54*, 462–479.

Barkes, J., Cosmides, L., & Tooby, J. (1992). The adapted mind: Evolutionary psychology and the generation of culture. New York: Oxford University Press.

Barlow, W. (1973). *The Alexander principle*. London: Victor Gollancz.

Beckoff, M., & Allen, C. (1998). Intentional communication and social play: How and why animals negotiate and agree to play. In M. Bekoff & J. Byers (Eds.), *Animal play: Evolutionary, comparative, and ecological perspectives* (pp. 97–114). New York: Cambridge University Press.

Beckoff, M., & Byers, J. (1998). *Animal play: Evolutionary, comparative, and ecological perspectives*. New York: Cambridge University Press.

Beebe, B., & Lachmann, F. (1994). Representations and internalization in infancy: Three principles of salience. *Psychoanalytic Psychology, 11*, 165.

Belsky, J. (1999). Modern evolutionary theory and patterns of attachment. In J. Cassidy & P. Shaver (Eds.), *Handbook of attachment: Theory, research, and clinical applications* (pp. 141–146). New York: Guilford Press.

Belsky, J., Rosenberg, K., & Crnic, K. (1995). The origins of attachment security: "Classical"and contextual determinants. In S. Goldberg, R. Muir, & J. Kerr (Eds.), *Attachment theory: Social, developmental, and clinical perspectives* (pp. 153–183). Hillsdale, NJ: Analytic Press.

Bergman, N. J., Linley, L. L., & Fawcus, S. R. (2004). Randomized controlled trial of skin-to-skin contact from birth versus conventional incubator for physiological stabilization in 1200 to 2199 gram newborns. *Acta Paediatrica, 93*, 779–785.

Berlyne, D. (1960). *Conflict, arousal and curiosity*. New York: McGraw-Hill.

Bion, W. (1962). *Learning from experience*. London: Karnac Books.

Bloom, S. (1997). *Creating sanctuary: Toward an evolution of sane societies*. New York: Routledge.

Bouisset, S. (1991). [Relationship between postural support and intentional movement: Biomechanical approach]. *International Archives of Physiology, Biochemistry, and Biophysics, 99*, A77–A92.

Bowlby, J. (1973). *Attachment and loss: Vol. 2. Separation: anxiety and anger*. Middlesex, UK: Penguin.

Bowlby, J. (1980). *Loss, sadness and depression*. New York: Basic Books.

Bowlby, J. (1982). *Attachment*. (2 ed.) (vols. 1) New York: Basic Books. (Original work published 1969).

Bowlby, J. (1988). *A secure base: Parent-child attachment and healthy human development*. New York: Basic Books.

Bradley, R., Greene, J., Russ, E., Dutra, L., & Westen, D. (2005). A multidimensional meta-analysis of psychotherapy for PTSD. *American Journal of Psychiatry, 162*, 214-227.

Bradley, S. (2000). *Affect regulation and the development of psychopathology*. Guilford Press: New York.

Braun, B. (1986). Issues in the psychotherapy of multiple personality disorder. In B. Braun (Ed.), *Treatment of multiple personality disorder* (pp. 1-28). Washington, DC: American Psychiatric Association.

Brazelton, T. (1989). *The earliest relationship*. Reading, MA: Addison-Wesley.

Bremner, J. D. (2002). Neuroimaging studies in post-traumatic stress disorder. *Current Psychiatry Reports, 4*, 254-263.

Bremner, J. D., & Brett, E. (1997). Trauma-related dissociative states and longterm psycho-pathology in posttraumatic stress disorder. *Journal of Traumatic Stress, 10*, 37-49.

Bremner, J. D., Narayan, M., Staib, L. H., Southwick, S. M., McGlashan, T., & Charney, D. S. (1999). Neural correlates of memories of childhood sexual abuse in women with and without posttraumatic stress disorder. *American Journal of Psychiatry, 156*, 1787-1795.

Bremner, J. D., Staib, L. H., Kaloupek, D., Southwick, S. M., Soufer, R., & Charney, D. S. (1999). Neural correlates of exposure to traumatic pictures and sound in Vietnam combat veterans with and without posttraumatic stress disorder: A positron emission tomography study. *Biological Psychiatry, 45*, 806-816.

Bremner, J. D., Vermetten, E., Afzal, N., & Vythilingam, M. (2004). Deficits in verbal declarative memory function in women with childhood sexual abuse-related posttraumatic stress disorder. *Journal of Nervous and Mental Disease, 192*, 643-649.

Brennan, K., & Shaver, P. (1995). Dimensions of adult attachment, affect regulation, and romantic relationship functioning. *Personality and Social Psychology Bulletin, 21*, 267-283.

Breuer, J., & Freud, S. (1955). *Studies in hysteria* (1893-1895). London: Hogarth Press. (Original work published 1895).

Brewin, C. R. (2001). A cognitive neuroscience account of posttraumatic stress disorder and its treatment. *Behavioral Research and Therapy, 39*, 373-393.

Brewin, C. R., Dalgleish, T., & Joseph, S. (1996). A dual representation theory of posttraumatic stress disorder. *Psychological Review, 103,* 670-686.

Briere, J. (1992). Methodological issues in the study of sexual abuse effects. *Journal of Consulting and Clinical Psychology, 60,* 196-203.

Britton, J. C., Phan, K. L., Taylor, S. F., Fig, L. M., & Liberzon, I. (2005). Corticolimbic blood flow in posttraumatic stress disorder during script-driven imagery. *Biological Psychiatry, 57,* 832-840.

Bronson, G. W. (1972). Infants' reactions to unfamiliar persons and novel objects. *Monographs of the Society for Research in Child Development, 37,* 1-46.

Brown, D., & Fromm, E. (1986). *Hypnotherapy and hypnoanalysis.* Hillsdale, NJ: Erlbaum.

Brown, D., Schefflin, A., & Hammond, D. (1998). *Memory, trauma, treatment, and the law: An essential reference on memory for clinicians, researchers, attorneys, and judges.* New York: Norton.

Brown, S. (1995). Through the lens of play. *Revision, 17,* 4-14.

Bruner, J. (1951). Personality dynamics and the process of perceiving. In R. Blake & G. Ramsey (Eds.), *Perception: An approach to personality* (pp. 121-147). New York: Ronald.

Bundy, A. C. (2002). The process of planning and implementing intervention. In A. C. Bundy, S. J. Lane, & W. E. A. Murray (Eds.), *Sensory integration: Theory and practice* (pp. 211-228). Philadelphia: F. A. Davis Company.

Bundy, A., Lane, S., & Murray, E. (2002). *Sensory integration: Theory and practice.* Philadelphia: F. A. Davis Company.

Burnstein, M. I., Ellis, B. I., Teitge, R. A., Gross, M. L., & Shier, C. K. (1986). Radiographic features of anterior cruciate ligament reconstruction. *Henry Ford Hospital Medical Journal, 34,* 270-274.

Cabeza, R., & Nyberg, L. (2000). Imaging cognition II: An empirical review of 275 PET and fMRI studies. *Journal of Cognitive Neuroscience, 12,* 1-47.

Cabeza, R., & Nyberg, L. (2003). Functional neuroimaging of memory. *Neuropsychologia, 41,* 241-244.

Cabib, S., & Puglisi-Allegra, S. (1996). Stress, depression and the mesolimbic dopamine system. *Psychopharmacology (Berlin), 128,* 331-342.

Caldwell, C. (1997a). *Getting in touch: The guide to new body-centered therapies.* Wheaton, IL: Theosophical Publishing House.

Caldwell, C. (2003). Adult group play therapy. In C. Schaefer (Ed.), *Play therapy with adults* (pp. 301-316). Hoboken, NJ: Wiley.

Caldwell, C. (1995). Life dancing itself: The role of movement and play in evolution. *Revision magazine, 17,* 43-47.

Caldwell, C. (1996). *Getting our bodies back: Recovery, healing, and transformation through body-centered psychotherapy.* Boston and London: Shambahala.

Caldwell, C. (1997b). Ethics and techniques for touch in somatic psychotherapy. In C. Caldwell (Ed.), *Getting in touch: The guide to new body-centered therapies.* Wheaton, IL: Quest Books.

Cameron, O. G. (2001). Interoception: The inside story–a model for psychosomatic processes. Psychosomatic Medicine, xx, 697–710. www.psychosomaticmedicine.org

Cannon, W. B. (in press). Authenticity, the spirit of play and the practice of psychotherapy. *Review of existential psychology and psychiatry.* Seattle, Washington:

Cannon, W. B. (1928). The mechanism of emotional disturbance of bodily functions. *New England Journal of Medicine, 198,* 877–884.

Cannon, W. B. (1929). *Bodily changes in pain, hunger, fear and rage* (2nd ed.). New York: Appleton.

Cannon, W. B. (1953). *Bodily changes in pain, hunger, fear and rage: An account of recent researches into the function of emotional excitement.* Boston: Charles T. Branford.

Cardeña, E., Maldonado, J., Van der Hart, O., & Spiegel, D. (2000). Hypnosis. In E. Foa, T. Keane, & M. Friedman (Eds.), *Effective treatments for PTSD* (pp. 407– 440). New York: Guildford Press.

Carlson, E., Armstrong, J., Lowenstein, R., & Roth, D. (1998). Relationships between traumatic experiences and symptoms of posttraumatic stress, dissociation, and amnesic. In J. D. Bremner & C. Marmar (Eds.), *Trauma, memory, and dissociation* (pp. 205–227). Washington, DC: American Psychiatric Press.

Carlson, V., Cicchetti, D., Barnett, D., & Braunwald, K. (1998). Finding order in disorganization: Lessons from research on maltreated infants' attachments to their caregivers. In C. Cicchetti & G. Carlson (Eds.), *Child maltreatment: Theory and research on the causes and consequences of child abuse and neglect* (pp. 494–528). New York: Cambridge University Press.

Carter, R. (1998). *Mapping the mind.* Berkeley, CA: University of California Press.

Cassidy, J. (1999). The nature of the Child's Ties. In J. Cassidy & P. Shaver (Eds.), *Handbook of attachment: Theory, research, and clinical applications* (pp. 3-20). New York: Guilford Press.

Cassidy, J., & Shaver, P. (1999). *Handbook of attachment: Theory, research, and clinical applications.* New York: Guilford Press.

Charney, D. S., Deutch, A. Y., Krystal, J. H., Southwick, S. M., & Davis, M. (1993). Psychobiologic mechanisms of posttraumatic stress disorder. *Archives of General Psychiatry, 50*, 295-305.

Chefetz, R. A. (2000). Affect dysregulation as a way of life. *Journal of the American Academy of Psychoanalysis, 28*, 289-303.

Chu, J. (1988). Ten traps for therapists in the treatment of trauma survivors. *Dissociation, 1*, 25-32.

Chu, J. (1998). *Rebuilding shattered lives: The responsible treatment of complex post-traumatic and dissociative disorders.* New York: Wiley.

Chu, J. (2005). *Guidelines for treating dissociative identity disorder in adults.* Retrieved August 20, 2005, xxxx, from www.ISSD.org.indexpage/treatguides.com

Chugani, H. T., Behen, M. E., Muzik, O., Juhasz, C., Nagy, F., & Chugani, D. C. (2001). Local brain functional activity following early deprivation: A study of postinstitutionalized Romanian orphans. *Neuroimage, 14*, 1290-1301.

Ciccetti, D., & Toth, S. (1995). A developmental psychopathology perspective on child abuse and neglect. *Journal of the American Academy of Child and Adolescent Psychiatry, 14*, 541-565.

Cioffi, D. (1991). Beyond attentional strategies: A cognitive-perceptual model of somatic interpretation. *Psychological Bulletin, 109*, 25-41.

Claridge, K. (1992). Reconstructing memories of abuse: A theory-based approach. *Psychotherapy, 29*, 243-252.

Cloete, S. (1972). *A Victorian son: An autobiography 1897-1922.* London: Collins.

Cloitre, M., Koenen, K. C., Cohen, L. R., & Han, H. (2002). Skills training in affective and interpersonal regulation followed by exposure: A phase-based treatment for PTSD related to childhood abuse. *Journal of Consulting and Clinical Psychology, 70*, 1067-1074.

Cohen, B. (1993). *Sensing, feeling and action.* Northamption, MA: Contact.

Cole, P. M., & Putnam, F. W. (1992). Effect of incest on self and social functioning: A developmental psychopathology perspective. *Journal of Consulting and Clinical Psychology, 60*, 174-184.

Conrad, E. (1997). *Movement.* Retrieved August 9, 2001 from www.continuum movement.com/article3.html

Cordon, I., Pipe, M., Mayfan, L., Melinder, A., & Goodman, G. (2004). Memory for traumatic experiences in early childhood. *Developmental Review, 24*, 101-132.

Courtois, C. A. (1988). *Healing the incest wound: Adult survivors in therapy.* New York: Norton.

Courtois, C. A. (1991). Theory, sequencing, and strategy in treating adult survivors. *New*

Directions for Mental Health Services, 51, 47-60.

Courtois, C. A. (1992). The memory retrieval process in incest survivor therapy. *Journal of Child Sexual Abuse, 1*, 15-31.

Courtois, C. A. (1999). *Recollections of sexual abuse: Treatment principles and guidelines.* New York: Norton.

Cowan, N. (1988). Evolving conceptions of memory storage, selective attention, and their mutual constraints within the human information-processing system. *Psychological Bulletin, 104*, 163-191.

Cozolino, L. (2002). *The neuroscience of psychotherapy: Building and rebuilding the human brain.* New York: Norton.

Craig, A. D. (2003). Interoception: The sense of the physiological condition of the body. *Current Opinions in Neurobiology, 13*, 500-505.

Crittenden, P. (1995). Attachment and psychopathology. In S. Goldberg, R. Muir, & J. Kerr (Eds.), *Attachment theory: Social, developmental, and clinical perspectives* (pp. 367-406). Hillsdale, NJ: Analytic Press.

Czeisler, C. A., Ede, M. C., Regestein, Q. R., Kisch, E. S., Fang, V. S., & Ehrlich, E. N. (1976). Episodic 24-hour cortisol secretory patterns in patients awaiting elective cardiac surgery. *Journal of Clinical and Endocrinological Metabolism, 42*, 273-283.

Damasio, A. (1994). *Decartes' error: Emotion, reason, and the human brain.* New York: Putnam.

Damasio, A. (1999). *The feeling of what happens.* New York: Harcourt, Brace.

Damasio, A., Grabowski, T. J., Bechara, A., Damasio, H., Ponto, L. L., Parvizi, J., et al. (2000). Subcortical and cortical brain activity during the feeling of selfgenerated emotions. *Nature Neuroscience, 3*, 1049-1056.

Darwin, C. (1872). *The expression of the emotions in man and animals.* London: John Murray.

Davidson, R. J., Kabat-Zinn, J., Schumacher, J., Rosenkranz, M., Muller, D., Santorelli, S. F., et al. (2003). Alterations in brain and immune function produced by mindfulness meditation. *Psychosomatic Medicine, 65*, 564-570.

Davies, J., & Frawley, M. (1994). *Treating the adult survivor of childhood sexual abuse.* New York: Basic Books.

Deese, J. (1958). *The psychology of learning.* New York: McGraw-Hill.

Depue, R. A., Luciana, M., Arbisi, P., Collins, P., & Leon, A. (1994). Dopamine and the structure of personality: Relation of agonist-induced dopamine activity to positive emotionality. *Journal of Personality and Social Psychology, 67*, 485-498.

Devilly, G. J., & Foa, E. B. (2001). The investigation of exposure and cognitive therapy:

Comment on Tarrier et al. (1999). *Journal of Consulting Clinical Psychology, 69*, 114–116.

Diamond, S., Balvin, R., & Diamond, F. (1963). *Inhibition and choice*. New York: Harper & Row.

Donaldson, F. (1993). *Playing by heart: The vision and practice of belonging*. Deerfield Beach, FL: Health Communications.

Eckberg, M. (2000). *Victims of cruelty: Somatic psychotherapy in the treatment of posttraumatic stress disorder*. Berkeley, CA: North Atlantic Books.

Ellenberger, H. F. (1970). *The discovery of the unconscious*. New York: Basic Books.

Emde, R. (1989). The infant's relationship experience: Developmental and affective aspects. In A. Sameroff & R. Emde (Eds.), *Relationship disturbances in early childhood: A developmental approach* (pp. 35–51). New York: Basic Books.

Eysenck, M. (1979). Depth, elaboration, and distinctiveness. In L. Cermak & F. Craik (Eds.), *Levels of processing in human memory* (pp. 89–118). Hillsdale, NJ: Erlbaum.

Fanselow, M., & Lester, L. (1988). A functional behavioristic approach to aversively motivated behavior: Predatory imminence as a determinant of the topography of defensive behavior. In R. Bolles & M. Beecher (Eds.), *Evolution and learning* (pp. 185–212). Hillsdale, NJ: Erlbaum.

Fanselow, M., & Sigmundi, R. A. (1982). The enhancement and reduction of defensive fighting by naloxone pretreatment. *Physiological Psychology, 10*, 313–316.

Figley, C. (1995). Compassion fatigue as secondary traumatic stress disorder: An overview. In C. Figley (Ed.), *Compassion fatigue: Coping with secondary traumatic stress disorder in those who treat the traumatized* (pp. 1–20). Philadelphia: Brunner/Mazel.

Fisher, A., Murray, E., & Bundy, A. (1991). *Sensory integration: Theory and practice*. Philadelphia: Davis.

Foa, E. B., Dancu, C. V., Hembree, E. A., Jaycox, L. H., Meadows, E. A., & Street, G. P. (1999). A comparison of exposure therapy, stress inoculation training, and their combination for reducing posttraumatic stress disorder in female assault victims. *Journal of Consulting and Clinical Psychology, 67*, 194–200.

Fonagy, P., Steele, M., Steele, H., Leigh, T., Kennedy, R., Mattoon, G., & Target, M. (1995). Attachment, the reflective self, and borderline states: The predictive speci-ficity of the adult attachment interview and pathological emotional development. In S. Goldberg, R. Muir, J. Kerr (Eds.), *Attachment theory: Social developmental and clinical perspectives*. Hillsdale, NJ: The Analytic Press.

Fonagy, P. (1999a). Memory and therapeutic action. *International Journal of Psychoanalysis,*

80(Pt. 2), 215-223.

Fonagy, P. (1999b). Psychoanalytic theory from the viewpoint of attachment theory and research. In J. Cassidy & P. R. Shaver (Eds.), *Handbook of attachment: Theory, research, and clinical applications* (pp. 595-625). New York: Guilford Press.

Fonagy, P., Gergely, G., Jurist, E., & Target, M. (2002). *Affect regulation, mentalization, and the development of self*. New York: Other Press.

Fonagy, P., & Target, M. (1997). Attachment and reflective function: Their role in self-organization. *Developmental and Psychopathology, 9*, 679-700.

Fosha, D. (2000). *The transforming power of affect: A model for accelerated change*. New York: Basic Books.

Fox, N., & Card, J. (1999). Psychophysiological measures in the study of attachment. In J. Cassidy & P. Shaver (Eds.), *Handbook of attachment: Theory, research, and clinical applications* (pp. 226-245). New York: Guilford Press.

Frankl, V. (1984). *Man's search for meaning*. New York: Pocket Books. (Original work published 1959)

Fraser, S. (1987). *In my father's house: A memoir of incest and of healing*. Toronto, Canada: Doubleday.

Frijda, N. (1986). The emotions. Cambridge, UK: Cambridge University Press. Gaensbaur, T., & Hiatt, S. (1984). Facial communication of emotions in early infancy. In N. Fox & R. Davidson (Eds.), *The psychobiology of affective development* (pp. 207-230). Hillsdale, NJ: Erlbaum.

Gallup, G. G., Jr. (1974). Animal hypnosis: Factual status of a fictional concept. *Psychological Bulletin, 81*, 836-853.

Gazzaniga, M. S., Holtzman, J. D., & Smylie, C. S. (1987). Speech without conscious awareness. *Neurology, 37*, 682-685.

Gelb, M. (1981). *Body learning: How to achieve better health through the world famous method of mind-body unity*. New York: Aurum Press.

Gendlin, E. (1981). *Focusing*. New York: Bantam Books.

Genze, E., Vermetten, E., & Bremner, J. D. (2005). MR-based in vivo hippocampal volumetrics: 2 findings in neuropsychiatric disorders. *Molecular Psychiatry, 10*(2): 160-184.

George, C., & Solomon, J. (1999). Attachment and caregiving: The caregiving behavioral system. In J. Cassidy & P. Shaver (Eds.), *Handbook of attachment: Theory, research, and clinical applications* (pp. 649-670). New York: Guilford Press.

Gergely, G., & Watson, J. (1999). Early social-emotional development: Contingency perception and the social biofeedback model. In P. Rochat (Ed.), *Early social cognition: Understanding others in the first months of life* (pp. 101–137). Hillsdale, NJ: Erlbaum.

Gergely, G., & Watson, J. S. (1996). The social biofeedback theory of parental affect-mirroring: The development of emotional self-awareness and self-control in infancy. *International Journal of Psychoanalysis, 77*(Pt. 6), 1181–1212.

Geuze, E., Vermetten, E., & Bremner, J. D. (2005). MRI-based in vivo hippocampal volumetrics: 1. Review of methodologies currently employed. *Molecular Psychiatry, 10*, 147–159.

Gold, S. (1998). Training professional psychologists to treat survivors of childhood sexual abuse. *Psychotherapy, 34*, 365–374.

Goleman, D. (1995). *Emotional intelligence: Why it can matter more than IQ.* New York: Bantam Books.

Goodall, J. (1995). Chimpanzees and others at play. *Revision, 17*, 14–20.

Gottlieb, R. (2005). The psychophysiology of nearsightedness. Retrieved October 5, 2005, from www.iblindness.org/articles/gottlieb-psych/ch2.html

Gould, J. (1982). *Ethology: The mechanisms and evolution of behavior.* New York: Norton.

Graham, F. (1979). Distinguishing among orienting, defense, and startle reflexes. In H. Kimmel, E. Van Olst, & J. Orlebeke (Eds.), *The orienting reflex in humans* (pp. 137–167). Hillsdaly, NJ: Erlbaum.

Green, V. (2003). Emotional development: Biological and clinical approaches- towards an integration. In V. Green (Ed.), *Emotional development, psychoanalysis, attachment theory, and neuroscience: Creating connections.* New York: Brunner-Routledge Hove.

Greenough, W., & Black, J. (1992). Induction of brain structure by experience: Substrates for cognitive development. In C. Nelson (Ed.), *Minnesota symposium on child development* (pp. 155–200). Hillsdale, NJ: Erlbaum.

Grigsby, J., & Stevens, D. (2000). *Neurodynamics of personality.* New York: Guilford Press.

Grinker, R., & Spiegel, J. (1945). *Men under stress.* Philidelphia: Blakiston.

Grossman, K., Grossmann, K., & Zimmermann, P. (1999). A wider view of attachment and exploration: Stability and change during the years of immaturity. In J. Cassidy & P. Shaver (Eds.), *Handbook of attachment: Theory, research, and clinical applications* (pp. 760–786). New York: Guilford Press.

Hannaford, C. (1995). *Smart moves: Why learning is not all in your head.* Arlington, VA: Great Ocean Publishers.

Harper, K., & Steadman, J. (2003). Therapeutic boundary issues in working with childhood sexual-abuse survivors. *American Journal of Psychotherapy, 57*, 64–79.

Hazan, C., & Shaver, P. (1990). Love and work: An attachment theoretical perspective. *Journal of Personality and Social Psychology, 59*, 270-280.

Hazan, C., & Zeifman, D. (1999). Pair bonds as attachments: Evaluating the evidence. In J. Cassidy & P. Shaver (Eds.), *Handbook of attachment: Theory, research, and clinical applications* (pp. 336-354). New York: Guilford Press.

Heckler, R. (1984). *The anatomy of change: East/West approaches to bodymind therapy.* Boulder, CO: Shambhala.

Heckler, R. (1993). *The anatomy of change: A way to move through life's transitions.* Berkeley, CA: First North Atlantic Books.

Hedges, L. (1997). Surviving the transference psychosis. In L. Hedges, R. Hilton, V. Hilton, & O. J. Caudill (Eds.), *Therapists at risk: Perils of the intimacy of the therapeutic relationship* (pp. 109-145). Northvale, NJ: Jason Aronson.

Herman, J. (1992). *Trauma and recovery.* New York: Basic Books.

Hobson, J. (1994). *The chemistry of conscious states.* New York: Back Bay Books.

Hofer, M. A. (1970). Cardiac and respiratory function during sudden prolonged immobility in wild rodents. *Psychosomatic Medicine, 32*, 633-647.

Hofer, M. A. (1984). Relationships as regulators: A Psychobiologic perspective on bereavement. *Psychosomatic Medicine, 46*: 183-197.

Horel, J. A., Keating, E. G., & Misantone, L. J. (1975). Partial Kluver-Bucy syndrome produced by destroying temporal neocortex or amygdala. *Brain Research, 94*, 347-359.

Horowitz, M. (1986). *Stress response syndromes* (2 ed.). Northvale, NJ: Jason Aronson.

Hull, A. M. (2002). Neuroimaging findings in post-traumatic stress disorder: Systematic review. *British Journal of Psychiatry, 181*, 102-110.

Hunt, A. R., & Kingstone, A. (2003). Covert and overt voluntary attention: Linked or independent? *Brain Research Cognitive Brain Research, 18*, 102-105.

Hunter, M., & Struve, J. (1998). The ethical use of touch in psychotherapy. Thousand Oaks, CA: Sage. Ikemi, Y., & Ikemi, A. (1986). An Oriental point of view in psychosomatic medicine. Psychotherapy and Psychosomatics, 45(3), 118-126.

Internet Encyclopedia of Philosophy: Embodied Cognition. Retrieved September 3, 2005, from www.iep.utm.edu/e/embodcog.htm.

Jaffe, J., Beebe, B., Feldstein, S., Crown, C. L., & Jasnow, M. D. (2001). Rhythms of dialogue in infancy: Coordinated timing in development. *Monograms Society of Research on Child Development, 66*, 1-132.

James, W. (1962). *Talks to teachers on psychology and to students on some of life's ideals.* New

York: Henry Holt. (Original work published 1889.)

Janet, P. (1889). *L'automatisme psychologique* [Psychological automatisms]. Paris: Felix Alcan.

Janet, P. (1898). *Névroses et idées fixes* [Neuroses and fixations]. Paris: Felix Alcan.

Janet, P. (1898). Le traitement psychologique de l'hystérie [Psychological treatment of hysteria]. In A. Robin (Ed.), *Traitéde thérapeutique appliquée*. Paris: Rueff.

Janet, P. (1903). *Les obsessions et la psychasthénie [Obsessions and psychasthenia]* (vols. 1). Paris: Félix Alcan.

Janet, P. (1907). *The major symptoms of hysteria*. New York: Macmillan.

Janet, P. (1909). *Les névroses*. [The neuroses] Paris: E. Flammarion.

Janet, P. (1909). Problèmes psychologiques de l'émotion [Psychological problems of emotion]. *Revue Neurologique, 17*, 1551–1687.

Janet, P. (1919). *Psychological healing*. New York: Macmillan.

Janet, P. (1925). *Principles of psychotherapy*. London: Allen & Unwin. (Originally published in Paris, 1919).

Janet, P. (1926). *Psychologie experimentale: Les stades d l'évolution psychologique [The stages of psychological evolution]*. Paris: Chahine.

Janet, P. (1928). *L'evolution de la mémoire et de la notion du temps [The evolution of memory and the notion of time]*. Paris: Chahine.

Janet, P. (1929). *L'évolution de la personnalité(New SociétéPierre Janet Pris 1984 ed.) [The evolution of the personality]*. Paris: Chahine.

Janet, P. (1935a). *Les débuts de l'intelligence [The beginnings of intelligence]*. Paris: Flammarion.

Janet, P. (1935b). Réalisation et interprétation [Realization and interpretation]. *Annales Médico-Psychologiques, 93*, 329–366.

Janet, P. (1937a). Les troubles de la personnalité[Troubles of the personality]. *Annales Medico-Psychologiques, 95*, 421–468.

Janet, P. (1937b). Psychological strength and weakness in mental diseases. In R. Merton (Ed.), *Factors determining human behavior* (pp. 64–106). Cambridge, MA: Harvard University Press.

Janet, P. (1945). La croyance délirante [Delerious belief]. *Schweizerische Zeitschrift für Psychologie, 4*, 173–187.

Janet, P. (1998). *The mental state of hystericals*. (Reprinted from The mental state of hystericals, by P. Janet, 1901, New York: Putnam.) Washington, DC: University Publications of America.

Janoff-Bulman, R. (1992). *Shattered assumptions: Towards a new psychology of trauma*. New

York: Free Press.

Janoff-Bulman, R., Timko, C., & Carli, L. (1985). Cognitive biases in blaming the victim. *Journal of Experimental Social Psychology, 21*, 161-177.

Jensen, E. (1998). *Teaching with the brain in mind.* Alexandria VA: American Association of Counseling and Development.

Joliot, M., Ribary, U., & Llinas, R. (1994). Human oscillatory brain activity near 40 Hz coexists with cognitive temporal binding. *Proceedings of the National Academy of Science U.S.A., 91*, 11748-11751.

Johnson, S. C., Baxter, L. C., Wilder, L. S., Pipe, J. G., Heiserman, J. E., Prigatano, G. P. (2002). Neural correlates of self reflection. *Brain, 125*, 1808-1814.

Juhan, D. (1987). *Job's body: A handbook for bodywork.* Barrytown, NY: Station Hill Press.

Kabat-Zinn, J. (1994). *Wherever you go, there you are: Mindfulness meditation in everyday life.* New York: Hyperion.

Keleman, S. (1985). *Emotional anatomy.* Berkeley, CA: Center Press.

Kepner, J. (1987). *Body process: A gestalt approach to working with the body in psychotherapy.* New York: Gardner Press.

Kepner, J. (1995). *Healing tasks: Psychotherapy with adult survivors of childhood abuse.* San Francisco: Jossey-Bass.

Kimmel, H., Van Olst, E., & Orlebeke, J. (1979). *The orienting reflex in humans.* Hillsdale, NJ: Erlbaum.

Kirsch, I., & Lynn, S. J. (1999). Automaticity in clinical psychology. *The American Psychologist, 54*, 504-515.

Kluft, R. P. (1996). Treating the traumatic memories of patients with dissociative identity disorder. *American Journal of Psychiatry, 153*, 103-110.

Krueger, D. (2002). *Integrating body self and psychological self: Creating A new story in psychoanalysis and psychotherapy.* New York: Brunner-Routledge.

Krystal, H. (1978). *Trauma and affects.* Psychoanalytic Study of the Child, 33, 81-116.

Krystal, H. (1988). *Integration and self-healing: Affect, trauma, alexithymia.* Hillsdale, NJ: Analytic Press.

Krystal, J., Bremner, J. D., Southwick, S. M., & Charney, D. S. (1998). The emerging neurobiology of dissociation: Implications for treatment of posttraumatic stress disorder. In J. D. Bremner & C. Marmar (Eds.), *Trauma, memory, and dissociation* (pp. 321-363). Washington, DC: American Psychiatric Association.

Kudler, H., Blank, A., & Krupnick, J. (2000). Psychodynamic therapy. In E. Foa, T. Keane, & M.

Friedman (Eds.), *Effective treatments for PTSD: Practice guidelines from the international society for traumatic stress studies* (pp. 176–198). New York: Guilford Press.

Kuiken, D., Busink, R., Dukewich, T., & Gendlin, E. (1996). Individual differences in orienting activity mediate feeling realization in dreams: II. Evidence from concurrent reports of movement inhibition. *Dreaming, 6*(4). Retrieved June 18, 2005, from www.asdreams.org/journal/articles/6-4kuiken.com

Kurtz, R. (1990). *Body-centered psychotherapy: The Hakomi method.* Mendicino, CA: LifeRhythm.

Kurtz, R. (2004). Hakomi method of mindfulness-based body psychotherapy. Retrieved September 11, 2005, from www.ronkurtz.com/writing/Readings.Aug.2004.pdf

Kurtz, R., & Prestera, H. (1976). *The body reveals: An illustrated guide to the psychology of the body.* New York: Holt, Rinehart & Winston.

Laban, R. (1975). *A life for dance: Reminiscences.* New York: Theater Arts Books.

Lakoff, G., & Johnson, N. (1999). *Philosophy in the flesh: The embodied mind and its challenge to Western thought.* New York: Perseus Book Group.

Lane, R. D., Fink, G. R., Chau, P. M., & Dolan, R. J. (1997). Neural activation during selective attention to subjective emotional responses. *Neuroreport, 8,* 3969-3972.

Lane, R. D., & McRae, K. (2004). Neural substrates of conscious emotional experience: A cognitive-neuroscientific perspective. In M. Beauregard (Ed.), *Consciousness, emotional self-regulation, and the brain* (pp. 87–122). Philadelphia: Benjamins.

Lanius, R. A., Blum, R., Lanius, U., & Pain, C. (2006). A review of neuroimaging studies of hyperarousal and dissociation in PTSD: Heterogeneity of response to symptom provocation. *Journal of Psychiatric Research.*

Lanius, R. A., Hopper, J. W., & Menon, R. S. (2003). Individual differences in a husband and wife who developed PTSD after a motor vehicle accident: A functional MRI case study. *American Journal of Psychiatry, 160,* 667-669.

Lanius, R. A., Williamson, P. C., Bluhm, R. L., Densmore, M., Boksman, K., Neufeld, R. W., et al. (2005). Functional connectivity of dissociative responses in posttraumatic stress disorder: A functional magnetic resonance imaging investigation. *Biological Psychiatry, 57,* 873-884.

Lanius, R. A., Williamson, P. C., Boksman, K., Densmore, M., Gupta, M., Neufeld, R. W., et al. (2002). Brain activation during script-driven imagery induced dissociative responses in PTSD: A functional magnetic resonance imaging investigation. *Biological Psychiatry, 52,* 305-311.

Lanius, R. A., Williamson, P. C., Densmore, M., Boksman, K., Neufeld, R. W., Gati, J. S., et al. (2004). The nature of traumatic memories: A 4-T fMRI functional connectivity analysis. *American Journal of Psychiatry, 161*, 36-44.

Lanyado, M. (2001). The symbolism of the story of Lot and his wife: The function of the "present relationship" and the non-interpretative aspects of the therapeutic relationship facilitating change. *Journal of Child Psychotherapy, 27*, 19-33.

Laplanche, J., & Pontalis, J. (1998). *The language of psychoanalysis.* London: Karnac Books.

Lazarus, R. S. (1966). *Psychological stress and the coping process.* New York: McGraw-Hill.

LeDoux, J. (1994). *Emotion, memory and the brain.* Scientific American, 270(6) 50-57.

LeDoux, J. (1996). *The emotional brain: The mysterious underpinnings of emotional life.* New York: Simon & Schuster.

LeDoux, J. (2002). *Synaptic self: How our brains become who we are.* New York: Penguin Group.

LeDoux, J., Romanski, L. M., & Xagoraris, A. (1991). Indelibility of subcortical emotional memories. *Journal of Cognitive Neuroscience, 1*, 238-243.

Leitenberg, H., Greenwald, E., & Cado, S. (1992). A retrospective study of longterm methods of coping with having been sexually abused during childhood. *Child Abuse and Neglect, 16*, 399-407.

Levine, P. with Frederick, A. (1997). *Waking the tiger: Healing trauma.* Berkeley, CA: North Atlantic Books.

Levine, P. (2004). Panic, biology, and reason: Giving the body its due. In I. Mac- Naughton (Ed.), *Body, breath, and consciousness* (pp. 267-286). Berkeley, CA: North Atlantic Books.

Levine, P. (2005). Memory, trauma and healing: Foundation for human enrichment. Retrieved July 16, 2005, from www.traumahealing.com/art_memory.html

Levine, P., & MacNaughton, I. (2004). Breath and consciousness: Reconsidering the viability of breathwork in psychological and spiritual interventions in human development. In I. MacNaughton (Ed.), *Body, breath, and consciousness: A somatics anthology* (pp. 267-293). Berkeley, CA: North Atlantic Books.

Levy, J. (1978). *Play behavior.* New York: Wiley.

Lewis, L., Kelly, K., & Allen, J. (2004). *Restoring hope and trust: An illustrated guide to mastering trauma.* Baltimore: Sidran Institute Press.

Liberzon, I., & Phan, K. L. (2003). Brain-imaging studies of posttraumatic stress disorder. *CNS. Spectrums, 8*, 641-650.

Liberzon, I., Taylor, S. F., Fig, L. M., & Koeppe, R. A. (1996). Alteration of corticothalamic perfusion ratios during a PTSD flashback. *Depression and Anxiety, 4*, 146-150.

Lichtenberg, J. D. (1990). On motivational systems. *Journal of the American Psychoanalytic Association, 38*(2), 517-518.

Lichtenberg, J. D., & Kindler, A. R. (1994). A motivational systems approach to the clinical experience. *Journal of the American Psychoanalytic Association, 42*, 405-420.

Lichtenberg, J. D., Lachmann, F., & Fosshage, J. (1992). *Self and motivational systems: Toward a theory of psychoanalytic technique*. Hillsdale, NJ: Analytic Press.

Linehan, M. M. (1993). *Skills training manual for treating borderline personality disorder*. New York: Guilford Press.

Liotti, G. (1992). Disorganized/disoriented attachment in the etiology of the dissociative disorders. *Dissociation, 4*, 196-204.

Liotti, G. (1999a). Disorganization of attachment as a model for understanding dissociative psychopathology. In J. Solomon & C. George (Eds.), *Attachment disorganization* (pp. 297-317). New York: Guilford Press.

Liotti, G. (1995). Disorganized/disoriented attachment in the psychotherapy of dissociative disorders. In S. Goldberg, R. Muir, & J. Kerr (Eds.), *Attachment theory: Social, developmental, and clinical perspectives* (pp. 343-363). Hillsdale, NJ: Analytic Press.

Llinas, R. (2001). *I of the vortex: From neurons to self*. Cambridge, MA: MIT Press.

Llinas, R., Ribary, U., Contreras, D., & Pedroarena, C. (1998). The neuronal basis for consciousness. *Philosophical Transactions of the Royal Society of London, Series B, Biological Sciences, 353*, 1841-1849.

Lockhart, S., Craik, F., & Jacoby, L. (1976). Depth of processing, recognition and recall. In L. Brown (Ed.), *Recall and recognition* (pp. 75-102). New York: Wiley.

Lowen, A. (1970). *Pleasure: A creative approach to life*. Baltimore: Penquin Books.

Lowen, A. (1975). *Bioenergetics*. New York: Penquin Books.

Luria, A. (1980). *Higher cortical functions in man* (Rev. ed.). New York: Basic Books.

Luxenberg, T., Spinazzola, J., Hidalgo, J., Hunt, C., & van der Kolk, B. A. (2001). Complex trauma and disorders of extreme stress (DESNOS), part two: Treatment. *Directions in Psychiatry, 21*, 395-414.

Luxenberg, T., Spinazzola, J., & van der Kolk, B. A. (2001). Complex trauma and disorders of extreme stress (DESNOS) diagnosis, part one: Assessment. *Directions in Psychiatry, 21*, 363-392.

Lyons-Ruth, K. (2001). The two-person construction of defense: Disorganized attachment strategies, unintegrated mental states, and hostile/helpless relationsal processes. *Psychologist Psychoanalyst, 21*, 40–45.

Lyons-Ruth, K., & Jacobvitz, D. (1999). Attachment disorganization: Unresolved loss, relational violence, and lapses in behavioral and attentional strategies. In J. Cassidy & P. Shaver (Eds.), *Handbook of attachment: Theory, research, and clinical applications* (pp. 520–554). New York: Guilford Press.

MacLean, P. D. (1985). Brain evolution relating to family, play, and the separation call. *Archives of General Psychiatry, 42*(4), 405–417.

MacLean, P. D. (1990). *The triune brain in evolution*. New York: Plenum Press.

Mahler, M. S., & M. Furer (1968). *On human symbiosis and the vicissitudes of individualtion*. New York: International Universities Press.

Main, M. (1995). Recent studies in attachment: Overview, with selected implications for clinical work. In S. Goldberg, R. Muir, & J. Kerr (Eds.), *Attachment theory: Social, developmental, and clinical perspectives* (pp. 407–474). Hillsdale, NJ: Analytic Press.

Main, M., & Hesse, E. (1990). Parents' unresolved traumatic experiences are related to infant disorganized attachment status: Is frightened and/or frightening parental behavior the linking mechanism? In M. Greenberg, D. Cicchetti, & E. Cummings (Eds.), *Attachment in the preschool years: Theory, research, and intervention* (pp. 161–182). Chicago: University of Chicago Press.

Main, M., & Morgan, H. (1996). Disorganization and disorientation in infant strange situation behavior: Phenotypic resemblance to dissociative states? In L. Michelson & W. Ray (Eds.), *Handbook of dissociation* (pp. 107–138). New York: Plenum Press.

Main, M., & Solomon, J. (1986). Discovery of a new, insecure-disorganized/ disoriented attachment pattern. In T. Brazelton & M. Yogman (Eds.), *Affective development in infancy* (pp. 95–124). Norwood, NJ: Ablex.

Main, M., & Solomon, J. (1990). Procedures for identifying infants as disorganized/ disorientated during the Ainsworth Strange Situation. In M.Greenberg, D. Cicchetti, & E. Cummings (Eds.), *Attachment in the preschool years: Theory, research, and intervention* (pp. 121–160). Chicago: University of Chicago Press.

Maldonado, J. R., & Spiegel, D. (2002). Dissociative disorders. In T. J. Talbot & S. Yudosky (Eds.), *Textbook of psychiatry, fourth edition* (pp. 709–742). Washington, DC: American Psychiatric Association.

Maldonado, J., Butler, L., & Spiegel, D. (2002). Treatments for dissociative disorders. In P. Nathan & J. Gorman (Eds.), *A guide to treatments that work* (pp. 463–496). New York:

Oxford University Press.

Markowitsch, H. J., Kessler, J., Weber-Luxenburger, G., Van Der Ven, C., Albers, M., & Heiss, W. D. (2000). Neuroimaging and behavioral correlates of recovery from amnestic block syndrome and other cognitive deteriorations. *Neuropsychiatry, Neuropsychology, and Behavioral Neurology, 13*, 60–66.

Marks, I., Lovell, K., Noshirvani, H., Livanou, M., & Thrasher, S. (1998). Treatment of posttraumatic stress disorder by exposure and/or cognitive restructuring: A controlled study. *Archives of General Psychiatry, 55*, 317–325.

Martin, L. J., Spicer, D. M., Lewis, M. H., Gluck, J. P., & Cork, L. C. (1991). Social deprivation of infant rhesus monkeys alters the chemoarchitecture of the brain: I. Subcortical regions. *Journal of Neuroscience, 11*, 3344–3358.

Marvin, R., & Britner, P. (1999). Normative development: The ontogeny of attachment. In J. Cassidy & P. Shaver (Eds.), *Handbood of attachment: Theory, research, and clinical applications* (pp. 44–67). New York: Guilford Press.

Maslow, A. (1970). *Motivation and personality* (Rev. ed.). New York: Harper & Row.

Maturana, H., & Varela, F. (1987). *The tree of knowledge: The biological roots of human understanding.* Boston: Shambhala.

McCann, I., & Pearlman, L. (1990). *Psychological trauma and the adult survivor: Theory, therapy, and transformation* (vol. 21). New York: Brunner/Mazel.

McDonagh-Coyle, A., Friedman, M., McHugo, G., Ford, J. D., Mueser, K., Descamps, M., Demment, C., & Fournier, D. (2001). Psychometric outcomes of a randomized clinical trial of psychotherapies for PTSD-SA. *Proceedings of the Annual Convention of the International Society for Traumatic Stress Studies, 17*, 45.

McEwan, B. (1995). Adrenal steroid actions of brain: Dissecting the fine line between protection and damage. In D. Friedman, D. S. Charney, & A. Y. Deutch (Eds.), *Neurobiological and clinical consequences of stress: From normal adaptation to posttraumatic stress disorder* (pp. 135–147). New York: Lipponcott-Raven.

McFarlane, A. C., Weber, D. L., & Clark, C. R. (1993). Abnormal stimulus processing in posttraumatic stress disorder. *Biological Psychiatry, 34*, 311–320.

MacNaughton, I. (2004). *Body, breath, and consciousness: A somatic anthology.* Berkeley, CA: North Atlantic Press.

Migdow, J. (2003). The problem with pleasure. *Journal of Trauma and Dissociation, 4*, 5–25.

Misslin, R. (2003). The defense system of fear: Behavior and neurocircuitry. *Clinical Neurophysiology, 33*(2), 55–66.

Morgan, M. A., Romanski, L. M., & LeDoux, J. E. (1993). Extinction of emotional learning: Contribution of medial prefrontal cortex. *Neuroscience Letters, 163*(1), 109-113.

Moscovitch, M., & Winocur, G. (2002). The frontal cortex and working with memory. In D. Stuss & R. Knight (Eds.), *Principles of frontal lobe function* (pp. 188- 209). New York: Oxford University Press.

Mujica-Parodi, L., Greenberg, T., & Kilpatrick, J. (2004). *A multi-modal study of cognitive processing under negative emotional arousal.* Cognitive Science Society. Retrieved August 29, 2005, from www.cogsci.northwestern.edu/cogsci2004/papers/papers416.pdf

Murray, H. (1999). Explorations in personality. In J. Cassidy & P. Shaver (Eds.), *Handbook of attachment: Theory, research, and clinical applications* (pp. 3-20). New York: Guilford Press.

Myers, C. (1940). *Shell shock in France 1914-1918.* Cambridge, UK: Cambridge University Press.

Naranjo, C. (1993). *Gestalt therapy: The attitude and practice of a theoretical experientialism.* Nevada City, CA: Gateways.

National Collaborating Centre for Mental Health (2005). *Post-traumatic stress disorder (PTSD): The management of PTSD in adults and children in primary and secondary care.* National Institute for Clinical Excellence. Retrieved July 4, 2004, from www.nice.org.uk/pdf/c.G026niceguideline.pdf

Nijenhuis, E., & Van der Hart, O. (1999a). Somatoform dissociative phenomena: A Janetian perspective. In J. Goodwin & R. Attias (Eds.), *Splintered reflections: Images of the body in trauma* (pp. 89-127). New York: Basic Books.

Nijenhuis, E., & Van der Hart, O. (1999b). Forgetting and reexperiencing trauma: From anesthesia to pain. In J. Goodwin & R. Attias (Eds.), *Splintered reflections: Images of the body in trauma* (pp. 33-65). New York: Basic Books.

Nijenhuis, E., Van der Hart, O., & Steele, K. (2002). The emerging psychobiology of trauma-related dissociation and dissociative disorders. In H. D'Haenen, J. DenBoer, & P. Willner (Eds.), *Biological psychiatry* (pp. 1079-1098). London: Wiley.

Nijenhuis, E., Van der Hart, O., & Steele, K. (2004). *Trauma-related structural dissociation of the personality.* Retrieved June 8, 2005, from www.trauma-pages .com/nijenhuis- 2004.htm

Nijenhuis, E., Vanderlinden, J., & Spinhoven, P. (1998). Animal defensive reactions as a model for trauma-induced dissociative reactions. *Journal of Traumatic Stress, 11*, 243-260.

Nijenhuis, E., Van Dyck, R., Spinhoven, P., Van der Hart, O., Chatrou, M., Vanderlinden, J., et al. (1999). Somatoform dissociation discriminates among diagnostic categories over and above general psychopathology. *Australian and New Zealand Journal of Psychiatry, 33,*

511-520.

Ogawa, J. R., Sroufe, L. A., Weinfield, N. S., Carlson, E. A., & Egeland, B. (1997). Development and the fragmented self: Longitudinal study of dissociative symptomatology in a nonclinical sample. *Developmental Psychopathology, 9*, 855-879.

Ogden, P., & Minton, K. (2000). Sensorimotor psychotherapy: One method for processing traumatic memory. *Traumatology, 6*(3), 1-20.

Panksepp, J. (1998). *Affective neuroscience: The foundations of human and animal emotions.* New York: Oxford University Press.

Pavlov, I. (1927). *Conditioned reflexes: An investigation of the physiological activity of the cerebral cortex.* London: Oxford University Press.

Pearlman, L., & Saakvitne, K. (1995). *Trauma and the therapist: Countertransference and vicarious traumatization in psychotherapy with incest survivors.* New York: Norton.

Perls, F., Hefferline, R., & Goodman, P. (1951). *Gestalt therapy: Excitement and growth in the human personality.* New York: Dell.

Perry, B., Pollard, R., Blakely, T., Baker, W., & Vigilante, D. (1995). Childhood trauma, the neurobiology of adaptation, and "use dependent" development of the brain: How "states" become "traits." *Infant Mental Health Journal, 16*, 271-291.

Phillips, M. (1995). *Healing the divided self: Clinical and Ericksonian hypnotherapy for post-traumatic and dissociative conditions.* New York: Norton.

Piaget, J. (1962). *Play, dreams, and imitation in childhood.* New York: Norton.

Pissiota, A., Frans, O., Fernandez, M., von Knorring, L., Fischer, H., & Fredrikson, M. (2002). Neurofunctional correlates of posttraumatic stress disorder: A PET symptom provocation study. *European Archives of Psychiatry and Clinical Neuroscience, 252*, 68-75.

Pitman, R. K., Altman, B., Greenwald, E., Longpre, R. E., Macklin, M. L., Poire, R. E., et al. (1991). Psychiatric complications during flooding therapy for posttraumatic stress disorder. *Journal of Clinical Psychiatry, 52*, 17-20.

Pitman, R. K., Orr, S. P., Lowenhagen, M. J., Macklin, M. L., & Altman, B. (1991). Pre-Vietnam contents of posttraumatic stress disorder veterans' service medical and personnel records. *Comprehensive Psychiatry, 32*, 416-422.

Pitman, R. K., Orr, S. P., & Shalev, A. Y. (1993). Once bitten, twice shy: Beyond the conditioning model of PTSD. *Biological Psychiatry, 33*, 145-146.

Pitman, R. K., Shin, L. M., & Rauch, S. L. (2001). Investigating the pathogenesis of posttraumatic stress disorder with neuroimaging. *Journal of Clinical Psychiatry, 62*(Suppl. 17), 47-54.

Porges, S. W. (1995). Orienting in a defensive world: Mammalian modifications of our.

Psychophysiology, 32(4), 301-318.

Porges, S. W. (2001a). The polyvagal theory: Phylogenetic substrates of a social nervous system. *International Journal of Psychophysiology, 42*(2), 123-146.

Porges, S. W. (2001b). Is there a major stress system at the periphery other than the adrenals? In D. M. Broom (Ed.), *Report of the 87th Dahlem Workshop on Coping with Challenge: Welfare in Animals Including Humans* (pp. 135-149). Berlin, November 12-17, 2000. Dahlem University Press: Berlin.

Porges, S. W. (2003a). The Polyvagal theory: Phylogenetic contributions to social behavior. *Physiology & Behavior, 79*, 503-513.

Porges, S. W. (2003b). Social engagement and attachment: A phylogenetic perspective. *Annals of the New York Academy of Sciences, 1008*, 31-47.

Porges, S. W. (2004). Neuroception: A subconscious system for detecting threats and safety. *Zero to Three*. Retrieved August 8, 2005, from bbc.psych.uic.edu/pdf/Neuroception.pdf

Porges, S. W. (2005). The role of social engagement in attachment and bonding: A phylogenetic perspective. In C. S. Carter, L. Ahnert, K. E. Grossmann, S. B. Hardy, M. E. Lamb, S. W. Porges, & N. Sachser (Eds.), *Attachment and bonding: A new synthesis* (pp. 33-54). Cambridge, MA: The MIT Press.

Portas, C. M., Rees, G., Howseman, A. M., Josephs, O., Turner, R., & Frith, C. D. (1998). A specific role for the thalamus in mediating the interaction of attention and arousal in humans. *Journal of Neuroscience, 18*, 8979-8989.

Posner, M. I. (1980). Orienting of attention. *Quarterly Journal of Experimental Psychology, 32*(1) 3-25.

Posner, M. I., DiGirolamo, G. J., & Fernandez-Duque, D. (1997). Brain mechanisms of cognitive skills. *Consciousness and Cognition, 6*, 267-290.

Posner, M. I., & Petersen, S. E. (1990). The attention system of the human brain. *Annual Review of Neuroscience, 13*, 25-42.

Posner, M. I., & Raichle, M. (1994). *Images of mind*. New York: Scientific American Library.

Posner, M. I., Walker, J. A., Friedrich, F. J., & Rafal, R. D. (1984). Effects of parietal injury on covert orienting of attention. *Journal of Neuroscience, 4*, 1863-1874.

Post, R., Weiss, S., Smith, M., Li, H., & McCann, U. (1997). Kindling versus quenching: Implications for the evolution and treatment of posttraumatic stress disorder. In R. Yehuda & A. C. McFarlane (Eds.), *Psychobiology of posttraumatic stress disorder* (pp. 285-295). New York: New York Acadamy of Sciences.

Putnam, F. (2000, March). Developmental pathways following sexual abuse in girls.

Presentation at the conference, "Psychological Trauma: Maturational Processes and Therapeutic Interventions." Boston, MA.

Raine, N. (1998). *After silence: Rape and my journey back*. New York: Crown.

Ratey, J. (2002). *A user's guide to the brain: Perception, attention, and the four theaters of the brain*. New York: Vintage Books.

Rauch, S. L., van der Kolk, B. A., Fisler, R. E., Alpert, N. M., Orr, S. P., Savage, C. R., et al. (1996). A symptom provocation study of posttraumatic stress disorder using positron emission tomography and script-driven imagery. *Archives of General Psychiatry, 53*, 380-387.

Reich, W. (1972). Character analysis. New York: Farrar, Straus & Giroux. (Original work published 1945)

Reiman, E., Lane, R. D., Ahern, G., Schwartz, G., & Davidson, R. (2000). Positron emission tomography in the study of emotion, anxiety, and anxiety disorders. In R. D. Lane & L. Nadel (Eds.), *Cognitive neuroscience of emotion* (pp. 389-406). New York: Oxford University Press.

Remarque, E. (1982). *All quiet on the Western front* (A. W. Ween, Trans.). New York: Ballantine Books. (Original work published 1929).

Resnick, S. (1997). *The pleasure zone: Why we resist good feelings and how to let go and be happy*. Berkeley, CA: Conari Press.

Rieker, P. P., & Carmen, E. H. (1986). The victim-to-patient process: The disconfirmation and transformation of abuse. *American Journal of Orthopsychiatry, 56*, 360-370.

Rivers, W. (1920). *Instinct and the unconscious: A contribution to a biological theory of the psycho-neuroses*. Cambridge: Cambridge University Press.

Rizzolatti, G. & Craighero, L. (2004). The mirror-neuron system. *Annual Review of Neuroscience, 27*, 169-192.

Rizzolatti, G., Fadiga, L., Gallese, V., & Fogassi, L. (1996). Premotor cortex and the recognition of motor actions. *Cognitive Brain Research, 3*, 131-141.

Rosenberg, J., Rand, M., & Asay, D. (1989). *Body, self, and soul: Sustaining integration*. Atlanta, GA: Humanics Limited.

Rossi, E. (1993). *The psychobiology of mind-body healing: New concepts of therapeutic hypnosis* (2nd ed.). New York: Norton.

Rothschild, B. (2000). *The body remembers: The psychophysiology of trauma and trauma treatment*. New York: Norton.

Sable, P. (2000). *Attachment and adult psychotherapy*. Northville, NJ: Jason Aronson.

Sahar, T., Shalev, A. Y., & Porges, S. W. (2001). Vagal modulation of responses to mental challenge in posttraumatic stress disorder. *Biological Psychiatry, 49*, 637-643.

Sapolsky, R. (1994). Why zebras don't get ulcers: A guide to stress, stress-related diseases, and coping. New York: Freeman.

Scaer, R. C. (2001). The neurophysiology of dissociation and chronic disease. *Applied Psychophysiology and Biofeedback, 26*(1), 73-91.

Schachtel, E. (1947). On memory and childhood amnesia. *Psychiatry, 10*, 1-26.

Schacter, D. L. (1996). *Searching for memory: The brain, the mind, and the past*. New York: Basic Books.

Schiffer, F., Teicher, M. H., & Papanicolaou, A. C. (1995). Evoked potential evidence for right brain activity during the recall of traumatic memories. *Journal of Neuropsychiatry and Clinical Neuroscience, 7*, 169-175.

Schnarch, D. (1991). *Constructing the sexual crucible: An integration of sexual and marital therapy*. New York: Norton.

Schnider, A., Ptak, R., von Daniken, C., & Remonda, L. (2000). Recovery from spontaneous confabulations parallels recovery of temporal confusion in memory. *Neurology, 55*, 74-83.

Schore, A. (1994). *Affect regulation and the origin of the self: The neurobiology of emotional development*. Hillsdale: Erlbaum.

Schore, A. (2001a). The effects of early relational trauma on right brain development, affect regulation, and infant mental health. *Infant Mental Health Journal, 22*, 201-269.

Schore, A. (2001b). The right brain as the neurobiological substratum of Freud's dynamic unconscious. In D. Scharff & J. Scharff (Eds.), *Freud at the millennium: The evolution and application of psychoanalysis*. pp. 61-88. New York: Other Press.

Schore, A. (2003a). *Affect dysregulation and disorders of the self*. New York: Norton.

Schore, A. (2003b). *Affect regulation and the repair of the self*. New York: Norton.

Schore, A. (submitted). Attachment trauma and the developing right brain: Origins of pathological dissociation. In P. Dell (Ed.), *Dissociation and the dissociative disorders: DSM-V and Beyond*. Manuscript submitted for publication.

Schwartz, H. (1994). From dissociation to negotiation: A relational psychoanalytic perspective on multiple personality disorder. *Psychoanalytic Psychology, 11*, 189-231.

Scott, M. J., & Stradling, S. G. (1997). Client compliance with exposure treatments for posttraumatic stress disorder. *Journal of Traumatic Stress, 10*, 523-526.

Segal, Z. V., Williams, J. G. G., & Teasdale, J. D. (2002). *Mindfulness-based cognitive therapy for depression: A new approach to preventing relapse*. New York: Guilford Press.

Seligman, M. E. P. (1975). *Helplessness: On depression, development, and death.* San Francisco: Freeman.

Sereno, A. (2005). *Neural substrates of attention and orienting.* Retrieved May 8, 2005, from research.uth.tmc.edu/nih/Sereno2.htm

Servan-Schreiber, D. (2003). *The instinct to heal: Curing depression, anxiety, and stress without drugs and without talk therapy.* New York: Rodale.

Shalev, A. Y. (2001). *Biological responses to disasters.* American Psychiatric Association. Retrieved May 17, 2005, from www.psych.org/disasterpsych/sl/biological responses.cfm

Shalev, A. Y. (2005). *Biological responses to disasters.* American Psychiatric Association. Retrieved August 10, 2005, from www.psych.org/disasterpsych/sl/biologicalresponses.cfm

Shalev, A. Y., Orr, S. P., Peri, T., Schreiber, S., & Pitman, R. K. (1992). Physiologic responses to loud tones in Israeli patients with posttraumatic stress disorder. *Archives of General Psychiatry, 49,* 870–875.

Shalev, A. Y., & Rogel-Fuchs, Y. (1993). Psychophysiology of the posttraumatic stress disorder: From sulfur fumes to behavioral genetics. *Psychosomatic Medicine, 55,* 413–423.

Shin, L. M., Shin, P. S., Heckers, S., Krangel, T. S., Macklin, M. L., Orr, S. P., et al. (2004). Hippocampal function in posttraumatic stress disorder. *Hippocampus, 14,* 292–300.

Siegel, D. (1995). Memory, trauma, and psychotherapy: A cognitive science view. *Journal of Psychotherapy Practice & Research, 4*(2), 93–122.

Siegel, D. (1996). Memory, trauma, and psychotherapy: A cognitive science view. *Journal of Psychotherapy Practice and Research, 4*(2), 93–122.

Siegel, D. (1999). *The developing mind.* New York: Guilford Press.

Siegel, D. (2001). Toward an interpersonal neurobiology of the developing mind: Attachment relationships, "mindsight," and neural integration. *Infant Mental Health Journal, 22*(1), 67–94.

Siegel, D. (2003). An interpersonal neurobiology of psychotherapy: The developing mind and the resolution of trauma. In M. Solomon & D. Siegel (Eds.), *Healing trauma: Attachment, mind, body, and brain* (pp. 1–5). New York: Norton.

Siegel, D. (2006). An interpersonal neurobiology approach to psychotherapy: Awareness, mirror neurons, and well-being. *Psychiatric Annals, 36*(4), 248–256.

Siegel, D. (2007). The mindful brain in human development. New York: Norton. Sifneos, P. (1973). The prevalence of "alexithymic" characteristics in psychosomatic patients. *Psychotherapy and Psychomatics, 22,* 255–262.

Sifneos, P. (1996). Alexithymia: Past and present. *American Journal of Psychiatry, 153,* 137–142.

Simpson, J. (1999). Attachment theory in modern evolutionary perspective. In J. Cassidy & P. Shaver (Eds.), *Handbook of attachment: Theory, research, and clinical applications* (pp. 115-140). New York: Guilford Press.

Sinclair, H. (2001). Movement and action transform trauma. Paper presented at "Psychological Trauma: Maturational Process and Therapeutic Intervention." Boston, MA.

Siviy, S. (1998). Neurobiological substrates of play behavior: Glimpses into the structure and function of mammalian playfulness. In M. Beckoff & J. Byers (Eds.), *Animal play: Evolutionary, comparative, and ecological perspectives* (pp. 221-242). Cambridge, UK: Cambridge University Press.

Slade, A. (1999). Attachment theory and research. In J. Cassidy & P. R. Shaver (Eds.), *Handbook of attachment: Theory, research, and clinical applications* (pp. 575-594). New York: Guilford Press.

Smith, E. (1985). *The body in psychotherapy*. Jefferson, NC: McFarland.

Sokolov, E. (1960). Neuronal models and orienting reflex. In M. Brazier (Ed.), *The central nervous system and behavior* (pp. 87-276). Madison, NJ: Madison Printing.

Sokolov, E. (1969). The modeling properties of the nervous system. In M. Cole & I. Maltzman (Eds.), *A handbook of contemporary Soviet psychology* (pp. 671-704). New York: Basis Books.

Sokolov, E., Spinks, J., Naatanen, R., & Heikki, L. (2002). *The orienting response in information processing*. Mahwah, NJ: Erlbaum.

Sokolov, Y. (1963). *Perception and the conditioned reflex*. Oxford, UK: Pergammon Press.

Sollier, P. (1897). *Genèse et nature de l'hystérie, recherches cliniques et expérimentales de psycho-physiologie [Clinical and experimental studies in psychophysiology]*. Paris: F. Alcan.

Sperry, R. W. (1952). Neurobiology and the mind-brain problem. *American Scientist, 40*(2), 291-312.

Sperry, R. W., Zaidel, E., & Zaidel, D. (1979). Self recognition and social awareness in the deconnected minor hemisphere. *Neuropsychologia, 17*, 153-166.

Spiegel, D. (1981). Man as timekeeper. *American Journal of Psychoanalysis, 41*, 5-14.

Spiegel, D. (1990). Trauma, dissociation, and hypnosis. In R. Kluft (Ed.), *Incestrelated syndromes of adult psychopathology* (pp. 247-261). Washington, DC: American Psychiatric Association.

Spiegel, D. (1997). Trauma, dissociation, and memory. *Annals of the New York Academy of Sciences, 821*, 225-237.

Spiegel, D. (2003). Hypnosis and traumatic dissociation: Therapeutic opportunities. *Journal of Traumatic Dissociation, 4*(3), 73-90.

Spiegel, D., & Cardena, E. (1991). Disintegrated experience: The dissociative disorders revisited. *Journal of Abnormal Psychology, 100*, 366-378.

Spitz, R. A. (1946). Anaclitic depression. *Psychoanalytic Study of the Child, 2*, 313-342.

Sroufe, L. A. (1997). Psychopathology as an outcome of development. *Developmental Psychopathology, 9*, 251-268.

Stark, M. (1999). *Modes of therapeutic action: Enhancement of knowledge, provision of experience, and engagement in relationship.* United States: Inson Aronson Inc.

Steele, K., Dorahy, M., Van der Hart, O., & Nijenhuis, E. (submitted). *Dissociation versus alterations in consciousness: Related but different concepts.* Manuscript submitted for publication.

Steele, K., & Van der Hart, O. (2001). The integration of traumatic memories versus abreaction: Clarification of terminology. *Newsletter of the International Society for the Study of Dissociation.* Retrieved Mar 9, 2002, from www.atlantapsychotherapy.com/articles/vanderhart.htm

Steele, K., Van der Hart, O., & Nijenhuis, E. (2001). Dependency in the treatment of complex posttraumatic stress disorder and dissociative disorders. *Journal of Trauma and Dissociation, 2*, 79-116.

Steele, K., Van der Hart, O., & Nijenhuis, E. (2005b). Phase-oriented treatment of structural dissociation in complex traumatization: Overcoming trauma-related phobias. *Journal of Trauma and Dissociation, 6*(3), 11-53.

Steele, K., Van der Hart, O., & Nijenhuis, E. (2004). [Phase oriented treatment of complex dissociative disorders: Overcoming trauma-related phobias]. In A. Eckhart-Henn & S. Hoffman (Eds.), *[Dissociative disorders of consciousness: Theory, symptoms, therapy]* (pp. 357-394). Stuttgard/New York: Schattauer.

Steele, M. (2003). Attachment, actual experience, and mental representation. In V. Green (Ed.) *Emotional development in psychoanalysis attachment theory and neuroscience: Creating connections* (pp. 87-107). New York: Brunner-Routledge Hove.

Stern, D. (1985). *The interpersonal world of the infant: A view from psychoanalysis and developmental psychology.* New York: Basic Books.

Stern, D. (1998). The process of therapeutic change involving implicit knowledge: Some implications of developmental observations for adult psychotherapy. *Infant Mental Health Journal, 19*, 300-308.

Stern, D. (2004). *The present moment in psychotherapy and everyday life*. New York: Norton.

Stien, P., & Kendall, J. (2004). *Psychological trauma and the developing brain: Neurologically based interventions for troubled children*. New York: Hawthorn Maltreatment and Trauma Press.

Sumova, A., & Jakoubek, B. (1989). Analgesia and impact induced by anticipation stress: Involvement of the endogenous opioid peptide system. *Brain Research, 503*, 273-280.

Tanev, K. (2003). Neuroimaging and neurocircuitry in post-traumatic stress disorder: What is currently known? *Current Psychiatry Reports, 5*, 369-383.

Tarrier, N. (2001). What can be learned from clinical trials? *Journal of Consulting and Clinical Psychology, 69*, 117-118.

Tarrier, N., Sommerfield, C., Pilgrim, H., & Humphreys, L. (1999). Cognitive therapy or imaginal exposure in the treatment of post-traumatic stress disorder: Twelve-month follow-up. *British Journal of Psychiatry, 175*, 571-575.

Taylor, G., Bagby, R., & Parker, J. (1997). *Disorders of affect regulation: Alexithymia in medical and psychiatric illness*. Cambridge, UK: Cambridge University Press.

Taylor, S., Koch, K., & McNally, R. (1992). How does anxiety sensitivity vary across the anxiety disorders? *Journal of Anxiety Disorders, 6*, 249-259.

Teicher, M. H., Ito, Y., Glod, C., Anderson, N., & Ackerman, E. (1997). Preliminary evidence for abnormal cortical development in physically and sexually abused children using EEG coherence and MRI. In R. Yehuda & A. McFarlane (Eds.), *Psychobiology of posttraumatic stress disorder* (pp. 160-175). New York: New York Academy of Sciences.

Thakkar, R. R., & McCanne, T. R. (2000). The effects of daily stressors on physical health in women with and without a childhood history of sexual abuse. *Child Abuse and Neglect, 24*, 209-221.

Timko, C., & Janoff-Bulman, R. (1985). Attributions, vulnerability, and psychological adjustment: The case of breast cancer. *Health Psychology, 4*, 521-544.

Todd, M. (1959). *The thinking body*. Brooklyn, NY: Dance Horizons.

Tortora, G., & Anagnostakos, N. (1990). *Principles of anatomy and physiology*. New York: Harper Collins.

Trevarthen, C. (1979). Communication and cooperation in early infancy: A discription of primary intersubjectivity. In M. M. Bullowa (Ed.), *Before speech: The beginning of interpersonal communication*. New York: Cambridge University Press.

Tronick, E. Z. (1989). Emotions and emotional communication in infants. *American Psychologist, 44*: 112-119.

Tronick, E. Z. (1998). Dyadically expanded states of consciousness and the process of therapeutic change. *Infant Mental Health Journal, 19,* 290-299.

Tulving, E., Kapur, S., Craik, F. I., Moscovitch, M., & Houle, S. (1994). Hemispheric encoding/retrieval asymmetry in episodic memory: Positron emission tomography findings. *Proceedings of the National Academy of Sciences U.S.A., 91,* 2016-2020.

Ursano, R. J., Bell, C., Eth, S., Friedman, M., Norwood, A., Pfefferbaum, B., et al. (2004). Practice guidelines for the treatment of patients with acute stress disorder and posttraumatic stress disorder. *American Journal of Psychiatry, 161,* 3-31.

Van der Hart, O., & Brown, P. (1992). Abreaction re-evaluated. *Dissociation, 3*(5), 127-140.

Van der Hart, O., Nijenhuis, E., & Steele, K. (2006). *The haunted self: Structural dissociation and the treatment of chronic traumatization.* New York: Norton.

Van der Hart, O., Nijenhuis, E., & Steele, K. (2005a). Dissociation: An insufficiently recognized major feature of complex PTSD. *Journal of Traumatic Stress, 18,* 413-424.

Van der Hart, O., & Op den Velde, W. (2003). Traumatische herinneringen [Traumatic memories]. In O. Van der Hart (Ed.), *Trauma, dissociatie en hypnose* [Trauma, dissociation, and hypnosis] (pp. 83-105). Lisse, The Netherlands: Swets & Zeitlinger.

Van der Hart, O., Nijenhuis, E. R. S., Steele, K., & Brown, D. (2004). Traumarelated dissociation: Conceptual clarity lost and found. *Australian and New Zealand Journal of Psychiatry, 38,* 906-914.

Van der Hart, O., & Steele, K. (1997). Time distortions in dissociative identity disorder: Janetian concepts and treatment. *Dissociation, 10,* 91-103.

Van der Hart, O., Steele, K., Boon, S., & Brown, P. (1993). The treatment of traumatic memories: Synthesis, realization, and integration. *Dissociation, 2*(6), 162-180.

Van der Hart, O., Van Dijke, A., Van Son, M., & Steele, K. (2000). Somatoform dissociation in traumatized World War I combat soldiers: A neglected clinical heritage. *Journal of Trauma and Dissociation, 1*(4), 33-66.

Van der Kolk, B. A. (1987). *Psychological trauma.* Washington, DC: American Psychiatric Association.

Van der Kolk, B. A. (1994). The body keeps the score: Memory and the evolving psychobiology of posttraumatic stress. *Harvard Review of Psychiatry, 1,* 253-265.

Van der Kolk, B. A. (1996a). The complexity of adaptation to trauma: Self-regulation, stimulus discrimination, and characterological development. In B. A. van der Kolk, A. C. MacFarlane, & L. Weisaeth (Eds.), *Traumatic stress: The effects of overwhelming experience on mind, body, and society* (pp. 182-213). New York: Guilford Press.

Van der Kolk, B. A. (1996b). Trauma and memory. In B. A. van der Kolk, A. C. MacFarlane, & L. Weisaeth (Eds.), *Traumatic stress: The effects of overwhelming experience on mind, body, and society* (pp. 279-302). New York: Guilford Press.

Van der Kolk, B. A. (2002). *Beyond the talking cure: Somatic experience and sub-cortical imprints in the treatment of trauma in Francine Shapiro's EMDR: Promises for a paradigm shift.* Washington, DC: American Psychological Association.

Van der Kolk, B. A., & Ducey, C. (1989). The psychological processing of traumatic experience: Rorschach patterns in PTSD. *Journal of Traumatic Stress, 2,* 259-274.

Van der Kolk, B. A., & Fisler, R. (1995). Dissociation and the fragmentary nature of traumatic memories: Overview and exploratory study. *Journal of Traumatic Stress, 8,* 505-525.

Van der Kolk, B. A., Greenburg, M., Boyd, H., & Krystal, J. (1985). Inescapable shock, neurotransmitters, and addiction to trauma: Toward a psychobiology of posttraumatic stress. *Biological Psychiatry, 20,* 314-325.

Van der Kolk, B. A., McFarlane, A. C., & Van der Hart, O. (1996). A general approach to treatment of posttraumatic stress disorder. In B. A. van der Kolk, A. C. McFarlane, & L. Weisaeth (Eds.), *Traumatic stress: The effects of overwhelming stress on mind, body, and society* (pp. 417-440). New York: Guilford Press.

Van der Kolk, B. A., McFarlane, A. C., & Weisaeth, L. (1996). *Traumatic stress: The effects of overwhelming experience on mind, body, and society.* New York: Guilford Press.

Van der Kolk, B. A., & Van der Hart, O. (1989). Pierre Janet and the breakdown of adaptation in psychological trauma. *American Journal of Psychiatry, 146,* 1530-1540.

Van der Kolk, B. A., & Van der Hart, O. (1991). The intrusive past: The flexibility of memory and the engraving of trauma. *American Imago, 48,* 425-445.

Van der Kolk, B., Van der Hart, O., & Marmar, C. (1996). Dissociation and information processing in posttraumatic stress disorder. In B. A. van der Kolk, A. C. McFarlane, & L. Weisaeth (Eds.), *Traumatic stress: The effects of overwhelming experience on mind, body, and society* (pp. 303-327). New York: Guilford Press.

Van Ijzendoorn, M., Schuengel, C., & Bakermans-Kranenburg, M. (1999). Disorganized attachment in early childhood: Meta-analysis of precursors, concomitants, and sequelae. *Development and Psychopathology, 11,* 225-249.

Van Olst, E. (1971). *The orienting reflex.* Paris: Mouton & Company.

Veronin, L., Luria, A., Sokolov, E., & Vinogradova, O. (1965). *Orienting reflex and exploratory behavior.* Baltimore: Caramond/Pridemark Press.

Vogt, B. A. (2005). Pain and emotion interactions in subregions of the cingulated gyrus. *National*

Review of Neuroscience 7, 533-544.

Vogt, B., & Gabriel, M. (1993). *Neurobiology of cingulate cortex and limbic thalamus: A comprehensive handbook*. Boston: Birkhauser.

Watson, D. (2000). *Mood and temperament*. New York: Guilford Press.

Weinfield, N. S., Stroufe, L., Egeland, B., & Carlson, E. (1999). The nature of individual differences in infant-caregiver attachment. In J. Cassidy & P. Shaver (Eds.), *Handbook of attachment: Theory, research, and clinical application* (pp. 68- 88). New York: Guilford Press.

Wenger, M., & Cullen, T. (1958). ANS response patterns to fourteen stimuli. *American Psychologist, 13*, 413-414.

Wilbarger, P., & Wilbarger, J. (1997). *Sensory defensiveness and related social/ emotional and neurological problems*. Van Nuys, CA: Wilbarger.

Wilbarger, J., & Wilbarger, P. (2002). The Wilbarger approach to treating sensory defensiveness. In A. Bundy, S. Lane, & E. Murray (Eds.), *Sensory integration: Theory and practice* (pp. 235-238). Philadelphia: F. A. Davis Company.

Wilber, K. (1996). *A brief history of everything*. Boston: Shambhala.

Williamson, G., & Anzalone, M. (2001). *Sensory integration and self-regulation in infants and toddlers: Helping young children to interact with their environments*. Washington, DC: Zero to Three.

Winnicott, D. W. (1945). Primitive emotional development. In D. W. Winnicott (Ed.), *Collected papers: Through paediatrics to psycho-analysis* (pp. 145-156). London: Hogarth Press.

Winnicott, D. W. (1971/2005). *Playing and reality* (new revised edition). London and New York: Tavistock Publications.

Winnicott, D. W. (1990). The theory of the parent-child relationship (1960). In *Maturational Processes and the Facilitating Environment* (pp. 37-55). London: Karnac Books.

Yehuda, R. (1997). Sensitizatation of the hypothalamic-pituitary-adrenal axis in posttraumatic stress disorder. In R. Yehuda & A. C. McFarlane (Eds.), *Psychobiology of posttraumatic stress disorder* (pp. 57-75). New York: New York Academy of Sciences.

Yehuda, R. (1998). Neuroendocrinology of trauma and posttraumatic stress disorder. In R. Yehuda (Ed.), *Psychological trauma* (pp. 97-131). Washington, DC: American Psychiatric Association.

찾아보기

저자 소개

Pat Ogden, Ph.D.
감각운동 심리치료 기관(Semsorimotor Psychotherapy Institute)의 설립자이며 30년 가까이 개인
심리치료를 해 온 심리치료자이다. 세계 전역에서 감각운동심리치료를 적용하고 가르치고 있다.

Kekuni Minton, Ph.D.
1993년부터 감각운동 심리치료 기관(Semsorimotor Psychotherapy Institute)의 설립 파트너이다.
콜로라도의 보일더와 설라이다에서 개인치료를 하고 있다.

Clare Pain, M.D.
토론토 대학교(University of Toronto)과 웨스턴 온타리오 대학교(University of Western Ontario)
의 조교수, 마운트 시나이 병원(Mount Sinai) 심리트라우마 클리닉의 임상 디렉터(Cinical
Director)이다.

역자 소개

김명권(Myoungkwon Kim)
고려대학교 철학과 학사, 동 대학교 임상심리학 석사, 부산대학교 상담심리학 박사
전 서울불교대학원대학교 자아초월심리학 전공 교수
　　한국집단상담 학회 회장
현 한국영성심리상담센터 대표
　　집단상담 및 트랜스퍼스널 브레스워크 전문가

주요 역서
켄 월버의 통합영성(공역, 학지사, 2018), 켄 월버의 모든 것의 이론(공역, 학지사, 2015), 켄 월버
의 일기(공역, 학지사, 2010), 깨달음의 심리학(공역, 학지사, 2008), 자아초월 심리학과 정신의학
(공역, 학지사, 2008)

주혜명(Hyemyung Joo)

성균관대학교 교육학과 학사, 한서대학교 건강증진학과 석사, 서울불교대학원대학교 박사

전 고려대학교 의과대학 연구교수

　　조선대학교 보건대학원 초빙객원교수

현 명지대학교 산업대학원 객원교수

　　주혜명 마음챙김연구소 소장, 한국상담심리학회 1급 상담전문가

　　SP(Sensorimotor Psychotherapy) 레벨 I 트레이닝 수료

　　OEI(Observed & Experiential Integration Therapist) 레벨 II 트레이닝 수료

　　TRE(Trauma Release Exercise) Advanced TRE Practice 수료

주요 역서

에니어그램의 지혜(한문화, 2017), 깨달음의 심리학(공역, 학지사, 2008)

신차선(Chasun Shin)

그리스도 신학대학교 사회복지 학사, 원광대학교 보건환경대학원 예술치료학 석사, 명지대학교
일반대학원 아동가족심리치료 박사

전 명지대학교 사회교육대학원 특별과정 교수

현 사람들에게 평화를, 평화를 만드는 대안대학교 디렉터

　　트라우마스트레스 상담치유학회 1급 상담치유전문가.

　　SEP(somatic experience trauma therapy practitioner Provider)

　　OEI(Observed & Experiential Integration Therapist) 레벨 II 트레이닝 수료

　　DARe(SOMATIC ATTACHMENT TRAININGS) 수료

　　BASE(Body Work and Somatic Education) 수료

　　TRE(Trauma Release Exercise) Advanced TRE Practice 수료

　　SP(Sensorimotor Psychotherapy) 레벨 I 트레이닝 수료

주요 역서

재미있고 쉬운 인지행동 놀이치료 1(공역, 학지사, 2018)

유나래(Narae You)

가톨릭대학교 간호대학 학사, 서울불교대학원대학교 자아초월상담학 석사/박사

전   삼성서울병원 간호사

　　가톨릭대학교 간호대학 연구강사 및 선임연구원

현   목포가톨릭대학교 전임상담사

　　국제공인표현예술치료사(REAT)

　　국제공인소마틱움직임치료사/교육사(RSMT/RSME)

　　한국상담심리학회 상담심리사

　　미국 타말파연구소 동작중심표현예술치료 수료

이승화(seunghwa Lee)

호남대학교 영문학 학사, 원광대학교 교육학 석사/박사

전   원광대학교 학생상담센터 책임연구원

현   원광대학교 사범대학 강의교수

　　SP(Sensorimotor Psychotherapy) 레벨 I 트레이닝 수료

　　OEI(Observed & Experiential Integration Therapist) 레벨 II 트레이닝 수료

　　한상담학회 한상담전문가

　　한국가족상담협회 가족상담전문가

　　한국상담학회 전문상담사

　　교류분석 슈퍼바이저

트라우마와 몸
-감각운동 심리치료의 이론과 실제-

Trauma and the Body

2019년 1월 15일 1판 1쇄 발행
2024년 1월 25일 1판 6쇄 발행

지은이 • Pat Ogden · Kekuni Minton · Clare Pain
옮긴이 • 김명권 · 주혜명 · 신차선 · 유나래 · 이승화
펴낸이 • 김 진 환
펴낸곳 • (주) **학지사**
　　　　04031 서울특별시 마포구 양화로 15길 20 마인드월드빌딩 5층
대표전화 • 02) 330-5114　　팩스 • 02) 324-2345
등록번호 • 제313-2006-000265호
홈페이지 • http://www.hakjisa.co.kr
인스타그램 • https://www.instagram.com/hakjisabook

ISBN 978-89-997-1718-5 93180

정가 20,000원

출판미디어기업 **학지사**

간호보건의학출판 **학지사메디컬** www.hakjisamd.co.kr
심리검사연구소 **인싸이트** www.inpsyt.co.kr
학술논문서비스 **뉴논문** www.newnonmun.com
원격교육연수원 **카운피아** www.counpia.com